Ulrich Sieg

DIE MACHT DES WILLENS

Elisabeth Förster-Nietzsche
und ihre Welt

Carl Hanser Verlag

1. Auflage 2019
ISBN 978-3-446-25847-1

Umschlag: Peter-Andreas Hassiepen, München
Motiv: © Goethe- und Schiller-Archiv Weimar, GSA 101/175
Satz: Greiner & Reichel, Köln
Druck und Bindung: CPI books GmbH, Leck
Printed in Germany

FSC
www.fsc.org
MIX
Papier aus verantwortungs-
vollen Quellen
FSC® C083411

INHALT

PERSONA DISGRATA

Im Frühjahr 1889 brach für Elisabeth Förster eine Welt zusammen. Die Schwester Friedrich Nietzsches lebte mit ihrem Mann, dem bekannten Antisemiten und Kolonisten Bernhard Förster, am Rande des Dschungels in Paraguay, als sie ein Brief aus Europa erreichte. Er enthielt die Nachricht von Nietzsches aufsehenerregendem Turiner Zusammenbruch und seiner Einweisung in die Psychiatrie. Elisabeth, die sich angesichts der wirtschaftlichen Lage der Kolonie »Nueva Germania« mit einer Fülle von Problemen herumschlug, war entsetzt. Umgehend wandte sie sich an den verantwortlichen Psychiater Otto Binswanger in Jena und trug ihre Sicht der Dinge vor. Ihr Bruder sei ein bedeutender Denker, dessen Gesundheit allein der exzessive Gebrauch des Schlafmittels Chloral zerstört habe, urteilte sie selbstbewusst am 23. März. Von einer unheilbaren »Progressiven Paralyse«, wie die ärztliche Diagnose lautete, wollte Elisabeth nichts wissen. Stattdessen hob sie Nietzsches gute gesundheitliche Anlagen hervor und bat Binswanger, den Kranken »sanft auf Kant hin[zu]weisen«. Schließlich habe es »dessen Philosophie nicht geschadet, daß er zuletzt geistesgestört war«, während ihr Bruder »noch alles überwinden und mit neuen Kräften an seine Arbeit gehen (kann)«.[1]

Doch die innere Unruhe wuchs. Am 9. April 1889 plagte Elisabeth[2] die Vorstellung, erst ihre Abwesenheit habe »das Schreckliche« ermöglicht. Ausführlich teilte sie der Mutter in Naumburg mit, wie skeptisch sie den Ärzten gegenüberstehe, die alle »nicht auf die Stimme der Erfahrung hören«. Einen besonderen Tadel verdiene Nietzsches Basler Freund Franz Overbeck, der »Fritz ins Irrenhaus gebracht hat«. Es sei ganz ausgeschlossen, dass der Bruder die damit verbundene Demütigung ertragen könne, wenn er wieder bei klarem Verstand sei. Er werde gewiss Selbstmord begehen. Noch drastischer äußerte sich Elisabeth im Brief an die Mutter vom 30. Mai. Pathetisch sprach sie davon, dass sich »unser armes Lamm« in den »mörderischen Händen« von Ärzten befinde, denen das Studium den Verstand verwirrt habe. Dabei wäre alles so einfach gewesen. Hätte man sich nur an die erprobten Heilmittel gehalten (»so wenig Fleisch wie möglich u. keine Medizin!«), wäre Nietzsche längst wieder gesund. Jetzt führe an seiner gewaltsamen Befreiung kein Weg mehr vorbei, und Elisabeth bedauerte sehr, eine solche Aktion nicht selbst unternehmen zu können. Erst miete man eine Sommerwohnung, dann erscheine man bei »Prof. Binswanger mit irgendwelchen männlichem Beistand« und nehme den Patienten einfach mit nach Hause. Als Erklärung werde genügen, »der Kranke gehöre uns, wir wollten ihn auf unsere Weise gesund machen«. Das waren hoffnungslos optimistische Töne, die weder auf eine nüchterne Einschätzung der Lage noch auf innere Balance schließen lassen. Wie es um Elisabeths Seelenzustand bestellt war, zeigt der weitere Inhalt des Briefes. Während sie die Probleme in »Nueva Germania« herunterspielt, bricht immer wieder der Schmerz über das Schicksal ihres Bruders durch. Eindringlich klagt sie darüber, beständig zu öffentlicher Gelassenheit gezwungen zu sein, »damit die Leute nicht denken ich werde auch noch schwermüthig. Niemand merkt mir an, was ich leide, aber ich wollte manchmal ich wäre todt u. läge da unten in dem tiefen Fluß. Nun das Leben ist schwer, es muß getragen werden.«[3] Der letzte Satz sollte vermutlich auf die Mutter beruhigend wirken; aber er illustriert auch, mit welch einfachen Mitteln Elisabeth sich Mut zusprach.

Bernhard Förster nahm an der Tragödie keinen Anteil und ließ seine Frau in ihrem Kummer allein. Ihn plagten selbst gewaltige Sorgen. Die Kolonie stand wegen ihrer unsoliden Finanzierung vor dem Aus und war in Europa zum Gegenstand einer öffentlichen Debatte geworden. Seine letzten Hoffnungen setzte Förster in die Regierung Paraguays und in die Hilfe durch den Chemnitzer Unterstützungsverein: Beide Pläne zerschlugen sich. In Asunción sah man nicht ein, warum man günstigere Konditionen zum Landerwerb als die vertraglich vereinbarten gewähren solle, in Sachsen hielt man Förster längst für einen zweifelhaften Glücksritter. Nach seiner Rückkehr aus der Hauptstadt ohne verbindliche Zusagen brodelte es in der Kolonie. Förster verließ »Nueva Germania« Ende Mai 1889 und ging an einen der schönsten Orte des Landes, San Bernardino am Ipacaray-See. Dort hatte der mit ihm aus Deutschland ausgewanderte Wilhelm Weiler ein Hotel eröffnet, in dem Förster sich nun einquartierte. Offenkundig wollte er den bevorstehenden Ruin vergessen und sprach in den nächsten Tagen erheblich dem Alkohol zu. Am Morgen des 3. Juni wurde Förster in seinem Hotelzimmer tot aufgefunden. Die Todesursache konnte bis heute nicht geklärt werden, manches spricht für Selbstmord.[4]

Es dauerte bis zum 22. Juni, ehe Elisabeth ihre Mutter informierte. Für den Tod des Mannes machte sie die habgierige Ungeduld der »Chemnitzer« verantwortlich, die seine idealistische Gesinnung einfach nicht verstanden hätten. Aber sie warf sich auch selbst vor, dass sie Nietzsches Schicksal zu sehr in Beschlag genommen und sie die Situation ihres »Herzenslieblings« verkannt habe. Letztlich sei Förster auch aufgrund ihrer Schwäche einsam in einem Hotelzimmer gestorben. Deshalb werde ihre vordringliche Aufgabe im Bezahlen der Schulden bestehen, damit »auf dem theuersten Namen kein Flecken bleibt«. Im Glauben fand Elisabeth keinen Trost. »Es ist kein Gott«, klagt sie der frommen Mutter, »wie könnte sonst dieses edelste Herz von den elenden falschen Freunden u. Betrügern gebrochen werden, wie könnten sonst zwei Herzen die so innig verbunden waren so grausam getrennt werden.« Das Leben scheint ihr von einem »blindwüthende[n] Schicksal« beherrscht, dem sich die Menschen beugen müssen. Und sie macht ihr naives Gottvertrauen dafür verantwortlich, dass sie nicht findiger nach Möglichkeiten gesucht habe, um ihrem Mann in der schwierigen Situation zu helfen. Zehn Tage später hat sich Elisabeths Gemütslage kaum verändert. Sie sieht in Försters schlechten Nerven als Geschäftsmann die Hauptursache der Katastrophe, bedauert, ihm nicht geholfen zu haben, und klagt über die Schlechtigkeit einer gottlosen Welt. Nach wie vor beschönigt sie die finanzielle Situation der Kolonie und hofft damit, Befürchtungen in der Heimat zu zerstreuen.[5]

Es dauerte geraume Zeit, bis Elisabeth wieder halbwegs festen Grund unter den Füßen hatte. Das Bild ihrer Mitmenschen hellte sich keineswegs auf, und auch den christlichen Glauben scheint sie nicht wiedergefunden zu haben. Elisabeth entwickelte vielmehr langsam eine andere Lebenseinstellung. So äußerte sie am 23. April 1890 gegenüber der Mutter zwar noch Selbstmordabsichten, sah sich aber auch als »eine Art Romanfigur ›Die junge interessante Witwe‹«. Zugleich war sie davon überzeugt, in einer »verächtliche[n] Welt« zu leben, die man »mit den Waffen der Welt bekämpfen (muß)«. Im Juni wurde die neue Haltung deutlicher. Fast trotzig ließ sie die Mutter wissen: »Man ist in der Welt Hammer oder Amboß, nun gut, ich bedanke mich für den Amboß, ich will lieber Hammer sein.«[6] Gewiss finden sich in Elisabeths Briefen der nächsten Monate auch düstere Töne, doch die Lebenslust wird stärker. Die Entscheidung für eine kompromisslose Lebensführung entsprach ihrem Charakter und half beim Überwinden der seelischen Probleme.

Es ist erstaunlich, dass die Nietzsche-Forschung einen Bogen um Elisabeths Briefe aus Südamerika geschlagen hat. Dabei sind sie psychologisch sehr aufschlussreich. Sie illustrieren, mit welcher Intensität Elisabeth die kurz aufeinanderfolgenden Schicksalsschläge erlebte, und geben einen Einblick in die Veränderung ihrer Weltsicht. Die fehlende Empathie zeigt sich in den übergangenen oder nur beiläufig behandelten Motiven wie der Liebe zu ihrem Mann und den immer wieder auftretenden Suizidneigungen. Über die Gründe für das biographische Desinteresse lässt sich trefflich spekulieren; eines jedoch scheint unstrittig. Es gab nach der Katastrophe des Nationalsozialismus wohl niemanden, der sich so sehr als »Sündenbock« der Philosophiegeschichte eignete wie Nietzsches Schwester. Ihr Drang zu öffentlicher Anerkennung wurde effektvoll inszeniert und durch zahlreiche Bilder, etwa vom Empfang Hitlers in der Villa Silberblick, in die Welt getragen. So dürfte es keine Übertreibung, sondern schlicht zutreffend sein, wenn die Schließung des Nietzsche-Archivs nach dem Zweiten Weltkrieg als »stellvertretende Sühneleistung der Weimarer Kulturinstitute« aufgefasst wird.[7]

In der Folgezeit kam es zu einer *Damnatio memoriae*, die in der Ideengeschichte des 20. Jahrhunderts ihresgleichen sucht. Elisabeth Förster-Nietzsche, wie sie nach einem von ihr erwirkten Gerichtsurteil seit

1895 hieß, hatte sich mit beharrlicher Energie in die Geschichte ihres Bruders eingeschrieben. Nun wirkten viele Wissenschaftler daran mit, sie aus dieser Geschichte wieder herauszuschreiben. Ohne sich weiter mit Details zu plagen, mokierte man sich über ihre angeblich geringe Intelligenz oder spottete über ihren kleinbürgerlichen Habitus. Über alldem lag der Schatten des »Dritten Reichs«, auf das ihr gesamtes Leben bezogen wurde. Pars pro toto sei eine Abhandlung Karl S. Guthkes genannt, der wir ihren eindrucksvollen Brief an Binswanger vom 23. März 1889 verdanken. In kühnem Vorgriff auf Zukünftiges deutete der renommierte Germanist das höchst private Dokument als »Geburt des Propheten Nietzsche aus dem Ungeist der faschistoiden Schwester«.[8]

Im Grunde betrachtete man Elisabeth Förster-Nietzsche seit 1945 als »Unperson«, die das genaue Studium nicht lohne. Schließlich sei es vollkommen klar, dass sie mit ihren Machenschaften ein tieferes Verständnis von Nietzsches Philosophie verhindert habe. Dies gelte vor allem für die in Deutschland dominierenden Vorstellungen mit ihrer unheilvollen Verherrlichung des menschlichen Machtwillens. Nicht selten schrieb man missliebige Auffassungen des Meisterdenkers, etwa aus der Rassenlehre oder der Eugenik, dem unheilvollen Einfluss der Schwester zu. Dies verriet nicht nur geringen historischen Sinn, es beachtete auch viel zu wenig den experimentellen Charakter von Nietzsches Gedanken und die perspektivischen Brechungen seiner Aussagen.[9]

Eine Schlüsselrolle bei der Einschätzung der Schwester spielte Karl Schlechta, der zwischen 1934 und 1941 im Nietzsche-Archiv gearbeitet und sich ein eigenständiges Urteil über dessen Editionspraktiken gebildet hatte. Seine Mitte der fünfziger Jahre im Hanser Verlag erschienene Ausgabe dokumentierte akribisch, wie manipulativ Elisabeth Förster-Nietzsche mit den Texten ihres Bruders umgegangen war. Dies betraf sein angebliches Hauptwerk *Der Wille zur Macht*, aber auch viele Briefe. Schlechta zog aus den philologischen Befunden eine eindeutige Konsequenz: »Wer sich für die Schwester entscheidet«, heißt es kategorisch, »entscheidet sich gegen Nietzsche; man kann nicht das eine tun und das andere lassen.«[10] Vor diesem Hintergrund wirkt es allerdings halbherzig, wenn er bei der Edition des Nachlasses primär auf jene Texte rekurrierte, die bereits 1906 im *Willen zur Macht* zu finden waren.

Ganz auf »Entmythologisierung« setzte Mazzino Montinari, als er um 1970 die *Kritische Gesamtausgabe* Nietzsches in Angriff nahm. Ihm ging es vor allem darum, den in Weimar propagierten Nietzsche-Kult als verhängnisvolle Ideologisierung eines kritischen Geistes zu erweisen.[11] Die von Montinari geforderte »Entschwesterung« Nietzsches hat freilich ihrerseits bedenkliche Konsequenzen. Gleichsam unwillkürlich führt sein Postulat zu einer Unterschätzung von Elisabeths Bedeutung und einer ungerechtfertigten Einschränkung des Quellenkorpus der Nietzsche-Forschung. Denn zahlreiche aussagekräftige Zeugnisse stehen nun einmal in unmittelbarem Zusammenhang mit ihr und dem Nietzsche-Archiv. Überdies stellt sich die Frage, wie weit Montinaris Ansatz in historischer Hinsicht trägt. Schließlich waren es gerade die von der Schwester in Umlauf gesetzten Mythen, die ihre Zeitgenossen in den Bann schlugen und Breitenwirkung entfalteten. Bis heute ist die Spur der von ihr erfundenen Geschichten in der Nietzsche-Biographik unübersehbar.

Dabei steht außer Frage, dass Elisabeth Förster-Nietzsche als Fälscherin beträchtliche Energie entwickelte. Christian Niemeyer hat vollkommen recht, wenn er ihre vielfältigen Eingriffe in die Dokumentenlage betont.[12] Doch ist es alles andere als einfach, wie man damit umgehen soll. Denn Nietzsches Schwester hat weniger neue Dokumente fabriziert als bereits vorhandene Zeugnisse manipuliert. Datierungen wurden verändert, Namen ausradiert und überschrieben oder kurze Passagen hinzugefügt. Welche Motive hinter den Texteingriffen stehen, ist nur am jeweiligen Einzelfall zu klären. Aber auf diese Schriftstücke grundsätzlich zu verzichten hieße, die Möglichkeiten der Nietzsche-Forschung erheblich einzuschränken. Auch der hier zitierte Brief an die Mutter vom 22. Juni 1888 weist »Bearbeitungsspuren« auf und bietet doch wichtige Aufschlüsse über Elisabeths Gemütslage nach dem Tod ihres Mannes.

Seit einiger Zeit mehren sich die Publikationen über Elisabeth Förster-Nietzsche, die durch ihren riesigen Weimarer Nachlass inspiriert sind. Vom Umfang überragt er noch Goethes hinterlassene Papiere, ist mittlerweile gut erschlossen und belegt eindrucksvoll, wie viel ihr das Urteil der Nachwelt bedeutete. Elisabeths ausgedehnte Korrespondenz demonstriert nicht nur ihre Arbeitskraft, sondern zeigt auch ihren hohen Vernetzungsgrad in künstlerisch und intellektuell bestimmenden Kreisen. Keine Frage – Nietzsches Schwester verstand es, Menschen für sich einzunehmen und Werbung in eigener Sache zu betreiben. Ihr Einfluss erklärt sich schon allein daraus, dass sie mehr als vierzig Jahre bestimmte, wer Originaltexte Nietzsches zu sehen bekam und zitieren durfte. Doch so reich die Quellenlage ist, es wäre eine Illusion, den Nachlass auch nur annähernd für vollständig zu halten. Gelegentlich hat man sogar den Eindruck, als ob gerade das wichtigste Stück fehlt. Jedenfalls besteht kein Zweifel daran, dass die erhobenen Dokumente erst nach eingehender kritischer Prüfung verwendet werden können. Zu genau wusste Elisabeth um die Bedeutung mythenbildender Erzählungen, zu dominant war ihre Position im Weimarer Archiv und zu »elastisch« ihr Umgang mit dem jeweiligen Zeitgeschmack, als dass man die von ihr geschaffene Überlieferung schlicht für bare Münze nehmen könnte.

Eine umsichtige Edition ihrer Korrespondenz mit Harry Graf Kessler verdanken wir Thomas Föhl. Sie zeigt, dass die auf Rudolf Steiner zurückgehende Ansicht von Elisabeths »philosophischer Ahnungslosigkeit« in dieser Simplizität nicht stimmen kann. Ausgiebig diskutierte sie inhaltliche Detailfragen von *Der Wille zur Macht* und bestimmte früh die kanonische Lesart ihres Bruders. So weit die politische Wertewelt des »roten Grafen« und Elisabeths auch auseinanderlagen, bis zum Ersten Weltkrieg fanden sie immer wieder eine gemeinsame Basis. Auch wenn Kessler gelegentlich über Idiosynkrasien in der Villa Silberblick den Kopf schüttelte, ist sein Respekt für Nietzsches Schwester offenkundig. Nicht zuletzt stieß er für sie das Tor zur guten Gesellschaft auf und sorgte für Kontakte, die sich rasch als nützlich erwiesen. Elisabeth Förster-Nietzsche zahlte hingegen primär mit »symbolischer Münze«, indem sie Einblick in ungedruckte Manuskripte gewährte und Nähe zu einem Jahrhundertgenie suggerierte.[13]

Die biographischen Studien schwanken im Urteil über sie. Carol Diethe unterstreicht Elisabeths instrumentelle Einstellung zur Welt. Bei aller

Bewunderung des Bruders habe sie stets auf den eigenen Vorteil geachtet und ihren Ruhm auf den privilegierten Zugang zu seinen Manuskripten gegründet. Ihr von Eifersucht geprägtes Verhältnis zum brillanten Bruder entlarve die nähere Analyse als »parasitär«. Ein deutlich positiveres Bild entwirft Kerstin Decker. Angesichts der schwierigen Überlieferung sei eine überzeugende Nietzsche-Ausgabe für Elisabeth unmöglich gewesen. Ihre Sammlungstätigkeit, biographischen Publikationen und Editionen verdienten jedoch Anerkennung und hätten die Grundlage für alles Weitere gelegt. Die Bejahung des Nationalsozialismus erkläre sich hingegen primär aus Elisabeths Mediokrität.[14]

Beide Bücher verbindet das teleologische Geschichtsverständnis. Das Deutsche Kaiserreich wird als zutiefst autoritäre Gesellschaft betrachtet, in der die Fehlentwicklungen des 20. Jahrhunderts bereits angelegt gewesen seien. Doch der »deutsche Sonderweg«, der einst so vieles erklären sollte, hat seine Überzeugungskraft verloren. Statt der obrigkeitsstaatlichen Prägungen in Deutschland betont man heute die rasante »Verwandlung der Welt« (Jürgen Osterhammel), die in allen auf Industrialisierung setzenden Nationalstaaten ähnliche Problemszenarien schuf. In dieser Perspektive erscheint Europa als Kontinent, der um 1900 zwar den Globus beherrschte, aber die dynamischen Veränderungen sozialer, wirtschaftlicher und kultureller Natur kaum noch auszutarieren verstand. Wie überfordert seine politischen Eliten tatsächlich waren, zeigt die Entstehung des Ersten Weltkrieges, deren Irrationalität Christopher Clark plastisch vor Augen geführt hat.[15]

Elisabeths Leben umspannte zudem vom Vormärz bis zum »Dritten Reich« sehr verschiedene Perioden deutscher Geschichte. Zumeist reagierte sie nicht passiv auf zeitgenössische Vorstellungen, sondern wusste genau, was sie wollte: die irdische Vergöttlichung ihres Bruders und bleibenden Ruhm für sich. Letztlich richtete Elisabeth Förster-Nietzsche ihr Verhalten primär am Erfolg aus, weshalb es stark situativen Charakter trägt. Dementsprechend wichtig sind die historischen Kontexte, in denen sie sich durchsetzte. Dies führt zu einer Verschiebung der Untersuchungsperspektive. Angesichts des erfolgreichen Ideenmarketings stellt sich weniger die Frage, wie es um Elisabeths Wahrhaftigkeit bestellt war, sondern wie sie es schaffte, einer breiten Öffentlichkeit das Bild einer redlichen Idealistin zu vermitteln. In jedem Fall war es keine kleine Leistung, in ganz unterschiedlichen Situationen den Ton der Stunde zu treffen.

Nietzsches Schwester zu verstehen ist alles andere als einfach, fehlt es doch oft an Dokumenten, welche die Motive ihres Handelns offenlegen. Umso mehr überrascht die Eindeutigkeit der bisher gefällten Urteile. Aussagen zur Familiengeschichte folgen nicht selten den von Elisabeth erfundenen und geglätteten Narrativen. Dabei ist die kritische Analyse ihrer Veröffentlichungen für eine umfassende Deutung ihres Lebens unabdingbar. Angesichts der Schwierigkeit des Themas liegt derzeit ein zurückhaltender Umgang mit Werturteilen nahe, die in der Geschichtswissenschaft ohnehin heikler sind, als gemeinhin angenommen wird. Gerade bei Nietzsches umtriebiger Schwester spricht manches für die Haltung Marc Blochs: »Es ist so einfach, ›an den Pranger!‹ zu rufen. Wir verstehen niemals genug.«[16]

Generell sollten sich Biographen vor Übertheoretisierung hüten. Die meist reichlich sprudelnden Quellen täuschen über ihre Kontingenz hinweg und wecken die Illusion von Vollständigkeit. Dem »unlogischen Widersinn des Lebens«, von dem Robert Louis Stevenson spricht[17], wird man jedoch mit in sich stimmigen biographischen Entwürfen schwerlich gerecht. Gerade wenn man es mit einer ebenso berechnenden wie fabulierfreudigen Frau wie Elisabeth Förster-Nietzsche zu tun hat, ist bei apodiktischen Urteilen und kühnen Sinnkonstruktionen Vorsicht geboten. Stattdessen hilft nicht selten die Heranziehung weiterer Quellen. Und vieles spricht dafür, die Orte des Geschehens selbst in Augenschein zu nehmen. Dies schärft die historische Vorstellungskraft und ermöglicht überraschende Einsichten. Beispielsweise beurteilt man Elisabeths idyllische Beschreibungen Paraguays anders, wenn man ein eigenes Bild des bis heute bitterarmen Landes gewonnen hat.

Der kritisch-verstehende Ansatz zielt nicht auf Skandalisierung, sondern auf die Gewichtung von Nuancen. Elisabeths Bedeutung für das Leben ihres Bruders ist zu komplex, als dass eine holzschnittartige Darstellung angemessen sein könnte. Vielmehr handelt es sich um die schwierige Aufgabe, eine heftig kritisierte Person, zu der sich leicht verfängliches Material finden lässt, nicht schwärzer, sondern schärfer zu sehen. Damit verbunden ist ein zentrales methodisches Problem. Erstaunlich häufig werden in der Ideengeschichte die Schlachten der Vergangenheit noch einmal geschlagen und mit eindeutigen Werturteilen versehen. Doch weder umstandslose Ablehnung noch direkte Identifikation helfen bei der Deutung vergangener Sinnhorizonte. Nötig ist das Erfassen der konkreten Situation. Quentin Skinners Maxime zum Umgang mit ideenhistorischen »Klassikern« ist auch im Falle Elisabeth Förster-Nietzsches hilfreich: Es gelte »herauszufinden, was ein Autor zu der Zeit, in der er schrieb, dem Publikum, das er ansprechen wollte, durch das Machen der Äußerung tatsächlich mitzuteilen beabsichtigte«.[18] Dies führt nicht zum »Hineinsehen« in einen anderen Menschen; das bleibt mit geisteswissenschaftlicher Methodik unerreichbar. Aber man erhält einen Eindruck von den Motiven, die menschliches Handeln zu einem bestimmten Zeitpunkt leiteten und seine Wertvorstellungen bestimmten.

Zudem sollte ein realistisches Bild der Kräfte gezeichnet werden, gegen die sich Elisabeth behaupten musste. Schon in juristischer Hinsicht war dies nicht einfach. Während Männer im Deutschen Kaiserreich mit 24 Jahren volljährig wurden, »standen Frauen lebenslang unter der Vormundschaft ihres Vater, Bruders oder [...] Ehemannes«.[19] Auch eine gute Ausbildung war schwer zu bekommen, endete doch für die meisten Mädchen die Schule bereits mit vierzehn Jahren. Überdies waren die Universitäten eine Männerdomäne, in der zu Beginn des Kaiserreichs schon das Einschreiben als Gasthörerin Schwierigkeiten bereitete. Doch wer nur das Ausmaß der Frauenunterdrückung betont, übersieht leicht das Entscheidende. Mit der enormen Vermehrung des Reichtums und der steigenden Bedeutung des Bürgertums verloren die angestammten Geschlechterrollen einen Gutteil ihrer Selbstverständlichkeit. Wie sehr die Dinge in Bewegung gerieten, lässt sich daran erkennen, dass im Ausgang des 19. Jahrhunderts wichtige politische Strömungen wie die Sozialdemokratie oder der Linksliberalismus die Frauenemanzipation auf ihre Fahnen geschrieben hatten. An den Universitäten setzten sich immer mehr fortschrittlich gesinnte Akademiker für das Frauenstudium ein. Und Frauen nutzten die neuen Chancen, wie viele selbstbewusste Lebensläufe von Lilly Braun bis Clara Zetkin dokumentieren.

Den vorhandenen Möglichkeitsraum sollte man nicht marginalisieren, sonst drohen die Langeweile der Schwarzweißmalerei und die Unschärfe reiner Spekulation. So hilft es wenig, wenn Klaus Goch darüber phantasiert, welch großartige Chancen sich Elisabeth mit der Ausbildung ihres Bruders eröffnet hätten.[20] Auch Nietzsches Schwester musste mit der Welt, wie sie nun einmal war, zurechtkommen. Zudem lässt sich Geschichte nicht im Was-wäre-wenn-Modus erzählen; weil historische Aussagen sich auf einen unverwechselbaren Ort und eine unverwechselbare Zeit beziehen. Anderenfalls droht ihnen das Odium der Beliebigkeit. Elisabeth Förster-Nietzsches Haltung zum Feminismus ist keineswegs uninteressant. Zwar betonte sie ihre Reserven gegenüber der Frauenbewegung, doch hatte sie ihre Schlüsselfiguren wie Gertrud Bäumer und Helene Stöcker in Weimar zu Gast und hofierte sie nach Kräften. Nietzsches Schwester war sich darüber im Klaren, wie leidenschaftlich Nietzsche von Frauen gelesen wurde, und ging mit den herrschenden Geschlechterstereotypen strategisch um. Gern kokettierte sie damit, sie habe mit ihrem Mann und ihrem Bruder die wichtigsten »Beschützer« verloren und sei deshalb nahezu hilflos. Doch hinter der weiblichen Rolle verbarg sich eine selbstbewusste Persönlichkeit, die sehr wohl ihre Interessen in einer von Männern bestimmten Welt zu verfolgen wusste. Für die Rückprojektion gegenwärtiger Werthorizonte bleibt Elisabeth allerdings ein schwieriges Sujet. Dies liegt schon allein an ihrer rigiden Erziehung und der Fremdheit gegenüber modernen Auffassungen von Intimität. So ist der Keuschheitskult, den sie um ihren Bruder inszenierte, kaum noch verständlich. Doch bietet gerade er einen Zugang zu den Eigenarten und Widersprüchen der Welt um 1900, die mit ihrer Bejahung individueller Lebensstile so leicht zu faszinieren versteht.

In jedem Fall gilt es, Elisabeth als selbständig handelnde Person ernst zu nehmen. Ihr großes Vorbild war Cosima Wagner, die in Bayreuth die weltanschauliche Botschaft ihres verstorbenen Mannes verkündete und in kurzer Zeit ein künstlerisches Imperium aufbaute.[21] Allerdings konnte sie im Unterschied zu Cosima nicht auf ein Erbe und die gesellschaftlich anerkannte Rolle als Witwe bauen. Umso mehr setzte Elisabeth auf ihr symbolisches Kapital als Schwester und stellte ihre familiäre Nähe nachdrücklich heraus. Damit hatte sie beachtlichen Erfolg, galt sie doch bald nach Nietzsches Tod als uneigennützige Verwandte eines Jahrhundertgenies, das sie besser als jeder andere Mensch verstehe. Doch sollte die große Akzeptanz ihrer Lesart der Familiengeschichte nicht darüber hinwegtäuschen, wie hartnäckig sie an ihrer Durchsetzung gearbeitet hatte. Schließlich waren noch andere Nietzsche-Bilder im Umlauf und besaß sie kein Monopol auf die Deutung seiner Philosophie.

Ein zentrales Problem für den Weimarer Nietzsche-Kult stellten die in Basel aufbewahrten Dokumente dar. Sie legten ein anderes Bild des sensiblen Philosophen und seiner innerfamiliären Konflikte nahe und widersprachen manchmal ganz direkt der Deutung Elisabeth Förster-Nietzsches. Als Franz Overbeck in kritischer Absicht darauf hinwies, dass die Welt betrogen sein wolle[22], ahnte er vermutlich nicht, wie recht er hatte. Denn es war gerade die Anpassung an den Publikumsgeschmack, die Elisabeth Förster-Nietzsches Erzählungen von der heroischen Durchsetzungsphantasie bis zur familiären Humoreske ihre Wirkmächtigkeit sicherte. Genau dieser Punkt, die gezielte Erfindung und Verbreitung erfolgreicher Mythen, verdient besondere Aufmerksamkeit. »Fälschungen« sind stets eine ebenso faszinierende wie aussagekräftige Quelle, weil sie viel über Wertmaßstäbe und Träume der Menschen verraten. Und in hohem Grade trifft dies für die Zeit um 1900 zu, als ganz unterschiedliche Verfechter der Moderne in dem Wunsch nach »Wiederverzauberung der Welt« übereinstimmten und faktische Zusammenhänge häufig einer »höheren Wahrheit« geopfert wurden.

Im Falle Elisabeth Förster-Nietzsches ist die Fälschungsproblematik enorm hoch aufgeladen. Denn die Ausgaben des Nietzsche-Archivs begünstigten die nationalsozialistische Indienstnahme des Philosophen und trugen Entscheidendes zu seinem schlechten Ruf in der angelsächsischen

Welt bei. Doch ist dies auch schon länger Geschichte, und so sollte der Deutung ihrer Editionen aus dem jeweiligen historischen Kontext nicht mehr allzu viel entgegenstehen. Überdies sind Fälschungen für Historiker meist kein Skandalon, sondern aussagekräftige Zeugnisse, weil sie die Signatur einer Zeit dechiffrieren helfen. Schließlich gehen sie nuanciert auf Interessen und Wünsche des angesprochenen Publikums ein. Dementsprechend eng ist das Verhältnis zwischen Fälschern und Kritikern, die beide nicht selten ihre Auffassung und die Seiten wechseln. Ohnehin sind Fälscher häufiger geistige Überzeugungstäter als bloße Kriminelle, denen es nur um den materiellen Gewinn zu tun ist.[23]

Weltanschauliche Unterschiede und plakativ vorgenommene Abgrenzungen verlieren im Lauf der Zeit meist viel von ihrer Bedeutung. So galt die von Franz Overbeck begründete Basler Tradition wegen ihres kritischen Impetus lange als das Maß aller Dinge in der Nietzsche-Forschung. Die vielfältigen Initiativen Elisabeth Förster-Nietzsches in Weimar wurden hingegen mit guten Gründen als wissenschaftlich unsolide und deshalb inhaltlich vernachlässigenswert eingeschätzt.[24] Mittlerweile scheint jedoch der Wunsch nach einer grundlegenden Historisierung der frühen Nietzsche-Rezeption an Bedeutung zu gewinnen. Und das hieße vermutlich, dass die Unterschiede zwischen der Basler und der Weimarer Form der Nietzsche-Aneignung an Wichtigkeit verlieren werden. Denn vor dem intensiver betrachteten Zeithintergrund tritt manche bis dato übersehene Ähnlichkeit deutlicher hervor. So wurde Elisabeths Verherrlichung von Nietzsches Keuschheit durchaus auch in Basel geteilt. Carl Albrecht Bernoulli ging 1908 so weit, »Nietzsches androkratisches Selbstbewußtsein« als Folge seiner überwundenen Beziehung zu Lou Salomé panegyrisch zu feiern.[25] Man mag über Bernoullis Ablehnung der »dumpfen Wonnen physischer Mannbarkeit« schmunzeln, doch spiegeln sie nicht nur den schwülstigen Zeitgeschmack. Seine Worte demonstrieren auch, wie wichtig man die Bekämpfung des Vorwurfs fand, Nietzsches Geisteskrankheit gehe auf eine Infektion mit der »Lustseuche« Syphilis zurück.

Elisabeth Förster-Nietzsche waren blühende Phantasie und ein nüchterner Realitätssinn eigen. Schon früh hatte sie sich nach einem abenteuerlichen Leben gesehnt und war ihrem Bruder nach der Berufung gern in die Schweiz gefolgt. Immer wieder wurden in der Literatur die Unterschiede zwischen ihrem Opportunismus und seiner Wahrheitsliebe herausgestellt. Das ist gewiss nicht falsch, aber vermutlich auch nicht die ganze Wahrheit. Denn Nietzsches Schwester hat nicht nur viele seiner frühen Prägungen geteilt, sondern auch sein Bild mehr als jede andere Person geprägt. Umgekehrt hängt unsere Einschätzung Elisabeths nicht unerheblich von der Beurteilung des Philosophen Nietzsche ab. Da die Nietzsche-Lektüre eine ausgesprochen subjektive Angelegenheit ist, steht eine baldige Einigung der Interpreten nicht in Aussicht. So bleibt die Zeit, sich intensiv mit dem Leben der Schwester auseinanderzusetzen, die auf höchst eigentümliche Art eine Zentralfigur der Ideengeschichte geworden ist.

FRÜHE PRÄGUNGEN

Als in der Nacht zum 10. Juli 1846 im Pfarrhaus zu Röcken ein zweites Kind geboren wurde, schien alles in bester Ordnung. Pastor Carl Ludwig Nietzsche und seine junge Frau Franziska hatten erst vor kurzem geheiratet und waren sich von Herzen zugetan. Es handelte sich um eine in der Mitte des 19. Jahrhunderts seltene Liebesheirat. Sechs Tage später wurde das Kind nach den Prinzessinnen des kleinen sächsischen Fürstentums Altenburg auf die Namen »Therese Elisabeth Alexandra« getauft, die der Vater einst unterrichtet hatte. Der schöne Taufspruch aus den Psalmen lautete:

> Der Herr behüte Dich vor allem Übel,
> Er behüte Deine Seele.[1]

Anders als ihr Bruder ließ sich Elisabeth bereitwillig von der Mutter stillen, die das Kind in den nächsten Jahren verhätschelte, während der Vater seine erzieherische Energie auf Friedrich konzentrierte. In dem winzigen zwischen Weißenfels und Lützen gelegenen Ort Röcken, der zwar nur 20 Kilometer von Leipzig entfernt, aber doch schon recht abgeschieden war, muss die junge Familie wie ein Idyll gewirkt haben.

Doch so einfach lagen die Dinge nicht. Ludwig Nietzsche mangelte es an Selbstvertrauen. Nach dem frühen Tod des Vaters, des Superintendenten Friedrich August Ludwig Nietzsche, hatte die Mutter Erdmuthe das Kind einem strengen Regiment unterworfen. Wie es die Familientradition vorsah, sollte auch der Sohn wieder Pfarrer werden. Das belastete ihn schwer; denn er litt unter heftigen Kopfschmerzen und fürchtete, dem Leben nicht gewachsen zu sein. Doch er war guten Willens. Zur Konfirmation schrieb er einen Aufsatz über die Frage: »Warum ist die christliche

Religion die beste?«, den er stolz der Mutter überreichte. In der kleinen Abhandlung betonte er die innere Folgerichtigkeit christlicher Pflichtauffassung und stellte »die deutlichen Begriffe von dem zukünftigen Leben« heraus.[2] Die Ausbildung für seinen Beruf erhielt er in der einst berühmten, inzwischen aber ziemlich heruntergekommenen Internatsschule von Roßleben.

Unter den Schülern hatte der sensible Pastorensohn einen schweren Stand, wie seine zahlreichen Briefe nach Hause zeigen. Bei Alltagsproblemen war Ludwig Nietzsche ebenso passiv wie im menschlichen Umgang gehemmt. Er fand keinen Anschluss an seine Mitschüler, wurde von Einsamkeit geplagt und führte endlose Selbstgespräche. Lediglich seine Musikalität wurde früh erkannt und durch Orgelstunden gefördert; aber dies reichte nicht aus, um die Zeit in Roßleben spürbar aufzuhellen. Ludwig blieb ein braver, aber uninspirierter Schüler mit großen Schwächen in Mathematik und vielen persönlichen Problemen. Sein Heimweh verlor er in der Internatsschule nie, im Schlaf soll er nach der Mutter gerufen haben. Allenthalben ist das Fehlen des Vaters zu spüren, den er mit zwölf Jahren verloren hatte. Dementsprechend problematisch wird Ludwigs Charakter zumeist eingeschätzt.[3] Doch sollte sein beredtes Klagen nicht darüber hinwegtäuschen, dass er durchaus eigene Wege ging. So lehnte er das rationalistische Glaubensverständnis des Elternhauses ab und hegte Sympathien für die »Erweckungsbewegung«, die dem religiösen Erleben hohe Bedeutung verlieh. Den offenen Konflikt mit der Mutter scheute er allerdings. Gleichwohl verdient es festgehalten zu werden, dass Ludwig bei aller Unsicherheit über eine gewinnende Art verfügte und seine beruflichen Pläne ernsthaft verfolgte. Er absolvierte ohne auffällige Krisen zwischen 1833 und 1837 das Theologiestudium in Halle, wobei ihn besonders der führende Kopf der »Erweckungsbewegung« August Tholuck interessierte. Anschließend ging er nach Altenburg und wurde am dortigen Hof Erzieher der drei Prinzessinnen. Der von ihm erteilte Unterricht in Glaubensdingen war zwar nur eine Übergangslösung, aber schon allein aus Prestigegründen durchaus begehrt. Bald nach dem zweiten theologischen Examen hatte Ludwig Nietzsche sein Ziel erreicht. Dank der Vermittlung des Altenburger Herzogs erhielt er am 12. Oktober 1842 auf Geheiß des preußischen Königs Friedrich Wilhelm IV. die Pfarrei in Röcken.[4]

In dem Dorf mit gerade einmal zweihundert Einwohnern wurde der junge Pastor nicht sofort heimisch, aber die Menschen achteten ihn, und er widmete sich eifrig den anstehenden Aufgaben. Besonders hatte es ihm die Homiletik angetan, die schon auf der Universität sein Lieblingsfach gewesen war. Sorgfältig bereitete Ludwig Nietzsche seine Predigten vor, die von der Gemeinde geschätzt wurden. Noch im Oktober 1840 hatte er vor seinem Beruf solche Angst gehabt, dass er dem Leipziger Theologen Götz schrieb: »Mir tönet ins Ohr und Herz, wem viel gegeben ist, von dem wird man viel fordern, und zitternd und zagend ergreift mich oft solche Bangigkeit, daß ich lieber gar nicht ins Amt möchte.«[5] Nun begann Ludwig Nietzsche, an der neuen Aufgabe Gefallen zu finden, und wollte eine Braut heimführen. Seine Wahl fiel auf die jüngste Tochter des Pastors David Friedrich Oehler im nahe gelegenen Pobles.

Die erst siebzehnjährige Franziska Oehler war von dem Antrag überrascht und gerührt. Vermutlich schien es ihr kaum glaubhaft, dass ein angesehener Bewerber um ihre Hand anhielt, während die älteren Schwestern noch warten mussten. Ihre Reaktion auf den Heiratsantrag war heftig und blieb ihr lebenslang in Erinnerung: »Ich war tief bewegt von dem mir über alles Verdienst und Würdigkeit scheinenden Glücke und weinte und weinte.« Freilich sollte bei dieser Schilderung mitbedacht werden, welch hohe Erwartungen sich an eine künftige Pastorenfrau richteten. Dies galt auch für die Familie Nietzsche, in der gern erzählt wurde, dass Franziska zur Zeit des Heiratsantrags noch mit Puppen gespielt habe.[6] In jedem Fall führt kein einfacher Weg zu ihren Motiven. Und vielleicht ist die Frage, was sie wirklich wollte, auch nicht vorrangig. Denn wie hätte das sechste von elf Kindern schon reagieren können, als Ludwig Nietzsche seinen Heiratswunsch am 10. Juli 1843 dem Vater brieflich mitteilte? Die drei älteren Schwestern hatten noch keinen Mann gefunden, während sie den höflichen Pfarrer aus Röcken, der so schön Klavier spielte, seit der ersten Begegnung mochte. Ludwig wiederum schätzte die lebendige junge Frau, die er als »Mann von Welt« mit guten Manieren zu beeindrucken suchte. Die Hochzeit fand an seinem 30. Geburtstag am 10. Oktober 1843 in der Röckener Kirche statt. Der Bräutigam war außer sich vor Freude und hielt eine schwungvolle Hochzeitsrede. Allerdings passierte ihm ein Missgeschick; beim Öffnen der Haustür zerbrach auf der einen Seite »das ganze untere Fach«.[7] Als böses Omen hat dies wohl niemand gedeutet – schließlich bringen Scherben Glück. Die frisch Vermählten hatte freilich bald der Alltag wieder.

Ludwig Nietzsche war mit seiner Mutter Erdmuthe und seinen beiden Schwestern Auguste und Rosalie nach Röcken gezogen, damit sie ihn bei der Arbeit unterstützen. Nun musste sich Franziska mit den drei Frauen arrangieren. Insbesondere bei Erdmuthe fiel dies schwer, war sie doch seit langem zu bestimmen gewohnt und hatte an der ihrer Ansicht nach allzu kindlichen Schwiegertochter manches auszusetzen. Franziska, die sich in der fremden Umgebung unsicher fühlte, musste viele Dinge lernen – und gehorchen. Sie sehnte sich nach der vertrauten Atmosphäre in Pobles zurück und hoffte zugleich darauf, dass ihr Mann sie bei den täglichen Auseinandersetzungen unterstützen werde. Doch Ludwig ging jedem Konflikt mit der durchsetzungsfähigen Mutter aus dem Weg.

Nach der Geburt des ersehnten Stammhalters am 15. Oktober 1844 verbesserte sich Franziskas Stand in der Familie spürbar. Nun herrschte der Eindruck vor, mit ihr sei doch die richtige Schwiegertochter ins Haus gekommen. Ludwig Nietzsche freute sich sehr über seinen Sohn, der am Geburtstag des preußischen Königs zur Welt gekommen war. Bei der am 24. Oktober gehaltenen Taufpredigt über die »Güte des Allmächtigen« zog er in der Röckener Kirche alle Register seines Könnens.[8] Nachdrücklich hob er seine euphorische Stimmung hervor, als er »des lieben Kindes erste[n] Schrei« gehört habe. Ludwig rühmte die »jugendliche Mutter«, die sich noch nicht wieder erholt hatte und deshalb dem Taufgottesdienst fernbleiben musste, und zeigte sich gewiss, dass Gottes Segen auf dem Pfarrhaus ruhen werde. Gleichzeitig ließ er keinen Zweifel daran, wie viel ihm die Ernennung zum Pastor durch den preußischen König bedeutete. Deshalb hielt er es für gänzlich unstrittig, dass der Knabe »zur Erinnerung an meinen königlichen Wohlthäter« den Namen Friedrich Wilhelm führen sollte.

An der Entwicklung seines Sohnes nahm Ludwig Nietzsche regen Anteil; allein die Pflichten eines Familienvaters überforderten ihn schon bald. Erschöpft und verzweifelt teilte er seinem Freund Emil Julius Schenk im Januar 1845 mit: »Ich fühle mich in Allem so erbärmlich, daß ich froh bin, nur ein Landpastor zu sein, und nur im Kleinen und Stillen wirken zu können – von den hochfahrenden Gedanken, einmal in eine große Stadt zu kommen, habe ich längst Abschied genommen.«[9] Offenkundig war Ludwig dem Leben kaum gewachsen, doch vor der Familie und in der Gemeinde hielt er die Fassade des tüchtigen Landgeistlichen noch eine Weile aufrecht. Aber am Neujahrsmorgen 1846 kam es zu einem Ereignis, das sich nicht mehr vertuschen ließ. Hochgradig erregt von einem Streit mit dem Dorflehrer Gustav Dathe über dessen Eheprobleme, erreichte Ludwig Nietzsche gerade noch die Röckener Kirche. Am ganzen Körper zitternd, brach er zu Beginn des Gottesdienstes weinend vor dem Altar zusammen. Seinem Freund Schenk teilte er mit, dass er aus Angst vor einer Wiederholung in den nächsten zwei Wochen aufs Predigen verzichtet habe.[10] Dies war sicher naheliegend, aber die Gemeinde wird sich trotzdem ihren Teil gedacht haben. Und gewiss hatte das traumatische Ereignis eine Dauerwirkung auf den verunsicherten Pastor.

Doch das Leben ging weiter. Franziska verstand mittlerweile, dass ihr Mann viel schwächer war, als sie ihn sich bei der Eheschließung vorgestellt hatte. Sie kümmerte sich nicht nur um den Haushalt, sondern nahm auch beträchtlichen Anteil an der Kindererziehung. Insbesondere beschäftigte sie sich mit der temperamentvollen Tochter, der sie manches durchgehen ließ und die schon früh ein kesses Auftreten an den Tag legte. In Röcken blieb dies nicht unbemerkt. Eine Bekannte riet Franziska ganz direkt, sie solle Elisabeth nicht zu vorlaut werden lassen.[11] Ein Beinbruch waren solche Einmischungen jedoch nicht, sondern wohl eher die Regel in einer ländlichen Welt, in der jeder jeden kannte. Ohnehin galt die größere Aufmerksamkeit dem Erstgeborenen, der vom Vater mit fürsorglicher Strenge erzogen wurde. Die Adventszeit 1847 verlief entspannt. An Erdmuthes Geburtstag, dem 17. Dezember, hatten die Kinder einen ersten Auftritt. Fritz »sagt einen kleinen Vers auf«, und »Elisabeth stammelt ein

Ludwig Nietzsche in Amtstracht

paar Worte«.[12] Als im Februar 1848 ein zweiter Junge geboren wurde, war die Freude im Pfarrhaus groß. Er erhielt nach dem Altenburger Herzog den Namen Joseph und wurde bald zum Liebling der Familie. Sorgen kamen in anderer Hinsicht auf.

Der konservativ eingestellte Vater beurteilte die sich abzeichnenden gesellschaftlichen Veränderungen mit feindseliger Härte. Bereits in seinem ersten Amtsjahr hatte er den »Centralverein evangelischer Theologen der Provinz Sachsen« gegründet, der sich sozialreformerischen Initiativen der Kirche entgegenstellte. Angesichts des Massenelends in den 1840er Jahren, von denen der Protest der schlesischen Weber bis heute in Erinnerung geblieben ist, mag diese Entscheidung überraschen. Aber sie entsprach Ludwig Nietzsches Erziehung, der überdies seine Position dem rückwärtsgewandten preußischen König verdankte. Politisch zu denken hatte der Pastor nicht gelernt. Er deutete die Unruhen der Gegenwart als Zeichen für Gottes Zorn über die Glaubensferne der Menschen und war weit davon entfernt, sie als Folge einer ökonomischen Anpassungskrise zu verstehen. Bezeichnenderweise setzte sich in den 1840er Jahren, als zeitweise mehr als 175 000 Arbeiter beim Eisenbahnbau beschäftigt wurden, der Ausdruck »Industrielle Revolution« in Deutschland durch.[13]

Die Märzrevolution war für Ludwig Nietzsche ein Schock. Fahnen schwingende Revolutionäre kamen auf ihrem Weg nach Leipzig durch

Röcken und verkündeten den Untergang der bestehenden Ordnung. Als leidenschaftlicher Anhänger von Thron und Altar fand es Ludwig unfassbar, dass der preußische König sein Haupt vor den Berliner »Märzgefallenen« entblößt hatte. Er schloss sich in sein Arbeitszimmer ein und weinte. Wie empört der Pastor war, belegt sein Brief an Emil Julius Schenk vom 27. März 1848. Den Tod von Revolutionären beurteilte er als »gerechtes Verhängnis Gottes, womit er die Radicalen und Liberalen […] bestraft hat«, zugleich litt er darunter, dass sich Friedrich Wilhelm IV. vor den Revolutionären erniedrigt habe. Eine Rechtfertigung für die gewaltsame Veränderung der Gesellschaft konnte der überzeugte Anhänger des monarchischen Prinzips nirgendwo erkennen. Ja, er ging in seiner Enttäuschung so weit, den preußischen König für tot zu erklären.[14]

Im September 1848 erkrankte Ludwig Nietzsche. Er hatte rasende Kopfschmerzen, musste sich unter Krämpfen erbrechen und litt unter Gedächtnisverlust. Die Mutter bemühte sich darum, sein Leiden von den Kindern fernzuhalten, doch ist ihr dies nur bei den jüngeren gelungen. Friedrich war bereits alt genug, um das Elend bewusst zu erleben. Wie tief ihn die Geschehnisse bewegten, zeigt eine mit vierzehn Jahren verfasste Lebensbeschreibung. Bewusst arbeitete er einen scharfen Kontrast zwischen der friedlichen Zeit vor der Erkrankung des Vaters und der Zeit danach heraus, die durch »Angst und Spannung« charakterisiert gewesen sei.[15] In Röcken wusste man keinen Rat. Die in der Familie beliebten homöopathischen Heilmittel versagten vollständig. Die Schulmedizin war schon bei der Diagnose überfordert.

Die Krankheit des Vaters zog sich über viele Monate hin. Immer wieder wurde die Stille im Haus durch seine Schreie erschüttert. Ludwig Nietzsche versöhnte sich nicht mit seinem Schicksal, sondern rebellierte gegen den Tod. Im Pfarrhaus wurde unablässig für den Kranken gebetet, doch der körperliche Verfall schritt voran. Am 2. Dezember 1848 schrieb er seinen letzten Brief. Er endete mit den Worten: »[I]ch grüße Euch Lieben mit Herz und Hand! Später mehr! Ludwig Nietzsche.«[16] In den letzten Wochen war er vollständig erblindet, konnte nur noch lallen und musste gefüttert werden. Als er am 30. Juli 1849 starb, verlor die Familie ihren symbolischen und realen Mittelpunkt. Lange hatte man sich im Pfarrhaus auf Ludwigs Tod einstellen können und war bei seinem Eintreten doch überfordert. Die Wucht des Ereignisses spiegelte sich im Tagebuch seiner Schwester Rosalie. Zwar freute sie sich, dass Ludwig »nun erlöst von allen, allen Leiden« sei, doch noch mehr bedauerte sie die trauernde Familie, die fortan auf seine liebevolle Güte verzichten müsse.

Für Franziska Nietzsche, die ganz auf ihren Mann gebaut hatte und nun mit ihren drei kleinen Kindern allein dastand, war der Tod eine Katastrophe. Aber es sollte noch schlimmer kommen. Im Januar 1850 erkrankte der noch nicht einmal zwei Jahre alte Joseph und starb vollkommen überraschend. Die junge Witwe war verzweifelt. Bis an ihr Lebensende konnte die fromme Frau diesem Tod keinen Sinn abgewinnen. Ihr Sohn Friedrich teilte in seinen Autobiographien von 1858 und 1861 mit, dass er in der Nacht vor Josephs Tod von dem schrecklichen Ereignis geträumt habe.[17] Der Tatsachengehalt dieser Aussage lässt sich kaum bestimmen, aber sie legt doch nahe, dass der Fünfjährige den Tod seines Brüderchens ausgesprochen schwer nahm. Zu allem Überfluss musste die Familie das Pfarrhaus für den Amtsnachfolger räumen.

Franziska stand vor einer schweren Entscheidung. Sollte sie mit den Kindern in ihr Elternhaus zurückkehren oder bei den Nietzsches bleiben? Sie wählte vermutlich die schlechtere Lösung und zog mit ihnen im April 1850 nach Naumburg – im Unterschied zu Röcken kein Dorf, sondern eine Stadt mit mehr als 13 000 Einwohnern. Es spricht einiges dafür, dass sie damit dem Willen ihres Mannes nachkam, der seine eigene Familie höher schätzte als die seiner Schwiegereltern. Die Nietzsches bezogen eine Wohnung in der Innenstadt. Die besseren Räume bekamen Erdmuthe und ihre Töchter. Franziska und die beiden Kinder mussten sich mit zwei »sonnenlosen Hinterzimmer[n]« begnügen. Eines bezog die Mutter, das andere teilten sich Elisabeth und ihr Bruder. Als »Kostgängerin« konnten sie bei der strengen Schwiegermutter keine Ansprüche stellen.[18]

Die mittelalterliche Tradition spielte für Naumburg trotz des eindrucksvollen Doms nur eine untergeordnete Rolle; denn Mitte des 19. Jahrhunderts stand das deutsche Geistesleben im Zeichen der Antike. Zudem hatte die Stadt, obwohl die Industrialisierung nur schleppend vorankam, Anschluss an moderne Entwicklungen gefunden. Sie bildete das Verwaltungszentrum der preußischen Provinz Sachsen und bot zahlreichen Beamten Arbeit; am meisten Ansehen genoss das Oberlandesgericht. 1846 bekam Naumburg einen Bahnhof, der die Stadt mit Halle und Erfurt verband. 1857 wurde eine Gasanstalt eingerichtet, zwei Jahre später eine Telegraphenstation.

Im Nachmärz verfügten die Konservativen über beträchtlichen Einfluss in der Stadt. Ihr Konservatismus war eine hochmoderne Angelegenheit. Seine zentrale Voraussetzung lag in der Revolution von 1848, die in Sachsen besonders turbulent verlaufen war. Nach dieser Erfahrung stimmten viele Menschen darin überein, dass man einen gewissen Wandel akzeptieren müsse, wenn man die eigenen Traditionen bewahren wolle. Zudem hatten die Revolutionsereignisse vor Augen geführt, wie wichtig die militärischen Machtverhältnisse bei gesellschaftlichen Konflikten waren. Im Hause Nietzsche spielten hingegen weltanschauliche Motive die entscheidende Rolle. So schätzte Rosalie, die an Friedrich Nietzsches Entwicklung besonderen Anteil nahm, den Mitbegründer und programmatischen Kopf der konservativen Partei Friedrich Julius Stahl. Dabei dürfte weniger die spektakuläre Karriere des getauften Juden eine Rolle gespielt haben, der als Ordinarius für Rechtsphilosophie an der Berliner Universität eine Berühmtheit war, als sein Neuluthertum und seine grundlegende Ablehnung der Gegenwart. Die Wissenschaft betrachtete Stahl nur dann als gerechtfertigt, wenn sie den menschlichen Glauben unterstützte. Den Liberalismus kritisierte er scharf wegen seines fehlenden sozialen Verantwortungsgefühls und maßlosen Vertrauens in politische Neuerungen.[19]

Derlei tiefschürfende Gedanken bewegten Franziska Nietzsche nicht. Sie fühlte sich unwohl in der Stadt und sehnte sich nach der vertrauten ländlichen Atmosphäre. Das Zusammenleben mit den drei älteren Frauen war gewiss alles andere als einfach. Immer wieder wurde Franziska von der Schwiegermutter gemaßregelt, die selbst drei Kinder ohne Mann großgezogen hatte. Das Bildungsgefälle zwischen den beiden Frauen wird die Situation nicht erleichtert haben. Noch ohne eigene Freunde, war der

Anfang in Naumburg für Franziska ausgesprochen schwer. Das schmale Witwengeld und die Beihilfe des Altenburger Hofs reichten gerade für das Nötigste. Im Schlaf knirschte sie mit den Zähnen.[20] Auch die Kinder hatten nach dem Umzug Anpassungsschwierigkeiten. Sie empfanden die Atmosphäre in den engen Gassen der Stadt als bedrohlich und sehnten sich nach den Feldern um Röcken. Doch nach einer gewissen Zeit gewöhnten sie sich an die neue Situation. Im Naumburger Frauenhaushalt, zu dem auch noch das Hausmädchen Wilhelmine Arnold gehörte, drehte sich viel um Friedrich Nietzsche und dessen Befindlichkeit. Die Schwester scheint dies klaglos hingenommen zu haben.

Elisabeths Kindheitsbriefe an die Mutter mögen gelegentlich wie Pflichtübungen wirken, beweisen aber dennoch echte Nähe. Sie sind fast durchgängig von einem freundlichen Ton getragen. Bemerkenswertes Geschick zeigte sie im Verseschmieden. Bereits zum Jahresbeginn 1857 verfasste sie folgende Zeilen, mit denen sie dem mütterlichen Idealbild zu entsprechen suchte:

Aber kann ich denn auch sorgen,
Ich ein Kind an Leib und Geist?
Kann nur lieben und gehorchen,
Weiß noch kaum, was sorgen heißt.
All mein Sorgen noch besteht
Nur in Wünschen und Gebet.

Ein Jahr später fiel der »Glückwunsch zum Jahresbeginn« noch souveräner aus. Sein Thema ist die Geborgenheit, die ein Kind nur bei der Mutter finden kann. Das Gedicht beginnt mit den Strophen:

Des Jahres erster Morgen
Erwecket meinen Sinn
Dir, lieber Gott, zu danken,
Daß ich noch leb und bin.

Daß meiner Mutter Treue
Noch immer für mich wacht
Und meiner Kindheit Pfade
Mir leicht und sicher macht.[21]

Es ist schwer vorstellbar, dass diese Verse im Familienkreis nicht gelobt wurden.

Elisabeth hat später gern die Strenge ihrer Erziehung herausgestellt, und da ist gewiss auch einiges dran. Denn Erdmuthe, die sich von ihren Töchtern ein Leben lang siezen ließ, wird auf die Einhaltung vieler Regeln geachtet haben. Franziska hatte kaum eine andere Wahl, als sich anzupassen. Beispielsweise studierte sie intensiv Dorothea Valentiners Ratgeber *Über Erziehung und Unterricht des weiblichen Geschlechts*, der ein traditionelles, von der Religion geprägtes Frauenbild verfocht.[22] Der Tod ihres Mannes beschäftigte Franziska jahrelang. Immer wieder zog es sie zu dem mit einem Rosenstock bepflanzten Grab, wo sie mit dem Verstorbenen Zwiesprache hielt. Das Zentrum ihrer öffentlichen Aktivitäten lag in der Naumburger Gemeinde. Gleichwohl sollte von alldem nicht in den Hintergrund gedrängt werden, dass Franziska ein viel fröhlicheres Gemüt als ihre Schwiegermutter besaß. Natürlich hatten die Kinder zu gehorchen, aber es gab auch Quellen regelmäßiger Freude. Sie liebte es, die Kinder auf den Schultern ins Bett zu bringen und dort hineinplumpsen zu lassen. Elisabeths Briefe sprechen jedenfalls nicht für größere Angst vor der Mutter. So berichtete ihr die ganz junge Elisabeth von einem Besuch bei den Großeltern: »Am Morgen ziehe ich mich allein an dann gehe ich herunter und die Tante macht mir die Haare dann drinke ich und die Tante an der Pumpe ein Glas frisches Wasser dann habe ich meine Milch und springe draußen herum. [...] Der kleine Kuchen ist für Fritz.«[23] Generell scheint sich Elisabeth in dem Frauenhaushalt gut eingefügt zu haben. Sie besaß eine rasche Auffassungsgabe und Sinn für die familiären Eigenheiten. Natürlich musste sie im Haushalt mithelfen, doch lasteten auf ihr weniger Ansprüche als auf dem Bruder. Schon früh stand fest, dass er in die Fußstapfen des Vaters treten und Pastor werden solle. Elisabeths Werdegang nahm man nicht so wichtig. Die Mutter riet ihr sogar von übertriebener Lektüre ab, weil zu hohe Bildung den Wert auf dem Heiratsmarkt beeinträchtigen könne. Gleichwohl freute sie sich auch bei der Tochter über gute Schulleistungen.

In mancher Hinsicht war Elisabeths Jugend normaler, als sie gewöhnlich gezeichnet wird. Wie ihr Bruder fieberte sie jedes Jahr dem Weihnachtsfest mit seinen Geschenken entgegen. 1856 waren dies etwa verschiedene »Püppchen«, während sich Friedrich über Schlittschuhe und Noten freute. Andere Geschenke hatten erzieherische Bedeutung. So erhielten beide Kinder ein »Tagebuch [...] Schreibebücher Stahlfedern und Stahlfederhalter« und damit implizit die Aufforderung, über sich selbst Rechenschaft abzulegen. Die Tagebücher wurden alsbald genutzt.[24] Auf den Ratschlag einer Freundin schickte Franziska ihre Tochter auf die höhere Töchterschule. An der Naumburger Lehranstalt von Frau Paraski solle Elisabeth alle Dinge erlernen, die für ihr zukünftiges Leben notwendig seien. Doch das Unterrichtsniveau war beklagenswert gering. Es ging fast ausschließlich um praktische Fähigkeiten, während Fragen der Persönlichkeitsentwicklung und der Allgemeinbildung keine Rolle spielten.

Elisabeths Zeugnisse belegen, dass sie sich in der Schule kontinuierlich verbesserte. Besondere Talentproben scheint sie allerdings nicht gegeben zu haben. So verfasste sie einen Aufsatz zu der Frage: »Worin liegt der Reiz, welche Reisebeschreibungen für uns haben?« Elisabeth betonte die Bedeutung von Büchern für das Verstehen »fremder Völker« und die Mühelosigkeit, mit der die heutigen Menschen Wissen erwerben könnten. Beispielsweise bringe man in Erfahrung, »wie durch Missionäre auch unsere Religion in andere Länder verbreitet worden ist«. Über die inhaltlich naive und sprachlich unbedarfte Abhandlung urteilte der Lehrer: »Die Arbeit ist nicht ohne Fleiß gemacht, einzelne Gedanken sind etwas weitläufig und breit dargestellt, sonst recht gut.«[25] Deutlich besser schnitt Elisabeth bei ihrem Lob des Krieges ab. Zwar sei das mit ihm einhergehende Unglück unbestreitbar, doch habe »er auch heitere Folgen«. So seien »durch den Krieg viele Länder entdeckt worden, weil die Völker in dem Krieg nach verschiedenen Theilen hingestreut werden«. Er fördere den Patriotismus, der für jedes Gemeinwesen unabdingbar sei, und stärke den

Gottesglauben. Denn manch einer »denkt in Friedenszeiten, daß er den lieben Gott nicht braucht, aber im Kriege sieht er, wie nothwendig es ist, Gott [zu] vertrauen, denn mit Gottes Hülfe wird alles überstanden«.

Während in den Aufsätzen zumeist die richtige Gesinnung eingeübt wurde, ging es in Fächern wie Schönschreiben, Zeichnen oder Handarbeit vor allem um das genaue Befolgen von Vorschriften. Gelegentlich waren die Grenzen fließend. So musste Elisabeth in einem Schönschreibheft fünfzehnmal den Satz »Selbst ist der Mann.« notieren. Die Aufforderung »Bete ohne Unterlaß!«, bei der es vor allem um die korrekte Wiedergabe des großen »B« und des großen »U« ging, notierte sie auf einer Seite 22-mal. Andere Sätze aus dem Buch, denen häufig eine religiöse Botschaft eigen war, lauteten: »Ein gutes Kind gehorcht geschwind.« und »Mit dem Herrn fang Alles an!«[26] Eigene Gedanken der Kinder spielten kaum eine Rolle, und dementsprechend schmucklos fielen die Zeugnisse aus. 1857 und 1858 attestierte man Elisabeth etwa, sie sei »in jeder Beziehung musterhaft«. In jedem Fall lernte sie an Frau Paraskis Institut, dass Fleiß und Wohlverhalten sich lohnten. Trotz der massiven Unterforderung ist Nietzsches Schwester gern zur Schule gegangen. So war es bestimmt nicht leicht für sie, als sie am 29. September 1860 ihr Abschlusszeugnis erhielt. Es enthielt den positiven Kommentar: »Elisabeth ist immerfort bemüht gewesen, sich in den Stunden auszuzeichnen; sie besitzt daher auch die volle Zufriedenheit ihrer Lehrer.«[27] Aber das änderte nichts an der Tatsache, dass Mädchen die Schule in Preußen mit vierzehn, spätestens fünfzehn Jahren verließen.

Der Hauptgrund für Elisabeths schöne Schulzeit dürften nicht die Lehrinhalte gewesen sein, auch wenn sie von dem in Naumburg gelernten Französisch ein Leben lang profitierte. Vielmehr liebte sie das Beisammensein mit ihren Freundinnen und freute sich, den Lehrern zu gefallen. Für einen Lehrer schwärmte sie besonders, den Diakon und späteren Oberpfarrer Friedrich August Wenkel. Ihrem Tagebuch vertraute sie am 11. April 1861 an, sie habe als Einzige früh seine Qualitäten erkannt und gegen die Freundinnen verteidigt. Begeistert heißt es über den der Erweckungsbewegung nahestehenden Theologen, der zu Beginn seiner Tätigkeit auf Unverständnis und Kritik bei den Schülerinnen gestoßen war: »Er ist das Ideal von Lehrer u. Pädagoge!«[28] Mit dem Gedanken, wie schön es gewesen sei, Wenkel überhaupt kennengelernt zu haben, sprach sich Elisabeth selbst Mut zu. Im Grunde bedauerte sie doch sehr, nicht mehr wie ihr Bruder zur Schule gehen zu dürfen.

Friedrich Nietzsche ist häufig und gerade von seiner Schwester als brillanter Schüler dargestellt worden, doch die Anfänge seines Werdegangs waren ausgesprochen mühsam. Zwar besuchte er seit 1855 das angesehene Naumburger Domgymnasium, aber er tat sich in keinem Fach besonders hervor. Vielmehr wurde er im Frühjahr 1856 dezidiert darauf hingewiesen, dass seine Latein- und Französischkenntnisse »noch sehr lückenhaft« seien.[29] Dabei nahm Nietzsche die Schule ernst und lernte nicht selten bis in die tiefe Nacht. Doch die ersehnten Erfolge wollten sich nicht einstellen, die Noten blieben mittelmäßig. Angesichts seiner unstrittigen Begabung handelt es sich um einen interessanten, biographisch noch nicht wirklich aufgehellten Befund. Die Mutter musste reagieren, hatte sie sich doch in den Kopf gesetzt, ihrem Sohn den Weg zum Pastorenberuf zu ebnen. Sie dachte an einen Platz in der preußischen Landesschule Pforta, einem Internat, dessen exzellenter Ruf den späteren beruflichen Erfolg verbürgen sollte.

Franziska Nietzsche antichambrierte für ihren Sohn bei den entscheidenden Stellen, und sie tat gut daran. Denn gerade in den Fächern, die später seine Karriere begründeten, Latein und Griechisch, blieben die Leistungen mäßig. Im Abgangszeugnis des Domgymnasiums vom 25. September 1858 wurden sie sogar als »[w]eniger befriedigend« eingeschätzt[30]. Bedenkt man die Schlüsselstellung der klassischen Sprachen im preußischen Schulsystem und speziell in Pforta, hört sich das nicht vielversprechend an. Doch die Mutter hatte schon früh erkannt, dass für die Aufnahme in das Internat soziale Gesichtspunkte entscheidend sein konnten. Die meisten der dortigen Schüler verfügten über ein Stipendium, das Kirchennähe prämieren und soziale Härten ausgleichen sollte. Friedrich Nietzsche hatte als Sohn eines Pfarrers und Halbwaise keine Schwierigkeit, eine der sieben Freistellen der Stadt Naumburg zu bekommen.

Dem Internat in Pforta eilte ein legendärer Ruf voraus. Zu seinen Absolventen gehörten berühmte Gestalten der Geistesgeschichte wie Klopstock, Fichte oder Ranke, aber auch Carl Richard Lepsius aus Naumburg, der 1846 von der einzigen deutschen Expedition nach Ägypten wahre Schätze zurückgebracht hatte. Vielleicht noch wichtiger war die generelle Erfolgsquote der Schulabsolventen. In der *Allgemeinen Deutschen Biographie* sind ihnen nicht weniger als 160 Artikel gewidmet.[31] Die Pförtner besaßen eine intime Vertrautheit mit den alten Sprachen und jene Allgemeinbildung, von der man in der Hochzeit des preußischen Gymnasiums wahre Wunderdinge erwartete. Zudem förderte der enge Zusammenhalt unter den Ehemaligen die ersten Schritte im Berufsleben.

Der Abschied aus Naumburg im Oktober 1858 fiel Nietzsche schwer. Zwar lag das Internat nur fünf Kilometer vor der Stadt, doch von ihm wurde erwartet, dass er dort wohnte und sich auf die Arbeit konzentrierte. Im einstigen Zisterzienserkloster St. Marien zur Pforte galten strenge Regeln. Das oberste Erziehungsprinzip lautete: »Die Furcht Gottes ist der Weisheit Anfang und die Grundlage aller Schülerpflichten.« Allerdings sollte man das Geschehen auch nicht dramatisieren. Schließlich ging es nicht in die Berufswelt, wo jeder familiäre Hoffnungsträger sich auf Gedeih und Verderb behaupten musste. Wie robust man sich Mitte des 19. Jahrhunderts zum beruflichen Erfolg der Kinder stellte, illustriert das Beispiel des jüdischen Kaufmanns Markus Mosse. 1857 verwies er seinen Sohn Theodor vor Beginn des Berufslebens auf den Rat der Spartaner, »entweder *mit* dem Schilde oder *auf* dem Schilde« zurückzukommen.[32] Natürlich erwartete man auch im Hause Nietzsche, dass sich der Sohn im Kreis der Hochbegabten behauptete; aber letztlich überwog doch der Stolz auf das schon Erreichte. Nur Elisabeth war beim Abschied des Bruders traurig, verlor sie mit ihm doch den wichtigsten Gesprächspartner. Gedanken, die sie bewegten, vertraute sie ab Dezember 1860 ihrem Tagebuch an.

Wie wichtig Elisabeth dieses Tagebuch nahm, lässt sich daran erkennen, dass sie ihm einen eigenen Titel gab: »Aus meinem Leben«. Von Beginn an bemühte sie sich um eine gefällige Diktion, die andere Leser nicht auszuschließen scheint. Tatsächlich fertigte die Mutter zu einem späteren

Zeitpunkt eine Abschrift an.[33] Und eventuell hat die prima facie fehlende »Authentizität« zu einem geringen Interesse der Nietzsche-Forschung an Elisabeths Tagebuch geführt. Dabei ermöglicht es Einblicke in ihre Entwicklung und zeigt anschaulich, wie sie die Familienverhältnisse beurteilte. Überdies sollte der extrovertierte Charakter der Aufzeichnungen nicht nur als Spiegel ihrer Persönlichkeit, sondern auch als bewusst verwendetes Stilmittel betrachtet werden. Wie die meisten Verfasser eines Tagebuchs nahm sie den privaten Charakter der Schreibsituation ernst.[34] Nicht zufällig sicherte die Aufzeichnungen ein kleines Schloss. Am 28. Juni 1861 freute sie sich ganz explizit, ihr »liebes Buch [...] hübsch fest zugeschlossen« zu haben; denn »mein Brüderchen ist ein wenig neugierig«.

Der Alltag spielte im Tagebuch eine beträchtliche Rolle. Elisabeth grübelte über ihre Stellung unter den Freundinnen und kümmerte sich um Gäste. Besonders gern hielt sie positive Eindrücke fest. Sie freute sich über Kinderbesuch oder Geschenke und auf bevorstehende Feste. Ausführlich schildert sie ihre Konfirmation am 11. Mai 1861, an der sie ein prachtvolles Kleid trug. Gleichzeitig ruft sie sich zur Raison, nicht zu stark für ihren Lehrer Wenkel zu schwärmen. Erst recht findet sie die Darstellung ihres Innenlebens abwegig. Geradezu lapidar äußert sie sich über die Feierlichkeiten, denen sie lange entgegengefiebert hatte: »Die Gefühle die einem am liebsten am heiligsten und erheben[d]sten sind, spreche ich nicht gern aus und so will ich nur ganz einfach die schönen Tage beschreiben.« Generell bekundet das Tagebuch ein hohes Maß an Selbstkontrolle, die für spontane Äußerungen wenig Raum lässt.

Zunehmend liebte Elisabeth die Welt der Bälle und wurde eine leidenschaftliche Tänzerin. Es ärgerte sie außerordentlich, dass ihr die Mutter die Teilnahme am Pförtner Ball trotz Einladung untersagte. Nachdem auch Friedrichs Intervention vergeblich geblieben war, notierte sie am 30. September wütend und enttäuscht: »[E]s hat alles Nichts geholfen ich darf nicht! O kriegerisches Schicksal!!!« Ansonsten konnte sie sich nicht über allzu viele Verbote beklagen. So hielt sie am 27. November über einen anderen Ball im Oktober fest, dass sie »furchtbar getanzt« habe.

Elisabeth Nietzsche als Konfirmandin, Mai 1861

Und wir tanzten wie verrückt
Wie sich Jemand ausgedrückt!

Es ginge allerdings zu weit, bei Elisabeth von überschäumender Lebensfreude zu sprechen. Vielmehr haderte sie häufig damit, dass sie an Vergnügungen so viel Gefallen fand. Allerdings hielten weder Selbstzweifel noch Verdruss lange vor. Als sie im Januar 1862 nicht am Naumburger Schülerball teilnehmen durfte, grämte sie sich zwar über den Spott der Freundinnen, maß dem Ganzen aber keine größere Bedeutung zu. Schließlich warf bereits ein halbjähriger Aufenthalt in einem Dresdner Mädchenpensionat seine Schatten voraus, der ihrer Erziehung den letzten Schliff geben sollte.

Elisabeth fieberte der Reise nach Dresden mit seinen Kunstschätzen regelrecht entgegen. Nach dem Urteil ihrer Freundin Margarethe Pinder war sie am »Endziel ihrer Wünsche«, weil sie davon geträumt hatte, bei einem dortigen Professor Kunstgeschichte zu hören.[35] Munter sinnierte Elisabeth am 3. März 1862 in ihrem Tagebuch über die Backfisch-Polka, die in Dresden gerade in Mode war, und fragte sich, ob es nicht besser »Bachfisch« heißen solle. Ihr gestiegenes Selbstvertrauen zeigt sich auch in den Briefen an die Mutter. Schon am 5. Februar bat sie um neue Kleidung und Geld, damit sie im Tanzunterricht adäquat auftreten könne. Es dürfte sich um keine unbedeutenden Ausgaben gehandelt haben; immerhin wurde Elisabeth in Dresden von einer Comtesse unterrichtet.[36] Ausführlich schilderte sie einen Monat später der Mutter ihren Tagesablauf, der aus vielen angenehmen Dingen bestand. Sie geht ins Café, übt Piano, beobachtet die Menschen in der Stadt und freut sich über das Frühjahrswetter. Selbst das Zerreißen des »schwarzseidenen Kleides«, das in Naumburg vermutlich eine Katastrophe gewesen wäre, nimmt sie gelassen.[37]

Wie gut es Elisabeth in der sächsischen Metropole gefiel, teilte sie dem Bruder mit den Worten mit: »Ich muß jetzt immer an das Gedicht denken: Wem Gott will rechte Gunst erweisen, den schickt er in die weite Welt«. Nicht ohne Koketterie verwies sie darauf, dass aus dem »eckige[n] Backfisch eine Gesellschaftsdame« geworden sei, die jedoch »im Vertrauen gesagt [...] nicht viel anders sein (werde)«, als der Bruder sie kennt. Der Brief endete mit den Worten »Deine Dich zärtlich liebende Schwester Elisabeth« und enthielt als Nachtrag einen direkt geäußerten Wunsch: »Kämst Du doch Ostern oder Pfingsten es wäre doch himmlisch, herrlich, wunderschön!«[38] Der Bruder erfüllte den Wunsch und machte sich Ostern 1862 auf den Weg nach Dresden. Friedrich scheint es bei der Schwester ungewöhnlich gut gefallen zu haben. Nach seiner Rückkehr ermunterte er sie nicht nur zum Studium der Dresdner Kunstschätze, er schlug auch ganz persönliche Töne an: »Um mich an Dich zu erinnern, liebe, liebe Lisbeth«, brauche er keine Erinnerungsstütze. »[I]m Gegentheil denke ich so beispiellos oft an Dich, daß ich eigentlich fast immer an Dich denke, nicht einmal, wenn ich schlafe, ausgenommen; denn ich träume ziemlich oft von Dir und unserm Zusammensein.«[39] Was in Dresden geschehen ist, liegt im Dunkeln. Aber es geht aus der Äußerung hervor, dass Nietzsche

Friedrich Nietzsche als Schüler
in Pforta, Juni 1862

eine Zuneigung zu seiner Schwester empfand, die über gewöhnliche Geschwisterliebe hinausgeht. In den Osterferien 1862 schloss er die Arbeit an *Fatum und Geschichte* ab, sein erster fulminanter philosophischer Text.

Es führte hier zu weit, diese Abhandlung einer eingehenden Interpretation zu unterziehen. Sie war gedacht für einen Vortrag bei der »Germania«, einer Vereinigung, die Nietzsche mit seinen Naumburger Freunden Gustav Krug und Wilhelm Pinder im Juli 1860 gegründet hatte, um auch in Pforta ein Forum für persönliche, meist durch die Kunst inspirierte Gedanken zu besitzen. Dennoch sollen einige für Nietzsches Entwicklung wichtige Aspekte zur Sprache kommen. Ausführlich werden in *Fatum und Geschichte* die negativen Folgen christlicher Erziehung thematisiert. Nietzsche hält es für unabweisbar, dass »das Joch der Gewohnheit und der Vorurtheile« einer unabhängigen Beurteilung des Christentums entgegensteht.[40] Für den Menschen bedeute es deshalb eine gewaltige Anstrengung, sich von religiösen Vorurteilen zu emanzipieren. Dabei sei es unstrittig, dass sich das Christentum nicht mit einem realistischen Weltbild vereinbaren lasse, dessen Fundamente »Geschichte und Naturwissenschaft« seien. Wenn »die Menge« erst einmal verstanden habe, dass die Religion auf problematischen Grundannahmen wie der »Existenz Gottes, Unsterblichkeit Bibelautorität, Inspiration« beruhe, seien »große Umwälzungen« unvermeidlich. Der düsteren Prognose korrespondiert die Überhöhung des Historikers oder Philosophen zum Propheten, der eine umfassende Deutung der »Universalgeschichte« zu geben wisse. Noch wichtiger nimmt Nietzsche etwas anderes: Der Mensch ist in der Lage, sein eigenes Schicksal zu bestimmen, wenn er gegen eine verlogene religiöse Ordnung rebelliert. Die Wertschätzung des schöpferischen Genies, das sich eine eigene Welt erschafft, bestimmt den geschichtsphilosophischen Rahmen: »Unter schweren Zweifeln und Kämpfen wird die Menschheit männlich: sie erkennt in sich ›den Anfang, die Mitte, das Ende der Religion‹.« Während Nietzsche die jugendliche Unruhe zu einem prinzipiellen Aufbegehren gegen das Christentum führte, haderte die Schwester mit den tradierten Geschlechterrollen.

Nach dem Besuch des Bruders stellte Elisabeth grundsätzliche Überlegungen an. Am 1. Mai äußerte sie im Tagebuch bitter: »Oh jetzt weiß ich was die Welt regiert. Es ist das Geld!« Angesichts dessen, was »sie im Leben zu erwarten habe«, könne sie sich über ihre eigene Fröhlichkeit nur wundern. Weiter heißt es suggestiv: »Ich bin nicht hübsch und bin nicht reich und was giebt es ohne dem?« Allein aus pekuniären Erwägungen heraus wollte sie jedenfalls nicht geheiratet werden. Dementsprechend sah sie den wichtigsten Vorzug des ersehnten Reichtums darin, zu den Herren, die sie nur wegen ihres Geldes heiraten wollten, »unbarmherzig« sein zu können. Bei der Beurteilung dieser Zeilen gilt es mit zu bedenken, dass sie nach den idyllischen Ostertagen mit ihrem Bruder geschrieben wurden und schon allein deshalb schwierig zu interpretieren sind. Zudem ist die nächste Seite, die vielleicht näheren Aufschluss über die Motive für ihre Männerverachtung gegeben hätte, aus dem Tagebuch herausgerissen.[41]

Elisabeth wartete bis Mitte Juni 1862, ehe sie den Brief des Bruders beantwortete, in dem er so über seine Tage in Dresden geschwärmt hatte. Eher beiläufig äußerte sie den Wunsch, er möge noch einmal vorbeikommen, weil sie jetzt »so vielerlei« wisse, was ihm »Spaß machen würde«. Ausführlich schilderte sie ihre neu erworbene Fähigkeit, sich im gesellschaftlichen Verkehr »über Alles unterhalten« zu können, »ohne sehr viel davon zu verstehen«. Doch dürfte dies ein Talent gewesen sein, das den in sich gekehrten Bruder nicht beeindruckte. Mit den Worten: »Du könntest Dir gar nicht denken wie ich mich freuen würde!!!!« bat sie schließlich um ein Bild Friedrichs.[42] Nietzsche schickte das erwünschte Foto zusammen mit dem alljährlichen Geburtstagsgruß, der den schillernden Satz enthielt: »Was ich Dir wünsche, das wünschest Du mir ja auch; weshalb es noch immer in Worte kleiden, was wir fühlen?«[43] Freilich war es für beide unstrittig, dass er sich nach den Sommerferien ganz auf die Schule konzentrieren würde.

Am 15. September 1862 kam Elisabeth mit gestärktem Selbstvertrauen nach Naumburg zurück, doch es dauerte eine Weile, bis sie sich wieder ihrem Tagebuch zuwandte. Erst am 14. Januar 1863 brachte sie zu Papier, wie gut es ihr in der Fremde gefallen hatte. Mittlerweile fand sie die Vorstellung, einmal »eine alte Jungfer zu werden«, sogar »wunderhübsch«, auch wenn sie nichts gegen eine Verlobung einzuwenden hatte. Schließlich schien es ihr nebensächlich, wie sie »aus recht vollem Herzen glücklich« wird. Denn sie war der festen Überzeugung, »das wahre Glücklichsein ist nur ein Glücklichmachen. Und dazu wird der Herr mir Kraft geben!« Auch den Kontakt zu ihrem Bruder pflegte Elisabeth in ein altruistisches Licht zu tauchen. Ein Leben lang erzählte sie, dass Friedrich in ihr ein treues Lama gesehen habe, das ohne Murren den schwersten Dienst verrichtete.[44] In ihrem Jugendtagebuch fehlt jedoch von einem Lama jede Spur, und nicht selten werden in ihren privaten Aufzeichnungen alles andere als selbstlose Töne angeschlagen.

Nach Zeugnis ihres Tagebuchs ist Elisabeth eine intelligente Frau mit hoher Beobachtungsgabe und vielfältigen Interessen. Doch reicht ihre Beschäftigung mit geistigen Dingen selten in die Tiefe. Zudem wird ihre Launenhaftigkeit an mehr als einer Stelle deutlich. Gelegentlich sind ihre Notizen aber auch ausgesprochen fröhlich. So findet sich am 18. März 1863 die hochgestimmte Äußerung: »Ich bin zu 4 Bällen und mehreren reizenden Gesellschaften gewesen, – und es war immer so köstlich, so prächtig, daß ich glaube, es wird nie schöner.« Am 12. April holt sie erneut ihr Tagebuch hervor, weil sie sich »ein wenig langweil[t]«. Sie berichtet von ihren Bemühungen, Französisch zu lernen, und von der faszinierenden Ausstrahlung öffentlicher Tanzveranstaltungen: »Ich habe seit den Bällen doch gar keinen richtigen Gedanken mehr und gewiß werde ich nun auch so ein oberflächliches Ballgeschöpf sein wie so Viele.« Ihre Selbstkritik wird noch schärfer: »Früher da schien mir Klugheit die schönste Gottesgabe und jetzt gäb ich für Schönheit den Rest Verstand den mir Gott gegeben.« Dann wiederum ruft sie sich selbst zur Ordnung und freut sich, dass diesen »dummen Wunsch [...] Niemand gehört hat«. Tatsächlich findet sie trotz der Ermahnungen ihres Onkels Oscar Gefallen an den jungen Leutnants in ihren schmucken Uniformen; »denn warum sollen diese hübschen Menschen, die so nett aussehen so hübsch sprechen und tanzen warum sollen sie nur so entsetzlich sein«. Elisabeth schwankt in ihren Gefühlen. Sie amüsiert sich auf den Bällen und zweifelt zugleich an der eigenen Attraktivität. Despektierlich nennt sie sich ein »armes, kleines, häßliches Thier« und kann nicht recht an ihr künftiges Glück glauben. Der Eintrag vom 12. April 1863 endet mit einem Stoßseufzer: Es »wäre doch wundervoll«, wenn sie »Jemand hübsch fände«, allein »der Mensch müsste doch Liebe getrunken haben«. Bei anderen Themen äußerte sich Elisabeth gelassener.

Ausdrücklich rühmte sie am 26. April 1863 ihre Lieblingsautorin Marie Nathusius, die auch bei den Freundinnen sehr beliebt war. Die 1857 verstorbene Schriftstellerin erörterte Probleme des pietistischen Milieus in einer Sprache, die aus heutiger Perspektive gespreizt wirkt. In ihrem letzten Lebensjahr war die Erzählung *Die alte Jungfer* erschienen, deren Themen die Rechtfertigung unverheirateter Frauen und der »Kampf gegen die Sünde« sind. Dass der Bruder der weiblichen Hauptfigur ausgerechnet »Fritz« heißt, ist Zufall, Elisabeths Interesse an der Schriftstellerin vermutlich nicht. Denn Marie Nathusius behandelte Fragen, die Nietzsches Schwester unmittelbar betrafen, und bemühte sich um eine Aufwertung selbständiger Frauen. Schließlich hat in der Erzählung nicht nur die unverheiratete Hauptfigur »Kreuz und Prüfungen« zu tragen, auch die Ehefrauen müssen lernen, dass dies sogar in »glücklichen Ehen« nicht anders sei.[45] Nur mit christlicher Demut könne man den Herausforderungen des Lebens ernsthaft begegnen.

Am Respekt, den Elisabeth der »Bildung« entgegenbrachte, besteht kein Zweifel. Noch mehr als anderwärts ruhte sie in Pforta auf den klassischen Sprachen, in denen ihr Bruder intensiv unterwiesen wurde. Sie füllten fast die Hälfte der dortigen Unterrichtszeit aus. Zu dieser Welt, die auch eine Eintrittskarte für gesellschaftlichen Aufstieg darstellte, war Elisabeth der Zutritt verwehrt. Umso mehr schätzte sie die symbolische Teilhabe, die ihr Friedrichs Werdegang ermöglichte. Geradezu euphorisch beschrieb sie am 30. September 1861 ihren Besuch in der Königlichen Landesschule im Tagebuch. Vor allem hatten es ihr die Professoren angetan, die sie alle für »herrliche bezaubernde Menschen« hielt. Es sagte ihr besonders zu, dass die Religion in Pforta eine große Rolle spielte. Als sie erkannte, wie stark Nietzsche an seinem Tutor Robert Buddensieg hing, bemühte sie sich darum, von ihm konfirmiert zu werden. Doch erwies sich dies als unmöglich. Ihr Bedauern darüber teilte sie dem Bruder am 24. November 1859 in Worten mit, die inneres Einverständnis suggerieren sollen: »[W]ie schade daß wir nicht zusammen auf die Konfirmation vorbereitet werden können und auch nicht zusammen können confirmirt werden. Es wäre recht schön! Nicht wahr?« Vermutlich teilte Nietzsche diese Auffassung nicht, war doch der privat erteilte Konfirmandenunterricht eine wichtige Bereicherung des streng reglementierten Pförtner Tagesablaufs. Er erlebte die Konfirmationszeit zusammen mit seinem neuen Freund Paul Deussen als eine Phase religiösen Hochgefühls. Bei der eigentlichen Feier am 10. März 1860 ging er zusammen mit Deussen zum Altar, »um die Einsegnung zu empfangen«. Nach dem Gottesdienst gratulierte ihnen ihr gemeinsamer Tutor Buddensieg.[46]

Der Theologe hatte Nietzsche nach dessen Ankunft in Pforta unter seine Fittiche genommen. Wie ernst Buddensieg diese Aufgabe nahm, belegen seine Briefe an die Mutter.[47] Am 2. Oktober 1859 kommentierte er Nietzsches Schulzeugnis und sah erfreuliche Tendenzen. Doch bleibe der Makel, »daß eine 3 in der Geschichte« das Gesamturteil »entstellt. Indess mag sie ein kleiner Sporn für Fritz sein, dass er demütig bleibt und rüstig fortarbeitet.« Am 30. Januar 1860 berichtete Buddensieg von Nietzsches heftigen Kopfschmerzen, die ihm einen weiteren Tag auf der Krankenstube eingebracht hätten. Dort wurde er mit »Schröpfköpfen auf dem Nacken« behandelt. Man mag darüber streiten, ob die in Pforta üblichen Behandlungsmethoden für Nietzsches Gesundheit förderlich oder schädlich waren. Kein Zweifel besteht daran, dass man in seiner Familie schon früh über seine fragile Gesundheit Bescheid wusste. Dies gilt auch für die Schwester, die am 27. November 1861 im Tagebuch festhielt, dass »mein Fritz 14 Tage auf der Krankenstation gewesen (ist)«.

Buddensieg stand wie Nietzsches Vater der »Erweckungsbewegung« nahe und hatte gleichfalls bei Tholuck in Halle studiert. Von der Bedeutung des religiösen Erlebnisses für ein lebendiges Christentum war er fest überzeugt. Die ihm in Pforta zugeteilte Aufgabe, die Schüler in das Alte Testament einzuweisen, scheint er eher routinemäßig ausgeübt zu haben.[48] Stattdessen konzentrierte sich Buddensieg auf seine menschlichen Aufgaben im Internat. Sein Tod am 20. August 1861 war für Nietzsche ein trauriges Ereignis, von dem er umgehend nach Hause berichtete: »Hr. Prof. Buddensieg ist todt. Diese Nacht um zwei Uhr ist er gestorben. Ach du glaubst nicht, wie traurig mir zu Muthe ist!« Und weiter heißt es über den wegen seiner Herzensgüte bei den Schülern hochgeschätzten Dozenten: »Wir haben ihn alle so sehr geliebt; wir alle sind außerordentlich ergriffen, überall ist es todtenstill.«[49] Nietzsches Beziehung zu seinem Tutor war besonders eng, vielleicht weil er der Verbindung aus strengen erzieherischen Maßstäben und charakterlicher Lauterkeit einiges abgewinnen konnte. Noch auf dem Schulfest 1861 hatte Buddensieg darüber gepredigt, dass die preußische Landesschule »eine Pforte des Himmels (ist)«. Unter anderem erörterte er den Satz »Ohne Zucht keine Frucht«, der zu den leitenden Gedanken des Eliteinternats gehörte. Dass er weder ein überragender Gelehrter noch ein zündender Redner gewesen ist, dürfte für Nietzsche nachrangig gewesen sein. Ähnlich beurteilte sein Mitschüler Guido Meyer den Charakter Buddensiegs als Ausdruck wirklich gelebten Christentums. Dies ist keine Nebensächlichkeit, weil Nietzsche näheren Kontakt zum etwas leichtsinnigen Meyer gefunden hatte und dessen Relegation später als »de[n] traurigste[n] Tag« seiner Pförtner Zeit betrachtete.[50]

So leistungsorientiert es in der Königlichen Landesschule auch zuging, das Abitur war nicht sonderlich gefürchtet. Schließlich gehörte man in Pforta zu den treuesten Anhängern des humboldtschen Bildungsideals, das man vor jeder normierten Überprüfung bewahren wollte. Aus diesem Grund praktizierte man das in Preußen besonders strenge Abitur, das nur jeder fünfte höhere Schüler erreichte, ausgerechnet in der ehemaligen Zisterzienserabtei, wo man sich so viel auf die eigene Exklusivität zugutehielt, ausgesprochen lax. Zumeist prüfte man nicht mehr als den im vergangenen halben Jahr gewonnenen Kenntnisstand und verlangte keine eigenständige Vorbereitung von den Schülern. Im Hause Nietzsche war das Abitur natürlich trotzdem eine große Sache. Friedrich hatte in den letzten Jahren einen Leistungsschub erlebt und sich mehrfach als Primus hervorgetan. Nun hoffte man auch in der Reifeprüfung auf ein exzeptionelles Ergebnis.[51]

Elisabeth nahm besonderen Anteil am Schicksal ihres Bruders. Am 4. September 1864 erhielt er ein Gedicht, das ihm bei den bevorstehenden Prüfungen Mut machen sollte.

> Mein liebes Brüderchen guten Morgen!
> Sei nur hübsch froh und ohne Sorgen,
> Ist auch heute Examentag
> Mit all seine Müh' und Plag'.
> Geh nur frisch und muthig hinein
> Der liebe Gott wird mit Dir sein!
> Doch darnach wollen wir uns freuen
> Und wollen jubeln und lustig sein.

Die Verse standen auf einer Visitenkarte, die sich leicht am Körper tragen ließ.[52] Tatsächlich konnte Nietzsche emotionale Unterstützung gut gebrauchen. Denn in Mathematik, für die er in den letzten Jahren überhaupt kein Interesse gezeigt hatte, reichten seine Leistungen nicht aus. Er musste in die mündliche Prüfung, die er nur mit Ach und Krach bestand, wie dem Abiturzeugnis zu entnehmen ist. In Naumburg scheint die schwache

Note in Mathematik keine Rolle gespielt zu haben. Eindeutig überwog die Freude darüber, dass das so lange erstrebte Ziel endlich erreicht war.

Zudem warf das Studium seinen Schatten voraus. Nach dem Wunsch der Familie sollte Nietzsche an der renommierten Bonner Universität Theologie studieren. Zu diesem Zweck hatte er bereits in Pforta vier Jahre lang Hebräisch gelernt, obwohl er dieser Sprache nicht viel Interesse entgegenbrachte. Mit ihm brach Paul Deussen in Richtung Rheinland auf. Anschaulich schilderte er die gelöste Stimmung im Hause Nietzsche nach bestandenem Abitur. Regelrecht bezaubernd scheint Elisabeth auf ihn gewirkt zu haben. Er verglich sie mit »einem Schmetterlinge [...], der über Blütenkelche dahin eilt«, und nannte sie schlicht »hinreißend«.[53] Nach dem Abschied ihres Bruders wusste sie mit sich nicht mehr viel anzufangen. Sehnsüchtig wartete sie mit der Mutter auf Nachrichten aus Bonn, wo für Friedrich ein neuer Lebensabschnitt begonnen hatte. Die rasanten Veränderungen der Zeit spielten hingegen bei den Nietzsches kaum eine Rolle.

Der massive Umbruch der 1850er und 1860er Jahre ist unstrittig. Das zentrale Problem besteht darin, das Janusgesicht dieser Epoche, die gleichzeitig von gesellschaftlicher Mobilisierung und politischer Repression geprägt war, angemessen herauszuarbeiten. Bereits 1858 schilderte der deutsche Emigrant Johannes Scherr einprägsam die Wucht des aufziehenden Kapitalismus: »Wir leben im Zeitalter der materiellen Interessen: Ein unerbittlicher Realismus beherrscht die Welt. [...] Mit jedem neuen Dampfboot, das vom Stapel läuft, mit jedem neuen Dampfroß, das die Schienen beschreitet, fällt ein Stück Feudalismus in den Abgrund unwiederbringlicher Vergangenheit.« Die Veränderungen wurden als irreversibel empfunden: »Jede neue Maschine, deren Eisenarm den Dampf in Bewegung setzt, zerreibt ein religiöses, politisches oder soziales Dogma des Mittelalters zu Atomen. [...] Das Nützliche, nur das Nützliche, immer und überall das Nützliche, das ist's, was unsere Zeit will und mit ungeheurer Arbeit erstrebt.«[54] Doch der politische Lohn des gewaltigen wirtschaftlichen Take-offs war im gesellschaftlich zerklüfteten, durch Kleinstaaterei geprägten Deutschland alles andere als gewiss.

Viele Menschen fühlten sich durch die dynamischen Entwicklungen regelrecht überrollt. Zudem war das rasche Wirtschaftswachstum von heftigen Krisen begleitet, die manchen zum Verlierer werden ließen. Im Bürgertum kam eine skeptische Gegenwartskritik auf, die zu düsteren kulturpessimistischen Tönen tendierte. Allenthalben sah man kaum auf die positiven Effekte der vielfältigen Veränderungen, sondern auf den Preis, der für die zunehmend marktorientierte Gesellschaft zu erbringen war. So betonte der neue Vordenker der preußischen Sozialkonservativen Hermann Wagener, wie schnell sich traditionelle Gemeinschaftsformen auflösten. Für die unliebsamen Entwicklungen der Gegenwart machte er primär die Liberalen und die Juden verantwortlich, die einen unheilvollen Konkurrenzkapitalismus entfesselt hätten.[55] Derweil fragte sich Nietzsche, was ihn noch mit dem Glauben seiner Kindheit und Jugend verband.

Zu Beginn seiner Bonner Studentenzeit stand eine Unwahrheit. Nietzsche versicherte Mutter und Schwester Ende Oktober 1864, dass er in Theologie *und* Philosophie eingeschrieben sei, während er sich tatsächlich nur in Theologie immatrikuliert hatte. Die Gründe hierfür liegen im Dunkeln. Vielleicht wollte er Problemen aus dem Weg gehen, falls er sich zu einem Wechsel des Studienfachs entschloss. Nietzsche nahm Quartier bei den Bonner Frankonen, einer ausgesprochen nationalistisch eingestellten Burschenschaft, und ließ sich treiben. In viele Vorlesungen hörte er hinein, ohne für ein Fach wirklich Feuer zu fangen. Aber es war gewiss ein Akt der Selbstbehauptung, dass er Weihnachten nicht nach Hause kam; denn das Feiern im Familienkreis bedeutete ihm viel. Immerhin wurde er von daheim reich mit Geschenken bedacht. Elisabeth sandte zusätzlich das freundlich-humorvolle Gedicht *Es war ein schöner Morgen am Rhein!*, in dem sie das verbummelte Studentenleben glorifizierte.[56] Gleichwohl hegte man in Naumburg einiges Misstrauen, ob Nietzsche die studentische Freiheit wirklich bekomme, die zudem viel teurer war, als man in der Kleinstadt angenommen hatte. Miete, Mittagstisch, Kleidung sowie Musik- und Theaterkarten kosteten nach dortigen Vorstellungen ein Vermögen. Immerhin half bei den in Bonn extrem hohen Studiengebühren ein Pauperitätszeugnis.

Am meisten bangte man in der Familie um Nietzsches Glaubensfestigkeit. Als er in die Osterferien *Das Leben Jesu* von David Friedrich Strauß mitnahm, schrillten in Naumburg die Alarmglocken. Der Linkshegelianer galt als radikaler Bibelkritiker, der vom historischen Quellenwert der Evangelien nichts übrigließ. Zudem weigerte sich Nietzsche, am Abendmahl teilzunehmen, und löste damit heftige familiäre Turbulenzen aus. Elisabeth fühlte sich herausgefordert und schrieb ihrem Bruder wenig später einen Brief, in dem sie ihre Glaubensüberzeugung niederlegte. »So viel ist aber gewiß: Es ist viel leichter Vieles nicht zu glauben, als umgekehrt, und da das Schwere wohl auch das Richtige ist, so will ich mir dazu Mühe geben«, formulierte sie recht bestimmt.[57] Im Ganzen scheute sie jedoch den Konflikt, schickte ein munteres Gedicht und nannte sich selbst ein »zärtlich liebendes Lama«. Allein die Liebenswürdigkeiten hatten nur geringen Effekt. Nietzsche verfasste am Sonntag nach Pfingsten eine Antwort, welche die eudämonistische Sicht der Schwester regelrecht abkanzelte: »Kommt es denn darauf an, die Anschauung über Gott, Welt und Versöhnung zu bekommen, bei der man sich am bequemsten befindet, ist nicht viel mehr für den wahren Forscher das Resultat seiner Forschung geradezu etwas Gleichgültiges? Suchen wir denn bei unserem Forschen Ruhe, Friede, Glück? Nein, nur die Wahrheit, und wäre sie höchst abschreckend und häßlich.« Dem Menschen bleibe nur die Wahl zwischen zwei prinzipiellen Alternativen: »[W]illst Du Seelenruhe und Glück erstreben, nun so glaube, willst Du ein Jünger der Wahrheit sein, so forsche.«[58] Im weiteren Verlauf des Briefes schlug Nietzsche deutlich mildere Töne an, und in der Korrespondenz der nächsten Monate bemühten sich beide um Freundlichkeit. Doch das gute Verhältnis der Geschwister hatte einen Riss erhalten.

Für Nietzsche besaß die Einstellung zum Buch von David Friedrich Strauß den Charakter eines Schibboleths. Er hatte sich wie sein Freund Deussen ein Exemplar des *Leben Jesu* angeschafft, und sie hatten es gemeinsam durchgearbeitet. Als dieser den Gedanken des Linkshegelianers zustimmte, äußerte Nietzsche: »Die Sache hat eine ernste Konsequenz: wenn Du Christus aufgibst, wirst Du auch Gott aufgeben müssen.«[59] Nietzsche war bereit, die Folgen zu tragen, und wechselte von der Theologie zur Philologie. Zur metaphysischen Heimatlosigkeit trat die reale. Nietzsche fühlte sich im katholischen Bonn nicht wohl und fand die rohen Sitten in der Frankonia zunehmend unter seiner Würde. Daneben spielten die hohen Lebenshaltungskosten eine wichtige Rolle für seine Entscheidung, das Studium nahe der Heimat in Leipzig fortzusetzen. Nicht unterschätzen sollte man auch den erwachenden Ehrgeiz des Pförtner Musterschülers. Mit Friedrich Ritschl hatte sich ein renommierter Bonner Altertumswissenschaftler nach heftigen Konflikten in der Fakultät zum Fortgang an die Leipziger Universität entschieden. Nietzsche zweifelte nicht daran, dass dies das Prestige der dortigen Klassischen Philologie erheblich aufwerten würde. Der von der Schwester favorisierte Plan, mit Mutter und Bruder in Leipzig zusammenzuziehen, stieß allerdings auf den entschiedenen Widerspruch Franziskas. Vermutlich schien es ihr schlicht unpassend, dass der Sohn auf die einmal gewonnene Freiheit wieder verzichten solle.[60] In jedem Fall begann für Nietzsche in der sächsischen Metropole eine Zeit, der er entscheidende intellektuelle Prägungen verdankte.

In Leipzig lernte Nietzsche die Philosophie Arthur Schopenhauers kennen. Intensiv studierte er dessen Opus magnum *Die Welt als Wille und Vorstellung* und empfand die Lektüre als nachgerade schicksalhaftes Erlebnis. Er machte sich mit dem irrationalen Urgrund der Welt vertraut und setzte auf die erlösende Kraft der Kunst. Gleichzeitig festigte sich seine agnostische Weltsicht durch das Studium Friedrich Albert Langes. Der heute fast vergessene Neukantianer hatte ein Buch geschrieben, das erkenntnistheoretisch relevante Forschungsergebnisse der Naturwissenschaften in verständlicher Form zusammenfasste. Es trug den umständlichen Titel *Geschichte des Materialismus und Kritik seiner Bedeutung in der Gegenwart*, war aber tatsächlich außerordentlich gut lesbar. Nietzsche studierte es mehrfach und entnahm ihm zentrale Argumente für seine radikal perspektivischen Gedanken. Immer mehr schien es ihm unabweisbar, dass der Mensch die Welt auf eine höchst subjektive Art wahrnahm und allen generalisierenden Aussagen deshalb zu misstrauen sei.[61] Last but not least kam Nietzsche im November 1868 in persönlichen Kontakt mit Richard Wagner, dessen *Tristan* er ungemein schätzte. Sie lernten sich im Salon des Leipziger Orientalisten Hermann Brockhaus kennen, der mit Wagners Schwester Ottilie verheiratet war. Eine Brücke bildete die geteilte Bewunderung für Schopenhauer, der nach Jahrzehnten des Vergessens gerade wiederentdeckt wurde. Dies erleichterte dem schüchternen Studenten, sich Wagner zu nähern, der an den ebenso originellen wie begeisterten Bemerkungen des Jüngeren Gefallen fand.[62]

Die intellektuellen Begegnungen fanden kurz nach dem preußisch-österreichischen Krieg statt, in dem die Geschwister Nietzsche leidenschaftliche Anhänger der kleindeutschen Lösung waren. In Leipzig verstand sich diese Form des Patriotismus keineswegs von allein, stand Sachsen doch auf der Seite Österreichs und war die Stadt umgehend von den Preußen besetzt worden. Nietzsches Familie in Naumburg hatte keinerlei Loyalitätsprobleme und identifizierte sich vorbehaltlos mit der »borussischen Sache«. So wünschte sich Elisabeth vom Bruder Ende Juni 1866 »Landkarten von den verschiedenen Kriegsschauplätzen« und schloss ihre Zeilen mit der patriotischen Aussage: »Ich aber denke in meinem Sinn Hurrah, daß ich eine Preußin bin.«[63] Die Schlacht von Königgrätz entschied den Krieg – für viele Zeitgenossen überraschend – nur wenige Tage später. Auch Nietzsche hatte mit einer längeren Auseinandersetzung gerechnet und sich für eine grundsätzliche Kriegslegitimation entschieden. Noch Anfang Juli 1866 schrieb er an Mutter und Schwester: »Unsre Lage ist sehr einfach. Wenn ein Haus brennt, fragt man nicht zuerst, wer den Brand verschuldet hat, sondern löscht. Preußen steht in Brand. Jetzt gilt es zu retten. Das ist das allgemeine Gefühl.« Allerdings verband er, wie so viele Angehörige des Bürgertums, mit der Rechtfertigung staatlichen Notwehrhandelns auch nationalistische Visionen. Schließlich bot sich unter Preußens militärischer Führung eine realistische Option auf die deutsche Einheit. Nietzsche war fest davon überzeugt, dass das Ende der Kleinstaaterei endlich erreicht sei, und plädierte sogar für die Annexion Sachsens. In Leipzig machte er sich damit wenig Freunde, aber an der Universität spielte Preußens Gloria schon eine größere Rolle. Dies galt insbesondere für Professoren wie Nietzsches Mentor Friedrich Ritschl, die es eben erst an die

Friedrich Nietzsche um die Zeit seiner Ernennung zum Basler Professor

Pleiße verschlagen hatte. Er dürfte es im Februar 1867 gern gesehen haben, dass sein Lieblingsstudent bei den Wahlen zum Norddeutschen Reichstag für den nationalliberalen Kandidaten und gegen den sächsischen Partikularisten optierte.[64] Wichtiger als alles andere aber nahm Ritschl die Fortschritte in seiner eigenen Wissenschaft, der Klassischen Philologie.

Außer Nietzsche war auch Erwin Rohde von Bonn nach Leipzig gewechselt. Der melancholische Sohn eines Arztes hatte am Hamburger Johanneum eine vorzügliche Ausbildung in den alten Sprachen erhalten und war gleichfalls von Ritschls wissenschaftlicher Befähigung überzeugt. Noch mehr zog es ihn zu Nietzsche, der privat aus seiner Ablehnung der philologischen Fabrikarbeit keinen Hehl machte. Ihr gemeinsamer Abgott war Schopenhauer, der den Durchschnittsmenschen verachtete und das hohe Lied des künstlerischen Genies sang. Nietzsche und Rohde waren bald unzertrennlich, unternahmen eine längere Wanderung nach Süddeutschland und planten sogar einen gemeinsamen Studienaufenthalt in Paris.[65] Doch bevor sie ins Ausland gehen konnten, wurden andere Realitäten bestimmend.

Ritschl protegierte Nietzsche nach Kräften, nachdem er im Herbst 1866 eine Arbeit über die Quellen des Diogenes Laertius angefertigt hatte. Er sorgte dafür, dass die Preisaufgabe bei der Leipziger Universität im nächsten Jahr genau dieses Thema hatte; und wie nicht anders zu erwarten war, errang Nietzsche den ersten Preis. Diese Art von akademischem Wettbewerb, die auch die Lösung wissenschaftlicher Rätsel vorantrieb, war eine Spezialität des deutschen Hochschulsystems in der zweiten Hälfte des 19. Jahrhunderts. Nicht selten markierte der Gewinn eines Preises den Beginn einer glanzvollen Universitätskarriere. Doch bevor Ritschl seinen Meisterschüler auf den Thron hob, wollte er sehen, wie es um dessen Arbeitshärte bestellt war. Ins Auge gefasst wurden verschiedene Editionsaufgaben, die sich letztlich nicht realisierten. Am Ende lief es auf das Register für 24 Bände des *Rheinischen Museums* hinaus, der von Ritschl seit vielen Jahren betreuten wissenschaftlichen Fachzeitschrift. Die Erstellung eines Registers war vor dem Computerzeitalter Knochenarbeit, und für viele Jahrgänge eines Fachorgans gilt das natürlich noch mehr als für ein einzelnes Buch. Glücklicherweise stand Elisabeth im Sommer 1868 zur Verfügung. Am 13. Juli hatte sie dem Bruder geschrieben, dass sie stets sein Bildnis bei sich trage. Sie erwähnte ihre Kenntnisse Schopenhauers und deutete an, sie sei bereit, seinen Haushalt zu führen.[66] Nun stürzte sie sich mit Pappe, Klebstoff und Papier in die Arbeit, während sich Friedrich auf die inhaltlich relevanten Fragen konzentrierte. Noch 44 Jahre später erinnerte sie sich an ihre Hochstimmung bei der gemeinsamen Aufgabe. Zum Abschluss gelangte das Register noch nicht, aber immerhin konnte Nietzsche detaillierte Berichte über den Fortgang der Arbeit liefern, die Ritschl imponierten.[67]

Nietzsche hatte bei seinem akademischen Lehrer den Eindruck ungewöhnlichen wissenschaftlichen Talents und hoher Arbeitskraft erweckt, und die erhoffte Chance bot sich schon bald. Die Basler Professur für Griechisch von Adolf Kiessling war frei geworden, weil ihr Inhaber einen Ruf des Hamburger Johanneums angenommen hatte. Natürlich bildeten Wechsel von der Universität zurück an die Schule eine seltene Ausnahme. Aber der Ruf des Hamburger Elitegymnasiums war so exzellent, dass man an der kleinen Universität den Gräzisten ziehen lassen musste. Bei der Suche nach einem geeigneten Nachfolger wandte man sich an Ritschl, der Nietzsche für die vakante Stelle energisch empfahl, obwohl er zu diesem Zeitpunkt noch nicht einmal sein Studium abgeschlossen hatte. Der Ordinarius unterstrich Nietzsches Ausstrahlung auf die akademische Jugend und sagte voraus, »daß er dereinst im vordersten Range der deutschen Philologie stehen wird«. Ritschl konnte sich die volltönende Rhetorik leisten: Die Stelle gehörte unmittelbar zu seinem Einflussbereich. So hatte schon Kiessling nach dem Abitur am Naumburger Domgymnasium bei ihm in Bonn studiert, bevor er ihn nach 1862 gleichfalls im Alter von 25 nach Basel empfohlen hatte. Im Januar 1869 war es amtlich: Nietzsche erhielt die dortige Professur für griechische Sprache und Literatur.[68] Als Erstes informierte er in Naumburg seine Schwester. Elisabeth war hellauf begeistert, wie schon in der Anrede »Allerliebstes Professorchen« deutlich wird. Zudem unterstrich sie in ihrem Brief vom 13./14. Februar das Sensationelle der Nachricht. Im Hause Pinder tanze man gar »um den so sehr jungen Gott oder Professor einen wahren Jubel- und Verehrungstanz«.[69]

Gleichsam als Belohnung für ihre Hilfe setzte sich Nietzsche dafür ein, dass seine Schwester als Gasthörerin in Leipzig studieren konnte. Doch über ihre Zeit an der Universität ist kaum mehr bekannt, als dass sie bei Prof. Karl Biedermann zur Untermiete wohnte, der schon ihrem Bruder Quartier gewährt hatte.[70] Dies muss nicht viel heißen, schließlich hinterlassen auch später berühmte Studierende nur geringe Spuren in den Universitätsakten. Aber es könnte darauf verweisen, dass Leipzig im Frühjahr 1869 viel von seiner Faszination für Elisabeth verloren hatte. Schließlich befand sich der bewunderte Bruder schon auf dem Weg zu seiner neuen Wirkungsstätte in Basel.

JAHRE IM SCHATTEN

Nietzsches erste Wochen in der Schweiz waren schwer. Er hatte in Basel keine Freunde, verstand die dortige Mundart nicht und musste umgehend eine Vielzahl von Aufgaben erledigen. Sie reichten von bürokratischen Formalitäten über die Vorbereitung der Lehrveranstaltungen bis zu den Antrittsbesuchen bei Kollegen. Nietzsche hatte keinerlei Unterrichtserfahrung, und das wöchentliche Lehrdeputat bestand aus nicht weniger als dreizehn Stunden. Neben den universitären Verpflichtungen hatte er sechs Griechisch-Stunden am Basler Pädagogium zu geben. Dass die Vorlesungen bereits morgens um sieben stattfanden, dürfte hingegen den ehemaligen Schüler Pfortas nicht gestört haben.[1] Zudem war die Hörerzahl gering. Die Basler Universität zählte in den 1870er Jahren nur ca. 150 Studenten, von denen sich kaum ein Dutzend für Klassische Philologie eingeschrieben hatte. Doch änderte dies nichts an der Tatsache, dass er seine Vorlesungen erst ausarbeiten musste. Zudem forderte auch die Lektüre griechischer Klassiker in der Abschlussklasse des Gymnasiums Vorbereitungszeit und Energie.

Kein Wunder, dass sich Nietzsche gelegentlich in seiner Korrespondenz entlastete. So teilte er am 10. Mai 1869 Ritschl despektierlich mit: »Über die Basler und ihr aristokratisches Pfahlbürgertum ließe sich viel schreiben, noch mehr sprechen.« Der frisch ernannte Professor konnte sich Ritschls Zustimmung sicher sein, wenn er fortfuhr: »Vom Republikanismus kann einer hier geheilt werden.«[2] Im Grunde blieb Nietzsche mit seiner Kritik an fremden Sitten im Rahmen der geltenden Konventionen, solange er tüchtig unterrichtete. Schließlich hatten sich Nachwuchswissenschaftler im Ausland die ersten Sporen zu verdienen, bevor sie mit dem Ruf an eine deutsche Universität rechnen konnten. Zudem wird sich Ritschl darüber im Klaren gewesen sein, dass Nietzsche mit seinen wertkonservativen

Überzeugungen gut ins traditionsbewusste Basel passte. Tatsächlich hatte er es nicht schlecht getroffen. In der Stadt von knapp 30 000 Einwohnern wusste man, dass mit den zur Verfügung stehenden Mitteln nur unerfahrene Wissenschaftler zu gewinnen waren. Dementsprechend freundlich ging man mit den neu berufenen Dozenten um. Bald hatte Nietzsche sich häuslich eingerichtet und einen Mittagstisch mit Schweizer Kollegen gefunden. Stolz schrieb er der Schwester am 29. Mai von der Anschaffung eines »prachtvollen Flügel[s]« und freundschaftlichen Kontakten zu Jacob Burckhardt. Zudem konnte er Elisabeth von seiner Antrittsvorlesung *Ueber die Persönlichkeit Homers* berichten. Offenkundig hatte er für das ebenso intellektuell aufgeschlossene wie statusbewusste Patriziat den richtigen Ton gewählt. In der bis auf den letzten Platz gefüllten Aula herrschte jedenfalls Zufriedenheit über den jungen Professor, der so glaubwürdig vermittelte, dass es mit den Griechen etwas auf sich hatte. In welchem Ausmaß seine kühne Gedankenführung überzeugte, muss hingegen offenbleiben. Sie wies der Philologie die umfassende Aufgabe zu, den Gegensatz zwischen Wissenschaft und Kunst zu vermitteln.[3]

Nietzsche wusste, dass er die unverhofft erhaltene Professur in der deutschen Gelehrtenwelt rechtfertigen musste. Nach wie vor belastete ihn die Registerarbeit fürs *Rheinische Museum*, zu der er im laufenden Semester nicht kam. Er vertraute auf Elisabeth, die mittlerweile auch die Verwaltung seiner Finanzen übernommen hatte. Im Sommer 1869 arbeiteten sie gemeinsam am Register, das im November endlich fertig wurde. Es umfasste 172 eng bedruckte Seiten, doch wissenschaftlicher Ruhm verband sich mit der Kärrnertätigkeit nicht. Bei dem erst 1872 erscheinenden Band wurde der Bearbeiter nicht einmal erwähnt.[4] Generell stand Nietzsche unter erheblichem Druck. Seine Karriere war so rasch verlaufen, dass sie die Aura des Genialen trug, aber Lebenserfahrung und Wissen reichten schwerlich schon aus für ein hohes Amt. Zwar schrieb er im Juli 1869 wohlgemut an Paul Deussen: »Die ganze Sache [...] paßt mir auf den Leib, wie angegossen, ja ich bin ganz offenbar in dem mir natürlichen Element, darüber habe ich keinen Zweifel.« Doch Ende August sah er seine Situation düster und teilte Deussen lakonisch mit: »Zum Glück und zur Heiterkeit bin ich wohl nicht geboren.« Der Brief an den Jugendfreund, mit dem er die Bewunderung für die pessimistische Philosophie Schopenhauers teilte, endete mit den Worten: »Wir leiden alle schwer am Leben. Glücklich die harmlosen Blinden …«[5] Dies hinderte Nietzsche freilich nicht daran, energisch weiterzuarbeiten. Neben seinen schulischen und akademischen Lehrverpflichtungen dachte er auch an das Basler Bürgertum.

Am 18. Januar 1870 hielt Nietzsche in der Universitätsaula einen Vortrag über *Das griechische Musikdrama*, zwei Wochen später sprach er dort über *Socrates und die Tragödie*. Stets war die Diktion so gewählt, dass ihm die Basler bei aller inhaltlichen Komplexität folgen konnten. Nietzsches Ablehnung des Fortschrittsglaubens und sein Lob der Meritokratie dürfte ihnen gefallen haben. Schließlich galt das Basler Ratsherrenregiment als »Inbegriff eines aristokratisch gefärbten Republikanismus«. Am 7. April 1871 wurde der 26-jährige Gelehrte zum ordentlichen Professor ernannt. Die Dinge schienen sich zu fügen. Wenige Wochen danach zog der eben berufene Theologe Franz Overbeck ein Stockwerk unter Nietzsches Wohnung ein. Da er gleichfalls in Leipzig studiert hatte, ergaben sich zahlreiche Berührungspunkte. Die Abendessen mit Overbeck boten Nietzsche geistigen Austausch und menschliche Wärme; bei praktischen Problemen half Frau Baumann, die Vermieterin. Mit der Zeit wurden die Bewohner der »Baumannshöhle«, die eine skeptische Beurteilung des zeitgenössischen religiösen Lebens miteinander teilten, Freunde. Im Übermut des Neuanfangs und in Abgrenzung gegen das gesittete Basel nannten sie sich scherzhaft die »beiden Höhlenbären«.[6]

Im Frühjahr 1870 entschloss sich Elisabeth zur Unterstützung ihres vielfältig beanspruchten Bruders. Sie kam am 13. April und übernahm die Haushaltsführung, was Nietzsche, der sich ungern mit Alltagsdingen befasste, durchaus schätzte. Während er sich ganz auf die Arbeit konzentrierte, geriet Europa in die Krise. Nach Bismarcks Provokation durch die »Emser Depesche« dauerte es nur vier Tage, bis Frankreich am 19. Juli Preußen den Krieg erklärte. Für Nietzsche stand es außer Frage, dass er sein Vaterland verteidigen müsse. Der Mutter hatte er bereits am 16. Juli in patriotischem Überschwang geschrieben: »Es gilt unsrer Kultur! Und da giebt es kein Opfer, das groß genug wäre! Dieser fluchwürdige französische Tiger!« Nun wandte er sich an den Präsidenten des Basler Erziehungskollegiums Wilhelm Vischer, damit er ihn von seinen Dienstpflichten entband. Nietzsches Gesuch vom 8. August ließ keinen Zweifel daran, wie ernst es ihm mit seinem Patriotismus war, und wurde anstandslos bewilligt.[7] Die Tätigkeit als Krankenpfleger entsprach freilich nicht seinen heroischen Vorstellungen. Anfang September gewann Nietzsche einen ersten Eindruck von der deprimierenden Kriegsrealität, bevor er selbst an Ruhr erkrankte und in einem Erlanger Lazarett behandelt wurde. Sein Brief an Carl von Gersdorff vom 7. November 1870 dokumentiert einen bemerkenswerten Gesinnungswandel. Von Preußens Gloria will er nichts mehr wissen, sondern hält diesen straff organisierten Staat für eine »der Cultur höchst gefährliche Macht«. Gleichzeitig warnt er den Freund vor nationalistischer Selbstüberschätzung und simplen weltanschaulichen Feindbildern: »Es ist mitunter recht schwer, aber wir müssen Philosophen genug sein, um in dem allgemeinen Rausch besonnen zu bleiben [...].«[8]

In Naumburg stand man hingegen ganz im Zeichen des erwarteten Sieges. Im November 1870 schmückten Franziska und Elisabeth das Haus, um auf die Übergabe von Paris vorbereitet zu sein. Insbesondere Nietzsches Schwester machte aus ihrem Herzen keine Mördergrube. Intensiv ärgerte sie sich am 29. Dezember über »diese verstockten Franzosen«, die Elsass und Lothringen einfach nicht hergeben wollten. Noch weniger Verständnis für die Gegenseite zeigte sie in ihrem Brief an den Bruder von Anfang Januar 1871. Den französischen Offizieren in Naumburg fehlte es ihrer Meinung nach an sittlichem Ernst, weil sie angesichts des militärischen Debakels »eine solche leichtsinnige Heiterkeit (zeigen), daß es förmlich empörend ist«.[9] Angesichts solcher Urteile kann man leicht den Kopf schütteln, doch lagen sie im Rahmen des zeitgenössisch Üblichen. Die Nation verkörperte im letzten Drittel des 19. Jahrhunderts den höchsten Wert, und nicht wenige Deutsche neigten zu der Ansicht, Gott habe der gerechten Sache auf dem Schlachtfeld den Sieg geschenkt. Am verklärenden Blick auf den Deutsch-Französischen Krieg sollte sich in protestantischen Landen lange nichts ändern. So fühlte sich Maximilian Harden noch 1895 dazu verpflichtet, einen Brief Gustav Freytags zu zensieren, in dem der Erfolgsschriftsteller von Verbrechen deutscher Soldaten im Krieg gegen Frankreich als Augenzeuge berichtet hatte.[10]

Für Nietzsches Beurteilung des Geschehens wurde etwas anderes bestimmend. Wie Jacob Burckhardt war er erschüttert, als er vom angeblichen Brand des Louvre hörte, den Angehörige der Pariser Commune verursacht hätten. Nietzsche fragte sich, worin der Wert geistiger Tätigkeit bestehe, wenn ihre Ergebnisse nicht von Dauer seien. Insbesondere deutete er die Ereignisse als Zeichen, wie fragil jede Kultur in einer Ära umfassender politischer Umwälzungen ist. In diesem Sinne schrieb er am 27. Mai 1871 dem Präsidenten des Erziehungsrats Wilhelm Vischer niedergeschlagen: »Was ist man, solchen Erdbeben der Cultur gegenüber, als Gelehrter! Wie atomistisch fühlt man sich!«[11] Natürlich war dies eine einseitige Wahrnehmung. Sie beruhte auf Gerüchten, die sich nicht bestätigen sollten. Allenthalben wurde die Macht der Aufständischen gewaltig überschätzt. Ihr Schicksal war bald besiegelt. Die fast 30 000 Toten, die am Ende zu beklagen waren, sprechen für die hasserfüllte Atmosphäre in Paris. Die französische Armee, die schwer darunter litt, dass sie im Krieg nicht eine Schlacht gewonnen hatte, und mit ansehen musste, wie der einzige nennenswerte Widerstand der Nation von Zivilisten kam, wütete furchtbar. Mit bitterem Spott äußerte Louise Colet, die Freundin Flauberts, zwei Wochen nach dem Massaker: »Von Orden übersät, lassen sich die Offiziere feiern. Ovationen, Umarmungen, Bekränzungen – als hätten sie Berlin erobert.«[12] Doch sollte die Betrachtung vergangener Gräueltaten nicht in den Hintergrund rücken, dass sich viele Bürger von einer proletarischen Revolution tatsächlich bedroht fühlten. Nietzsche, der seit gut einem Jahr unter dem bestimmenden Einfluss Richard Wagners stand, neigte zu einer besonders dramatischen Einschätzung der historischen Situation. Das heraufziehende Industriezeitalter mit seiner maschinellen Arbeit, wirtschaftlichen Dynamik und seinen unvermeidlichen sozialen Auseinandersetzungen nahm er als Ende der vertrauten humanistischen Welt wahr. Richard Wagner deutete die gesellschaftlichen Veränderungen gar als Götterdämmerung einer untergehenden Epoche.

Der Komponist hatte früh Nietzsches denkerische Begabung erkannt, aber er spürte auch, dass der junge Professor Wachs in seinen Händen war. Nietzsche liebte seine romantisch schicksalsschwere Musik einfach zu sehr, als dass er den Einladungen nach Tribschen bei Luzern hätte widerstehen können, wo Wagner in einer prachtvollen Villa residierte. Zum künstlerischen Glanz trat Nietzsches Sehnsucht nach einer Vaterfigur, die Wagner wie kein anderer einzunehmen verstand. Nicht weniger als 23-mal machte sich der viel beanspruchte Gelehrte von Basel nach Tribschen auf, um Wagners Aura zu genießen. Zentraler Bestandteil dieser Welt war dessen junge Geliebte Cosima von Bülow, bei der viele organisatorische Fäden zusammenliefen. Beide hatten keinerlei Bedenken, Nietzsches Eifer für diverse Hand- und Spanndienste in Anspruch zu nehmen. So kontrollierte er nicht nur den Druck von Wagners Autobiographie oder kopierte Manuskripte, sondern besorgte auch zahllose Weihnachtsgeschenke.[13] Wie selbstverständlich verzichtete Nietzsche 1869 auf das sonst so geschätzte Weihnachtsfest bei der Familie, um seine Zeit in Tribschen zu verbringen. Elisabeth muss geahnt haben, wie viel ihrem Bruder die Nähe zu Wagner bedeutete. Heiligabend bedankte sie sich überschwänglich für die erhaltenen Geschenke: »Ich kann nur mit jenem Kirchenlied sagen: ›Mein ganzes Leben für ein Dank!!‹« Vermutlich waren es weder die Bücher noch die Handschuhe, die diese ungewöhnliche Antwort inspirierten, sondern die Widmungsverse. Sie zeigten ihr, dass der von Wagner begeisterte Bruder selbst unter hohem Zeitdruck an sie dachte.[14]

Doch auch die nüchterne Beobachterin Elisabeth konnte sich der Ausstrahlung Tribschens nicht entziehen. Sie war von Cosima zutiefst beeindruckt, die mit Leichtigkeit ein großes Haus zu führen verstand. Es dürften vor allem die Grazie und Selbstverständlichkeit gewesen sein, mit der die Hausherrin Anordnungen gab, die Elisabeth imponierten. Aber Cosima war auch eine vorzügliche Psychologin. Nach Elisabeths Abschied schrieb sie Nietzsche am 3. September 1871 verständnisvoll: »Ihr Fräulein Schwester ist nun wohl fort? Ich begreife vollständig, dass ihr der Abschied schwer wurde, da sie bei Ihnen das gefunden, wonach sich jede gut angelegte Frau sehnt, einen anregenden Beruf.«[15] Allerdings sollte Cosimas verbindliche Art nicht darüber hinwegtäuschen, dass es im Hause Wagner vor allem darum ging, den talentierten jungen Professor für die eigenen Ziele einzuspannen. Große Anstrengungen musste man dafür nicht unternehmen. In Basel war Nietzsche von Wagners Musik und dessen Vorstellung einer künstlerischen Erneuerung Deutschlands geradezu enthusiasmiert. Louise Bachofen, die junge Frau des eigenwillig schöpferischen Basler Privatgelehrten, freute sich, dass sie »Nietzsche in dieser frühen Zeit kennenlernte, damals als er noch für Wagner schwärmte, und wie schwärmte er! Jeden Sonntag reiste er nach Luzern und kam Jedesmal erfüllt von seinem dortigen Gott zurück und erzählte mir von all' dem Herrlichen das er gesehen und gehört.«[16] Nicht zuletzt wurde Nietzsche durch Wagner darin bestärkt, den eigenen Ideen zu folgen. Als Ende 1870 eine philosophische Professur an der Universität Basel vakant wurde, schien es, als könne Nietzsche seinem beruflichen Leben eine Wende geben. Ohne lang zu überlegen, bewarb er sich auf die freie Position.

Es handelte sich um die Stelle von Gustav Teichmüller, der ein Angebot aus Dorpat erhalten hatte. Angesichts der erheblichen Gehaltsdifferenz zwischen Basel und der livländischen Universität bestand keine Chance, den umfassend gebildeten und systematisch ausgerichteten Philosophen zum Bleiben zu bewegen. Der in zweiter Ehe verheiratete Teichmüller musste für eine große und rasch wachsende Familie sorgen.[17] In einem Brief an Wilhelm Vischer, der bereits bei seiner Berufung die entscheidende Rolle gespielt hatte, machte Nietzsche deutlich, wie gern er das Fach wechseln würde. Sogar seine Erschöpfungszustände führte er auf die philologische Lehrtätigkeit zurück. Niemand, der ihn wirklich kenne, könne über seinen Drang zur Philosophie im Zweifel sein.[18] Doch wie sehr dies auch der Wahrheit entsprechen mochte, in taktischer Hinsicht war Nietzsches Argumentation ausgesprochen ungeschickt. Eben hatte man den Kenner des klassischen Griechenland mit einer ordentlichen Professur geehrt, da teilte er mit, dass sein eigentliches Streben der Philosophie gelte. An einem Ort, an dem man zu rechnen gewohnt war, musste dies irritieren. Mehr als eine Prise Weltfremdheit trat hinzu. Nietzsche, der Philosophie nicht studiert hatte, hob hervor, er habe von neueren Autoren »mit besonderer Vorliebe Kant und Schopenhauer« gelesen. Waren gute Kant-Kenntnisse eine Selbstverständlichkeit für die akademische Karriere, wurde Schopenhauer an den Universitäten geringschätzig als Philosoph fürs Feuilleton betrachtet. Die Tatsache, dass er kein genuin philosophisches Œuvre vorlegen konnte, versuchte Nietzsche mit dem Hinweis auf künftige Arbeiten zu kaschieren. Zudem führte er aus, wen er für seinen geeigneten Nachfolger auf der Professur für griechische Literatur hielt. Er meinte Erwin Rohde und verwies ganz direkt darauf, »wie sehr mir das Dasein hier in Basel durch die Nähe meines besten Freundes erleichtert würde«. Für Außenstehende konnte es scheinen, als habe der junge, erfolgsverwöhnte Professor die Bodenhaftung verloren. In jedem Fall war bei seiner Eingabe der Wunsch Vater des Gedankens.

Zudem fehlte es Nietzsche an Energie, Selbstvertrauen und sozialer Kompetenz, um seine Interessen in Basel nach vorn zu spielen. Stattdessen fuhr er mit der Schwester nach Lugano, wo sie nach einer abenteuerlichen Reise mit starkem Schneefall am 12. Februar 1871 ankamen. Unterwegs hatten sie den italienischen Revolutionär Giuseppe Mazzini getroffen, der nach jahrzehntelanger Verbannung eine europäische Berühmtheit war.[19] Für Nietzsche stellte der sechswöchige Aufenthalt im Hotel du Parc eine Flucht vor der Realität dar, für Elisabeth bot er die Möglichkeit zum vertrauten Zusammensein mit dem bewunderten Bruder. Nachgerade euphorisch schrieb sie der Mutter, wie gut es ihr im Tessin gefalle. Sie schätzte die aus besseren Kreisen stammenden Hotelgäste und freute sich über deren musikalische Aktivitäten. Sie selbst übte sich im Singen und fürchtete lediglich das strenge Urteil des Bruders, während er »immer wunderschön« am Klavier phantasierte.[20] Mit einem gewissen Stolz berichtete Elisabeth von den Avancen eines jungen Adeligen, der sie freilich nicht überzeugte: »Du lieber Himmel das wäre wohl das letzte was ich wünschte einen 24jährigen Baron zu bezaubern.« Und sie freute sich darüber, dass sie gemeinsam mit einer Gräfin »für die Familie von Moltke« schwärmte.

Elisabeths Tagebuch gibt Aufschluss darüber, wie intensiv sie die Frühjahrstage im Tessin erlebte. In optimistischer Stimmung zieht sie Bilanz

Friedrich Nietzsche als Feriengast
in Lugano, Frühjahr 1871

über ihr Leben. Eben sei sie noch von den Menschen als »resignierte alte Jungfer«[21] betrachtet worden und jetzt böten sich unerwartete Möglichkeiten: »Denn dem lieben Gott sei Dank ich bin noch jung und fühle u. sehe mit Entzücken den strahlenden blauen Himmel die warme Sonne und die liebevolle Freundlichkeit lieber Menschen.« Immer noch zweifelt sie an ihrem Aussehen, doch im Vergleich mit ihren Jugendtagen ist das gestiegene Selbstvertrauen unverkennbar: »Ich bin nie schön oder auch nur recht hübsch gewesen, aber ich habe mich auch nicht sehr verändert, und wenn ich in den Spiegel sehe, so blickt mir zwar kein hübsches aber ein doch ganz freundlich junges Gesicht entgegen, welches irgend eine gute Fee anstatt der Schönheit die freundliche Gabe verliehen hat, daß es die Leute recht gut leiden können. Denn nur so kann ich mir die Thatsache erklären, dass im Allgemeinen die Menschen mich für hübsch halten!« Elisabeth freute sich über ihre Fähigkeit, die Dinge zum Besseren zu wenden oder an den Erfolgen anderer Menschen Anteil zu nehmen. Insbesondere galt dies für »das glänzende Geschick meines lieben Bruders«, das »auch mein Leben mit manchem Strahl der Freude verklärt hat«.

Elisabeth ist voll des Lobes über Friedrich, der jede »tiefre größere Lebensfreude« in ihr zuallererst erweckt habe. Ihre Jugend und ihre Genussfähigkeit führt sie auf die philosophischen Unterweisungen des Bruders zurück, die den »Kampf« mit der »angeborenen und anerzogenen religiösen Überzeugung« wert seien. Und sie hofft darauf, dass aus der ihr in Naumburg vermittelten Weltsicht mit der Zeit »eine wahrhaft innere u. eigene« wird. Skeptisch steht sie hingegen ihrer früheren »Sehnsucht nach Reichtum« gegenüber, der sie keine philosophische Dignität mehr zuerkennt. »[A]ndre Güter [...], Güter die ich ganz unverdienter Weise besitze, z. B. ein solch begabter, geistvoller, edler Bruder, die Liebe guter edler Menschen, Gesundheit« seien doch viel wertvoller. In Herzensangelegenheiten habe sie noch kein Glück gehabt; denn unter den Männern, die um ihre Hand anhielten, sei einfach nie der Richtige gewesen. Bei der Beurteilung dieser Tatsache schwankt Elisabeth zwischen verhaltener Selbstkritik und Kritik der Männerwelt: »Ich glaube ich bin nicht dazu geschaffen eine wirkliche tiefe leidenschaftliche Liebe einzuflößen, und nur eine solche würde ich erwidern können.« Die einzige Ausnahme beschreibt sie in nahezu kryptischen Worten. Nur ein Mann habe für sie »mehr als nur ein vorübergehendes Interesse gehabt«. Sie lässt offen, um wen es sich handelt, aber gesteht doch so viel, dass »Herz« und »Phantasie« [...] möglicherweise [...] diesen Helden nur gewählt haben weil er eben ganz unerreichbar ist«. Sie kommentiert diese Äußerung ausgesprochen kritisch: »Ja für unmögliche Dinge habe ich immer eine recht halsstarrige Sehnsucht gehabt.« Die Vermutung liegt nahe, dass es sich bei dem Unbekannten um ihren Bruder handelt, doch bleiben Zweifel bestehen. Dies trifft auch für die letzte, dieses Mal undatierte Passage im Tagebuch zu: »Wenn Fritz nur da wäre, er hat etwas in seinem Wesen was mich lehrt all diese thörichten Gefühle zu beherrschen als ob sie gar nicht da wären, bin ich aber allein so kann ich nichts als immer fragen warum, warum?« Die Seite davor ist aus dem Tagebuch herausgerissen[22], jede Aussage über ihren Inhalt Spekulation. Allerdings scheint es nicht zu kühn, wenn man festhält, dass Elisabeth mit Gefühlen kämpfte, die sie nicht haben durfte und kaum zu beherrschen verstand. Zudem dürfte es eine bemerkenswerte Tatsache sein, dass Nietzsche die Wochen, in denen die Besetzung der

Basler Philosophieprofessur erörtert wurde, mit der Schwester in einem noblen Hotel im Tessin verbrachte.

In Basel entschied man sich für Rudolf Eucken und damit für einen Schüler Teichmüllers. Er galt als gediegener Aristoteles-Experte mit umfassenden philosophiehistorischen Kenntnissen. Nietzsches Bewerbung hatte die Berufungskommission nicht erwähnt. Vermutlich betrachtete sie den erhofften Wechsel in ein Fach, das er nicht einmal studiert hatte, schlicht als Anmaßung. Gegen Teichmüllers Favoriten, dessen Bewerbungsprofil den Basler Bedürfnissen entgegenkam, hätte er ohnehin auf verlorenem Posten gestanden. Dies ist umso wahrscheinlicher, als Eucken ein glanzvoller Redner war und damit Nietzsche, der die Basler mit seinen Vorträgen beeindruckt hatte, auch in diesem Bereich Paroli bieten konnte.[23] Gleichwohl bleibt es erstaunlich, dass Nietzsche, den es zu Beginn der 1870er Jahre stark zur Philosophie zog, seine Chancen nicht zielstrebiger verfolgt hat.

Als Geschwisterpaar fielen Friedrich und Elisabeth auf. Der junge Professor legte Wert auf elegante Kleidung, während Elisabeth helle Farbtöne bevorzugte, die ihre Jugendlichkeit betonten. Seit 1870 verbrachte sie jedes Jahr mehrere Monate in Basel, um den Bruder zu unterstützen. Nietzsche war als Lehrer am Pädagogium beliebt, weil er das »Pathos der Distanz« seiner akademischen Ausstrahlung mit hilfsbereiter Freundlichkeit verband. Aber auch an der Universität wurde der junge Professor geschätzt. Einmal soll er den Studenten bei einem gemeinsamen Abendessen die »Odeurs« diverser Parfums präsentiert haben.[24] In ihrer Freizeit gingen die Geschwister gern zusammen aus: »Er hatte einen auffallend großen braunen Schnurrbart und eine goldene Brille, ging in sehr aufrechter Haltung und trug stets schwarzen Rock, hellgraue Beinkleider und einen hellgrauen breitrandigen Filzhut, alles peinlich frisch und gebürstet wie eben aus der Schachtel. Ebenso unabänderlich war das Fräulein in die zartesten Farben gekleidet himmelblau oder rosa; Vergissmeinnicht oder Röschen auf dem Hut.« Doch das nach außen hin so harmonische Verhältnis der Nietzsches war viel komplizierter, als es auf den ersten Blick scheint.

Elisabeth Nietzsche in Basel, September 1874

Im persönlichen Umgang bevorzugte Friedrich die leisen Töne. Nach Einschätzung seiner Tante Ernestine in Plauen soll er geradezu ein »Urbild sanfter Männlichkeit« gewesen sein.[25] Auch in den Fakultätsgeschäften zeigte sich Nietzsche gegenüber weiblichen Belangen aufgeschlossen. Bei der internen Diskussion über die Zulassung von Frauen zur Promotion im Juli 1874 gehörte Nietzsche zu den Befürwortern und stimmte dementsprechend ab. Rein privat war er jedoch ein erbitterter Gegner der »Gleichmacherei« und hielt auf Abstand. Nietzsche wusste um seinen Wert und brachte dies auch gegenüber der Schwester deutlich zum Ausdruck. In der ihr eigenen exaltierten Art berichtete sie ihm am 7. September 1874 von einem Zugunglück, das sie um Haaresbreite glücklich überlebt habe. Interessanter als ihre nicht sonderlich glaubwürdige Erzählung sind die Konsequenzen, die sie aus dem Ereignis zieht. Zum einen freut sie sich darüber, »daß ich leben geblieben bin, es ist doch herrlich auf der Welt, wie entzückend ist es wieder diesen Sommer in Basel gewesen!«. Zum anderen deutet sie an, dass sie an den eigenen Tod nicht nur mit düsteren Gefühlen dachte: »Freilich es hätte auch sein Gutes gehabt wenn ich von der Welt verschwunden wäre, Du weißt schon warum, es hilft aber nun nichts ich kann es nicht ändern, vielleicht giebt Dir es der Himmel auf eine hübschere Weise, wo wir es denn Beide zusammen genießen können.« Es handelt sich um eine merkwürdige Quelle. Sie illustriert, wie dramatisch Eisenbahnunglücke von den Menschen erlebt wurden – ein gut verbürgtes historisches Phänomen, von dessen Reichweite wir heute kaum noch eine Vorstellung haben.[26] Noch wichtiger dürfte die private Dimension des Dokuments sein, das auf unerfüllte Gefühle zwischen den Geschwistern verweist. Allerdings bestehen wenig Zweifel daran, dass sich Elisabeth dem Bruder im Herbst 1874 aus einer Position der Schwäche näherte. Am 17. Oktober machte sie sich in ihrem Dankesbrief für die Zusendung seiner Schrift *Schopenhauer als Erzieher* besonders klein. Sie betonte, wie sehr sie Nietzsches Betrachtungen gerührt hätten, und fragte artig: »Sag nur mein Lieber wo bekommst Du nur immer die schönen neuen Gedanken her?« In jedem Fall solle der Bruder denken, »wie Schopenhauer ein Hundchen so hast Du eine Schwester«.[27] Freilich klingt diese Passage unterwürfiger, als sie vermutlich gemeint war; denn der ledige Schopenhauer hatte seinen Pudel »Atman« (Weltseele) sehr geliebt. Auch lag es nicht so fern, Nietzsche zu Beginn der 1870er Jahre zu bewundern. In kurzer Zeit war der literarisch ambitionierte Professor zu einer Figur des öffentlichen Lebens geworden.

In Lugano hatte Nietzsche ein Manuskript über das Wesen der Tragödie weitgehend abgeschlossen, doch dauerte es noch fast ein Jahr, bis es erschien. Als das Buch im Januar 1872 endlich ausgeliefert wurde, machte es schlagartig deutlich, wie skeptisch sein Autor der Wissenschaftswelt gegenüberstand. Das Werk trug den vielfältig schillernden Titel *Die Geburt der Tragödie aus dem Geiste der Musik* und war von starker Sympathie für das Wagner'sche Musiktheater durchdrungen. Der Komponist hatte Nietzsche zu dieser Schrift ermuntert, der sich zu seiner Inspirationsquelle beinahe überdeutlich im Vorwort bekannte. Der Sache nach passte die Tragödienschrift in kein Schema, und Nietzsche hatte dies bewusst angestrebt: »Er vermischt den wissenschaftlichen Stil mit dem hymnischen, die Untersuchung mit der Prophetie, die Methode mit der Vision.«[28] Nietzsche ging es um weit mehr, als die Genese der griechischen Tragödie zu erklären. Er stellte die Beziehung von Kunst und Wissenschaft prinzipiell zur Debatte und plädierte dafür, den dunklen Untergrund jeder Kultur anzuerkennen. Für die auf nüchterne Wissenschaft setzende Gegenwart lief das auf ein Verdammungsurteil hinaus. Denn mit ihrer Überbetonung des Rationalen löste sie sich nach Auffassung Nietzsches von ihren tragischen Ursprüngen, die allein einen schöpferischen Neuanfang verbürgen könnten.

Elisabeth hatte früh am Buch des Bruders Anteil genommen. Unmittelbar vor Erscheinen schrieb sie ihm launig: »[I]ch sehe im Geist schon die Reihe der Triumphe, welche die Leute Inhalt und Styl zollen werden und das entzückteste Pantherthier, welches dem Zuge folgt, ist und bleibt Deine Schwester.«[29] Die leicht ironische Formulierung spielte auf den Beginn des Elisabeth offenbar bekannten Textes an und bekundete echtes Interesse. Manch ein Angehöriger von Basels konservativem Bürgertum sah das Werk mit ähnlichen Augen. Ausgesprochen wohlwollend beurteilte etwa Johann Jakob Bachofen die Tragödienschrift, der sich mit Nietzsche häufig über ihren Inhalt unterhalten hatte. Auch die Resonanz von Nietzsches Vorträgen *Ueber die Zukunft unserer Bildungsanstalten* war erheblich. Mehr als dreihundert Hörer strömten im Januar und Februar 1872 regelmäßig in die Universitätsaula, um den jungen Ordinarius zu erleben, der mit offenem Visier für Wagners Sache stritt. Wie auch immer sie zu seiner Musik standen oder seinen leidenschaftlichen Einsatz für die Wiedergeburt deutscher Kultur beurteilten, die meisten Basler Bürger schätzten, dass Nietzsche die Rechte der traditionellen Eliten verteidigte und legitimierte.[30]

In Tribschen war man begeistert über *Die Geburt der Tragödie*. Nach dem Zeugnis Cosimas, die mittlerweile mit Richard Wagner verheiratet war, las man »mit wachsender Freude« in Nietzsches Werk. Ihr Mann soll die rühmenden Worte gesprochen haben, »das ist das Buch, was ich mir ersehnt habe«.[31] Dementsprechend zuvorkommend wurde Nietzsche behandelt, für den man so viel Zeit wie irgend möglich aufwandte. Der junge Gelehrte ging auf Wolken. Er schlug ernsthaft vor, fortan als Vortragsredner für die Bayreuther Sache zu wirken – ein Ansinnen, das man selbst im Hause Wagner als zu altruistisch empfand. Nietzsches euphorische Stimmung zeigte sich auch in einem Brief an Ritschl vom 30. Januar 1872. Vollmundig erklärte er seinem einstigen Förderer über *Die Geburt der Tragödie*: »[I]ch dachte, wenn Ihnen irgend etwas Hoffnungsvolles in Ihrem Leben begegnet sei, so möchte es dieses Buch sein, hoffnungsvoll für unsere Alterthumswissenschaft, hoffnungsvoll für das deutsche Wesen, wenn auch eine Anzahl Individuen daran zu Grunde gehen sollte.«[32] In seinem Fach hoffte Nietzsche nicht weniger, »als sich der jüngeren Generation der Philologen zu bemächtigen und ich hielte es für ein schmähliches Zeichen, wenn mir dies nicht gelänge«. Nach Erhalt des Briefes schrieb Ritschl in sein Tagebuch indigniert: »Fabelhafter Brief von Nietzsche (= Größenwahnsinn).«[33]

Im Deutschen Kaiserreich sah man die Dinge generell anders als in der Schweiz. In der Klassischen Philologie wusste man mit Nietzsches Begeisterung für Wagner und seiner panegyrischen Sprache kaum etwas anzufangen; nicht wenige Gelehrte waren regelrecht empört, dass der Basler Professor mit dem Wagner'schen Musiktheater Reklame für ein höchst aktuelles Anliegen machte. Hinter vorgehaltener Hand kursierten bereits negative Urteile über seine Undiszipliniertheit und Selbstüberschätzung, als eine dezidiert gegen Nietzsche gerichtete Streitschrift erschien. Ihr Autor war gleichfalls ein junger Pförtner: der erst 23-jährige Ulrich von Wilamowitz, der in dem Eliteinternat als herausragende gräzistische Begabung gegolten hatte. Der frischgebackene Berliner Doktor der Philosophie muss sich über Nietzsches Blitzkarriere sehr geärgert haben und wurde in seinem Pamphlet *Zukunftsphilologie!* ausgesprochen persönlich.[34] Der Sache nach aber hatte seine Kritik durchaus Substanz. Sie stellte heraus, dass eine Herleitung der griechischen Tragödie nur auf wissenschaftlichem Weg erfolgen könne, den Nietzsche gewiss nicht eingeschlagen habe.

Der selbstbewusste Basler Gelehrte war empört über Wilamowitz' Polemik und vermutete, dass Theodor Mommsen hinter der Streitschrift stecke. Einem zeitgenössischen Vorurteil folgend, sah Nietzsche in ihr einen Angriff bornierter großstädtischer Wissenschaft auf die Provinz. Besonders weit ging er in einem Brief an seinen Jugendfreund Gustav Krug. Verächtlich bezeichnete er Wilamowitz als »übermüthig-jüdisch angekränkeltes Bürschchen«. Dies bekundete nicht nur die Akzeptanz antisemitischer Vorurteile, sondern war angesichts der Aufnahmeusancen von Pforta auch alles andere als überzeugend. Den konservativen norddeutschen Adeligen Wilamowitz hätte diese Reaktion in der Ablehnung des »Aufsteigers« Nietzsche ohnehin nur bestärkt.[35] Elisabeth, die das Geschehen genau verfolgte, spielte es in den Bereich des Menschlich-Allzumenschlichen hinüber. Am 20. Juni 1872 teilte sie der Mutter über Wilamowitz' *Zukunftsphilologie!* mit, »die ganze Schrift ist von einer Gemeinheit, dass man nicht verstehen wird, wie das ein solch anständiger Mensch es schreiben kann!«.[36] Auch in wissenschaftlicher Hinsicht nahm Elisabeth entschieden Partei. Sie hielt es für skandalös, dass Wilamowitz ihrem Bruder »zahllose Fehler gegen die Philologie« vorwarf, und vertraute auf die Replik Erwin Rohdes.

Mittlerweile ist viel Zeit vergangen und der Streit um *Die Geburt der Tragödie*, an dem sich auch Richard Wagner mit einem öffentlichen Brief beteiligte, immer wieder dargestellt und erörtert worden. Auch wenn sich über die wissenschaftsgeschichtlichen Hintergründe und die persönlichen Motive der Beteiligten weiter streiten lässt, scheint der historische Faktenkranz festzustehen. Bei der Beurteilung des Geschehens sollte man sich vor Übertreibungen hüten. Es ist nicht richtig, dass Nietzsche durch die Beurteilung seines literarischen Erstlings »im Fach« isoliert wurde. Auch weiterhin kam eine erkleckliche Anzahl Philologiestudenten zu ihm nach Basel, wurde er im Kaiserreich wahrgenommen. Seine stockende Karriere hatte vielmehr damit zu tun, dass er auf genuin wissenschaftliche Publikationen verzichtete.[37] Gleichwohl handelt es sich beim Streit um die Tragödienschrift um eine ideengeschichtlich folgenreiche Auseinandersetzung. In ihrem Verlauf verlor Ritschl das Vertrauen in seinen Lieblingsschüler. Der Leipziger Großordinarius hatte nicht nur den Eindruck, Nietzsche lege eine unverzeihliche Undankbarkeit gegenüber der Philologie an den Tag, der er seine Stellung im Leben verdanke. Er fragte sich auch, wen er da erfolgreich protegiert habe. Nietzsche aber verlor mit Ritschl den Kontakt zu einem der wenigen Gelehrten, die er wirklich achtete. Aus seiner eigenen Perspektive führte nach 1873 kein Weg mehr zurück in die Gräzistik. Inhaltlich empfiehlt sich für die Deutung der Ereignisse wohl eine mittlere Perspektive. Vermutlich zielte Wilamowitz' *Zukunftsphilologie!* weder auf Basel noch auf Nietzsche, so wichtig wurden beide in Berlin nicht genommen.[38] Vielmehr wird sich die Polemik gegen Ritschl gerichtet haben, der mit hoher Energie und zweifelhaften Methoden seinen Einflussbereich vergrößerte. Dass dahinter die Rivalität zwischen der Berliner und der Leipziger Universität stand, kann zumindest vermutet werden.

So feinfühlig Nietzsche im persönlichen Umgang und besonders als akademischer Lehrer auch war, bei öffentlichen Auseinandersetzungen ließ er häufig Takt und Sinn für Fairness vermissen. Dies trifft gewiss für seine erste *Unzeitgemäße Betrachtung* zu, die sich mit David Friedrich Strauß auseinandersetzte. Der Zürcher Bibelkritiker hatte eine Zivilreligion entworfen, die dem Sinndefizit der Gegenwart abhelfen sollte. Obwohl sein utopischer Entwurf *Der alte und der neue Glaube* stilistische Schwächen offenbarte, stieß er auf erhebliches Interesse. Der Grund war einfach: Der betagte Gelehrte hatte als einer der Ersten eine neue Religion konzipiert, die mit den Resultaten wissenschaftlicher Forschung nicht im Widerspruch stand.[39] Im Hause Wagner fand man die Schrift des Linkshegelianers schlicht unmöglich und ermunterte Nietzsche zu einer öffentlichen Replik. Elisabeth sah die Dinge ähnlich. Sie stellte ihrem Bruder vor Augen, dass die Abfertigung des bekannten Theologen eine lohnende Aufgabe sei, und berief sich auf das Urteil ihres früheren Lehrers Wenkel. Nach Ansicht des Pietisten habe sich Strauß »auf ein Feld gewagt«, das er einfach nicht kannte, und sich deshalb »blamiert«. In fast beschwörendem Ton setzte Elisabeth die Wiedergabe von Wenkels Einschätzung fort: Noch könne sich Strauß in Sicherheit wiegen; »denn was bis jetzt gegen ihn vorgebracht wäre müßte man ebenfalls Kohl nennen, wenn aber ein gründlicher Kenner der Kantschen und Schopenhauerschen Philosophie ihn in die Hände bekäme da würde es ihm übel ergehen!«.[40]

Nietzsche zögerte nicht lange und nahm die Aufgabe in Angriff. Doch das Resultat muss als eine seiner schwächsten Arbeiten gelten. Der Text *David Strauß, der Bekenner und der Schriftsteller* erschöpfte sich in Detailkritik, ohne philosophisch zentrale Fragen in den Blick zu bekommen. In extenso kritisierte Nietzsche die Oberflächlichkeit der zeitgenössischen Kultur und deutete Strauß als Symptom für die Herrschaft des »Bildungsphilisters«. Rein stilistisch bevorzugte er schroffe Kontraste, die vor Augen führen sollten, welcher Denker auf der richtigen Seite stand. Im Unterschied zu Strauß' simplem Lob der Gegenwart schlage »[d]er geniale Autor« verschlungene Wege ein: »seine übergrosse Kraft spielt mit dem Stoffe, selbst wenn er gefährlich und schwierig ist«.[41] Ausführlich rekurrierte Nietzsche auf sprachlich misslungene Passagen, wodurch die eigene Arbeit keineswegs an Glanz gewann. Über weite Strecke liest sich die erste *Unzeitgemäße Betrachtung* wie der allzu lang geratene Verriss eines Werks, das eine nähere Betrachtung überhaupt nicht verdient. Hinzu kam, dass Strauß bei ihrem Erscheinen im Sterben lag. Viele Leser fanden Nietzsches Pietätlosigkeit unentschuldbar. Zu ihnen zählte Gottfried Keller in Zürich. Er betrachtete die Abhandlung als stilistisch langweiliges und inhaltlich bemühtes Produkt eines vom Ehrgeiz zerfressenen Autors. Um die Publicity des »Spekulierburschen« nicht zu erhöhen, verzichtete Keller auf eine öffentliche Äußerung. Ein ähnlich vernichtendes Urteil über Nietzsche fällte Heinrich von Treitschke. Der deutsche Historiker, der als »Herold der Reichsgründung« über ein gewaltiges Ansehen verfügte, war seit vielen Jahren mit Overbeck befreundet. Am 23. Oktober 1873 schrieb er dem Theologen die desillusionierten Zeilen: »Dein Unglück ist dieser verschrobene Nietzsche, der sich so viel mit seiner unzeitgemäßen Gesinnung weiß und doch bis ins Mark angefressen ist von dem zeitgemäßesten aller Laster, dem Größenwahn.«[42] Weite Kreise zogen diese Urteile vermutlich nicht. Aber sie signalisierten doch, dass man bei Nietzsche besser auf Abstand ging, wenn man sich der Bayreuther Bewegung nicht voll und ganz verschrieben hatte.

Nach Ausweis ihrer Korrespondenz hat Elisabeth den Ansehensverlust ihres Bruders im Jahre 1873 nicht registriert. Sie freute sich über die Wertschätzung im Hause Wagner und hatte ansonsten alle Hände voll mit der Haushaltsführung zu tun. Daneben fand sich aber auch Zeit zu vertrautem Gespräch. So berichtete sie am 8. Juni 1872 voller Stolz der Mutter, dass »Fritz« für gewöhnlich abends um sieben in ihren »Salon« komme und bis halb zehn blieb. »[D]as sind wirklich herrliche Stunden!«[43] Auch die gemeinsamen Konzertbesuche erfreuten Elisabeth immer wieder aufs Neue. Im Rahmen ihrer Möglichkeiten nahm sie an Nietzsches geistigem Leben teil. So lobte sie gegenüber der Mutter Overbecks neues Buch »Ueber die Geistlichkeit unserer heutigen Theologie«. Der Titel war freilich nicht nur falsch, sondern der Intention Overbecks direkt entgegenstehend. Denn der Basler Gelehrte hatte sich mit seiner in Leipzig 1873 erschienenen Arbeit *Ueber die Christlichkeit unserer Theologie. Eine Streit- und Friedensschrift* direkt gegen jede optimistische Deutung der Gegenwart und ihrer wissenschaftlichen Bestrebungen gewandt. Insbesondere schien es ihm absurd, dass die zeitgenössische Theologie mit ihrer plakativen Modernitätsnähe ein Fundament für die Zukunft bieten könne.[44]

Mit ihrem Leben war Elisabeth, wie es scheint, im Reinen. Selbstbewusst teilte sie der Mutter im Mai 1874 mit, dass Nietzsche bald nach Hause kommen werde, um sie zum gemeinsamen Konzertbesuch abzuholen. Die Beschreibung der Garderobe spiegelte Elisabeths Zufriedenheit: »In die Concerte ziehe ich immer abwechselnd ein grauseidenes u. schwarzseidenes Kleid herzförmig offen [an] mit einer hochschließenden Tüllkrause sind sie zu reizend, ein für alle Male: Seide ist doch das Hübscheste und Bequemste!« Ganz besonders gefiel es ihr auf der Frohburg, einem bekannten Hotel in der Nordschweiz, wo sie mit ihrem Bruder 1874 die Sommerfrische verbrachte. Sie freute sich über die Freizeitaktivitäten in der Kuranstalt und die »wirklich himmlisch schöne Aussicht«, wie sie der Mutter am 9. Juli mitteilte. Überdies hätten andere Hotelgäste erklärt, »solch ein rührendes Geschwisterpaar hätten sie noch nie gesehen«.[45] Kein Wunder, dass die Pastorentochter an ihrer Schweizer Situation nichts ändern wollte.

Gänzlich abwegig fand Elisabeth die unentwegten Versuche der Mutter, sie unter die Haube zu bringen. Am 12. August 1874 fragte sie Franziska Nietzsche direkt: »Was für eine Manie bringt Euch nur dazu in jedem unverheiratheten Mann einen Ehecandidaten für mich zu erblicken und wozu erquickst Du mich liebe Mama noch brieflich mit solchen unangenehmen Predigten da Du doch meine Abneigung gegen Deine mündlichen

Erörterungen kennst?« Ausführlich legte Elisabeth ihre Gründe dafür dar, dass sie allein bleiben wolle. Sie sei anspruchslos und ihre »Geschmacksrichtungen seien durchaus die einer alten Jungfer. Ein wenig Einsamkeit, Demuth, Frieden u. Behagen um mich herum und ich bin innig zufrieden.« Nicht ohne Chuzpe drehte sie beim Dauerthema »Ehe« den Spieß um und nahm die Mutter in die Pflicht: »Weißt Du Fritz und ich haben eigenthlich einmal ausgemacht am besten wäre es, wenn Du Dich noch ein mal verheirathetest das fällt mir jetzt wieder ein ich glaube das wäre für uns Alle ordentlich hübsch.« Offenkundig war es Elisabeth recht gleichgültig, was man in Naumburg über sie dachte. In einem nur als Fragment erhaltenen Brief hatte sie bereits zwischen dem 6. und 13. Januar 1874 Nietzsche geschrieben: »Du kannst Dir gar nicht denken wie unsympathisch einem hier die Gesammtheit der hiesigen Gesellschaft entgegentritt, ich habe die Basler immer herrlich gefunden, jetzt aber erscheinen sie mir wahrhaft verklärt.«[46] Das Leben hatte für sie in der Schweiz einen Reiz gewonnen, den sie sich nicht wieder nehmen lassen wollte.

Zum Zusammensein mit dem Bruder trat für Elisabeth die Freundschaft mit den Wagners. Sie befanden sich mittlerweile in Bayreuth, wo sie nach der Grundsteinlegung des Festspieltheaters im Mai 1872 ihre Ziele energisch verfolgten. Im Februar 1875 hütete Elisabeth das Haus und berichtete der Mutter stolz, dass sie mit Cosima auf »Du« stehe, auch wenn sie es »kaum [...] über die Lippen (bringe)«.[47] Sie lernte in Bayreuth, ein umfangreiches Personal zu führen und vielfältige Alltagsaufgaben effizient zu erledigen. Großes Geschick bewies Elisabeth im Umgang mit den Kindern, die sie als »merkwürdig liebenswürdig und gehorsam« fand. Eine besondere Freude sei es, wie geschickt diese mit ihren »niedlichen Puppen« spielten, für die sie sich sogar eigene »Theaterstücke« ausdächten. Wie es sich für eine großbürgerliche Haushaltsführung gehörte, klagte Elisabeth auch über ein Dienstmädchen, das einfach nicht gehorchen wolle. Keine Frage, die Schwester des Philosophen, die sonst so häufig im Schatten stand, war in Bayreuth zufrieden und stolz. Sie veranstaltete sogar ein kleines Nietzsche-Fest, bei dem die Kinder folgende Verse zum Besten gaben, wie sie dem Bruder am 13. März mitteilte:

Es lebe die Onkel Nietzsche-Parthie
Die uns führte nach der Fantasie!
Es lebe der Professor der Philologie
Tante Elisabeth ihr liebes Fritzli![48]

Für die Rückkehr des »Meisters« am Ende des Monats ließ sie die Villa mit aus Wien georderten Lorbeerkränzen schmücken.

Eine besondere Bedeutung kam den Reisen mit dem Bruder zu, wohl auch weil sich die Geschwister unterwegs ungezwungener als in Basel geben konnten. Amüsiert berichtete Elisabeth der Mutter im Mai 1875 von einem gemeinsamen Aufenthalt in Baden-Baden. Ihr kurzsichtiger Bruder habe die Kaiserin bei einem Spaziergang nicht erkannt und »rannte sie beinah um«. Elisabeth schätzte es, dass sie in dem mondänen Kurort »ganz incognito« war, und freute sich an der Blumenpracht: »[T]ausend Wohlgerüche in der Luft, es war wonnevoll!« Bezeichnenderweise ließ sie ganz offen, wann der Kurzurlaub in Baden-Baden enden solle, »Fritz will nichts vom Fortgehen hören«. Ihr Gesamturteil über die Tage mit dem Bruder fasste sie in die schlichten Worte: »Wir sind zu froh und glücklich miteinander!«[49] Es war freilich die Sonnenseite ihres Leben, die Elisabeth hier anschaulich vor Augen führte. In Basel wurde immer deutlicher, wie krank Nietzsche war, der im Alltag ein hohes Maß an Unterstützung brauchte. Der Philosoph nahm die Hilfe willig an. Seinem Freund Overbeck teilte er am 30. Mai mit, er gehe mit Elisabeth auf Wohnungssuche. Die lakonische Begründung lautete: »Meine Schwester macht's mir sehr leicht zu leben.« Wie schwach er sich fühlte, illustriert der Brief an seine mütterliche Freundin Malwida von Meysenbug vom 11. August. Nietzsche freute sich darauf, dass ihm die Schwester ein »Schneckenhaus« einrichten werde.[50]

1875 verfestigte sich bei Elisabeth der Eindruck, dass ihr Bruder ohne ihren Beistand den Berufspflichten nicht mehr gewachsen sei. In diesem Sinne schrieb sie am 25. Juni der Mutter: »Er hätte seine Professur längst aufgegeben während er so gar nicht mehr daran denkt. Ich denke jetzt oft, wie schön es vom lieben Gott eingerichtet ist daß ich eben nicht verheirathet bin und somit dem guten Fritz gerade jetzt in diesen critischen Jahren von Nutzen sein kann.«[51] Im August 1875 zog Elisabeth nach Basel. Sie richtete für sich und den Bruder eine neue Wohnung ein, die auf sein Ruhebedürfnis besondere Rücksicht nahm. Zudem verfeinerte sie ihre Kochkünste, damit Nietzsches empfindlicher Magen geschont werde. Der Kranke wusste die Aufmerksamkeit zu schätzen und lobte immer wieder, wie gut er versorgt werde. Geradezu euphorisch teilte Elisabeth der Mutter am 13. Oktober mit, sie sei »zu einer Art Musterhausfrau avanciert«. Zur Illustration verwies sie auf eine Äußerung Gersdorffs, er werde ihr im Fall einer erneuten Eheschließung seine Frau schicken, damit sie »tausenderlei Dinge« lerne. Allein die Krankheit des Bruders blieb doch das Bestimmende. Ende des Jahres verschlechterte sich der Zustand Nietzsches massiv. Elisabeth schob es auf seine Belastung durch die Universität, auch wenn sie konzedierte, dass er im Unterschied zu Overbeck weder abends noch nachts arbeite. Wie viel an den Festtagen zu tun war, schilderte sie anschaulich der Mutter: »Ich mache ihm Umschläge u. koche ihm was er gern will u. lese ihm den ganzen Tag fast vor heitere schöne Romane von Walter Scott oder wir erzählen uns etwas Hübsches aber die Kopfschmerzen werden eigentlich nicht besser u. das Müd-Matte verliert sich auch nur manchmal kurze Zeit.«[52] Obwohl die Pflege des Kranken strapaziös war, legte Elisabeth beträchtliche Empathie und hohe Findigkeit bei der Lösung einzelner Probleme an den Tag. Hier liegt eine zentrale Wurzel für ihre lebenslange Überzeugung, dass sie Nietzsches Gesundheitszustand besser als jeder andere Mensch beurteilen könne. Trotzdem stellte sich bereits Ende 1875 die Frage, wie lange noch seine labile Konstitution mit den Dienstpflichten eines ordentlichen Professors zu vereinbaren war.

Schon bei einem flüchtigen Blick wird deutlich, wie sensibel Nietzsches Körper auf seelische Turbulenzen reagierte. 1876 stand die Eröffnung der Bayreuther Festspiele an, ein Ereignis, das ihn seit Jahren intensiv bewegte. Auch Elisabeth freute sich sehr. In einem Brief an die Mutter vom 5. Juni 1876 kontrastierte sie das Bevorstehende mit dem Basler Alltag: Ihr Bruder und sie »schmelzen [...] in dem Gedanken an Bayreuth, wie entzückend das werden wird kann man sich aber doch noch nicht vorstellen«. Nachgerade staunenerregend fand sie es, wegen ihres berühmten Bruders zur Premiere der Festspiele eingeladen zu sein, zu der selbst der Kaiser kommen wollte. In Bayreuth versammelte sich ihrer Ansicht nach »die vornehmste geistreichste und künstlerischste Gesellschaft der Welt«. Friedrich soll das Kommende gar zu der gutmütigen Äußerung veranlasst haben: »Dazwischen hüpft lustig ein kleines Lama umher, ist nichts, weiß nichts, kann nichts trotzdem springt es guter Dinge herum als müßte es so sein.« Die Authentizität dieser betont kindlichen Schilderung lässt sich im Nachhinein nur schwer einschätzen. Kein Zweifel besteht allerdings daran, dass Elisabeth die von der Mutter geschmiedeten Heiratspläne grundsätzlich ablehnte. Der Einrichtung der Ehe stand sie dabei ähnlich skeptisch gegenüber wie den Versprechungen potentieller Schwiegermütter: »Es ist richtig wie ich schon immer bemerkt habe: Ihr Mädchen traut nicht den verehrten Müttern: dieselben wünschen Heirathen zu stiften und heucheln da im Namen der theuren Kinder Gefühle, welche dieselben gar nicht haben.«[53] Elisabeths Autorität hatte sich vermehrt, weil ihr Bruder zunehmend auf ihre Hilfe angewiesen war und überdies nicht ernsthaft an Heirat dachte.

Drei Wochen später verteidigte sie gegenüber der Mutter ganz explizit Friedrichs Junggesellenexistenz. Offenkundig bekomme ihm ihre Küche, und er betone häufig: »Lisbeth solch eine Suppe bekomme ich im ganzen Jahr nicht wieder.« Von den Versuchen, die geeignete Ehefrau für ihn zu finden, wolle er hingegen nichts mehr wissen, »und ich denke jetzt manchmal es ist richtig! Ein Philosoph wird kein guter Versorger für seine Familie.« Hinzu träten praktische Probleme, denn »wo findet sich ein vorzügliches Mädchen welche mit der Civilehe zufrieden ist und welche ungetauft ihre Kinder durchs Leben gehen lassen möchte?«. Damit spielte Elisabeth auf Nietzsches Ablehnung des Christentums an, die seit seiner Studentenzeit immer deutlicher geworden war. Geradezu brüsk teilte sie Franziska ihren eigenen »Widerwillen« gegen die Ehe mit. Dahinter steckte auch der Ärger über den mütterlichen Plan, ihr eine »Ehrendame« nach Bayreuth mitzugeben, die sie vor der Männerwelt beschütze. Kategorisch stellte Elisabeth fest: »Ich brauche außer Fritzen wirklich Niemand.«[54] Allerdings sollte man sich die Korrespondenz zwischen Mutter und Tochter vor Bayreuth auch nicht zu grundsätzlich vorstellen. So spielte die Frage der richtigen Garderobe immer wieder eine wichtige Rolle.

Anfang Juli wies Elisabeth die Mutter stolz auf Nietzsches neueste Veröffentlichung *Richard Wagner in Bayreuth* hin. Termingerecht war der Essay fertig geworden, in dem Nietzsche den Komponisten als Heros kultureller Erneuerung pries. Tatsächlich hatte er sich nach Wagners Fortgang aus Basel innerlich von ihm entfernt. Nietzsche störte, wie wahllos Wagner Hände schüttelte, um die Festspiele zu finanzieren, während er immer weniger Zeit für ihn hatte. Dass sich der Komponist unter dem Einfluss Cosimas verstärkt dem Katholizismus zuwandte, war Nietzsche gleichfalls suspekt. Trotzdem war er hochzufrieden über Wagners Beurteilung seiner Schrift: »Freund! Ihr Buch ist ungeheuer! Wo haben Sie nur die Erfahrung von mir her?«[55] Die Worte Wagners waren zwar ehrlich gemeint, blieben aber nicht ohne ambivalente Wirkung. Denn sie führten dazu, dass sich Nietzsche wieder enger mit einer Welt verbunden fühlte, von der er sich eigentlich trennen wollte. Das hektische Treiben in Bayreuth, wo es vor Beginn der Festspiele täglich eine Vielzahl von Problemen zu lösen galt, musste dem ruhebedürftigen Nietzsche eigentlich zuwider sein. Dennoch wollte er sich Wagners Einladung zur Generalprobe nicht entgehen lassen.

Für Elisabeth stellten sich die Dinge ähnlich kompliziert dar. Zuerst musste sie Nietzsches Wohnungsauflösung in Basel organisieren. Der Bruder hatte von der Universität für ein Jahr Urlaub bekommen, um seine angeschlagene Gesundheit wiederherzustellen, und plante, die Zeit gemeinsam mit Freunden in Süditalien zu verbringen. Erst wenn die Basler Angelegenheiten erledigt waren, konnte sie nach Bayreuth kommen. Da ihr dort keine »Bedienung« zur Verfügung stand, hätte sie für den Bruder, »der durchaus zu Haus essen wollte«, kochen müssen. Elisabeth fühlte sich als »Aschenbrödel«.[56] Doch auch der Bruder wurde in Wagners Nähe nicht glücklich. Bereits kurz nach der Ankunft teilte er der Schwester niedergeschlagen mit: »Fortwährender Kopfschmerz, obwohl noch nicht von der schlimmsten Art, und Mattigkeit. Gestern habe ich die Walküre nur in einem dunkeln Raume mit anhören können; alles Sehen unmöglich! Ich sehne mich weg, es ist zu unsinnig, wenn ich bleibe.«[57] Für Elisabeth war es nicht schön, dass ihr Bruder Bayreuth bald wieder verlassen wollte. Bei aller Sympathie, die ihr Cosima Wagner entgegenbrachte, wusste sie doch genau, dass ein Gutteil ihres Ansehens am Renommee des Bruders hing. Doch Mitte August musste sie der Mutter mitteilen, dass Friedrich die Atmosphäre bei den Festspielen nicht ertragen habe und »in den bayerischen Wald« gereist sei.

Allein Elisabeth wäre nicht Elisabeth, wenn sie in dieser Situation die Flinte einfach ins Korn geworfen hätte. So bemühte sie sich um näheren Kontakt zu Erwin Rohde, der mittlerweile eine Professur in Jena innehatte. Ihrer Meinung nach gelang ihr das vorzüglich: »Rohde und ich sind lebhaft gute Freunde er ist zu drollig und ich fange an zu protestieren, dass er immer neben mich gesetzt wird weil er immer so komisches Zeug sagt und ich ordentlich an heimlichen Lachkrämpfen leide.«[58] Doch sind Zweifel geboten, ob der reservierte Hamburger Altphilologe tatsächlich so intensiv kommunizierte. Für die begrenzte Wirkung ihres Charmes spricht auch die Tatsache, dass Rohde seit kurzer Zeit glücklich verlobt war. Dagegen scheint es nicht so fernliegend, dass Elisabeth ohne Begleitung ihres Bruders neue Kontaktmöglichkeiten erprobte. So lernte sie den promovierten Gymnasiallehrer und Wagner-Enthusiasten Bernhard Förster kennen, der in ihrem Leben noch eine bedeutende Rolle spielen sollte. Für die Beziehung der Geschwister waren die Bayreuther Festspiele jedenfalls ein Wendepunkt. Lange Jahre sehnsüchtig erwartet, konnten sie die hochgesteckten Ideale nicht erfüllen und verdeutlichten, dass sich das Tribschener Idyll nicht auf Dauer stellen ließ. Im Hause Nietzsche wuchs fortan die Entfremdung.

Zwar blieb Friedrich selbst in Italien der familiäre Mittelpunkt, und die Schwester leitete Nachrichten von ihm umgehend an die Mutter weiter. Doch wusste sie wenig Genaues über sein Zusammenleben mit dem Lyriker Albert Brenner, dem Moralphilosophen Paul Rée und der lebenserfahrenen Schriftstellerin Malwida von Meysenbug am Golf von Sorrent. Nietzsche setzte sich intensiv mit den französischen Moralisten auseinander und entfernte sich immer weiter von der Bayreuther Verherrlichung des »deutschen Wesens«, die Elisabeth so schätzte. Stattdessen setzte er auf feinfühlige Psychologen wie Montaigne oder Stendhal und bewunderte einen hochgemuten Spötter wie Voltaire.[59] Als er im September 1877 nach Basel zurückkehrte, hatte sich sein Weltbild verändert, ohne dass seine Schwester einen rechten Begriff davon haben konnte.

Unmittelbar nach Nietzsches Rückkehr kam es zum Eklat mit Wagner. Der Komponist, der bei allem Egoismus für Nietzsche durchaus väterliche Gefühle hegte, hatte sich an dessen Frankfurter Arzt Otto Eiser gewandt. Angesichts von Nietzsches ehelosem Leben und seiner Nervosität befürchte er das Schlimmste; denn er habe schon viele begabte junge Männer »zu Grunde gehen« sehen an den »Folgen der Onanie«. Eiser wiegelte ab. Er habe Nietzsche für Italien den Umgang mit Frauen verordnet und dieser »mehrmals den Coitus ausgeübt«, was für eine gewisse Normalität des Patienten spreche.[60] Der Philosoph soll maßlos empört gewesen sein, als er im Spätherbst 1877 von Wagners Ferndiagnose in einem vertraulichen Gespräch mit seinem Arzt erfuhr: »Ein Ausbruch von Raserei war die Folge, Nietzsche war außer sich: – die Worte sind nicht wiederzugeben, die er für Wagner fand. – Seitdem war der Bruch besiegelt.«[61] Wenn Nietzsche tatsächlich Wagners Sicht der Dinge kennengelernt hat, dürften die Folgen gravierend gewesen sein. Doch lässt sich dies auf Grundlage der vorhandenen Quellen nicht abschließend klären. So sprechen auch gewichtige Argumente für die Annahme, dass Wagners Rückkehr zum Christentum von Nietzsche als »tödliche Beleidigung« empfunden wurde. Gewiss ist lediglich, Bayreuth hatte als Idyll für den Philosophen ausgespielt. Dabei brauchte Nietzsche dringend einen Zufluchts- und Sehnsuchtsort; denn in Basel regierte bald wieder der Alltag mit seiner doppelten Belastung durch Beruf und Krankheit.

Elisabeth tat ihr Möglichstes, um dem Bruder zu helfen, doch es wurde rasch deutlich, dass die Italienreise seine gesundheitliche Konstitution nicht ernsthaft verbessert hatte. Es existierte schlicht keine erfolgversprechende Methode zur Bekämpfung seiner zahlreichen Krankheiten. Die Schwester rieb sich auf. Am 19. Oktober 1877 teilte sie der Mutter mit, sie komme »nur aller vierzehn Tage wenn ich vielleicht in die Kirche gehe über die Schwelle des Hauses«. Mit ihrem Latein war sie am Ende, und Friedrichs Geburtstag geriet fast zu einem Fiasko. Angesichts seines Gesundheitszustands und der vielen erfolglosen Heilmittel bemerkte sie nüchtern: »Laue Bäder und vor allen Dingen nichts gar nichts thun, das ist das Einzige was ihm etwas hilft.« Immerhin zeigte die Geburtstagspost, dass Nietzsche keineswegs vergessen war. Doch »gerade dieser Widerspruch zwischen seinem elenden Zustand und der Anbetung und Bewunderung, welche ihm von allen Seiten brieflich dargebracht wurde, hatte etwas förmlich Erschütterndes«. Am meisten freute sich Elisabeth über die Sendung »einer Schar junger Männer aus Wien welche Fritz namenlos verehren«. Vielleicht zeigte ihr dieses bewundernde Schreiben, dass der Bruder noch Teil der geistigen Welt war.[62]

Aber Nietzsches Gesundheitszustand wurde nicht besser, wofür Elisabeth vor allem die Augen verantwortlich machte. In einer Postkarte an die Mutter vom 15. November 1877 nannte sie ihn aus diesem Grund »ein[en] arme[n] Invalid[en]«.[63] Nicht selten zweifelte sie an ihrer Tätigkeit, weil sie mit der Stärkung seiner Abwehrkräfte zugleich auch sein Leiden vermehre. Fast ausschließlich kreisten die Gedanken Elisabeths und Franziskas um die Frage, was man für Nietzsches Genesung tun könne. In diesem Sinne schrieb Elisabeth am 30. Januar 1878 der Mutter: »Wenn es uns Beiden weiblichen Wesen auch noch so gut gehen möchte, es wäre doch jämmerlich gleichgültig, wenn unser Fritz sich übel befindet, an nichts hat man da noch Freude!«[64] Wie einst bei der Krankheit des Vaters vertraute man in der Familie Nietzsche auf die eigene Diagnose und natürliche Heilmittel. Am 25. Februar vermutete Elisabeth »eine Art Gehirnkrampf« und hoffte auf die positiven Folgen einer »Kaltwasserkur«. Zwei Monate später war sie »sehr von der Wohltätigkeit des Spargels überzeugt«, den Nietzsche darum »alle Tage wieder« vorgesetzt bekam. Zudem riet sie der Mutter, sich mit Äußerungen über seine philosophischen Ideen bedeckt zu halten. Sie hätten sich in den letzten fünf Jahren kontinuierlich verändert und seien den Menschen kaum noch zu vermitteln. Elisabeth betonte, diese Vorsichtsmaßregel solle der Mutter »Unannehmlichkeiten«

ersparen.[65] Sie hatte offenbar den Eindruck gewonnen, dass Nietzsches Vorstellungen nicht mehr zur pietistischen Gedankenwelt Naumburgs passten.

Zu Ostern erschien das Werk, an dem Nietzsche seit dem Verlassen der Bayreuther Festspiele, sofern es sein Gesundheitszustand erlaubte, fast unentwegt gearbeitet hatte: *Menschliches, Allzumenschliches. Ein Buch für freie Geister*. Nicht ohne Stolz teilte Elisabeth dies der Mutter am 13. Mai 1878 mit, versäumte aber nicht, darauf hinzuweisen, dass es für sie gewiss ungeeignet sei. Auch in Basel stießen Nietzsches Gedanken auf Skepsis, wie sie einen Monat später der Mutter deutlich machte: »Ich freue mich recht auf Naumburg denn hier wird es mir nach Fritzens Buch etwas schwül. Die Leute sind rührend gut gegen mich aber ich habe es satt diese ewige, wenn auch gut gemeinte Besorgnis um meiner Seele Seligkeit. Die Leute nehmen das Dasein hier zu schwer, mir bekommt das zu schlecht.« Anscheinend hatte Nietzsche mit seiner Christentumskritik und seinem Plädoyer für kompromisslose Selbstverwirklichung die Grenzen des Schicklichen deutlich überschritten.[66] Für seine philosophische Entwicklung kam das Buch, in dem er erstmals auf das Stilmittel des Aphorismus setzte, jedoch einem Durchbruch gleich. Nietzsche war sich über die Veränderung seiner geistigen Orientierung im Klaren. Euphorisch schrieb er dem befreundeten Musiker Carl Fuchs: »In summa und im kleinsten Einzelnen, jetzt wage ich es, der Weisheit selber nachzugehen und selber Philosoph zu sein; früher verehrte ich die Philosophen. Manches Schwärmerische und Beglückende schwand: aber viel Besseres habe ich eingetauscht.«[67] Seine frühere Begeisterung für Wagner empfand er nur noch als Verirrung. Der Komponist betrachtete hingegen manche Zeile in *Menschliches, Allzumenschliches* als unmittelbar gegen sich gerichtet und Inbegriff der Undankbarkeit. In Bayreuth machte er unmissverständlich deutlich, dass Nietzsche fortan als Abtrünniger zu gelten habe.[68]

An der Universität Basel verfügte der eigenwillige Gelehrte jedoch nach wie vor über Unterstützung. Nietzsches Talent war unstrittig, und er hatte, wie es schien, mit Verve für die akademischen Freiheitsrechte und gegen preußische Suprematieansprüche in der Wissenschaft gestritten.

Zwar hatte er am 2. Juni 1877 gegenüber der Schwester die frühe Berufung nach Basel »als das Hauptunglück meines Lebens« bezeichnet.[69] Doch war er an der kleinen Universität auf viel Verständnis für seine Eigenheiten gestoßen. Gegen seine Krankheit und die tiefgehende Entfremdung von der Gräzistik ließ sich freilich nichts machen. Am 28. August desselben Jahres schrieb er der Schwester zerknirscht und ärgerlich: »Mir graut vor der verdammten Philol(ogie). Wie viel habe ich ausgedacht! Wie reich fühle ich mich! Und nun soll alles wieder unter die Moosdecke vergraben werden! Höchst widerlich!« Die akademische Welt bewies gleichwohl ihre Bindekraft. Es dauerte bis zum 2. Juni 1879, ehe er sein Entlassungsgesuch beim Basler Regierungspräsidenten einreichte. Weder Nietzsche noch seiner Schwester fiel es leicht, auf die Universität und das mit ihr verbundene Ansehen zu verzichten. Neben das professorale Prestige traten die durch die frühe Pensionierung aufgeworfenen finanziellen Fragen. Es war noch keineswegs ausgemacht, ob eine zufriedenstellende Versorgung für Nietzsche auf die Dauer gesichert werden könne. Doch das alles spielte im Juni 1879 keine Rolle mehr. Nietzsches Zeit als Hochschullehrer war zu Ende, es begannen die Jahre als »freier Philosoph« (Curt Paul Janz).

Nach kurzem Zögern begab er sich auf Wanderschaft. Ende des Monats hatte Nietzsche eine Landschaft gefunden, die ihm wirklich zusagte, das Engadin in Graubünden mit seiner unverwechselbar klaren Luft. Begeistert teilte Elisabeth der Mutter mit, wie gut es ihm dort gefalle: »Er schreibt zum ersten Mal fühle er Erleichterung, die Luft wäre wunderbar, schön wie ein immerwährender Herbsttag, leicht und doch sonnig. Er denkt dass St. Moritz das Land der Verheißung sei, wo er gesund werden müsse.«[70] Allerdings war Nietzsche immer noch auf Unterstützung angewiesen. Er brauchte in den Bergen warme Kleidung und freute sich über Lebensmittel von daheim. Auch mussten ihm die Bücher, die er in der Abgeschiedenheit studieren wollte, geschickt werden. Und natürlich war er immer noch krank. Ende August 1879 erwog man in Naumburg ernsthaft, ob man dort »den Zwinger« für ihn mieten könne. Dies böte ihm die Möglichkeit zur Selbstversorgung durch einen Garten und erleichtere die verwandtschaftliche Hilfe. Der Vorschlag war gut gemeint, doch wirkt er angesichts von Nietzsches geringem Sinn für praktische Aufgaben merkwürdig unrealistisch und wurde bald ad acta gelegt.[71]

Eine Lösung für Nietzsches gesundheitliche Probleme existierte nicht. Immerhin fand er mit der Zeit Gefallen an seiner neuen Lebensweise. Nach Möglichkeit verbrachte er nun die Sommermonate bis zum September in Sils-Maria im Engadin, wo er sich besser als irgendwo sonst fühlte. Im Winter bevorzugte er landschaftlich schön gelegene Orte im Süden wie Genua oder Rapallo. Elisabeth, deren wichtigste Aufgabe in der Pflege ihres Bruders bestanden hatte, musste sich eingestehen, dass er auch ganz gut ohne sie auskam. Zum einen war dies eine erfreuliche, in mancher Hinsicht entlastende Tatsache. Doch auf der anderen Seite hing ihr bis dahin dem Bruder gewidmetes Leben in der Luft. Nach den Maßstäben der Zeit drohte sie, eine »alte Jungfer« zu werden, die keine wirklich sinnvolle Aufgabe hatte. Ohne die Nähe zum Basler Bürgertum oder zu den Wagners war dies keine erfreuliche Aussicht.

Im Herbst 1879 unternahm Elisabeth als Begleitung der gemütskranken Deta von Planta eine längere Reise nach Tamins in Graubünden. Die Tätigkeit gefiel ihr nicht sonderlich. Am 11. September teilte sie dem Bruder mit, sie sei für eine »›abhängige Stellung‹ viel zu ›albern stolz u. verwöhnt‹«.[72] Dies waren ungewohnt gereizte, aber auch selbstkritische Töne. Doch hielt diese Stimmung nicht lange an. In der üblichen optimistischen Diktion berichtete sie Friedrich im Oktober, dass man sie meist für adelig halte: »All mein Protestieren [...] nützte nichts. Es ist zu lächerlich was mich hier für ein Nimbus umgibt.«[73] Das war freilich nur ein schwacher Ersatz für die Nähe zum bewunderten Bruder. Und selbst der wurde ihr genommen. Ende Januar 1880 beorderte sie die Mutter zurück nach Naumburg, was Elisabeth vollkommen unverständlich fand. Sie sah nicht den geringsten Sinn darin, dort wieder ihr »nutzloses Dasein zu beginnen«, wie sie Friedrich wütend mitteilte. Sie fühlte sich zu Höherem berufen, doch ohne die Begleitung Nietzsches wurde schon ein längerer Aufenthalt in der Fremde von der Mutter ungern akzeptiert. Während er sich – nicht zuletzt durch die Anregungen Paul Rées und die uneigennützig-freundliche Hilfe Malwida von Meysenbugs – menschlich und intellektuell entfaltete, war Elisabeths Leben in eine Sackgasse geraten. In dieser Situation verfasste sie einen in vielerlei Hinsicht aufschlussreichen literarischen Text.

Der Form nach handelt es sich um eine Erzählung mit direkter Dialogführung und auktorialer Perspektive. Die Handlung spielt in dem fiktiven Ort Weißenburg, in dessen Namen unschwer die Elisabeth gut bekannten Städte Weißenfels und Naumburg zu erkennen sind. Die Erzählung lotet die Grenzen des Akzeptablen in der bürgerlichen Gesellschaft aus und beschreibt deren Exklusionsmuster. In ihrem Zentrum steht der kleinstädtische Klatsch über Nora[74], eine junge Frau, die sich ganz dem Ideal der Selbstbildung verschrieben hat. Stilistisch fallen zahlreiche Verkleinerungsformen, Suggestivfragen sowie ein leicht elegischer Tonfall auf, für den ein häufig wiederkehrendes »Ach« charakteristisch ist. Bis zu einem gewissen Grad entschädigen genaue Beobachtungen und feinfühlige biographische Schattenrisse für den nur schwach ausgebildeten Spannungsbogen. Doch ist es gewiss nicht ungerecht, wenn man Elisabeths Erzählung als Anfängerarbeit charakterisiert.[75]

Die männliche Hauptfigur Georg Eichstedt ist ein weltabgewandter Professor für Klassische Philologie in den Dreißigern. Aufgrund seines gesellschaftlichen Status, aber auch seiner Klugheit und eleganten Erscheinung ist er der begehrenswerteste Junggeselle in Weißenburg. Der lebensferne Gelehrte wird zum Gegenstand weiblicher Sehnsucht und Intrigen, wahrt aber seine charakterliche Lauterkeit. Tatsächlich bewegt ihn primär ein persönliches Problem. Er fühlt sich zu tiefgreifenden Gedanken hingezogen und möchte die Altertumswissenschaft aufgeben, »um als philosophischer Privatdocent von Neuem [zu] beginnen«. (S. 233) Es ist ihm gleichgültig, dass er damit nicht nur seine Stellung in der akademischen Welt, sondern auch seine finanzielle Sicherheit verliert. Ist in dem gutmütig weltfremden Professor unschwer Nietzsche zu erkennen, so in der weiblichen Hauptfigur, Nora Werner, ein Idealbild Elisabeths. Sie muss mit dem Vorwurf der Mutter und dem Spott der Menschen leben, ihre hochgeistige Lektüre verschrecke potentielle Heiratskandidaten. Aber Nora schert sich nicht darum, was die Leute sagen, sondern studiert lieber

Elisabeth Nietzsche,
Jena 1881

Kant. Ihr bedeuten geistige Leistungen und menschliche Integrität mehr als jeder gesellschaftliche Erfolg, und deshalb zweifelt sie nicht, zu welchem Mann sie gehört. Georg erkennt jedoch weder ihre äußere Schönheit noch ihre innere Größe. Erst als der bereits verwitwete Präsident von Wangenheim für Nora Feuer fängt, beginnt bei ihm ein Umdenken.

Nora hat hingegen für den leidenschaftlichen Gelehrten von Beginn an viel Verständnis. Sie weiß, wie selten ein intensives Gefühlsleben bei Professoren ist: »Gelehrsamkeit, Ehrgeiz, ein hohes Amt, Bücherstaub u. Actenstaub können einen dichten Panzer um ein Herz weben, so daß der Besitzer desselben meint, es könne sich nicht mehr bewegen, und auch noch stolz darauf ist, wie wohlgeschützt und wohlgefestigt er nun durchs Leben geht.« (S. 248) Doch Nora ist sich auch darüber im Klaren, dass das Leben Überraschungen birgt; »traue einmal Einer seinem Herzen, es ist ein ungefüges Ding, manchmal wirft's den Panzer von sich und will durchaus nicht wieder hinein«. (Ebd.) Und so hofft sie auch gegen eine missgünstige Umwelt auf ihr zukünftiges Glück. Das weibliche Luxusbedürfnis betrachtet die Erzählerin freilich als Selbstverständlichkeit. Es sei mehr als naheliegend, wenn eine ehrgeizige Frau einen reichen Mann heirate, der es ihr ermöglicht, in einem stattlichen Haus zu leben und »eine elegante Equipage mit Pferden von bewunderungswürdiger Schönheit« ihr Eigen zu nennen. (S. 256 f.) Ähnlich steht es um die Konkurrenz der Frauen untereinander, welche die Erzählerin seufzen lässt: »Ach, welches weibliche Herz schwillt nicht von Ehrgeiz und Lust bei dem Gedanken, die unbedingt erste, tonangebende Frau einer Stadt zu sein, der Alles huldigen muß?« (S. 257)

Georg und Nora stimmen in ihrer Ablehnung der Großstadt und ihrer Liebe zur Wissenschaft überein. Auf einem Waldspaziergang erörtern sie die »homerische Frage« und genießen ein inniges Gefühl der Zweisamkeit. (S. 265) Aber den Liebenden ist kein Glück beschieden; denn Georg verfügt nicht mehr über die für ein bürgerliches Leben erforderlichen Mittel. Auf ihrem Höhepunkt wird die sorgsam kalkulierte Geschichte regelrecht kitschig. »Nora hatte das Köpfchen tief gesenkt und die Hände gefaltet. ›Und nun‹, fuhr er mit leidenschaftlich bewegter Stimme fort, ›habe ich mir durch übereilte Handlungen das Glück selbst verscherzt, ich habe meine Professur aufgegeben und darf es nicht wagen, das Weib, das ich liebe, in Armuth und Dürftigkeit zu führen!‹ Seine Worte klangen wie ein Schmerzensschrei.« (S. 270) Allerdings geht es Elisabeth nicht um das Scheitern der beiden Protagonisten, sondern um höhere Gerechtigkeit. Trotz der Unmöglichkeit, dass die Liebe zwischen Georg und Nora eine dauerhafte Form findet, steht für die Erzählerin fest: »Ja wohl [...], es *war* ein Liebespaar.« (S. 271)

Elisabeth erweist sich als genaue Beobachterin kleinstädtischer Umgangsformen, schafft es aber nicht, die Handlung der Erzählung energisch voranzutreiben. In gewisser Hinsicht handelt es sich bei dem Text, den sie nie zum Druck brachte, um ein »hölzernes Eisen«: eine Novelle, der das besondere Ereignis fehlt. Vielleicht liegt es an der allzu großen biographischen Nähe der beiden Hauptfiguren, dass ihre Liebe unerfüllt bleibt. In mancher Hinsicht wird das private Glück umkreist, ohne dass es seiner Realisierung näher kommt. Es ist müßig, darüber zu spekulieren, in welchem Ausmaß sich Elisabeth mit Nora Walden identifiziert hat. Doch lässt sich kaum bestreiten, dass ihrem Zusammenleben mit dem Bruder ein vorläufiger Zug eigen war. Elisabeths Welt wurde nicht nur durch Nietzsches Unabhängigkeitswillen, sondern auch durch andere Frauen gefährdet. Vor diesem Hintergrund erscheint es wenig überraschend, dass sie schon früh eine ausgeprägte Eifersucht an den Tag legte. Sie ist freilich nicht leicht zu erkennen und dementsprechend häufig übersehen worden. Denn scheinbar vorbehaltlos erörterte Elisabeth mit ihrem Bruder, wer als Ehefrau in Betracht komme. Man diskutierte über potentielle Kandidatinnen und schmiedete Pläne für die Zukunft. Sobald aber jemand ernsthaftes Interesse weckte oder gar unabhängig von der Schwester ins Auge gefasst wurde, kannte die Eifersucht kaum Grenzen. Dies war etwa bei Bertha Rohr der Fall. Als Nietzsche sie im Juli 1874 in Chur kennenlernte, war er von ihrer Schönheit beeindruckt und wollte sie spontan heiraten. Die Schwester scheint so negativ reagiert zu haben, dass er umgehend zurückruderte. Fast unterwürfig erklärte Nietzsche ihr gegenüber am 30. Juli: »Meine Bemerkung über Fr. R[ohr] sollte Dich nicht aufregen, ich theilte sie als Curiosum mit. Übrigens sind Deine Bedenken meine Bedenken.« Und kryptisch fügte er hinzu: »Nur weisst Du, dass der Augenblick gewöhnlich mehr kann als eine ganze Kette von Nach- und Vorblicken.«[76] Genau in dem Moment, als Elisabeth an ihrer Novelle über Nora arbeitete, im April 1882, lernte ihr Bruder in Rom eine Frau kennen, die ihn mehr als jede andere beeindruckte: Lou von Salomé.

Die Verbindung hatte Malwida von Meysenbug gestiftet, die dachte, die junge Adelige aus St. Petersburg mit deutsch-baltischen Wurzeln könne die ideale Schülerin Nietzsches sein. Doch binnen kurzem geriet der Philosoph in den Bann der hochintelligenten und ungewöhnlich selbstbewussten Frau, die bei ihrer ersten Begegnung im Petersdom gerade einmal zwanzig Jahre alt war. Von Beginn an war der Kontakt kompliziert. Denn Louise von Salomé, die sich Lou nannte, hatte mit Paul Rée bereits einen Freund und philosophischen Weggefährten. Nietzsche besaß für die Intensität dieser Beziehung kein Sensorium und bat Rée sogar darum, der bewunderten Frau seinen Heiratsantrag zu übermitteln. Er wurde umgehend abgelehnt. Die Beziehung zwischen Lou und Friedrich, die in der Literatur schon so viele Wellen geschlagen hat, war im Grunde keine Begegnung, sondern eine »Vergegnung« (Martin Buber) und weniger von Seelenverwandtschaft als von Missverständnissen und irrealen Wünschen geprägt.

Vieles weiß man nicht genau, weil es nachträglich von der Erinnerung überformt wurde und zeitnahe Quellen fehlen. So wurde immer wieder darüber spekuliert, wie nahe sich die beiden auf ihrem Ausflug auf den Monte Sacro am 5. Mai 1882 gekommen sind. Doch vermutlich wird die Frage, ob sie sich tatsächlich geküsst haben, auch weiterhin offenbleiben. Ähnlich steht es um den Tränenausbruch Nietzsches, als er ihr zwei Tage später Tribschen zeigte und an die verlorene Freundschaft mit Richard Wagner gedacht haben soll. Doch ist es nicht ernsthaft strittig, dass die junge Frau Nietzsche ungewöhnlich viel bedeutete. Dies zeigt schon allein der zweite Heiratsantrag, den er ihr Mitte Mai unterbreitete. Dieses Mal nahm er sich selbst ein Herz und verzichtete auf einen Mittelsmann, als er im Luzerner Löwengarten um ihre Hand anhielt. Doch abermals wurde er zurückgewiesen.[77] Erstaunlicherweise führte dies jedoch nicht zu einem Rückzug Nietzsches, wie dies sonst seine Art war. Er bemühte sich vielmehr darum, im schon geschlossenen Freundschaftsbund zwischen Lou Salomé und Paul Rée der Dritte zu sein.

Zum Sinnbild des artifiziellen Charakters dieser Verbindung wurde das immer wieder abgedruckte Foto von Jules Bonnet, auf dem Nietzsche und Rée einen Leiterwagen zu ziehen scheinen, während Lou Salomé eine mit einem Fliederzweig geschmückte Peitsche in der Hand hält.[78] Für Nietzsche, der an dem Arrangement beträchtlichen Anteil genommen hatte, ist die Abbildung erstaunlich unvorteilhaft. Der eingespannte, stark kurzsichtige Denker schaut mit starrer Kopf- und Körperhaltung in die Ferne, wohingegen der vor dem Wagen stehende Rée den Betrachter anblickt und Lou mit ihrer eigentümlichen Peitsche die Situation zu beherrschen scheint. Als dieses Foto Mitte Mai 1882 entstand, planten sie eine Ménage-à-trois, um sich in Paris oder Wien ganz ihren wissenschaftlichen Studien zu widmen. Lous Bedingung, dass Sexualität keine Rolle spielen dürfe, hatten ihre beiden Verehrer akzeptiert.

Gleichwohl sprengte die Idee eines unehelichen Zusammenlebens die Naumburger Moralvorstellungen, wie Nietzsche sehr wohl wusste. Dementsprechend energisch schärfte er Overbeck ein, über Lou »tiefes Stillschweigen« zu wahren.[79] Während Nietzsche mit den Druckfahnen seines neuesten Buchs *Die fröhliche Wissenschaft* beschäftigt war, plante er die Zukunft. Mit Lou wollte er drei Wochen in stiller Abgeschiedenheit in dem thüringischen Örtchen Tautenburg verbringen, das nicht allzu weit von den berühmten Dornburger Schlössern entfernt lag. Sie hatten einst Goethe imponiert, mit dessen Ansehen Nietzsche nun bei Lou für seine Idee einer Sommerfrische mit intensivem Gedankenaustausch warb. Als Devise gab er feierlich »Aufrichtigkeit, bis zum Tod!« vor und lockte damit, er »suche jetzt nach Menschen, welche meine Erben sein können«. Fast schon großsprecherisch fuhr Nietzsche fort, »ich trage Einiges mit mir herum, was durchaus nicht in meinen Büchern zu lesen ist – und suche mir dafür das schönste und fruchtbarste Ackerland«.[80] Lou willigte in den Vorschlag ein. Für seine Schwester sah er in Tautenburg die Rolle als Anstandsdame vor. Vorab sollte sie Lou nach Bayreuth begleiten, wo am 26. Juli 1882 die Premiere des *Parsifal* anstand. Doch die Begegnung der beiden Frauen auf dem Bayreuther Parkett missglückte gründlich.

Elisabeth hatte nach dem Bruch zwischen Nietzsche und Wagner viel von ihrem Ansehen in Bayreuth verloren und war weitgehend auf sich allein gestellt. Rasch stand sie im Schatten der weltläufigen russischen Adeligen, die zu parlieren wusste und nach Gusto Komplimente verteilte. Besonders ärgerte es Elisabeth, dass Lou gern das Luzerner »Peitschenfoto« zeigte und von dem beabsichtigten Zusammenleben mit Rée und Nietzsche in einer europäischen Großstadt erzählte. Als beide Frauen in Jena auf Nietzsche warteten, scheint es zur offenen Auseinandersetzung gekommen zu sein, doch nach seiner Ankunft hielten sie sich bedeckt. Die Tage in Tautenburg standen von vornherein im Zeichen großer Anspannung. Elisabeth und Lou bezogen ein gemeinsames Quartier beim Pfarrer Stölten, während sich Nietzsche bei einem reichen Bauern einmietete. Aber noch ein Dritter war im Geiste anwesend: Paul Rée, dem Lou versprochen hatte, ein Tagebuch über ihre Gespräche mit Nietzsche zu schicken.[81]

Es existieren nur wenige Quellen über die Tautenburger Wochen, die nicht auf die unmittelbar Beteiligten zurückgehen. Eine von ihnen verdanken wir dem örtlichen Pastor. Er zeigte sich angetan von Nietzsches freundlichem Auftreten und beurteilte Lous Verhalten als »anmaßend«. Hierin spiegelte sich vielleicht ihre Distanz zur einfachen Landbevölkerung. Im Unterschied zu Nietzsche hatte die stolze Generalstochter allerdings auch kaum Respekt vor gesellschaftlichen Konventionen und pflegte ihren Neigungen ohne Rücksicht auf Verluste zu folgen.[82]

Seine zurückhaltenden Umgangsformen legte Nietzsche in den drei Wochen Tautenburg nicht ab. Er betrat nie das Zimmer von Lou Salomé, und bei der Anrede blieben sie beim distanzierten »Sie«. Intellektuell kam es jedoch zu großer Vertrautheit zwischen den beiden so verschiedenen Menschen. Nietzsche erzählte vieles, was ihn seit langem bewegte, und teilte mit Lou seine Gedanken wie vorher wohl mit keinem Menschen. Dass seine Ausführungen recht allgemein blieben, sollte nicht darüber hinwegtäuschen, wie tief ihn die Mitteilung seiner Ideen bewegte, die häufig sehr persönlicher Natur waren. So heißt es über den Charakter der Liebe, sie sei »für Männer etwas ganz Anderes als für Frauen. Den Meisten wohl ist Liebe eine Art H a b s u c h t , den übrigen Männern ist Liebe die Anbetung einer leidenden und verhüllten Gottheit.« Gleichsam als humorvolle Captatio benevolentiae fügte er hinzu: »Wenn Freund Rée dies läse, würde er mich für toll halten.«[83] Damit deutete Nietzsche eine gewisse Distanz zu Rée an. Wie skeptisch ihn dieser beurteilte, unterschätzte Nietzsche jedoch erheblich. Bereits am 31. Juli 1882 hatte Rée in seinem für Lou geführten Tagebuch bekannt, er fühle sich von Nietzsches Geist »bedrückt, erdrückt«.[84] Und so fesselnd für Lou die stundenlangen Gespräche mit Nietzsche sein mochten, ihre Loyalität und Sympathie

Haus mit Weg in Tautenburg

galten Rée. Nietzsche aber, der auch in Tautenburg starken Stimmungsschwankungen unterworfen war, fühlte sich verstanden, wie noch nie in seinem Leben. Als Lou am 26. August abreiste, freute er sich unbändig auf das nächste Zusammentreffen mit ihr und Rée.

Bei alldem blieb Elisabeth außen vor. Es spricht einiges dafür, dass sie sich mit dieser Tatsache zuerst literarisch auseinandersetzte. Denn in der Nora-Novelle, an der sie in dieser Zeit mit einiger Wahrscheinlichkeit geschrieben hat, tritt die dubiose Tochter einer polnischen Familie Ramstein auf, die viele Züge von Lou Salomé trägt, so wie Elisabeth sie sah. Sie wurde in der Kleinstadt als »enormer Freigeist« (S. 241) betrachtet, wusste aber auch zu schmeicheln und war für den unbedarften Professor Eichstedt doppelt »gefährlich mit ihrer geistreichen Häßlichkeit«.[85] Dass hinter dieser Beschreibung Eitelkeit und Egoismus steckten, konnte dem aufmerksamen Betrachter nicht entgehen. Die Eifersucht hatte Elisabeth zur Schwarzweißmalerei verführt, die mit einem glaubwürdigen Charakterbild der Rivalin unvereinbar war. Doch die Wirklichkeit fügte sich nicht Elisabeths Wunschphantasie.

Wie betäubt von dem Geschehen blieb die Schwester auch nach Nietzsches Abschied am 27. August 1882 noch viele Wochen in Tautenburg. Elisabeth dachte über das Erlebte nach und sann auf Rache. Wie kränkend sie Lous Verhalten empfunden hatte, zeigte ihr Brief an Clara Gelzer vom 24. September.[86] Doch empfiehlt es sich, dieses Schlüsseldokument nicht primär als Schilderung der Gegebenheiten, sondern als ihre Deutung durch Elisabeth und die gezielte Einflussnahme auf eine Bekannte zu lesen. Zugleich ist es Ausdruck einer schroffen Abgrenzung vom Bruder, dessen Bücher ihr nun als Ausdruck des puren Egoismus erscheinen. Elisabeth hatte bei Familie Gelzer auf ihren Bruder gewartet und war mit Lou aneinandergeraten. Nun behauptete sie, dass es dabei ausschließlich um deren spöttischen Umgang mit Nietzsches sexuellen Wünschen gegangen sei. Die Russin sei ein Musterbeispiel für »vollständige Morallosigkeit« (S. 252) und ihr Verhalten von einer kaum noch zu überbietenden Primitivität. Gegen ein Zusammenleben mit Rée und Nietzsche habe sie sich mit der Bemerkung gesperrt: »Die Männer wollten überhaupt nur das, pah Geistesfreundschaft! sie kenne es aus Erfahrung sie habe schon *zweimal* in solchen *Verhältnissen* gesteckt.« (S. 254) Allein sosehr Elisabeth diese Geschichte auch mit realistischen Details anreicherte, sie ist nicht recht wahrscheinlich. Denn die junge Lou hatte ein äußerst reserviertes Verhältnis zu ihrer Sexualität und gewiss nicht zweimal in »wilder Ehe« gelebt. Überdies neigte Elisabeth zu Übertreibungen, und sie wusste, was sie gegen Lou in Stellung bringen konnte: die rigiden Moralvorstellungen der bürgerlichen Gesellschaft, der eine unabhängige junge Frau suspekt war, insbesondere wenn sie sich nicht an die geltenden Sagbarkeitsregeln hielt.

Den Bruder betrachtete Elisabeth nur noch als Schwächling und seine Philosophie als Verbrämung des Egoismus. An psychologischem Feingefühl fehle es ihm vollständig: »Gewiß sie regt ihn auf und nun meint er sie regt ihn an und es ist ihr Verdienst wenn er gute Gedanken hat.« (S. 257)

Generell sei er mit seiner Philosophie auf dem Holzweg; »denn es wird ihm schon zum Vorwurf gemacht dass er in seinen Aphorismen alles so oberflächlich streift und nun soll ein zwanzigjähriges Mädchen als seine Hauptjüngerin auftreten!«. (S. 258) Dabei sei Lou nur an Nietzsches Ansehen und nicht an einer ernsthaften Verbindung interessiert. »Sie will nur einen reichen Mann heirathen, weil sie viel Geld braucht und keins hat.« (Ebd.) Nietzsche jedenfalls sei nicht mehr als Wachs in ihren Händen und werde alles tun, was sie verlangt.

Für eine Anhängerin Schopenhauers war dies eine erstaunliche Mischung aus Mutmaßungen, Unterstellungen und Ressentiments. Aber Elisabeth war vollkommen überzeugt davon, dass sie im Recht war. Umgehend informierte sie die Mutter, die schärfstes Geschütz auffuhr und Nietzsche »eine ›Schande für das Grab meines Vaters‹« nannte.[87] Die familiären Verwerfungen sind schwierig zu analysieren. Nachdem Lou und Rée ihn in Leipzig versetzt hatten, musste es Nietzsche langsam dämmern, dass die Idee eines harmonischen Zusammenlebens zu dritt eine Illusion war. Und in Naumburg hatte er fürs Erste beinahe jeden Kredit verspielt. Es fehlt an Quellen, um sich ein plastisches Bild von den Konflikten zu machen. In jedem Fall agierte die Mutter ganz im Sinne Elisabeths. Anfang November schrieb sie dem Sohn in einem nur noch teilweise erhaltenen Brief: »Ich sage mir immer und immer wieder: warum läuft Dein Sohn so würdelos dem Mädchen nach, was ihn so geringschätzig behandelt wie noch kein Mensch auf der Welt, was uns und frage einmal Gelzers wahrhaft empört.« Elisabeth hat nicht nur sämtliche Briefe von Lou Salomé vernichtet, sondern auch viele eigene Dokumente aus diesem Streit. So ist nur zu vermuten, wie sie ihren Bruder wiederholt an den Rand des Selbstmords gebracht hat, was er unter anderem Overbeck gegenüber erwähnte.[88] Die Lage komplizierte sich weiter dadurch, dass Nietzsche um seine Hilfsbedürftigkeit wusste und einen vollständigen Bruch mit der Familie vermeiden musste. Elisabeth aber hing – bei allem Hass auf Lou Salomé – durchaus an ihrem Bruder und war unter bestimmten Bedingungen bereit, ihm zu verzeihen. Im Resultat ergab sich eine komplizierte Gemengelage von Problemen, die auch im Rückblick kaum zu entwirren ist.

Am Ende war der Bruch zwischen den Geschwistern nicht mehr zu kitten. Mit welcher Intensität Elisabeth ihre Version der Dinge durchsetzen wollte, zeigen die Briefe an Heinrich Köselitz, der mittlerweile eine unerlässliche Hilfe für den halbblinden Nietzsche im Umgang mit seinen Manuskripten geworden war. Am 7. Januar 1883 stellte sie sich als wehrloses Opfer der Ereignisse dar. Sie habe einfach »zu viel tiefen Schmerz erfahren« und müsse sich jetzt grundlegend neu orientieren. »Meinen Bruder zu lieben, zu bewundern für ihn zu wirken das war meines Lebens Aufgabe und Mittelpunkt«, doch sie habe jedes Vertrauen in seine Philosophie verloren. Wenn solch ein »unreiner selbstsüchtiger Charakter« wie Lou Salomé sich zu ihr bekenne, müsse an den Gedanken einfach etwas faul sein.[89] Ähnlich vernichtend sind die Urteile über Nietzsches Philosophie in ihren weiteren Schreiben an Köselitz von Anfang 1883. Erst im April des Folgejahres nimmt sie gegenüber Nietzsches treuem Gefolgsmann wieder einen veränderten Standpunkt ein. Nun bekannte sie: »Ich hätte tausendmal das eigene Leben für ihn dahin gegeben, die unglaublichsten Dinge glaubte ich wenn er sie vertrat«[90], doch noch immer bedauert sie, wie ihr Bruder sich entwickelt hat. Sie befürchtet, er werde »ein einsames Alter haben«, weil er »alle die Menschen, die ihn am Meisten geliebt haben«, vor den Kopf stößt. Gleichzeitig verharmlost sie ihren Antisemitismus als »sanfte[n] verträglichen Gedanke[n]«, der niemand stören könne. Zu diesem Zeitpunkt folgte sie bereits ihrem neuen Stern Bernhard Förster, der es als Verkünder eines idealistisch motivierten Judenhasses zu zweifelhaftem Ruhm gebracht hatte.

EINE LIEBE

Bernhard Förster war in Naumburg kein Unbekannter. Dort lebte seine Mutter Pauline, eine Pastorenwitwe wie Franziska Nietzsche, mit der sie sich gut verstand. Ihr ältester Sohn Theodor genoss als Superintendent der Diözese Naumburg einiges Ansehen und wirkte später als Oberpfarrer in Halle. Auch der 1843 geborene Bernhard erfüllte die familiären Erwartungen. Er studierte klassische Sprachen, besaß beträchtliche kunsthistorische Kenntnisse und erwarb an der Göttinger Universität mit einer Studie zu Platons Dialog *Phaidros* 1869 den Doktortitel. Im selben Jahr erhielt er eine Stelle am Berliner Friedrichs-Gymnasium: ein Musterlebenslauf, zu dem nach den Maßstäben der Zeit auch die enge Mutterbindung passte. Schon rein quantitativ ist die Korrespondenz Bernhard Försters mit seiner Mutter beeindruckend. Er schilderte ihr berufliche und private Erfahrungen und berichtete ausführlich von seinen Bildungsreisen nach Spanien, Italien oder Griechenland.[1]

Ähnlich wie im Hause Nietzsche begrüßten auch die Försters den Ausbruch des Deutsch-Französischen Kriegs. Bernhard meldete sich zu den Waffen und war schon bald im Einsatz. Weder an der Berechtigung noch am Ausgang des Kriegs hegte er die geringsten Zweifel. Dagegen war er sich nicht sicher, ob er tatsächlich das ersehnte Offizierspatent erwerben würde.[2] Am Ende ging alles zu seiner Zufriedenheit aus. Er wurde nicht nur Leutnant, sondern erhielt auch das Eiserne Kreuz. Denkt man zudem an das Sozialprestige, das Gymnasiallehrer zu einer Zeit genossen, als kaum ein Prozent der Schüler das Abitur ablegte, hatte Bernhard Förster allen Grund, mit seiner Situation zufrieden zu sein. Doch wie manch anderer wollte er mehr und anderes als nur ein »Schulmann« sein. Insbesondere schwärmte er für Richard Wagner und hoffte auf die baldige Wiedergeburt der deutschen Kulturnation.

Bernhard Förster und Elisabeth lernten sich bei der Eröffnung der Bayreuther Festspiele im Sommer 1876 kennen. Auch wenn Friedrich Nietzsche vor den Menschenmassen und der schwülen Hitze das Weite gesucht hatte, wurde Elisabeth beträchtlicher Respekt entgegengebracht. Sie war die Schwester des von Richard Wagner hochgeschätzten Philosophen, der mit der vierten *Unzeitgemäßen Betrachtung* die Bedeutung des Komponisten nachdrücklich unterstrichen hatte. Zudem besaß sie Zugang zur Familie des »Meisters« und stand mit Cosima auf »Du«, was fürwahr nur wenige behaupten konnten. Es ist wenig verwunderlich, dass Elisabeth mit ihrer munteren Ausstrahlung bei den Festspielen Verehrer um sich scharte. Zu ihnen gehörte Bernhard Förster, der Wagner fast abgöttisch bewunderte. Elisabeth nahm die Avancen des Gymnasiallehrers wohlwollend zur Kenntnis und hielt den Kontakt aufrecht.

Am 11. Januar 1877 sang sie gegenüber ihrem Bruder ein Loblied auf Förster. Dieser bewundere seine Schriften und teile seine Überzeugungen. Der gedankliche Gleichklang reiche von der Trauer über den »Verfall des deutschen Styles« über die Bewunderung Jacob Burckhardts und Gottfried Kellers bis zur Sympathie für die »vornehme« Basler Lebensart. Besonders schätze Förster die Abhandlung *Vom Nutzen und Nachteil der Historie für das Leben*, »da unterschrieb er Wort für Wort«. Wie weit das Verständnis tatsächlich reichte, mag an dieser Stelle offenbleiben. Nietzsches zweite *Unzeitgemäße Betrachtung* ist ein komplexer Text, der die meisten Zeitgenossen überforderte und nicht zufällig erst viel später größere Aufmerksamkeit auf sich zog.[3] Deutlich sind aber Elisabeths Sympathien für den leidenschaftlichen Schopenhauer-Anhänger, mit dem sie in der Ablehnung der materialistischen Gegenwartskultur übereinstimmte. Doch sollte man ihre Nähe zu Förster auch nicht überschätzen. Als man in Naumburg über eine mögliche Verbindung der beiden Pastorenkinder sprach, winkte sie beim Bruder energisch ab. Die von den Müttern geschmiedeten Heiratspläne seien nicht ernst zu nehmen, bei ihren Gesprächen mit Förster »nur die Köpfe und nicht die Herzen betheiligt«.[4] Förster erfuhr von dem Brief nichts und zeigte weiter an Elisabeth Interesse. Am 25. November verwies er beiläufig auf den gemeinsamen Bildungshorizont, der durch Namen wie »Goethe, Rückert, Homer, Schopenhauer« markiert sei. Ausdrücklich stellte er die Härte seiner Arbeitsbelastung heraus und dankte seinem Urlaub an der Nordsee dafür, dass er wieder voller Energie sei.[5] Elisabeth hatte für all dies ein offenes Ohr. Fraglos war ihr Förster, der gern betonte, dass der Mensch seinen Idealen treu bleiben müsse, sympathisch. In mancher Hinsicht ähnelte er ihrem Bruder. Beide waren nahezu gleich alt, genau 1,75 groß und von kräftiger Statur, litten aber schon früh unter nervöser Erschöpfung. In ihrem Bildungsgang spielte die Antike eine herausragende Rolle, sie standen der Gegenwart skeptisch gegenüber und erwarteten von Richard Wagner eine Erneuerung der deutschen Kultur.

Zu Beginn ihrer Korrespondenz schlug Bernhard Förster eher zurückhaltende Töne an. Dies sollte aber nicht darüber hinwegtäuschen, dass Elisabeth durchaus mit ihren Pfunden wuchern konnte. Sie war ebenso attraktiv wie lebensfroh und den Problemen des Alltags offenkundig gewachsen. Überdies ermöglichte sie den Zugang zu einem seit langem bewunderten Denker, der die individuelle Freiheit energischer als jeder andere verkündete. Und Förster hatte den trockenen Berliner Schulalltag seit langem satt. Er genoss die Aura des Besonderen und gab sogar gesundheitliche Ratschläge für Nietzsche. So warnte er im Frühjahr 1877 vor Thermalbädern und empfahl die Hochalpenluft des Engadins für den unter Kopfschmerzen leidenden Philosophen.[6] Am 21. November 1878 berichtete er der Schwester von Nietzsches schlechtem Gesundheitszustand, nachdem er ihn in Basel getroffen hatte. Und im Mai 1879 fasste Förster sogar den kühnen Plan, »eine geheime Subskription« von Nietzsches Werken zu organisieren, um dem mittlerweile pensionierten Professor finanziell unter die Arme zu greifen. Doch die angestrebte Nähe zum »Meisterdenker« erwies sich bald als Illusion.

Bernhard Förster zeigte große Sympathien für das völkische Gedankengut im Umfeld Richard Wagners. Am 5. Juli 1879 teilte er dem Herausgeber der *Bayreuther Blätter* Hans von Wolzogen mit, er wünsche sich, »eine rein germanische Rasse heranwachsen zu lassen«. Gleichzeitig geriet er in den Sog der antisemitischen Bewegung, die in Berlin besonders stark war.

Wie so viele unzufriedene Bürger machte auch Förster die Juden für den rasanten sozialen und kulturellen Wandel verantwortlich und empörte sich über ihre erfolgreiche Assimilation. Schon bald suchte er den offenen Konflikt. Im November 1879 legte er Griechisch-Klausuren auf den Samstag, damit jüdische Schüler nicht an ihnen teilnehmen konnten, was ihm eine Beschwerde des Rektors beim Provinzial-Schulkollegium eintrug.[7] Mehr und mehr wurde für Bernhard Förster, der sich zu Unrecht gemaßregelt vorkam, der Judenhass zum Lebensinhalt. Zusammen mit seinem jüngeren Bruder Paul, der gleichfalls als Gymnasiallehrer tätig war, zählte er zu den Schlüsselfiguren in der Take-off-Phase des politischen Antisemitismus, der erst im Vorjahr Massenwirksamkeit gewonnen hatte. Sie profitierte auch davon, dass noch recht unklar war, was sich hinter der Chiffre »Antisemitismus« verbarg. Manch ein Agitator pflegte sich zugleich als deutscher Idealist, Gegner des Kapitalismus und Opfer der »jüdischen Rasse« zu stilisieren. In jedem Fall hatten die Gerichte Schwierigkeiten mit der Urteilsfindung, bevor nicht einwandfrei feststand, dass sich die neue politische Bewegung primär gegen eine »staatlich anerkannte Religionsgesellschaft« richtete.[8]

Bernhard Förster gehörte zu den Initiatoren der Antisemiten-Petition, die im Juli 1880 Sondergesetze für Juden forderte. Ihr Inhalt ist von eigentümlicher Weltfremdheit und erschreckender Brutalität. Die Eingabe beklagte den Verlust des »germanische[n] Ideal[s] der Ritterlichkeit« und stellte prononciert heraus, wie intensiv die »jüdische Rasse« seit der Reichsgründung mit »Wucher, Börsenspiel, Bank- und Aktienwesen« verbunden sei. Zu den Hauptzielen zählten die Bekämpfung der angeblichen Masseneinwanderung von »Ostjuden« und die Kontrolle des jüdischen Aufstiegs in gesellschaftliche Schlüsselpositionen.[9] Am 15. August 1880 teilte Förster Elisabeth stolz mit: »Ich sitze in großer Arbeit, welche mir durch den Krieg gegen die Juden erwächst. Aber unsre Aktien stehen gut; obwohl die Judenpresse bereits Wind erhalten hat und lustig zetert.« In den folgenden Wochen kämpfte er mit großer Energie für den Antisemitismus. Er wurde sogar zur Lichtgestalt der jungen politischen Bewegung, als er sich in der Pferdebahn massiv mit dem jüdischen Likörfabri-

Bernhard Förster, Pfingsten 1878

kanten Edmund Kantorowicz stritt und die Sache vor Gericht verhandelt wurde.[10]

Glücklicherweise bewies Bismarck seinen Realitätssinn und ignorierte die am 13. April 1881 überreichte Antisemiten-Petition, die immerhin 269 000 Unterschriften aufwies. Insbesondere an den Universitäten war sie zum Politikum geworden und hatte fast 20 Prozent der Studenten gewonnen. Dies verwies nicht zuletzt auf die Härte des akademischen Arbeitsmarkts, auf dem die Juden zunehmend als gefährliche Konkurrenz empfunden wurden. Die Entscheidung des Reichskanzlers und preußischen Ministerpräsidenten nahm jedoch der antisemitischen Bewegung einen Gutteil ihrer Kraft. Dahinter steckte weniger ein positives Verständnis von Minderheitenrechten als die Ablehnung des Protests der Straße und ein wacher Sinn für die Stärke von politischen Kräften. Im Unterschied zur »Sozialen Frage« war der Antisemitismus nach Ansicht Bismarcks auf die Dauer zur Mobilisierung breiter Schichten ungeeignet.[11] Tatsächlich galten die Antisemiten bald als Querulanten, die Unruhe in die Gesellschaft trugen. Die feineren und politisch maßgeblichen Kreise wussten sich gegen unliebsame Aufsteiger auf anderem Weg zu schützen.

Bernhard Förster musste erkennen, dass sein Stern verblasste. Selbst Richard Wagner, der um seine jüdischen Geldgeber bangte, hatte die Antisemiten-Petition nicht unterzeichnet. Auch zum Helden war Förster nicht gemacht. Sein Offizierskorps entließ ihn, weil er sich gegen den Angriff eines antisemitischen Studenten, den er auf seiner Geburtstagsfeier beleidigt hatte, nicht mit der Waffe verteidigte, wie es seine Pflicht gewesen wäre.[12] Trotzdem hielt Förster an seinem Judenhass fest; aber er erweiterte seine politischen Ziele, indem er sich nun auch für die Kolonialbewegung einsetzte. Dies tat er keineswegs freiwillig, hatte er doch aufgrund seiner politischen Agitation seine Anstellung als Lehrer verloren und brauchte dringend ein neues Tätigkeitsfeld. Die USA kamen für Förster als Auswanderungsland nicht in Frage, weil dort seiner Ansicht nach eine entfesselte Geldwirtschaft herrschte. Stattdessen zog es ihn nach Südamerika, wo sein Auge auf das fast menschenleere Paraguay gefallen war. Dort wollte er eine Kolonie gründen, in der sich seine Vorstellungen von einer »rassereinen Gesellschaft« verwirklichen ließen. Inspiriert von Richard Wagner, dachte Förster an eine eigentümliche Kombination von deutschem Christentum, vegetarischer Ernährung und authentischem Leben.[13] In mancher Hinsicht hätte es nahegelegen, dass man den mittlerweile wieder bei seiner Mutter lebenden Bernhard Förster im konservativen Naumburg als weltanschaulichen Phantasten betrachtet und verlacht hätte. Dies war anscheinend nicht der Fall. Die Gründe hierfür liegen im Dunkeln. Vermutlich spielte es keine kleine Rolle, dass judenfeindliche Haltungen bis tief ins Bürgertum hinein als diskutabel galten. Natürlich trifft das auch auf die Nietzsches zu. Exemplarisch sei daran erinnert, dass Franziska einen mehrere Tage liegengebliebenen Brief als »ewigen Juden« bezeichnete, wie Elisabeth ihrem Bruder en passant mitteilte.[14]

Über Friedrich Nietzsches Haltung zum Judentum wird schon lange gestritten. In letzter Zeit mehren sich die Studien, welche die Einstellung der Geschwister in puncto Antisemitismus gegeneinander ausspielen. Dies rückt jedoch zu sehr in den Hintergrund, wie geläufig antijüdische Auffassungen im protestantisch kleinstädtischen Milieu waren. Bis in die Diktion hinein finden sich bei Nietzsche judenfeindliche Vorurteile, die nicht selten einen antiliberalen Zug hatten. So teilte er bereits am 27. April 1866 aus Leipzig seinem Freund Hermann Mushacke mit: »Das Essen ist überall sehr schlecht und ebenso theuer, [...] und wo man hinsieht Juden und Judengenossen.«[15] Bei dem mit beiläufiger Selbstverständlichkeit präsentierten Vorurteil gilt es mit zu bedenken, dass unter »Judengenossen« die Linksliberalen verstanden wurden, die als Befürworter der Emanzipation besonderen Hass auf sich zogen. Ähnliche Äußerungen Nietzsches ließen sich leicht mehren. Sie nur auf den Einfluss Richard Wagners zurückzuführen wäre weder chronologisch plausibel noch sachlich gerechtfertigt. »Antijudaismus ist ein Feindstereotyp christlicher Prägung«, dessen Bedeutung in jüngster Zeit markant hervorgetreten ist. Gerade in ideengeschichtlicher Hinsicht wird immer deutlicher, wie wichtig das Verständnis vom Judentum war, um das eigene Selbstbild durch Abgrenzung zu konturieren.[16] Für Nietzsche, der bei seinen Denkexperimenten nicht selten auf schroffe Dichotomien setzte, mag dies sogar in besonderem Ausmaß gelten. Doch so fragwürdig viele seiner Äußerungen zum Thema »Judentum« sind, droht man bei ihrer Überbetonung das Entscheidende zu übersehen. Im Unterschied zu seiner Schwester erkannte er die Virulenz des politischen Antisemitismus und lehnte ihn grundsätzlich ab. Der Philosoph spürte die tektonischen Verschiebungen im bürgerlichen Gefühlshaushalt, die eine Haltung des Ressentiments begünstigten, für die er nur Verachtung übrig hatte.[17] Mit Försters Weltbild, vom Judenhass über die schwärmerische Begeisterung für Richard Wagner bis zur Verklärung des Deutschtums, hatte Nietzsche zu Beginn der achtziger Jahre nichts gemein.

Der verstiegene Utopist kehrte Deutschland den Rücken, ohne dass dies besonders aufgefallen wäre. Viele Emigranten entschieden sich wie Bernhard Förster für die Auswanderung, weil sie in der Heimat keine Zukunft mehr sahen, und hofften auf ein besseres Leben. Auf besondere Anteilnahme an ihrem Schicksal konnten sie nicht rechnen, nachdem Bismarck unmissverständlich erklärt hatte: »Ein Deutscher, der sein Vaterland abstreift wie einen alten Rock, ist für mich kein Deutscher mehr.«[18] Immerhin hegte Elisabeth Respekt vor Männern, die ohne falsche Kompromisse ihren Idealen folgten. Für Paraguay hatte sich Förster allerdings primär aus dem nüchternen Grund entschieden, dass es dort billiges Land im Überfluss geben solle. Die Ursache dafür lag in einem der blutigsten Kriege des 19. Jahrhunderts.

Unter seinem Diktator Francisco Solana López hatte das hochgerüstete Paraguay zwischen 1864 und 1870 eine erbitterte Auseinandersetzung mit Argentinien, Brasilien und Uruguay geführt. Über die Schuldfrage kann bis heute keine Einigkeit erzielt werden. Keinerlei Zweifel besteht hingegen daran, dass López den Krieg viel zu lange führte. Am Ende verteidigten vornehmlich Kindersoldaten das immer kleiner werdende Staatsgebiet gegen einen übermächtigen Feind. Die Konsequenzen lassen sich nur als verheerend bezeichnen. Die Taktik der »verbrannten Erde« führte zur fast vollständigen Zerstörung der Infrastruktur Paraguays. Bei Kriegsende waren weite Teile des Landes verwüstet, zwei Drittel der Bevölkerung ums Leben gekommen. Kein Krieg der Neuzeit hatte eine höhere Verlustrate, und dies trifft ebenso für die militärische wie für die zivile Sphäre zu. Nach erheblichen Gebietsabtretungen war der ehemals reichste Staat Südamerikas nur noch ein Schatten seiner selbst. Schon allein um den Bevölkerungsverlust auszugleichen, bemühte sich Paraguay fortan darum, Einwanderer ins Land zu locken. Der Geldhunger der Regierung sorgte dafür, dass sie relativ mühelos Grund und Boden erwerben konnten.[19]

Die Quellen schweigen darüber, in welchem Ausmaß sich Bernhard Förster Rechenschaft gab, warum in Paraguay so günstige Bedingungen für Kolonisten herrschten. Nach dem Zeugnis seiner späteren Schriften spricht manches dafür, dass er sich darüber nicht sonderlich den Kopf zerbrochen hat. Wie manch anderer Auswanderer schätzte er die Vorstellung, in ein fast menschenleeres Gebiet zu kommen. Neben Richard Wagner hatte er noch ein weiteres Idol gefunden: den Göttinger Orientalisten und Kulturpessimisten Paul de Lagarde, dessen 1878 erschienene *Deutsche Schriften* die moralische Substanzlosigkeit des Bismarckreichs scharf kritisierten. Förster studierte die zweite Auflage, mit der Lagarde drei Jahre später seine judenfeindlichen Gedanken erheblich verschärfte. Nun ging der wortgewaltige Ordinarius von einer jüdischen Verschwörung aus, die sich in der allgegenwärtigen Herrschaft des Liberalismus zeige. Förster machte sich diese paranoide Vorstellung umgehend zu eigen. Bei einem Berliner Vortrag, in dem es eigentlich um die Chancen von Auswanderern in Südamerika ging, äußerte er sich am 26. Januar 1883 in kaum zu überbietender Deutlichkeit über seinen politischen Gegner: »Zwischen unserm heiß geliebten Kaiser und dem ganzen hohenzollernschen Hause, dem wir so viel Gutes verdanken, und dem noch immerhin gesunden deutschen Volk liegt eine lehmige, schleimige Schicht, welche einen Verkehr fast nicht mehr zuläßt. Dies ist die schleimige, schmierige Schicht des Liberalismus.«[20] Offenkundig hatte Lagarde einen weiteren Anhänger für seine Überhöhung nationaler Gemeinschaft und sein antiliberales Feindbild gewonnen. Dabei dürfte es nicht unerheblich gewesen sein, dass sich der Göttinger Professor persönlich um Förster bemühte. So widmete er ihm einen Sonderdruck seines Aufsatzes *Juden und Indogermanen*, der sich heute in Nietzsches Bibliothek findet.[21] Förster fragte hingegen im Januar 1883 bei Elisabeth an, ob er ihr nicht ein Exemplar der *Deutschen Schriften* zukommen lassen solle.

Wenige Wochen später stach Förster in See, um Deutschland auf immer Lebewohl zu sagen. Doch wie so häufig bei räumlichen Trennungen wurde die Verbindung zwischen Elisabeth und ihm stärker. Am 12. Februar 1883 schrieb sie einen Brief nach Paraguay, der ihren Eindruck vom überraschenden Ende Wagners in Venedig festhielt: »[D]er Meister todt! Es klingt so unglaublich, es ist als ob die Welt in ihren Fugen wankte als ob ein verwüstendes Erdbeben Alles durcheinander geworfen hätte, so verändert sieht die Welt auf einmal aus.« Gleichzeitig betonte sie, wie sehr sie Förster dafür beneide, dass er im fernen Paraguay eine neue Existenz aufbauen könne. Für sie sei außer einer »sittsame[n] Reise nach Bonn« wenig zu erhoffen.[22] Unmissverständlich hatte sie damit ihr Interesse an Försters Kolonialabenteuer bekundet, doch es war keineswegs ausgemacht, was aus dem Kontakt werden sollte. Ihre Sympathie ist jedoch unstrittig. Bereits am 7. Januar hatte sie ihre Übereinstimmung mit Förster in einem Brief an Köselitz eindringlich beschrieben: »Wir schwelgten zuweilen in Mitleid, heroische Selbstverleugnung, Christentum, Heldenthum,

Vegetarismus, Arierthum, südliche Kolonien usw. usw. Das ist mir Alles so sympathisch, und in diesen Vorstellungen fühle ich mich zu Hause. Nicht wahr Sie können es sich denken?«[23] Förster freute sich jedenfalls über das Schreiben Elisabeths, das er kurz nach seiner Ankunft in der Hauptstadt Asunción erhielt. In seiner am Ostersonntag abgefassten Antwort legte er beträchtlichen Optimismus an den Tag. Er berichtete von seinen Erfahrungen in »Neu-Germania« und seiner Absicht, vor dem Landkauf das Gebiet näher zu erkunden. Die dafür ungeeigneten deutschen Begleiter wolle er in San Bernardino unweit von Asunción zurücklassen.

In den nächsten Monaten kam der Kontakt scheinbar zum Erliegen. Elisabeth befand sich mit Malwida von Meysenbug auf einer Italienreise, und Bernhard hatte vermutlich mit seinen Siedlungsplänen genug zu tun. Am 10. Juni schickte Elisabeth einen sehr persönlichen Brief nach Paraguay, der ihre italienischen Eindrücke wiedergibt und sichtlich bemüht ist, Förster zu gefallen. Sie berichtete euphorisch von ihrem Zusammensein mit Nietzsche und schwärmte von dessen neuem Werk *Also sprach Zarathustra*: »[E]s ist ein ausgezeichnetes und großartiges Buch! Sobald ich wieder in Deutschland bin, sende ich es Ihnen denn ich weiß es wird Ihnen gefallen, der begeisterungsvolle Nietzsche strahlt wieder in seiner ganzen Herrlichkeit!« Gezielt bemühte sie sich darum, den Abstand zwischen Förster und ihrem Bruder zu verringern. Beiden sei gemein, dass sie kein epigonales Lebensgefühl hätten, sondern ein »Programm« verkörperten. Zu seiner Aufgabe könne man Förster nur beglückwünschen. Ihm sei es vergönnt, »täglich und stündlich an der Verwirklichung von meines Bruders Ideal [zu] arbeiten«, während in Deutschland jede Initiative erstickt werde. Elisabeths Begeisterung für ein aktives, von idealistischen Überzeugungen getragenes Leben ist mehr als deutlich. Sie beschreibt ihr Gefühl angesichts der italienischen Kunstschätze zwar mit innerer Zustimmung als »wahrhaft dionysisches Aufseufzen«, zweifelt aber nicht daran, dass Bernhards Tätigkeit als Kolonist eine höhere Bedeutung zukomme. Schließlich lasse sich nicht bestreiten, »es ist besser eine neue Welt aufzubauen als eine alte zerfallene Welt, u. wäre sie noch so schön, zu bewundern«.

Am 21. Juli schickte Elisabeth einen zweiten Brief hinterher, weil sie der italienischen Post nicht traute. Ausdrücklich bedankte sie sich für die Zusendung der *Deutschen Schriften*, die Förster noch vor seiner Abfahrt veranlasst hatte. Lagardes »schöne fruchtbare Gedanken« erinnerten sie an die gemeinsamen Gespräche im vergangenen Winter. Ausdrücklich bat sie Förster darum, er möge noch einmal nach Deutschland zurückkehren. Um ihrem Wunsch Nachdruck zu verleihen, erzählt sie eine Geschichte. In Rom habe sie zufällig mit angehört, wie ihr Bruder und Malwida von Meysenbug darin übereinstimmten, dass sie »bedeutend geworden« sei. Sie habe dies nicht recht ernst nehmen können, gleichwohl aber auf ihren neuen Lehrmeister verwiesen. Sollte sie sich tatsächlich nachhaltig verändert haben, »so ist nur Hr. Dr. Förster daran schuld, denn er hat meinem Blick eine Welt voller mir höchst sympathischen Ideen, Wünsche u. Bestrebungen aufgethan«. Das Lob kombinierte sie mit einer scharfen Kritik an Deutschlands Zustand, die sie ihrem Bruder in den Mund legte und Förster in seinem heroischen Selbstbild bestätigte: »[I]m Mittelalter schickte man den großen und unbequemen Menschen ein weißes tödliches Pulver in einem Brief, jetzt tödtet man ihn indem man ihn jeden Tag durch die Zeitung ärgert oder man ruiniert wenigstens vollständig seinen Freiheitsdrang durch diesen beständigen Aerger.« Gleichzeitig schilderte sie das Verhältnis zu ihrem Bruder als ein Idyll und machte für alle Konflikte Paul Rée und »jene unangenehme Person«, Lou von Salomé, verantwortlich. Glücklicherweise hätten sie den Bruder nicht dauerhaft auf Abwege gebracht. Mittlerweile sei er »ganz wieder wie früher u. unsre Ideen und Einschätzungen begegneten sich wieder mehr«. Sein neuestes Werk *Also sprach Zarathustra* enthalte »in legendenhafter Form eine Reihe Moralpredigten unbeschreiblich tief und wunderschön erhaben!«.

Bernhard Förster müssen die warmen Worte gefallen haben. Sie erreichten ihn, als bereits der Winter in Paraguay Einzug hielt. Seine Antwort zeigt, dass er in der Neuen Welt noch nicht richtig Tritt gefasst hatte. Da ist etwas nebulös von »hässliche[n] Erfahrungen« die Rede, auf die er zwar gefasst gewesen sei, die ihn aber dennoch gekränkt hätten. Trotz der Enttäuschung über seine Mitmenschen hielt er den Entschluss zur

Auswanderung weiterhin für richtig. Anders sei es schlicht unmöglich, »an der Verjüngung und Veredlung des deutschen Wesens zu arbeiten«. Mit dem Brief schickte er ein Tuch nach Naumburg, das eine »arme alte Bauerswittwe« mit »himmlischer Kunstfertigkeit« angefertigt habe. Im Gegenzug bat er um eine Fotografie Elisabeths, die »ich sehr vermisse, und noch nie besessen habe«. In ihrer Antwort vom 11. August bekannte Nietzsches Schwester, sie habe bei der Lektüre von Bernhards Brief geweint: »Freilich meine Thränen trockneten schnell wieder als mein Blick auf das reizende Tüchlein fiel, welches ich gar nicht genug bewundern kann und mich ungemein erfreut hat.« Es bewies ihr die Höhe des Zivilisationsstands in Paraguay. Bernhard solle keineswegs an seiner Aufgabe zweifeln. Wenn es ernsthafte Probleme gebe, liege es nur an seinen Begleitern, zu denen ja nicht zufällig »Naumburgs verlorene Söhne« zählten. Letztlich gebe es aber nichts Schöneres »als Hüttchen unter den Orangenbäumen als das köstliche Klima«. Beinahe unterwürfig wirkt es, wie Elisabeth seinen »herrlichen, festen Charakter« und seine »wundervolle Begabung« als Schriftsteller lobt. Doch könnte es sich auch um eine gezielte Aufmunterung Försters handeln, dessen letzter Brief so niedergeschlagen geklungen hatte. Wie immer es um die Motive für ihre Schmeicheleien stehen mag, offenbar kamen sich Bernhard und Elisabeth näher. Schon bald verständigten sie sich darüber, was von Nietzsches Philosophie und seinem Ideal des Übermenschen zu halten sei.

Der zweite Teil von *Also sprach Zarathustra* hatte Elisabeth enttäuscht. Dies lag nicht etwa an fehlendem Idealismus, in puncto Begeisterungsfähigkeit sei Nietzsche wieder ganz der Alte. Voller Zustimmung heißt es am 25. September: »Wenn ich sehe mit welcher Vehemenz mein Bruder auf sein Ziel losstürmt: der Ausbau seines philosophischen Systems und seiner ganzen Gesamtanschauung, so kann ich ihm nicht meine Bewunderung versagen und ich stürze eine Strecke des Weges mit Begeisterung mit […].« Aber noch im selben Satz ändert Elisabeth ihre Auffassung und betont, dass ihr das Ziel von Nietzsches Philosophie, der »Übermensch«, zuwider sei. Wie es scheint, sind ihre Gründe für die Ablehnung des Bandes inhaltlicher Natur, doch werden sie nicht näher ausgeführt. Bedenkt

»In media vita«, sogenanntes Zarathustra-Bild, September 1882

man, dass Elisabeth für die Verkündigung des »Übermenschen« im ersten Teil des *Zarathustra* geschwärmt hatte, steht man vor einem Rätsel und könnte angesichts fehlender Sachaussagen nur Mutmaßungen über ihre Motive anstellen. Glücklicherweise führt sie eine Schrift an, mit deren Inhalt sie sich voll und ganz identifiziert: Bernhard Försters Arbeit über *Nationale Erziehung*, deren Weltanschauung jeder anderen vorzuziehen sei. Sie entwerfe »ein ideale[s] Bild und Vorbild des Deutschen«, das in Südamerika noch segensreiche Wirkung entfalten werde. Natürlich steckte hinter dieser Äußerung auch der Wunsch, Förster aufzubauen und ihm zu gefallen. Gleichwohl lohnt seine Abhandlung über *Nationale Erziehung* einen näheren Blick, damit deutlich wird, für welche Ideale sich Elisabeth eigentlich begeisterte.

Die Schrift ging auf Bayreuther Gespräche zwischen Juli und Dezember 1882 zurück. Unter dem Eindruck der zweiten Auflage von Lagardes *Deutschen Schriften* hatte ein kleiner Kreis von Wagnerianern debattiert, welchen Beitrag die Erziehung für die Erneuerung der Nation leisten könne.[24] Keine Rolle spielte für Förster, dass Richard Wagner und Lagarde im wirklichen Leben nicht zusammengefunden hatten. Er suchte selbst eine Synthese zwischen dem protestantischen Wissenschaftspuristen und dem auf Kunstreligion erpichten katholischen Komponisten. Im Kern lief es bei Förster auf eine idyllische Form von Deutschtumsmetaphysik hinaus. Romantischen Topoi folgend, attestierte er dem Deutschen, »sich in das Wesen der Dinge mit Ruhe, Laune und Liebe zu vertiefen, die Natur zu belauschen und den Menschenherzen auch der Seele der Thiere und Pflanzen ihre Geheimnisse abzulesen, und der Lösung dieses Räthsels seine eigenste Form zu geben«. (S. 5) Gleichzeitig ist er vom schöpferischen Charakter und der Wahrheitsliebe der Arier überzeugt, die allein die Fähigkeit zu einer »theoretischen Weltbetrachtung« besitzen. (Ebd.) Die harmlose Sprache bei der Verherrlichung der eigenen Ideale steht in bemerkenswertem Kontrast zu den schroffen judenfeindlichen Stereotypen. Försters rassische Zuschreibungen sind ausgesprochen simpel. Durch seine Eigenart, den »heimischen Göttern mit Ehrlichkeit, Treue und Bescheidung zu dienen«, trenne sich der Deutsche vom »götzendienerischen und listigen Semiten«. (Ebd.) In der Kulturgeschichte lasse sich mühelos die Spreu vom Weizen trennen, und die Bedeutung charakterlicher Integrität werde nirgendwo klarer als in der Geschichte der Musik, die von Bach bis Wagner eine rein nationale Angelegenheit sei.

Auch in der Gegenwartskritik beschreitet Förster keine originellen Pfade. Er plädiert für Platons Vorstellung, dass die Philosophen Könige sein sollen, und schließt sich Lagardes Kritik am zeitgenössischen »Berechtigungswesen« an. Sie zielte gegen die Macht der höheren Schulen, den Zugang zu akademischen Berufen über Bildungspatente zu steuern.[25] Ausdrücklich lehnt Förster die »mit Staub, Laster und Unnatur angefüllte Atmosphäre der grossen Städte« (S. 23) oder allzu rationalistische Maximen im Erziehungswesen ab. Generell vertraut er eher auf die heilsame Wirkung des Zwangs als auf die Einsichtsfähigkeit des Menschen. Die von ihm favorisierte vegetarische Ernährung an der Schule sollte schlicht oktroyiert werden. Ähnliches gilt für die erwünschte gleichmäßige Verteilung des gesellschaftlichen Reichtums. Förster bietet ein buntes Sammelsurium zeitkritischer Reformvorstellungen, die sich unter den Modernisierungsverlierern beträchtlicher Beliebtheit erfreuten. Einige Ideen, wie die Ablehnung der Massentierhaltung oder die Stärkung der Eigeninitiative im Schulunterricht, sind ernsthaft diskutabel, sein Gesellschaftsverständnis ist es nicht. Er verherrlicht das »Germanenthum«, in dem angeblich der »Stand der freien Männer« das Sagen gehabt habe (S. 32), und sieht in ihrer Organisation des politischen Lebens ein Modell für die Zukunft. Das Land will er durch eine vernünftige Dezentralisierung geordnet wissen, bei der »Stämme, Gaue, Gemeinden« zu ihrem Recht kommen (S. 34), eine »Männergemeinschaft« solle darüber entscheiden, wer als vollwertiges Gemeinschaftsmitglied aufgenommen werde. Für die Ideale der Frauenbildung oder gar Höhere-Töchter-Schulen hat Förster nur Hohn und Spott übrig. Sie führten lediglich zu Halbbildung, gefährdeten den Bestand der Familie und würden den praktischen Fähigkeiten der Frauen nicht gerecht. Hinter den meisten Fehlentwicklungen der Gegenwart, von der Vermehrung des schulischen Unterrichtspensums bis zur Macht des Journalismus, sieht er Juden am Werk. Letztlich beherrschten sie mit ihrer Form des Liberalismus auch die preußische Regierung und sorgten für den beklagenswerten Zustand schöpferischer Erstarrung und moralischer Korruption im Lande.

Es ist erstaunlich, dass Försters ressentimenterfüllte Utopie in einer Liebesangelegenheit werbende Wirkung entfalten konnte. Doch bestehen kaum Zweifel, dass Elisabeth seine Gedanken über die Philosophie ihres Bruders stellte. In der ihm eigenen ironiefreien Ernsthaftigkeit nahm Förster den zugeworfenen Ball Weihnachten 1883 auf. Er konzedierte, dass er zwar längst auf der Suche nach dem Übermenschen sei, aber andere Wege als Nietzsche gehe. Sein Ideal »deckt sich in vielen nicht in allen Punkten mit Richard W.[agner]«. Neben der Distanziertheit gegenüber Nietzsches Gedanken scheint noch ein anderer Punkt bemerkenswert. Die christlichen Wurzeln des Übermenschen spielten für Bernhard und Elisabeth keine Rolle. Dies ist besonders bemerkenswert, weil beide in einem protestantischen Pfarrhaus aufgewachsen und mit der Erweckungsliteratur vertraut waren, in welcher der Übermensch kein seltener Gast ist.[26] Doch vielleicht gibt es für die Verzeichnungen und die fehlende Substanz ihrer Äußerungen zur Idee des Übermenschen auch eine einfache Erklärung. Bernhard Förster und noch mehr Elisabeth mussten sich gegen die drängende Präsenz und intellektuelle Ausstrahlung Nietzsches behaupten. Man kann verstehen, dass sie dazu auf dem Höhepunkt ihrer gegenseitigen Annäherung keine Lust hatten.

Immerhin zeigte sich Förster zu Weihnachten 1883 gönnerhaft: »Ihr Bruder ist, wenn ich ihn recht kenne und verstehe doch noch in der Entwicklung begriffen; er ist noch jung, jünger als ich, und wer weiß, an welcher Küste er noch einstmalen landet.« Mit seiner »Wendelust« sei er Nietzsche durchaus verwandt. In mancher Hinsicht waren dies – trotz aller Selbstüberschätzung – versöhnliche Worte; schließlich wusste Bernhard, wie sehr Elisabeth an ihrem Bruder hing. Das beigefügte Goethe'sche Sonett brach endgültig das Eis. Es schildert einen verliebten Mann, der einer ihn ebenfalls liebenden Frau seine Gefühle offenbart. Elisabeth fühlte sich akzeptiert und verstanden. In ihrer Antwort vom 12. Januar 1884 bekannte sie, dass ihr Försters Brief den Schlaf geraubt habe. Offenkundig ist sie über beide Ohren verliebt und gibt einen erstaunlich direkten Einblick in ihr Gefühlsleben. Die Anträge anderer Männer seien ihr gleichgültig gewesen, »aber in seiner Gegenwart habe sie immer heimlich gezittert«.[27] Unverkennbar ist ihr Wunsch, Förster nach Kräften entgegenzukommen. Sie betont ihre praktische Ader und die daraus resultierende Fremdheit gegenüber der Philosophie des Bruders. Nicht zuletzt rühmt sie Försters kompromisslose Natur, mit der er sich so vorteilhaft von allen Durchschnittsmenschen unterscheide. Acht Tage später versuchte sie, ihn mit Geld zu ködern. Sie legte ihrem Brief 800 Mark bei und verwies auf ihr durch Erbschaft erworbenes Vermögen von »etwa 20 000 Mark«. Bedenkt man, dass die heutige Kaufkraft der Mark auf etwa das Fünffache des Euro geschätzt werden kann, war dies für einen mittellosen Auswanderer wie Förster ein starker Anreiz. Überdies ließ Elisabeth keinen Zweifel daran, dass sie sein Leben in Südamerika teilen wolle. Wie sehr sie bereit war, Paraguay zu idealisieren, belegt ihr nächster Brief vom 28. Januar. Im Vergleich zu Deutschland mit seiner »Sucht nach Geld« sei es dort »ein wahres Paradies«.

In Naumburg fing man an zu tratschen, was es mit Elisabeths neuem Schwarm auf sich habe, aber an Kampfgeist fehlte es ihr nicht. Am 21. März bekannte sie gegenüber Förster, dass es noch einige Widerstände zu überwinden gebe. Man sei daheim zu sehr an ihren Altruismus und an das Durchsetzen der eigenen Interessen gewöhnt. Die Menschen teilten die irrige Auffassung, »sie sei nur für ihr Wohlbehagen auf der Welt«. Dies lasse heftige Auseinandersetzungen erwarten, doch stimme sie die Aussicht auf die bevorstehenden Kämpfe nicht schwermütig, sondern ausgesprochen fröhlich. »*Suaviter in modo, fortiter in re*. Das ist mein Lieblingssatz und so ziemlich mein ganzes Latein.« Sanft in der Form, hart in der Sache: Elisabeth hatte gelernt, von ihrer Bildung einen vernünftigen Gebrauch zu machen. Natürlich fehlte es bei ihrem Umgang mit Bildungsgütern gelegentlich an Wissen. Angesichts ihrer kurzen Schulzeit konnte das kaum anders sein, und Elisabeths Unbildung ist in der Forschung immer wieder betont worden. In diesem Fall zitierte sie unwissentlich ein Motto des Jesuitengenerals Claudio Aquaviva aus dem späten 16. Jahrhundert, der als Leitfigur für eine Pfarrerstochter bestimmt nicht in Frage kam. Bei näherer Betrachtung passt diese Devise jedoch bestens zu Nietzsches ebenso wandlungsfähiger wie zielstrebiger Schwester und kann die biographische Reflexion durchaus beflügeln. Statt sich über Elisabeths Bildungsdefizite zu mokieren, ist es vermutlich hilfreicher, darüber nachzudenken, wie viel richtige Töne sie beim Verfolgen ihrer Ziele tatsächlich getroffen hat.

Bernhard Försters Antwort vom 9. Mai verriet keinerlei Wissen über die Herkunft des Zitats, das so gut zum robusten Realitätssinn Elisabeths passte. Doch fühlte er sich dazu ermuntert, nun seine eigene, von Platon stammende Lebensmaxime zu nennen. Der ehemalige Gymnasiallehrer ließ es sich nicht nehmen, ausdrücklich auf Elisabeths fehlende Kenntnis des Altgriechischen hinzuweisen. Aus diesem Grund werde er die Devise in sein »geliebtes Deutsch« übersetzen: »Nicht erst seit kurzem, sondern schon immer war ich so geartet, daß ich mich auf nichts anderes verließ, als auf die Ueberzeugung, die mir nach reiflicher Erwägung als die beste erschien.« Auch dies war eine schöne Passage, doch im Kontext der Korrespondenz und angesichts der konkreten Situation in Südamerika wirkt sie doch recht blass.

Förster hatte Schwierigkeiten, Elisabeths Geldgeschenk, das er so gut gebrauchen konnte, anzunehmen. In einem nur wenig später, am 15. Mai, abgeschickten Brief behilft er sich mit Würdeformeln. Er verweist auf seinen glühenden Erkenntniswillen und die Einzigartigkeit jedes Menschen. Zudem nimmt er seine Zuflucht zu gängigen Topoi: »Frauen sind stets schwach und brauchen stets Geld, Männer können sich stets helfen, müssen sich helfen können.« Um die zugeschickte Summe akzeptieren zu können, unterstreicht Förster seine vielfältigen Möglichkeiten zum Gelderwerb und zur Organisation der Heimreise. Es trägt kompensatorische Züge, ist aber auch nicht ohne Berechnung, wenn er Elisabeth am Ende des Briefs auf seine Gefühle einschwört, »glauben Sie an meine Liebe zu Ihnen, verlieren Sie diesen Glauben nie«. Denn zuvor hatte er beredt dargestellt, wie verständlich es sei, wenn sie vor einer Beziehung zurückscheue. Auch am 13. Juni ist Förster um große Worte nicht verlegen. Er verweist darauf, wie sehr Elisabeth sich vom üblichen Deutschen unterscheide, der »leicht sein Leben für eine gute Sache, aber nicht gern sein Geld (läßt)«. Zudem erzählt er die abenteuerliche Geschichte, dass ihm jemand nach dem Leben trachte und »der Tod [...] im fremden Land [...] durch Mörderhand« einige Wahrscheinlichkeit besitze. Keine Frage, es fiel Förster nicht leicht, in Elisabeths Schuld zu stehen.

Elisabeth aber hatte ihre Entscheidung bereits gefällt. Für sie war es wichtiger als alles andere, dass Förster gesund nach Deutschland zurückkehrte. Ganz direkt sprach sie am 2. August ihre Gefühle mit den Worten aus, »ich empfinde nichts mehr als daß ich Sie so innig liebe und ewig lieben werde«. Besonders freute sie sich über Försters Deutung des Geschehens, wonach eine langjährige Freundschaft wie von allein zur Liebe geführt habe. Angesichts der leidenschaftlichen Diktion spricht wenig dafür, an den Gefühlen von Bernhard und Elisabeth zu zweifeln. Gleichwohl verdient es Beachtung, dass beiden eine idyllische Sicht der Dinge gelegen kam. Bernhard stand nach dem Verlust der Lehrerstelle vor den Scherben seiner bürgerlichen Existenz, und Elisabeth musste ohne die Unterstützung ihres Bruders in Bayreuth und Naumburg als Leichtgewicht gelten. Vor diesem Hintergrund verwundert es kaum, dass den zahlreichen erhaltenen Liebesbeteuerungen oft auch ein kalkulierter Zug eigen war. Eine eher untergeordnete Rolle beim Zustandekommen der Bindung spielte

Försters Judenhass, der die Literatur über ihn entscheidend bestimmt. So hatte er am 13. Juni erklärt, er freue sich darauf, wenn Nietzsche »endlich einmal ein Pamphlet gegen den ›Antisemitismus‹ schreibe, dann würde ich zum ersten Male einen literarisch mehr als ebenbürtigen Gegner haben, während bislang alles gegen uns Geschriebene noch nicht einmal Schund ist. Neugierig bin ich freilich auf seine Argumente!« Allein die intellektuellen Muskelspiele scheinen Elisabeth nicht sonderlich interessiert zu haben. Es war wichtiger für sie, dass sich die praktischen Belange des Lebens regeln ließen. Am 15. September teilte sie ihrem Angebeteten mit, wie sie sich seine Rückkehr nach Deutschland am liebsten vorstelle. Er solle so mit dem Dampfboot zurückkommen, dass sie noch genügend Zeit für ein privates Gespräch hätten, »ohne dass die lieben Angehörigen uns beobachten«. Der Druck des Naumburger Milieus reichte bis nach Paraguay.

Ganz besonders bewegte Elisabeth die Frage, was aus ihrem Bruder werden solle. Der gemeinsame Zürichaufenthalt im Juli 1884 hatte die Geschwister einander wieder nähergebracht, und im Herbst lebten sie dort fünf Wochen, in denen sie auch Gottfried Keller kennenlernten.[28] Ungeachtet des Konflikts wegen seiner Begeisterung für Lou von Salomé und der heftigen anschließenden Verwerfungen spielte Elisabeth mit dem Gedanken, ihn nach Paraguay mitzunehmen. Um Förster dies schmackhaft zu machen, schmeichelte sie ihm am 12. Oktober nach Kräften und betonte, »wie gut« die beiden Männer »zusammen passen«. Ausführlich schilderte sie Nietzsches vielfältige Alltagsprobleme und das Ausmaß, mit dem er auf sie angewiesen sei. Dementsprechend niedergeschlagen sei er über ihre Auswanderungspläne, »doch ist er viel zu stolz um sich das weiter anmerken zu lassen und zu einsichtig als daß er es für mich als eine genügende das ganze Sein und Wesen ausfüllende Lebensaufgabe betrachte: für ihn zur Erholung da zu sein«. Die erste Aussage war zutreffend, die zweite vermutlich eine Übertreibung; denn Nietzsche hatte es nur selten etwas ausgemacht, dass sich seine Schwester für ihn aufopferte. Allerdings machte Elisabeth auch unmissverständlich deutlich, dass sie ihr zukünftiges Glück in Paraguay nicht auf dem Altar der Geschwisterliebe opfern wolle. Damit bewies sie durchaus Feingefühl, denn in einem überschneidenden Brief hatte Förster aus seiner Ablehnung Nietzsches kein Hehl mehr gemacht. Insbesondere kritisierte er die Unduldsamkeit des Philosophen und seine Selbstüberschätzung: »Wer sich neben Zarathustra und über Buddha u. Jesus von Nazareth selbst zu stellen den Muth hat, muß diese Stellung rechtfertigen können. Mir für meine Person bieten jene 3 doch mehr als Zarathustra II.« Gleichzeitig warnte Förster vor der ideologischen Einseitigkeit Nietzsches, von dem die Empfehlung für den Verzehr von Äpfeln oder Nüssen zu erwarten sei. Im Kern denunzierte er Nietzsches Gedanken als mittelalterlich und hielt sogar den Rat für geboten: »Geben wir hier acht, daß die Schüler Zarathustra's des Zweiten nicht Scheiterhaufen für die Ungläubigen aufrichten.«

Es wäre ein Leichtes gewesen, gegen diese Vorwürfe etwas einzuwenden, die mehr über Försters Charakter und die Einseitigkeit seines Weltbilds als über die Schwächen von Nietzsches Philosophie aussagen. Förster hatte aber auch im selben Brief emphatisch seine Bereitschaft zum gemeinsamen Leben mit Elisabeth erklärt: »Wir beide sind Kräfte und haben einen genügend elastischen Willen; multipliciren wir diese Kräfte, dann wird etwas genügend Starkes als Product erscheinen, welches den Widerstand der stumpfen Welt zu besiegen im Stande sein wird. [...] Vergessen wir nicht, daß es auf der Welt nichts Gewisseres und Unbesiegbareres giebt als ächte Liebe.« Fortan standen grundsätzliche Fragen in der Korrespondenz nicht mehr zur Diskussion, obwohl Elisabeth sich noch recht ausführlich – und durchaus nicht ohne Mitgefühl – zur künftigen Lage der Mutter äußerte, die als alleinstehende Frau in Naumburg zurückbleiben würde. Nun ging es primär darum, wie sich Bernhards Rückkehr nach Deutschland und die bevorstehende Hochzeit am besten organisieren ließen.

Elisabeth hatte bereits am 20. August 1884 mitgeteilt, dass ihr ein unscheinbares Fest am liebsten sei. Angesichts der vielen Komplikationen in Naumburg würde »eine große Hochzeit wie eine Begräbnisfeierlichkeit ausfallen«. Stattdessen plädierte sie für eine »Trauung im engsten Kreise« nach Art der britischen Romane. Nur nach einer baldigen Abreise stand ihr nicht der Sinn. Sie fand es hübscher, noch ein halbes Jahr im »lieben Deutschland« zu bleiben, bevor es endgültig in die Neue Welt ging. Ihr Vorschlag gefiel Förster gut, der ansonsten das Bismarckreich nach Kräften tadelte. Insbesondere hatte es ihm die Vorstellung eines kleinen Festes angetan. Am 19. Oktober ließ er Elisabeth wissen, »[d]aß unsere Hochzeit nur in der allerhöchsten Stille gefeiert werden könnte«. Seine Vorbehalte erklärte er nicht mit den ungewöhnlichen Begleitumständen der Eheschließung, sondern mit prinzipiellen Vorbehalten. Ihm seien »alle jene Formalitäten, welche unsere Gesellschaft an solche Acte gesponnen hat [...] – ich kann nicht sagen wie – zuwider«. Auf die gemeinsame Zukunft mit Elisabeth freue er sich jedoch sehr.

Die Abreise im Januar 1885 verzögerte sich um wenige Tage, was Bernhard die Gelegenheit zu einem weiteren Brief an Elisabeth gab. Ausführlich pries er am 31. Januar das »Schicksal«, das sie zusammengeführt und seinem Leben wieder einen Sinn verliehen habe. Sein hohes Lied auf ihre Bindung ist nicht ohne sexuelle Untertöne. Sie sollten »einander angehören in festem Vertrauen, in herzlicher Freundschaft, in brüderlicher Treue und in heißer Liebe!«. Auch von Bord des Dampfers *Mensangero* sandte Bernhard Gefühlsbeteuerungen an die »sehr, sehr Geliebte«. Und den Aufenthalt in Buenos Aires nutzte er am 3. Februar für die Zusendung weiterer leidenschaftlicher Zeilen. Bernhards Gefühlsbekundungen beeindruckten Elisabeth, wie ein Brief erkennen lässt, den sie zwischen dem 14. und 16. März abfasste. »Welche Seligkeit Sie nun schon so nah zu wissen. [...] Mit jedem Pulsschlag denkt mein Herz: er kommt! er kommt!« Es galt allerdings noch das Problem zu lösen, wie sie sich ungestört treffen konnten, bevor der Trubel begann. Dafür wolle sie »ein wenig flunkern« und den Verwandten einen falschen Ankunftstermin nennen, den er bitte gleichfalls durchgeben möge. Dies biete ihnen die Möglichkeit zu einem ganz privaten Treffen in Leipzig.[29] Sie schickte das Schreiben ins Hamburger Hotel *Germania*, wo es den Bräutigam unmittelbar nach seiner Ankunft empfing. Bernhard ließ sich zu allem überreden, und so kam es zu einem ungestörten Wiedersehen, das beide so ersehnt hatten.

Die Hochzeitsfeier fand dann doch in etwas größerem Rahmen statt, als sich Bernhard vorgestellt hatte. Allerdings fehlte mit Nietzsche diejenige Person, um die sich zwischen den Liebenden so viel gedreht hatte. Elisabeth hatte sich nach Kräften darum bemüht, dem Bruder ein prachtvolles Bild ihres künftigen Ehemannes und ihrer Zukunft vor Augen zu stellen. Mitte März 1885 wünschte sie ihm eine Frau, die ihm so »felsenfest und unbegrenzt vertraut«, wie sie das bei ihrem Bräutigam erlebe.[30] Trotz der Phase der »Entfremdung« zwischen den Geschwistern, die sie auf die Intriganz von Overbecks Frau Ida zurückführte, sah sie die Vergangenheit in rosigem Licht. Gerade Nietzsches traurige Erfahrungen bildeten die Voraussetzung für die Güte seines *Zarathustra*. Ohne diese fehlte dem Werk »[m]ancher Klang und Ton, welcher nun den Leidenden aller Art zu Herzen geht«. Dies war wohlwollend gemeint, aber auch nicht ohne Anmaßung; bedeutete es doch, dass sie sich eine erhebliche Rolle für die Entstehung von Nietzsches Hauptwerk zusprach. Aus Elisabeths eigener Perspektive überwog vermutlich die Kompromissbereitschaft. Immerhin äußerte sie sich deutlich freundlicher über den *Zarathustra*, als sie es noch kurz zuvor gegenüber ihrem künftigen Ehemann getan hatte.

Auch Bernhard war über seinen Schatten gesprungen und hatte sich nach seiner Ankunft in Naumburg einen Brief abgerungen. Am 5. April 1885 ließ er Nietzsche wissen, er verstehe sehr wohl, dass er »am Ende als eine Art Räuber, mindestens als ein Beeinträchtiger älterer wohlerworbener Rechte erscheinen werde!«.[31] Schließlich schlug Elisabeth ihrem Bruder am 3. Mai vor, er solle sich in aller Ruhe überlegen, ob er nicht mit seinem ersparten Geld ein neues Leben in Südamerika beginnen wolle. Sie selbst habe die zahllosen Kompromisse in Naumburg endgültig satt: In Paraguay »kann ich thun was ich will da machen wir uns unsre Gesetze selbst, und es beleidigt, noch schmerzt es irgend eine zarte Seele«.[32] Doch wenn ihr Bruder auch schwankte, was von Elisabeths Entscheidung zu halten sei, und natürlich sehr wohl um seine Hilfsbedürftigkeit wusste, zu einer anderen Beurteilung seines zukünftigen Schwagers und der organisierten Judenfeindschaft ließ er sich nicht bewegen.

Nietzsche war davon überzeugt, dass der Antisemitismus als politische Bewegung keine Antworten für die Probleme der Gegenwart besaß.

Bernhard Försters grobschlächtige Weltanschauung konnte er gar nicht ernst nehmen. Mit bitterem Spott äußerte er am 14. März 1885 gegenüber Mutter und Schwester: »Zum Enthousiasmus für ›deutsches Wesen‹ habe ich's freilich noch wenig gebracht, noch weniger aber zum Wunsche, diese ›herrliche‹ Rasse gar rein zu erhalten. Im Gegentheil, im Gegentheil.« Gleichzeitig ärgerte er sich maßlos darüber, dass Ernst Schmeitzner, der Verleger des *Zarathustra*, sich dem Antisemitismus zugewandt hatte. Schmeitzner zählte nicht nur zu den wichtigsten Organisatoren der neuen politischen Bewegung in Sachsen, er war auch seit 1882 als Vorsitzender der *Alliance antijuive universelle* eine Schlüsselfigur des internationalen Antisemitismus.[33] Dass Förster ähnlich wie Lagarde mit dem neuen Fahnenwort »Antisemitismus« nicht viel anfangen konnte und sich als deutscher Idealist verstand, spielte für Nietzsche keine Rolle. Er betrachtete auch den Nationalismus als Ideologie, die wegen ihrer Ressentiments mit einer echten Verfeinerung des Menschen unvereinbar sei.

Im Vergleich zu Nietzsches privatem Urteil über Försters Weltbild waren seine öffentlichen Verlautbarungen zahm. Allerdings ließ er bis zum letzten Moment offen, ob er zur Hochzeit kommen werde. Erst am 20. Mai 1885, zwei Tage vor dem großen Fest, teilte er der Schwester seine Entscheidung in einem Brief aus Venedig mit. Er wolle nicht bei der Heirat zugegen sein, denn »so ein ›krankhafter‹ Philosoph gäbe einen schlechten Brautvater ab!«.[34] Immerhin schickte Overbeck auf Nietzsches Veranlassung ein Hochzeitsgeschenk, das in Naumburg für Aufsehen sorgte. Es handelte sich um Dürers Stich *Ritter, Tod und Teufel*, den Elisabeth sich gewünscht hatte und der in die Neue Welt als Sinnbild der Entschlossenheit mitgenommen werden sollte. Nietzsche hatte ihn 1875 vom Basler Patrizier Adolf Vischer geschenkt bekommen und an Overbeck weitergegeben, von dem er ihn nun zurückverlangen musste. Dies war nicht nur unhöflich gegenüber dem langjährigen Freund, sondern bedeutete auch eine Verbeugung vor Förster. Schließlich hatte dieser in einer Streitschrift gegen das »moderne Judenthum« Dürer verherrlicht, weil ihm die entscheidende Synthese von Kunst und Weltanschauung gelungen sei. Sein berühmter Stich *Ritter, Tod und Teufel* zeige, wie der deutsche Mann unbeirrt gegen die modernen Schicksalsmächte Judentum und Kapitalismus kämpfe.[35] Nietzsche, der Försters Werk nur oberflächlich kannte, dürfte der Hintergrund des Geschenks entgangen sein; die Schwester wusste natürlich, worüber sich ihr Bräutigam freute.

Die Hochzeit fand nicht zufällig an Richard Wagners Geburtstag statt und war in mancher Hinsicht eine Demonstration. Im Haus der Mutter baute man den Traualtar auf und bekundete damit eine gewisse Unabhängigkeit von der Kirche. Vor der Tür lag ein Tigerfell, das auf die Kühnheit der Kolonisation in fernen Ländern verweisen sollte. Letztlich aber überwog der Kompromisscharakter des Festes. Man sang *Jesu, geh voran auf der Lebensbahn!*, und Bernhard Försters Bruder Theodor hielt die Predigt. Elisabeth hatte sich für ein langes Kaschmirkleid entschieden, während Bernhard zur Feier des Tages nicht nur Wein, sondern auch Champagner spendierte. Die Naumburger Gäste erlebten ein munteres Fest, und auch die Mutter war mehr als zufrieden, wie sie gegenüber Nietzsche durchblicken ließ. Sie hatte sogar den Eindruck, ihr verstorbener Mann spende aus dem Himmel seinen Segen.[36]

Die Flitterwochen verbrachte Elisabeth mit ihrem Mann in Tautenburg, wo sie nach ihrem Empfinden einst schwer gedemütigt worden war. Natürlich sprachen für diese Entscheidung nicht nur Zeit- und Kostengründe, sondern auch die idyllische Lage des Örtchens und die Nähe der Dornburger Schlösser. Gleichwohl hatte die Ortswahl eine symbolische Dimension. Denn eine Wurzel ihrer Begeisterung für Bernhard Förster lag in der Entfremdung vom Bruder, dessen Leidenschaft für Lou Salomé sie weder verstehen konnte noch billigen wollte. Mit der Hochzeit schienen die Dinge nun in bester Ordnung. Elisabeth gratulierte der Mutter, dass sie daheim »in einem herrlichen Blumenflor« sitzen könne, und bat sich nur »einige Stückchen« von der Hochzeitstorte aus. Mit der Wahl ihres Lebenspartners war sie rundum zufrieden und nannte Förster stolz den »herrlichsten aller Männer«.[37] Schon bald warf jedoch die Auswanderung ihre Schatten voraus, und die eben noch von innen her bejahte Ehe bekam erste Risse.

Bernhard Förster hatte mit der Vorbereitung seines Kolonialunternehmens alle Hände voll zu tun. Insbesondere ging es darum, weitere Siedler zu gewinnen. Förster verfasste einen *Aufruf!*, der sich vorzugsweise an die ärmeren Schichten richtete. Selbst gänzlich Mittellosen sollte durch Spenden der Erwerb eines eigenen Landstücks ermöglicht werden. Die Auswanderer müssten nur entschlossen sein und dürften sich von missgünstigen Menschen nicht ins Bockshorn jagen lassen, dann sei ihnen eine wunderbare Zukunft sicher. Denn der »gerodete Boden« Paraguays sei »von einer fast unerschöpflichen Fruchtbarkeit«.[38] Dies waren vollmundige Versprechen, die vielleicht die bereits Überzeugten noch weiter begeistern, schwerlich aber Zögernde gewinnen konnten. Um die Solidität seines Projekts zu demonstrieren, hatte Förster ein Buch verfasst. Es trug den weitschweifigen Titel *Deutsche Colonien in dem oberen Laplata-Gebiete mit besonderer Berücksichtigung von Paraguay. Ergebnisse eingehender Prüfungen, praktischer Arbeiten und Reisen, 1883–1885*, sollte aus Kostengründen im Selbstverlag erscheinen und war Elisabeth gewidmet.[39] Seine wichtigste Aufgabe bestand nach Auffassung des Autors darin, »Unberufene von der Auswanderung abzuhalten« (Vorrede, S. V), damit nur wirklich geeignete Siedler nach Südamerika aufbrechen.

Tatsächlich handelte es sich wie bei allen Veröffentlichungen Försters um ein ideologisches Produkt, in dem sachbezogene und irreale Äußerungen sich unentwirrbar vermischt hatten. Ausdrücklich legte Förster dar, warum der idealistisch gesinnte Deutsche dem geldgierigen Yankee überlegen sei. Aber auch an der spanischen und portugiesischen Kolonisation in Südamerika ließ er kein gutes Haar. Beide Nationen seien von Juden »durchsetzt« (S. 16) und deshalb zu einer selbstlosen Kolonialpolitik nicht imstande. Försters Erfahrungen vor Ort sind offenkundig. So verweist er auf die unzureichenden Verkehrswege in Paraguay oder die zentrale Bedeutung des Guaraní für die Kommunikation. In aller Regel spielt Förster freilich Schwierigkeiten herunter oder kann sie überhaupt nicht sehen. Bei der Beurteilung der Staatsschulden Paraguays ist seine Realitätsverweigerung mit Händen zu greifen. Ihre Beseitigung stelle kein echtes Problem dar, weil sie »bei ihrer enormen Höhe kaum ganz ernst genommen werden«. (S. 117) Regelrecht bizarr ist Försters Ansicht, die »geschwollenen Glieder, entzündeten Augen« vieler Kolonisten (S. 199) seien in Wahrheit begrüßenswert. Schließlich könne es nicht bezweifelt werden, »daß sich hier eine Reinigung des Körpers von unreinen Bestandtheilen unter dem Einflusse eines ungewöhnlich gesunden Klimas vollzieht«. (S. 200) Für gewöhnlich singt er jedoch das Loblied deutscher Mittelschichttugenden, die den erfolgreichen Ausgang des Unternehmens garantierten. Sparsamkeit, Fleiß und harte Arbeit würden den Menschen »ein tröstlicheres und erträglicheres Erdenloos [...] sichern, als die alte Welt es ihnen zu bieten fähig ist«. (S. 221)

Das Buch, von dem sich Förster so viel erhoffte, stieß nur auf geringes Interesse. Es gingen kaum Bestellungen ein, und die Idee, mit dem Werk nicht nur Siedler zu werben, sondern auch einen schönen Batzen Geld zu verdienen, erwies sich bald als Schimäre. Derweil reiste Bernhard als Vortragsredner für das Kolonialunternehmen durch Deutschland. Elisabeth saß allein in Naumburg und grämte sich darüber, dass sie so wenig Post erhielt. Außerdem machte sie sich Sorgen: Sie kannte Bernhards hitziges Temperament und fürchtete, dass er beim Thema »Judentum« die Kontrolle verlor und mit dem Gesetz in Konflikt kam. Natürlich konnte Elisabeth dies nur vorsichtig ansprechen, und so wies sie ihren Mann am 20. September darauf hin, sie finde seine »Judenreden [...] zu persönlich«. Es scheint, als habe sie sich rasch ein Bild davon gemacht, wie viel Zuspruch er brauchte. In einem etwa zeitgleichen Schreiben[40] tröstete sie ihn über die geringe Zahl der Subskribenten und betonte die Güte seines Werks, was er bestimmt schätzte. Als sie jedoch eigenmächtig die Druckfahnen korrigierte, fuhr Bernhard aus der Haut, worauf Elisabeth leicht pikiert erklärte, sie wolle »mit der ganzen Buchangelegenheit auch <u>nichts mehr zu thun haben</u>«.

Zu einem massiven Ehestreit weitete sich die Angelegenheit jedoch nicht aus. Elisabeth sah, wie angespannt die Nerven ihres Mannes waren, und steckte zurück. Zumeist versuchte sie, ihn mit Lob zu lenken. Sie freute sich, dass er lediglich 1200 Exemplare des Werks drucken ließ, was angesichts der 32 eingegangenen Vorbestellungen aber immer noch viel zu viel war. Gleichzeitig verbreitete sie, so gut es ging, Optimismus.[41] Gelegentlich hat man den Eindruck, dass Paraguay für sie nur ein Abenteuer war, während für Bernhard die ganze Existenz auf dem Spiel stand. In jedem Fall hielt er in den hektischen Monaten seines Europaaufenthalts nicht nur zahllose Vorträge, sondern brachte auch mehrere Veröffentlichungen zum Druck. Vor der endgültigen Abreise nach Südamerika wollte er offenkundig seine Angelegenheiten noch in Ordnung bringen.

So erschien 1886 ein Buch über die Ausgrabungen von Ernst Curtius in Olympia, das Förster bereits 1882 abgeschlossen hatte. Zu diesem Zeitpunkt, ein Jahr nach Ende des Projekts, wäre es noch aktuell gewesen, nun war es hoffnungslos veraltet. Sein stark kulturkritisch motivierter Autor aber sah dies anders. Förster zeigte weniger Interesse am wissenschaftlichen Wert der archäologischen Entdeckungen als an ihrer nationalen Bedeutung. Zudem polemisierte er gegen die oberflächliche und schematische Art des altsprachlichen Unterrichts. Weit wichtiger als die Dressur der Menschen im Gymnasium sei die »Erziehung des Volkes durch deutsche Kunst und deutsches Schriftthum«.[42] Des Weiteren gab Förster eine zweite Auflage seiner *Parsifal-Nachklänge* von 1883 heraus. Die Schrift enthielt ein eigenes Kapitel über »Neu-Germanien« und hatte einst positive Besprechungen im *Deutschen Tageblatt* und in der *Neuen Deutschen Volkszeitung* erhalten. Doch dies war mittlerweile Schnee von gestern und Förster ein Außenseiter in der Kolonialbewegung. Dementsprechend irritierend müssen seine Ausführungen über »Neu-Germanien« 1886 gewirkt haben. Förster verdammte die deutsche Gegenwart in Bausch und Bogen und beschwor in der Sprache Paul de Lagardes einen grundlegenden Neuanfang in Paraguay. Fern aller oberflächlichen Bildung, journalistischen Willkür und kapitalistischen Verderbtheit sollten die wahren »Kinder Gottes« ihren Entfaltungsspielraum finden: »Denn in Neu-Germanien wollen wir nicht liberal sein, sondern frei, nicht human, sondern menschlich, nicht konservativ, sondern deutsch. Somit werden wir auch das gesammte ›alte Testament‹, gleichviel in welcher Form es sich uns anbietet, den alten Deutschen zurücklassen.«[43] Bedenkt man, dass Förster Schwierigkeiten hatte, auch nur ein paar Menschen zu gewinnen, die mit ihm nach Südamerika gehen wollten, war dies reichlich kühn. Gleichwohl ergab die Veröffentlichung Sinn; denn die Bayreuther

Bewegung um Hans von Wolzogen rührte für sein Auswanderungsprojekt die Werbetrommel.

Försters ideologischer Eifer wurde ihm kurz vor der Abreise zum Verhängnis. Am 16. September 1885 hatte er in Dortmund einen Vortrag gehalten, in dem er die angeblich allzu judenfreundliche und korrupte Berufungspolitik des preußischen Kultusministers Gustav von Goßler angriff. Förster erklärte sie mit der jüdischen Herkunft des Ministers und beging damit einen schweren Fehler. Denn der katholische Minister schaltete die Staatsanwaltschaft ein, die wegen der erhobenen Falschbehauptungen und Unterstellungen zu ermitteln begann und am 20. Dezember Anklage erhob.[44] In seiner Not wandte sich Förster einen Tag vor Weihnachten an Lagarde. Der Göttinger Orientalist sollte ihm nähere Details zu Goßlers »zweifellos jüdischer Herkunft« und seinen verhängnisvollen Anstellungen mitteilen. Die prompt erteilte Auskunft fiel offenbar nicht zu Försters Zufriedenheit aus. Er ließ Lagarde am 25. Dezember wissen, dass die unmittelbar bevorstehende Reise seine ganze Aufmerksamkeit erfordere und Goßler »vollkommen und unmissverständlich« jüdisch sei.[45] Offenkundig fiel es Nietzsches Schwager schwer, abweichende Ansichten zu akzeptieren, selbst wenn sie aus dem Mund eines bewunderten Kulturpessimisten und Judenhassers stammten.

Am 26. Dezember 1885 fühlte sich Elisabeth bemüßigt, dem Bruder die Motive für ihre Auswanderung ausführlich darzulegen. Sie besaß nur wenig Verständnis dafür, dass Nietzsche auf seine Professur verzichtet hatte und nun sein »so bezauberndes Wesen zum Theil als Erbe des guten Vaters« ohne angemessenen Wirkungsraum sei. Die Menschen in Nizza, wohin es Nietzsche gerade verschlagen hatte, waren für sie nicht mehr als »ödes altes ausgemergeltes Gestein«.[46] Letztlich sah Elisabeth in der Kleinherzigkeit der Mutter den tieferen Grund dafür, dass das Zusammenleben mit dem Bruder nicht geklappt habe: »Hätte ich Dir leben können, so wäre dies etwas vollständig anderes gewesen, wie aber die Verhältnisse lagen, so wäre ich auf ein halbes ungenügendes Dasein angewiesen. Die Sorge und die Pflicht unserer armen Mama gegenüber hätte mich lebenslang zu einem Hinken nach beiden Seiten verurtheilt und dieses kleinliche halbe

Wesen hätte mich aufgerieben.« Dementsprechend scharf kritisiert sie die kleinkarierten Grenzziehungen der Mutter. Ja, sie träumt sogar von einem fünfjährigen Honeymoon mit dem Bruder und einem gemeinsamen Tod »bei irgend einer Wasserfahrt«. Auch wenn Elisabeth den Gedanken sofort wieder zurücknimmt, weil »solch ein herbeigeführter Schluß etwas Falsches (hat)«, spürt man den Sog romantischer Gefühle. Letztlich überwiegt jedoch der Wunsch nach einer einvernehmlichen Trennung. Und so endet sie mit dem Hinweis auf seine noble Behandlung in Basel und dem Rat, ein »angesehenes Amt« nicht zu verschmähen, es sei »eine gute Schutzwehr für zarte edle Naturen«. Trotz des warmherzigen Tonfalls ist der Brief durchaus doppelbödig. Wie so häufig neigt Elisabeth zu Selbstgerechtigkeit und ist sich bei den familiären Verwerfungen keiner Schuld bewusst. Der Hinweis auf den Vater ließ sich dahingehend deuten, dass Nietzsche seiner eigentlichen Bestimmung nicht gerecht werde, und die unfaire Beurteilung der Mutter stempelte sie zum Sündenbock für alle Probleme zwischen den Geschwistern. Gleichwohl macht auch hier der Ton die Musik, und Elisabeths versöhnende Absicht ist dem Bruder bestimmt nicht entgangen.

Am 7. Februar 1886 unternahm Nietzsche einen letzten Versuch, Elisabeth von der Auswanderung nach Südamerika abzuhalten. Sein Brief, in dem er sich als »unverbesserlichen Europäer und Anti-Antisemiten« bezeichnete, wird nicht selten als grundsätzliche weltanschauliche oder gar politische Positionierung behandelt.[47] Dies ist nicht völlig abwegig, denn es besteht kein Zweifel, dass er seine abgrenzenden Worte sorgsam gewählt hat. Nietzsche charakterisierte seinen Schwager als weltverbesserisch gesinnten Lehrer, der keinerlei Talent »zum Agitator in einer zu drei Viertel schlimmen und schmutzigen Bewegung« habe. Darüber hinaus sollte allerdings nicht übersehen werden, wie skeptisch er Elisabeths Auswanderung nach Paraguay beurteilte. Seine Sprache wird nachgerade beschwörend: »Ernstlich geredet: ich würde Dir Alles schicken, was ich habe, wenn es helfen könnte, Dich bald wieder zurück zu führen. Im Grunde sind alle Menschen, die Dich kennen und lieben, dieser Meinung, daß es dreitausend Mal besser wäre, dieses ganze Experiment bliebe Dir erspart.«[48] Doch da er um Elisabeths Willensstärke weiß, wird er am Ende des Briefs versöhnlich und wünscht ihr den nötigen Mut, in der Fremde zu bestehen. Im Gegenzug setzten ihn die Försters zum »Universalerbe[n]« ein, falls ihnen bei der Überfahrt oder in Südamerika etwas zustoße.[49]

Während die familiären Konflikte beruhigt wurden, mahlten die Mühlen der Justiz weiter. Am 4. Februar 1886 erging an Förster die Aufforderung, er möge in zwei Wochen zur »Eröffnung des Hauptverfahrens« erscheinen. Bei Nichtbefolgung drohte man ihm Zwangsvorführung oder Verhaftung an. Zum Gerichtstermin befand sich Förster, der Deutschland am 16. Februar verlassen hatte, aber bereits auf hoher See. Ob er sich über die Konsequenzen seines Handelns im Klaren war, lässt sich nachträglich nur schwer entscheiden. Unstrittig ist, dass die Königliche Staatsanwaltschaft Dortmund am 14. April einen Steckbrief gegen ihn »wegen verleumderischer Beleidigung« des Kultusministers Goßler erließ. Förster sollte umgehend festgenommen und dem Ersten Staatsanwalt vorgeführt werden. Als Berufsbezeichnung hatte man sich bei dem ehemaligen Lehrer und antisemitischen Agitator für »Schriftsteller« entschieden.[50] Fortan gab es für Förster zum Erfolg in Südamerika keine Alternative mehr. Elisabeth hatte ihr Lebensschicksal einem Hasardeur anvertraut.

SÜDAMERIKANISCHES VABANQUESPIEL

Die letzten Tage in Hamburg waren wie im Flug vergangen. Bevor sie den Ozean erreichten, schickten die Försters noch einmal Grüße in die Heimat. Stolz schrieb Bernhard am 16. Februar 1886 von Bord des Dampfers *Uruguay* an Franziska Nietzsche: »Noch sehen wir rechts und links Land, aber wenn Du diese Zeilen erhältst, sind wir schon auf dem weiten Meer.«[1] Er war voller Tatendrang und freute sich auf die Zukunft in Südamerika. Mit Elisabeth an der Seite fürchtete er keine Gefahr und traute sich jede Strapaze zu. Seine Frau teilte diese Euphorie nicht. Regelrecht kleinmütig fügte sie ein paar Zeilen über ihr »Abschiedsleid« hinzu und grämte sich darüber, dass auf der Bahnfahrt zwischen Hannover und Hamburg ein »Perlmuttkästchen« verlorengegangen sei, in dem sie den Trauring und den Verlobungsring aufbewahrt hatte. Für die im Alltag sonst so souveräne Elisabeth war dies ein seltenes Missgeschick, das sie vielleicht als böses Omen interpretierte. Der Jahreszeit gemäß herrschte trübes Wetter in Norddeutschland, was gewiss nicht zur Aufhellung ihrer Stimmung beitrug. Zehn Tage später auf Höhe der Kapverdischen Inseln scheint sie sich aber wieder gefangen zu haben. Jedenfalls verfasste sie einen gutgelaunten Brief an den Bruder in Nizza: »Das Meer ist heute köstlich, die Luft mild und schmeichelnd, das Rollen des Schiffes macht uns nichts mehr denn seit gestern sind wir Alle seefest und haben nur noch Freude an der Fahrt.«[2] Wie groß der Anteil von Zweckoptimismus bei dieser Äußerung war, wird sich rückblickend allerdings nur schwer ermessen lassen.

Es waren keine erfolgsverwöhnten Menschen, die sich zur Auswanderung nach Paraguay entschlossen hatten, sondern vierzehn Familien aus der Umgebung von Naumburg, die in Deutschland keine Zukunft mehr sahen. Dies gilt auch für ihren Anführer Bernhard Förster, der so gern seine idealistischen Motive in den Vordergrund rückte. Bei Lichte besehen war er ein Abenteurer, der den Lehrerberuf als zu langweilig empfunden und politisch aufs falsche Pferd gesetzt hatte. Zu allem Überfluss wurde er nach der Beleidigung des Kultusministers auch noch von der Polizei gesucht. Elisabeth, die über eine wache Beobachtungsgabe und eine gehörige Portion Realismus verfügte, idealisierte ihren Mann, aber auf die anderen Auswanderer warf sie einen nüchternen Blick. Keine einzige Familie verfügte über nennenswerte finanzielle Reserven, die meisten hatte die blanke Not zur Emigration veranlasst. Überdies besaß Paraguay als Einwanderungsland keinen guten Ruf und hatte sich Försters Agitation gezielt an die Ärmsten der Armen gewandt. Im Kreis gescheiterter Handwerker und verarmter Bauern dürfte sich Elisabeth, die ein kleines Vermögen geerbt hatte und gern in gutbürgerlichen Kreisen verkehrte, häufig fremd vorgekommen sein. Und die vierwöchige Überfahrt nach Montevideo mit stürmischer See und zeitweise großer Hitze war bestimmt eine Strapaze. Den Überfahrtsbedingungen für die Passagiere bei den »Hamburg-Südamerikanischen Postdampfschiffen« ist zu entnehmen, dass die *Uruguay* nicht einmal über elektrisches Licht verfügte.[3]

Franziska Nietzsche misstraute dem Kolonialabenteuer und hätte viel darum gegeben, wenn ihre Tochter in Europa geblieben wäre. Sie wusste, dass Elisabeth bislang ein behütetes Leben geführt und einen Gutteil ihrer Energie auf das Wohl des Bruders konzentriert hatte. Nun machte sie sich Sorgen über die melancholischen Gefühle, die in Elisabeths Reisebriefen zum Ausdruck kamen. Welche Motive hinter ihnen steckten, ist unklar. Einiges spricht dafür, dass sie an Bord der *Uruguay* schwanger war, doch fehlt es an Dokumenten, die dies zweifelsfrei belegen. Für ihre Übelkeit auf hoher See und die gedrückte Stimmung auf der langen Seereise lassen sich viele Gründe anführen. Auch der rückblickende Brief der Mutter an Friedrich Nietzsche, der über Elisabeths Unwohlsein und Niedergeschlagenheit berichtete, lässt in seiner vagen Diktion erheblichen Interpretationsspielraum.[4] Ähnliches trifft für die Deutung ihrer Gemütslage nach der Ankunft in Asunción zu. Die zerstörte Stadt mit ihren zahllosen Ruinen und unfertigen Gebäuden entsprach keineswegs dem idyllischen Bild, das ihr Mann vorher entworfen hatte. So fehlte es an Wasserleitungen oder schlicht an Pflastersteinen für die Wege. Maultiere zogen die Straßenbahn durch Paraguays »ländliche Hauptstadt«.[5] Vielfältige Alltagsprobleme beschäftigten die Siedler, die noch lange nicht damit rechnen konnten, dass ihnen die Regierung ein Stück Land zuwies. Gleichzeitig mussten sie sich in einer fremden Welt zurechtfinden, die deutschen Gepflogenheiten nur wenig entgegenkam.

Regierungsstellen hatten Siedler aus der ganzen Welt nach Paraguay gelockt und mussten nun das Chaos organisieren. Es fehlte nicht nur an soliden Staatsfinanzen, sondern auch an einer nennenswerten Infrastruktur oder einer halbwegs funktionstüchtigen Bürokratie. Zudem herrschten nach dem Tripel-Allianz-Krieg ein großer Frauenüberschuss und eine erhebliche Verrohung der Sitten. Die von Europa gewohnten Geschlechterrollen oder gar der bürgerliche Wertekanon spielten in Paraguay nur eine untergeordnete Rolle. Vielmehr mussten die meisten Menschen sehen, wie sie sich behaupteten, ohne dass sie sich auf staatliche Institutionen verlassen konnten. Es gab eine Vielzahl von Lebensformen, doch die patriarchalischen Normen wurden nicht öffentlich in Frage gestellt. Offenkundig hielten sich die kulturellen Wandlungstendenzen in dem bitterarmen Land in eng bemessenen Grenzen.[6] Für Einwanderer kam es darauf an, die richtigen Konsequenzen aus den chaotischen Zuständen zu ziehen und möglichst bald die Rolle des Greenhorns loszuwerden.

Stellt man die Fremdheit Paraguays und die vielen neuen Aufgaben in Rechnung, ist es erstaunlich, wie viel Kontinuität sich in Elisabeths Verhalten findet. Von Besorgungen auf dem Markt bis zur Korrespondenz erledigte sie die täglich anfallenden Aufgaben, für die ihr Mann nur wenig Interesse zeigte. Sobald sich die Gelegenheit bot, verbreitete Elisabeth Optimismus. So schilderte sie Nietzsche am 26. April 1886 in einem nur fragmentarisch erhaltenen Brief, wie sehr sie sich über das eben gekaufte Pferd freue. Sie lobte die »schönen eisernen Bettstellen« oder die Qualität des Moskitonetzes. Außerdem unternahm sie weitere Versuche, den Bruder unter die Haube zu bringen, und warb für Deussens Schwester Elisabeth, für die sie sich bereits während der Überfahrt verwandt hatte.[7] Allzu überzeugend fiel das Loblied auf Paraguay jedoch nicht aus. Wie die meisten Emigranten musste Elisabeth aus der Not eine Tugend machen. Wenn sie nicht von vornherein in der Heimat als Verlierer dastehen wollte, hatte sie ein schönes Bild der Neuen Welt zu entwerfen. Elisabeth tat dies mit der ihr eigenen Energie. Beispielsweise lobte sie den Präsidentenpalast des im Tripel-Allianz-Krieg umgekommenen Francisco Solano López oder sein pompöses Operngebäude, als ob sie kunstvolle europäische Architektur vor sich sähe. Dabei war angesichts der maroden Staatsfinanzen nicht einmal mit der Fertigstellung der Bauten zu rechnen. Der Bruder wird sich über diese Passagen in dem Ende Mai 1886 abgesandten Brief vielleicht gewundert haben. Doch konnte sie sich darauf verlassen, dass nur sehr wenig solides Wissen über Paraguay in Europa vorhanden und manche Übertreibung möglich war. Das Hauptziel des umfangreichen Schreibens bestand darin, Nietzsche nach Paraguay zu locken. Mühelos könne er hier von seinen Ersparnissen leben, ohne die Basler Pension nötig zu haben. Die politische Lage sei von einer erstaunlichen Stabilität: »[E]s ist das denkbar friedlichste Volk, keine Revolution ist jemals zu erwarten selbst die Präsidentenwahl ist nichts Aufregendes.« Dem Einzelnen böten sich jedoch im Vergleich mit Europa ungewöhnliche Entfaltungsmöglichkeiten, weil der Staat die Lebensläufe viel weniger reguliere.[8]

In der Abgeschiedenheit ihres Tagebuchs sah Elisabeths Welt anders aus. Bedenkt man, wie gern sie die schönen Seiten des Lebens festhielt, wirken ihre Aufzeichnungen ausgesprochen trist. Dieser Eindruck wird noch durch den äußeren Rahmen verstärkt. Ihre Notizen finden sich in einem reich geschmückten Kalender, den sie aus Deutschland mitgenommen hatte.[9] Die Abbildungen zeigten berühmte Berliner Gebäude und vermittelten das Bild einer heilen Welt, das man sich in der Fremde gern vor Augen führte, selbst wenn man sein Vaterland in Zorn und Enttäuschung verlassen hatte. Am 31. Mai 1886 ging es für Elisabeth in das Umland von Asunción, da das Stadtleben zu teuer geworden war. Nun ist erst recht von Alltagsbelangen die Rede: Der Erwerb und Verlust von jedem Stück Vieh wird genau verzeichnet, die Nachlässigkeit der Angestellten bitter beklagt. An der Liebe Bernhards zweifelt sie nicht. Die starken Gefühle scheinen immer noch auf Gegenseitigkeit zu beruhen. Unter dem 13. August findet sich sein Eintrag: »Eli war süß und lieblich wie immer.« Elisabeth wiederum plagte nervöse Unruhe, wenn Bernhard geschäftlich im Land herumreiste.

Den Ton des Tagebuchs bestimmen die Alltagssorgen. Gelegentlich ist das Elend regelrecht mit Händen zu greifen. So heißt es am 12. November 1886: »Ich untersuche die Kälber ich finde sie alle himmelschreiend erbärmlich, vom Ungeziefer aufgefressen, sie sterben noch alle. Ich bin sehr unglücklich.« Zudem sollte der Hafen von Buenos Aires wegen der Cholera gesperrt werden. Dies bedeutete nicht nur eine reale Gefahr, sondern bedrohte auch die für die Siedler bedeutsame Verbindung nach Europa. In dem abgeschiedenen Binnenland war jede Nachricht aus der Heimat ein kleines Fest. So wird sich Elisabeth sehr über den Geburtstagsbrief ihres Bruders gefreut haben, mit dem er Anteil an ihrem Schicksal nahm. Seinen Glückwunsch hatte er ausgesprochen munter formuliert: »[B]leibe so, wie Du bist, muthig und lustig, und ›laß Dich nicht aus der Fassung bringen!‹«[10] Nietzsches Worte dürften Elisabeth aus der Seele gesprochen haben, doch seine Einschätzung des Antisemitismus hatte sich nicht geändert. Am 17. August 1886 teilte er der Mutter mit, wie froh er darüber sei, dass die Antisemiten freiwillig Europa verlassen würden. Für ihn selbst komme Paraguay als Exil überhaupt nicht in Frage: »Denn, wenn ich auch ein schlechter Deutscher sein sollte – jedenfalls bin ich ein s e h r g u t e r E u r o p ä r.«[11] Franziska dürfte diese Aussage zu abstrakt gewesen sein, doch stimmte sie mit ihrem Sohn insofern überein, dass sie eine Auswanderung nach Südamerika nicht ernsthaft in Betracht zog.

Während sich Elisabeth auf Alltagsprobleme konzentrierte, schwebte ihr Mann gern in höheren Sphären. Bernhard Förster war Anführer der Siedler und weltanschaulicher Eiferer in einer Person. Sein ideologisches Gepäck aus Europa hatte einen beträchtlichen Umfang. Am 24. Mai 1886 bedankte er sich bei Paul de Lagarde herzlich für die Zusendung der neuesten Ausgabe der *Deutschen Schriften*. Sich selbst stilisierte Förster zum unbeugsamen Führer einer Kolonie, der hoffe, »nicht eher zu sterben, bis ich das begonnene (besser das zu beginnende) Gebäude unter Dach gebracht habe«.[12] Auch in seinem nächsten Brief an den Göttinger Professor bevorzugte Förster die weihevollen Töne. Inhaltlich zeigte sich eher, wie ressentimentzerfressen sein Weltbild war. So äußerte er über Schleiermacher, der verstärkt als Begründer freiheitlicher Theologie angesehen wurde, grimmig: »Mir ist er von je einer der fremdartigsten Gestalten der deutschen Theologiegeschichte gewesen. War er wohl ein Deutscher?« Auch Lagardes Polemik gegen Leopold Zunz, der Schlüsselfigur der Wissenschaft des Judentums, sah Förster als vollauf gerechtfertigt an. Die Förderung jüdischer Gelehrter bewies ihm, wie korrupt die staatlichen Einrichtungen in der Reichshauptstadt waren. Bei alldem gilt es mit zu bedenken, dass Förster am 15. Februar 1886 einen letzten Gruß an Lagarde geschickt und damit unmittelbar vor der Abreise sein Interesse am Fortbestehen des Kontakts bekundet hatte.

Am wichtigsten für Förster war Richard Wagner. In ihm sah er einen schöpferischen Menschen, der sich nicht scheute, der bestehenden Welt den Krieg zu erklären, um eine gänzlich neue Welt zu schaffen. Die identifikatorische Dimension dieses Urteils ist offenkundig: In vielem war der ebenso rücksichtslose wie brillante Komponist der Mann, der Förster gern gewesen wäre. Doch wie immer man sein begeistertes Wagnerianertum einschätzen mag, für seine koloniale Unternehmung stellte es nichts als eine Belastung dar. Denn die zentralen Elemente dieses Weltbilds, von der Verherrlichung nationaler Kultur bis zum Judenhass, von der Großstadtfeindschaft bis zum Antikapitalismus, spiegelten europäische Idiosynkrasien. Für die Situation in Paraguay, in der es am Nötigsten fehlte, bot ein schroffer Kulturpessimismus à la Bayreuth nicht die geringste Hilfestellung. Ähnliches trifft für Försters Vegetariertum oder seine Ablehnung von Tierversuchen zu. Dass er immer wieder auf sie zu sprechen kam, zeigte vor allem den utopischen Zug seines Weltbilds. Unter den deutschen Siedlern in Paraguay dürfte er mit seinen hochgestimmten Idealen weitgehend allein gewesen sein. Aber auch sie freuten sich darüber, als Förster im November 1886 von Cirilio Solalinde endlich Land für eine Kolonie erwarb.[13] Damit war er an einen Vertreter der Oberschicht geraten, der schon manches Geschäft mit Einwanderern zu seinem Vorteil abgewickelt hatte.

Das Gebiet für »Nueva Germania« lag 280 Kilometer nördlich von Asunción – eine beachtliche Distanz, wenn man bedenkt, dass keine Straße dahin führte. Förster hatte das Gebiet im Winter inspiziert und angenommen, es sei auf dem Wasserweg zu erreichen. Doch in den meisten Monaten kam man auf dem Rio Paraguay nur bis Antiquera, wo man auf Ochsenkarren umsteigen musste. Denn der kleine und der große Aguaray, die »Nueva Germania« umgrenzten, führten in den meisten Monaten einfach nicht genug Wasser für den Bootsverkehr. Zudem war der Landerwerb, den Förster endgültig mit dem Präsidenten Paraguays, General Caballero, vereinbart hatte, mit erheblichen Auflagen verbunden. Binnen zwei Jahren hatte er nicht weniger als 140 Familien in die Kolonie zu führen, wenn ihm das Land wirklich gehören sollte. Es handelte sich also um eine Art »Kettenvertrag«, der die von den Siedlern zu erwerbenden Besitztitel an eine weitere Bedingung knüpfte.[14]

Die Gründe für diese moralisch bedenkliche und äußerst fragile Konstruktion waren juristischer Natur. In Paraguay besaß der Staat die Möglichkeit, 222 Quadratkilometer Land unentgeltlich abzugeben, wenn sich genügend Einwanderer zu seiner Bewirtschaftung bereitfanden.[15] Förster war auf den Vertrag eingegangen, weil er über keine nennenswerten Mittel verfügte und nur eine symbolische Summe zum Landkauf beisteuern konnte. Finanziell sprang für ihn die Regierung ein und konnte deshalb die Bedingungen diktieren. Um den dringend erforderlichen Zuzug weiterer Siedler nicht zu gefährden, behielt Förster die heikle Vertragsgestaltung für sich. Streng genommen handelte es sich um Betrug; denn Förster gehörte das Land noch gar nicht, das er an die Siedler veräußerte. In welchem Ausmaß Elisabeth die Situation durchschaute, ist nicht recht klar. Unablässig betonte sie, wie glücklich sich die Dinge in Paraguay entwickelt hätten, und spielte die Verpflichtungen ihres Mannes gegenüber der Regierung herunter. Dies könnte auf große Naivität schließen lassen, wäre aber auch mit einer machiavellistischen Einstellung vereinbar. In jedem Fall war bei ihr der Wunsch Vater des Gedankens. Eine massive Übertreibung ist es allerdings, dass sich die rassistische Ausrichtung der Kolonie bereits in ihrem Namen ausgesprochen haben soll. Nicht nur der fast menschenleere Chaco, die »große Ebene für die große Jagd« im Norden des Landes, zog Einwanderer an, sondern ganz Paraguay. Die meisten von ihnen hatten in ihrer Heimat zu den Verlierern gehört. Das Spektrum der Einwanderer reichte von australischen Sozialisten bis zu verarmten Bauern aus Süditalien. Sie alle suchten Entfaltungsspielraum und schlicht eine Zukunft. Der Name »Nueva Germania« klingt jedenfalls erheblich anders, wenn man weiß, dass es auch ein »Nueva Italia« und ein »Nueva Australia« gab. Dies änderte freilich nichts an der Tatsache, dass schleunigst Siedler aus Deutschland kommen mussten, wenn Försters Unternehmung nicht in einem Fiasko enden sollte. Die Rahmenbedingungen waren ungünstig, weil sich die deutsche Kolonialpolitik in den 1880er Jahren verstärkt auf Afrika konzentrierte. Lediglich Karl Mays Romane sorgten dafür, dass die kaum bekannten Regionen Südamerikas in der Öffentlichkeit eine gewisse Aufmerksamkeit fanden.[16]

Fast alle Aktivitäten der Försters erklären sich vor dem Hintergrund des abgeschlossenen Knebelvertrags. So lobte Bernhard am 7. Juni 1887 die Spendenbereitschaft von Nietzsches Mutter und spornte sie dazu an, neue Siedler zu werben.[17] Am 31. Juni wurde er im Ton ganz persönlich: »Ich war erstaunt zu erfahren, dass ein solches Organisations- und Agitationstalent in Dir steckt! Wenn alle die uns kennen und lieben derartig für uns ins Zeug gehen dann wird NeuGermanien blühen.« Gleichzeitig stellte er Franziska vor Augen, wie schön das neue Heim in der Fremde sein werde. Die Mutter freute sich über den gelungenen Neuanfang in Paraguay und sorgte für die erwünschte Reklame. Wie unsicher die Zukunft der Kolonie tatsächlich war, ahnte sie nicht, obwohl sie mittlerweile ein realistisches Bild von Försters unstetem Charakter hatte. So wusste sie schon länger, dass seine Beleidigung des preußischen Kultusministers einer Rückkehr nach Deutschland im Wege stand, »wenn er hier nicht verhaftet sein will«.[18] Dennoch neigte sie zu der Ansicht, dass sich alles für die Auswanderer zum Guten fügen werde. Dies lag nicht zuletzt an Elisabeth, die beträchtliche Energie entwickelte, damit in Naumburg ein positives Bild Paraguays vorherrschte. Der Mutter schilderte sie die südamerikanische Welt in den schönsten Farben. So drückte sie am 28. August ihr

Vertrauen in »Luftschlösser« aus, die häufig wahr werden, »wenn man nur geduldig ein Bischen wartet«. Gleichzeitig pries sie die wirtschaftliche Entwicklung des Landes: »So etwas von wirthschaftlichem Aufschwung wie jetzt Paraguay nimmt ist geradezu verblüffend, es liegen jetzt drei großartige Eisenbahnprojecte u. 4 Bankprojecte u. was noch Alles vor den Kammern. Wir fangen zur glücklichsten Zeit unsre Colonisation an.«[19] Bedenkt man, dass Paraguay als Folge des Tripel-Allianz-Kriegs den Bahnverkehr einstellen musste und dort bis heute keine Züge fahren, war dies doch etwas dick aufgetragen.

Selbst Nietzsche konnte sich dem Sog der guten Nachrichten nicht entziehen. Am 13. Mai 1887 teilte er Overbeck mit, Bernhard und Elisabeth sei ein Coup gelungen. Die erworbene Kolonie übertreffe selbst kühne Erwartungen: »[D]as Land, groß wie ein kleines Fürstenthum (12 Quadrat-Meilen) enthält herrlichen Hochwald und alle Arten edlen Nutzholzes.« Obwohl er seinem Schwager ausgesprochen reserviert gegenüberstand und um dessen geringes diplomatisches Geschick wusste, schwärmte er über seine angeblichen Erfolge in Regierungskreisen. Dies liege vermutlich an seiner Frau, die in Asunción ein offenes Haus führe, »wo man spanisch, englisch, deutsch, französisch redete und selten unter 14 Personen zu Tische saß«.[20] Es schien beinahe, als ob Nietzsche alle Skepsis gegenüber dem kühnen Kolonialabenteuer aufgeben wolle. In puncto Antisemitismus blieb er jedoch seinen Prinzipien treu. Am 5. Juni 1887 teilte er Elisabeth schroff mit, ihre Beziehung zu den Antisemiten sei »ungefähr das radikalste Mittel, um mit mir ›fertig‹ zu werden«. Dahinter steckte nicht nur Nietzsches Verachtung gegenüber dem selbstgefälligen Nationalismus, der unter Antisemiten gang und gäbe war, sondern auch massiver Ärger, in welchem Ausmaß sein Name in der antisemitischen Bewegung zirkulierte. Als auf *Also sprach Zarathustra* in der vielgelesenen *Antisemitischen Correspondenz* positiv hingewiesen wurde, war er außer sich vor Wut. Er sah sich »im Zustand der Notwehr« und erklärte kategorisch: »Diese verfluchten Antisemiten-Fratzen sollen nicht an mein Ideal greifen.« Allerdings scheute er die direkte Auseinandersetzung mit seiner Schwester und verzichtete darauf, den Brief nach Asunción abzusenden.[21]

Generell war Nietzsches Verhalten nach der Auswanderung Elisabeths ziemlich inkonsequent. Er wünschte ihren Plänen alles Gute, hätte sie aber lieber in Europa gesehen und misstraute ihrem Ehemann. Die riskante Konstruktion der Koloniegründung scheint er nicht durchschaut zu haben. Im Unterschied zu ihm wusste die Schwester genau, was sie wollte. Am 12. September 1887 reagierte sie prima facie entrüstet auf sein Zögern, sich in »Nueva Germania« finanziell zu engagieren. Tatsächlich operierte sie wie so häufig mit Zuckerbrot und Peitsche: »Ich war recht ärgerlich darüber, vorzüglich weil es mir so weh thut, daß Du denken konntest: ich würde Dir etwas Unsicheres zumuthen und dann, daß Du durchaus ein armer Mann bleiben willst, während es doch so nett und leicht hier für Dich wäre Dein Vermögen zu verdoppeln.« In seiner Antwort vom 11. November verzichtete Nietzsche auf die Erwähnung pekuniärer Fragen. Insgesamt steuerte er aber trotz seiner angespannten Lage die beachtliche Summe von 2400 Mark zur Unterstützung der Kolonie bei.[22] Der Willensstärke Elisabeths hatte er anscheinend wenig entgegenzusetzen.

Die Eheleute tauschten sich natürlich darüber aus, wie Nietzsche am besten zu lenken sei. Am 14. September 1887 äußerte sich Bernhard aufmunternd gegenüber dem Schwager: »Ich erwarte viel von Deiner Feder und wünsche Dir schon aus dem rein egoistischen Grunde, einmal Dein Standardwerk lesen zu können, Jahre der Kraft und Zeugungsfähigkeit.«[23] Zur näheren Charakterisierung zog er einen militärischen Vergleich. Nietzsches Lehre werde sich durchsetzen, wenn es wie ein »große[s] Geschütz tadelloser Konstruktion« gleichzeitig in »Offensive und Defensive« verwendet werden könne. Dies war ein kriegerisches Bild, wie es Förster schätzte. Aber die damit einhergehende Vorstellung, Nietzsches Ideen sollten so verwandt werden, »daß sie stark und fest genug sind den stolzen Bau zu tragen«, ging doch eher auf Elisabeth zurück. Schließlich war sie fest davon überzeugt, dass jeder Denker, der wirklich ernst genommen werden wolle, ein in sich geschlossenes philosophisches System haben müsse. Nietzsche wird die distanzlose und dilettantische Äußerung seines Schwagers indigniert zur Kenntnis genommen haben. Doch es besteht kaum ein Zweifel daran, dass er die Gründung einer Kolonie positiv beurteilte. Insbesondere hatte er Respekt vor Elisabeths praktischen Talenten und vielfältigen Aktivitäten. Es schien ihm, als habe sie endlich ein ihr gemäßes Tätigkeitsfeld gefunden. In diesem Sinne betonte er am 10. Oktober gegenüber der Mutter: »Wenn die Sache g e r ä t h , so hat sie (wie mir wenigstens vorkommen will) den Löwenantheil am Gelingen.«[24]

Ende Februar 1888 war es endlich so weit: Nach fast zwei Jahren des Wartens in Asunción ging es in die eigene Kolonie. Bis zum Ort Antiquera fuhren die Siedler mit dem Schiff, danach mussten sie auf eine Carrete umsteigen, einen Ochsenkarren mit großen hölzernen Rädern, der eine Durchquerung der Wildnis ermöglichte. Der lange Weg bedeutete eine gewaltige Anstrengung und wird Elisabeths Einschätzung korrigiert haben, dass »Asuncion der heißeste Ort von Paraguay ist«.[25] Gleichwohl gab sie dem Bruder einen ausführlichen Bericht vom Einzug in die Kolonie, der vor Fabulierfreude nur so sprüht und bis heute als Ausdruck authentischen Erlebens zitiert wird. Nietzsche war so beeindruckt, dass er nicht weniger als vier Korrespondenzpartnern in ähnlichen Worten vom neuen Glück der Schwester berichtete. Es handelte sich dabei um letzte Vertraute des mittlerweile stark vereinsamten Philosophen.

Den Anfang machte am 14. Juli 1888 ein Brief an Heinrich Köselitz. Nietzsche zeigte sich begeistert von Elisabeths Schilderung und konstatierte: »Die Sache gewinnt wirklich einen großartigen Aspekt.«[26] Drei Tage später bekannte er Meta von Salis, dass ihn die »Beschreibung des festlichen Einzugs in die neue Residenz Nueva-Germania [...] ganz bezaubert hat«. Malwida von Meysenbug ließ er Ende Juli wissen: »Die Unternehmung scheint glänzend gelungen, der festliche beinahe f ü r s t l i c h e Einzug in der Colonie vor ungefähr 4 Monaten hat einen großen Eindruck auf mich gemacht.« Und noch am 11. August rühmte er bei Emily Flynn den »wahrhaft fürstlichen Einzug und Empfang meiner Angehörigen in der neuen Colonie«. Der stark idealisierende Ton dieser Dokumente könnte die kaum beantwortbare Frage nahelegen, wie es im Sommer 1888 um Nietzsches Bodenhaftung bestellt war. Relativ einfach ist hingegen zu zeigen, warum ihm Elisabeths Brief an Mutter und Schwiegermutter gefiel.

Fast durchgängig hatte sich Elisabeth für einprägsame Bilder und eine weihevolle Sprache entschieden. So berichtete sie davon, dass ihr die einfachen Leute in der Nähe der Kolonie ihre Kinder entgegenhielten, damit sie von ihr gesegnet würden. Man habe ihr mit dem »Einwandererhaus« in der Nähe des kleinen Hafens den »Mittelpunkt des gesellschaftlichen Lebens« vorgestellt und »sie unter den Klängen von: Deutschland Deutschland über Alles« zu ihrem Anwesen begleitet.[27] Elisabeth lobte überschwänglich die ehrlichen Menschen, die sie in »Nueva Germania« getroffen habe und die ein ebenso erfolgreiches wie zufriedenes Leben verhießen. Ihren unverhofften Reichtum erklärte sie in nachgerade biblischen Bildern: »Ich kann nicht umhin Euch zu erzählen, daß ich öfters vor Einschlafen rechnend im Bett liege u. mich frage: wo haben wir eigentlich zu diesem großartigen Unternehmen das Geld hergehabt? Gott hat es gesegnet, Er hat aus jeder Mark, welche wir hatten, oder welche uns liebende Herzen schenkten oder liehen, fünf Mark gemacht, sonst ist es gar nicht zu erklären.« Vor diesem Hintergrund werde die Überzeugung der Leute verständlich, »Bern habe eine sehr reiche Frau geheirathet«. Eingehend nachdenken durfte man über diese Fabel nicht, die Elisabeth angeblich mit ihrem Glück bezeugte. Doch trotz der allzu salbungsvollen Töne gewannen viele Menschen den Eindruck, als habe sich ihr Schicksal zum Guten gewendet.

Es greift zu kurz, den Erfolg von Elisabeths farbiger Schilderung allein mit den von ihr eingesetzten sprachlichen Mitteln zu erklären, denn diese waren durchaus überschaubar. Vielmehr dürften die von ihr gesetzten inhaltlichen Akzente entscheidend gewesen sein. In einfacher Diktion erzählte sie die Geschichte eines gelingenden Lebens und lud zur Identifikation ein. Ihr Drang nach einer heilen Welt und ihre Schwarzweißmalerei mögen sogar an einen Autor wie Walter Scott erinnern, den sie dem kranken Bruder einst stundenlang vorgelesen hatte. Freilich sollte bei ihrer Fabulierfreude nicht vergessen werden, dass Elisabeth in ihren Erzählungen aus Südamerika kaum eine Realitätskontrolle zu fürchten hatte. Zudem war ihre Haltung ausgesprochen berechnend. Sie lernte, die Welt schönfärberisch darzustellen, und musste dies lernen, wenn die nötige Zahl eu-

»Försterhof«, um 1887

ropäischer Siedler nach »Nueva Germania« kommen sollte. Die Realität in der abgeschiedenen Kolonie war hingegen einigermaßen trostlos. Nicht zuletzt mangelte es vorn und hinten an Geld, um dringend erforderliche Arbeiten in Angriff nehmen zu können.

Rasch zogen die Försters Neid auf sich. Ihr Wohnhaus war weit stattlicher als die Hütten der anderen Siedler. Der solide Steinbau genoss als »Försterhof« eine über die Kolonie hinausgehende Bekanntheit. Er bestand aus zwei geräumigen Zimmern und hatte zudem eine schattige Veranda, auf der man Gäste empfangen konnte. Im Innern hatte Bernhard nicht nur Dürers Stich *Ritter, Tod und Teufel* aufgehängt, sondern auch sein von Goethe geborgtes Motto: »Allen Gewalten zum Trutz sich erhalten« einrahmen lassen.[28] Die Worte aus dem Gedicht *Feige Gedanken* sollten ungebrochenen Idealismus demonstrieren und passten nicht schlecht zu Försters Naturell. Sie ließen freilich außer Acht, dass er sich in seine schwierige Lage selbst hineinmanövriert hatte. Ärmere Kolonisten werden das bildungsbürgerliche Gepränge mit Erstaunen oder gar Wut zur Kenntnis genommen haben. Viele von ihnen empfanden die mit moralischen Vorhaltungen nicht geizenden Försters als dünkelhaft.

Bald fühlten sich die meisten Siedler regelrecht betrogen; denn der unter großen Mühen gerodete Waldboden war keineswegs so fruchtbar, wie ihr Anführer behauptet hatte.[29] Zumeist erodierte er rasch und trug weder Getreide noch Gemüse. Im Extremfall mussten die Menschen 30 Meter tief graben, um Grundwasser zu gewinnen. Von der genossenschaftlichen Organisation, die »Nueva Germania« prägen sollte, war kaum etwas zu sehen. Von Beginn an wurde das Gebiet in Parzellen eingeteilt und einfach verkauft. Jede Familie bekam genau 37 Hektar. Das Klima war unerträglich heiß, und die subtropischen Regenfälle brachten kaum Erleichterung. Zudem stellten die Moskitos eine dauerhafte Plage dar und übertrugen manche Krankheit. Vielleicht als noch gefährlicher musste der Pique eingeschätzt werden, ein Sandfloh, der sich in den Zehen einfraß. Er war die Ursache für die von den Zeitgenossen gefürchtete »Teufelskrankheit«.

Auch das Zusammenleben der Menschen, das Förster so gepriesen hatte, war problematisch. Binnen kurzem wurden viele Einwanderer ernsthaft krank oder suchten Trost im Alkohol. Sexuelle Beziehungen mit den Einheimischen führten zu zahlreichen Konflikten. Insgesamt passte ihre entspannte Haltung nur schlecht zum Lebensstil der lutherischen Einwanderer.[30] Die Art und Weise, wie die Försters auf das Verhalten anderer Kolonisten reagierten, verschärfte die Konflikte weiter: Sie trugen die Nase hoch und predigten bürgerliche Werte, legten aber selbst eine beträchtliche Doppelmoral an den Tag. So hatte sich Bernhard Förster beizeiten das Monopol für den einzigen Lebensmittelladen des Ortes gesichert und konnte so die Preise diktieren, während er sich in seinen antisemitischen Schriften als Rächer der Enterbten aufspielte und die Abgründe der Geldwirtschaft geißelte. Für die Strukturprobleme »Nueva Germanias« hatte er keine Lösung. Der nächste Markt in San Pedro war weit entfernt und mit dem Anbau landwirtschaftlicher Produkte kaum Geld zu verdienen. Erst recht erwies sich Försters Vorstellung, in der Kolonie Produkte für den Weltmarkt anzubauen, als illusorisch. Bereits die Transportkosten nach Asunción hätten den erhofften Gewinn verschlungen.

In Naumburg herrschten freilich andere Vorstellungen vor. Bernhard

Förster und seine Frau, die dringend auf Geld und weitere Kolonisten angewiesen waren, verbreiteten in ihren Briefen ein kräftig geschöntes Bild vom Leben in »Nueva Germania«. Beide verfügten über jenes gute Gewissen, ohne das die erfolgreiche Beeinflussung anderer Menschen kaum möglich ist. Elisabeth besaß zudem eine bemerkenswerte Neigung zum Eigenlob. So stellte sie Ende 1888 gegenüber der Mutter ausdrücklich die eigenen Verdienste heraus: »Daß wir trotzdem auf dem Posten ausgehalten Schritt für Schritt uns durchgekämpft haben - nun ihr könnt uns immerhin bewundern und Neffen und Nichten mag es als leuchtendes Beispiel dienen im Kampf und in der Noth nicht schwach zu werden sondern den Kopf oben behalten und den Posten behaupten, das ist das Geheimnis des Erfolges.«[31] Bedenkt man, wie es wirklich um die Kolonie stand, war dies eine erstaunlich selbstgewisse Rhetorik.

Zudem nutzten die Försters die Möglichkeit, die ihnen die *Bayreuther Blätter* und verschiedene Kolonialzeitschriften boten, um ihre Sicht der Dinge zu verbreiten. Dabei entwickelte Elisabeth ein beträchtliches Geschick für freundliche Idyllen, das in der Literatur immer wieder kritisch kommentiert wurde. Heinz Schneppen, der ehemalige deutsche Konsul in Paraguay, sprach sogar von »Übertreibungen [...], welche vor den Strafrichter gehörten«.[32] Angesichts der schwierigen Situation, die in »Nueva Germania« auf die hinzukommenden Siedler wartete, wirkt das harte Urteil kaum übertrieben. Doch stellt sich natürlich auch die Frage, was die Försters hätten tun sollen; der unterzeichnete Knebelvertrag nahm ihnen beinahe jeden Handlungsspielraum. Eigentümlich infam erscheint jedoch der harmlose Plauderton von Nietzsches Schwester, denn er war vorzüglich geeignet, potentielle Einwanderer über die zu erwartenden Mühen und Entbehrungen zu täuschen.

Schaut man in Elisabeths Tagebuch, so wird deutlich, wie hart der Alltag in »Nueva Germania« auch für sie war. Am 21. Januar 1889 berichtete sie vom ersten Todesfall in der Kolonie. Sie sah das Schicksal des verstorbenen Tischlers Adolf Rehder primär unter moralischen Vorzeichen. Er »könnte mit seiner Geschicklichkeit ein reicher Mann u. eine Zierde der Colonie sein. Aber der Trunk!«[33] Generell neigte Elisabeth zu einer

Wahrnehmung der Welt in harten Kontrasten, die sich aber nicht auf die politische Sphäre erstrecken mussten. So entwickelte sie ein ausgesprochen harmloses Bild der Unruhen im Nachbarort San Pedro und glaubte, dass das Volk »nicht so recht zu solchen Dingen geeignet ist«. Für die politischen Auseinandersetzungen zwischen den konservativ eingestellten »Roten«, der Regierungspartei, und den liberal orientierten »Blauen« von der Opposition hatte sie keinerlei Interesse. Stattdessen urteilte sie im Februar 1889 von hoher Warte: »Auch die Revolution ist wie alles in diesem Land recht formlos.«[34] In manchem hatten sich die Försters mit ihrer Situation abgefunden und hofften auf die Nachgiebigkeit der Regierung. Beim Umgang mit den anderen Kolonisten legten sie sogar bemerkenswertes Geschick an den Tag. Bernhard Förster weckte mit seiner hochklingenden Rhetorik Hoffnungen auf eine bessere Zukunft, während seine Frau mit harter Hand die Finanzen regelte.[35] Sie fand bald Gefallen an der Macht. Gegenüber der Mutter gab sie Ende April 1888 freimütig zu: »Es ist zu nett ein Bischen zu herrschen einzurichten anzuordnen.« Die Siedler in »Nueva Germania« waren jedenfalls der »Arbeitsteilung« des Ehepaars Förster nicht gewachsen. Größere Probleme gab es hingegen mit den neuen Einwanderern aus Europa, die zum Teil mit ganz unrealistischen Vorstellungen nach Paraguay gekommen waren und sich nun mit anderen Verhältnissen abfinden mussten. Einer von ihnen, der seit vier Jahren in Antwerpen lebende deutsche Schneidermeister Julius Klingbeil, hatte die Artikel der Försters regelrecht verschlungen und all sein Geld in eine neue Existenz gesteckt.

Klingbeil erkannte bald, dass die Situation in »Nueva Germania« heillos verfahren war.[36] Ein Gutteil der Aggression richtete sich gegen die Försters, die den versprochenen fruchtbaren Ackergrund nicht bieten konnten. Vielmehr ähnelte die Subsistenzwirtschaft, zu der die Menschen gezwungen waren, einem Kampf ums bloße Überleben. Zudem steckte die Kolonie in großen finanziellen Schwierigkeiten. Bernhard Förster konnte seine Kredite, die er bei einzelnen Siedlern aufgenommen hatte, nicht zurückzahlen und erfand immer neue Ausflüchte. Klingbeil zog die Konsequenzen und ging zurück nach Europa, womit all seine Ersparnisse, die er in die Kolonie gesteckt hatte, verloren waren. Nur wenig später veröffentlichte er ein Buch über das Desaster, das er in Südamerika erlebt hatte. Es trug den Titel *Enthüllungen über die Dr. Bernhard Förster'sche Ansiedlung Neu-Germanien in Paraguay* und stieß sofort auf beträchtliche Aufmerksamkeit. Dies lag vor allem an der politischen Dimension des Auswanderungsprojekts. Nicht nur überzeugte Wagnerianer hatten sich für Förster starkgemacht, sondern auch die *Südamerikanischen Kolonialnachrichten*, für die Theodor Fritsch verantwortlich zeichnete. Der Leipziger Verleger gehörte zu den besonders gut vernetzten Figuren in der antisemitischen Bewegung und hatte einen Riecher dafür, wann sich Themen zu Geld machen ließen.[37]

Für das Erstlingswerk eines Schneiders war Klingbeils Schrift erstaunlich geschickt aufgebaut. Bereits im Vorwort betonte er den idealistischen Zug der Auswanderer; denn nur »die besseren Elemente« des deutschen Volkes konnten auf Försters luftige Versprechen hereinfallen.[38] Immer wieder gab er enttäuschten Siedlern das Wort, was das Buch ungewöhnlich lebendig machte. Gleichzeitig legte Klingbeil den Finger in die Wunde. Förster sei überhaupt nicht Eigentümer des Landes und könne deshalb »keine Besitztitel« vergeben. (S. 13) Damit war das Entscheidende gesagt, doch Klingbeil hatte es sich offenkundig zum Ziel gesetzt, alle Welt über die Verlogenheit der Försters und ihre doppelte Moral in Kenntnis zu setzen.

Er beschrieb, wie Bernhard Förster die Einwanderer schon in Asunción in Empfang nahm, um ihnen ein geschöntes Bild von »Nueva Germania« zu bieten. In der Kolonie kümmerte sich dann vor allem Elisabeth um die Neuankömmlinge. So sei er zusammen mit seiner Familie »von der Frau Doctor mit größter Liebenswürdigkeit in einem behaglichen großen Zimmer mit Thee und drei Sorten Kuchen bewirthet« worden. (S. 33) Klingbeil verwies auf den schwunghaften Handel der Försters mit Milch und Käse und die Gewinne, die ihnen der einzige Laden von »Nueva Germania« eintrug. Süffisant präsentierte er den Befürworter vegetarischer Ernährung als leidenschaftlichen Fleischesser. Direkt absprechend waren Klingbeils Ausführungen darüber, wie sehr Förster in seiner Ehe unter

Bernhard Förster
zu Pferd, um 1887

dem Pantoffel stehe: »Der Doctor erschien bei näherer Bekanntschaft als ein häufig geradezu komisch wirkendes Gemisch von Feigheit und Ehrgeiz« (S. 43), während seine Frau zwar tapfer, aber nur auf ihren Vorteil bedacht sei. Das in Europa propagierte Bild »Nueva Germanias« halte keinen Vergleich mit der Wirklichkeit aus. Bei Bernhard Förster müsse man geradezu von Lügen sprechen. So sei von den angeblich ein Viertel der Kolonie bedeckenden Nutzpflanzen »Kaffee, Tabak, Wein, Baumwolle und Zuckerrohr« »so wenig zu entdecken, als wie von angelegten Wiesen«. (S. 159) Aber dies dürfe einen nicht überraschen, schließlich bestehe der Boden Paraguays generell aus Morast und Sandgegenden.

Klingbeils Darstellung wurde in der Nietzsche-Forschung häufig umstandslos für wahr erachtet, doch auch sie verdient eine Prise Quellenkritik. Sein Buch sollte kein ausgewogenes Bild des Lebens in »Nueva Germania« vermitteln, sondern den Koloniegründern nach Kräften schaden. Die Gründe hierfür waren nicht zuletzt persönlicher Natur. So hatte Elisabeth von Klingbeils Frau gefordert, dass sie unentgeltlich in ihrem Haus arbeite, was diese empört ablehnte. Ohne Kenntnis Südamerikas hatte er Försters idyllischen Schilderungen allzu leichtfertig vertraut und war nun tief enttäuscht. Beispielsweise fand er »die große, selbstgefertigte Cigarren rauchende und fortwährend ausspeiende Frau« (S. 63) in Paraguay regelrecht widerwärtig. Ähnliches gilt für seine Einschätzung der Löhne in »Nuevea Germania« als unangemessen. Denn woher sollte das Geld

Siedler in Nueva Germania, um 1887

in einer Subsistenzwirtschaft kommen? Selbst die Kritik an Försters Abkehr vom Vegetariertum war nicht recht überzeugend. Angesichts der anstrengenden klimatischen Bedingungen sprach manches für intensiven Fleischverzehr, der sich bis heute großer Beliebtheit im Land erfreut.

Freilich war Klingbeils Methode, Försters Versprechungen mit der tristen Realität in Paraguay zu konfrontieren, durchaus attraktiv für Leser in Europa. Sie erleichterte die Vermittlung landeshistorischer Informationen und ermöglichte harte Kontraste und ironische Kommentare.

Ausdrücklich betonte Klingbeil den darwinistischen Zug der Einwanderungsgesellschaft, indem jeder Mensch darauf bedacht sei, seine Niederlagen und sein Missgeschick für sich zu behalten. In keinem Fall sollten kapitalkräftige Einwanderer abgeschreckt werden, weil sie die Einzigen seien, »von denen man das Verlorene zurückgewinnen kann«. (S. 183) Angesichts dieser bitteren Logik musste es wie Zynismus erscheinen, wenn Klingbeil zum Abschluss des Buches die *Kreuzzeitung* vom 9. Januar 1889 zitierte, die »Försters Musterstaat und Ideal« verteidigte hatte. Das ultrakonservative Blatt habe in »Nueva Germania« eine mögliche »Pflanzstätte deutscher Arbeitsamkeit und deutscher Gesittung« gesehen. (S. 216)

Wie es ihre Art war, spielte Elisabeth die Kritik nach Kräften herunter. In diesem Sinn schrieb sie am 30. Mai 1889 der Mutter: »Du wirst von dem Buch eines Lügengreuls Klingbeil hören, mach Dir darum keinen Kummer. Wenn er ein Bischen weniger gelogen hätte, so würde das Buch vielleicht gefährlich sein aber es ist ja zu dumm!«[39] Es ist allerdings auch möglich, dass sie die Gefährlichkeit von Klingbeils Schrift unterschätzte. Elisabeth war es nicht gewohnt, sich selbst in Frage zu stellen, und hatte von dem unzufriedenen Schneider eine niedrige Meinung. Bereits im Januar 1889 hatte sie nach einer lebhaften Diskussion über Klingbeil in der Kolonie mit notorischem Optimismus in ihr Tagebuch notiert: »Das Heuchelgreul sitzt in Berlin uns zu schaden, nun wahrscheinlich wird es uns nur nützen.«[40] Anscheinend war sich Elisabeth nicht darüber im Klaren, dass Bernhard und sie tatsächlich an ihren Versprechen gemessen wurden. Nur in »Nueva Germania« mit seinen direkten Abhängigkeiten galten andere Regeln. Doch es bestand kein Grund dafür, dass sich eine öffentliche Debatte im Deutschen Kaiserreich nach diesen Gepflogenheiten richten sollte.

Zu einer differenzierten Betrachtung der europäischen Diskussionen über »Nueva Germania« war Elisabeth im Frühjahr 1889 nicht in der Lage. Die Nachricht vom Zusammenbruch ihres Bruders hatte sie schwer getroffen, und sie rang um ihr inneres Gleichgewicht. Ihr Selbstvertrauen war ohnehin nicht so groß, wie sie gern glauben machen wollte. Wie ihr Mann identifizierte sie sich hochgradig mit dem Erfolg der Kolonie und war im Falle eines Scheiterns zum Äußersten entschlossen. Bernhard Förster teilte sogar angeblich einem deutschen Arzt in Asunción mit, »sie würden einfach Gift nehmen, wenn ihre Colonisation mißglücken sollte«.[41] Für Nietzsches Schicksal hatte er angesichts seiner drängenden Probleme keinen Sinn und keine Kraft mehr, was wiederum Elisabeth sehr verletzte. So kam es zu einer tiefgehenden Entfremdung zwischen den Eheleuten genau in dem Moment, als sie ihre gegenseitige Unterstützung am nötigsten gehabt hätten.

Bernhard Förster scheiterte letztlich bei dem Versuch, die für die Kolonie notwendigen Kredite ein weiteres Mal zu verlängern. Von Asunción ging er nach San Bernardino, wo er in einem luxuriösen Hotel seine letzten Tage verbrachte. Über seinen Tod ist schon viel geschrieben worden. Die überwiegende Zahl der Autoren betrachtet Försters Selbstmord als gewiss, doch ist die Quellenlage nicht eindeutig. Dies gilt auch für seinen letzten Brief an den Vorsitzenden des Chemnitzer Kolonialvereins

Max Schubert vom 2. Juni 1889.[42] Förster beklagte sich bitter über mangelnde Unterstützung und vermutete, »daß er die Ablösung von meinem harten Dienste als nahe bevorstehend annehmen muß«. Die Passage legt nahe, dass er an Suizid gedacht hat, bleibt aber den letzten Beweis schuldig. Einige Wissenschaftler sehen die Frage, ob Förster als Folge seiner ramponierten Gesundheit oder durch Strychnin starb, als nachrangig oder gar unbedeutend an.[43] Bedenkt man freilich, mit welcher Energie Elisabeth ein Leben lang für das Ansehen ihres Mannes eintrat, erscheint diese Einstellung jedoch gar zu lässig. Vermutlich führt kein Weg an dem Eingeständnis vorbei, dass sich aufgrund fehlender Zeugnisse die Frage schlicht nicht klären lässt. Immerhin können wir die Vorgeschichte von Försters Tod recht zufriedenstellend beschreiben.

Offenbar verlor Förster in seinen letzten Lebensmonaten zunehmend die Zuversicht, das Kolonialabenteuer zu einem guten Ende führen zu können. Ende 1888 hatte ihn die Gründung eines Unterstützungsvereins in Chemnitz noch zu einer Mitteilung an seine Frau veranlasst. Nachgerade euphorisch nannte er diese Initiative am 5. Dezember »[d]as Ereignis des Tages«.[44] Doch als die dringend benötigte Unterstützung aus Sachsen ausblieb, wurde er zunehmend nervös. Auf den Zusammenbruch Nietzsches reagierte er ratlos und passiv. In seinem Brief an Franziska Nietzsche vom 19. März 1889 machte er sich zum Sprachrohr von Elisabeths Ansichten. Er betonte, »daß die Hauptursache der Krankheit in der Überarbeitung« sowie in der »übermäßige[n] Einnahme von Schlafmitteln u. dergl. liegt«.[45] Nach »Beseitigung dieser Ursachen« sei es nicht ausgeschlossen, dass es mit Nietzsches Gesundheit wieder aufwärtsgehen werde. Wenigstens fügte er die Einschränkung hinzu, dieses werde wohl »erst allmählich und vielleicht nach Jahren« der Fall sein.

Obwohl Elisabeth vom Zusammenbruch ihres Bruders stark erschüttert wurde, behielt sie in den Auseinandersetzungen um die Kolonie einen klaren Kopf. Am 9. April 1889 nutzte sie einen Brief an die Mutter, um ihr mitzuteilen, wie sehr sich ihr Mann über die Chemnitzer ärgere. Für ihre Sorgen habe Bernhard hingegen keinerlei Sinn. Elisabeth ließ durchblicken, wie unsensibel sie das Verhalten ihres Mannes fand, betrachtete aber auch die Haltung des sächsischen Unterstützungsvereins als »dumm u. erbärmlich«. Sie betonte ihre Schlüsselrolle für die Kolonie und führte ihren Konflikt mit dem Bruder auf dessen »ersten Anfall von Chloralvergiftung« zurück. Gleichzeitig erinnerte Elisabeth die Mutter an ein gemeinsames Erlebnis mit einer Zigeunerin, die einst über sie gesagt habe: »Der Mund lächelt aber das Herz weiß nichts davon.«[46] Wieder einmal hatte sie es geschafft, auf engem Raum eine Vielzahl von Themen anzusprechen und ihrer Version der Dinge den Schein der Plausibilität zu geben.

Heinrich Köselitz setzte Elisabeths Energie nur geringen Widerstand entgegen. Dem langjährigen Bewunderer und Sekretär Nietzsches bedeutete der Kontakt mit dem Philosophen so viel, dass er immer wieder zu Kompromissen mit der Schwester bereit war. Elisabeth wiederum wusste genau, wie viel Köselitz' Vertrautheit mit Nietzsches Gewohnheiten und seiner vertrackt schwierigen Handschrift wert war. Nicht zuletzt bot seine intime Kenntnis seltener Manuskripte die Möglichkeit, mit Anspruch auf Authentizität über Leben und Werk Nietzsches zu sprechen. Ende März 1889 schärfte sie Köselitz ihre Sicht der Dinge ein: »Das ganze Leiden ist <u>nur Folge des Chloral</u>! Er leidet an einer Chloralvergiftung und diese befangenen Geister wollen sein Leiden als Folge seiner Philosophie demonstrieren oder seine Philosophie als das Ergebnis eines sich jahrelang vorbereitenden Leidens.« Elisabeth drückte ihre Empörung über diese Haltung aus und bat Köselitz darum, »ritterlich für Ihren kranken Freund« einzutreten. Gleichzeitig schärfte sie ihm ein, ihren Namen als »Autorität für diese Wahrheit« zu verschweigen, andernfalls »denken die Leute wieder eine Frau ist verblendet«. Bei alldem spielte sie geschickt auf der Klaviatur des Akademikerhasses, für die der mittellose Komponist durchaus empfänglich war. Es seien Nietzsches »gelehrte Freunde«, die Nietzsches betreuenden Arzt in Jena, Professor Binswanger, »ein ganz falsches Bild von den Ursachen seines Leidens« vermittelt hätten.[47]

Die gleiche Diagnose von Nietzsches Krankheit gab Elisabeth am 9. April 1889 gegenüber der Mutter: »[E]s ist Alles <u>nur</u> in Folge des Chloral gekommen.« Aber sollte er nicht von den behandelnden Ärzten vergiftet werden, »so ist wirklich noch eine Rettung möglich«. Denn schließlich bewiesen die »entzückend[en]« Gedanken, welche die Mutter aus seinem Notizbuch abgeschrieben habe, wie es um seinen Gesundheitszustand wirklich bestellt sei.[48] Allerdings verzichtete Elisabeth bei ihrer Mutter im Unterschied zu Köselitz auf weitere Hinweise, wie sie für Nietzsches Ansehen kämpfen könne. Vermutlich traute sie dies Franziska einfach nicht zu. In einem Punkt ähneln sich die Briefe jedoch sehr. Elisabeth war fest davon überzeugt, besser als alle anderen zu wissen, wie es um Nietzsches Gesundheit stehe und welcher Weg zur Heilung eingeschlagen werden müsse. Dass sie ihren Bruder seit mehr als drei Jahren nicht gesehen hatte, spielte dabei keine Rolle.

Eindringlich schilderte Elisabeth der Mutter am 2. Juli 1889, wie ihr Mann in San Bernardino bestattet wurde. Nicht weniger als sechzig Reiter der dortigen deutschen Gemeinde seien dem Beerdigungszug gefolgt und hätten »über sein Grab geschossen«. Die quasimilitärische Ehrung war durchaus im Sinne Elisabeths, die den Verstorbenen von jeder Kritik ausgenommen wissen wollte. Geradezu trotzig zog sie einen Schlussstrich unter Bernhard Försters Leben: »Ja als Krieger ist er gestorben im Kampf gegen die Schurkerei dieser Welt.« Elisabeth war sich freilich auch darüber im Klaren, dass sie dringend Sorgen in der Heimat zerstreuen musste. Denn viele Naumburger hatten »Nueva Germania« finanziell unterstützt und bangten nun um ihr Geld. Und so bat sie Franziska Nietzsche, seinem Bruder Paul Folgendes mitzuteilen: »Niemand wird sein Geld verlieren auch mein Geld hat der theure Verstorbene im Testament sicher gestellt, es bleibt wahrscheinlich sogar noch einiges Geld außerdem übrig.« Viel mehr als ein frommer Wunsch war das nicht, aber fürs Erste mögen die Worte ihren Zweck erfüllt haben.

In der Folgezeit legte sich Elisabeth ihr Bild der Dinge immer weiter zurecht. Statt objektiver Schwierigkeiten machte sie bald primär psychologische Faktoren für Försters Ende verantwortlich. Voller Wut teilte sie der Mutter am 8. August 1889 mit, es sei die »Kränkung« der »ekelhaften Chemnitzer« gewesen, die ihr Mann nicht habe verwinden können. Die Entfremdung der letzten Ehemonate erklärte sie nun mit der ungerechtfertigten Beschämung Försters; »deshalb war er so heftig düster u.

theilnahmslos wenn er darüber nachdachte«. Offenkundig suchte Elisabeth einen »Sündenbock« für das kaum erträgliche Geschehen. Eine ähnliche Haltung legte sie auch bei Nietzsches Krankheit an den Tag. So sah sie in Overbeck den Hauptverantwortlichen für seine Einweisung in die Psychiatrie. Gelegentlich rekurrierte sie auf ganz allgemeine Gründe. In apodiktischem Ton schrieb sie etwa am 21. Oktober der Mutter: »Nach Deutschland komme ich nicht wieder, ich habe eine Abneigung gegen dasselbe, daß es meinen inniggeliebten Bern im Stich gelassen hat.« Zu diesem Zeitpunkt hoffte sie noch, die Mutter nach »Nueva Germania« locken zu können. Mittelfristig führte allerdings kein Weg an der Tatsache vorbei, dass Franziska dies partout nicht wollte.

Elisabeth musste sich damit abfinden, dass ihr Bruder in Deutschland blieb. Umso mehr überlegte sie, wie sich seine dortige Situation verbessern ließe. Völlig unpassend schien es ihr, dass Nietzsche sein weiteres Leben in der Jenaer Psychiatrie verbringen solle. Seit Oktober 1889 schien sich eine ungewöhnliche Chance zu bieten. Der exzentrische Schriftsteller Julius Langbehn aus Dresden hatte sich in den Kopf gesetzt, den Philosophen zu heilen. Bald hatte der ebenso anmaßende wie eloquente Einzelgänger die Mutter von seinen Fähigkeiten überzeugt.[49] In der Therapie ging Langbehn, der von der Schulmedizin nichts wissen wollte, eigenwillige Wege. Er behandelte Nietzsche als »Königskind«, was dem Kranken anscheinend recht gut gefiel.[50] Doch schon bald war sich Franziska nicht mehr sicher, ob der auftrumpfende Privatgelehrte ihrem Sohn tatsächlich helfen könne. Nietzsche hatte mittlerweile mit immenser Wut auf die Annäherungen reagiert und musste durch den Wärter gebändigt werden. Langbehns Überzeugung, der Kranke sei vom Teufel besessen, half in der konkreten Situation auch nicht weiter. Die Lage wurde noch komplizierter, als er zurück nach Dresden ging und verlangte, man solle Nietzsche auch dorthin schicken. Vollständig überfordert, wandte sich Franziska an ihre Tochter in Paraguay. Zur Erleichterung des Urteils hatte sie ihre Korrespondenz mit Langbehn beigefügt.

Elisabeth war empört über das Verhalten der Mutter. Wie könne sie eine solche Gelegenheit verstreichen lassen, fragte sie am 28. Februar

1890 Franziska. Ihr Urteil über Langbehn war uneingeschränkt positiv: »Der Mann ist ja rührend aufopfernd u. Alles was er über u. von Fritz sagt, ist mir aus der Seele gesprochen.« Nicht zuletzt hatte Elisabeth für ihn eingenommen, dass er den Bruder gewaltsam aus der Jenaer Psychiatrie befreien wollte. Ob dies überhaupt eine realistische Option war, erörterte sie nicht. Stattdessen betonte sie, was es für Nietzsche heißen müsse, an einem »solch übelriechenden Ort« eingesperrt zu sein. Die Schuld an der Situation trage ausschließlich Overbeck, den sie nicht genug schmähen konnte. So stellte Elisabeth kategorisch fest: »Höre daß Overbeck ein Jude sein soll, das spricht Bände u. ich glaube es!« Es mochte scheinen, als habe Elisabeth vollkommen die Contenance verloren. Doch nur wenige Zeilen weiter schmeichelte sie der Mutter und riet ihr dazu, den Kontakt mit Langbehn aufrechtzuerhalten. Ihren neuen Lebenszweck sehe sie darin, Nietzsche »ein ihm würdiges Heim zu gewähren«.[51]

Am 23. April 1890 machte Elisabeth einen weiteren Versuch, die Mutter von Langbehns Fähigkeiten zu überzeugen. Nun verwies sie darauf, dass er nach Köselitz' Ansicht über »eine magnetische Kraft« verfüge. Ein wenig seltsam muss ihr dabei schon zumute gewesen sein; denn sie riet der Mutter ausdrücklich, davon Overbeck nichts zu sagen. Dies bedeutete allerdings nicht, dass Elisabeth an sich selbst zweifelte. Mit Langbehn werde sie schon zurechtkommen, weil sie sich auf »gescheite Männer« verstehe. Das eigentliche Problem stelle Overbeck dar; denn dieser »ist ein Professor u. als solcher thörichter als jeder andere vernünftige Mensch«. Aus der Ferne konnte sich Elisabeth jedoch mit ihren Vorstellungen nicht durchsetzen, zumal der kapriziöse Langbehn das Interesse an Nietzsche verlor. Stattdessen bemühte sich Franziska auf den Rat Overbecks hin verstärkt selbst um den Kranken.

In Elisabeth aber rumorte es weiter, ob man mit Langbehn nicht genau die Person verprellt habe, die Nietzsche helfen konnte. In dieser Auffassung fühlte sie sich bestätigt, als sie die Mutter über den Erfolg seiner Schrift *Rembrandt als Erzieher* informierte. Monatelang war über den Autor des anonym veröffentlichten Buchs gerätselt worden, der vor Selbstvertrauen zu strotzen schien. Das Werk selbst kritisierte von hoher Warte die Fadenscheinigkeit der zeitgenössischen Kultur und brach alle Auflagenrekorde. Statt auf wissenschaftliche Differenzierung hatte Langbehn in energischer Diktion auf kühne Verallgemeinerungen gesetzt. Sein Erfolgsgeheimnis bestand im virtuosen Gebrauch einer neuartigen Sprache, die zugleich vielfältige Assoziationen wie die Mitteilung »geschauter Wahrheiten« ermöglichte.[52] Nachdem ihr die Mutter über den Erfolg von *Rembrandt als Erzieher* berichtet hatte, bedauerte Elisabeth in ihrer Antwort vom 8. Oktober 1890, wie schade es sei, dass man diesem »durchaus ungewöhnliche[n] Geist [...] jeden vernünftige[n] Grund« für »eine Entzweiung« gegeben habe. In diesem Moment stand sie kurz vor der Rückkehr nach Deutschland, um die Angelegenheiten der Kolonie in die eigene Hand zu nehmen.

Wie Elisabeths Brief gleichfalls zeigte, hatte sich ihr Selbstbild spürbar verändert. Während sie anfangs mit einer gewissen Passivität auf die zahlreichen Probleme in Paraguay reagierte, war sie mittlerweile der Ansicht, dass dies eine grundlegend falsche Einstellung sei. Die Menschen zeigten nur Respekt, wenn man sie mit der nötigen Härte behandle. Nachdem sie andere Seiten aufgezogen habe, »da bin ich der Stolz der Kolonie ›unsere liebe Frau Doctor‹ ›die Fürstin von Nueva-Germania‹ u. meine Gläubiger in Asunción haben aus eigener Initiative meine Verhältnisse viel viel besser geordnet weil ich eine so ›famose energische Frau‹ bin«. Beinahe überdeutlich markierte sie die Differenz zum Weltbild der Mutter: »Christliche Demuth ist eine schöne Sache aber in Wirklichkeit unanwendbar u. unersprießlich.« Offenkundig war Elisabeth nicht mehr gewillt, sich die Butter vom Brot nehmen zu lassen.

Gleichwohl war Nietzsches Schwester melancholisch gestimmt, als sie am 11. Dezember 1890 wieder in Deutschland ankam. Bald fünf Jahre waren seit der Abreise ins Land gegangen, in denen sich ihre Träume nicht erfüllt hatten. Die Bilanz fiel katastrophal aus: Der Mann, den sie geliebt hatte, war tot, der Bruder ein psychisches Wrack, und die Zukunft der Kolonie stand in den Sternen. Noch am selben Tag schrieb Elisabeth einen Brief an die Mutter, in dem sie die Rückkehr »namenlos traurig« nannte. Besonders fürchtete sie »dieses entsetzliche Wiedersehen mit dem armen Lamm!«. Unterstützung bekam sie von Cosima Wagner. Sie lobte Elisabeth am 23. Januar 1891 ausdrücklich dafür, »wie wundervoll muthig Du das schwere Leben erträgst u. Deine Aufgabe erfüllst!«.[53] Dies war vermutlich ehrlich gemeint, doch zeigte gerade der Blick auf die erfolgreiche Komponistenwitwe, wie unsicher Elisabeths gesellschaftliche Position war.

Zu Elisabeths verlässlichen Helfern zählte Heinrich Köselitz. Am 8. März 1891 beschrieb sie ihm Südamerika als ideales Auswanderungsziel. Gleichzeitig äußerte sie sich ausgesprochen milde über »die Chemnitzer«.[54] Offenkundig hatten sie Gespräche mit Mitgliedern des Unterstützungsvereins zu einer Meinungsänderung veranlasst. Generell war Elisabeth um ihre Rolle nicht zu beneiden. Sie musste dringend neue Geldgeber für »Nueva Germania« finden, hatte aber nach Klingbeils Veröffentlichung einen miserablen Ruf. Überdies war ihre Position in Paraguay keineswegs gesichert. Hier hatte mit Oscar Erck einer ihrer engen Vertrauten die Leitung übernommen, doch sein Versuch, mit der erneuten Parzellierung des Bodens weiteres Geld einzunehmen, stieß auf den lebhaften Widerspruch der Siedler. Die Presseberichterstattung über »Nueva Germania« war von ungewöhnlicher Schärfe und erforderte eine Positionierung Elisabeths. Im Juli 1891 wandte sie sich in den *Kolonial-Nachrichten* ausdrücklich gegen den Vorwurf, sie habe die Auswanderer ins Verderben gelockt. Sie zeichnete mit dem Vornamen »Eli«, unter dem sie in der Kolonie bekannt war, sowie dem Doktortitel. Vermutlich wollte sie mit dem akademischen Grad sowohl die eigene Reputation als auch die ihres Mannes unterstreichen. Inhaltlich ging es um die von Bernhard Förster ausgestellten Besitztitel. Elisabeth vertrat die Auffassung, es sei keineswegs verwunderlich, wenn nach dem verheerenden Krieg Einheimische auftauchten, die Ansprüche auf Land erhöben. Alle Bewohner »Nueva Germanias« seien sich darüber im Klaren gewesen, dass sie nur provisorische Ansprüche erworben hätten.[55] Mit der Aussage wollte Elisabeth möglichen Angriffen seitens enttäuschter Siedler zuvorkommen. Im Wesentlichen ging es bei ihrer Deutschlandreise allerdings darum, dem eklatanten Finanzmangel der Kolonie abzuhelfen. Zu diesem Zweck begab sie sich mehrfach nach Berlin, wo die Fäden der Kolonialpolitik zusammenliefen und die wichtigen wirtschaftlichen Entscheidungen fielen.

Rückblickend ist es nicht leicht, Licht in Elisabeths Aktivitäten zu bringen. Sie sprach viele Verantwortliche an, scheint aber mit ihren Plänen nicht recht verfangen zu haben. Kein Zweifel besteht jedoch daran, wie gut es ihr in Berlin gefiel. Schwärmerisch berichtete sie der Mutter am 30. Mai 1891: »[G]estern ging der Tag hauptsächlich daraufhin den Kaiser anzuschauen, es war große Frühjahrsparade und da kam hier bei unserm Haus der größte Theil der Paradetruppen u. der Kaiser wundervoll in Kürassieruniform (wie Lohengrin ein Bischen) mit allen Fahnen hinter sich dicht vorbei. Wir waren doch in der ersten Etage also ganz nahe u. schrien u. wehten so voller Begeisterung, daß der Kaiser grüßte.« Geradezu hingerissen war sie von der Tatsache, dass sie Wilhelm II. auch abends bei der »Galaoper« erleben konnte. Sie genoss sogar die Pausen der Festveranstaltung, weil sie dort das kaiserliche Paar »bequem ansehen« konnte und »Alles was Namen, Glanz u. Stellung hat«.[56] Die Aufgabe, Spendengelder für »Nueva Germania« zu requirieren, gefiel Elisabeth anscheinend nicht schlecht. Am meisten erhoffte sie sich von ihrem eigenen Buch über die Kolonie, das in Kürze erscheinen sollte. Vorsorglich schrieb Elisabeth der Mutter am 2. Juni 1891, sie könne sich auf überschwängliches Lob in den Zeitungen einstellen. Einen Redakteur habe sie sogar »ernstlich« gebeten, »man soll[e] es mildern«. Offenkundig war sie sehr stolz auf ihr Werk und rechnete mit einer wohlwollenden Aufnahme.

Gleichwohl ließ Elisabeth die Schrift *Dr. Bernhard Förster's Kolonie Neu-Germania in Paraguay* ohne Nennung ihres Namens erscheinen. Die Gründe hierfür liegen im Dunkeln. Vielleicht wollte sie, dass das dem »theuren heimgegangenen Gatten« gewidmete Werk auch primär ihm zugerechnet wurde. Wie so häufig spricht sich Elisabeth über die Motive ihrer Entscheidung nicht aus. Offenkundig ist jedoch die Nähe zur Bayreuther Bewegung. Plakativ verspricht sie dem Leser: »Wir werden eine arische Herrenrasse züchten, hier in den Wäldern Südamerikas. Ich werde euch in ein neues Vaterland führen. Nur die stärksten, die reinblütigsten werden uns begleiten.« Mit der unter leidenschaftlichen Wagnerianern üblichen

Emphase fährt sie fort: »Das alte Deutschland ist korrupt. Unser Neu-Germanien wird ewig dauern.«[57] Freilich sollte man sich durch die emblematische Rhetorik nicht täuschen lassen. Die Verklärung des Deutschtums spielt in dem Buch keine besondere Rolle. Zumeist vertritt Elisabeth eine respektvolle Einstellung zu König und Vaterland, die bestens zu einem genuin konservativen Weltbild passt. Gleichzeitig setzt sie gegenwartskritische Akzente und legt einige erzählerische Phantasie an den Tag.

Die Keimzelle des Buchs bildet der Aufsatz »Ein Sonntag in Neu-Germania«, der schon eine längere Geschichte hinter sich hatte. Ursprünglich war er 1889 in dem Band *Bernhard Förster. Eine Schrift zum Andenken und zur Rechtfertigung* in Leipzig erschienen, mit dem einige »deutsche Freunde« den Kolonistenführer ehren wollten. Eine spätere, nochmals überarbeitete Fassung erschien in den *Bayreuther Blättern*. Die neueste Version präsentierte sich als Zusammenstellung von Passagen aus Briefen Elisabeths an »Freiherrn von Wolzogen und Prof. Dr. Nietzsche«. Eine präzise Herleitung der Textgenese dürfte kaum möglich, aber vielleicht auch nicht besonders dringlich sein. Denn es steht außer Frage, dass die Abhandlung für den jeweiligen Anlass inhaltlich und stilistisch bearbeitet wurde. Elisabeth betonte den authentischen Charakter ihrer Erlebnisse und pflegte einen situativen Präsentationsstil, der sich vielleicht am ehesten vor der aktuellen Situation deuten lässt.[58]

Ausdrücklich werden in der Buchfassung von 1891 die idyllischen Züge der Kolonie hervorgehoben. »Sorglos« könne man dort »in seinem eigenen Haus schlafen [...], ohne auch nur die Hausthüre zu schließen«. (S. 31) Wie selbstverständlich Tierliebe sei, zeige die Tatsache, dass »[n]iemals ein Kalb geschlachtet (wird)«. (S. 33) Generell halte die üppige Natur reiche Ernten bereit, da falle es nicht schwer, den eigenen vegetarischen Grundsätzen zu folgen. In Deutschland habe Försters Unternehmung jedoch viel Neid und Missgunst erfahren. Elisabeths besonderer Zorn gilt den Antisemiten. Dies mag angesichts ihrer Sympathie für die Bayreuther Bewegung und ihrer starken judenfeindlichen Vorurteile erstaunen, hatte aber konkrete Gründe. Sie fühlte sich von Theodor Fritsch und den Dresdner Antisemiten verraten, die »Nueva Germania« finanziell nicht unterstützt hatten. Dementsprechend direkt ist ihre Anklage: »[A]ch ihr Antisemiten ist das eure Treue, euer Muth, dass ihr einen eurer idealsten Führer so schmählich im Stich laßt?« (S. 45) Doch hätten sie mit all ihren Intrigen den zutiefst nationalen Charakter »Nueva Germanias« nicht verhindern können.

Für Elisabeth ist die politische Dimension der neu gegründeten Kolonien entscheidend. Sie böten Menschen, für die in Deutschland kein Platz mehr sei, eine neue Heimat und ein sinnerfülltes Leben. Dabei habe Bernhard Förster stets übergeordnete Ziele verfolgt. Er wollte den Strom der Auswanderer von den USA nach Südamerika lenken, da sich unter einfachen Lebensbedingungen die deutsche Kultur besser bewahren lasse. Seine Arbeit als Kolonist brauche jedenfalls keinen Vergleich zu scheuen und besitze größte Bedeutung für die Nation als Ganzes: Er habe den Menschen in dem Moment eine Perspektive gegeben, als Deutschland bürokratisch erstarrte und der Kapitalismus immer siegesgewisser wurde. Die meisten Geschäftsleute hätten längst vergessen: »Mit Geld allein erobert man aber nicht die Welt. Die eigentliche Schöpferin der Kultur ist die schaffende Hand des Menschen – die Arbeit!« (S. 107) Sie vertrat damit jene Überhöhung »deutscher Arbeit«, die man im Bürgertum weithin als selbstverständlich ansah.[59]

Neben schroffen kulturkritischen Tönen finden sich auch viele harmlos-freundliche Passagen. Schließlich ging es in dem Buch nicht zuletzt darum, Ängste vor der Auswanderung zu zerstreuen. Elisabeth lobt das milde, sonnig-warme Klima Paraguays, das jeden Vergleich mit dem deutschen aushalte. »Schönheit« wie »Fettgehalt« der Kuhmilch seien bemerkenswert, und der »herrlich fruchtbare Boden« werde von jedem Bauern sofort erkannt. (S. 113) Ausdrücklich rühmt sie die Gesundheit der kleinen Kinder, die man alle »getrost in eine Baby-Ausstellung schicken (könnte)«. (S. 116) Über die Insektenplage werde in Deutschland zu viel Aufhebens gemacht. Die Moskitos vergleicht sie sogar mit harmlosen »Rheinschnaaken« (S. 119), was angesichts der schmerzhaften Stiche und möglicher Krankheitsübertragungen doch recht kühn ist. Fast in den Bereich der Humoreske gehört Elisabeths Erzählung, dass Schlangen und Raubkatzen die

Kolonie meiden würden. Der gefürchtete »Kolonietiger«, der nachts die Menschen »mit Brummen und Schnaufen [...] ängstigt«, habe sich meist als »ein braver Ochse« herausgestellt. (S. 120) Für echte Kolonisten jedenfalls biete Paraguay Herausforderungen, aber keine unüberwindbaren Schwierigkeiten.

Elisabeth beherrscht die Kunst, der Leserschaft angenehme Botschaften mitzuteilen und ihr zu schmeicheln. Zu übertriebenem Misstrauen besteht nach ihrer Auffassung in Südamerika kein Anlass: »[D]ie Leute sind ja dort gerade so wie im alten Deutschland, nämlich die Guten bedeutend in der Mehrzahl«. (S. 129) Nur vor neidischen und lebensunfähigen Menschen wie Klingbeil hätten sich die Auswanderer zu hüten. Dabei zögert Elisabeth nicht, ihren Erzfeind als Abgesandten der Jesuiten darzustellen. Belege hat sie dafür zwar nicht, aber sie weiß um die Vehemenz antikatholischer Feindbilder nach dem Kulturkampf und bedient den paranoide Züge tragenden Hass auf die Jesuiten.[60] Natürlich weiß sie auch um die positiven Folgen der Jesuitenherrschaft in Paraguay, die einiges für den Aufschwung der Bildung und die Humanisierung der Gesellschaft getan hat. Aber sie erwähnt dies in einer Art, dass es nur die Vorurteilslosigkeit ihres verschiedenen Mannes unterstreicht und nicht zu einem schattierungsreichen Gesamtbild beiträgt. Klingbeil habe sie nie gelesen, weil sie ihn persönlich kenne. Wie die anderen Kolonisten halte sie ihn für »das Sinnbild eines kleinlichen, schmutzigen Egoisten«. (S. 145) Sosehr sie auch betont, dass »[d]ie Liebe stärker als der Haß (ist)« (S. 147), im Kern geht es ihr darum, den Ruf Klingbeils so weit als möglich zu beschädigen.

Die Resonanz auf das Buch war respektabel. Als Erstes reagierte am 16. Juli 1891 das *Sächsische Kirchen- und Schulblatt*. Es präsentierte Elisabeth als gute Christin und stellte ihr tragisches Schicksal heraus. Ausführlich wurde ihr selbst das Wort gegeben, die vor allem die vaterländische Ausrichtung der Kolonie durch »ein deutsches christliches Kirchlein« und die Gründung eines Unterstützungsvereins stärken wolle. Die *Gerichtslaube*, ein Beiblatt zur *Berliner Zeitung*, betonte am 13. August 1891, wie realistisch Elisabeths Werk geraten sei, das über die Schwierigkeiten der Auswanderung nicht hinwegtäusche. Bernhard Förster, der sich in entsagungsvoller Arbeit »von den Schlacken der Parteileidenschaft befreit hat«, sei mit dem Buch »ein schönes Denkmal gesetzt«. Fast einen Werbeartikel verfasste H. Pasternaci für die *Tägliche Rundschau*. Er pointierte, wie gut sich deutsches Kapital in Südamerika verzinsen würde, und endete mit den Worten: »Wer sich für Neu-Germanien interessirt, möge das Buch selbst lesen. Er wird sehen, daß es dort ein nationales Werk zu stützen gilt.«[61]

Beeindruckt durch die Reaktionen, stellte Köselitz am 12. Oktober gegenüber Overbeck fest, dass Elisabeths Buch »äußerst geschickt gemacht gewesen sei«.[62] Doch dies ist vermutlich eine Übertreibung. Schließlich handelte es sich bei dem Werk um eine Kompilation bereits veröffentlichter Texte, die bei aller Bearbeitung doch Spuren ihres Entstehungszusammenhangs tragen und manche Widersprüche enthalten mussten. So fragwürdig Elisabeths Rolle in Südamerika war, sie sollte auch nicht rückblickend dämonisiert werden. Auffällig ist vielmehr, wie gut sich ihr Plauderton dazu eignete, Texte ganz unterschiedlicher Provenienz zu einer neuen Einheit zusammenzufügen. Bei der Durchsetzung ihrer Interessen war sie hingegen weniger erfolgreich, als häufig angenommen wird.

Elisabeths Invektiven dürften ihr häufig geschadet haben. So teilte sie am 28. Oktober 1891 der Deutschen Kolonialgesellschaft entrüstet mit, wie abweisend sich der eigene Konsul verhalten habe. Ihren Beschwerdebrief beendete sie mit der plakativen Aussage: »Ich werde es müde eine Deutsche zu sein.«[63] Immerhin schaffte es Elisabeth, dass das Thema »Nueva Germania« am 9. und 10. November 1891 von der Kolonialgesellschaft debattiert wurde. Doch das Resultat fiel enttäuschend aus. Im jährlich erstellten Geschäftsbericht findet sich für 1891 nur der Satz: »Leider haben die Bemühungen die Kolonie Neu-Germanien in deutsche Hände zu bringen keinen Erfolg gehabt; es ist aber doch erreicht, dass die Kolonie durch Zuzug von deutschen Ansiedlern mit etwas Vermögen gestärkt worden ist.«[64] Dahinter steckte die Tatsache, dass Elisabeth mit ihrer Idee, in Paraguay Tabak für den Weltmarkt zu produzieren, trotz einiger Unterstützung nicht durchgedrungen war. Zumindest hatte sich kein Käufer für die Kolonie gefunden, obwohl ein Dr. Bokelmeyer sich in der Vorstandssitzung massiv für ihre Interessen eingesetzt hatte. Vielleicht war aber auch der von Elisabeth vorgeschlagene Preis von 100 000 Mark angesichts der vielen Unwägbarkeiten des Projekts schlicht zu hoch.

Allgemein wurde zu Beginn der 1890er Jahre intensiv um die Zukunft Paraguays gestritten.[65] Einige vertrauten für die Ordnung im Land auf einen neuen mächtigen Diktator, andere setzten für die Modernisierung auf chinesische Fremdarbeiter. Im Kontext dieser Debatte wirken Elisabeths Veröffentlichungen eher zahm. Die Ursachen hierfür liegen auf der Hand. Sie war vielfältigen Angriffen ausgesetzt und brauchte zugleich dringend Geld, so dass sie schwerlich stärker in die Offensive gehen konnte. Überdies war es durchaus umstritten, in welches Land Südamerikas die deutschen Auswanderer gelenkt werden sollten. Innerhalb der Kolonialgesellschaften bestand lediglich Einigkeit darüber, primär bäuerliche und kleinbürgerliche Kreise zu erreichen. Die agrarromantische Sprache, die auch Elisabeth gern gebrauchte, erleichterte die Mobilisierung der Öffentlichkeit und ermöglichte Brückenschläge in ganz unterschiedliche politische Lager. Über die konkreten Ziele war damit noch wenig gesagt. Und in Südamerika waren zumindest Argentinien und Brasilien für Auswanderer deutlich attraktiver als das verarmte Paraguay.[66]

Am 2. Juni 1892 ging es für Elisabeth zurück nach Südamerika. Sie hatte in Deutschland intensiv für den Ruf ihres Mannes gekämpft, viele Kontakte geknüpft und doch nichts Entscheidendes erreicht. Immer noch fehlte ein Investor, der die Kolonie erwerben und in Schwung bringen wollte. Die Rückkehr nach »Nueva Germania« wird ihr nicht leichtgefallen sein. Unmittelbar vor der Ankunft schrieb sie der Mutter am 5. August 1892 aus San Pedro: »Warum schickst Du nicht alle acht Tage ein Briefchen fort? Du weißt wie ich mich sehne, nun bin ich schon vier Wochen in Paraguay u. noch keine Nachricht!«[67] In der bitterarmen Kolonie, weitab von allem zivilisatorischen Komfort, wird es für sie nicht leichter geworden sein. Zudem hatte ihr Stellvertreter Oscar Erck mit seinem Versuch der Neuparzellierung des Landes die Siedler dauerhaft verprellt. Elisabeth begriff rasch, dass sie in »Nueva Germania« keine Zukunft mehr hatte. Doch sie unternahm noch eine letzte Anstrengung, um ihre Situation zu verbessern.

Anfang Februar 1893 veröffentlichte Elisabeth einen Artikel in einer Hamburger Wirtschaftszeitung, mit dem sie klar die nationale Karte spielte. Da sich »Asunción gerade in einem Begeisterungsrausche für Frankreich« befinde, gelte es rasch zu handeln, wenn man die deutschen Interessen wahren wolle.[68] Nach wie vor plädierte sie für den Anbau von Kaffee und Tabak, da sich damit die besten Preise auf dem Weltmarkt erzielen ließen. Um einen ebenso einflussreichen wie finanzkräftigen Käufer anzulocken, verwies sie auf ihre guten Kontakte und insbesondere die Deutsche Kolonialgesellschaft. Das Ansehen »Nueva Germanias« in der christlichen Welt könne man daran erkennen, dass der Evangelische Oberkirchenrat »auf seine Kosten« einen Prediger schicken wolle. Doch es half alles nicht, letztlich fand sich in Deutschland kein Investor für die von Bernhard Förster gegründete Kolonie. Sie ging an eine internationale Aktiengesellschaft, und Försters Witwe wahrte in der Folgezeit über die Person Ercks, der weiter als Verwalter firmierte, nur noch einen geringen Einfluss.

Der Schwerpunkt von Elisabeths Lebenseinstellung hatte sich verschoben. Sie fühlte sich in »Nueva Germania« unwohl und sehnte sich zurück nach Deutschland. In einem Brief an die Mutter vom 20. September 1892 kam dieses Lebensgefühl deutlich zum Ausdruck: »Der Gedanke, daß ich in dem ganzen Südamerika keine Seele habe, welche ein uneigennütziges Interesse an mir hat, ist ein schrecklich trauriger Gedanke. Dazu sitze ich in meinem großen öden Hause mutterseelenallein, selbst meine Dienstboten wohnen nicht darin, daß ich in der That alle Seelenstärke nöthig habe um nicht melancholisch zu werden.« Zudem grämte sie sich über die Härte ihres Lebens. Im Vergleich mit ihrem Bruder habe sie es gar zu schwer gehabt und kaum Dank von ihm erfahren: »Alles was ich hatte u. konnte habe ich in den Dienst seiner Ideen gestellt, wie unversorgt hat er mich zurückgelassen, jeden Schritt muß ich mir selbst erkämpfen.«[69] Bedenkt man, dass sie aus freien Stücken nach Südamerika gegangen war, klingt das etwas larmoyant. Ihr Urteil brachte allerdings deutlich die Unzufriedenheit mit ihrem Leben zum Ausdruck, in dem in den letzten Jahren vieles schiefgelaufen war. Nicht zuletzt plagten Elisabeth finanzielle

Sorgen, die eine baldige Rückkehr nach Deutschland unwahrscheinlich machten. Auch im Geburtstagsbrief an die Mutter hatte sich Elisabeths Lebensgefühl noch nicht spürbar gehoben. »Glück« wollte sie ihr am 20. Dezember jedenfalls nicht wünschen, »denn wo soll bei uns vielgeprüften Frauen das Glück herkommen!«. Aber sie wünschte Franziska die nötige Kraft, damit sie der Pflege Nietzsches gerecht werde.

Nur einen Tag später ließ Elisabeth die Mutter wissen, wie schwer es für sie in der Kolonie sei, Geld von Schuldnern einzutreiben. Angesichts der Widerstände rechne sie mit dem Schlimmsten, da sie »ganz schutzlos u. allein« sei. Gelegentlich wache sie nach Angstträumen zitternd auf. Inständig bat sie deshalb die Mutter, die für die Reise nötige Geldsumme auszulegen. Am 21. Januar 1893 hatte sie sich die Situation ihres Bruders plastisch vor Augen geführt und plädierte bei Franziska dafür, sie möge dem Kranken alle Schlafmittel geben, die er brauche. Sparen mache doch bei seinem Zustand keinen Sinn mehr. Gleichzeitig beklagte sie sich darüber, wie »ruppig« sie von der Gesellschaft, der die Kolonie nun gehöre, behandelt werde. Generell kam sie sich in »Nueva Germania« ebenso einsam wie von missgünstigen Menschen bedroht vor. In Anbetracht der Situation würden ihre »gewaltsame[n] Versuche mich aufzuheitern« nicht wirklich ins Gewicht fallen: »[Z]u Kaisers Geburtstag habe ich alle Kinder aus der Kolonie eingeladen, den wollen wir feiern. Das Bild von Kaiser u. Kaiserin soll dort prangen u. die Kinder sollen niedlich spielen. Es ist große Freude u. Aufregung unter den Kindern. Die armen Würmchen haben hier auch nichts, nichts!« Den niedergeschlagenen Brief unterzeichnete sie mit »Deine arme einsame Tochter«.

Es wäre allerdings unangemessen, Elisabeth primär als passives Opfer widriger Umstände zu betrachten. Sie verfügte über eine Kämpfernatur und lebte regelrecht auf, wenn sie für die eigenen Interessen stritt. Bei ihrer Deutschlandreise hatte sie erfahren, wie rasch der Ruhm ihres Bruders stieg, und sich ihre Gedanken dazu gemacht. Überschwänglich schrieb sie Köselitz am 28. November 1892 über die Einführung zu seiner Werkausgabe: »Wirklich ich bin in einem wahren Begeisterungsrausch über Ihre herrliche ›Einleitung‹. Ein besseres Bild von unserem theuren welterobernden Helden zu geben ist unmöglich. [...] Was sagen Sie für herrliche Dinge! Von Niemand ist noch seine Persönlichkeit u. Philosophie (um ein kurzes nicht ganz bezeichnendes Wort zu gebrauchen) so voll und ganz dargestellt worden als von Ihnen.«[70] Elisabeth wusste, wie empfänglich die meisten Zeitgenossen für Lob waren. Für den erfolglosen Komponisten, der ihr so gute Dienste leisten konnte, galt dies vielleicht sogar in besonderem Maße. Dies heißt jedoch nicht, dass ausschließlich der Geschäftssinn ihr Handeln bestimmte. Ihre Briefe an die Mutter lassen wenig Zweifel an der Stärke ihrer familiären Bindungen. Doch wäre es naiv anzunehmen, dass ihr deshalb der »robuste Realitätssinn« fehlte, der nach Peter Gay die bürgerliche Welt des 19. Jahrhunderts charakterisierte. Franziska äußerte jedenfalls am 14. Februar 1893 gegenüber der Tochter die Vermutung, sie wolle aus Nietzsches »Manuskripten Geld schlagen«.[71] Welche Bedeutung dieses Motiv für Elisabeths Entschluss hatte, endgültig nach Europa zurückzukehren, lässt sich schwer genau bestimmen. Sie konnte froh sein, dass sie über eine echte Alternative zu »Nueva Germania« verfügte, wo die Ablehnung ihrer Person beträchtliche Ausmaße angenommen hatte.

Die letzten Schritte in Südamerika gingen erstaunlich reibungslos vonstatten. Es gelang Elisabeth im April 1893, den Försterhof für die Summe von 15 500 Mark an den Baron Frankenberg-Lüttwitz zu veräußern. Angesichts der Tatsache, dass sie unbedingt verkaufen musste, war dies ein ansehnlicher Preis, der ihre Fähigkeiten als Geschäftsfrau eindrucksvoll illustriert.[72] Nun verfügte sie über die nötigen Mittel, um ihre Rückreise in Ruhe vorzubereiten. Mit der Mutter hatte sie schon im Februar eine Abmachung getroffen, um »Nueva Germania« ohne Gesichtsverlust verlassen zu können. Franziska sollte ein Telegramm schicken, dass ihre Hilfe in Naumburg wegen Nietzsches schlechtem Gesundheitszustand dringend erforderlich sei. So geschah es, und am 10. Juli konnte Elisabeth durchgeben, dass »der neue deutsche Pfarrer« sie bis nach Buenos Aires begleiten wolle. Es dauerte noch einige Wochen, bis das Abenteuer Paraguay endgültig vorbei war. Doch am 30. August erhielt die Mutter das seit langem erwartete Telegramm: »Ich komme heute abend nach Hause Eli«.[73]

In »Nueva Germania« dürften viele froh gewesen sein, dass die durchsetzungsfähige Witwe das Weite gesucht hatte. Insbesondere an Stimmen, die Elisabeth ihre schönfärberischen Veröffentlichungen vorwarfen, herrschte kein Mangel. Bernhard Försters Traum eines völkischen Utopia in Südamerika hatte sich als Chimäre erwiesen und wurde schon bald nicht mehr verstanden. Auf die Dauer waren nur lernbereite Kolonisten den schwierigen Lebensbedingungen in den Subtropen gewachsen, nicht weltanschauliche Eiferer. An Förster erinnert bis heute sein Grab in San Bernardino, für das die Bayreuther Bewegung die nötigen Geldmittel aufbrachte.[74] Gleichzeitig ist die Auswanderung deutscher Antisemiten in den Dschungel von Paraguay zu einer Art Topos geworden. Entgegen seiner kritischen Intention petrifiziert er Vorstellungen von der Macht des Judenhasses in Südamerika, die mit der historischen Wirklichkeit nur wenig gemein haben.[75] Tatsächlich veränderte sich die Situation der Kolonie nach Elisabeths Fortgang rasch. Bereits 1897 gelang dort die Kultivierung der Yerba-Pflanze, die für den landesweit geschätzten Mate-Tee unverzichtbar ist. Die Einwohner »Nueva Germanias« kamen zu einem bescheidenen Wohlstand und entwickelten einen gelassenen Umgang mit ihrer Geschichte. Die Erinnerungsstücke zur Gründung der Kolonie finden sich heute in einem kleinen Museum, das dem Multikulturalismus gewidmet ist.

Die Bedeutung Paraguays für Elisabeth ist schwer einzuschätzen. Selten gab sie Einblicke in ihr Innenleben, und in Naumburg fehlte es an Austausch über Südamerika. Ihre negativen Erfahrungen scheint sie weitgehend für sich behalten zu haben. Stattdessen pflegte sie im Nietzsche-Archiv eine heroische Erinnerung an Südamerika und ihren Mann, den selbstlosen Kolonistenführer. Die exotische Dimension der präsentierten Gegenstände ist deutlich, aber längst nicht so ausgeprägt wie bei Karl May. Neben dem Tigerfell von der Hochzeit befanden sich in der Villa Silberblick etwa ein Mate-Behälter und ein Fächer aus Paraguay.[76] Schon früh setzte eine gezielte Legendenbildung ein, die ihr Ansehen in der Kolonie massiv übertrieb. So schrieb sie am 29. Dezember 1896 der Mutter, sie habe von einem Reisenden aus Südamerika erfahren, »daß die Colonie Neu-Germania nur die ›Colonie von der Frau Doctor‹ genannt wird«.[77] Ein Leben lang betonte sie, zwei Dinge lägen ihr wirklich am Herzen: das Ansehen ihres Bruders und das Wohl der deutschen Kolonie in Paraguay.

Darüber wurde und wird häufig vergessen, mit welchem Leid der Südamerika-Aufenthalt für Elisabeth verbunden war. Sie verlor nicht nur ihren Mann, an dem sie trotz aller Enttäuschung hing, sondern auch fast ihr ganzes ererbtes Vermögen. Nach Einschätzung ihres Cousins Adalbert Oehler handelte es sich um die beträchtliche Summe »von rund 25 500 Mark«.[78] Nach der Rückkehr aus Paraguay stand sie buchstäblich vor dem Nichts. Doch weil sie wusste, wie misstrauisch Verlierer beäugt werden, verzichtete sie auf die Weitergabe ihrer Erfahrungen und strickte an Legenden. Dafür gab es nicht nur strategische, sondern auch juristische Gründe. Schließlich fühlten sich viele Menschen durch ihre Beschreibung »Nueva Germanias« getäuscht und drohten, vor Gericht zu ziehen. Ein Blick in die Kolonialpublizistik jener Tage zeigt, wie umstritten sie war.

Gerne wird Adalbert Oehlers apodiktische Aussage zitiert: »Ohne Paraguay kein Nietzsche-Archiv.«[79] Sie scheint leichthin zustimmungsfähig, doch ist ihre Interpretation alles andere als eindeutig. Immerhin lernte Elisabeth in Südamerika nicht nur, »allein die Verantwortung für wichtige Ausgaben zu tragen«, sondern auch die Tatsachen zum eigenen Vorteil zu verbiegen. Schlechtes Gewissen scheint dabei keine Rolle gespielt zu haben. Sie schilderte die Kolonie, wie es für sie gerade am nützlichsten war, und verwies je nach Bedarf auf ihre hehren Motive oder den idealistischen Charakter ihrer Weltanschauung. Nicht selten verdeckte die Harmlosigkeit ihres Plaudertons, wie konzentriert sie ihre Ziele verfolgte.

Eine direkte Konsequenz des Paraguay-Aufenthalts bestand darin, dass Elisabeth fortan einige prominente Antisemiten ablehnte und sich skeptisch über ihre politische Weltsicht äußerte. Dies hat in der Forschung zu Verwirrung geführt, weil ihre Aussagen meist grundsätzlicher gelesen werden, als sie eigentlich gemeint waren.[80] Wie ihr Mann oder Paul de Lagarde hielt sie »Antisemitismus« für ein Kunstwort, das die völkische Erneuerung der Deutschen eher erschwerte. Theodor Fritsch, der diese Chiffre geschäftstüchtig vermarktete, war in ihren Augen nur ein Schuft, weil er ihren Mann in der Stunde der Not im Stich gelassen hatte. Alle Reserviertheit gegenüber den Antisemiten bedeuteten jedoch nicht, dass Elisabeth ihre Vorbehalte gegenüber Juden aufgegeben hätte. Für eine Entscheidung in diese Richtung wären schon ihre frühen religiösen Prägungen viel zu stark gewesen. Wenn es ihr nötig schien, setzte sie judenfeindliche Vorurteile auch strategisch ein. Erinnert sei nur daran, dass sie Overbeck bei der Mutter im Februar 1890 wider besseres eigenes Wissen einen »Juden« nannte, damit Langbehn für die Behandlung Nietzsches grünes Licht erhielt.

Elisabeth teilte judenfeindliche Überzeugungen, die ihr Weltbild tiefgreifend prägten. Sie reichten von der Ablehnung des Parlamentarismus über die Kritik an der »Geldwirtschaft« bis zur Skepsis gegenüber gesellschaftlichen Veränderungen. Nietzsche lag nicht so falsch, als er sich kurz vor seinem Zusammenbruch über Elisabeths Judenhass empörte. Aus Turin schrieb er Overbeck Weihnachten 1888 düster: »Ich wage noch zu erzählen, daß es in Paraguay so schlimm als möglich steht. Die hinüber gelockten Deutschen sind in Empörung, verlangen ihr Geld zurück – man hat keins.« In Anbetracht dieser Situation empfand er es als vermessen, wie sie Georg Brandes einschätzte, der sich in Kopenhagen für seine Philosophie einsetzte. Maliziös rechnete sie ihn jenen Juden zu, »die an allen Töpfen geleckt hätten«.[81] Seitdem hatte sich viel ereignet. Als Elisabeth im Sommer 1893 aus Paraguay zurückkehrte, ahnte sie vermutlich, dass die gezielte Vermarktung ihres Bruders neue Chancen eröffnen könnte. Schon bald trugen ihre Äußerungen dazu bei, dass in Nietzsche etwas ganz Besonderes gesehen wurde.

EINE INSTITUTION WIRD GESCHAFFEN

Nach der Rückkehr im Herbst 1893 stand Elisabeth vor einer Fülle von Problemen. Ihre finanziellen Ressourcen waren aufgebraucht, und die Berichte deutscher Zeitungen über das Kolonialfiasko in Paraguay hatten ihren Ruf ramponiert. In Naumburg, wo vielfältige Beziehungen nach »Nueva Germania« bestanden, traute ihr mancher nicht mehr über den Weg. Die Mutter hatte Nietzsches Verfall in den letzten Jahren aus nächster Nähe erlebt und jede Hoffnung auf nachhaltige Besserung verloren. An Elisabeths Vorschlägen zur Krankenpflege zeigte sie nur wenig Interesse. Allerdings konnte die auf die siebzig zugehende Franziska praktische Hilfe gut gebrauchen. Bald wurde Elisabeth, die über ein bemerkenswertes Organisationsgeschick verfügte, bei Alltagsproblemen unverzichtbar. Aber auch in geschäftlichen Zusammenhängen legte sie einige »Geländegängigkeit« an den Tag.

Nietzsches Ruhm hatte sich in staunenerregendem Ausmaß vermehrt. Eine rasch steigende Leserschar wollte mehr über den Autor wissen, der Gottes Tod verkündet hatte und selbst wahnsinnig geworden war. Sein Leipziger Verleger Naumann verdiente Summen, von denen er noch vor kurzem nicht zu träumen gewagt hatte. Elisabeth erkannte früh die sich bietenden Chancen und war entschlossen, sie zu nutzen. Als unerlässlich empfand sie nun eine klare Abgrenzung vom Hause Wagner, in dem Cosima ein ebenso strenges wie erfolgreiches Regiment führte. Nachdem sich Elisabeth mit Naumann über eine Ausgabe von Nietzsches Schriften geeinigt hatte, teilte sie Köselitz am 17. Januar 1892 kategorisch mit: »[E]s hilft Alles nichts: Nietzsche u. Wagner vertragen sich nicht in einem Verlag!«[1] Auf den ersten Blick war diese Aussage überraschend, hatte sie doch noch vor kurzem von der Bayreuther Unterstützung profitiert und stand den dortigen Gedanken nahe. Aber sie war sich darüber im Klaren, dass Nietzsches Genie-Nimbus nach Abgrenzung und Ausschärfung des eigenen Profils verlangte.

Während Elisabeth in Paraguay ihren Besitzstand liquidierte, vertrat daheim Köselitz ihre Interessen. Sie wusste genau, wie wichtig Nietzsches langjähriger Vertrauter für ihr Ansehen war, und lobte ihn in ihren Briefen nach Kräften. Noch unmittelbar vor ihrer Reise nach Südamerika hatte sie alles getan, damit ihr der Komponist gewogen blieb. Sie teilte ihm mit, dass wichtige deutsche Verleger angeblich auf seine Bekanntschaft »begierig« seien, da er als Einziger »wirklich etwas über [Nietzsche] sagen könnte«.[2] Doch die Schmeichelei verfing nur halb. Köselitz war die ehrgeizige Schwester des Philosophen nicht geheuer, die so viel Unruhe verbreitete und meist ziemlich dominant auftrat. Ihrer Rückkehr nach Deutschland sah er eher mit Skepsis als mit Vorfreude entgegen.

Die Durchsetzungsfähigkeit und enorme Energie Elisabeths wurden rasch deutlich. Ihr Ziel behielt sie fest im Blick: dem Bruder einen Ehrenplatz im Pantheon der deutschen Geistesgeschichte zu sichern. Dafür schien ihr ein heroisches Bild seiner Krankheit unerlässlich. Wie eng auch immer seit der Romantik das Verhältnis zwischen »Genie« und »Wahnsinn« gedacht wurde, es durfte in keinem Fall etwas mit erblichen Belastungen zu tun haben. Denn Elisabeths wichtigstes symbolisches Kapital bestand darin, Schwester eines verkannten Denkers zu sein. Unablässig betonte sie, wie gut sie Nietzsche aufgrund der gemeinsamen Wurzeln und ähnlicher Erfahrungen verstehe. Bei Licht besehen, hatte sie kaum eine andere Wahl, da sie im Unterschied zu Cosima weder auf eine noble Herkunft noch auf ein legitimes Erbe verweisen konnte. Elisabeth musste sich ohne namhafte Förderer mit lückenhaften Kenntnissen in der Männerwelt der »Bildung« behaupten. Da lag es nahe, als »selbstlose Schwester« an Nietzsches Aura zu partizipieren.

Nietzsches Zusammenbruch und seine Einweisung in die Psychiatrie wurden in der Öffentlichkeit heftig debattiert. Bei der Beurteilung der zeitgenössischen Zeugnisse gilt es nicht nur zu bedenken, dass die Diagnose seiner Krankheiten bis heute nicht zweifelsfrei feststeht. Auch die Übersetzung der medizinischen Urteile in moderne Begrifflichkeit stellt ein großes hermeneutisches Problem dar. Zudem bestanden im ausgehenden 19. Jahrhundert andere methodische Präferenzen als heute. Schätzte man damals definitive Entscheidungen und klare Zuordnungen, scheinen heute eher multikausale Ansätze bestimmend, die der Kontingenz des Geschehens einige Bedeutung zumessen. Das Urteil der Jenaer Ärzte war eindeutig und lautete »Progressive Paralyse«. Darunter verstand man damals eine Art »Gehirnerweichung« und noch nicht den irreversiblen »Abbau der Hirntätigkeit«.[3]

Es war keineswegs ausgemacht, wie man Nietzsche im Licht seiner Krankheit beurteilen sollte. Über seinem Krankenbett in Jena stand anfangs die Diagnose »Syphilis«. Als der Basler Historiker Adolf Baumgartner dies las, empörte er sich maßlos über das Verhalten, das sein ehemaliger Mentor an den Tag gelegt habe. Auch nach Jahren fand er Nietzsches »unmoralischen Lebenswandel« noch unverzeihlich.[4] Dies war eine drastische Reaktion, die vielleicht in Nietzsches Freundschaft zu seiner Mutter, Marie Baumgartner, eine Erklärung findet, vollkommen ungewöhnlich kann man sie jedoch schwerlich nennen. Denn im Fin de Siècle galt es als ausgemacht, dass Geschlechtskranke für ihren Zustand die volle Verantwortung trügen. In Krankenhäusern wurden sie wie selbstverständlich als Patienten zweiter Klasse angesehen. Ja, in vielen Institutionen schreckte man nicht davor zurück, sie wie Sträflinge zu behandeln, die sich ihr Schicksal selbst zuzuschreiben hätten, und vergitterte die Fenster ihrer Zimmer.

Nietzsche wurde freilich in der »Irren-Heil- und Pflegeanstalt« Jenas zuvorkommend behandelt. Der verantwortliche Psychiater Otto Binswanger gewährte viele Erleichterungen und brachte ihn sogar, wie es scheint, zeitweise bei seinen Privatpatienten unter, obwohl das Geld von Nietzsches Mutter dafür nicht ausreichte. Elisabeth, die sich in Südamerika über die Jenaer Ärzte aufgeregt hatte, bemühte sich sehr um ein gutes Verhältnis zu Binswanger. Rasch fand sie einen Zugang zu dem Psychiater, der 1882 mit knapp dreißig Jahren Leiter der Landesheilanstalt geworden war und als soeben berufener Lehrstuhlinhaber ein Jahrzehnt später immer noch zu den Zukunftshoffnungen seines Faches zählte.[5] Sie schenkte ihm die Gesamtausgabe von Nietzsches Werken, für die sich der Ordinarius am 11. Oktober 1894 artig bedankte. Zudem lud sie Binswanger, wie die Antwortkarten des Mediziners belegen, häufig zu privaten Feiern ein. Elisabeth brauchte das Wohlwollen des Psychiaters, wenn ihre Vorstellung von Nietzsches Krankheit weithin zustimmungsfähig werden sollte. Fürs Erste stimmte sie mit der Mutter überein, die von Binswanger das Recht zur privaten Pflege in Naumburg erhalten hatte, obwohl der gelegentlich aufbrausende Nietzsche gewiss nicht einfach zu handhaben war. Bei einem Spaziergang fühlte sich die Mutter sogar regelrecht bedroht. Dies hielt Elisabeth jedoch nicht von ihrer sonnigen Deutung der Situation ab.

Wie so häufig bei psychischen Leiden drehte sich in der Familie alles um den Kranken. Dabei entwickelte Elisabeth ein bemerkenswertes Talent, die Dinge so zu sehen, wie es ihr am meisten nützte. Zumeist hatte sie einen präzisen Blick auf den Gesundheitszustand ihres Bruders, aber sie konnte sich auch mit Inbrunst in die Vorstellung naher Heilerfolge versenken. Natürlich war dabei nicht nur Berechnung im Spiel, sondern auch der Wunsch Vater des Gedankens. Gleichwohl stimmt es skeptisch, wie gut ihre Sicht der Dinge zum Mythos von Nietzsches vorzüglicher Gesundheit passt. In der modernen Forschung ist hingegen seine ab 1893 rapide zunehmende Apathie unstrittig.[6] Die Hauptlast in der täglichen Pflege trug im Übrigen das Hausmädchen Pauline Freytag. Die getreue Alwine, wie sie von allen genannt wurde, entlastete Franziska und Elisabeth von vielen mühevollen Arbeiten und schuf damit den für andere Aktivitäten notwendigen Freiraum.

Kurz nach ihrer Rückkehr nahm Elisabeth in Verlagsdingen das Ruder selbst in die Hand. Dafür musste sie die Position von Köselitz erschüttern, der als Einziger die Handschrift des späten Nietzsche wirklich lesen konnte und für die Herausgabe seiner Werke verantwortlich zeichnete. Im Umgang mit ihm agierte sie mit Zuckerbrot und Peitsche. So teilte sie dem Komponisten am 17. September 1893 unmissverständlich mit, dass er sich allen biographischen Ehrgeiz aus dem Kopf schlagen könne: »[S]ein

Leben, das mein lieber Herr Köselitz, schreibe ich.«[7] Umgekehrt ließ sie es an Lob nicht fehlen, für das der erfolglose Künstler empfänglich blieb, obwohl er von Elisabeth mittlerweile ein mehr als zweischneidiges Bild gewonnen hatte. Getreu ihrer Devise, im Zweifelsfall das Lob eher zu dick als zu dünn aufzutragen, teilte sie ihm am 30. Oktober 1893 das Urteil ihres neuen Favoriten Fritz Koegel mit: Er sei von seiner Oper *Der Löwe von Venedig* ganz »entzückt!!«. Aufmunternd setzte sie hinzu: »Ich bin so glücklich u. entzückt, daß ich Ihnen nur zurufen kann: Glück auf! Jetzt kommt der Sieg lieber Herr Gast!« Bei Köselitz, der seinen Künstlernamen von Nietzsche erhalten hatte und in massiver Überschätzung seines Talents von ihm zum Nachfolger Wagners vorgesehen war, mögen derlei Äußerungen nicht gänzlich wirkungslos geblieben sein. Die Enttäuschung folgte meist auf dem Fuß. Hier äußerte Elisabeth schon im nächsten Satz den Wunsch, Köselitz möge die Gedichte Nietzsches abschreiben, weil die Suche in den Naumburger Unterlagen zu beschwerlich sei.[8]

Vermutlich war Elisabeths Haltung zu Köselitz primär von Verachtung geprägt. Dies legt jedenfalls die Vorgehensweise nahe, mit der sie ihm Anfang 1894 die Herausgabe von Nietzsches Werken entriss. Sie ließ den Band der Gesamtausgabe, an dem Köselitz gearbeitet hatte, einfach einstampfen. Zu diesem Band gehörte der Text *Die Philosophie im tragischen Zeitalter der Griechen*, den Elisabeth als unbedeutend einschätzte. Köselitz war außer sich vor Empörung und legte am 16. Januar 1894 seinen Standpunkt dar. Emphatisch nannte er die Schrift »die staunenswürdigste Leistung Ihres Bruders nicht nur auf dem Gebiete des abstrakten Denkens sondern auch auf dem der lebensvollen Reconstruktion und der Wiederentdeckung des griechischen Wesens«.[9] Es handle sich um einen »hochgeniale[n]« Text, den Elisabeth vollkommen verkenne.

Um die Heftigkeit von Köselitz' Reaktion zu verstehen, reicht es nicht aus, auf Elisabeths herrisch-zynischen Umgangsstil zu verweisen: Sie hatte den Mitarbeitern der Gesamtausgabe verboten, Vorworte für die von ihnen verfassten Bände zu schreiben, und setzte nun ihren Machtanspruch rigoros durch. Es war die Kombination von Ignoranz und Willkür, die Köselitz so empörte. Von oben herab hatte ihm Elisabeth mitgeteilt,

Peter Gast (Heinrich Köselitz)

Nietzsches »Fragment« sei lediglich »gut für die Presse, aber für die Gesamt-Ausgabe wäre es geeignet, meinen großen Bruder einfach lächerlich zu machen«. Dies war nicht nur ein groteskes Fehlurteil über die Abhandlung, sondern offenbarte auch ein gravierendes Unverständnis für Nietzsches spielerischen Umgang mit literarischen Formen.

Dazu kam noch etwas anderes. Nietzsche selbst hatte sein Text einst sehr am Herzen gelegen. Mehrere Abende hatte er während seines Bayreuther Aufenthalts im April 1873 Richard und Cosima Wagner aus dem Manuskript vorgelesen.[10] Im Kern enthielt es das Bekenntnis zu einem radikal individualistischen Ansatz in der Philosophiegeschichte. Inhaltlich unterstrich die Abhandlung, welchen Wert Nietzsche den griechischen Denkern vor Sokrates zuerkannte. Es ist mehr als wahrscheinlich, dass Köselitz um die Bedeutung wusste, welche *Die Philosophie im tragischen Zeitalter der Griechen* für ihren Autor besessen hatte. Indigniert notierte er neben der Datumszeile seines Schreibens vom 16. Januar 1894: »Letzter Brief an Frau Dr. Förster«.

Elisabeths Urteil über Nietzsches meisterhaften Essay und ähnliche Einschätzungen haben weite Teile der Forschung zu dem Urteil veranlasst, sie habe der Philosophie gleichgültig gegenübergestanden. Doch so plausibel dies auf den ersten Blick erscheint, ist diese Sicht doch zu einseitig;

denn beeindruckt durch ihren Bruder, hatte sich Elisabeth schon früh um philosophische Kenntnisse bemüht. Selbst aus ihrer Schulzeit sind Aufzeichnungen erhalten geblieben, in denen sie die philosophiehistorischen Ausführungen ihres Lehrers mit dem Willen zur Genauigkeit wiedergibt. Es handelt sich um Einführungen zu zentralen Denkern der Neuzeit, die sie - vermutlich nach Diktat - mitgeschrieben hat. Das inhaltliche Niveau der Notizen ist nicht trivial.[11]

Elisabeth profitierte davon, dass man sie unterschätzte. Sie konnte sich je nach Bedarf aus editorischen Streitfragen zurückziehen oder eisern auf ihrem Standpunkt beharren. Gelegentlich spielte sie zur Verblüffung ihrer Gesprächspartner ihr Wissen über biographisch bezeugte intellektuelle Zusammenhänge in den Vordergrund. Auf diese Art wuchs ihr mit der Zeit der Ruf einer Expertin in Sachen Nietzsche zu. Dies konnte auch nicht so leicht bestritten werden, da sich ein Gutteil der Originaldokumente in ihrer Hand befand. Das damit verbundene Monopol dürfte alles andere als nebensächlich gewesen sein. Schließlich befinden wir uns im Zeitalter der beginnenden Großforschung, in dem auch in den Geisteswissenschaften nur noch die Stimme ausgebildeter Akademiker etwas galt. Mit ihrer Kritik an der Nietzsche-Edition von Köselitz lag Elisabeth prinzipiell nicht einmal falsch. Voller willkürlicher Entscheidungen und ohne Anmerkungsapparat hätte sie keine echte Chance gehabt, die Fachwelt von der Güte dieser Ausgabe zu überzeugen. Das Problem lag vielmehr darin, dass Elisabeth zweierlei Maß anlegte; denn auch die später erschienenen Editionen ließen in puncto Wissenschaftlichkeit viel zu wünschen übrig.[12]

Trotzdem war Nietzsches Schwester umgehend am expandierenden Buchmarkt präsent. Welche Gewinne dort zu erzielen waren, zeigt der Blick auf einen Erfolgsautor wie Karl May. Ende des 19. Jahrhunderts lieferte sein Freiburger Verleger Fehsenfeld jedes Jahr mehr als 100 000 Bände aus. Die heftigen öffentlichen Diskussionen schadeten dem sächsischen Schriftsteller kaum, der kühn behauptete, als Old Shatterhand und Kara ben Nemsi die Abenteuer seiner Romane selbst erlebt zu haben. Virtuos nutzte May die skandalträchtigen Auseinandersetzungen zur Steigerung seiner Auflagenzahlen. Vermutlich hatte er sich ein realistisches Bild davon gemacht, dass die faktische Wahrheit bei medialen Konflikten eher nachrangig war. Die entscheidende Ressource bei Skandalen lag in der »Reputation«, welche die beteiligten Personen in der Öffentlichkeit besaßen.[13]

Elisabeth präsentierte sich vor allem als unermüdliche Sammlerin wertvoller Manuskripte, die als Erste das Genie ihres Bruders erkannt habe. Dafür war es nützlich, die familiäre Nähe auch äußerlich zu unterstreichen. Am 16. November 1895 erwirkte sie das Recht, den Namen »Förster-Nietzsche« führen zu dürfen.[14] Mit dem zu dieser Zeit noch sehr ungewöhnlichen Doppelnamen betonte sie die Verwandtschaft mit dem berühmten Bruder und hielt zugleich an ihrer Rolle als Ehefrau des heroisch gescheiterten Koloniegründers fest. Aus heutiger Perspektive mag diese Entscheidung überraschen, aber sie entsprach Elisabeths Selbstverständnis und gab ihr zugleich eine tragische Ausstrahlung, die sie für ihre Resonanz im Bildungsbürgertum gut gebrauchen konnte. Ähnlich wichtig war es, dass sich Elisabeths Ruf als unermüdliche Helferin und Nietzsches Anerkennung als zeitenthobenes Genie gegenseitig bestätigten. Die Krankheit verlor einen Gutteil ihres Schreckens, während das Leben der Schwester mit Bedeutung aufgeladen wurde. In welchem Ausmaß sie an der Entstehung des Nietzsche-Mythos mitwirkte, ahnten viele Zeitgenossen nicht einmal. Die Spötter hatten vielleicht sogar ein besonders unzutreffendes Bild der Gesamtlage. Sie unterschätzten ebenso Elisabeths erinnerungspolitischen Ehrgeiz wie die Konsequenzen ihrer Aktivitäten, die vom Literaturbetrieb bis zur akademischen Welt reichten. Die Stimmen sind Legion, die in pathetischer Sprache herausstellten, was für ein Solitär Nietzsche gewesen sei, ohne im Mindesten zu bedenken, wie sehr seine Schwester ihn dazu gemacht hatte. Mit der Zeit erwuchs aus dem Urteil ein veritabler Topos. Pars pro toto sei Egon Friedell zitiert, der energisch betonte, Nietzsche habe »gar keine Beziehung« zu seiner Zeit besessen, »nicht die geringste, nicht einmal den Antagonismus«.[15]

Beim Verfolgen ihrer Ziele schreckte Elisabeth vor massiven Kränkungen und einem lässigen Umgang mit der Wahrheit nicht zurück. Mühelos veränderte sie einst getroffene Aussagen, wenn sie nicht mehr ins Kalkül passten. Gleichzeitig besaß sie einen bestrickenden Charme, der sich nicht allein auf Männer erstreckte. So war nicht nur der Berliner Germanist Richard Moritz Meyer von ihr begeistert, sondern auch seine Frau Estella. Die erste Zeit mit Nietzsches Schwester schilderte sie am 11. September 1892 wie eine Art Honeymoon, der unter den Eheleuten stets präsent sei: »Wieviel und wie oft haben wir von Ihnen gesprochen und erzählt, wie geschwärmt! – und jeder hörte uns mit dem größten Interesse zu!«[16] Offenkundig konnte Elisabeth, wenn sie wollte, eine regelrecht enthusiasmierende Wirkung entfalten. Der Aufbau des Nietzsche-Archivs war freilich harte Arbeit.

Zuerst richtete Elisabeth im November 1893 im Erdgeschoss des mütterlichen Hauses in Naumburg ein eigenes Archivzimmer ein. Hier wurden die Handschriften aufbewahrt, die das Fundament der künftigen Forschung bilden sollten. Viele von ihnen wären ohne Elisabeths energischen Einsatz nicht entdeckt und erschlossen worden. Der Raum erwies sich bald als zu klein. Wenig später belegte Elisabeth das gesamte Erdgeschoss und eröffnete zum Geburtstag der Mutter am 2. Februar 1894 feierlich das Nietzsche-Archiv. Franziska zeigte sich nur anfangs über die Umbauten erfreut, die vor allem auf eine Verbesserung der Arbeitsbedingungen abzielten. Nach kurzem überwog bei ihr der Ärger über die unvermeidliche Störung des Kranken. Dem befreundeten Overbeck teilte sie mit, wie nervenaufreibend Nietzsches Schreie seien, der sich bei ihr im Obergeschoss aufhielt.[17] Aber was sollte sie tun? Ihre Tochter hatte sich nun einmal in den Kopf gesetzt, die Pflege des Kranken und die Herausgabe seiner Schriften miteinander zu verbinden.

Elisabeth, die so charmant im Anknüpfen von Verbindungen sein konnte, hatte einen Hang zur Eigenmächtigkeit. Stand ihr eine Vorstellung deutlich vor Augen, schien es ihr oft unmöglich, dass andere Menschen die Dinge anders sehen konnten. Und zu Handlungen, die ihr sinnvoll und geboten vorkamen, fühlte sie sich stets ermächtigt. Ihre Mitmenschen empfanden dieses Verhalten häufig als »übergriffig«. Als sie Nietzsches Briefe an Cosima zitieren wollte, äußerte diese am 25. August 1894 spitz:

»Liegt Dir überhaupt viel an Publikationen? Was Dein Bruder bedeutendes zu sagen hatte, hat er gesagt, und meinst Du nicht mit mir, daß Schweigen hier das einzig entsprechende ist.«[18] Indirekt, aber unmissverständlich ließ sie damit die um Anerkennung bemühte Philosophenschwester wissen, dass ihre Umtriebigkeit fehlende Legitimität nicht ersetzen könne. Ähnlich deutlich reagierte Cosima am 20. Dezember 1896, nachdem Elisabeth unzulässigerweise aus ihrer Korrespondenz mit Nietzsche zitiert hatte. Sie bestätigte ihr die gute Absicht, verbat sich aber für die zweite Auflage eine derartige Vorgehensweise.

Cosimas Verhalten hatte nichts mit Respekt für Nietzsche zu tun. Wie ganz Bayreuth behandelte sie ihn nach seinem Bruch mit Wagner als Persona disgrata, und bis an ihr Lebensende hielt sie an ihrem Bild vom ebenso undankbaren wie neidischen Denker fest. Sie wollte nur in aller Höflichkeit die Grenzen markieren, die Elisabeth niemals überschreiten durfte. Ansonsten trug Cosima keine Bedenken, Nietzsches Briefe an sie, die zeitgenössisch größte Aufmerksamkeit gefunden hätten, einfach zu vernichten. In ihrem Urteil über den »Abtrünnigen« ließ sie sich an Schärfe durch niemanden überbieten. Cosima bescheinigte Nietzsche »Spasmen der Impotenz« und betonte immer wieder, dass die angebliche Originalität seines Œuvres nichts als bloßer Schein sei.[19] Wenn es sein musste, konnte Elisabeth aber durchaus Contenance wahren. Und so hielt sie nach außen an ihrer Bewunderung Cosimas fest, deren Äußerungen sie gewiss als schwere Kränkung empfand.

In der Regel hatte die Rolle als Schwester eines Jahrhundertgenies allerdings primär positive Seiten. Im August 1893 gönnte sich Elisabeth eine Reise in den »Sommergarten des Wanderers« nach Sils-Maria. Die Reise mit Meta von Salis zeigte, wie sehr sie sich bereits an ihre neue Rolle gewöhnt hatte. Bewusst kopierte sie eine Eigenart Nietzsches und schrieb den Brief an die Mutter an der frischen Luft. Spuren von Genialität zeigte ihr Schreiben allerdings nicht. Elisabeth hob hervor, dass sie sich mit Meta von Salis »viele liebliche Dinge« sage, und rühmte das »bezaubernde Wetter«. Überdies teilte sie mit, die Adelige habe die »Hoffnung auf Herstellung« des Kranken immer noch nicht aufgegeben.[20] Offenkundig verbreitete sie mit Vorliebe gute Nachrichten, die sich aus der Ferne nur schwer überprüfen ließen.

Ihre idyllischen Erinnerungen an den Bruder hütete Elisabeth wie einen Schatz. Dementsprechend aufgebracht war sie, als ausgerechnet Lou Salomé, die mittlerweile den angesehenen Orientalisten Friedrich Andreas geheiratet hatte, ein anderes Bild vermittelte. Ihr 1894 erschienenes Buch *Friedrich Nietzsche in seinen Werken* hatte beträchtliche Vorzüge, die zeitgenössisch rasch erkannt wurden und bis heute imponieren. Methodisch handelte es sich um eine Art Religionsphänomenologie avant la lettre, mit der sie sich Nietzsches Gedanken näherte. Inhaltlich stellte sie die wichtigsten Schriften Nietzsches vor und verfocht ein Drei-Phasen-Modell, das der von *Menschliches, Allzumenschliches* bis zur *Fröhlichen Wissenschaft* reichenden skeptischen Periode große Bedeutung zumaß. Besonders wichtig nahm Lou Andreas-Salomé die letzte Phase seines Lebens, in der Nietzsche zu seinen religiösen Ursprüngen zurückgekehrt sei. Aber es soll hier weniger um eine objektive Würdigung oder eine hermeneutisch einlässige Interpretation ihres Werkes gehen als um Punkte, die vermutlich Elisabeths Zorn hervorgerufen haben. Mit einiger Wahrscheinlichkeit begann ihre Verstimmung bereits mit der Aufmachung des Buches. Es war »EINEM UNGENANNTEN« gewidmet, wohinter sich, wie leicht zu ermitteln war, der verhasste Paul Rée verbarg. Nietzsche hingegen wurde auf einem bieder und kitschig wirkenden Bild mit der Unterschrift »*ehemals* Professor jetzt fugitivus errans« (herumirrender Flüchtling) präsentiert. Es handelte sich dabei um »eine retuschierte Ausschnittvergrößerung« des Luzerner »Peitschenfotos« von Mai 1882, die ihn ausgesprochen unvorteilhaft erscheinen ließ.[21] Noch ärgerlicher dürfte der erhobene Anspruch auf Authentizität gewesen sein. Er wurde durch die Wiedergabe von Originaldokumenten demonstriert und kam Elisabeths Selbstverständnis ernsthaft in die Quere.[22]

Das Buch enthielt sachliche Fehler, die Elisabeth stören mussten. So wurde Bernhard Förster als »Jugendfreund« (S. 34) Nietzsches vorgestellt oder der Aphorismus »Sternen-Freundschaft« aus *Die fröhliche Wissenschaft* auf Paul Rée statt auf Richard Wagner bezogen. (S. 173) Doch stellten diese Irrtümer kein ernsthaftes Problem dar. Sie ließen sich leicht korrigieren und boten zudem die Möglichkeit zu eindeutiger Kommentierung. Anders stand es um die Aussage über Nietzsches »Selbstvergottung« (S. 60), die sich in Elisabeths Ohren anmaßend anhören musste. Erst recht dürfte dies für die Einschätzung ihres Bruders als »weiblicher Philosoph« gegolten haben. (S. 70) Als Quelle für rein private oder subtile rezeptionsgeschichtliche Fragen fiel Lou Andreas-Salomé nach Meinung der Schwester ohnehin aus, weil sie mit Nietzsche nur kurze Zeit verbracht habe. Die These vom Einfluss Rées auf Nietzsches Herleitung der Moral dürfte sie für eine massive Übertreibung oder gar eine Unverschämtheit gehalten haben.[23] Ähnliches gilt für die Darstellung von Nietzsches Spätphase als Regression in den Schoß der Religion. Insbesondere die sexuelle Dimension der Deutung wird von Elisabeth als peinlich empfunden worden sein. Vermutlich kam die Betonung der dunklen Seite in Nietzsches Seelenleben, wonach er sich »nur in der Selbstaufopferung und Selbstvergewaltigung befriedigte«, sogar einem Sakrileg gleich.

Auch für Fernstehende war offenkundig, wie skeptisch Nietzsche von Lou Andreas-Salomé beurteilt wurde. Bei all seiner sprachlichen und denkerischen Begabung sah sie in ihm kaum mehr als einen an sich selber leidenden Menschen, der seine abgründige religiöse Prägung und menschliche Versehrung nie wirklich überwunden habe. Mit Rée aber verband sie eine tiefe Bindung, die von Beginn an außer Frage stand. In diesem Sinne hatte sie am 13. März 1882 dem von ihr einst bewunderten Theologen Hendrik Gilbert über das geplante Zusammenleben mit den beiden Männern geschrieben, »das Wesentliche ist <u>menschlich</u> für mich <u>nur</u> Rée«.[24] An der Einstellung hatte sich im Grunde genommen nichts geändert, wie differenziert ihr Verständnis Nietzsches in den folgenden zwölf Jahren auch geworden sein mochte.

Für Elisabeth war diese Beurteilung ihres Bruders gänzlich inakzeptabel. Doch dürfte ihr die Monographie von Lou Andreas-Salomé gezeigt haben, wie attraktiv die Mischung aus philologischer Genauigkeit und persönlicher Nähe für ein breiteres Publikum war. Genau diesen Weg schlug Elisabeth in ihrer Nietzsche-Biographie ein, deren erster Band 1895 erschien. Natürlich hatte sie in puncto Authentizität mehr zu bieten als die verhasste Rivalin: Neben faksimilierten Briefen präsentierte sie u. a. Fotografien und Lieder ihres Bruders mit den dazugehörigen Noten. Der Anhang enthielt Aufzeichnungen Nietzsches aus den Jahren 1861 bis 1869, darunter so beeindruckende wie den Vortrag *Fatum und Geschichte*. Vielleicht am erstaunlichsten war es, dass die bis dahin in ihrer Korrespondenz zu dramatischen Zuspitzungen neigende Elisabeth nun anders verfuhr. Im Plauderton trug sie ebenso unerhörte Begebenheiten und private Details aus Nietzsches Leben wie persönliche Einschätzungen vor. Der Sache nach zielte die Darstellung darauf, Nietzsche einem bürgerlichen Publikum als wohlerzogenes, aus protestantischem Milieu stammendes Genie nahezubringen. Dementsprechend bleiben die Doppelbödigkeiten seines Lebens ausgespart, und der Blick auf das Familienleben der Nietzsches ist ausgesprochen harmonisch.[25]

Elisabeth gestattete sich manche Übertreibung und manche Legende. So ist im Vorwort zu lesen, dass sie bereits in »Nueva Germania« mit der Abfassung der Biographie begonnen habe. Beim Ausmalen ihrer Lage in Südamerika zog Elisabeth alle Register: »Als ich im tiefsten Herzeleid, grenzenlos vereinsamt im fremden Land, am Rande des Urwaldes, diese Aufzeichnungen niederzuschreiben begann, da geschah es mir selbst zum Trost. Der Blick auf das Glück meiner Jugend sollte den Schmerz meiner Verlassenheit lindern. Aber seltsam! unter der Hand wurde diese Niederschrift zu einer Lebensbeschreibung meines Bruders.« (S. VII) Kein Wort davon war wahr; aber die Perspektive eignete sich bestens, ihr in Paraguay erfahrenes Leid herauszustellen. Zudem erleichterte sie es Elisabeth, sich in die Geschichte ihres Bruders einzuschreiben. Wo immer sich die Gelegenheit bot, rückte sie die beiden Leben zusammen und schlug einen persönlichen Ton an. Die Eingängigkeit der mitgeteilten Anekdoten zeigt sich schon in der Tatsache, dass sie bis heute zum ehernen Bestand der Nietzsche-Biographik zählen.

Im Grunde war das Buch eine Verteidigung der Kindheit. Die familiären Schicksalsschläge werden nicht geleugnet, aber in einer Art und Weise geschildert, dass sie sehr harmlos erscheinen. Beträchtliche Energie verwandte Elisabeth darauf, die erblichen Belastungen in der Familie Nietzsche zu eskamotieren. Eine Gehirnerschütterung habe zum Tod des Vaters geführt, nachdem er über seinen »kleine[n] Hund« gestolpert und »sieben steinerne Stufen« in den Pfarrhof hinabgestürzt sei. (S. 5) Dies hatte mit den Fakten so wenig zu tun, dass sie später selbst von dieser Version Abstand nahm. Elisabeth zügelte ihre Phantasie, wenn sich Ereignisse überprüfen ließen. Dann stützte sie ihre Erinnerungen und persönlichen Werturteile auf biographische Dokumente, die dank ihrer Sammlertätigkeit in großer Zahl zur Verfügung standen. Im Resultat entstand ein ungewöhnlich stimmiges Bild der Kindheit und Jugend eines Hochbegabten, der die gesellschaftlichen Normen akzeptierte und von seiner Schwester abgöttisch geliebt wurde. Natürlich wissen wir, etwa durch das Pförtner Krankenbuch, dass sich die Dinge nicht so einfach verhielten und Nietzsches Jugend von vielerlei Belastungen geprägt war. Gleichwohl fällt es bis heute schwer, sich von Elisabeths Perspektive zu lösen. Dies gilt etwa für die Erzählung, dass der junge Nietzsche bei strömendem Regen gemessenen Schrittes vom Naumburger Domgymnasium nach Hause gegangen sei, weil die Schulordnung es so bestimmte. Leichthin aufgeben sollte man diese Anekdote nicht; denn sie vermittelt etwas von den Wertmaßstäben im Hause Nietzsche. Umstandslos glaubhaft ist sie freilich auch nicht, »weil sie ins Bild passt«.[26] Dafür hat Elisabeth die von ihr mitgeteilten Szenen viel zu sorgfältig aufeinander abgestimmt.

Einfacher fällt der Umgang mit Passagen, die Nietzsches Schwester in ein besseres Licht setzen sollten. Hier tut sie häufig des Guten zu viel und weckt die Skepsis ihrer Leser. So heißt es ebenso pathetisch wie gewollt kindlich über das Ausmaß der eigenen Rechtschaffenheit: »Auch auf Wahrhaftigkeit legte er großes Gewicht, doch war ich selbst, jemehr ich mich entwickelte, von einer so leidenschaftlichen Wahrheitsliebe erfüllt, dass mein Bruder es später für nöthig fand, diese Eigenschaft etwas einzudämmen; viele erzieherische Ueberlegungen richteten sich schließlich darauf, wie man vollkommen wahr sein könne, ohne Andere zu verletzen, – das schien mir manchmal recht schwer.« (S. 85) Ähnliches trifft für die von Elisabeth erzählten dramatischen Geschichten zu. Beispielsweise spricht wenig dafür, dass der junge Nietzsche »in einen Strudel gerathen« sei und ihn ein Onkel rettete, »als er schon halb bewußtlos« war. (S. 155)

Zu den Leitmotiven des Buches gehört die Betonung von Nietzsches Männlichkeit, der in seiner Studentenzeit geradezu »ein Bild von Kraft und Gesundheit« gewesen sei. (S. 208) Schon früh habe er jedoch als geistiger Mensch einen ausgeprägten Hang zur Keuschheit an den Tag gelegt. Obwohl er sich durchaus für das andere Geschlecht erwärmen konnte, sei für ihn die Philosophie das Entscheidende gewesen: »Seine ganze Leidenschaft lag in der Welt der Erkenntniß, deshalb hatte er für alles Andere nur sehr temperirte Empfindungen übrig.« (S. 180) In der Familie Nietzsche habe man früh um die Begabung des Musterschülers gewusst und ihn mannigfach unterstützt. Nachdrücklich betont Elisabeth in diesem Zusammenhang die Wichtigkeit der strengen Großmutter Erdmuthe, während sie Franziskas familiäre Bedeutung nach Kräften marginalisiert. Das Endergebnis der familiären Bildungsanstrengungen könne sich jedenfalls sehen lassen. Mit nur 24 Jahren wurde Nietzsche nach Basel berufen, womit sich ein außergewöhnliches Ansehen verbunden habe; denn ein »junger Universitätsprofessor« sei damals »mit einer ganz andern Glorie umgeben gewesen« und habe die »beliebteste Romanfigur« dargestellt. (S. 295)

Elisabeths Buch, das mit Nietzsches unerwarteter Berufung schloss, traf den Ton der Stunde und wurde von den Zeitgenossen enthusiastisch gefeiert.[27] Es ermöglichte einen privaten Blick auf eine außergewöhnliche und heftig umstrittene Begabung und zeigte sie von ihrer harmlosen Seite. Nur die Mutter war äußerst unzufrieden. Obwohl sie die Hauptlast in Nietzsches Jugend getragen und ihn nach Kräften gefördert hatte, spielte sie in der Biographie kaum eine Rolle. Ausdrücklich teilte sie am 23./24. Juli 1895 Adalbert Oehler mit, was von Elisabeths angeblicher Wahrheitsliebe zu halten sei. Sie habe nach Herzenslust fabuliert und, wenn es ihr nützlich schien, einfach gelogen. »Lesen und schreiben« habe sie und nicht der Vater dem Sohn beigebracht. Auch die Tochter habe es von ihr »gelernt, ehe sie in die Schule ging«.[28] Angesichts der vielen »lieben Briefe«, die Nietzsche ihr geschrieben hatte, fasste Franziska ihre seltene Erwähnung nicht als Versehen, sondern als »Hinterlist« auf. Das Werk selbst sei nur als »Wahrheit und Dichtung« zu betrachten.

Das schroffe Urteil erklärte sich auch aus den Konflikten der letzten Monate. Elisabeth war mit erheblichem Selbstbewusstsein aus Südamerika zurückgekommen und wollte die zentralen Entscheidungen fällen. Der Briefwechsel mit der Mutter spiegelte das sich verschlechternde Verhältnis. Nicht selten wurde Franziska regelrecht kujoniert. Am 9. September 1895 rechtfertigte Elisabeth ihr respektloses Verhalten gegenüber der Mutter mit den »höchsten Zielen«, die sie verfolge.[29] Gleichzeitig war sie sich nicht zu fein, der Mutter mit Liebesentzug zu drohen, falls sie sich nicht ihren Vorstellungen beuge. Rein sachlich ging es Elisabeth darum, dass Nietzsche dringend einen Garten brauche und deshalb die Naumburger Stadtwohnung verlassen solle. Dabei ließ sie keinen Zweifel daran, besser als jeder Arzt beurteilen zu können, was für ihren Bruder wirklich nötig sei.

Es ginge freilich zu weit, in Elisabeths Anmaßung die alleinige Ursache aller Konflikte zu sehen. Nietzsches Krankheit war eine schwere Belastung für alle Familienangehörigen, die seinem körperlichen und geistigen Verfall ins Auge blicken mussten. Sein Ruhm aber hatte rasch betörende Ausmaße angenommen. Da war selbst die nüchterne Franziska nicht ohne Eitelkeit. Im Oktober 1895 teilte sie Adalbert Oehler stolz die Auffassung des Naumburger Pastors Albrecht mit, »bei allen großen Männern fragt man zuerst nach der Mutter«.[30] Und natürlich war die Herausgabe von Nietzsches Werken ein so lukratives Geschäft, dass es Elisabeth auf die Dauer nicht Franziska überlassen wollte. Als Erstes wandte sie sich an die Vormundschaft, um im Namen Nietzsches nicht mehr zu sparen, sondern »angemessen zu repräsentieren«. Für die Mutter bereitete sie einen Abtretungsvertrag vor, durch den sie »alle Rechte und Einkünfte« an Nietzsches Werk verlieren sollte. Angesichts von dessen Ruhm war der vorgesehene Gegenwert mit einem »einmaligen Betrag von 30 000 Mark und 1200 Mark jährlicher Rente« nicht gerade üppig.[31]

Franziska quälte sich mit der Frage, ob sie die Verfügungsgewalt über Nietzsches Papiere vollständig ihrer Tochter überlassen solle. Doch letztlich war sie Elisabeths Willensstärke und Rücksichtslosigkeit nicht gewachsen. Ihr Brief an Adalbert Oehler vom 17. Dezember 1895 belegt, mit welcher Energie Elisabeth auf die Vertragsunterzeichnung drängte.[32] Franziska fürchtete um ihre Zukunft, weil die Tochter nicht mit Geld umgehen könne und sie am Ende für die Schulden geradestehen müsse. Aber Elisabeth ließ ihr keine Bedenkzeit. Wie sehr die Mutter das Geschehene bereute, zeigte der Nachtrag zu ihrem Brief vom 17. Dezember: »Hätte ich doch nicht unterschrieben!«, klagte sie verzweifelt Adalbert Oehler. »Es entstehen daraus unglückliche Geschichten, denn wir sind ganz in die Hände von Lieschen gespielt.« Fortan war Elisabeth die uneingeschränkte Herrin des Nietzsche-Archivs. Ihr Ziel hatte sie mit harten Bandagen erreicht. Es ist keine Übertreibung, wenn man den auf die Mutter ausgeübten Druck als Nötigung und damit als »Straftatbestand« deutet.[33]

Elisabeth verfügte freilich nicht nur über eine bemerkenswerte Durchsetzungsfähigkeit, sie hatte auch durchaus Sinn für die symbolische Dimension ihrer Aufgabe. So war sie sich darüber im Klaren, dass der Prophet nichts im eigenen Lande gilt, und sie deshalb Naumburg verlassen müsse. Als Ziel schwebte ihr Weimar vor, wo sich an die Tradition der dortigen Klassik und insbesondere an Goethe anknüpfen ließ. Im August 1896 war es so weit: Elisabeth zog mit dem kranken Bruder von Naumburg in die berühmte Residenzstadt. Sie hatte einen Salonwagen gemietet, der »sonst nur dem Großherzog zur Verfügung stand«, und Nietzsche wurde von »Diener[n] in Livree« getragen.[34] Damit alles problemlos vonstattenging, hatte sie sich für den Nachtzug entschieden. Doch versäumte sie es nicht, die Presse rechtzeitig über das symbolträchtige Ereignis zu informieren.

Nicht weniger als 49 Zeitungen berichteten über das Geschehen in der thüringischen Provinz.[35] Welche Aufmerksamkeit Nietzsches Schicksal mittlerweile in der Öffentlichkeit fand, konnte man daran ersehen, wie viele große Blätter engagiert waren. Das Interesse reichte vom linksliberalen *Berliner Tageblatt* bis zum *Reichsboten*. Der Leser erfuhr manches bezeichnende Detail über die Situation des Nietzsche-Archivs. Viele Zeitungen wiesen etwa darauf hin, dass auch Fritz Koegel, der Herausgeber von Nietzsches Nachlass, nach Weimar ziehen werde. Gelegentlich wirkt ein Artikel wie in die Feder diktiert; aber vielleicht handelte es sich auch um knappe Notizen, mit denen Elisabeth geneigte Journalisten versorgte. Dass Klappern zum Handwerk gehört, musste ihr niemand erklären.

Im Archiv war Elisabeth bald wegen ihrer Launenhaftigkeit gefürchtet. Spätestens nach dem Einstampfen der ersten, von Köselitz besorgten Ausgabe war jedem klar, wer das Sagen hatte. Zwar wurde Fritz Koegel, der neue Leiter des Archivs, anfangs hofiert, doch die wichtigen Entscheidungen traf sie allein. Als Wissenschaftler war Koegel ein unbeschriebenes Blatt. Elisabeth hatte sich auf Empfehlung Cosima Wagners für den Dichter aus dem Berliner Zirkel um Stefan George entschieden, der sein Geld bis dato in der Industrie verdient hatte. Koegel stürzte sich mit Feuereifer in seine neue Aufgabe, aber gewann schon früh den Eindruck, dass Elisabeth nicht zu trauen sei. Er legte Abschriften von Originaldokumenten Nietzsches an, um deren Bestand er fürchtete, weil sie absprechende Urteile über die Schwester enthielten und nicht zu dem vom Archiv verbreiteten Bild einer heilen Welt in der Familie Nietzsche passten.[36] Koegel tat gut daran; denn der harmonische Gleichklang in Weimar währte nicht lange.

Die tieferen Gründe für die Unstimmigkeit zwischen Koegel und Elisabeth Förster-Nietzsche, die anfangs über den neuen Herausgeber regelrecht ins Schwärmen geraten konnte, sind unklar. Auffällig ist jedoch, dass sich der Kontakt spürbar verschlechterte, als er sich mit Emily Gelzer verlobte. Die Archivherrin teilte sogar Koegels zukünftiger Schwiegermutter mit, er sei für ihre schlechten Philosophiekenntnisse verantwortlich, weil er ihr jede Einführung versagt habe. Wenn sie etwas genauer wissen wollte, habe er sie »mit einer spöttischen Gegenrede« mundtot gemacht und ihre »künstliche Unwissenheit erhalten«.[37] Stellt man Elisabeths Selbstvertrauen in Rechnung, war die Geschichte ziemlich unwahrscheinlich. Erst recht gilt dies für ihre beredte Klage, wie schwer ihr unter diesen Umständen die Abfassung der Nietzsche-Biographie gefallen sei und sie »grenzenlos gelitten« habe. Denn die in freundlichem Plauderton abgefasste Studie vermittelt den Eindruck außerordentlicher Leichtigkeit.

Fritz Koegel (links) mit einem Bergführer, 1894/95

Zu diesem Zeitpunkt hatte Elisabeth bereits einen neuen vertrauenswürdigen Herausgeber gefunden: Rudolf Steiner, der als Editor von Goethes naturwissenschaftlichen Schriften zwar keine Bäume ausgerissen hatte, aber gleichwohl ein versierter Geisteswissenschaftler war. Nietzsches Schwester schwärmte für den umfassend gebildeten Gelehrten, der sich ihrem Charme nicht entziehen konnte, wie er später freimütig bekannte.[38]

Steiner übernahm die schwierige Aufgabe, Elisabeth in die Philosophie einzuführen. Das Hauptproblem war nicht ihre Ahnungslosigkeit, mit der sie gern kokettierte. Sie verfügte über einiges Wissen, um Gedanken ihres Bruders zu verstehen. Vielmehr fehlte es ihr an der erforderlichen Einstellung, um systematisch relevante Fragen wichtig zu nehmen und möglichst vorurteilsfrei zu erörtern. Stattdessen folgte sie ihren eigenen Vorstellungen und sah die philosophische Wahrheit gern dort, wo die meiste Anerkennung winkte. Steiner wiederum hatte für Elisabeths pragmatisch-situative Haltung zur Philosophie kein Verständnis. Er sah darin ein Ausweichen vor den prinzipiellen Problemen, die jeder Mensch für sich zu klären habe. Dementsprechend kategorisch fiel sein Urteil aus: Es fehle »ihr jeder Sinn für Sachlichkeit und Objektivität«, der für ein tieferes Eindringen in die Philosophie unbedingt erforderlich sei. Dies war ein hartes, aber kein ungerechtes Urteil. Allerdings verkannte Steiner, wie vorteilhaft willkürliche Einschätzungen und sprunghafte Verhaltensänderungen für Elisabeth sein konnten. Nietzsches Schwester baute ein Imperium auf, indem sie günstige Gelegenheiten ergriff, ohne sich durch Prinzipienfragen unnötig zu beschweren. In psychologischer Hinsicht legte sie hingegen, wenn sie wollte, beträchtliche Sensibilität an den Tag. Beispielsweise las sie zusammen mit Steiner das noch ungedruckte Manuskript von *Ecce Homo* und »belohnte« ihn so für seine Dienste.[39] Gerade weil sie Konflikte stets persönlich nahm und einen wachen Sinn für die Eitelkeit ihrer Mitmenschen besaß, fand sie häufig unerwartete Problemlösungen. Selbst den tiefgekränkten Köselitz band sie wieder erfolgreich in die Unternehmungen des Nietzsche-Archivs ein. Ausführlich schilderte sie ihm am 2. Dezember 1898, welche Kämpfe sie in den vergangenen zwei Jahren zu bestehen gehabt habe. Ihr größtes Glück sei es gewesen mitzuerleben, wie sich ihr Bruder zeitweilig gesundheitlich erholt habe. Doch habe ein Schlaganfall allen Hoffnungen ein Ende bereitet. Das Archiv entwickle sich freilich »immer mehr zu einem Mittelpunkt bedeutender Männer und Frauen«, auch wenn sie über die entlassenen Archivare Koegel und Steiner nur das Schlechteste sagen könne.[40] Im Ganzen handelte es sich um eine theatralische Schilderung, die mit der Wahrheit wenig gemein hatte und Köselitz mit dem Lob der eigenen Unverzichtbarkeit locken sollte. Schließlich kam es 1899 zu einem Deal. Elisabeth gab die Versicherung, dass sie »abfällige Äußerungen Nietzsches« über den Komponisten unterdrücken werde und es billige, »wenn er gleiches beabsichtige«.

Ähnlich komplex steht es um Elisabeths Haltung zur Frauenemanzipation. Sie passte sich herrschenden Vorstellungen an und war zum Wohle von Nietzsches Wirkung zu manchem Kompromiss bereit. Das heißt jedoch nicht, dass sie grundsätzlich männlichen Überzeugungen mit Respekt begegnete. Wie sehr sie die üblichen Rollenvorstellungen für ihre Zwecke nutzte, erkannten nur wenige. Ein besonders hellsichtiges Urteil fällte rückblickend die Schriftstellerin Gabriele Reuter. Sie sah in Elisabeth »eine höchst weibliche Frau, was die Franzosen mit dem Wort ausdrücken: une femme très femmes. Klein, fein, lebendig und behend, dabei durch eine große Kurzsichtigkeit auch ein wenig hilflos in den Bewegungen und nicht ohne die Koketterie der Hilflosigkeit. Eine von den Frauen, denen jeder Mann sich zu Schutz und Unterstützung verpflichtet fühlt, der man eigentlich nicht zutraut, daß sie eine Türklinke allein öffnen, geschweige denn ein Billet lösen und in den richtigen Eisenbahnwagen steigen können. Und die doch unter ihrer scheinbar so gebrechlichen Hülle und ihrer Weltfremdheit eine Fülle von Energie und zäher Klugheit bergen.«[41] Elisabeth wusste genau, welche Vorteile es hatte, unterschätzt zu werden, und sorgte dafür, dass es lange so blieb. Im persönlichen Umgang wählte sie eine bewusst harmlose Diktion, und bis ins hohe Alte trug sie eine Perücke mit einer jugendlichen Frisur.

Elisabeth stilisierte sich gern zur verfolgten Unschuld, die ohne Ehemann und Bruder in einer von Männern beherrschten Welt verloren sei. Dabei verstand sie es, ihre Interessen eisern zu wahren. Für altruistische Verhaltensmuster fehlte ihr hingegen das Verständnis. So konnte sie sich nicht erklären, warum sich Steiner Fairnessgesichtspunkten verpflichtet fühlte und ihre Behandlung Koegels ablehnte. Durchsetzen konnte er sich nicht. Koegels Ausgabe wurde eingestampft, weil Nietzsches Schwester mittlerweile über lukrativere Optionen verfügte, und auch sein Verteidiger Steiner war nicht unersetzbar. Von hoher Warte interpretierte sie dessen Verhalten als Ausdruck männlicher Ehrenpusselei und Realitätsferne, während sie Köselitz für einen Schurken hielt, der ihr das Archiv entwinden wolle.[42] Spätere Editoren wussten von Beginn an, wem sie sich in Weimar zu unterwerfen hatten.

Besondere Sympathie verband Elisabeth mit der Frauenrechtlerin Meta von Salis. Als sich nach dem Tod Franziskas im Frühjahr 1897 die Gelegenheit zu einem Neuanfang bot, unterstützte sie vorbehaltlos Nietzsches Schwester. Auf dem Silberblick südlich von Weimar stand eine Villa zum Verkauf, für deren Erwerb Elisabeths Finanzmittel niemals gereicht hätten. Meta von Salis, die noch den gesunden Nietzsche kennengelernt hatte, kam für die Kaufsumme von 40 000 Mark auf, ohne weitere Bedingungen zu stellen. Dies war sehr großzügig und erklärt sich aus der Wertschätzung, die sie Nietzsche entgegenbrachte.[43] Doch schon bald war es mit der Eintracht zwischen den beiden Frauen vorbei. Ohne Meta von Salis zu informieren, nahm Elisabeth eigenmächtig bauliche Veränderungen vor. Die stolze Adelige fühlte sich brüskiert, erkannte aber auch, wie schwierig es war, mit Elisabeth dauerhaft gültige Abmachungen zu treffen. Indigniert verkaufte sie die Villa an Adalbert Oehler und führte fortan nach dem Vorbild Nietzsches ein zurückgezogenes Leben. Elisabeth aber war die neue Herrin auf dem Silberblick und ließ sich von der bürgerlichen Welt feiern. Was sie tatsächlich von den Honoratioren hielt, teilte sie Meta von Salis im Juli 1898 mit: »[D]u fehlst mir so bei meinem jetzigen Triumph über all die Männer und Männlein.«[44] Die Verachtung ist in dem Urteil mit Händen zu greifen.

Die Zahl von Geschichten, in denen Elisabeth in ethischer Hinsicht eine zweifelhafte Figur macht, ließe sich leicht vermehren. Brutalität, Eitelkeit und Heuchelei fanden zu einer eigentümlichen Verbindung, die häufig herausgestellt und scharf kritisiert worden ist. Es steht außer Frage, dass Elisabeth einen ausgeprägten Sinn für den eigenen Vorteil besaß und im Zweifelsfall Zurückhaltung für Schwäche hielt.

Dies damit zu erklären, dass Imperien nicht mit Samthandschuhen gebaut werden, ist nicht sonderlich erhellend und tendenziell apologetisch. Erheblich weiter führt die Frage, wie sie es eigentlich geschafft hat, zu den erfolgreichen Figuren des Fin de Siècle zu gehören. Schließlich war es für eine Frau alles andere als selbstverständlich, sich in einem heftig umstrittenen öffentlichen Raum erfolgreich zu etablieren.

Elisabeth Förster-Nietzsche verstand es, auf die Wünsche des Publi-

Elisabeth Förster-Nietzsche, Weimar 1896/97

kums zu reagieren. Ihr heimliches Vorbild war Cosima Wagner, die mit autoritärem Gestus bestimmte, was als angemessene Deutung des »Meisters« galt. Der Zugang zu Nietzsches Nachlass eröffnete Elisabeth kaum geringere Möglichkeiten, die sie im 1897 erschienenen zweiten Band ihrer Biographie weidlich ausschöpfte. Schon im Vorwort betonte sie ihre exklusive Erkenntnisperspektive, weil sie ihren Bruder besser als jeder andere Mensch auf der Welt verstehe. Doch trotz aller Geschwisterliebe habe sie »das Leiden der Wahrhaftigkeit« auf sich genommen, um der Öffentlichkeit ein gleichermaßen erfahrungsgesättigtes wie wissenschaftlich belastbares Bild zu geben.[45] En passant gelang ihr damit etwas wie die Quadratur des Kreises. Sie sicherte ihren Ausführungen den Anspruch auf wissenschaftliche Allgemeingültigkeit und hielt mit dem Pathos der Authentizität an ihrer privilegierten Perspektive fest. Tatsächlich kam sie mit ihrem Bild vom unverstandenen Genie dem Zeitgeschmack stark entgegen. Erleichtert wurde dies durch die Bewunderung, die sie von jeher für ihren Bruder hegte, und die veränderten Zeitumstände. Denn in der wilhelminischen Ära wurde es zunehmend üblich, die Reichsgründungszeit als materialistisch, oberflächlich und kulturell verarmt zu kritisieren.

Elisabeth präsentierte ihren Bruder gleichzeitig als Ausnahmeerscheinung, die unter der Mittelmäßigkeit seiner Landsleute gelitten habe, und als überzeugten Patrioten. Begeistert sei er in den Deutsch-Französischen Krieg gezogen, aber das Ergebnis habe ihn bitter enttäuscht. Im Reich habe nach dem Sieg der deutschen Waffen »moralische Kleinlichkeit und Bosheit« (S. 109) geherrscht. Lediglich im Hause Wagner habe Nietzsche hochherzige Freundschaft gefunden, ja, der Komponist sei »wie ein liebevoller Vater« gewesen. (S. 206) Dies war eine stark geschönte Perspektive, um deren Brüchigkeit Elisabeth sehr wohl wusste, doch bot sie manchen Vorteil. Am wichtigsten dürfte die enge Verbindung ihres Bruders zum überragenden Musikgenie seiner Epoche gewesen sein. Dies erleichterte die Überhöhung von Nietzsches Begabung und bot die Möglichkeit, seinen Zusammenbruch zu verklären. Ebenso beiläufig wie apodiktisch stellte Elisabeth fest, »das Schicksal des Genies ist immer Tragödie« (S. 153), und sicherte damit ihm und sich selbst bleibende Bedeutung. Ausgezeichnet verbinden ließ sich diese Haltung mit dem Ablehnen der aufklärerisch-positivistischen Dimension von Nietzsches Gedanken. So sei die Widmung von *Menschliches, Allzumenschliches* für Voltaire purer Zufall gewesen und verdanke sich lediglich der zeitlichen Nähe zu dessen »100jährige[m] Todestag«. (S. 291) Mit der Faktenlage hatte dies wenig zu tun, aber es passte trefflich in die Welt um 1900, als sich ein überbordender Nationalismus in Europa zu verselbständigen begann. Gleichzeitig war die Epoche von großem Wissenschaftsvertrauen erfüllt.

Elisabeth wusste, der Weg zur dauerhaften Anerkennung ihres Bruders führte nur über die Universitäten. Dafür schien es ihr unabdingbar, dass Nietzsche wie fast alle Denker, die um 1900 etwas gelten wollten, ein in sich geschlossenes philosophisches System vertrat. Die deutsche akademische Welt beurteilte ihn jedoch ausgesprochen skeptisch und kritisierte insbesondere seinen aphoristischen Stil. Selbst ein ihm gewogener Professor wie Alois Riehl sah in Nietzsche vorrangig einen Ästheten und warnte davor, dass er mit seinem »Redezauber« wie ein »Vogelsteller für unvorsichtige Seelen wirke«.[46] So vertraute Elisabeth die erste verbindliche Darstellung seiner Philosophie dem Franzosen Henri Lichtenberger an.

Der junge französische Germanist erledigte die Auftragsarbeit mit Bravour. Aus dem individualistischen Zug der Philosophie Nietzsches schloss er auf die Wichtigkeit der biographischen Deutungsperspektive. Die Gestalt Zarathustras fasste er als »Idealbild eines Denkers und Philosophen« auf, dem Nietzsche seine wichtigsten Gedanken in den Mund gelegt habe.[47] Gleichsam unwillkürlich verband sich mit dieser Perspektive eine Aufwertung Elisabeths, die mit der Ausnahmegestalt ihres Bruders dieselben biologischen und lebensgeschichtlichen Wurzeln teilte. Mit dem zeitgenössisch vieldiskutierten Problem von Nietzsches Ablehnung des Christentums ging Lichtenberger gelassen um: »Nietzsche war buchstäblich Atheist aus Religion, und darum war er es auch ohne Verzweiflung und moralische Beklemmung.« Dies war aber auch nicht allzu schwierig, weil das moralische Fundament seiner Lehre für Lichtenberger feststand. Sie ziele auf die Beantwortung der Frage: »Welches ist für den Menschen, welches ist für mich der Sinn des Lebens, gesetzt daß Gott nicht ist?« Doch leider seien Nietzsches Zeitgenossen der Wucht seiner Gedanken nicht gewachsen gewesen und hätten sich nach der Reichseinigung 1871 einem oberflächlichen Historismus und der Philosophie Hegels ergeben. Zum Ausgang des Jahrhunderts blühe aber allenthalben in Europa die Dekadenz, wie die abnehmende kulturelle Vitalität erkennen lasse. Als erfolgreiche Medizin stehe freilich noch immer Nietzsches Philosophie bereit, die er als »wohl gegliedertes und gefügtes System im Kopf hatte«. Nur aus Gesundheitsgründen habe er die aphoristische Form bevorzugt, die keine langen Arbeitsperioden erfordere.

Elisabeth ließ es sich nicht nehmen, für den Band Lichtenbergers eine ausführliche Einleitung zu schreiben. Sie richtete sich besonders gegen das Buch von Lou Andreas-Salomé mit seinem Drei-Phasen-Modell von Nietzsches Œuvre und plädierte für eine Zweiteilung. Die erste Phase reiche vom starken Einfluss Ritschls und Schopenhauers 1865 bis zum *Wanderer und sein Schatten*, die zweite setze mit der Schrift *Morgenröte* 1881 ein, die den Beginn von Nietzsches »Sonnenlaufbahn« markiere.[48] Ausdrücklich betonte Elisabeth ihre damalige Nähe zu Nietzsche und zitierte aus einem Brief ihres Bruders vom Frühjahr 1888, den sie »leider bisher nicht wiederfinden (konnte)«. Markant heißt es im angeblichen Schreiben an die Schwester: »Wie stark fühle ich bei allem was Du sagst und thust, daß wir derselben Rasse angehören; Du verstehst von mir mehr als die andern, weil Du dieselbe Herkunft im Leibe hast. Das paßt sehr gut zu meiner Philosophie.«[49] Inhaltlich und stilistisch klingt das gar nicht nach Nietzsche, aber das fiel nicht weiter auf. Ein Grund hierfür lag in der allgemeinen Bewunderung für Elisabeth. Viele Zeitgenossen rühmten, dass der kranke Philosoph eine so selbstlose und treue Schwester habe. Sie selbst äußerte sich ausgesprochen zufrieden über Lichtenbergers Werk. Harry Graf Kessler, mit dem sie seit Herbst 1895 in engem Kontakt stand, teilte sie am 17. März 1899 mit, man könne es »getrost als das vom Nietzsche-Archiv sanktionierte Buch über Nietzsche bezeichnen«. Auch der sonst so umsichtige Zeitkritiker war begeistert und lobte euphorisch Elisabeths Einleitung als Ausdruck tiefer Geistesverwandtschaft mit ihrem Bruder.[50]

Rückblickend staunt man darüber, wie viele Menschen in den Bann der in Weimar geschürten Genie-Vorstellungen gerieten. Es ist nicht einfach, dem Phänomen gerecht zu werden, weil die Nietzsche-Begeisterung im Fin de Siècle ganz ungewöhnliche Ausmaße angenommen hatte. Selbst ein kühler Analytiker wie Ferdinand Tönnies, der 1897 ein Buch gegen den *Nietzsche-Kultus* verfasste, wählte eine enthusiastische Sprache. Mit innerer Zustimmung zitierte er den Ausruf des amerikanischen Dichterphilosophen Ralph Waldo Emerson: »Seht euch vor, wenn der große Gott einen Denker auf unseren Planeten kommen läßt. Es ist, wie wenn in einer Stadt Feuersbrunst ausgebrochen, wo keiner weiß, was davor noch sicher ist, und wo es enden wird.«[51] Zum philosophischen Gehalt von Nietzsches »System« äußerte sich Tönnies spöttisch. Es sei »nur ein Hexensabbat von Gedanken, Ex- und Deklamationen, von Wutausbrüchen und widerspruchsvollen Behauptungen«. Dennoch stand sein Respekt außer Frage. In wirkungsgeschichtlicher Hinsicht war Nietzsche für Tönnies nicht weniger als ein »Weltereignis«. Genau diese ungewöhnliche Rezeption gilt es nach Ansicht von Georg Simmel aufzuhellen. Aber dazu trügen Tönnies' Hinweise auf Nietzsches Irrtümer nichts bei, der dessen Philosophie an evolutionistischen Werten, aber nicht an ihren eigenen Maßstäben gemessen habe.[52] Offenkundig waren sich zwei der herausragenden Soziologen ihrer Epoche uneinig darüber, wie man mit Nietzsches Texten umgehen solle. Schon bald existierte eine Vielzahl von Interpretationen, und es ließen sich nur wenige weltanschauliche Gruppierungen und herausragende Intellektuelle nennen, die in ihrer Auffassung von Nietzsche übereinstimmten.

Die Punkte, in denen die meisten Nietzsche-Deutungen konvergierten, waren sehr allgemeiner Natur. So teilten viele seiner Anhänger das Gefühl, in einer Übergangszeit zu leben, und setzten ihre Hoffnungen in grundstürzende Veränderungen. Trotz aller Begeisterung für den technischen Fortschritt hatten sich im deutschen Bürgertum angesichts des rasanten sozialen Wandels kulturpessimistische Gedanken ausgebreitet. Nietzsche ermöglichte es, die Untergangsvisionen mit dem Vertrauen in einen kulturellen Neuanfang zu verknüpfen, und sprach damit der jüngeren Generation aus der Seele.[53] Insbesondere *Also sprach Zarathustra* wurde als tiefgründiges Werk verstanden, das den Weg in eine glorreiche Zukunft weisen könne. Künstler wie Richard Strauss sorgten für die Breitenwirkung des Bildes vom »heroischen Außenseiter«. Aber auch in den Kulturfeuilletons erfreute sich diese Vorstellung großer Beliebtheit. »Edelfedern«, die dort dauerhaft präsent bleiben wollten, wie der Jenaer Neoidealist Rudolf Eucken, forderten von den Menschen eine prinzipielle Umkehr, wurden aber nur selten konkret. Außer Frage steht jedoch, dass die Zeit des beginnenden Massenkonsums auch eine Ära der »intellektuellen Mobilmachung« war.[54]

Elisabeths Bild ihres Bruders passte vorzüglich in das heroische und zugleich opulent romantische Klima am Ausgang des 19. Jahrhunderts. Dies lässt leicht übersehen, wie zielgerichtet sie sich um die Verherrlichung Nietzsches bemühte und wie vielfältig die von ihr eingeschlagenen Wege waren. So knüpfte sie häufig an christliche Symbolbestände an und präsentierte Nietzsche als »Erlöser«. Das weiße Gewand, in dem er ausgewählten Besuchern der Villa Silberblick gezeigt wurde, weckte Erinnerungen an eine mittelalterliche Mönchsrobe, war aber auch unbestimmt genug, um als Projektionsfläche zu dienen. Mit Vorliebe stilisierte Elisabeth ihn zu einer Art »Seher« und nährte die Illusion, er komme gelegentlich zu sich und sei dann im Vollbesitz seiner geistigen Kräfte. Bei ihrem Arbeitszimmer erweckte sie den irrigen Eindruck, es habe einst dem Bruder zur Verfügung gestanden. Und in der Villa befand sich ein »Spruchfeld« mit einer Äußerung Nietzsches, die angeblich aus dem Jahre 1891 stammte: »Es giebt Verluste welche der Seele eine Erhabenheit mitteilen bei der sie sich des Jammers enthält und sich wie unter hohen schwarzen Cypressen schweigend ergeht.«[55] All dies sorgte für eine weihevolle Atmosphäre mit enormer Wirkung auf die Gäste. Die meisten schwärmten noch lange nach einem Besuch von der Tiefe seines philosophischen Blicks.

Doch Elisabeth kam nicht nur vor Ort den Wünschen der Zeitgenossen entgegen, sie führte auch eine weitgefächerte Korrespondenz. Viele Menschen meinten, sie könnten Nietzsche von seinem Leid erlösen, und die »große Gesundheit«, die er einst verherrlicht hatte, würde ihm selbst zuteil. Die Österreicherin Laura Packeny hoffte sogar, Nietzsches Krankheit mit Kneippkuren zu kurieren, und schrieb in diesem Sinne von ihrer Behandlung in Wörishofen nach Weimar.[56] Elisabeth dürfte schwerlich daran geglaubt haben, dazu war sie mit Nietzsches Zustand doch zu sehr vertraut. Allerdings versäumte sie es nicht, später einige freundliche Worte zu schicken und die gesundheitsfördernde Wirkung des neuen Weimarer Domizils zu rühmen. Auf die Dauer führte aber kein Weg an der Einsicht vorbei, dass Nietzsches Ende nahe bevorstand.

Elisabeth ahnte, welche Bedeutung Nietzsches Tod für ihre eigene Situation haben würde. Schließlich waren die letzten Jahre eine einzige Apotheose des Philosophen gewesen. Im zweiten Band ihrer Biographie zitierte sie 1897 mit großer innerer Zustimmung einen älteren Basler, der vor kurzem gesagt habe: »Ihr Bruder erschien mir immer wie ein Wesen direct aus Gottes Hand hervorgegangen, noch nicht von dem Staub der Welt beschmutzt.« Ferner verwies sie auf Nietzsches Auftrag, für ein Begräbnis zu sorgen, bei dem nur enge Vertraute zugegen seien. »›Lisbeth‹, sagte mein Bruder feierlich, ›versprich mir, wenn ich sterben sollte, dass nur die Freunde um meinen Sarg stehen, kein neugieriges Volk, laß, wenn ich mich nicht mehr dagegen wehren kann, keinen Priester und Niemanden an meinem Sarge Unwahrheiten sagen, laß mich als einen redlichen Heiden ohne Lügen in's Grab legen.‹ Ich hob die Hand wie zum Schwure und versprach es.«[57] Elisabeths Schilderung stillte das Bedürfnis nach Teilhabe an intimen Momenten im Leben des Genies, aber es sorgte auch für einen beträchtlichen Erwartungsdruck.

Im Mai 1899 erlitt Nietzsche einen schweren Schlaganfall. Fortan konnte er kaum noch sprechen, und Gerüchte über sein nahes Ende kursierten. Gleichwohl übte er immer noch eine starke Wirkung aus. Verschiedene Künstler kamen nach Weimar, um einen letzten Eindruck des Philosophen festzuhalten. Heinrich Köselitz nahm sich im April 1900 sogar eine Wohnung in unmittelbarer Nähe zur Villa Silberblick und führte fortan das von Nietzsche erhaltene Pseudonym »Peter Gast« als seinen offiziellen Namen. Das seit langem erwartete Ende kam dennoch überraschend. Als Folge einer Erkältung starb der geschwächte Philosoph am Vormittag des 25. August im Alter von 55 Jahren.

Nicht weniger als 460 Kondolenzschreiben trafen in den nächsten Tagen in Weimar ein. Es war den Menschen offenkundig ein Bedürfnis, ihr Mitgefühl auszudrücken: Mehr als ein Drittel wandte sich zum ersten Mal an die Schwester. Ausgesprochen sensibel und würdevoll, aber auch ein wenig von hoher Warte reagierte Cosima Wagner: »Mit tiefer Wehmuth erfahre ich das Hinscheiden Deines armen, geprüften Bruders und dachte gleich, welche Leere dieses Hinscheiden Dir zurückläßt, da die Sorge um ihn Dein Leben ausfüllte.« Allerdings ließ sie keinen Zweifel daran, dass Elisabeth den »schwesterlichen Beruf ganz erfüllt« habe, und fand damit klassische Worte für eine weitverbreitete Einschätzung.[58]

Am Nachmittag des 27. August fand die Trauerfeier in der Villa Silberblick im Kreis der engsten Vertrauten statt. Nietzsche war im kleinen Bibliothekszimmer aufgebahrt worden, sein Gesicht wurde durch einen Schleier verborgen. »Blumen und Kränze schmücken den Raum, Kerzen brennen am offenen Sarg.« Als Musik spielte man Brahms und Palestrina, aber nicht Richard Wagner.[59] Von den Trauerrednern wurde Nietzsche in den höchsten Tönen gelobt, die quasisakrale Atmosphäre als durchaus angemessen empfunden. Nur der Berliner Historiker Kurt Breysig verprellte viele der Anwesenden, als er seinen Vortrag vom Blatt ablas. Die damals getroffenen Urteile wurden in der Nietzsche-Literatur eifrig wiederholt, und so gilt er dort noch heute als Musterbeispiel des trockenen Buchgelehrten, der inhaltlich nichts zu sagen hat. Tatsächlich ist diese Einschätzung einigermaßen ungerecht, wie ein Blick auf das Manuskript zeigt. Breysig präsentierte Nietzsche als Sprachschöpfer, der die Deutschen von »Schillers allzu starke[r] Rhetorik« befreit habe, und als soziologisch motivierten Denker. Bedenkt man, wie konservativ die meisten Anwesenden eingestellt waren und wie abfällig sie über die entstehenden Gesellschaftswissenschaften dachten, überrascht es nicht, dass der Vergleich Nietzsches mit dem Vordenker der Soziologie Auguste Comte auf Empörung stieß.[60] Gänzlich abwegig war es trotzdem nicht, die gesellschaftskritische Dimension seiner Gedanken zu betonen.

Am nächsten Tag fand die Beerdigung in Röcken statt. Der Cousin Adalbert Oehler hielt die Rede am offenen Grab und würdigte die aufopferungsvolle Tätigkeit der Schwester. Sie habe es als ihr Lebensglück angesehen, sich um den Kranken zu kümmern, und zugleich Entscheidendes für die Anerkennung seiner Philosophie getan. Nicht zufällig sei Nietzsche »[i]n ihren Armen [...] sanft entschlafen« und habe sein letztes Wort »Elisabeth« gelautet.[61] Genau den richtigen Ton fand Peter Gast in seinem »Bekenntnis«. Er erhob den Verstorbenen zu »eine[m] der edelsten, der lautersten Menschen, die je über diese Erde gegangen sind«, und schloss mit den feierlichen Sätzen: »*Friede* Deiner Asche! Heilig sei Dein Name allen kommenden Geschlechtern!« Die meisten Trauernden warfen »mit einem Spruch aus dem *Zarathustra* drei Handvoll Erde« auf den Sarg. Das Röckener Kirchenbuch hielt nüchtern fest, Nietzsche sei als Pfarrerssohn evangelisch, »nach seinen philosophischen Werken aber *antichristlich*«.[62]

Den Trauergästen dürfte klar gewesen sein, dass Nietzsches Tod eine Zäsur bedeutete. Fortan fehlte die Möglichkeit, ihn als Inbegriff eines vom Dämon ergriffenen Genies den Menschen vor Augen zu stellen. Elisabeth hatte auf beiden Trauerfeiern keine Rede gehalten, doch viele hatten für sie gesprochen. Vielleicht am deutlichsten hatte sich Adalbert Oehler erklärt, der Nietzsche als Geistesaristokraten schilderte, der sich von der Welt weit entfernt habe: »[A]lles Unreine war ihm verhaßt, nicht bloß in Folge der Erziehung, sondern weil es seinem innersten Wesen widersprach.«[63] Den hellsichtigen Kritiker menschlicher Moralvorstellungen hatte man zu einem Apostel der Keuschheit umgedeutet. Wie lange sich dieses Bild aufrechterhalten ließ, war ungewiss. Doch kaum einer bestritt, dass Nietzsches Schwester zu seiner Bewahrung dringender als jeder andere Mensch gebraucht wurde.

NIETZSCHE ALS IKONE

Nach Nietzsches Tod besaß Elisabeth einen bemerkenswerten Handlungsspielraum. Der Ruhm des Bruders stieg in ungeahnte Höhen, und sie hatte als einzige Person Zugang zu jenen Originalmanuskripten, die alle Welt studieren wollte. Ihre Aufgabe war dennoch nicht einfach: Sie musste die Erinnerung an den Philosophen in eine dauerhafte Form überführen, ohne dass der Nimbus seiner Genialität verblasste. Überdies berief sich mittlerweile eine Fülle weltanschaulicher und politischer Gruppierungen auf Nietzsche, was jeden privilegierten Deutungsanspruch in Frage stellte. Elisabeths Botschaft vom »einsamen Genie« passte freilich besonders gut zum theatralischen Geist der wilhelminischen Ära, und die Authentizität ihrer Perspektive wurde durch die verwandtschaftliche Nähe beglaubigt. Doch der Schwester genügte es nicht, Nietzsche als Marke zu etablieren, sie wollte auch seine Anerkennung als philosophischer Klassiker. Die neue umfassende Werkausgabe sollte der akademischen Welt die Bedeutung seiner Ideen demonstrieren.

Zum Wohle des Archivs setzte Elisabeth auf traditionelle Werte. Die äußerlich unscheinbare Pastorentochter stilisierte sich zum Muster der Redlichkeit, deren Leben dem Andenken des Bruders gewidmet sei. In diesem Sinne teilte sie Harry Graf Kessler am 27. Oktober 1902 mit, sie habe sich nach dem Tode ihres Mannes geschworen, »nie eine Sache zu unternehmen, deren Risico, ich nicht ganz allein tragen kann«. Mit der Verbreitung ihres Selbstbilds hatte Elisabeth Erfolg, wie zahllose Zeugnisse belegen. Dem befreundeten Ehepaar Auerbach im nahen Jena erschien es gar, als sei sie eine »moderne heilige Elisabeth«, welche die schwierigen Editionsaufgaben mustergültig erledige.[1] Tatsächlich war sie aber eine risikofreudige Person mit gewaltigem Geldbedarf.

Elisabeth hatte eine Vorstellung davon, dass man im anbrechenden

Konsumzeitalter permanent im Gespräch bleiben musste, wenn die Verkaufszahlen stimmen sollten. Zudem kam es für den Erfolg stark auf Wiedererkennbarkeit an. Dementsprechend offensiv war die Bildpolitik des Archivs, die Nietzsche mit gewölbter Stirn und riesigem Schnurrbart als Inbegriff heroischen Philosophierens präsentierte. In seinem Namen sollten die Menschen einer dekadenten Welt entgegentreten, der keine Zukunft beschieden sei. Elisabeth begnügte sich nicht mit ihren vielfältigen organisatorischen Aufgaben, sondern partizipierte nach Kräften am Ruhm des Bruders. Wenn ernsthafte Möglichkeiten zur Mehrung ihres Ansehens bestanden, zog sie gern hinter den Kulissen die Fäden. Dies war etwa 1902 der Fall, als die baltische Adelige Isabella von Ungern-Sternberg eine graphologische Deutung von Nietzsches Handschrift veröffentlichte.

Das prachtvoll ausgestattete Buch behandelte neben Nietzsche auch zentrale Figuren seines Umfelds. Die Ausführungen über Elisabeth sind von einem Werbetext kaum zu unterscheiden. Sie rühmen ihr weibliches Aussehen, ihre Willensstärke und Vitalität. Besonders lobenswert erscheint der Freifrau Elisabeths Mut, »der aus Aufrichtigkeit der Gesinnung hervorgeht und sich im Drange des Gefühls bis zum Heldenhaften steigern kann«.[2] Das Urteil über die beigefügten Handschriften liegt auf der gleichen Linie. Angeblich bewiesen die Schriftproben Elisabeths »das Wachstum der Persönlichkeit als die Beständigkeit ihres Wesenskerns«. Offenkundig war Isabella von Ungern-Sternberg der Archivherrin sehr gewogen und bemühte sich darum, ihrem Selbstbild möglichst weit entgegenzukommen. Doch so erfreulich dies aus Elisabeths Perspektive auch war, letztlich entschied über den Erfolg ihres Unternehmens die Güte der Nietzsche-Ausgabe.

Neben den im Archiv angestellten Personen besaß Elisabeth Vertraute, ohne deren Einsatz die vielfältige Arbeit kaum zu leisten gewesen wäre. Sie wirkten meist im Verborgenen, hatten einen vermögenden, nicht selten adeligen Hintergrund und nahmen für ihre Dienste kein Geld in Anspruch. Besonders wichtig für die Ziele der Villa Silberblick war Elisabeth von Alvensleben, die über ein weitgespanntes familiäres Netzwerk verfügte. Das gute Verständnis zwischen der Hausherrin und der fünfzehn

Jahre jüngeren Generalswitwe belegt ein Brief vom 3. Dezember 1901. Elisabeth Förster-Nietzsche teilte darin mit, »wie angenehm es mir ist, dass Du Dich im täglichen Leben nicht zu auffällig gefühlvoll zeigst. Das kann ich nämlich absolut nicht vertragen und habe es zu gern, wenn jemand seine Empfindungen verschließt.« Ungewöhnlich offenherzig heißt es weiter: »Ich bin doch auch ein kühles, sceptisches Wesen im täglichen Leben, allerdings gerade wie Du nur äußerlich, und es ist mir schrecklich angreifend, wenn mein Inwendiges plötzlich herauskommt, oder wenn ich es an anderen sehe.«[3] Die damit ausgedrückte Bejahung gesellschaftlicher Regeln und zielgerichteter Professionalität gilt es zu bedenken, wenn man Elisabeths Verhalten als Archivleiterin verstehen will. Es liefert selten verlässliche Schlüsse auf ihre Gefühle, lässt sich aber häufig vor dem Hintergrund aktueller Interessenlagen dechiffrieren. Der von gegenseitiger Achtung geprägte Kontakt mit Elisabeth von Alvensleben, die als Korrekturleserin und menschliche Vertraute unverzichtbar wurde, sollte ein Leben lang halten.

Eine ähnliche Schlüsselstellung kam dem Philosophen Hans Vaihinger in Halle zu. Hier hatte Elisabeth, die dringend das universitäre Ansehen ihres Bruders mehren wollte, den Kontakt gezielt gesucht. Sie stellte die Verbindung her, indem sie dem Ordinarius den zweiten Band von Nietzsches Briefausgabe zukommen ließ. Vaihinger war geschmeichelt, regte umgehend die Herausgabe von Elisabeths kleineren Schriften an und hielt in der Folgezeit näheren Kontakt. Zudem betreute er mehrere Dissertationen über Nietzsche, wie er Elisabeth am 7. Juni 1904 stolz berichtete.[4] Mit seinem Ansehen als Kant-Kenner förderte er die Belange des Nietzsche-Archivs und stand, wann immer nötig, mit seiner Expertise zur Verfügung. Nicht zuletzt unterstützte er Elisabeth bei der Suche und Beurteilung von seltenen Handschriften.

Für Elisabeth war die öffentliche Anerkennung durch einen renommierten Gelehrten ausgesprochen wichtig, denn der Ruf des Nietzsche-Archivs war aufgrund der abgebrochenen Ausgaben und der vielen internen Streitereien nicht der beste. Gegenüber dem Grafen Kessler erklärte sie am 14. Dezember 1901 die schwierige Situation auf dem Silberblick damit, dass dort nur »sogenannte outsiders arbeiten«.[5] Dies war nicht so falsch, hatte aber nicht nur mit den schmalen Gehältern, sondern auch mit ihrer streitbaren Natur zu tun. Elisabeth duldete keinen Widerspruch und wollte bei Auseinandersetzungen stets das letzte Wort behalten. Ihre Kenntnis der Überlieferungslage genoss hingegen hohen Respekt. Selbst Rudolf Steiner betonte ihre zentrale Bedeutung für das Archiv, weil sie mehr über ihren Bruder wisse als jeder andere Mensch. Doch genau darin lag das Problem. Saubere wissenschaftliche Tätigkeit muss intersubjektiv überprüfbar sein, und daran konnte Elisabeth kein Interesse haben, weil dies notwendig ihre Perspektive relativiert und ihre Legitimation untergraben hätte. Wie wichtig sie ihre Kennerschaft nahm, illustriert ein Brief an Nietzsches Jugendfreund Gustav Krug vom 11. Februar 1901. Elisabeth betonte ihre Unverzichtbarkeit für die neue Gesamtausgabe, die »tadellos werden soll«. Denn es sei gänzlich unstrittig, »daß eine Unmasse größerer und kleinerer Dinge ich ganz allein weiß«.[6] Dies hörte sich plausibel an, öffnete aber auch die Tür für willkürliche Entscheidungen, die sich mit philologischen Standards nicht vereinbaren ließen.

Respekt nötigte das Tempo der Edition ab, die bereits 1909 abgeschlossen wurde und fortan das Fundament der Nietzsche-Forschung bildete. Insbesondere Peter Gast hatte sein Möglichstes getan, um das Unternehmen zu einem erfolgreichen Ende zu führen. Elisabeth war eher organisatorisch tätig. Sie besorgte das erforderliche Geld und kümmerte sich um die äußere Gestalt der Ausgabe, die in ihrer gravitätischen Form Nietzsches Klassikerstatus unterstrich. Gleichzeitig bemühte sie sich um Außenwirkung. Pars pro toto sei ihr Einfluss auf die erste Darstellung des Nietzsche-Archivs durch Paul Kühn hervorgehoben. Er präsentierte den Philosophen 1904 primär als Autor des *Zarathustra* und pointierte die Bedeutung der »M a t e r i a l e c h t h e i t« für die von Elisabeth geschaffene Institution.[7] Dies klang überzeugend, konnte aber die konsequente Anwendung wissenschaftlicher Maßstäbe keineswegs ersetzen. Umso wichtiger war es, dass die Villa Silberblick nicht nur als Mittelpunkt der »Nietzsche-Industrie«[8], sondern auch als gesellschaftliche Begegnungsstätte Bedeutung erlangte.

Elisabeth, die in puncto Nietzsche-Marketing möglichst alles kontrollieren wollte, führte ein erstaunlich offenes Haus. Zu den zwanglos organisierten Treffen lud sie Schriftsteller, Musiker und Maler ganz unterschiedlicher Couleur ins Nietzsche-Archiv ein. Sie empfing Gäste aus nah und fern, veranstaltete Abendgesellschaften und Dichterlesungen. Nach außen hin beeindruckte der weltoffene Charakter ihres Zirkels, der sich um eine bunte Durchmischung gesellschaftlicher Kreise bemühte und sich als ernsthafte Konkurrenz zur Hofgesellschaft verstand. Beeindruckend war vor allem der äußere Rahmen.

Für die gewaltige Summe von 50 000 Mark ließ Elisabeth die Villa zwischen April 1902 und Oktober 1903 durch den belgischen Künstler Henry van de Velde im Jugendstil umbauen. Er gestaltete auch den großen Vortragsraum neu, in dem fortan die öffentlichen Veranstaltungen des Archivs stattfanden. Finanzielle Rücksichten spielten für Elisabeth keine Rolle, wenn es um das Andenken des Bruders ging. Ihr geheimes Vorbild war die Villa Wahnfried in Bayreuth, wo man ebenfalls nicht sparte. Dementsprechend angespannt stellte sich die finanzielle Lage auf dem Silberblick dar – »die Tantiemen reichten am Ende nie aus«.[9]

Das Verhältnis des Nietzsche-Archivs zur heraufziehenden Moderne beschäftigt die Forschung schon seit langem, hat aber kaum zu eindeutigen Resultaten geführt. Dies liegt zum einen am notorisch unscharfen Moderne-Begriff, der viele Interpretationen ermöglicht und zu wenig verpflichtet. Zum anderen dürfte es wichtig sein, dass Elisabeth intellektuelle Moden nicht sonderlich interessierten. Sie lud ein, wer gut und teuer war und den Weimarern gefiel. Die Chiffre »Nietzsche« war allemal attraktiv genug, um unter einer Vielzahl möglicher Referenten auswählen zu können. Dabei bewies Elisabeth einen ausgeprägten Sinn für Qualität und lockte von Ellen Key über Detlev von Liliencron bis Hugo von Hofmannsthal manche Berühmtheit nach Weimar.[10] Besonders begeistert war sie von dem Lyriker Richard Dehmel, der ihrer Vorstellung von urwüchsiger Begabung entsprach. Nach seiner Lesung schrieb sie Harry Graf Kessler am 14. Dezember 1901 begeistert: »[M]ir kam es vor, als ob ich einer übermächtigen Naturkraft gegenüber stände u. als der Sturm draußen sei-

Außenansicht der Villa Silberblick

ne Stimme mit tiefem Dröhnen begleitete, wurde der Eindruck noch verstärkt. Aber diese Naturkraft, die hier wirkte, heißt Genie!«[11] Zumeist blieb dieser Ausdruck allerdings ihrem Bruder vorbehalten.

Die abgeschiedene Lage der Villa Silberblick hoch über Weimar begünstigte die Heroisierung der eigenen Tätigkeit. Sie passte zum Bild, das dort von Nietzsche verbreitet wurde, und gewann rasch an Bedeutung. In kritischer Absicht nannte die Schriftstellerin Natalie von Milde 1905 das Reich Elisabeths ein »›Kaiserthum‹ auf dem Hügel«.[12]

Aber Nietzsches Schwester, die in kurzer Zeit eine lebendige Erinnerungsgemeinschaft aufbaute, hatte in Weimar auch viele Bewunderer. Mit ihrer harmlosen Ausstrahlung verstand sie es, Schwellenängste abzubauen und brave Bürger zu den Veranstaltungen des Archivs zu locken. Tatsächlich verfügte sie bald über ein kolossales Selbstvertrauen, das sich aus realen Erfolgen speiste. Bereits 1901 hatte sie Nietzsches angebliches Hauptwerk *Der Wille zur Macht* vorgelegt. Die Idee, Aufzeichnungen aus seinem Nachlass unter diesem Titel zu veröffentlichen, stammte von Peter Gast und hatte auf den ersten Blick etwas Bestechendes.

Am 2. September 1886 hatte Nietzsche einen Brief an Bernhard und Elisabeth Förster geschickt, in dem er sein zukünftiges »vierbändige[s] Hauptwerk« in den Blick nahm. Als gravitätischen Titel dachte er an »Der Wille zur Macht. Versuch einer Umwerthung aller Werthe«. Wie ernst

Postkarte vom Nietzsche-Archiv

er dieses Unterfangen nahm, zeigte der nächste Satz: »Dafür habe ich Alles nöthig. Gesundheit, Einsamkeit, gute Laune, vielleicht eine Frau.« In der Folgezeit erwog Nietzsche viele Konzepte, bevor er die Idee einer umfassenden Monographie zwischen Ende August und Anfang September 1888 endgültig verwarf.[13] Die Details von Nietzsches Planungen waren Elisabeth nicht bekannt, aber sie hätten die Archivherrin auch nicht interessiert. Für sie stand unumstößlich fest, dass ein Denker von Rang ein systematisch ausgerichtetes philosophisches Hauptwerk verfasst haben müsse. Mit dieser Vorstellung stand sie in der Welt um 1900 nicht allein.

Auch Elisabeths Rivalin Lou Andreas-Salomé bekannte sich ohne Wenn und Aber zur Geschlossenheit von Nietzsches Denken, die im *Willen zur Macht* ihren adäquaten Ausdruck gefunden habe. Doch so viel Aufhebens sie um sein Hauptwerk machte, auf einen entsprechenden Text konnte sie nicht verweisen. Erst recht herrschte unter den Anhängern Nietzsches Enttäuschung über das fehlende Opus magnum. Dies gilt auch für seinen Jugendfreund Paul Deussen, der sich bei aller Bewunderung eine kritische Distanz zu dem Meisterdenker bewahrt hatte. In seinem Erinnerungsbuch äußerte er 1901 Trauer über den von Nietzsche »hinterlassenen Torso«. Dessen unstetes Leben und die »Einsamkeit mit asketischer Überspannung seiner Kräfte« hätten leider den Abschluss einer »in hohem Grade der Beachtung werten Weltanschauung« verhindert.[14] Angesichts dieser Lage musste das Erscheinen des *Willens zur Macht* auf erhebliches Interesse stoßen. In besonderem Maße traf dies auf Harry Graf Kessler zu, der Nietzsche verehrte und für Elisabeth große Achtung empfand. Nach einem Gespräch mit dem Leipziger Philosophen Raoul Richter erwartete er von dem Werk schlicht »das Größte«.[15]

Der Wille zur Macht enthielt 483 Aphorismen, die auf vier Bücher aufgeteilt waren. Prima facie vermittelte die Ausgabe – ungeachtet des Vorworts und der editorischen Aussagen – den Eindruck, als ob sie so von Nietzsche für den Druck vorgesehen sei. Insbesondere die im Zeichen des Wertgedankens und der Züchtung des höheren Menschen stehende Gliederung wirkte ausgesprochen kompakt. Wie Elisabeth im Vorwort mitteilte, sah sie sich selbst vor allem als »Schatzgräber«, dessen Energie und Findigkeit wichtige Entdeckungen zu verdanken seien.[16] Ihre gehobene Stimmung nach Fertigstellung des Bandes ist unverkennbar. Die Reaktion der breiten Öffentlichkeit sollte ihre Erwartungen noch übertreffen.

Erstaunlicherweise waren viele Intellektuelle, von denen man Sympathie für die Vieldeutigkeit aphoristischer Stilmittel erwarten könnte, vom strengen Aufbau und der wuchtigen Diktion des *Willens zur Macht* hingerissen. Exemplarisch hierfür sei die Einschätzung Christian Morgensterns wiedergegeben. Gegenüber einem Freund betrachtete er das Werk als die »gewaltigste Offenbarung menschlichen Geistes, die ich kenne. Ich glaube nicht, daß irgendein Mensch je tiefere Blicke tat als der Nietzsche dieses Buches. Sogar sein eigenes übriges Lebenswerk verschwindet für mich vor diesem seinem letzten Vermächtnis.«[17] Wie kaum anders zu erwarten, spielten für die breite Öffentlichkeit Fragen der Textkritik keine Rolle. Im Zeichen Nietzsches wurden vielmehr die großen Probleme der Zeit debattiert. 1902 stand das Thema »Genie und Wahnsinn« auf der Tagesordnung.

Für Furore sorgte das Buch des Psychiaters Otto Möbius *Ueber das Pathologische bei Nietzsche*. In plakativer Sprache trug es die These vor, dass die schwer verständlichen Werke des bewunderten Genies in Wahrheit Ausdruck des Irrsinns seien. Möbius wählte einen sehr persönlichen Ton und nannte als die wichtigste Quelle für Nietzsches »Progressive Paralyse« Elisabeth.[18] Neben der syphilitischen Ansteckung betonte er ausdrücklich Nietzsches erbliche Belastung und verwies als Beleg auf seine privaten Erfahrungen: »Frau Dr. Förster ist wie der Bruder kurzsichtig und hat, wie gesagt, auch an Migräne gelitten; sie nahm es mir nicht übel, als ich ihr sagte, sie sei auch eine etwas nervöse Dame.« (S. 13) Die medizinische Diagnose bildete die Grundlage für eine harsche Verurteilung des Philosophen Nietzsche, der mit seiner Maßlosigkeit seinem Werk entscheidend geschadet habe. Endgültig auf Abwege geriet Möbius, als er philosophische Theoreme mit rein psychiatrischen Maßstäben beurteilte. So heißt es zum Gedanken der »Ewigen Wiederkehr« pejorativ: »[W]enn ein solcher Einfall, der zu des Pythagoras Zeiten nicht übel war, einen Mann, der Kant gelesen hat, aus den Fugen bringt, dann ist etwas nicht richtig.« (S. 58) Den vierten Teil von *Also sprach Zarathustra* sah Möbius bereits deutlich im Zeichen des Wahnsinns. Eher nachvollziehbar ist es, wenn er auf der Grundlage biographischer Dokumente ein Gesamtbild von »Nietzsches Paralyse« zeichnet, die bereits vor 1888 durch den »Wegfall von Hemmungen, Fehlen des Ermüdungsgefühls, Euphorie im Wechsel mit trauriger oder zorniger Verstimmung« charakterisiert worden sei. (S. 97) Letztlich bleibt jedoch die Delegitimationsabsicht unverkennbar. Bezeichnenderweise endet die Schrift mit einem polemischen Appell an den durchschnittlichen Nietzsche-Leser: »Wenn ihr Perlen findet, so denkt nicht, daß das Ganze eine Perlenschnur wäre. Seid misstrauisch, denn dieser Mann ist ein Gehirnkranker.« (S. 106)

Es verstand sich von selbst, dass das Pamphlet nicht unwidersprochen bleiben konnte. Elisabeth bestritt energisch ihre persönliche Nähe zu Möbius und den Wert seiner medizinischen Diagnose. Gleichzeitig stellte sie die Bedeutung von Nietzsches Keuschheit heraus, die ohnehin auf der Linie des Archivs lag. Dies bot den Schutz bürgerlicher Respektabilität, der nur von den erbitterten Gegnern des Philosophen in Frage gestellt wurde.[19] Schon bald wurde hinter vorgehaltener Hand erörtert, wer denn die Geschichte von Nietzsches luetischer Infektion in die Welt gesetzt habe. Die Weimarer Gerüchte zielten vor allem auf Franz Overbeck in Basel, der zu Elisabeths ohnmächtiger Wut die Herausgabe von Nietzsches Briefen verweigerte. Zu Recht vermutete sie, dass die Dokumente unangenehme Details über sie und die spannungsreichen Naumburger Familienverhältnisse enthielten. Hinter den Kulissen entfaltete sie beträchtliche Aktivitäten, um Overbecks Ruf zu beschädigen. So riet sie Binswanger Anfang Januar 1906, er möge doch gegen den Theologen prozessieren.[20] Der renommierte Psychiater ließ sich auf keine juristischen Abenteuer ein und verwahrte sich auch gegen den Vorwurf, die Diagnose sei durch ihn in die Welt gelangt. Da er es sich »zum Gesetz gemacht habe, über die Krankheit Ihres Herrn Bruders nichts in die Öffentlichkeit zu bringen«, sei sein beleidigender Charakter offenkundig. Dies waren klare Worte, die eine deutliche Grenze zogen. Häufig hatte Elisabeth jedoch Glück mit der Devise, dass Angriff die beste Verteidigung sei. Zudem weckte sie mit ihrer hilfsbedürftigen Ausstrahlung auch Sympathien. Als es etwa im März 1901 in einem prestigeträchtigen Berliner Salon zu einer verunglückten Begegnung mit Cosima Wagner kam, stiegen bei Elisabeth Tränen auf. Noch sechzig Jahre später war Henry van de Velde voll des Mitleids und sprach von Cosimas »hochmütige[r] und despotische[r] Natur«, die einfach nicht verzeihen könne.[21] Dass Nietzsches Schwester aus ähnlichem Holz geschnitzt war, erkannte der vielfältig begabte belgische Künstler nicht.

Van de Velde und Elisabeth hatten sich im Berliner Salon von Meyerbeers Tochter Cornelia Richter zum ersten Mal getroffen. Rasch intensivierte sich der Kontakt. Im August 1901 nahmen sie zusammen mit Harry Graf Kessler an der ersten Todesfeier für Nietzsche an dessen Grab in Röcken teil. Anschließend besuchten die drei andere Erinnerungsorte wie den Naumburger Dom und das Internat in Pforta. Elisabeth tat ihr Möglichstes, um van de Velde nach Thüringen zu locken. Am 15. November 1901 versicherte sie ihm, welch »ungeheure Bereicherung meines Lebens« es darstellte, »wenn Sie und ihre Frau Gemahlin hier heimisch würden«.[22] Hinter den Segenswünschen standen konkrete Zukunftspläne. Elisabeth hatte die Chancen einer Zusammenarbeit mit Harry Graf Kessler und Henry van de Velde erkannt. Vor allem ging es ihr um die Schaffung eines zweiten kulturellen Zentrums in Weimar neben dem in mancher Hinsicht antiquiert wirkenden Hof. Dementsprechend zuvorkommend ging sie mit den beiden Individualisten um. Kurz vor Weihnachten 1901 war es beschlossene Sache: Van de Velde wurde »neue[r] Berater für Industrie und

Kunstgewerbe« im Großherzogtum. Am 7. Januar 1902 dankte sie Kessler in bewegten Worten für seine Unterstützung bei der Berufungsangelegenheit und sah »ein neues Weimar in der Zukunft emporblühen«.[23]

Es lässt sich viel darüber spekulieren, was Elisabeth mit den Ideen Kesslers und van de Veldes verband. Beide wollten Weimar zu einem unabhängigen Kulturzentrum abseits von Berlin ausbauen und setzten auf die Attraktivität des Jugendstils. Während der belgische »Alleskönner« vor Ideen nur so sprühte, knüpfte Kessler ein weitläufiges Netzwerk herausragender Künstler. Zu ihm gehörten so unterschiedliche Gestalten wie André Gide, Hugo von Hofmannsthal, Edvard Munch, Rainer Maria Rilke und Auguste Rodin. Elisabeths Sympathien für den kulturellen Aufbruch zu Beginn des 20. Jahrhunderts waren gewiss weniger stark ausgeprägt. Insbesondere politisch wurzelte sie in überkommenen Vorstellungen. Aber sie wusste, dass es ein eigenständiges Image zu entwickeln galt, wenn sie sich in den überhitzten weltanschaulichen Auseinandersetzungen ihrer Zeit behaupten wollte. Vor diesem Hintergrund war es keineswegs nachteilig, dass sie ein fast unbeschriebenes Blatt war und über dementsprechend großen Gestaltungsspielraum verfügte. In der Regel mied Elisabeth eindeutige Positionierungen und spielte lieber Nietzsches Rolle als überragendes Menschheitsgenie nach vorn. Bei der Gestaltung der Räume im Nietzsche-Archiv gab sie van de Velde freie Hand. Um ihre eigene Nähe zum »Neuen Stil« zu demonstrieren, trug sie sogar eines seiner Reformkleider.[24] Doch dies waren eher beiläufige Anpassungsleistungen. Im Kern ging es ihr um die Stiftung eines Traditionszusammenhangs.

Vielleicht das größte Hindernis für die Weimarer Nietzsche-Verehrung lag in Bayreuth. Hier hatte sich schon seit langem die Auffassung durchgesetzt, dass der Philosoph erst Wagners Ruhm ausgenutzt und ihn dann verraten habe. Seit einigen Jahren bewunderte man dort einen neuen Star: Houston Stewart Chamberlain. Der Wahldeutsche und Schwiegersohn des Komponisten verfügte über eine große und ständig wachsende Anhängerschar. Seit seinem 1899 erstmals erschienenen Werk *Die Grundlagen des 19. Jahrhunderts* zählte er sogar den Kaiser zu seinen Verehrern. In seiner Biographie des »Meisters« hatte sich Chamberlain überaus deutlich zu Nietzsche geäußert: Er war nur bereit, dessen Schrift *Richard Wagner in Bayreuth* als vollgültige philosophische Leistung anzuerkennen. In allen späteren Abhandlungen sah er lediglich »Gaukelbilder, mit denen die furchtbare Krankheit diesen außerordentlichen Verstand umhüllte«.[25]

Angesichts der Machtverhältnisse war für Elisabeth mit direkten Angriffen gegen die Villa Wahnfried nichts zu gewinnen. Glücklicherweise fand der Leipziger Philosoph Raoul Richter, der zu den engen Vertrauten des Nietzsche-Archivs gehörte, einen Ausweg aus der verfahrenen Situation. In seinen Leipziger Vorlesungen wies der Sohn Cornelia Richters alle allzu menschlichen Erklärungen für den Konflikt zwischen Nietzsche und Wagner zurück. Stattdessen betonte er die »höhere Notwendigkeit« im Streit der beiden Genies.[26] Aus dieser Perspektive erschien Nietzsche als leidenschaftlicher Idealist, der für seine Überzeugungen die schwersten Konsequenzen auf sich genommen habe. Und dies war eine Sicht der Dinge, die mit Elisabeths Betonung von Nietzsches Tragik ausgezeichnet zusammenpasste.

Gleichsam unwillkürlich führte der Geniekult der Jahrhundertwende dazu, dass Weltanschauungen daran gemessen wurden, wie gut sie sich autobiographisch beglaubigen ließen. In diesem Punkt verfügte Elisabeth über eine besondere Qualität. Sie konnte darauf insistieren, dass Nietzsche von seinen Mitmenschen verkannt und nur von ihr erkannt worden sei. Mit ihren Erzählungen beeindruckte sie die Zeitgenossen und vor allem ihr näheres Umfeld. Henry van de Velde war rückblickend sogar der Überzeugung: »Die physischen Bande zwischen Elisabeth Förster-Nietzsche und ihrem Bruder waren noch kaum gelöst. Seine Blicke waren ihr noch aufgeprägt.«[27] Zumeist kleidete sie ihre Erzählungen in eine harmlose Form. Ihr gewollt kindlicher Ton stand in einer langen Tradition. Bereits Napoleon hatte beachtliches Geschick darin entwickelt, mit Nippesfiguren die Schrecken seiner Herrschaft und die Katastrophe des Russlandfeldzugs zu verharmlosen. Um 1900 bewiesen die Briten ihre Meisterschaft darin, mit »knick-knacks« für jedermann die rücksichtslose Seite des Empires zu eskamotieren.[28] Auch im Deutschen Kaiserreich stand Kitsch hoch im Kurs, wie ein Blick auf die aufblühende Postkartenkultur oder die Herz auf Schmerz reimende Trivialliteratur zeigt. Dies heißt freilich nicht, dass es sich immer um naiv produzierte Schriften handelt. Schließlich ging es für die Autoren darum, sich auf einem expandierenden Massenmarkt mit enormen Gewinnquoten zu behaupten.

Auf den letzten Band der Nietzsche-Biographie mussten die Leser lange warten. Elisabeth nutzte diese Tatsache zur Selbstpositionierung und verwies auf den Tod des Bruders, der angeblich ihre »Gesundheit sehr erschüttert hatte«. Tatsächlich war es angesichts ihrer vielfältigen Verpflichtungen ein Kraftakt ohnegleichen, dass das Werk genau zu Nietzsches 60. Geburtstag im Herbst 1904 erschien. Im Unterschied zu den beiden anderen Teilbänden hatte es einen eigenständigen Titel: *Der einsame Wanderer*. Emblematisch verwies dies auf Abstand und Bewunderung als die gegenüber dem Genie angemessene Haltung.[29] Auch von ihrer eigenen Tätigkeit dachte sie hoch. Bereits am 23. Juni 1903 hatte sie Harry Graf Kessler mitgeteilt, dass wir nach Beendigung der Biographie »ernstlich an den Nobel-Preis denken (wollen)«.[30]

Ausdrücklich betonte Elisabeth in ihrem Buch, wie sehr Nietzsche unter seiner Erfolglosigkeit gelitten habe. Immer wieder habe er an den Menschen gezweifelt, weil sie es an der notwendigen Anerkennung missen ließen. Gelegentlich habe sie ihrem Bruder zur Seite stehen können und ihn mit ihrer Fröhlichkeit aufgemuntert. In aller Regel musste er jedoch seinen schweren Weg allein gehen: »Es ist das unbeschreiblich harte Schicksal jedes Genies, einsam zu sein, sonst wäre es ja auch nicht allen Andern so weit voraus; man denke an die bitteren Klagen Goethe's, Schopenhauer's und Wagner's, selbst aus dessen letzter Lebenszeit, wo er so gefeiert war!« (S. 419) Besonders bedauerlich sei Nietzsches geringe Akzeptanz in der akademischen Welt gewesen; denn nichts schütze eine Ausnahmebegabung so zuverlässig vor den Zumutungen der Zeitgenossen wie eine offizielle Position. »Distanz zwischen ihm und den Verständnislosen, Ordinär-Denkenden« (S. 464) habe er jedoch stets vermissen müssen.

An vielen Stellen nutzte Elisabeth die Biographie Nietzsches zur Mythenbildung und zum Umschreiben des eigenen Lebens. Für seine Entfremdung von ihr und Bernhard Förster macht sie nicht den Antisemitismus, sondern eine gänzlich nebulös bleibende Dame verantwortlich. Die »Verehrerin Förster's« habe niederträchtige Aussagen des jungen Paars über Nietzsche verbreitet und so dessen Misstrauen geschürt. (S. 469) Generell ist Elisabeth jedoch zurückhaltend mit Vorwürfen und konzentriert sich auf die Verherrlichung ihres Bruders. Nur Lou Salomé wird als Figur mit »böse[m] Willen« gezeichnet. (S. 403) Denkerisch sei sie nicht mehr als eine »sehr geschickte Anempfinderin« (S. 417), die alle wesentlichen Gedanken von ihrem Bruder habe und sich im Leben nur amüsieren wolle.

Vielleicht interessanter als das harsche Urteil über die Erzfeindin ist Elisabeths Selbsteinschätzung als aktive Persönlichkeit, die Nietzsches Respekt genossen habe. Auch ihre Eheschließung habe er positiv beurteilt. »[E]r war ein viel zu guter Psychologe, um nicht zu begreifen, dass, abgesehen von allen Liebesempfindungen, ein weibliches Wesen von einem solchen Thatendrang, wie ich ihn nun einmal hatte, ›eine Arena haben mußte, wo sie ihre Energie austoben konnte‹. Dieser Ausspruch stammte zwar von mir, wurde aber von meinem Bruder in Scherz und Ernst sehr oft in Hinsicht auf meine ungewöhnlich schwere Lebensaufgabe, die ich mir ausgesucht hatte, citirt.« (S. 501) Dies war überzeugend präsentiert und dürfte manchen Leser beeindruckt haben, blieb letztlich aber wie so viele in dem Buch festgehaltene Anekdoten unüberprüfbar.

Elisabeths Darstellung zielte nicht nur darauf, sich als selbstlose Persönlichkeit in die Biographie des Bruders einzuschreiben, sie wollte auch als seine Muse gelten. Dabei verschwimmen gelegentlich die Grenzen zwischen Literatur und Wirklichkeit. So erzählt sie die Geschichte von Zarathustras Begegnung mit dem alten Weiblein auf ganz eigene Art. Im Kern geht es ihr um den Nachweis, dass die berühmten Sätze: »Du gehst zu Frauen? [V]ergiß die Peitsche nicht [!]« (S. 559) nicht misogyn gemeint sind.[31] Sie stammen angeblich aus dem Frühjahr 1882, als ihm Elisabeth in Naumburg Turgenjews Novelle *Erste Liebe* vorgelesen habe. Bei ihrem gemeinsamen Romaufenthalt 1883 habe sie nach der Lektüre des *Zarathustra* erschrocken ausgerufen: »O Fritz [...] das alte Weibchen bin ich.« Nietzsche aber habe ihr generös versichert, »das wolle er keinem Menschen verrathen«. (S. 561) Wer Elisabeth Glauben schenkte, wurde in manches Geheimnis eingeweiht.

Die Frauenbewegung brachte Nietzsches Philosophie erhebliche Sympathien entgegen. So fragwürdig viele seiner Ansichten auch sein mochten, schienen sie doch eine grundsätzliche Bejahung menschlicher Freiheit und Selbsterfahrung zu beinhalten.[32] Elisabeth lehnte die feministische Auffassung von der Gleichberechtigung der Geschlechter ab, aber es entsprach nicht ihrer Lebenseinstellung, auf strategische Vorteile zu verzichten. Sie äußerte Verständnis dafür, dass Frauen einen Ort im Leben wie Entfaltung im Beruf suchen, und fand diese Einstellung auch bei ihrem Bruder. Letztlich überwog bei ihr jedoch eine frauenfeindliche Haltung. So habe sich Nietzsche gegen kritische Meinungsäußerungen von Frauen unter dreißig gewandt und abwertend von »superkluge[n] Schnattergänse[n]« gesprochen. (S. 573) Ähnliche Aussagen ließen sich leicht mehren, doch können sie als offenkundige Anpassung an die Wertewelt des bürgerlichen Publikums nur wenig Glaubwürdigkeit beanspruchen. Aufschlussreicher ist es da schon, wie sie Nietzsches Frauenbild mit seiner Einstellung zu Emotionen verbindet: »[D]ieses Zeigen des Verliebtseins erschien ihm als etwas Hysterisches, Krankhaftes. Er war fest überzeugt, daß das gesunde Weib, und ebenso der gesunde Mann, keusch und zurückhaltend sei.« (S. 575) Ihre Perspektive ließ sich mühelos mit einer Bejahung jener kulturpessimistischen Werte verbinden, die sich in den sozialdarwinistisch inspirierten Debatten der Zeit großer Beliebtheit erfreuten.

Gelegentlich überwiegt die hagiographische Tendenz vollständig. Gern kolportiert Elisabeth, ihr Bruder sei mit seinem Werk verheiratet gewesen, und schmückt diese Perspektive mit harmlosen Anekdoten über seine einsamen Wanderungen aus: »[E]ine alte Dame soll gesagt haben: ›Wenn ich ihm so begegnete, da dachte ich immer, er wäre ein Bräutigam und dächte an seine Braut.‹« (S. 670) Doch sollten Passagen wie diese nicht darüber hinwegtäuschen, wie zielgerichtet Elisabeth die Biographie zur Verbreitung ihrer Version von Nietzsches Vita nutzte. Beispielsweise betont sie unablässig seine außerordentliche Gesundheit, die er seiner Herkunft und seiner gesunden Lebensführung verdanke. Implizit wendet sich die Hervorhebung von Nietzsches »sehr männliche[r] Erscheinung« (S. 824) einschließlich gesunder Gesichtsfarbe und prächtiger Zähne natürlich gegen jede psychiatrische Erklärung seines Zusammenbruchs.

Zudem nutzte Elisabeth die Biographie, um die Bedeutung des *Willens zur Macht* herauszustreichen. Nietzsche sei die entscheidende Idee im Deutsch-Französischen Krieg gekommen, als er Soldaten im Laufschritt sah, »die Augen blitzten, der gleichmäßige Tritt klang wie wuchtige Hammerschläge auf den harten Boden«. (S. 682) In diesem Moment habe er instinktiv erkannt, »daß der stärkste und höchste Wille zum Leben nicht in einem elenden Ringen ums Dasein zum Ausdruck kommt, sondern als Wille zum Kampf, als Wille zu Macht und Übermacht!« (S. 683) All dies gehört ins Reich der Phantasie und belegt vor allem Elisabeths schwärmerische Begeisterung fürs Militär. Ausgesprochen pfiffig ist hingegen die Verteidigung ihrer Edition des *Willens zur Macht*. Nietzsches Werk sei keineswegs als geschlossenes philosophisches System konzipiert gewesen: »Wir wissen, wie sehr er allen Systemen mißtraute, und wie es ihm als ein trauriges Zeichen für einen Philosophen galt, wenn er seine Gedanken zu einem System erstarren läßt.« (S. 688) Dennoch habe Nietzsche eine umfassende Darstellung seiner Weltanschauung angestrebt, »aber sicherlich nicht als D o g m a , sondern als vorläufige Regulative der F o r s c h u n g«. Das klingt fast, als sei Elisabeth bei den Neukantianern in die Lehre gegangen, die zu Beginn des 20. Jahrhunderts den Zenit ihres Ansehens erreicht hatten. Mit Alois Riehl stand zumindest einer von ihnen dem Nietzsche-Archiv nahe.[33]

Zumeist befriedigte Elisabeth aber den Hunger ihrer Leser nach Wirklichkeit. Dies ist etwa bei ihrer umstandslosen Identifikation Nietzsches mit Zarathustra der Fall, die sie in Anlehnung an einen Brief Erwin Rohdes vornimmt. (S. 424) Damit vereinfacht sie jedoch unzulässig. Denn Rohde hatte Nietzsche gerade darauf hingewiesen, dass er mit der Schaffung der Zarathustra-Figur neue Möglichkeiten für philosophische Aussagen gewonnen habe. Pointiert verglich er ihn deshalb mit dem Sokrates der platonischen Dialoge, der ja mancherlei literarisches Rollenspiel gestattet habe.[34] Für ironische Brechungen oder paradoxe Denkfiguren im Werk des Bruders fehlte Elisabeth allerdings der Sinn. Sie konzentrierte sich vielmehr auf die inhaltliche »Botschaft« seiner Weltanschauung.

Nietzsche ist für Elisabeth der Philosoph der »Ewigen Wiederkehr«, der den Einzelnen die Verpflichtung zu sich selbst gelehrt habe. Aus dieser Perspektive kommt sie zu einem ungünstigen Urteil über die Bayreuther Welt, die doch mehr Theater gewesen sei, als ihr Bruder billigen konnte. Keinen Zweifel lässt sie allerdings an Wagners Genialität, der Nietzsche gerade zu Beginn seiner Basler Zeit entscheidend beflügelt habe. Unter ausdrücklicher Bezugnahme auf Raoul Richter verweist sie die Geschichte vom »Abfall« Nietzsches ins Reich der Legende. (S. 852) Ihr Bruder habe stets gewusst, was er an Wagner habe. Nur sei dieser ein Tyrann gewesen, der »von seiner Umgebung eine blinde Verehrung für sich selbst und seine Werke forderte« (S. 856) – eine Haltung, die Nietzsche auf die Dauer weder einnehmen konnte noch wollte. So berechtigt Wagners Einstellung gegenüber mittelmäßigen Naturen gewesen sein mag, bei Nietzsche fehle ihr jede Legitimität. »Aber Beide haben in ihrem Herzen diese Trennung nie überwunden – auch Wagner nicht!« (S. 868 f.)

Elisabeths freundlicher Plauderton lässt leicht vergessen, dass sie ihre Biographie mit deutlichen ideenpolitischen Absichten schrieb. Galt es zum einen, sich gegen Bayreuth zu behaupten und eine Brücke zwischen Nietzsche und Wagner zu finden, musste zum anderen Möbius' Sichtweise entkräftet werden. Aus diesem Grund bildet Nietzsches Keuschheit ein Leitmotiv des Buchs. Aber auch im Detail finden sich Spuren der Auseinandersetzung mit dem Psychiater. So erzählt sie die Geschichte von einem »alte[n] Holländer« aus Java, der Nietzsche gegen seine Schlaflosigkeit »ein herrliches ›Beruhigungsmittel‹« gegeben habe. »Es war eine dunkle Flüssigkeit, eine Art starker Alkohol, der schwach nach fremden Würzen roch.« (S. 919) Angesichts der charakteristischen Details dürfte mancher Leser der lebendigen Schilderung geglaubt haben. Tatsächlich gab es für die Einführung des Holländers einen einfachen Grund. Möbius hatte nachgewiesen, dass der Chloral-Missbrauch keine so verheerenden Folgen haben konnte, wie Elisabeth in den ersten Bänden ihrer Biographie behauptet hatte. Deshalb musste sie etwas Neues erfinden, wenn sie weiter an der zentralen Bedeutung von Nietzsches Schlaflosigkeit festhalten wollte.[35]

Bewusste Korrekturen wie diese haben nach 1945 zu einem sehr abwertenden Urteil über Elisabeth geführt. In der Tat lässt sich nicht ernsthaft bestreiten, dass sie es bei heiklen Fragen mit der Wahrheit nicht genau nahm und gern ihre Version der Ereignisse erzählte, die häufig unüberprüfbar oder nachweislich falsch war. Genau hier liegt aber ein zentraler Grund, warum sie derart stilprägend für alle weiteren Nietzsche-Biographien wurde. Elisabeth schilderte sein Leben als Behauptung eines einsamen Genies gegen eine feindliche Umwelt und ordnete alle Dokumente diesem Zweck unter. Angesichts der Art und Weise, wie das Nietzsche-Archiv organisiert und zugänglich war, musste das entscheidende Konsequenzen für künftige Darstellungen haben.[36] Zudem sollte man die Attraktivität ihrer Perspektive nicht in Abrede stellen. Sie bot die Möglichkeit zur Identifikation mit einer ganz ungewöhnlichen Begabung und öffnete mit sehr privaten Dokumenten scheinbar einen Übergang zu »authentischen Erfahrungen«. Als geübte Erzählerin wusste sie, dass es bei guten Geschichten nicht so sehr auf Daten und Fakten ankommt, sondern auf starke Bilder und einleuchtende Motive. Worte ließen sich bei Bedarf durch andere Worte ersetzen. Im Übrigen passte ihr nonchalanter Umgang mit Behauptungen trefflich in die Zeit um 1900, als sich viele Menschen nach »Wiederverzauberung« einer immer zweckrationaler werdenden Welt sehnten.

Das Werk klingt auf geradezu idyllische Art und Weise aus. In Pastelltönen beschreibt Elisabeth, wie Nietzsche in der Atmosphäre der Villa Silberblick mit ihrem großen Garten wieder auflebte. Pathetisch vergleicht sie sein Ende mit Sokrates' Schicksal, den auch die Missgunst der Menschen in den Tod getrieben habe – und geht mit keiner Silbe auf die vielen Unterschiede zwischen den beiden Philosophen ein. Unverkennbar ist Elisabeths Wille zur Verklärung des Bruders. So sei er an seinem Lebensende »immer schöner geworden, sah die Besucher mit großen freundlichen Augen an und reichte ihnen, wenn sie ihm einen angenehmen Eindruck machten, gütig die Hand«. (S. 930) Mit Peter Gasts stimmungsvoller Grabrede endet das Buch.

Das Stilmittel der Verniedlichung spielt in Elisabeths Buch eine zentrale Rolle. Gern schlägt sie einen bewusst kindlichen Tonfall an und schiebt unangenehme Details vor allem im Zusammenhang mit Nietzsches Geisteskrankheit in den Hintergrund. Immer wieder operiert sie mit falschen Beschwichtigungen und macht aus gravierenden Problemen belanglose Petitessen. Für die Zeitgenossen war dies schwer zu erkennen, weil die gezielte Verkleinerung im Gewand des Tragischen daherkam. Überdies zog sie als treue Schwester des allzu lange verkannten Genies Sympathien auf sich. Elisabeths Nietzsche-Biographie beeindruckte manchen Intellektuellen.

Uneingeschränkt positiv war das Urteil von zwei angesehenen Vertretern der deutschen Universitätsphilosophie, denen sie ein Exemplar ihres Buchs geschickt hatte. Im nahen Jena rühmte der Neoidealist Eucken Elisabeths Arbeit, über deren »Vollendung (Sie) von ganzem Herzen froh sein« könne. Schließlich sei es ihr gelungen, »dem teuren Bruder ein so schönes und würdiges Denkmal zu setzen, das mit lebendigster Kraft zu allen empfänglichen Seelen spricht«. Wenig weihevoll in der Diktion, aber gleichfalls eindeutig in der Sache war das Urteil Vaihingers in Halle. Nicht zuletzt bedankte er sich für seine Erwähnung in der Biographie und bestätigte mit dieser Freundlichkeit, welches Ansehen Elisabeth mittlerweile genoss.[37] Scheinbar wurde es auch für deutsche Ordinarien zunehmend attraktiv, in die Nähe zu einem Jahrhundertgenie gerückt zu werden. Dabei war die Stellung der Weimarer Nietzsche-Tradition noch keineswegs gesichert.

Franz Overbeck in Basel hatte sich schon bei den Konflikten um Lou Salomé ein Bild von Elisabeths Wahrheitsliebe machen können. Als eine Schuldige für das Zerwürfnis mit dem Bruder hatte sie einst ohne nachvollziehbare Gründe seine Frau Ida ausgemacht.[38] Nach dem Turiner Zusammenbruch erhob Elisabeth gegen ihn heftige Vorwürfe wegen seiner Einweisung Nietzsches in die Psychiatrie. Overbeck scheute die offene Auseinandersetzung, aber die Weimarer Heldenverehrung betrachtete er als gänzlich verfehlt. Dementsprechend sorgfältig bewahrte er Nietzsches Briefe auf, von denen er wusste, dass sie zu einer Revision des Weimarer Nietzsche-Kults führen konnten.

Elisabeths weihevolle Biographie wollte Overbeck nicht unwidersprochen lassen. Am 10. Dezember 1904 erschien in der *Frankfurter Zeitung* eine grimmige Besprechung des Werks, in der er seinem Herzen Luft machte. Overbeck sprach Elisabeth jede philosophische Urteilsfähigkeit ab und nannte sie despektierlich stets nur »Frau Förster«, womit er sie von ihrem Bruder wegrückte.[39] Als Overbeck ein halbes Jahr später starb, ging Elisabeth in die Gegenoffensive. Sie veröffentlichte nicht weniger als fünf Artikel in überregionalen Zeitungen, die nachweisen sollten, dass der Verlust wertvoller Manuskripte ihres Bruders auf Overbecks Nachlässigkeit zurückzuführen sei. Die Verteidigung übernahm sein Meister-Schüler, der Basler Privatdozent für Kirchengeschichte Carl Albrecht Bernoulli. Er stellte nicht nur heraus, warum Overbeck mit dem Weimarer Nietzsche-Kult nichts zu tun haben wollte, sondern legte auch eine Edition von Overbecks Briefen an Peter Gast vor, die manche kritische Bemerkung über Elisabeth enthielten.[40]

In Weimar war man empört. Kein Blatt vor den Mund nahm am 19. Januar 1906 Elisabeth von Alvensleben in ihrem Brief an die Archivleiterin. Sie betrachtete Overbeck nach der Lektüre der Briefe nicht mehr als »vornehme Natur«, die Nietzsche als Freund so zu wünschen gewesen wäre. »Gasts zarte und verehrende Liebe« müsse unter den taktlosen Äußerungen sehr gelitten habe. Gleichzeitig bemängelte sie Overbecks verquasten Stil. Häufig bleibe seine Absicht gänzlich unklar oder man müsse »manchen Satz, zwei, dreimal lesen [...], um in seine dunklen Tiefen einzudringen«.[41] Elisabeth konnte mit der Reaktion ihrer Freundin zufrieden sein. In ihrer Antwort vom 23. Januar verzichtete sie auf weitere inhaltliche Kritik und wies lediglich darauf hin, dass die Publikation von Overbecks Briefen Mitursache für den »Rückfall in meiner Influenza« sei. Dies war eine jener Unterstellungen, die sich bei Elisabeth immer wieder finden, aber nicht notwendig viel zu besagen haben. Wie dunkel allerdings ihr Bild der Overbecks mittlerweile war, zeigt ihr Brief an Gustav Krugs Enkel Walther vom 23. Mai 1906. Es sei gewiss, heißt es darin unmissverständlich, dass der Basler Gelehrte »im Stillen von Neid und Eifersucht auf den großen Freund ganz durchfressen gewesen ist und in diesem Gefühl nach Rache gedürstet hat«. Für das Ausmaß des Grolls sei vor allem seine Frau verantwortlich, »die meinen Bruder haßte«.[42]

Elisabeth hatte in den letzten Jahren mit hoher Energie gearbeitet, um das Ansehen des Nietzsche-Archivs zu mehren. Das Hauptereignis war 1906 die umfangreiche Neuausgabe des *Willens zur Macht*. Unablässig hatte sie die Bedeutung von Nietzsches »Hauptprosawerk« in den Vordergrund gespielt, bis ihr die erste Auflage nicht mehr ausreichend erschien. Schon rein äußerlich handelte es sich nun um ein gewichtiges Werk. Mehr als sechshundert Nachlassfragmente waren bei der Zweitauflage hinzugekommen, die im Grunde genommen ein vollständig neues Buch darstellte.[43] Die Arbeitslast hatte zu großen Teilen wieder Peter Gast getragen. Aber auch Elisabeth hatte mit innerer Beteiligung an der Fertigstellung des Buches mitgewirkt. Nachgerade euphorisch schrieb sie am 12. Juni 1906 Elisabeth von Alvensleben, wie viel Freude ihr die Korrekturen am *Willen zur Macht* bereiteten: »Dieses neu-bearbeitete Werk wird wirklich glorreich, und da ich auch die Hoffnung habe, von den zerstreuten Blättern etwas zurückzubekommen, so sehe ich der Beendigung dieses Werkes mit Stolz und Freude entgegen.«[44] Damit ist noch nicht gesagt, dass sich Elisabeth als Mitschöpferin von Nietzsches Opus magnum verstand. Doch fraglos hatte sie in die Edition Herzblut gesteckt.

Es ist schon manches über die von Elisabeth vorgenommenen »Fälschungen« gesagt worden. Beim *Willen zur Macht* handle es sich um ein manifest antisemitisches Werk, mit dem sie Nietzsche die Ansichten ihres Mannes untergeschoben habe. Man müsse es als kriegsverherrlichendes Buch betrachten, dessen menschenverachtende Züge unverkennbar seien, ja als Vorläufer des italienischen Faschismus und der nationalsozialistischen Rassenideologie. Viele Äußerungen sind Übertreibungen, die schon durch die einfache Tatsache zurechtgerückt werden, dass Nietzsches Schwester 1906 von den schrecklichen Entwicklungen der deutschen Geschichte nichts wissen konnte. Das heißt jedoch nicht, dass sie mit dem *Willen zur Macht* eine solide oder gar wissenschaftlich zustimmungsfähige Edition vorgelegt hat.

Elisabeth vereinfacht die Textfragmente ihres Bruders nach Kräften. Wie so viele Bücher, die am Massenmarkt reüssieren sollten, setzte *Der Wille zur Macht* auf den Gebrauch von Schlagworten.[45] Ihr Nietzsche sprach in kurzen Kernsätzen, durchaus mit den Tweets vergleichbar, die gegenwärtig in der Politik so beliebt sind. Dies bedeutete eine erhebliche Versimplung der Aussagen; denn für Nietzsches Philosophie waren Perspektivwechsel, hypothetische Elemente und Gedankenexperimente konstitutiv. Hinzu traten die von Peter Gast und Elisabeth stammenden Überschriften, die zumindest als zweifelhafte Form der Leserlenkung aufgefasst werden müssen. Ganz zu schweigen davon, dass schon die Buchgestalt die schlichte Tatsache, dass es sich bei den Textpassagen um unfertige und nachträglich bearbeitete Fragmente handelte, in den Hintergrund rückte.

Wie so viele Werke lässt sich *Der Wille zur Macht* recht gut aus seiner Entstehungszeit verstehen. Damit ist notwendig von der Ära des Imperialismus und der wilhelminischen Gesellschaft die Rede. Sie ist schwer auf eine prägnante Formel zu bringen, schwankte zwischen Gegenwartskritik und Erlösungshoffnungen und hegte ein uns fremd gewordenes Technikvertrauen. Elisabeth tat einiges dafür, damit Nietzsche als ein der Zukunft zugewandter Denker aufgefasst wurde, der den Deutschen viel zu sagen habe. So wurde seinem kritischen Satz: »Der Wille zur Macht als Prinzip wäre ihnen schwer verständlich« in der kanonischen Groß-Oktav-Ausgabe ein ganz anderer Sinn unterlegt, indem sie das Wort »schwer« durch »schon« ersetzte. In ihrer Nietzsche-Biographie wird die Aussage sogar direkt auf Wilhelm II. bezogen. Nun heißt es: »Der Wille zur Macht als Prinzip wäre ihm schon verständlich.«[46] Neben der überschaubaren stilistischen Komplexität dürften es gerade diese kleinen »kosmetischen Korrekturen« gewesen sein, die Elisabeths Veröffentlichungen ihre Attraktivität beim breiten Publikum sicherten.

Die aus heutiger Perspektive abenteuerlich anmutende Verknüpfung zwischen Nietzsche und Wilhelm II. stieß bei den Zeitgenossen durchaus auf Resonanz. So äußerte der Publizist Georg Fuchs mit innerer Zustimmung die Ansicht, die kaiserliche Flottenpolitik fördere die Aufnahme von Nietzsches Gedanken: »Wilhelm II. stieß in den Tiefen das eiserne Schiff in die See, und die Deutschen haben keine Wahl mehr, nun mußten sie denken und glauben wie er? Oder wie Nietzsche?« In einer ebenso weihevollen wie anmaßenden Sprache heißt es weiter: »Wenn Nietzsches letzter Gedanke der ›Wille zur Macht‹ war, wenn die Tat Wilhelms II. dahin führt, dass der ›Wille zur Macht‹ im Deutschen den Weg einschlage, auf dem allein er seine letzten, fernsten Folgerungen ziehen kann, bedarf es dann noch eines Beweises für die alle Individualgegensätze überströmende Flutgewalt des Blutes und für die im Wesentlichen, im Geschehnis unlösliche Einheit der Rasse.« Zumeist wurden jedoch der Kaiser und Nietzsche in weniger martialischen Tönen verherrlicht. Man beschwor Deutschlands Zukunft und verknüpfte die Bejahung technischen Fortschritts mit einem Loblied der Nation.[47]

Freilich waren nicht alle Menschen von der Funktionalisierung Nietzsches in der erweiterten Edition des *Willens zur Macht* begeistert. Eine vernichtende Rezension erschien im September 1906 in den *Süddeutschen Monatsheften*. Sie stammte von Friedrich Lamm und konzentrierte sich auf handwerkliche Aspekte der Ausgabe: »Der dem Bande gegebene Titel … führt irre und zeigt den Inhalt des Buches ebensowenig an, wie die Überschriften der einzelnen Abschnitte viel bedeuten. Dies will etwas besagen: denn durch diese Überschriften wird die Bedeutung des Buches geschaffen. Nimmt man sie fort, so enthält das Buch nichts, was ein guter Kenner Nietzsches nicht weiß.«[48] Der beschworene »gute Kenner« stellte allerdings eine Seltenheit dar. Nietzsche war zum öffentlichen Ereignis geworden, ohne dass sich die Zeitgenossen ein nuanciertes Bild seiner Philosophie erarbeitet hätten. Und das Nietzsche-Archiv förderte die Wirksamkeit volltönender Chiffren.

Gleichzeitig verfolgte man in der Villa Silberblick eine Bildpolitik, die sich um die bürgerliche Zähmung des »Menschheitsgenies Nietzsche« bemühte. Man setzte vor allem auf den Weimarer Hoffotografen Louis Held, dessen Bilder des Philosophen und seiner Schwester auf großen Anklang stießen. Mit Vorliebe unterstützten sie die Legende, dass Elisabeth in den

Räumlichkeiten des Nietzsche-Archivs die Arbeit ihres Bruders fortsetzte. Natürlich blieb der Abstand zwischen den Geschwistern stets gewahrt. Doch trotz aller Biederkeit, welche die Fotos von Elisabeth atmen, besitzen sie eine – gezielt angestrebte – weihevolle Aura. Mit ernstem Gesichtsausdruck und erlesener dunkler Kleidung unterstrich die Schwester, dass sie ihr Leben dem letzten Menschheitsgenie gewidmet hatte.[49]

Elisabeths Wichtigkeit sollte auch an ihrem 60. Geburtstag im Juli 1906 demonstriert werden. Die Feier wurde in Weimar detailliert vorbereitet. Der Impressionist Johannes Olde malte aus diesem Anlass das Festbild. Er stand schon länger mit der Villa Silberblick in engem Kontakt und hatte vom kranken Nietzsche mehrere einflussreiche Porträtradierungen geschaffen. Die Bedeutung des Gemäldes für Elisabeths Außenwirkung lag auf der Hand. In Absprache mit dem Künstler entschied sie sich für ein klassisches Motiv. Wie sorgfältig das Bild konzipiert war, illustriert eine rückblickende Beschreibung ihrer Freundin Elisabeth von Alvensleben: »Frau Elisabeth sitzt in ihrem Garten auf einer weißen, leicht gerundeten Bank, die unter blühenden Jasminbüschen stand, und über ein paar Stufen auf einem schmalen Wege, den bunte Sommerblumen einfaßten, zu erreichen war. Sie trägt ein vertrautes schwarzes Taffetkleid, einen größeren Hut und legt die Hand, welche die unentbehrliche langgestiehlte Lorgnette an silberner Van-de-Velde-Kette leicht hält, in den Schoß.« Das im Freien begonnene Ölgemälde wurde in einem lichten Atelier der Kunsthochschule vollendet und erfreute sich im Freundeskreis der Jubilarin besonderer Beliebtheit.[50]

Am Festtag kamen Hunderte von Glückwünschen aus nah und fern im Nietzsche-Archiv an. Exemplarisch für den vorherrschenden Ton sei aus einem Brief von Richard Moritz Meyer zitiert. Der belesene Germanist äußerte am 20. Juli beschwingt: »Ja, wer will sich heute zur gebildeten Welt rechnen, der nicht Nietzsche – und nicht seine Schwester kennt.«[51] Aber natürlich herrschte über diese Einschätzung kein Konsens. Mit ihren harten Geschäftspraktiken und ihrer gelegentlich taktlosen Art besaß Elisabeth mehr als nur einen Feind. Überdies lehnten viele Intellektuelle den keineswegs auf Weimar beschränkten Nietzsche-Kult aus politischen oder weltanschaulichen Gründen ab. Manch einer mag auch über Bande gespielt haben, wenn er statt des »weltberühmten Philosophen« lieber seine umstrittene Schwester attackierte.

Das bekannteste Spottgedicht stammte aus der Feder des Berliner Starjournalisten Alfred Kerr und hatte den gewollt ironischen Titel *Die Übermenschin*. Es wurde so häufig wiedergegeben, dass hier nur die ersten acht Zeilen zitiert seien.

Nietzsches Schwester sechzigjährig
Aktus. Feiert sich gehörig.
Jubel-Dame, Bild geschenkt,
Festlich ins Archiv gehenkt.
Im Hotel ist unterdessen
Großes Gala-Nietzsche-Essen.
Oben um den Lüster schwebt
Friedrich. Hätt' er's doch erlebt!

Das Gedicht wird immer wieder als Ausweis kritischer Distanz zitiert, die schon die Zeitgenossen gegenüber Nietzsches Schwester gehegt hätten. Doch die Dinge liegen komplizierter. Kerr hielt Nietzsche für einen höchst fragwürdigen Denker, der auf fatale Weise der Großmannssucht Vorschub geleistet habe. Bereits am 29. Oktober 1899 monierte er in einem Privatbrief, Nietzsche habe »mit dem Hammer philosophiert« und dadurch einen tiefgreifenden Sittenverfall eingeleitet. In dessen Folge sei es dazu gekommen, dass mit dem Hammer regelrecht Politik betrieben werde.[52] Kerrs Gedicht richtete sich mit einiger Wahrscheinlichkeit primär gegen den weltberühmten Philosophen, vielleicht wählte er den Umweg über die Schwester, weil sie mit ihrem Geltungsdrang ein leichtes Opfer war. In jedem Fall ist nicht einfach zu entscheiden, ob und wenn ja, in welchem Ausmaß er zwischen Nietzsches Ideen und den Vorstellungen in der Villa Silberblick unterschieden hat. Als öffentliche Figur musste Elisabeth jedenfalls einige Kritik einstecken. Da traf es sich gut, dass sie auch über sehr loyale Unterstützung verfügte.

DIE PROPAGIERUNG EINES EUROPÄISCHEN GENIES

Zu den wichtigsten Stützen Elisabeths gehörte Ernest Thiel in Schweden. Der erfolgreiche Bankier mit belgischen Wurzeln und deutscher Ausbildung hatte Mitte der 1890er Jahre Nietzsche entdeckt und zählte zu seinen leidenschaftlichen Lesern. Unter dem Eindruck des »Werde, der du bist!« änderte Thiel sein Leben, ließ sich von seiner Frau scheiden und heiratete ihre Freundin, die junge Gesellschaftsdame Signe Maria Hansen, was in Stockholm zu einem Skandal führte. Zu Nietzsches Trauerfeier schickte Thiel ungewöhnlich persönliche Zeilen nach Weimar, die zeigen, wie sehr er sich mit dem Verstorbenen identifizierte: »Er war ein Segnender wie Keiner – mein einziger Denker, mein einziger Dichter. Zwar sah ich ihn nie, und doch kannte ich ihn vollständig, durch und durch; – denn entweder ist man was er war – oder man versteht ihn nicht.« Der Brief endete mit den direkt an Elisabeth gerichteten Worten: »Seien Sie stolz, nichts als stolz!«[1] Nur ein Jahr später zog sich Thiel im Alter von gerade einmal 42 Jahren endgültig aus dem Berufsleben zurück. Fortan widmete er sich seiner Gemäldesammlung sowie der Verbreitung von Nietzsches Ideen. Er übersetzte mehrere seiner Schriften ins Schwedische und hielt mit dem Weimarer Archiv engen Kontakt.

Obwohl an Thiels Loyalität kein Zweifel bestand, reagierte man in der Villa Silberblick mit professioneller Vorsicht, als er 1907 ernsthaft die geplante Nietzsche-Stiftung unterstützen wollte. Das beauftragte Büro Schimmelpfeng kam zu einem rundum positiven Urteil über den ehemaligen Geschäftsmann, der 1891 eine eigene Bank gegründet hatte. Thiel habe »bei der Ausbeutung von Erzgruben im nordöstlichen Schweden« ein Vermögen verdient und sich aus dem Geschäftsleben zurückgezogen, um ganz »seinen künstlerischen und wissenschaftlichen Neigungen« zu

Der schwedische Bankier und Mäzen des Nietzsche-Archivs Ernest Thiel, Stockholm 1909

leben. Seine Gemäldesammlung sei nicht nur »die größte und sehenswerteste in schwedischem Privatbesitz«, sondern er habe auch sein gewaltiges Vermögen »sicher und zinstragend placirt«.[2] Offenkundig verfügte Elisabeth über einen Förderer, wie ihn sich die meisten Einrichtungen vergebens wünschen. Schon in den letzten Jahren hatte er sie tatkräftig unterstützt.

Elisabeth empfand den schwedischen Mäzen wie frischen Wind unter den Flügeln und war für Anregungen durchaus offen. Sie wusste, dass die Schriften ihres Bruders in Skandinavien auf großes Interesse stießen. Künstler und Intellektuelle begeisterten sich dort für die Vehemenz, mit der Nietzsche das Bestehende ablehnte und einen »Aufbruch zu neuen Ufern« forderte. Politisch sahen viele in ihm einen freiheitlichen Denker, dem nationalstaatliche Enge fremd war und ein geeintes Europa vor Augen stand. Elisabeths besondere Sympathie galt Edvard Munch, der sich in Weimar rasch den Ruf eines Enfant terrible erwarb. Der norwegische Maler steckte in einer Krise und neigte zu Exzessen. Nach eigenem Urteil befand er sich »in schlechte[r] Gesellschaft, Weiber und Alkohol«.[3] Elisabeth scheint sich daran nicht gestört zu haben. Vielmehr berichtete sie am 31. Oktober ihrer Vertrauten Elisabeth von Alvensleben voller Begeisterung, Thiel habe Munch beauftragt, Bildnisse von ihr und ihrem Bruder anzufertigen.

Die Darstellung des Philosophen ist das einzige Gemälde, das Munch nach einer Fotografie anfertigte, und sehr bekannt. Es spiegelt die in Weimar herrschende Bewunderung für *Also sprach Zarathustra*, die um 1900 weithin geteilt wurde. Während Nietzsche ins Tal schaut, geht über den Bergen majestätisch die Sonne auf. Das Bildnis der Schwester ist weniger spektakulär, aber dennoch in mancher Hinsicht aufschlussreich. Es zeigt, wie Elisabeth in einem »gemusterte[n] Seidenkleid« auf den Betrachter zugeht. Schon ihr Äußeres ist bemerkenswert; denn für gewöhnlich trug sie schwarze Kleidung, die das Tragisch-Feierliche ihres Schicksals unterstreichen sollte. Nun aber entsteht ein optimistischer Eindruck, der den aktiven Zug ihrer Lebenseinstellung betont. Munch selbst hatte in Weimar vorzügliche Bedingungen. Er logierte im noblen *Russischen Hof*, das dortige »Fürstenzimmer« diente ihm als Atelier. Dorthin lud er Nietzsches Schwester und Elisabeth von Alvensleben ein, die schon seit einiger Zeit zu den Bewunderern des Künstlers zählten. Es scheint, als hätten Thiel und die beiden Damen einen sicheren Sinn für Qualität gehabt; denn Munchs Weltruhm zeichnete sich zu diesem Zeitpunkt allenfalls in Ansätzen ab. Das Weimarer Kunstpublikum war später geteilter Auffassung über das Gemälde. Während die einen Elisabeth wunderbar getroffen fanden, hielten die anderen Munchs Werk für eine »Schmiererei!«[4]

Dem Streit der Meinungen unterworfen war auch Elisabeths Tätigkeit als Archivleiterin. Neben denjenigen, die ihr den Erfolg neideten, gab es viele, die den Personenkult auf dem Silberblick für grundsätzlich verfehlt hielten. Es wurde mit harten Bandagen gefochten. Elisabeth, die über exzellente Kontakte zur Presse verfügte, gab Vorwürfe umgehend zurück und ging oft selbst in die Offensive. Sie verfügte über einen nennenswerten strategischen Vorteil; denn jeder Journalist, der einen Text Nietzsches abdrucken wollte, musste sich Elisabeth gewogen halten. Angesichts der Summen, die sich mit seinem Namen verdienen ließen, war dies keine Kleinigkeit. Beinahe wie ein Mafia-Pate nahm sie jeden Dissens persönlich, und da sie ihre Anschauungen häufig wechselte, konnte man leicht in Ungnade fallen. Zur Launenhaftigkeit trat ein vorzügliches Gedächtnis, das erlittene oder eingebildete Kränkungen in plastischer Erinnerung hielt. 1907 veröffentlichte Elisabeth eine Art Generalabrechnung. Sie trug den Titel *Das Nietzsche-Archiv, seine Freunde und Feinde* und stieß, wie nicht anders zu erwarten, auf breites Interesse.

Die Schrift erzählt die Geschichte der Weimarer Einrichtung auf eine sehr persönliche Art, die mehr mit Elisabeths Selbstverständnis als mit historischen Fakten zu tun hat. Wie schon in ihrer Nietzsche-Biographie wechseln genau berechnete und kitschige Passagen, gegen die kaum ein Widerspruch möglich ist. Die Anfangsstunde des Archivs habe angeblich unmittelbar vor ihrer Abreise nach Paraguay gelegen, als sie frühe Texte ihres Bruders in eine große Kiste ordentlich verstaute. Nachdem Nietzsche sie bei seinem letzten Naumburgaufenthalt gesehen habe, soll er »tief ergriffen« die Worte »Meine ganze Jugend!« gesagt haben.[5] Elisabeth ging so weit, ihren Bruder als Gewährsmann dafür zu nennen, dass sie »die Einzige sei, die von diesem verborgenen Leben Authentisches mitteilen könne«. (S. 10) Auf einer anderen Ebene lag es, wenn Elisabeth als potentiellen Käufer für das Nietzsche-Archiv einen amerikanischen Milliardär aus dem Hut zauberte. Dies erhöhte schlicht den Marktwert und bekundete überdies ihre Weltläufigkeit, hatte sie doch damit von den Unsummen gehört, die man in den USA für elitäre Bildungseinrichtungen stiftete. (S. 11) Bei Nietzsches »Hauptwerk« weckte Elisabeth die Illusion, dass es bereits vollendet gewesen und nur in falsche Hände geraten sei. Sogar den Untertitel wollte sie von einem dubiosen Vermittler in Erfahrung gebracht haben. Er lautete »Versuch einer übermenschlichen Lebensauffassung« (S. 34) und zeigt, über welch blühende Phantasie Elisabeth verfügte, wenn sie einmal ins Erzählen geriet. Allerdings besaß sie durchaus einen Sinn für Realitäten. Apodiktisch verwies sie etwa darauf, dass bei Nietzsche »[j]eder Satz auf einen großen Gesamtplan berechnet« sei (S. 42), und legitimierte damit indirekt ihre Edition des *Willens zur Macht*. Oder sie verwandelte die Auseinandersetzung um angeblich verlorene Handschriften in eine prinzipielle Diskussion über die philosophische Bedeutung des Bruders. Angesichts seines sich rasant vermehrenden Ruhms konnte Elisabeth auf diesem Feld nur gewinnen. Überdies hatte sie die feste Überzeugung, dass ihre Vorstellung von Nietzsches Genie der Wahrheit näher kam als der skeptische Blick der Basler auf seine Gedankenwelt.

Es ist zu simpel, wenn man Elisabeths Rechtfertigungsschrift als Ausdruck eines »manichäischen [...] Weltbilds« auffasst.[6] Nietzsches Schwester hatte einen wachen Blick für die Sehnsüchte ihrer Zeit und kam ihnen nach Möglichkeit entgegen. Gleichzeitig besaß sie eine ungewöhnliche Härte bei der Durchsetzung geschäftlicher Interessen und verfuhr nach der Devise, »wer nicht für mich ist, ist gegen mich«. Doch wusste sie zentrale Fragen von eher situativ geprägten Auseinandersetzungen sehr wohl zu trennen. Wenn die Umstände es erforderten, interpretierte sie früher getroffene Entscheidungen ausgesprochen »elastisch«. Im Endeffekt wussten die Angestellten des Archivs oder ihre Geschäftspartner häufig nicht, woran sie waren, und verließen sich etwa auf Zusagen, die Elisabeth längst als nichtig betrachtete. Nur eins stand für sie unumstößlich fest: Alle Aktivitäten hatten der Mehrung von Nietzsches Ruhm zu dienen. Wo und wie jedoch dauerhafte Wertschätzung zu finden sei, glaubte sie besser als jeder andere Mensch zu wissen.

Elisabeths Schrift war nicht nur direkt gegen die Basler Nietzsche-Deutung gerichtet, sie war auch ein Plädoyer in eigener Sache. Im Kern ging es um die Frage, wie sich die Weimarer Bemühungen verstetigen ließen. Einer ihrer wichtigsten Ratgeber war Rudolf Eucken. Der Jenaer Philosoph, der zu den erfolgreichsten Akademikern des anbrechenden Jahrhunderts gehörte und mit seinen Feuilletonartikeln in den großen Blättern ein Vermögen verdiente, misstraute der Zukunftsfähigkeit der deutschen Universitätswelt. In einem Brief an Nietzsches Schwester vom 2. Dezember 1907 plädierte er energisch dafür, »daß das Nietzsche-Archiv als selbständige Stiftung erhalten bleibt«. Gleichzeitig bestärkte er sie in ihrer Mission: Der »Sinn und Wert« ihres Lebens bestehe in der »treuen Fürsorge für den geistigen Besitz Ihres Bruders« und verdiene weit mehr Anerkennung, als sie gegenwärtig erfahre.[7] Radikaler sah die Dinge Harry Graf Kessler in einem Brief an die Archivherrin vom 11. Januar 1907. Er betrachtete die im Ausland bewunderten deutschen Universitäten als von

»Vetternschaften und Nepotismus durchsetzt« und innerlich erstarrt. Dies war ein hartes, aber auch nicht ganz unzutreffendes Urteil. Wie freilich ausgerechnet das Nietzsche-Archiv, in dem alle Macht bei Elisabeth konzentriert war, eine »unabhängige geistige Institution« werden sollte, um den Universitäten Paroli zu bieten, erschließt sich nur schwer. Offenkundig war die Villa Silberblick für den sonst so hellsichtigen Grafen eine Art Sehnsuchtsort, für den ganz eigene Maßstäbe galten.[8]

Elisabeth hatte sich derweil um die Stabilisierung des vorzüglichen Kontakts zu Thiel bemüht. Im Oktober 1907 schickte sie ihm das Druckmanuskript von Nietzsches *Götzen-Dämmerung* mit den schon mehr als lobenden Zeilen: »Die Besten sollen das Beste haben.« Zu Weihnachten bedankte sich Thiel mit einer fürstlichen Gratifikation bei Elisabeth – gleichsam ein Vorspiel für den zu erwartenden Geldsegen. Wie stets war er sehr bescheiden und bemühte sich zugleich darum, Elisabeth aufzumuntern: »Eines steht fest«, heißt es feierlich, »die Stiftung müssen Sie erleben, wie der Künstler sein Werk – so will es die große Notwendigkeit.«[9] Insgesamt handelte es sich um die formidable Summe von 300 000 Mark, mit der Thiel die Idee einer eigenständigen Institution für die Philosophie Nietzsches unterstützte. Am 23. Mai 1908 wurde die Stiftung Nietzsche-Archiv feierlich begründet.

Elisabeths Gegner trösteten sich mit dem Gedanken, dass der hochkarätig besetzte Beirat der Weimarer Einrichtung Grenzen setzen werde. Doch sie hatten die Rechnung ohne die Wirtin gemacht. Zum einen besaß Elisabeth mittlerweile ein beträchtliches Renommee in der Öffentlichkeit und war es gewohnt, ganz nach ihren Vorstellungen zu handeln. Zum anderen lag der Vorsitz der Stiftung in den Händen ihres Cousins Adalbert Oehler, der beinahe stets nach ihren Vorstellungen agierte. Am wichtigsten aber war, dass der große Finanzier in der Ferne, Ernest Thiel, sie als Schwester Nietzsches maßlos bewunderte. Und Elisabeth wusste genau, wie sie mit dem ehemaligen Bankier, der auch außer der Reihe das Nietzsche-Archiv immer wieder förderte, umgehen musste. Im September 1908 ging sie so weit, Nietzsches Totenmaske nach Stockholm zu schicken. Thiel war tief bewegt und dankte in sehr persönlichen Worten:

»Liebste Freundin! Sie haben eine ganz eigene Art Geschenke zu geben – es wird einem jedesmal warm ums Herz, und es gereicht einem dabei noch zur Freude, Ihr Schuldner zu sein. Die Todtenmaske kam gestern an, ich bin tief ergriffen und werde mich nie von derselben trennen: sie bleibt in meinem Schlafzimmer bis zu meinem Tode.«[10] Seine stets verlässliche Unterstützung war eine entscheidende Hilfe in der Auseinandersetzung mit der Basler Nietzsche-Tradition. Fortan scheute Elisabeth keine Kosten, um ihr Bild des Bruders auch gegen massive Widerstände durchzusetzen.

Die inhaltlichen Differenzen zwischen der Basler und der Weimarer Nietzsche-Deutung waren gravierend. Betonte man dort Nietzsches körperliche und seelische Fragilität, stellte man hier in apologetischer Absicht seine strahlende Gesundheit heraus. In Basel rühmte man *Die Geburt der Tragödie*, während in Weimar der Schwerpunkt auf *Also sprach Zarathustra* und dem *Willen zur Macht* lag. Franz Overbeck und seine Schüler lehnten alle Formen gravitätischer Metaphysik ab, worunter sie vor allem die Lehren von der »Ewigen Wiederkunft« und vom »Übermenschen« verstanden. Elisabeth beschwor hingegen die zeitlose Gültigkeit von Nietzsches Philosophie und präsentierte ihren Bruder als »Seher«, missverstandenes Genie und Propheten einer besseren Zukunft. Auffassungen, die seiner Glorifizierung entgegenstanden, behandelte sie mit unnachgiebiger Härte. Dabei scheute sie auch vor Rufmord nicht zurück. So mokierte sie sich im Gespräch mit Harry Graf Kessler über die angebliche Humorlosigkeit des Ehepaars Overbeck, die ihren Bruder als »kleinliche, erbärmliche Persönlichkeit hinstellen« wollten. Der Grund hierfür sei nur zu leicht zu verstehen: »[D]ie Frau Overbeck machte ihn, sobald er sie sah, ganz krank: wie sollte sie ihn da lustig sehen, wenn ihr nihilistisches Wesen, sobald sie ins Zimmer trat, wie ein Mehltau auf ihn fiel?«[11] Im Übrigen richtete sich die Stilisierung Nietzsches zum »lachenden Philosophen« nicht nur gegen die verhassten Basler, sondern auch gegen Bayreuth. Denn Cosima liebte es, die barocke Lebensnähe ihres Mannes mit Nietzsches steifer Verkrampftheit zu kontrastieren. Auch dies war alles andere als fair und überdies arg holzschnittartig. Allerdings schoss Elisabeth bei ihrer Verteidigung des Bruders weit übers Ziel hinaus, weil ihr Bild vom »tragischen

Heiligen« eine eindimensionale Wunschvorstellung war und sie überdies nur ihre eigene Sicht der Dinge akzeptierte.

Die Einseitigkeit von Elisabeths Nietzsche-Deutung war freilich nicht so einfach zu durchschauen, wie dies aus heutiger Perspektive scheinen mag. Denn Elisabeth verfügte über den entscheidenden Zugang zu den Originaldokumenten. Insbesondere die Vorstellung, das Eigentliche seiner Gedanken sei unter den nachgelassenen Papieren zu finden, entfaltete auf die Zeitgenossen eine faszinierende Wirkung. Ein Denker vom Rang Georg Simmels berief sich wie selbstverständlich auf den Weimarer Nachlass, als er die »Wiederkunftslehre als Synthese des Endlichkeits- und Unendlichkeitsbedürfnisses« interpretierte.[12] Jeder Intellektuelle konnte darauf hoffen, dass sein Nietzsche-Bild durch noch unbekannte Quellen legitimiert werde oder durch den Nachlass eine höhere Rechtfertigung finde. Elisabeths Texte hielten vieles bewusst in der Schwebe. So vertrat sie in einem Essay für die Zeitschrift *Die Zukunft* eine radikale Skepsis hinsichtlich der Validität von Erinnerungen und bekannte sich zugleich zum Historismus. Gleichsam im Vorübergehen formulierte sie den folgenschweren und vielleicht auch psychologisch aufschlussreichen Satz: »Unsere Phantasie ist zu behend, sich die Dinge zurecht zu legen, wie sie ihr gerade passen.«[13] Wie sie vor dem Hintergrund dieser Aussage die »Authentizität« ihrer eigenen biographischen Schriften rechtfertigen wollte, ist nicht recht klar, aber vielleicht auch nicht wichtig. Denn ihr Wahrheitsverständnis orientierte sich zumeist an der konkreten Situation und am eigenen Vorteil, und für beides hatte sie einen guten Sinn.

Mittlerweile sind die Konflikte zwischen den rivalisierenden Zentren der Nietzsche-Aneignung bekannt und selbst Gegenstand der Historisierung. Auch die Übereinstimmungen im Weltbild der sich einst grimmig befehdenden Lager in Basel und Weimar werden langsam deutlich. So hoben beide Gruppierungen den Unikatcharakter von Nietzsches Denken hervor und akzentuierten dessen ausgeprägt »männliche Züge«. Allerdings sollte man die Unterschiede zwischen der nüchternen Basler Nietzsche-Philologie und den kühnen Weimarer Glorifizierungen nicht nivellieren. Overbecks intellektuelle Redlichkeit ist ebenso unstrittig wie seine wissenschaftliche Sorgfalt, während sich Elisabeths Angaben häufig als unüberprüfbar oder gar als pure Fiktion herausgestellt haben. Doch scheute der von Krankheit gezeichnete Gelehrte die offene Auseinandersetzung mit Nietzsches Schwester und überließ ihr damit das Feld. Nach seinem Tod im Jahre 1905 entschied sich Carl Albrecht Bernoulli dafür, ein umfassendes Werk über die Freundschaft zwischen Nietzsche und Overbeck zu schreiben. Die zweibändige Veröffentlichung, die reich ausgestattet 1908 bei Eugen Diederichs in Jena erschien, kam einer offenen Abrechnung mit der Weimarer Nietzsche-Deutung gleich.

Bernoulli ließ keinen Zweifel daran, was er von Nietzsches Schwester hielt, die bei ihm nur als »Frau Förster« firmierte. Dies war die in Basel übliche stigmatisierende Sprachregelung, die Elisabeth in einen engeren Zusammenhang mit ihrem Ehemann als mit ihrem Bruder rückte. Sie musste dadurch gekränkt sein, hatte sie doch schon 1895 erfolgreich vor Gericht erwirkt, den Doppelnamen Förster-Nietzsche führen zu dürfen. Doch damit nicht genug, verwies Bernoulli im Vorwort auf die in Basel liegenden Briefe Nietzsches an Overbeck und verknüpfte dies mit einer nicht allzu versteckten Drohung gegen das Nietzsche-Archiv: »[I]ch habe sehr vieles zurückbehalten, darunter manches Sensationelle und Aufsehenerregende. Ich will mich freuen, wenn ich nicht in die Lage versetzt werde, später etwa Aufdeckungen oder Enthüllungen nachtragen zu müssen, deren Bekanntmachung ich mir und anderen gerne ersparen würde.«[14] Dies war weder höflich noch sonderlich geschickt und zeigte selbst dem Unkundigen, wie hart die Kontrahenten um die richtige Nietzsche-Deutung stritten.

In manchem traf Bernoulli zentrale Schwächen von Elisabeths Biographie. So arbeitete er überzeugend heraus, dass ihre Vorgehensweise darauf abziele, den Bruder als philosophischen Solitär erscheinen zu lassen. Dementsprechend wenig erfahre man über seine Tätigkeit als Wissenschaftler, seine Lektürevorlieben oder die von ihm verwandten Quellen. Auch sei es eine Naivität, gerade bei Ausnahmebegabungen anzunehmen, sie schöpften stets nur aus dem eigenen Innern. So heißt es unter Bezugnahme auf Goethe bemerkenswert direkt: »Die größten Genies sind auch die größten Freibeuter – das ist nun einmal nicht anders. Irgendwoher hat es jeder. Es kommt einzig und allein auf die Intensität der Aneignung an.« (Bd. 1, S. 160) Doch so recht Bernoulli mit dieser Aussage hatte, sie verwies auch auf ein prinzipielles Problem seiner Darstellung. Das Werk deckte durch Bekenntnistreue und apodiktische Sprache die Schwierigkeit der behandelten Sachprobleme stärker zu als eigentlich nötig. Gewiss war dies auch eine Folge der Tatsache, dass er in der öffentlichen Auseinandersetzung »punkten« wollte. Doch trotz aller Konfrontation gab es auffällige Berührungspunkte mit dem Weimarer Nietzsche-Bild. Sie illustrieren, in welchem Ausmaß auch bewusst konzipierte Werke Kinder ihrer Zeit sind. Dies gilt etwa für die Deutung Nietzsches als »Kulturreformator« (Bd. 1, S. 218), der wie einst Rousseau eine grundlegende Veränderung der Gegenwart erstrebt habe. Noch mehr trifft dies für Bernoullis heroisierenden Sprachduktus zu. So wird Nietzsche als »gegen sein Schicksal bis auf den letzten Blutstropfen wehrende[r] Denkerheld« verherrlicht und seiner »Raserei« ein tieferer Sinn unterlegt. Erst der sich darin aussprechende »Kämpfer und Siegerdrang« habe Nietzsche »unter die Heroen des Menschengeschlechts« versetzt. (Alle Zitate Bd. 1, S. 289) In einem Punkt ist Elisabeth regelrecht meinungsprägend. Auch Bernoulli stellt kategorisch die Bedeutung von Nietzsches Sexualität in Frage. Dem Schweizer Gelehrten geht es lediglich um die Zurückweisung des Vorwurfs, Overbeck habe die Legende von Nietzsches luetischer Infektion in die Welt gesetzt.[15]

Der zweite Band Bernoullis zeigte, wie sehr sich die Fronten zwischen Basel und Weimar verhärtet hatten. Ausdrücklich und mit kaum versteckter Spitze gegen Elisabeth wird die Erzkonkurrentin in Bayreuth aufgewertet: »Nichts Kleinbürgerliches, nichts Schnüffelndes hat sich in ihre [Cosima Wagners, U. S.] Haltung eingeschlichen: es wird ihrem Auftreten und ihrer Gesinnung ein wahrhaft königlicher Adel nachgesagt.« (Bd. 2, S. 84) Für gänzlich abwegig hält Bernoulli die Überhöhung Nietzsches zu einer religiösen Zentralgestalt, die den Überzeugungen seiner Jugend die Treue gehalten habe. Zugleich vertritt Bernoulli die produktive These von Overbecks Einfluss auf Nietzsches Christentumskritik. Die Erklärung seiner gewaltigen Wirkung in den 1890er Jahren demonstrierte hingegen, wie schwer man sich in Basel mit diesem Phänomen tat. Bernoullis Verweis auf den Wunsch von Jugendlichen, die von Nietzsche geforderten »Übermenschen zu sein« (Bd. 2, S. 357), trifft zwar Richtiges, ist aber auch bemerkenswert monokausal. Mit der Auffassung, beim Urteil über Nietzsches Philosophie komme es entscheidend auf die Einschätzung biographischer Zusammenhänge an, ging er Elisabeth sogar direkt auf den Leim. Denn solange sie über die maßgeblichen privaten Dokumente verfügte, konnte man bei dieser Annahme ihrer Nietzsche-Deutung nicht viel entgegensetzen. Immerhin hatte Bernoulli besser als viele andere erkannt, was für eine vorzügliche Psychologin Elisabeth war. Dementsprechend anschaulich beschreibt er ihre »Geländegängigkeit« im persönlichen Umgang: »Nun – diese Frau beherrschte vollkommen alle Dehors; sie hat tausend dünne Schnürchen in den Händen, und mit jedem lenkt sie irgendeine kleine Äußerlichkeit: es ist schwer, sich ihrem Hasse, unmöglich jedoch, sich ihrer Huld zu entziehen. Hundert Schritte von ihrer Schwelle – und man ist eingeladen! Man unterschreibt eine Adresse, die gegen sie gerichtet ist, – und erhält zur Strafe ihr neues Opus geschenkt!« Das war die Taktik des »umarmenden Siegens«, gegen die sich freilich weit schwerer kämpfen ließ, als der Gelehrte annahm.

Unter den Freunden des Nietzsche-Archivs waren die Urteile über Bernoullis Buch einhellig. Die wohl wichtigsten Besprechungen verfasste mit dem Germanisten Richard M. Meyer eine Instanz des Berliner Literaturbetriebs.[16] Besonders harsch fiel seine Besprechung des zweiten Bandes aus. Er diene »nicht der objektiven Feststellung von Tatsachen, sondern sucht mit allen Künsten und aller Gewalt vorgefaßten Meinungen zum Sieg zu verhelfen«. Ausdrücklich monierte Meyer die »unerbittliche Gehässigkeit gegen das Nietzsche-Archiv«, doch hatte er sich selbst in starke Abhängigkeit zu Nietzsches Schwester begeben, und seine Ausführungen ließen Balance und Fairness vermissen. So erschien es ihm unstrittig, dass Overbeck seinen Hass auf Bernoulli vererbt habe, womit er die auf dem Silberblick herrschende Auffassung einfach reproduzierte.

Elisabeth wirkte vor allem hinter den Kulissen. Raunend teilte sie am 10. Februar 1908 Richard Dehmel mit, »daß eine gräßliche Betrügerei von

Seiten Bernoullis vorliegt«. Als der Schriftsteller Genaueres wissen wollte, wich Elisabeth aus. Erst verwies sie am 16. Februar auf ihre Influenza, und vier Tage später erging sie sich in Allgemeinheiten. Dehmel stimmte sie lediglich vage zu, »daß der frühere Overbeck ein ganz anderer als der spätere gewesen ist«.[17] Die meisten Menschen zwang der Umgang mit Elisabeth zur Parteinahme. Selbst ein so scharfsinniger Denker wie Hans Vaihinger nahm in der Korrespondenz mit ihr von differenzierter Urteilsbildung Abstand. Byzantinisch lobte der angesehene Wissenschaftler am 27. März 1909 die Archivherrin, dass sie »das Buch von Bernoulli in seiner Seichtigkeit erkannt« habe. Im Bild, das die Gegenseite von ihr und Peter Gast entwarf, sah er nichts anderes als eine »direkte Niederträchtigkeit«.[18]

All dies spielte sich vor dem Hintergrund der Prozesse zwischen Elisabeth und dem Diederichs Verlag ab. Im Kern ging es um die Verletzung von Urheberrechten, weil Bernoulli ausgiebig aus Briefen des Philosophen zitiert hatte, die nach Auffassung der Schwester notwendig zu Nietzsches Œuvre gehörten. Bei einem Denker seines Ranges komme auch der Korrespondenz Werkcharakter zu. In Weimar zirkulierten Gerüchte, wie ernst Elisabeth die Auseinandersetzung nahm. So soll sie sogar einen Einbrecher gedungen haben, um an Diederichs' Handexemplar von Bernoullis Schrift heranzukommen. Beweisen lässt sich dies nicht, und angesichts ihrer argumentativen Trümpfe spricht manches dafür, dass es sich bei dieser Geschichte um Rufmord handelte: Denn mit der Unterstützung von Ernest Thiel konnte Elisabeth bei gerichtlichen Auseinandersetzungen den Streitwert so weit in die Höhe treiben, bis die Gegenseite aus Kostengründen einen Vergleich anstreben musste.[19] Im Prozess mit Diederichs hatte sie diese Strategie nicht nötig. In beiden Instanzen schlossen sich die Richter ihrer Überzeugung vom inhaltlichen Wert der Nietzsche-Briefe an.

In der Villa Silberblick nahm man die Gerichtsurteile erleichtert zur Kenntnis. Nach dem ersten Prozess musste Diederichs zahlreiche Passagen schwärzen. Übermütig teilte Elisabeth am 7. Oktober 1908 Harry Graf Kessler mit, man nenne das Buch im Nietzsche-Archiv nur »den schwarzen Peter«. Erst recht fühlte sie sich als Herrin der Lage, als das Weimarer

Landgericht am 23. Januar 1909 Diederichs zu 500 und Bernoulli zu 1500 Mark Geldstrafe verurteilte. Nun renommierte sie vor Kessler, dass sich der Erfolg vor Gericht allein ihrer Wahrheitsliebe verdanke.[20] Doch sollte man sich durch die hochgestimmte Rhetorik nicht irritieren lassen. Elisabeth wurde durch ihren Cousin Adalbert Oehler sachlich beraten und hatte vor Gericht die bessere Strategie gewählt. Wenn es hart auf hart ging, konnte sie sich auf ihren Realitätssinn verlassen. Für die Gegenseite war der Prozessausgang eine Demütigung. Aber zumindest Diederichs wusste sich zu helfen. Der geschäftstüchtige Verleger verzichtete auf die Wiedergabe der inkriminierten Passagen und vermarktete wichtige Werke seines Hauses fortan als »Bücher, die Nietzsche liebte«.[21] Wie hoch der Philosoph im Kurs stand, verdeutlichen auch die Geschehnisse um die Vergabe des Literaturnobelpreises im Jahre 1908.

Schon länger hatte man im Umfeld der Villa Silberblick erwogen, Elisabeth in Stockholm vorzuschlagen. Angesichts der in Schweden herrschenden Werte war es durchaus sinnvoll, die europäische Dimension von Nietzsches Gedankenwelt energisch zu betonen. In den glorreichen Tagen der »Weltgeltung deutscher Wissenschaft« war jeder Ordinarius für den Nobelpreis antragsberechtigt. Für die Schwester hatten sich gleich drei Lehrstuhlinhaber zusammengetan: Max Heinze, Alois Riehl und Hans Vaihinger, die allesamt im Beirat des Weimarer Archivs saßen. Es dauerte bis Anfang 1908, ehe die schwedische Stiftung den bereits im Juni des Vorjahrs gestellten Antrag bestätigte. Dies war allerdings nicht Ausdruck von Vorbehalten, sondern zeigte lediglich, wie langsam die Stockholmer Mühlen mahlten.[22] Ernsthafte Chancen besaß Elisabeth nicht, für die man zur Begründung neben der Biographie des Bruders auch auf »die Stiftung des Nietzsche-Archivs« verwiesen hatte. In den Erörterungen der Akademiemitglieder spielte sie keine Rolle.[23] Erstaunlich war allerdings, dass der spätere Nobelpreisträger zu ihren engeren Bekannten zählte.

Zur allgemeinen Überraschung machte Rudolf Eucken das Rennen. Mit seinen Feuilletonartikeln hatte der Philosoph ein Vermögen verdient und seine Popularität gewaltig erhöht, in wissenschaftlichen Kreisen galt er dagegen wegen seiner zahllosen Publikationen als »Leichtgewicht«.

Euckens Haupttrumpf war, dass sein Bewunderer Vitalis Norström der Stockholmer Akademie angehörte und dort mit großer Energie auf seine Auszeichnung hinwirkte. Von Beginn an stilisierte sich der statusbewusste Ordinarius zum Außenseiter der »Gelehrtenzunft«.[24] Dies war nicht so ungewöhnlich, wie es auf den ersten Blick scheinen mag. Denn gerade in der Blütezeit deutscher Wissenschaft zu Beginn des 20. Jahrhunderts wollten Professoren gern mehr und anderes sein. Ähnliches gilt für Euckens Gegenwartskritik und seine Erörterung grundsätzlicher Sinnfragen. All dies war gängige Münze und auch unter Nietzsche-Anhängern durchaus en vogue. Euckens wichtigstes Talent bestand vielmehr darin, wie leicht er das Beschwören einer besseren Zukunft mit dem Loblied auf die Vergangenheit verband.

Um seine harmonisierende Rhetorik nicht zu gefährden, ging Eucken gegenüber Nietzsche auf Abstand. Ungeachtet der blumigen Worte, die er Elisabeth schickte, drückten seine Schriften beträchtliche Skepsis gegenüber Nietzsches Verherrlichung des »Erlebnisses« aus. In besonderem Ausmaß galt dies für sein Buch *Sinn und Wert des Lebens*, das er zur Unterstützung seiner Bewerbung für den Nobelpreis verfasst hatte. Eucken ließ darin keinen Zweifel, dass er den Optimismus von Nietzsches Philosophie für unzureichend begründet hielt: »[S]eine Lebensbejahung [...] bleibt viel zu sehr bloße Stimmung, um dem ungeheuren Schwergewicht einer seelenlosen Welt gewachsen zu sein, sie protestiert mehr gegen den Pessimismus, als sie ihn überwindet.«[25] Wie immer man zu diesem Urteil steht, solche Worte schätzte man in Stockholm. Denn die politisch konservativ und religiös lutherisch eingestellten Mitglieder der Akademie wollten die Gegenwartskritik keineswegs zu sehr betont wissen. Das Bekenntnis zum Christentum und eine positive Einstellung zur idealistischen Tradition betrachteten sie für den künftigen Preisträger als nahezu unverzichtbar.

Der Philosoph Eucken betonte die Kulturbedeutung des Christentums und kam aus dem Zentrum des deutschen Idealismus in Jena. Welcher Geist dort herrschte, belegen die Worte des Rektors Berthold Delbrück zum 350-jährigen Universitätsjubiläum 1908. Stolz stellte er heraus, keiner könne der Professorenschaft nehmen, »dass Schiller unser Kollege und Goethe unser Minister gewesen ist«. Freilich sollte man den defensiven Charakter dieser Aussage nicht unterschätzen. Auch Jena war in vielerlei Hinsicht eine moderne Stadt geworden, in der Industrie und Technik das Tempo vorgaben. Bezeichnenderweise kam der Großteil des Geldes für das zum Jubiläum eröffnete neue Hauptgebäude von der Zeiss-Stiftung. Sie spiegelte den Erfolg der seit kurzem in Jena ansässigen Fertigung hochmoderner optischer Messinstrumente.[26] Bestimmt ist es wichtig, ein nuanciertes Verständnis vom Krisenbewusstsein der Epoche zu entwickeln, in dem sich die Ängste vor der rasanten Globalisierung zeigen. Noch wichtiger dürfte jedoch das stolze Fortschrittsvertrauen der Menschen gewesen sein. Schließlich hatte sich die Lebenssituation vieler Europäer im Zeitalter des Imperialismus verbessert, als die Rohstoffe der Welt in schier unbegrenztem Ausmaß zur Verfügung standen und die Exportindustrie florierte. Auch das in Stockholm geforderte Bekenntnis zu Christentum und Tradition passte zur ersehnten allgemeinen Harmonie. Ausnahmen von der verbreiteten »Kulturseligkeit« waren in der akademischen Welt selten. Zu ihnen gehörten notorische Einzelgänger wie Max Weber, der sich am 19. Februar 1908 in einem Brief an Tönnies »religiös verkrüppelt« nannte. Ob er damit die Fundamente der bürgerlichen Weltsicht eher bestätigte oder in Frage stellte, ist nicht leicht zu entscheiden. In Stockholm fanden jedenfalls die inneren Widersprüche der Epoche eine einfache Lösung. Ausdrücklich lobte man in der Begründung für die Nobelpreisvergabe, dass Eucken nicht auf schrankenlosen Subjektivismus, sondern auf moralische Werte gesetzt habe. Statt an Nietzsches Willen zur Macht glaube er an die »unerschütterlich wirkende Majestät« von Kants Sittengesetz und weise den Zweifel in die Schranken.[27]

Aus heutiger Perspektive erscheint die Wahl Euckens zum Literaturnobelpreisträger wie ein krasses Fehlurteil. Schließlich hatte er außer blumenreicher Rhetorik und kühnen Synthesen nicht viel zu bieten. Für die Zeitgenossen stellte sich die Sache anders dar. Zwar betrachtete ihn manch ein Akademiemitglied anfangs als Notlösung, doch schon bald waren die »Unsterblichen« mit ihrer Wahl zufrieden. Denn Eucken, der in Jena Fichtes Katheder bekleidete und zum hundertjährigen Jubiläum dessen *Reden an die deutsche Nation* herausgab, stand wie kaum ein anderer für die bewunderte idealistische Tradition. Zudem war der wortgewaltige Ordinarius, der rascher als fast alle seine Kollegen auf die Bedürfnisse des journalistischen Massenmarktes einzugehen verstand, auch international eine Größe. Professionell organisierte Eucken die Verbreitung seiner Ideen in der angelsächsischen Welt. Er initiierte Übersetzungen, pflegte ein weitausgreifendes Netzwerk und ging auf gutbesuchte Vortragsreisen. Als Gastprofessor an der Harvard University sammelte er an der amerikanischen Ostküste mühelos Ehrendoktorwürden.[28]

Aber auch Elisabeth konnte mit dem Erfolg ihrer Aktivitäten zufrieden sein. Der Name »Nietzsche« wurde zum Markenzeichen und Weimar zum Zentrum der internationalen Bewunderung. Die Veröffentlichungen des Archivs stießen auf eine interessierte Leserschaft und einen aufnahmebereiten Markt. Dies gilt auch für die Luxusausgabe von *Ecce Homo*, die, von van de Velde kunstvoll gestaltet, 1908 in limitierter Auflage publiziert wurde. Die Edition, für die der Leipziger Philosoph Raoul Richter verantwortlich zeichnete, wurde zwar als unwissenschaftlich kritisiert und als »Bankiersausgabe« verspottet, doch um Käufer musste sich Elisabeth trotzdem keine Sorgen machen. Denn neben Eucken war fraglos Nietzsche der Philosoph der Stunde, und eine zunehmende Zahl seiner Bewunderer zählte zu den arrivierten Kreisen.[29] Gleichwohl stand sie unter einem erheblichen Druck. In ihren autobiographischen Schriften hatte sie ein idyllisches Bild ihrer Beziehung zum Bruder gezeichnet, das den Tatsachen keineswegs entsprach. Eine Zeitlang konnte sie mit dem Verweis auf die Dokumente in ihrem Archiv dieses Bild aufrechterhalten. So hatte sie in ihrer Verteidigungsschrift des Jahres 1907 vollmundig darauf hingewiesen, dass die an sie gerichteten Briefe Nietzsches einfach »herrlich« seien. Doch über kurz oder lang musste Elisabeth ihren Blick auf die Familiengeschichte durch die Edition »authentischer Dokumente« untermauern.

Bereits 1909 legte Elisabeth eine Ausgabe von Nietzsches *Briefen an Mutter und Schwester* vor, die in vielerlei Hinsicht eine Grenzüberschreitung bedeutete. Sie hatte nicht nur wie bei *Also sprach Zarathustra, Der Antichrist* oder *Ecce Homo* eigenmächtig wichtige Passagen weggelassen, sondern in großem Stil gefälscht. Briefe Nietzsches an andere Empfänger hatte sie mit ihrem Namen versehen und in ihrem Sinne inhaltlich zugespitzt. Für den Schein der Authentizität hatte sie viele Dokumente mit Schere und Klebstoff »bearbeitet« und ihre Spuren mit Feuer oder Tintenflecken zu vertuschen gesucht. Elisabeths kühne Veränderungen ließen sich bei Bedarf mit erfundenen Geschichten plausibilisieren.

Doch stand es außer Frage, dass sie nicht von Handschriftenexperten untersucht werden durften. Ähnliches gilt für die »Urabschriften«, die Elisabeth von angeblich verlorenen Briefen ihres Bruders anfertigte. Eine ihre wichtigsten Aufgaben bestand darin, die Bedeutung der Mutter zu verkleinern und die eigene Rolle im Leben des Bruders gebührend zu erhöhen. Dies hört sich harmlos an, hatte aber gravierende Konsequenzen.[30] Die Marginalisierung der Mutter kam einer *Damnatio memoriae* gleich, während die Verherrlichung der eigenen Person alle Zeichen von Geschichtsklitterung trug. Fortan stand jedenfalls fest, dass Elisabeth neutrale Forscher im Nietzsche-Archiv nicht dulden konnte, wenn ihre Mythen Bestand haben sollten.

Freilich bleibt es bemerkenswert, in welchem Ausmaß sich Elisabeth Distanz zur Nietzsche-Euphorie ihrer Umgebung bewahrte. Die Intensität, mit der Harry Graf Kessler den vom Geist Nietzsches getragenen »neuen Menschen« bejahte, blieb ihr letztlich fremd. Dementsprechend skeptisch beurteilte sie die Ideen für eine Nietzsche-Erinnerungsstätte in Weimar, die den Grafen enthusiasmierte. Nachgerade schwärmerisch hatte er am 14. April 1911 Henry van de Velde mitgeteilt, Nietzsche sei »der erste große moderne Philosoph, der die Schönheit der Kraft und Lebensfreude gepriesen hat«, und sollte durch ein dementsprechendes Denkmal geehrt werden.[31] Zudem war ein riesiges Stadion zur körperlichen Ertüchtigung geplant. Angesichts der Gigantomanie behielt Elisabeth einen kühlen Kopf. Am 2. Oktober 1911 erklärte sie Kessler unmissverständlich: »Es geht mir zu sehr wider alle Empfindungen, daß der große Einsame mit solchem Lärm und Massenansammlungen verherrlicht werden soll.« Mehr als ein »kleiner Tempel in einem heiligen Hain« schien ihr zur Ehrung des Bruders unangebracht.[32] Dies war gewiss keine künstlerisch revolutionäre

Elisabeth Förster-Nietzsche in der Bibliothek des Nietzsche-Archivs

Vorstellung, aber es bewies doch Sinn für die in Weimar nötigen Proportionen. Im Übrigen dauerte es nicht lange, bis die Pläne Kesslers ad acta gelegt wurden.

Auch bei der Auswahl ihrer philosophischen Ratgeber bewies Elisabeth Gespür. Dies ist bemerkenswert, weil es ihr an Vertrautheit mit akademischen Usancen fehlte und sie auf ganz unterschiedliche Haltungen zu ihrem Bruder stieß. Schon früh vertraute sie Hans Vaihinger in Halle. Der Kantforscher verfasste 1902 eines der ersten grundsoliden Bücher über Nietzsche. Die gängigen Einwände betrachtete er als Ausdruck der Tatsache, dass Nietzsches Reflexionsniveau von den Zeitgenossen noch nicht erreicht sei. Zwar stimmte Vaihinger mit Nietzsches kulturkritischen Auffassungen kaum überein, aber er sah viele erkenntnistheoretische Gemeinsamkeiten. Vor dem Hintergrund seiner Darwin- und Schopenhauer-Studien betrachtete er die evolutionsbiologische Fundierung von Nietzsches Gedanken als besonders wichtig.[33] Zudem teilte Vaihinger die Überzeugung vom perspektivischen Charakter menschlicher Erkenntnis. Jede Betonung ihrer angeblich überzeitlichen Natur lasse außer Acht, dass für den Wert der Wahrheit ihr praktischer Nutzen entscheidend sei. Folglich orientiere sich die menschliche Wahrnehmung an der Nützlichkeit der Phänomene für das Überleben des Einzelnen und der Gattung. 1911 legte Vaihinger diesen Gedanken in seiner weitausgreifenden *Philosophie des Als Ob* dar. Wie hoch er selbst den Einfluss Nietzsches auf sein systematisches Hauptwerk veranschlagte, zeigt sein Brief an Elisabeth vom 13. Mai 1911. Bewegt erinnerte er an einen gemeinsamen Besuch des Leipziger Palmengartens vor zehn Jahren, bei dem er erstmals die ihn bewegenden Ideen ausgesprochen habe. Der Brief schloss mit den zurückhaltenden Worten: »Möchte es dem Werke beschieden sein, Ihr Interesse zu erwecken.«[34]

Selbst in der Berufungspolitik nahm Vaihinger auf Elisabeth Rücksicht. Als 1911 in Jena die zweite Philosophieprofessur besetzt wurde, verwandte er sich für den national eingestellten Bruno Bauch. Nach dessen Wahl schrieb er am 11. Juli nach Weimar: »Auch für das Nietzsche-Archiv wird diese Berufung günstig sein, da ja Bauch Verständnis und Interesse für Nietzsche besitzt.«[35] Die Gründe für die ungewöhnliche Wertschätzung Elisabeths sind nicht vollends klar. Am wichtigsten dürfte für Vaihinger gewesen sein, dass sie die Schwester des bewunderten Genies war und aus eigener Erfahrung von ihm berichten konnte. Aber auch die nachlassende Sehstärke und das schwindende Selbstvertrauen des alternden Ordinarius könnten eine Rolle gespielt haben. In jedem Fall wusste Elisabeth mit Vaihingers Eigenheiten umzugehen und ihn für ihre Zwecke einzuspannen. Ähnliches lässt sich über ihre Beziehung zum Leipziger Privatdozenten Max Brahn sagen.

Der assimilierte jüdische Gelehrte zählte zu den Schülern von Raoul Richter, der in Leipzig vielbeachtete Vorlesungen über Nietzsche hielt. Der Enkel Giacomo Meyerbeers ordnete ihn in die Tradition des deutschen Idealismus ein und betonte seinen leidenschaftlichen Erkenntniswillen. Das »presto« sei das »normale Tempo«, in dem sich einer Künstlernatur wie Nietzsche sein »inneres Erlebnis« offenbare.[36] In puncto Intensität der Weltbegegnung könne er nur »mit dem glühenden Kulturreformator« Rousseau verglichen werden. Im Unterschied zu Richter bevorzugte Brahn die leisen Töne. Philosophisch an Schopenhauer geschult, wollte er vor allem Nietzsches Motiven gerecht werden. Nach dem Tod seines verehrten Lehrers im Jahre 1912 entschloss er sich dazu, eine eigene Nietzsche-Vorlesung anzubieten. In diesem Zusammenhang trat er in näheren Kontakt mit Elisabeth und geriet alsbald in ihren Bann. Rückblickend schrieb er ihr am 5. Januar 1915, wie gut ihm der Weimarer Nachmittag gefallen habe. Zudem bleibe stets bedenkenswert, »sich auf dem kurzen Wege vom Goethehaus zum Nietzschearchiv klar zu machen, wie viel geistig diese kurze Strecke bedeutet«. Von der Ausstrahlung der Villa Silberblick war der junge Gelehrte mehr als angetan. Der dortige Aufenthalt habe ihn darüber belehrt, »daß ich zu den Menschen gehöre, denen es nun einmal bestimmt ist, nicht in die Vergangenheit zu sehen, sondern für die Zukunft zu arbeiten«.[37] Elisabeth, die dem Privatdozenten einen Archivvortrag über Nietzsche angeboten hatte, konnte sich fortan Brahns Sympathie und seiner Dienste sicher sein.

Der Nachwuchswissenschaftler berichtete ihr am 11. September 1913 stolz, auf welchen Anklang seine Leipziger Lehrveranstaltungen stießen. Mehr als zweihundert Hörer folgten den Ausführungen, die den Nuancen von Nietzsches Gedankenführung gerecht werden sollten. Allerdings war sich Brahn darüber im Klaren, wie schwer es war, den richtigen Ton zu treffen, und so fragte er bei Elisabeth immer wieder um Rat. Gerade bei biographischen Zusammenhängen betrachtete er sie als maßgebliche Autorität. Doch im Unterschied zu vielen Schmeichlern, die im Nietzsche-Archiv aus und ein gingen, bewahrte sich Brahn eine eigene Meinung. Für Elisabeth wurde er damit nur umso wertvoller. Sie wusste um die Loyalität des jüdischen Gelehrten und erfuhr von ihm manches, was andere nicht zu sagen wagten. Wie geschickt sie vertrauensbildende Maßnahmen einsetzte, illustriert ihr Brief vom 18. April 1914. Elisabeth lud ihn nicht nur nach Weimar ein, um die Feier von Nietzsches 70. Geburtstag vorzubereiten, sondern sie wünschte sich auch ausdrücklich seine freie Meinungsäußerung im vertraulichen Gespräch: »[D]enn Alles, was Sie über Nietzsche denken und sagen, ist mir so außerordentlich interessant; gerade auch darin, wo wir vielleicht ein wenig voneinander abweichen.«[38]

Dies waren Töne, die Elisabeth gelegentlich anschlug, aber nur selten von Dauer waren. Sie wusste zu gut, dass eine Figur des öffentlichen Lebens auch ihren Ruf verteidigen und Härte demonstrieren muss. Mit besonderer Energie kämpfte sie für den Erfolg ihrer biographischen Schriften.

Eine unverhoffte Chance bot sich, als Gustav Naumann 1910 seinen Verlag an Alfred Kröner verkaufte. Elisabeth nutzte umgehend die sich bietenden Möglichkeiten und brachte eine Neufassung ihrer Nietzsche-Biographie heraus, die sich an ein Massenpublikum richtete. Wie zielgerichtet sie bei der Bearbeitung vorging, illustriert ein Brief an Kessler vom 17. November 1910. Mit der ihr eigenen Selbstgewissheit lobte sie die vorgenommenen Retuschen: »Da jetzt die großen Aktenstücke dazwischen fehlen, so läuft die Erzählung viel besser vorwärts als wie früher, es schließt sich alles besser aneinander an und überall habe ich noch kleine Lichter aufgesetzt, da ich nun weiß, wo die Verkleinerung meines Bruders einsetzt.«[39] Inhaltlich lief das 1912 erschienene Buch *Der junge Nietzsche* auf eine Art moderner Heiligengeschichte hinaus. Schon zu Beginn seiner Schulzeit habe Nietzsches Talent deutlich hervorgeleuchtet. Einem Referendar am Naumburger Domgymnasium sei er »immer wie der zwölfjährige Jesus im Tempel erschienen«.[40] Bei allem Erzählen braver Anekdoten vergaß Elisabeth nicht, sich energisch in das Leben des Bruders einzuschreiben. So habe die Hauptsorge der Mutter seit Nietzsches Bonner Studentenzeit angeblich in der idealen Gesinnung der Geschwister gelegen, die mit dem praktischen Leben nichts zu tun haben wollten. Besonders pikant ist es, wenn Elisabeth ihrem Bruder Worte in den Mund legt, die erst vor dem Hintergrund späterer Konflikte einen Sinn erhalten. Franz Overbeck soll er bereits 1873 auf ihre ungewöhnliche Sensibilität hingewiesen haben: »Meine Schwester hört nicht nur mit den Ohren und dem Verstand, sondern mit dem Herzen zu.« Im Ganzen ergibt sich das idyllische Bild eines glücklichen Genies, das sich erfolgreich gegen die Widerstände der Welt durchgesetzt habe.

Es ist erstaunlich, auf wie viel positive Resonanz Elisabeths biographische Legierung von Kitsch und Kalkül bei den Zeitgenossen stieß. Im Umfeld der Villa Silberblick war man regelrecht begeistert. Ein besonders enthusiastisches Lob stammte von ihrem Mäzen Ernest Thiel: »Da haben Sie nun wieder ein Wunderwerk vollbracht ... ein Büchlein, mit welchem ich meinen kleinen Sohn erziehen werde!«[41] Der Multimillionär rühmte Elisabeths biographische Vorgehensweise, ihren menschlichen Takt und die literarische Meisterschaft. Ihr Werk sei »so einfach, so natürlich, so sonnenklar«. Auch zu einem persönlichen Bekenntnis fühlte sich Thiel aufgefordert: »Dieser Mann, den ich nie gekannt, steht meinem Herzen meinem Instinkte näher als irgend ein lebendiger Mensch es gethan, und er hat es fertig gebracht, daß ich seit 16 Jahren nichts Anderes als seine Schriften lesen kann. Und die Ihrigen – für mich ist das fortan Eins.« Die Worte dürften Elisabeth gefallen haben, auch wenn sie unablässig ihre dienende Rolle und die Genialität des Bruders betonte. Schließlich zeigte Thiels Brief überdeutlich, dass ihr der angestrebte Ehrenplatz in Nietzsches Leben bereitwillig zuerkannt wurde.

Auch ein so vielbeschäftigter Mann wie Rudolf Eucken fand Zeit für die Lektüre von Elisabeths Buch. Ihn bewegte vor allem, wie anschaulich sie Nietzsches Basler Zeit geschildert hatte, in der Eucken kurzfristig sein Kollege gewesen war. Bei der Beurteilung der ausgesprochen freundlichen Zeilen sollte Euckens Motivlage mitbedacht werden. Selbst für einen Literaturnobelpreisträger war die biographische Nähe zum weithin verehrten Genie der Epoche schmeichelhaft. Kritische Töne finden sich in Euckens Brief vom 19. April 1912 nicht einmal zwischen den Zeilen. Vielmehr rühmte er Nietzsches Renommee in der Basler Zeit und zeigte sich über Möbius' »Hetzattacke« empört.[42] All dies war ganz in Elisabeths Sinne. Aber wenn schon eine zeitgenössische Berühmtheit ihr zu Gefallen schrieb, ahnt man, wie schwierig die Beibehaltung eines realistischen Selbstbilds für sie gewesen sein muss. Gleichwohl hielt sie als Autorin eisern an ihrer Linie fest und trug in freundlichem Plauderton die Erzählung vom überragenden Genie des Bruders vor.

Der unter dem Titel *Der einsame Nietzsche* 1914 erschienene zweite Band der Biographie hielt sich an vertraute Muster. Lediglich bei der Darstellung ihrer Feinde entschied sich Elisabeth für eine schärfere Gangart. So betonte sie den »ungewöhnlich häßlichen Teint« von Overbecks Frau durch die kaum überprüfbare Aussage: »Mein Bruder setzte immer die Brille ab, wenn er mit ihr redete.«[43] Gleichzeitig unterstrich Elisabeth den sinistren Einfluss Ida Overbecks auf Nietzsche, die ihn angeblich seiner Familie unbedingt entfremden wollte. Auch an Lou Salomé ließ Elisabeth kein gutes Haar. Vom Ehrgeiz zerfressen, habe sie den Kontakt mit Nietzsche, dessen Brillanz sie immerhin geahnt habe, nur aus eigennützigen Motiven gepflegt. Ihr Werk täusche eine Vertrautheit vor, die nie bestanden habe, und sei den Gesetzen des Marktes, aber nicht der Wahrheit verpflichtet.

Die hohe Zahl positiver Urteile über jüdische Intellektuelle und Künstler in *Der einsame Nietzsche* ist bemerkenswert. Hierin nur einen Reflex auf die Förderung des Buchs durch Ernest Thiel zu sehen[44], greift jedoch zu kurz. Denn der Stockholmer Privatier war ihr so ergeben, dass Elisabeth keineswegs um seine Gunst buhlen musste. Seit der Katastrophe in Paraguay fühlte sie sich von den Antisemiten verraten, während sie genau wusste, welche Bedeutung jüdischen Denkern für Nietzsches Wirkung zukam. Allein schon aus strategischen Gründen sprach viel dafür, ihre Rolle gebührend herauszustellen. Elisabeths generelle Haltung zum Judentum steht hierzu in keinem Widerspruch. In Naumburg war sie schon früh mit antijudaistischen Wertvorstellungen in Kontakt gekommen, die deutliche Spuren in ihrem Weltbild hinterlassen hatten. Das heißt freilich nicht, dass ihre Äußerungen zum Thema »Antisemitismus« im Einzelfall leicht zu interpretieren sind.

Keinen Zweifel ließ Elisabeth etwa an ihrer Ablehnung von Alfred Dreyfus, dessen Schicksal im Fin de Siècle die Menschen bewegte. Doch muss ihre Haltung in der Spionage-Affäre nicht notwendig Ausdruck tief verwurzelter Judenfeindschaft gewesen sein. Sie könnte auch aus der Tatsache resultieren, dass Elisabeth die französische Armee zu Unrecht angegriffen wähnte und dies mit ihrer konservativen Weltsicht unvereinbar war.[45] Generell legte sich Nietzsches Schwester bei öffentlichen Verlautbarungen ungern fest, aber wenn es hart auf hart ging, machte sie von antisemitischen Stereotypen rücksichtslos Gebrauch. Unter den treuen Anhängern des Archivs musste dies der Literaturwissenschaftler Richard

M. Meyer leidvoll erfahren. Nachdem sie sich mit ihm wegen Meinungsverschiedenheiten beim Ankauf zweier Handschriften zerstritten hatte, kannte sie in ihren Invektiven keine Zurückhaltung. In einem Brief an Adalbert Oehler nannte sie Meyer am 11. Februar 1911 verächtlich einen Juden, der einfach nicht versteht, wenn er »sehr höflich behandelt« wird. Der Angegriffene reagierte auf die Kränkungen, die er im Umgang mit der Archivherrin erfuhr, ausgesprochen vornehm. Trotz aller methodischen Bedenken bezeichnete er 1913 die Biographie Elisabeths in seiner eigenen umfassenden Studie über Nietzsche als »grundlegend« und sparte nicht mit lobenden Kommentaren. Freilich wird man sein Urteil über die Naumburger und Basler Traditionsbildung auf dem Silberblick nicht goutiert haben. Er verglich sie mit den Schulen, die sich nach dem Tod Franz von Assisis gebildet hätten und »die allein wahre« Tradition zu verkörpern meinten.[46] Die mit dieser Perspektive verbundene Relativierung des eigenen Standpunkts blieb Elisabeth fremd, die sich vor allem als erfolgsorientierte Managerin der Gedanken ihres Bruders verstand. Das Verhältnis von frühen Prägungen und Anpassungen an den »Zeitgeist« bestimmte auch ihre Einstellung zum Judentum. Es war stärker von Ressentiments und Vorurteilen getragen, als dies ihre großzügige Förderung durch Ernest Thiel vermuten ließe.

Auch manchen Einstellungen in der Villa Silberblick, die aus heutiger Perspektive mit eindeutig positiver Wertung versehen werden, ist eine gewisse Ambivalenz eigen. So spricht einiges dafür, mit Kessler und van de Velde energisch Nietzsches Modernität herauszustellen. Allerdings sollte man auch berücksichtigen, dass seine Vorstellung einer grundsätzlichen Neuordnung Europas politische Indienstnahmen vielfältiger Art begünstigte.[47] Elisabeths Fähigkeit, Netzwerke zum Ruhm Nietzsches zu knüpfen, war exzeptionell und ist schon den Zeitgenossen aufgefallen. Doch verbanden sich mit ihrer Vorgehensweise auch erhebliche Probleme. Den Vorwurf der »Taktlosigkeit« mag man auf sich beruhen lassen, zumal er sich nicht selten aus trüben frauenfeindlichen Quellen speist. Doch die »Beliebigkeit« ihrer Kontakte ist kein bloßer Zufall. Elisabeth pflegte Verbindungen zu allen Menschen, mit denen sich die Bekanntheit ihres Archivs mehren ließ. Ihre Umtriebigkeit erstreckte sich auch auf ganz philosophieferne Gestalten wie den Grafen Zeppelin, wenn sie die Schlagzeilen beherrschten. Dies leistete einer Inflationierung der Chiffre »Nietzsche« Vorschub und begünstigte populistische Vorurteile. Mittelfristig trug ihr Ideen-Marketing zum Verschleiß von Sinnressourcen bei, wie er generell für die wilhelminische Zeit charakteristisch war.[48]

Politisch hatte sich Elisabeths Sympathie für Thron und Altar auf zeitgemäße Art gewandelt. Zu Beginn des 20. Jahrhunderts stand sie im nationalen Lager und erwartete vom Aufschwung der deutschen Kultur wichtige Impulse. Trotz aller Kontakte mit Schlüsselfiguren der Moderne hielt sie an ihrem konservativen Wertekanon fest und pflegte gute Beziehungen zur evangelischen Kirche. Auch im Umgang mit völkischen Kreisen besaß sie keine Berührungsängste, zumal Teile der radikalen Rechten Nietzsches Gegenwartskritik schätzten. Gerade die biologischen Untertöne seines Denkens stießen dort zunehmend auf Interesse. Pars pro toto sei der rassistisch argumentierende Eugeniker Wilhelm Schallmayer erwähnt, der Nietzsche in den höchsten Tönen als »Hyperaristokraten« feierte. Rückwärtsgewandte Heimatkunst spielte in der Villa Silberblick freilich keine Rolle. Ihr wohl prominentester Vertreter, der Antisemit Adolf Bartels, war dort sogar ausgesprochen ungern gelitten.[49]

Elisabeths Herz schlug für die Futuristen, die ihren Bruder als Führer in eine grandiose Zukunft priesen. Schon an ihrem 60. Geburtstag 1906 hatte man in Weimar aus einer Ode D'Annunzios vorgetragen, in der sie als »Antigone des Nordens« verherrlicht wurde.[50] In feierlich-kühner Sprache verkündete der italienische Dichter eine künstlerische Weltanschauung, die letztlich auf die Zerstörung der bürgerlichen Welt zielte. Die Idee des Übermenschen betrachtete er als grundlegende Ablehnung jeder humanistischen Moral. In den nächsten Jahren wurde die brutale Dimension seiner Zukunftsemphase noch deutlicher. Vorbehaltlos lobte er 1911 Italiens Angriffskrieg gegen das Osmanische Reich und merkte kaum, dass Europa ein »taumelnder Kontinent« (Philipp Blom) geworden war.[51] Derart plakative Töne sind von Elisabeth nicht überliefert. Nach Möglichkeit bemühte sie sich um eine sanfte Diktion, die schroffe Gegensätze, so gut es ging, einebnete. Die Herrin des Nietzsche-Archivs hatte allen Grund, mit der Entwicklung der letzten Jahrzehnte zufrieden zu sein, und sonnte sich im Gefühl ihrer Anerkennung. Die untergründigen Spannungen der Epoche scheinen sie hingegen nicht sonderlich berührt zu haben. Ähnliche Haltungen gab es zuhauf. Offenkundig überforderte die Rasanz der Veränderungen die Zeitgenossen, denen kein wirklich überzeugender Deutungsrahmen mehr zur Verfügung stand. Als in Europa im August 1914 die Lichter ausgingen, ahnten die wenigsten das Ausmaß der kommenden Katastrophe.

NIETZSCHE IM »KRIEG DER GEISTER«

Der Ausbruch des Ersten Weltkrieges kam für die meisten Menschen überraschend. Nach der Ermordung des österreichischen Thronfolgers am 28. Juni 1914 in Sarajevo hatte trotz intensiver internationaler Spannungen kaum einer mit dem Schlimmsten gerechnet. Es herrschte Vertrauen in die Fähigkeiten der Diplomatie, der es in den letzten vierzig Jahren immer wieder gelungen war, einen Krieg zwischen den großen europäischen Staaten zu verhindern. Doch der Schein trog. Tatsächlich waren die Politiker von der Komplexität der Probleme, die sich in der Julikrise auftaten, überfordert. Allenthalben bevorzugte man eine auftrumpfende Rhetorik, um die Handlungsoptionen der Gegenseite einzuschränken. Doch das wirklich bestimmende Element war die Angst vor Gesichtsverlust, die immer kühnere Entscheidungen rechtfertigte. Die Presse trug das Ihre zur Verschärfung der Probleme bei. Sie betonte die Bedeutung der eigenen Nation, dramatisierte die politische Lage und drängte auf baldige Entscheidungen.[1] Anfang August 1914 fielen mit der russischen Generalmobilmachung, der deutschen Kriegserklärung an Frankreich und dem Einmarsch in Belgien sowie dem britischen Abbruch der Beziehungen zu Deutschland die Würfel. Schon bald wurde deutlich, wie illusionär die weitverbreitete Vorstellung eines kurzen Krieges war.

Die Propaganda musste die innere Folgerichtigkeit eines Geschehens vermitteln, das die Menschen eben noch für unmöglich gehalten hatten. Die Handelsbeziehungen waren eng, und trotz aller nationalen Konkurrenz wusste man in Europa um ihre Vorteile. Auch der hohe Anteil des Militäretats an den Staatsausgaben wird leicht überbewertet; denn in der Blütezeit des Liberalismus war der Staatshaushalt denkbar gering. Freilich sollte man die »Welt von Gestern« (Stefan Zweig) auch nicht zu harmonisch schildern. Neben außenpolitischen Konfliktlinien spielten innere Verwerfungen und vor allem die ungelöste soziale Frage eine wichtige Rolle. Trotz technischen Fortschritts und üppigen Konsumangebots zweifelte das Bürgertum, wie es scheint, zunehmend an seiner Bedeutung. Florian Illies hält Schnitzlers berühmten Satz »Wir spielen immer, wer es weiß, ist klug« sogar für den »geheime[n] Code des Jahres 1913«. Das mag zutreffend sein, doch sollten dessen Ambivalenz und schillernde Vieldeutigkeit nicht unterschätzt werden. Schnitzlers Zeilen verweisen nicht nur auf die Unvermeidbarkeit menschlichen Rollenspiels, sondern auch auf Verunsicherung und Selbstzweifel.[2] Überdies legen sie die Frage nahe, wie das nach Kriegsausbruch herrschende Pathos erklärt werden kann. In jedem Fall erstaunt das Ausmaß nationaler Identifikation, mit der das Bürgertum im August 1914 seine Existenz aufs Spiel setzte.

Die tieferen Ursachen des »Großen Krieges« erkannten wenige. Zeitgenössisch ist nur selten vom »Machtzerfall des Osmanischen Reiches« die Rede, wodurch auf dem Balkan ein »Vakuum« entstand, das die Konflikte zwischen den Großmächten enorm verschärfte.[3] Das politische Personal zeigte kein Talent, die Perspektive der Gegenseite zu verstehen und auf eigene strategische Vorteile zu verzichten. Die Mittelmächte fühlten sich zudem durch Russlands wachsende militärische Stärke bedroht und setzten auf einen Befreiungsschlag. Von der Notwendigkeit des Kompromisses für erfolgreiches politisches Handeln wollten die Entscheidungsträger jedenfalls nichts wissen. Schon bald stand die Propaganda der kriegführenden Nationen vor der schwierigen Aufgabe, ein selbst verursachtes und in mancher Hinsicht kontingentes Geschehen als unvermeidlich erscheinen zu lassen. Nur so ließen sich die zu erwartenden Opfer vor der Allgemeinheit rechtfertigen.

Am einfachsten war die Aufgabe in Frankreich, wurde es doch angegriffen und standen die deutschen Truppen bald tief im Land. Bereits am 4. August sprach die Zeitung *Le Matin* von einem Krieg der Zivilisation gegen die Barbarei. Vier Tage später erklärte mit Henri Bergson der wohl berühmteste französische Philosoph, was von der angeblichen Überlegenheit deutscher Kultur zu halten sei.[4] Schwieriger lagen die Dinge in Großbritannien.

Hier existierten recht starke deutschfreundliche Strömungen, und insbesondere im liberalen Lager galt die zaristische Autokratie als Inbegriff der Unrechtsherrschaft. Im Wesentlichen behalf man sich mit schroffen Feindbildern und stellte die Unbarmherzigkeit der »Hunnen« wie die brutale Effizienz der preußischen Militärmaschinerie heraus. Ideengeschichtlich konstruierte man eine eigentümliche Trias aus dem Kavallerie-Offizier Bernhardi, dem Historiker Treitschke und dem Philosophen Nietzsche, um die Inhumanität des deutschen Machtwillens zu erweisen.

In Berlin tat man sich hingegen mit der Kriegslegitimation schwer. Gegen das französische Schlagwort der »Barbarei« verwies man auf die »Tiefe« der nationalen Kultur und verbannte die Rede von einer genuin militaristischen Tradition Deutschlands ins Reich der Legende. Großbritannien wurde rücksichtsloses Weltmachtstreben, Profitgier und Heuchelei vorgeworfen. Der bedeutende Theologe Ernst Troeltsch ließ etwa keinen Zweifel daran, wie artifiziell das britische Deutschland-Bild sei, in dem Bernhardi eine Schlüsselrolle zukam.[5] Die Kritik war nicht aus der Luft gegriffen, doch bedeutete sie keineswegs, dass damit eine sachlich überzeugende Kriegsrechtfertigung gefunden war. Die meisten Akademiker bemühten sich darum, einen eigenständigen deutschen Weg in der Geschichte aufzuzeigen. Historische Wurzeln und kulturelle Prägungen sollten einen Krieg gegen die halbe Welt begründen.[6] Doch hielt sich der propagandistische Erfolg in Grenzen. Die häufig beschworene »Kriegsbegeisterung« war ein oberflächliches und zudem rasch vorübergehendes Phänomen. In der Abgeschiedenheit des Tagebuchs äußerten sich die meisten Intellektuellen jedenfalls skeptischer als in ihrer Publizistik. Spätestens im Winter 1914/15 dürfte ihnen deutlich geworden sein, wie wenig die triste Realität den Vorstellungen glich, die sie vom Krieg gehegt hatten.

Die akademische Jugend zahlte einen hohen Blutzoll. Unzureichend militärisch ausgebildet und erfüllt von einem wirklichkeitsfernen Idealismus, wurde sie schon in den ersten Kriegsmonaten Opfer der modernen Waffentechnik. Insgesamt starben an der Westfront bis Weihnachten 1914 etwa anderthalb Millionen Soldaten – ein beträchtlicher Teil von ihnen durch Geschützfeuer aus der Ferne. Viele Studenten hatten sich freiwillig gemeldet, ein Drittel von ihnen überlebte den Krieg nicht. Entgegen einer weitverbreiteten Vorstellung wurde das studentische Bild vom Krieg nicht entscheidend durch Aufbruchsstimmung geprägt. Vielmehr schufen die militärischen Realitäten rasch einen neuen deprimierenden Erfahrungsraum, dem sich kaum ein Kriegsteilnehmer entziehen konnte. Leider mangelt es an schattierungsreichen Zeugnissen. Die Millionen von Kriegspostkarten, die mit stereotypen Formulierungen Sorgen in der Heimat zerstreuen sollten, geben inhaltlich kaum etwas her. Tagebücher sind häufig in einer lakonischen Sprache gehalten, die nur wenig über das individuelle Kriegserlebnis verrät. Dies gilt selbst für die Angehörigen der Jugendbewegung, die in Friedenszeiten gern einen expressiven Stil gepflegt hatten. So notierte Edgar Gräf, ein Kriegsfreiwilliger aus dem Aachener Raum, im Herbst 1914 nüchtern in sein Tagebuch: »Im Dorf Rimbeke erhalten wir die kleine Feuertaufe im Kampf mit Franctireurs. [...] Das Dorf geht in Flammen auf.«[7]

Volltönender Idealismus war eher eine Sache der Heimatfront. Hier spielten die Universitäten eine wichtige Rolle, an denen manch älterer Akademiker fehlende Fronterfahrung durch schneidige Publikationen kompensierte. Kein Ort besaß vermutlich mehr symbolisches Kapital als Jena. Dort wurde beim Universitätsjubiläum 1908 ausdrücklich auf das Erbe der deutschen Klassik verwiesen. 1913 feierte man mit beträchtlichem Aufwand das hundertjährige Jubiläum von Fichtes *Reden an die deutsche Nation*. Im Krieg galten sie als Musterbeispiele des deutschen Idealismus und wurden mehrfach nachgedruckt – natürlich auch vom örtlichen Großordinarius Rudolf Eucken, der sich in puncto Patriotismus und salbungsvoller Rhetorik so schnell von niemandem überbieten ließ.[8] Aber offenkundig beflügelte das traditionsreiche Thüringer Erbe nicht nur ihn. Auch der Biologe Ernst Haeckel, der sich als leidenschaftlicher Advokat Darwins einen Namen gemacht hatte, fühlte sich zu politischen Grundsatzerklärungen aufgefordert. Er tat dies mit großer Geste, beanspruchte der von ihm sonst vertretene Monismus doch nicht weniger als eine naturwissenschaftliche Erklärung der gesamten Welt.

Empört über die britische Haltung bei Kriegsausbruch, initiierte Haeckel die Rückgabe wissenschaftlicher Auszeichnungen. Die Reaktionen zeigten, wie missverstanden sich die Akademiker fühlten. So betonte der Leiter der *Deutschen Medizinischen Wochenschrift* Schwalbe in seinen Briefen an Haeckel vom 19. und 24. August, dass auf etwaige Skrupel keine Rücksicht genommen werden könne. Kurth Sethe schrieb seinem berühmten Onkel vier Tage später kategorisch: »Du hast den Nagel auf den Kopf getroffen: England ist der Anstifter dieses Weltbrandes, der aber so Gott will, sein eigenes Haus anzünden wird und uns zu ungeahntem Aufstiege und, was nicht der schlechteste Gewinn ist, zu einer im Frieden nie gewonnenen innern Konsolidierung verhelfen wird.« Immerhin wandte der Jenaer Nobelpreisträger für physikalische Chemie Wilhelm Ostwald am 28. August gegen Haeckel ein, dass es doch bei jedem Krieg um die zukünftige Friedensordnung gehe und eine rein nationale Wissenschaft ein Ding der Unmöglichkeit sei. Doch dies war eine Ausnahmestimme. Allgemein überwogen an der Salana die radikalen Töne. Haeckel hatte sich sogar mit seinem Erzrivalen Eucken zusammengetan, um möglichst wirkungsvoll die angeblichen Abgründe englischer Politik anzuprangern. In der renommierten linksliberalen *Vossischen Zeitung* verkündeten sie, die wichtigste Ursache der zeitgenössischen Katastrophe liege im britischen Handelsneid.[9]

Es ist erstaunlich, wie viele Akademiker im idyllischen Jena von einem moderaten Ton Abstand nahmen. Selbst eine konziliante Gestalt wie Eucken, der dem wilhelminischen Erlebniskult mit einiger Reserve gegenüberstand, stimmte in die nationalistischen Beschwörungsformeln ein. Binnen kurzem wurde er einer der erfolgreichsten Vortragsredner, der mit großer Leichtigkeit die aktuelle Situation aus den Eigentümlichkeiten deutscher Tradition herleitete. Bei alledem herrschte ein beträchtlicher Drang zur Überhöhung. Angesehene Professoren betonten neben der inneren Einheit des Volkes und der gelungenen militärischen Mobilisierung die Reinheit des deutschen Idealismus und die globale Dimension der eigenen politischen Ansprüche. Der Ausdruck »Weltkrieg«, der international noch keineswegs geläufig war, erfreute sich in Jena bereits Mitte 1914 erheblicher Wertschätzung.[10]

Für Elisabeths Archiv im nahen Weimar war es nicht leicht, sich im »Krieg der Geister« zu behaupten. Zum einen war Nietzsches Haltung zu Deutschland nicht so eindeutig, wie man auf dem Silberblick gewünscht hätte. Zum anderen ließ er sich keineswegs umstandslos dem konservativ-staatsbejahenden Lager zuordnen. Viele seiner Anhänger waren Anarchisten; der Attentäter von Sarajevo, Gavrilo Princip, las Bakunin und zählte zu den leidenschaftlichen Bewunderern Nietzsches.[11] Dieser hatte überdies in den letzten Jahren vor dem Krieg erhebliche Aufmerksamkeit in Großbritannien gefunden. Unterstützt durch das Nietzsche-Archiv, hatte der jüdische Gelehrte Oscar Levy eine umfassende Ausgabe seiner Schriften initiiert. Eine Folge davon war, dass die britische Propaganda Nietzsche bald nach Kriegsausbruch als Musterbeispiel deutschen Machtwillens und Größenwahns attackierte. Vielleicht ist es sogar gerechtfertigt, ihn als »Zentrum des englischen Feindbilds« zu betrachten.[12] Für deutsche Akademiker, die mit Vorliebe die Lauterkeit der eigenen ethischen Gesinnung herausstellten, war jedenfalls das Beschwören Nietzsches alles andere als selbstverständlich.

Als Star der Weltkriegsliteratur galt Richard Wagners Schwiegersohn Houston Stewart Chamberlain. Der alerte Schriftsteller zählte zu den erklärten Gegnern Nietzsches, in dem er den »Hofnarr[en] eines frivolen, skandalsüchtigen fin de siècle« sah.[13] Chamberlain besaß die Sympathien des deutschen Kaisers, der seine völkische Kulturphilosophie als Schlüssel zur Menschheitsgeschichte und politische Orientierungshilfe betrachtete. In die Kriegsaufsätze des begeisterten Wagnerianers setzte Wilhelm II. größtes Vertrauen. Schon rein quantitativ waren Chamberlains Aktivitäten erstaunlich. Er verkaufte im Krieg zwischen 750 000 und einer Million Exemplare, die in einem Dutzend Sprachen erschienen. In leicht verständlicher Diktion abgefasst, entfalteten sie mit ihren Sinngebungshorizonten und markanten Feindbildern eine starke Wirkung. In einem Telegramm an Chamberlain verglich sie Wilhelm II. im April 1915 mit »geistige[n] Granaten«. Im selben Monat verlieh ihm der Kaiser für die *Neuen Kriegsaufsätze* das Eiserne Kreuz.[14]

Hinter dem Erfolg stand nicht nur Chamberlains Talent, bei umstrittenen weltanschaulichen Fragen suggestive, scheinbar einfache Lösungen zu finden. Der leidenschaftliche Apostel Bayreuths verfügte auch über beträchtliche stilistische Fähigkeiten. Zudem konnte Chamberlain auf die geölte Vertriebsmaschine seines Münchner Verlegers Hugo Bruckmann bauen, der seine Aufsätze zu Pfennigbeträgen unter die Leute brachte. Seine Leser beschränkten sich nicht auf die vielfach fraktionierte völkische Bewegung, sondern reichten tief ins Bürgertum hinein. In erheblichem Ausmaß spielte Chamberlain zur Kriegsrechtfertigung die Bildungsidee nach vorn. Seine *Kriegsaufsätze* stellte er unter das Motto: »Nur Waffen schafft! Geschaffen habt ihr Alles dann!« Für die moralische Überlegenheit des deutschen Militärs machte er dessen kantische Einstellung verantwortlich: Der deutsche Soldat »allein will, was er soll, will es von ganzem Herzen«.[15] Überdies gab Chamberlain dem Dreißigjährigen Krieg ein besonderes Gewicht, indem er dessen tragische Dimension herausstellte. Unablässig hob er die weltanschauliche Bedeutung des Idealismus hervor, der den militärischen Erfolg der Nation verbürgen werde. Ex negativo verwies er auf Napoleon, der trotz seiner militärischen Begabung am eigenen Nützlichkeitsdenken gescheitert sei: »[M]it Idealen bewaffnet, hätte er die Welt erobert; so musste er den von ihm verhöhnten ›Ideologen‹ erliegen.«[16]

Neben Bildungspathos und geschichtsphilosophischer Sinnstiftung boten die *Kriegsaufsätze* allerdings auch mehr als eine Prise Gift. Chamberlain beschrieb die kapitalistische Welt des weltanschaulichen Hauptgegners England in antisemitisch grundierten Mustern, ohne dass er seine judenfeindlichen Vorstellungen explizierte. Er umging damit die Zensur, die als Konsequenz des vom Kaiser verkündeten »Burgfriedens« antisemitische Äußerungen strikt untersagte. Chamberlains Anspielungen waren nicht justitiabel, nährten aber Ressentiments gegen die erfolgreiche deutsch-jüdische Minderheit und gewannen rasch an Bedeutung. Denn mit steigender Härte und Dauer des Krieges wuchs in der Bevölkerung das Bedürfnis nach einem »inneren Feind«. Nicht zufällig wurde Chamberlain der am häufigsten kritisierte Schriftsteller in den *Mitteilungen des Vereins zur Abwehr des Antisemitismus*.[17] Doch da die Auflagenhöhe dieser Zeitschrift überschaubar war und jede Gegendarstellung zugleich judenfeindliche Vorurteile transportierte, glich ihre Auseinandersetzung mit dem Erfolgsautor zunehmend einem Kampf gegen Windmühlen.

In Weimar wetteiferte man in puncto Patriotismus mit der Villa Wahnfried, hatte aber keine »Edelfeder« wie Chamberlain zur Verfügung. Dementsprechend schwierig war es für Elisabeth, den Bruder erfolgreich ideologisch zu positionieren. Dabei machte sie aus ihrem Herzen keine Mördergrube und nutzte jede Möglichkeit zur nationalpolitischen Instrumentalisierung seiner Gedanken. Sie konnte sich der Zustimmung von Ernest Thiel in Stockholm sicher sein. Der wichtigste Förderer des Nietzsche-Archivs stand im Weltkrieg uneingeschränkt auf ihrer Seite. Am 25. August 1914 äußerte er sich gegenüber Elisabeth bewundernd über die »prachtvolle Kraftentwicklung Deutschlands«. Gleichzeitig bedauerte der vermögende Rentier, dass Nietzsche diese herrliche Zeit nicht mehr miterleben könne.[18] Elisabeths Antwort vom 4. September dürfte ganz in seinem Sinne gewesen sein. Sie rühmte die Begeisterung, mit der sich die Mobilisierung des gesamten deutschen Volkes vollzogen habe, und schilderte den Schrecken der Franzosen. Wie ihr »ein Ausländer« erzählt habe, »flüsterten [sie] sich angstvoll und geheimnisvoll zu, die Deutschen wären so groß in der Chemie, da pusteten sie vor den Kämpfen etwas in die Luft, daß alle Feinde den Mut verlören. Jawohl! Diese geheimnisvolle Kraft existiert, das ist die unvergleichliche Tapferkeit unseres deutschen Heeres.« Sechs Tage später zeigte sich Elisabeth fast noch entschlossener. Sie veröffentlichte einen Artikel in der Zeitung *Der Tag*, in dem sie Nietzsche als Musterpatrioten darstellte. Abermals rühmte sie die deutsche Heeresorganisation und die innere Einheit des Volkes. Ihr Bruder habe nicht zufällig häufig geäußert: »Die Kruppwerke möchte ich doch einmal sehen.«[19] Das war nun ein ausgesprochen kitschiges Bild, das bei einem Minimum an Nietzsche-Kenntnissen kaum verfangen konnte. Man irrt allerdings, wenn man es als Form von Realitätsverlust interpretiert.

Elisabeth folgte konsequent ihrer Linie, den Bruder als überzeugten Nationalisten darzustellen. Wie es ihre Art war, tat sie dabei in puncto Eindeutigkeit und anekdotischer Ausschmückung lieber des Guten zu viel, als dass sie die Leser über ihre Worte rätseln ließ. Unter Erfolgsgesichtspunkten war dies im »Krieg der Geister« mit seiner Unzahl von Sinnanbietern keine abwegige Einstellung. Auch besaß Elisabeth bei all ihrem Patriotismus durchaus einen Sinn dafür, dass die Kriegsbegeisterung absonderliche Blüten treiben konnte. So zweifelte sie nicht einen Moment an van de Veldes Loyalität, obwohl er in Weimar wie ein »feindlicher Ausländer« behandelt wurde. Nach wie vor kam man ihm in der Villa Silberblick mit großer Freundlichkeit entgegen. In diesem Geist schrieb die befreundete Anna Auerbach am 6. Oktober 1914 Elisabeth über den belgischen Künstler: »Wer einmal Form hat, der hat sie eben in allen Lagen, in die Einen dieses unberechenbare Leben hineinbugsieren kann.«[20] Harry Graf Kessler teilte sie am 1. Dezember 1914 brieflich mit, sie betrachte die Haltung der Weimarer Bevölkerung als »eine Krankheit«, ja als Ausdruck einer »Kriegspsychose«.

Elisabeths Urteil bewies gesunden Menschenverstand und Unabhängigkeitssinn; denn in der erregten Stimmung der ersten Kriegsmonate stießen Gerüchte und Übertreibungen allenthalben auf Interesse. Erinnert sei nur an die bizarre Ausmaße annehmende Angst vor Spionen. In den Großstädten fürchtete man sich besonders vor der Vergiftung des Trinkwassers. In der Provinz waren viele Menschen davon überzeugt, dass französische »Goldautos« in rasender Geschwindigkeit Deutschland durchquerten, um Russland zu unterstützen. Gerade in kleineren Städten und auf dem platten Land errichtete man Straßensperren, die dies verhindern sollten. Am Ende bezahlten mindestens 32, meist an Ort und Stelle aufgeknüpfte Autofahrer die Hysterie der Bevölkerung mit dem Leben. Insgesamt kam es 1914 im Deutschen Reich zu ca. vierhundert Verurteilungen wegen Spionage.[21]

Stellt man sich das Ausmaß öffentlicher Erregung vor Augen, so verlieren die ersten Kriegsveröffentlichungen des Nietzsche-Archivs und seiner Anhänger viel von ihrem Unikatcharakter. Sie sind Beispiele für jenen leidenschaftlichen Nationalismus, der den Ton der öffentlichen Meinung bestimmte. So nutzte man den 70. Geburtstag des Philosophen im Oktober 1914 zu Erklärungen für Volk und Vaterland und stellte zugleich seine

Kriegstauglichkeit heraus.[22] Es konnte allerdings nicht ausbleiben, dass gegen diese Haltung protestiert wurde. Denn zum einen gab es zahlreiche Passagen in Nietzsches Œuvre, die sich gegen deutsche Selbstüberschätzung richteten, zum anderen hatte man gerade in Weimar seine »europäische Gesinnung« nach vorn gespielt.

Wohl am meisten Aufsehen erregte der Zeitungsartikel *Die Deutschsprechung Friedrich Nietzsches. Ein Protest*. Er stammte von dem Expressionisten Franz Pfemfert und erschien Ende Juni 1915 in seiner Zeitschrift *Die Aktion*. Der Schriftsteller empörte sich über die Naivität des deutschen Publikums, das Elisabeths »Reklamekunst« und ihre Unterstützung durch die Presse vollständig verkenne. In unmissverständlicher Sprache heißt es: »Hat denn kein Deutscher diesen Nietzsche gelesen? [...] Nietzsche dessen Preußen- und Deutschenhaß kein Ausländer übertreffen kann.«[23] Im Hintergrund des Artikels stand, dass die deutsche Propaganda einen Schwenk vollzog. Zu Beginn des Weltkrieges hatte man – wie jeder große europäische Staat – auf die eigene Notwehrsituation hingewiesen und in der Folgezeit die ritterliche Gesinnung und den menschheitlichen Auftrag der Armee betont. Angesichts der immensen militärischen Opfer und der Belastungen an der »Heimatfront« brauchte es zur Mobilisierung der Bevölkerung nun eine radikalere Rhetorik.

Das Buch der Stunde kam vom Sozialwissenschaftler Werner Sombart und verband die Verherrlichung der eigenen Nation mit der gezielten Herabsetzung des Feindes. Die dichotome Ordnung der Welt fand im Titel *Händler und Helden* einen suggestiven Ausdruck. Er verwies auf den angeblich fundamentalen Unterschied zwischen der deutschen und der englischen Lebenseinstellung. An Selbstvertrauen mangelte es Sombart nicht. Bereits im ersten Satz der Streitschrift heißt es in einer keinen Widerspruch duldenden Sprache: »Alle großen Kriege sind Glaubenskriege, waren es in der Vergangenheit und werden es in der Zukunft sein.«[24] Der Berliner Professor stellte England als gigantischen Kraken dar, gegen dessen Weltherrschaftspläne jedes Mittel recht sei. Ausdrücklich stilisierte er die Kämpfe zum »Krieg Nietzsches« und überhöhte den Philosophen zum »letzte[n] Sänger und Seher des deutschen Volkes«. (S. 53) Sombart gab damit die gängige Einschätzung der britischen Propaganda lediglich mit umgekehrtem Vorzeichen zurück. Doch legte er Wert darauf, dass es keine zwei deutschen Nationen gebe, eine humanistisch orientierte der Dichter und Denker und eine menschenverachtende des militaristischen Preußen. Nietzsche sei jedenfalls »heimatberechtigt in Potsdam und Weimar [...] dem Zentrum Deutschlands«. (S. 54) Auf dieser Linie lag es, wenn der wortgewaltige Nationalökonom die Unterschiede zwischen Nietzsche und Goethe nivellierte und beide dem transzendental begründeten Idealismus zuordnete.[25]

Lassen sich für Sombarts massive Betonung der deutschen philosophischen Tradition noch Vernunftgründe finden, ist seine Beurteilung Englands reine Stimmungsmache. Nachdrücklich hob er hervor, wie sehr der Luxus die britische Bevölkerung verdorben habe. Bei Licht betrachtet, finde man auf der Insel kaum mehr als »ein[en] Haufen lebendiger Leichname«. (S. 102) Der schroffen Ablehnung des äußeren korrespondierte die Verunglimpfung des inneren Feinds. Sombart war fest davon überzeugt, dass die deutschen Intellektuellen nur Unzufriedenheit in die Welt gebracht hätten und sie deshalb »gleich der Teufel holen« solle. (S. 122) Statt interner Debatten empfahl er, »den Willen zur Macht [...] in den Dienst einer idealistischen Weltanschauung [zu] stellen«. (S. 131) Ja, er ging so weit, die Deutschen als »auserwähltes Volk« des 20. Jahrhunderts zu preisen. (S. 144)[26] Dies waren jubelnde, fast chiliastische Töne, die unter Akademikern allerdings nicht nur Zustimmung fanden. Insbesondere im linksliberalen Lager hatte manch ein Gelehrter probritische Anschauungen gepflegt und konnte mit Sombarts Schwarzweißmalerei nichts anfangen. Elisabeth aber war begeistert. Am 29. März 1915 schrieb sie dem Professor, seine Ausführungen seien »so recht in [Nietzsches] Sinn« gewesen.[27]

Elisabeth hatte Sombarts Kriegspublizistik vom ersten Moment an verfolgt. Als er sich am 2. November 1914 im renommierten *Berliner Tageblatt* positiv über ihren Bruder äußerte, fühlte sie sich zu einer eigenen Ausarbeitung motiviert. Sie verfasste einen Text, mit dem sie Sombarts Nietzsche-Bild in vollem Umfang zustimmte. Zugleich verwies sie auf ihre innere Ernsthaftigkeit: »Wer so wie ich sein Leben der gewissenhaftesten

Pflichterfüllung und strengsten, männlichen Selbstzucht kennt, dem ist es immer ein Greuel gewesen, wenn sich Kaffeehaus-Literaten in völligem Mißverstehen mit dem Wort ›sich ausleben‹ auf Nietzsche zu berufen wagten.« Dass der urteilsfreudige Soziologe die Japaner als »gelehrige Halbaffen« beschimpft und in den kleinen Nationen nur einen »schlechten Witz der Weltgeschichte« gesehen hatte, spielte für sie keine Rolle.[28] Elisabeth lobte lieber die Vaterlandsliebe von Nietzsches Bewunderern und illustrierte sie mit einer Anekdote. Einst hätten sich im Archiv ein Arzt, ein Jurist und ein Major geschworen, in ihrem Beruf »immer die tüchtigsten« zu sein. »Jetzt sind die drei hinausgezogen (jeder mit dem Zarathustra in der Tasche) und beweisen die heldenhafteste Tapferkeit.«[29] Mit einer Kritik musste Elisabeth freilich leben. Sombart monierte, dass Nietzsches proeuropäische Einstellung eine Chimäre und nicht recht entwicklungsfähig sei: »Der Deutsche, der Franzose, der Engländer könne sich steigern zu Überdeutschen, Überfranzosen, Überengländern, niemals aber zu einem Übermenschen und also auch nicht zu einem ›Europäer‹!« Der Einwand wog für Nietzsches Schwester allerdings leicht; denn im Vergleich mit ihrem Patriotismus war ihre Bejahung europäischer Werte nicht sehr ausgeprägt. Außerdem war sie ohnehin gerade dabei, sich in dieser Frage neu zu orientieren.

Den Hintergrund für Elisabeths Umdenken bildete die neue Initiative beim Nobelpreiskomitee, die von Hans Vaihinger in Halle vorangetrieben wurde. Der bedeutende Kant-Forscher war sich darüber im Klaren, dass die Hervorhebung von Nietzsches Deutschtum ihrer Bewerbung in Stockholm schaden musste. Ausdrücklich bedankte er sich deshalb am 26. Oktober 1914 bei Elisabeth, dass sie auf die Versendung eines Rundschreibens an die »Freunde im neutralen Auslande« verzichtet habe.[30] Am 31. Dezember 1914 ließ Vaihinger sie wissen, wie er die Nobelpreiskommission gewinnen wolle. Er setzte auf ein Begleitschreiben, das die internationale Ausrichtung des Nietzsche-Archivs herausstellte. Hier war ganz offenkundig der Wunsch Vater des Gedankens. Denn angesichts der erbittert geführten Propagandaschlachten sprach nichts dafür, umstandslos an die Ideen und Wertmaßstäbe der Vorkriegszeit anknüpfen zu können.

Bei aller Hervorhebung von Nietzsches Humanismus und der völkerverbindenden Wirkung des Weimarer Archivs brauchte es für die Auszeichnung durch den Nobelpreis natürlich auch ein wirklich überzeugendes Buch der Schwester. Blauäugig vertraute Vaihinger auf ihr jüngstes Werk *Wagner und Nietzsche zur Zeit ihrer Freundschaft*. Doch zögerte sich dessen Druck wegen der vielfältigen Aktivitäten Elisabeths bis ins Frühjahr 1915 hinaus. Inhaltlich war die Studie kaum geeignet, ernsthaft für ihre Kandidatur zu werben. Mit überschaubaren literarischen Mitteln glorifizierte Elisabeth die Begegnung der beiden so unterschiedlichen Genies zur Sternstunde der Menschheit. Dabei ließ sie keinen Zweifel daran, für wen ihr Herz schlug. Ausdrücklich stellte sie etwa heraus, wie sehr Nietzsche unter Wagners Misstrauen gelitten habe. Mit der Wahrheit nahm sie es nicht sehr genau. So schilderte sie die letzte Begegnung in Sorrent, als ob sie selbst dabei gewesen wäre.[31] Den kritischen Leser, der Elisabeth zu dieser Zeit in Naumburg wusste, konnte dies nicht überzeugen. Doch wie so häufig vertraute sie auf ihre Schwesternschaft und den daraus resultierenden Zauber der Authentizität.

Die nähere Analyse zeigt eine sorgfältig gearbeitete Schrift zur Rechtfertigung der eigenen Sache. Unablässig betonte Elisabeth, wie sehr sie mit ihrer Fröhlichkeit dem am Unverständnis seiner Mitmenschen leidenden Bruder geholfen habe. Als sich Wagner im Mai 1870 erstaunt über Nietzsches schwindenden Pessimismus äußerte, soll er gesagt haben: »Da ist nur meine Schwester daran schuld, die hat so was Erheiterndes, Weltversöhnendes.«[32] Doch bei aller vordergründigen Idylle enthielt das Werk manchen »Stich«. So heißt es absprechend über die Herrin von Bayreuth: »Mein Bruder betrachtete Frau Wagner eigentlich als Ausländerin und verstieg sich zu jener ketzerischen Bemerkung, daß, wenn sie durchaus ihren deutschen Stil zu verbessern wünschte, sie diesen Eifer doch zuerst Wagners Schriften angedeihen lassen möchte.« Bei Richard Wagner bevorzugte Elisabeth die weihevollen Töne und kleidete ihre Reserven in doppelbödiges Lob. Den Bayreuther Konflikt 1876 erklärte sie ebenso pointiert wie einseitig damit, dass der alternde Komponist nicht mehr in der Lage gewesen sei, sein Lebenswerk aufs Spiel zu setzen und ihrem Bruder zu folgen. Selbst das Finale des Buchs, in dem der Aphorismus *Sternen-Freundschaft* aus *Die fröhliche Wissenschaft* zitiert wird, ist nicht ohne Hintersinn. Lou Andreas-Salomé hatte ihn einst fälschlich auf die Freundschaft Nietzsches mit Paul Rée bezogen. Elisabeth korrigierte dies stillschweigend und erwies damit Richard Wagner ihre Reverenz. Zugleich gab sie zu erkennen, wer die eigentliche Kennerin von Nietzsches Œuvre sei und überdies an allzu menschlichen Kontroversen kein Interesse habe.[33]

Elisabeths Umfeld war begeistert von der Monographie, die in lockerem Plauderton die Ziele des Archivs verfocht und zugleich eine Brücke nach Bayreuth zu schlagen schien. Auf ihre untergründige Polemik und weniger verborgene Selbststilisierung achtete kaum jemand. Die leicht entflammbare Elsa Asenijeff rühmte die Schrift als »neue[s] Denkmal schwesterlicher Treue«. Der eher nüchtern veranlagte Max Brahn lobte am 16. Juni 1915 ihren Stil, der nichts »Künstliches oder Gesuchtes« an sich habe. Ihn hatte das Buch vor allem darüber belehrt, »daß immer Wagner der Werbende, fast Zudringliche war«. Fünf Tage später schien ihm ihre »stets anmutig dahinfließende Rede« beachtlich, die dem Buch einen ganz eigenen »Erzählungsstil« gebe. Voll des Lobs über Elisabeths literarische Fähigkeiten war auch Rudolf Eucken. Der Literaturnobelpreisträger von 1908 fand es bemerkenswert, dass es ihr gelungen sei, den Bruder »in seiner großen Art mit voller Anschaulichkeit« zu schildern.[34] Auch Hans Vaihinger war zufrieden. In seinem Schreiben an die Nobelstiftung vom 16. Juni 1915 hob er ihre schriftstellerische Meisterschaft hervor und adelte das Nietzsche-Archiv als »geistigen Mittelpunkt der europäische[n] Kultur«. Fürs Erste hatte man in Stockholm jedoch ganz andere Sorgen, als sich mitten im Krieg um das Nobelpreisverfahren und eine umstrittene Autorin zu kümmern.[35]

Während Elisabeth auf eine Entscheidung des Nobelpreiskomitees wartete, gewann das Nietzsche-Archiv im Propagandakrieg immer mehr an Bedeutung. Ihr von den Briten heftig angegriffener Bruder galt dank der Weimarer Bemühungen weithin als stramm nationalistischer Autor. Besonders gut verkaufte sich *Also sprach Zarathustra*, dessen preisgünstige Kriegsausgabe 165 000 Abnehmer fand. Die Schwester hatte dem

Werk eine Rubrik *Nietzsche-Worte für Krieg und Frieden* vorangestellt. Sie enthielt einige Gedanken des Bruders, die, aus ihrem ursprünglichen Zusammenhang gerissen, bestens geeignet waren, die Kriegstauglichkeit seiner Philosophie zu demonstrieren. Die von Emerson entlehnte Wendung, »das Paradies ist unter dem Schatten der Schwerter«, las sich nun weniger als Aufforderung zur inneren Einkehr denn als eigenständiger Beitrag zu einem religiös motivierten Krieg. Dabei ist noch nicht einmal bedacht, dass diese Wendung auch eine hohe Nähe zu einem berühmten Hadith besaß, der einst den Siegeszug des Islam rechtfertigen half und nun glänzend zum »Heiligen Krieg« der mit Deutschland verbündeten Türkei passte.[36] Dies zeigt, wie einfach sich Nietzsches Œuvre als Steinbruch benutzen und mit schlichten Korrekturen einer gänzlich neuen Situation anpassen ließ, wenn nur der Wille dazu vorhanden war. Als eigenständige Autorin musste sich Elisabeth nicht in den Vordergrund spielen. Für die Anerkennung der Zeitgenossen reichte die vorgenommene Zitatauswahl. Ein kritischer Kopf wie Vaihinger kommentierte sie mit den freundlichen Worten: »War schon bisher der Zarathustra neben der Bibel und neben Faust das gelesenste Buch im Felde, so wird er es jetzt noch mehr werden.«[37]

Nietzsche gehörte zu den zentralen Referenzgrößen im »Krieg der Geister«. Allerdings sollte man die Erzählung von der begeisterten *Zarathustra*-Lektüre deutscher Soldaten auch nicht überbetonen. Jenseits des Bildungsbürgertums dürften die Rekruten meist ganz andere Sorgen gehabt haben, als an das Studium eines tiefgründigen philosophischen Werks zu denken. Doch allein die Auflagenhöhe des sogenannten Kriegs-*Zarathustra* ist ein Beleg dafür, wie sehr der »Große Krieg« als weltanschauliche Auseinandersetzung aufgefasst wurde, die man im Zeichen Nietzsches siegreich zu bestehen hoffte. Der deutschen Propaganda war dies recht, zeigte diese Haltung doch ebenso die Bildungsorientiertheit der Soldaten wie ihre ethische Höhe.[38]

Im Umfeld des Nietzsche-Archivs zählte von früh an Max Brahn zu den energischen Verfechtern der Kriegswichtigkeit des *Zarathustra*. Bereits am 3. Dezember 1914 hatte der jüdische Privatdozent gegenüber Eli-

Die schmucklose, aber eminent erfolgreiche Kriegsausgabe

sabeth betont, wie wichtig jetzt »eine leichte Kriegsausgabe« sei, um das allgemeine Interesse zu befriedigen. Gleichzeitig bot er ihr die Abfassung einer Einleitung an, »die der Bedeutung des Werks für unsere Zeit entspricht«.[39] Elisabeth ging auf den Vorschlag nicht ein. Die Deutung ihres Bruders betrachtete sie als ihre ureigenste Domäne, die sie nur ungern jemand anderem überließ. Stattdessen legte Brahn unter dem Titel *Friederich Nietzsches Meinungen über Staaten und Kriege* eine Zitatsammlung vor, die gut zur aktuellen Lage passte. Sie präsentierte Fichte und Nietzsche als Philosophen für die militärisch eingestellte Jugend, »die ganz unmittelbar an die Willenskräfte des Menschen appellieren«.[40] Im Krieg sehe Nietzsche die »einzige Möglichkeit«, für die Zukunft »eine willensstarke Menschheit heranzuzüchten«. Aus diesem Grund sei es schwerlich eine Übertreibung, wenn der »kriegerische Genius« als seine Zentralidee betrachtet werde.

Trotz der Härten des Kriegsalltags war Elisabeth mit ihrer Lage zufrieden. Insbesondere gefiel es ihr, dass der *Zarathustra* immer häufiger in einem Atemzug mit Goethes *Faust* genannt wurde. Max Brahn teilte ihre Auffassung, das Werk Nietzsches werde entweder schöpferisch ausgelegt oder überhaupt nicht. Das Ausmaß geradezu selbstverständlicher

Wissenschaftsfeindlichkeit in der Villa Silberblick illustriert sein Brief an Elisabeth vom 3. November 1915. Beiläufig konstatierte er, dass nur »fein empfindende Menschen« und »Künstler« einen Sinn für Nietzsche hätten, »während es dem bebrillten Philologen immer schwerer wird, ihm nahe zu sein«. Der Sache nach lief dies auf eine Rechtfertigung intuitiver Interpretationen hinaus, die es erlaubten, Nietzsche »dem Sinne nach mit dem Gefühl auszulegen, und nicht an den einzelnen Worten zu haften«. Und natürlich passten Brahns Worte wunderbar zu Elisabeths Überzeugung, ihren Bruder besser als jeder andere Mensch zu verstehen.

Die Archivherrin kam mit Brahn hervorragend aus. Am 28. Januar 1916 bat sie ihn, möglichst bald von Leipzig nach Weimar zu kommen. Sie freue sich sehr, ihn »wiederzusehen, denn wir beiden Streiter für die große Nietzsche-Bewegung haben immer so vieles miteinander auszutauschen«.[41] Am 2. März 1916 berichtete sie dem jungen Gelehrten, wie schwierig es gewesen sei, bis die Menschen endlich ihrer Sichtweise folgten: »Wenn Sie eine Ahnung hätten, welche Kraft, welches Nietzsche-Verständnis und welche eiserne Standhaftigkeit dazu gehört hat, aus diesem in der Öffentlichkeit so gräßlich missverstandenen Nietzsche das wahre Bild des Menschen und des Philosophen in seinen Werken herauszuarbeiten, so würden Sie vielleicht erschrecken, was unter dieser freundlichen Maske verborgen ist.« Derart offene Worte waren bei Elisabeth selten, die sonst nur sehr zurückhaltend über ihre Motive Auskunft gab; aber zu Brahn hatte sie Vertrauen. Natürlich ist auch dieser Brief nicht frei von Selbststilisierung. Dies gilt etwa für die Schilderung ihres heroischen Kampfes nach der Rückkehr aus Paraguay, als sie »den herrlichen Menschen und weltbewegenden Geist gleichsam unter einem Schutt von Missverständnissen begraben fand«. Aber im Großen und Ganzen überwiegt doch der Wunsch, sich endlich einmal auszusprechen. Mit beträchtlichem Stolz erfüllte Elisabeth ihre Durchsetzungsfähigkeit, die viel damit zu habe, dass sie von den Menschen verkannt werde: »Ich weiß es wohl, daß ich in meinem ganzen Leben anders als wie ich wirklich bin den Leuten erscheine, deshalb schreibt auch mein Bruder: ›ich habe mich nie durch Deine kindliche Außenseite täuschen lassen‹.« Dieser Tatbestand ermögliche ihr bei wichtigen Auseinandersetzungen einen überraschenden Rollenwechsel. In solchen Momenten »ergreift die Leute ein großer Schreck, wenn aus der guten freundlichen Frau ein höchst gefährliches Untier wird«. Sie müsse allerdings damit leben, dass die Menschen ihre Sachkenntnis erheblich unterschätzten und sich deshalb einbildeten, »sie könnten Nietzsche besser verstehen«. Schließlich wüssten sie über ihre maßgebliche Rolle bei »sämtlichen Gesamt-Ausgaben mit Ausnahme der oft recht zweifelhaften Vorreden und Nachberichte« nicht Bescheid. Summa summarum war Elisabeth aber mit ihrer Unterschätzung zufrieden, die ihr bedeutende Handlungsspielräume eingetragen hatte und weiter einzutragen versprach. Erst recht hatte sie kein Interesse, dass ihre zentrale Bedeutung für die Nietzsche-Editionen ans Tageslicht kam. Zum einen hätte das vermutlich weitere Diskussionen über deren wissenschaftlichen Charakter heraufbeschworen, zum anderen gefiel ihr die Rolle als treue Dienerin eines überragenden Genies. Für sie stand fest, »es soll die große, große Distance zwischen dem König und dem Kärrner nicht vermindert werden«.

Elisabeth wäre allerdings nicht Elisabeth, wenn sie Brahn eine Kommunikation auf Augenhöhe gestattet hätte. Schon im nächsten Brief vom 5. März 1916 verwies sie den Nachwuchswissenschaftler darauf, wie wichtig »die Briefe von Mutter und Schwester« seien, um ein schattierungsreiches Bild der Familienverhältnisse zu gewinnen. Sie empfahl damit genau jene Edition, in der sie die Texte massiv geändert und Fälschungen zum Druck gebracht hatte.[42] Unter gewöhnlichen Umständen ließ sich ihr Verhalten schwerlich mit einer hohen Wertschätzung der Gegenseite vereinbaren. Aber Elisabeth hatte sich längst daran gewöhnt, dass sie die einzige Person war, die definitiv über das Nietzsche-Bild entschied. Für Brahn blieb eine andere wichtige Aufgabe. Er sollte mit einer Kriegsausgabe von *Der Wille zur Macht* ein weiteres Schlüsselwerk des Philosophen für die breite Öffentlichkeit bearbeiten.

Der Leipziger Wissenschaftler hatte am 23. Januar 1915 skeptisch auf Elisabeths Vorschlag reagiert, eine Neuausgabe des Buchs im Kröner Verlag anzuregen. Seiner Meinung nach handelte es sich beim *Willen zur*

Macht nicht um ein »populäre[s] Werk«, das auf größeres Interesse stoßen könne. So vorzüglich die Ausgabe des Nietzsche-Archivs auch sei, »so wenig läßt sich doch verkennen, daß die letzte gestaltende Kraft des Autors selbst gefehlt hat«. Aus diesem Grund rechnete Brahn nicht mit einer Realisierung des Projekts.[43] Er sollte sich irren. Die rasch steigende Bedeutung Nietzsches im »Krieg der Geister« führte dazu, dass aktualisierte Ausgaben erheblichen Gewinn versprachen. Zudem verfolgte Elisabeth ihr Ziel – wie üblich – mit der nötigen Hartnäckigkeit. Nachdem sie Kröner von ihrem Vorhaben überzeugt hatte, strich sie am 1. März 1916 Brahns Lob ein. Er freute sich darüber, »wie in der Familie Nietzsche der eine Teil den Machtwillen lehrt, der andere ihn wundervoll praktisch betätigt«. Am 28. Juni 1916 berichtete er ihr vom Stand der Arbeit für die geplante Kurzfassung, die sich allein auf die »ungeheure, verdienstvolle Materialsammlung in der bisherigen Ordnung stützte«. Ein knappes Jahr später konnte er am 7. April 1917 mitteilen, »nun ist die Arbeit am Willen zur Macht abgetan – ich freue mich, daß Sie zufrieden sind«.

Tatsächlich war die Kriegsausgabe vom *Willen zur Macht* mit heißer Nadel gestrickt. Brahns Einleitung präsentierte Nietzsche als »Kulturphilosophen«, der sich gegen eine feindliche Welt behauptet habe. Im Kern sei es ihm um eine aufbauende Wirkung gegangen; »alles Kritische, Verneinende ist ihm zuwider, er benutzt es nur als Mittel, sein Bejahendes deutlich zu machen«. Deshalb predige er eine »Moral [...] der Starken«, die notwendig zu Konflikten mit den Schwachen führe.[44] Wie kaum anders zu erwarten, hatte Brahn vor allem gravitätische Passagen ausgewählt, welche die Ernsthaftigkeit des *Willens zur Macht* unterstreichen sollten. Der Religion wies er eine Schlüsselstellung für Nietzsches Kritik der höchsten Werte zu; die tragische Dimension des Daseins wurde nach Möglichkeit betont. Doch dies waren Nuancen, die bei der Wahrnehmung der Edition vermutlich nur eine nachgeordnete Rolle spielten. Hier dürfte das Factum brutum entscheidend gewesen sein, dass Nietzsches angebliches systematisches Hauptwerk in einer gleichermaßen preisgünstigen wie handlichen Neuausgabe zur Verfügung stand. Nicht zuletzt stellte es eingängige Sentenzen für den aktuellen Gebrauch zur Verfügung. Das Echo, das

Elisabeth erreichte, lässt jedenfalls keine Rückschlüsse auf eine vertiefte Beschäftigung zu. Anna Auerbach teilte ihr am 22. Mai 1917 mit, wie viel ihr die Schrift *Der Wille zur Macht* von jeher bedeutet habe, die für sie »der eigentliche Nietzsche geworden ist«. Drei Tage später sandte Vaihinger seinen Dank für die ihm zugegangene Ausgabe. Der mittlerweile halb erblindete Gelehrte wollte sich von seiner Tochter, die bei Brahn in Leipzig Philosophie studierte, aus dem Werk »vorlesen lassen«.[45]

Natürlich ist bei den Reaktionen quellenkritisch zu bedenken, dass Dankesschreiben freundlich auszufallen pflegen. Gleichwohl ist der ungewöhnlich zuvorkommende Ton auffällig. Er spiegelte Elisabeths Ansehen, die hart an ihrem Ruf als selbstlose Schwester eines Jahrhundertgenies gearbeitet hatte. Mittlerweile dürfte sich in Weimar aber auch herumgesprochen haben, wie empfindlich sie bei ideenpolitischen Abweichungen reagierte. Ihre Durchsetzungsfähigkeit in den stets persönlich gefärbten Auseinandersetzungen stand ohnehin nicht in Rede. Da überrascht es kaum, dass sie von ihrem Umfeld mit größter Höflichkeit behandelt wurde.

Elisabeth setzte im Ersten Weltkrieg auf treue Gefolgsleute. Eine wichtige Position nahm Lenore Ripke-Kühn ein, deren Mann die ultranationalistische Zeitung *Der Panther* herausgab. Die Bekanntschaft mit Nietzsches Schwester war ein Jahrzehnt alt. Bereits als Philosophiestudentin hatte sie sich an Elisabeth gewandt, weil sie jemanden aus Nietzsches engstem Umfeld kennenlernen wollte. Nun erinnerte sie mit pathetischen Worten an diese Episode, als sie sich am 16. Mai 1915 für die Stelle als Elisabeths Privatsekretärin bewarb. Bei ihrem letzten Besuch habe sie das Nietzsche-Archiv nicht betreten, sondern nur sehnsuchtsvoll aus der Ferne bewundert: »Da stand ich angewest von der Schicksalsschwere des reichsten und tiefsten Geistes des letzten Halbjahrtausends.«[46] Es ist nicht klar, wie gut sich Elisabeth an die Nietzsche-Jüngerin aus dem Heidelberger Umfeld Heinrich Rickerts erinnerte. Auf die erste Kontaktaufnahme hatte sie jedenfalls mit einem ausgesprochen persönlichen Brief reagiert. Am 27. Mai 1906 betonte Elisabeth nachdrücklich, dass sie »zusammen mit ihrem geliebten Bernhard Förster diesen Kampf gegen Judentum und jüdischen Geist schon einmal erlebt« habe und deshalb um die Zukunft sehr besorgt sei.[47] Ob diese Äußerung ein Ausdruck antisemitischer Gesinnung gewesen ist, lässt sich nicht leicht entscheiden. Immerhin fiel sie in eine Zeit, als Elisabeth zahlreiche Kontakte zu jüdischen Vertretern der Moderne pflegte und die meisten Exponenten des politischen Antisemitismus ablehnte. Unstrittig dürften jedoch die Identifikation mit dem Weltbild ihres Mannes und die grundsätzliche Dimension ihrer Judenfeindschaft sein.

Für Lenore Ripke-Kühn war es ein Glücksfall, dass sie für die Stelle als persönliche Sekretärin Elisabeths ausgewählt wurde. Sie erhielt nicht nur eine in bedrängter Lage hocherwünschte Gratifikation, sondern konnte sich auch mit Aufgaben beschäftigen, die sie ernsthaft interessierten. Dazu zählte die Sichtung neuester Literatur, damit Elisabeth über die Entwicklungen auf dem Buchmarkt orientiert blieb. Die bis dato stellenlose Akademikerin ging mit großem Eifer an die Arbeit. Am 28. Mai 1916 versuchte sie sogar, Richard Oehler zur Herausgabe einer eigenständigen »Nietzsche-Zeitschrift« zu überreden.[48] Angesichts der sich verschlechternden Versorgungslage war dies jedoch ein allzu kühnes Unterfangen, das nicht ernsthaft in Angriff genommen wurde. Stattdessen bemühte sie sich verstärkt um politische Einflussnahme.

Elisabeth hatte sich hingegen daran gewöhnt, ihren Bruder als über allen Parteien stehendes Genie darzustellen. In dieser Haltung wurde sie vor allem durch Vaihinger bestärkt, der Nietzsches international ausgerichtete Lebenseinstellung als unveräußerlich betrachtete. Selbst im Vorwort zur Kriegsausgabe seiner Nietzsche-Monographie hob er kategorisch dessen Politikferne hervor: »Nietzsches Anschauungen sind so reinphilosophisch, reinwissenschaftlich, reintheoretisch, daß sie mit politischen Tendenzen, nationalen Bestrebungen überhaupt und speziell mit Fragen der deutsch-nationalen Politik gar nichts zu schaffen haben.«[49] Dies war eine Lesart, die nicht im Mindesten zur nationalistischen Inanspruchnahme Nietzsches durch Werner Sombart oder gar die Alldeutschen passte.

Zu ihrem 70. Geburtstag zog sich Elisabeth im Juli 1916 aus dem unter Versorgungsengpässen leidenden Weimar nach Breitbrunn am Ammersee zurück. Auf dem prachtvollen Bauernhof der Fräulein von Prott bestand die Möglichkeit, kurzfristig den Alltagssorgen zu entfliehen.[50] Um ihre patriotische Gesinnung zu unterstreichen, lud Elisabeth an ihrem Ehrentag Kriegsverwundete aus den Lazaretten der Umgebung ein. Den an die 150 Anwesenden wurden »Berge von Butterbroten mit Käse und Rostbratwürstchen« gereicht. Für die Bedienung sorgten junge Mädchen aus dem nahe gelegenen Erziehungsheim, die den Scheidenden auch noch artig hinterherwinkten. Doch handelt es sich um kein gänzlich politikfernes Idyll. Aus Jena wurde Elisabeth von Lenore Ripke-Kühn begleitet, die in nationalistischen Blättern emsig publizierte, und aus dem nahen Schloss Ried kam der bekannte Rassenhygieniker Alfred Ploetz. Er stand mit Nietzsches Schwester seit dem Jahre 1908 in freundschaftlichem Kontakt und freute sich außerordentlich, sie nun auch persönlich kennenzulernen.[51]

Generell war Elisabeth in Oberbayern nicht aus der Welt. Berge von Post und zahlreiche Blumengrüße erreichten sie zu ihrem Geburtstag in Breitbrunn. Es sollen allein »[m]ehr als fünfhundert Glückwunschdepeschen« gewesen sein. Kein Wissenschaftler aus dem Umfeld des Nietzsche-Archivs ließ die Gelegenheit zu erbaulichen Worten verstreichen. Vielleicht am stimmungsvollsten drückte sich Rudolf Eucken in seinem Brief vom 7. Juli aus, der ihre Arbeit für Nietzsches Gedächtnis würdigte: »Wenn sich den meisten Menschen das Leben in lauter Kleinigkeiten verzettelt, so faßt es sich Ihnen in ein Gesamtwerk zusammen, und zwar in ein Gesamtwerk, das für das Ganze der Menschheit Bedeutung hat, und wodurch Sie sich für die Dauer in die geistige Geschichte unseres Volkes eingeschrieben haben.«[52] Zudem erschienen zahlreiche Feuilletonartikel, die Elisabeths selbstlosen Dienst für Nietzsches Werk in den Vordergrund rückten. Doch so hoch die Eintracht auch scheinen mochte, die patriotische Einstellung der Bevölkerung geriet 1916, als die britische Blockade allenthalben zu Hunger und Not führte, spürbar unter Druck.

Die stolz verkündeten »Ideen von 1914« verloren fast über Nacht ihre Überzeugungskraft. Allzu sehr unterschied sich die triste Gegenwart von den Hoffnungen, mit denen man in den Krieg gezogen war. Angesichts von wirtschaftlichem Mangel und politischen Konflikten bestand am hochgestimmten Lob des Vaterlands kaum noch Bedarf. Stattdessen wurde immer wichtiger, wer eigentlich zur vielbeschworenen »Volksgemeinschaft« gehören sollte. Hinzu kam in den großen kriegführenden Staaten eine Krise des Liberalismus. Es schien, als hätten bürgerliche Wertvorstellungen im Jahre 1916 einen Gutteil ihrer Selbstverständlichkeit eingebüßt. Ähnliches galt für einst gehegte Sekuritätsgefühle und das Vertrauen in den menschlichen Fortschritt. Statt auf individuelle Freiheitsrechte setzte man nun auf die Expansion des Staates, der den endgültigen Sieg erringen sollte.[53]

Auch die Verbindungen des Nietzsche-Archivs standen auf dem Prüfstand. Hatte Elisabeth 1915 noch mühelos Vaihingers europäische Einstellung und Sombarts schroffen Nationalismus miteinander verbunden, musste sie sich nun entscheiden. Dabei gewann sie den Eindruck, dass die Zeit zunehmend gegen kompromissbereite Denker arbeitete. Das Ideal internationaler Verständigung hatte seine Leuchtkraft verloren, wie sie auch aus dem Scheitern beim Nobelpreiskomitee ersehen konnte. Ihr Bruder galt als Beispiel für rücksichtslose Machtverherrlichung, mit dem sich in der westlichen Welt nicht reüssieren ließ. Was lag da näher, als sich öffentlich ohne Wenn und Aber zur deutschen Nation zu bekennen? Den entscheidenden Stein brachte Bruno Bauch ins Rollen.

Der Jenaer Professor war ein vorzüglicher Logiker und Kenner Kants, zugleich aber ein politischer Fanatiker. Im Unterschied zum konzilianten Eucken hielt er es für selbstverständlich, wenn sich die Welt nach seinen Auffassungen richtete. Für Aufsehen sorgte sein Essay *Vom Begriff der Nation*, der im August 1916 in den renommierten *Kant-Studien* erschien.[54] Vorab hatte die ihm politisch nahestehende Lenore Ripke-Kühn bereits Auszüge im *Panther* veröffentlicht. Der Aufsatz führte zu einem Skandal; denn er sprach den Juden jedes tiefere Verständnis der deutschen Kultur und insbesondere Fichtes ab. Es hagelte Proteste gegen die pejorative Rhetorik und diskriminierende Argumentation Bauchs, die auf den Ausschluss der Juden aus der deutschen Kulturnation zielten. Empört über den Widerspruch, legte der Jenaer Professor seinen Posten als Redakteur der *Kant-Studien* nieder. Inhaltlich rückte er jedoch kein Jota von seinen Überzeugungen ab. Im Januar 1917 erklärte er brüsk im *Panther*, dass er eine »jüdische Oberzensurbehörde« niemals akzeptieren könne. Angesicht der diskriminierenden »Judenzählung«, die seit Oktober 1916 beim preußischen Feldheer stattfand, war dies eine bemerkenswerte Täter-Opfer-Verkehrung.

Elisabeth bestärkte Bauch in seiner Haltung nach Kräften. Sie hatte bereits auf schroffe Feindbilder im Geiste des Kriegsnationalismus gesetzt, nun bot sich die Möglichkeit, näher an die Universität Jena heranzurücken. Aus diesem Grund pflegte sie seit Jahren enge Beziehungen zu Eucken. Wie wichtig sie diesen Kontakt nahm, zeigt sich in der sorgfältigen Vorbereitung ihrer Korrespondenz. So lag am 13. Januar 1916 ihrer harmlosen Mitteilung an Eucken, dass sie gerade mit der Lektüre seiner »Schrift über ›Deutschen Idealismus‹ begonnen« habe, ein ausführliches Konzept zugrunde.[55] Innerakademisch galt der Literaturnobelpreisträger jedoch – ähnlich wie Sombart – als »Dampfplauderer« und war gerade wegen seiner öffentlichen Anerkennung höchst umstritten. Anders stand es um Bauch, dem trotz seiner impulsiven Art der Ruf solider Wissenschaftlichkeit vorauseilte. Die »Südwestdeutsche Schule« des Neukantianismus um Heinrich Rickert, der er angehörte, stand im nationalen Lager und bewegte sich im Weltkrieg weiter nach rechts.

Vaihinger unterschätzte die Kräfteverschiebungen, die sich im Herbst 1916 im Nietzsche-Archiv anbahnten. Er hielt zwar weiterhin engen Kontakt mit Elisabeth und regte am 14. November sogar eine eigenständige Ausgabe ihrer Kriegsschriften an.[56] Als er jedoch neun Tage später vor dem Antisemitismus Lenore Ripke-Kühns warnte, stieß er auf Ablehnung. Ähnlich erging es ihm mit seiner Einschätzung Bauchs, dessen Haltung im Streit um die *Kant-Studien* Elisabeth vollauf gerechtfertigt fand. Mit Vaihinger stimmte sie nur noch in puncto Patriotismus überein, doch von seiner Bejahung universaler Werte und Anerkennung des liberalen Judentums wollte sie nichts mehr wissen. Wie sehr sich der Zeitgeist geändert hatte, wurde 1917 offenkundig. Nun betonte Lenore Ripke-Kühn im *Panther*, es komme darauf an, Nietzsche genuin »deutsch« aufzufassen. Im

Willen zur Macht sah sie den innersten Kern seiner und der deutschen Philosophie.[57] Mit der kompromisslosen Rhetorik verband sie die Hoffnung, Elisabeth für die alldeutsche Sache und einen radikalen Fichteanismus zu gewinnen.

Organisatorisch legte Lenore Ripke-Kühn beträchtlichen Ehrgeiz an den Tag. Sie wollte die Anhänger Fichtes und Nietzsches miteinander verknüpfen und ihre politische Schlagkraft erhöhen. Doch Elisabeth, der es primär um die Wirkung ihres Bruders zu tun war, blieb skeptisch. Zwar lud sie die Fichte-Anhänger in die Villa Silberblick ein und trat auch in die Fichte-Gesellschaft ein, doch von einer umfassenden Synthese der beiden Philosophien wollte sie nichts wissen. In ihrem Brief vom 30. April 1917 bekundete ihre Sekretärin Verständnis für diese Haltung. Gleichwohl stellte sie heraus, wie viel ihrer Auffassung nach die beiden »einzigen wirklichen Kulturphilosophen« miteinander verband. Neben der »überragende[n] Betonung der Willensseite« sei ihnen auch die »Erziehung im großen Stil« gemein.[58] Da Elisabeth kein sonderliches Interesse zeigte, legte Lenore Ripke-Kühn am 22. Mai 1917 noch einmal nach. Nun vertraute sie auf die »Weltanschauung«, um die Gedanken Fichtes und Nietzsches überzeugend verknüpfen zu können.

Es spricht wenig dafür, dass sich Elisabeth von dieser vagen Rhetorik überzeugen ließ. Doch besaß sie durchaus Sinn für politische Realitäten. Als Pfingsten 1917 die Deutsche Philosophische Gesellschaft gegründet wurde, lud sie die Gelehrten in die Villa Silberblick ein. Die neue Organisation relativierte den Einfluss der bis dahin tonangebenden Kant-Gesellschaft und bot ein Forum für nationalistische, zumeist judenfeindliche Ansichten. Zu Bruno Bauch in Jena hielt sie seit der Auseinandersetzung um die *Kant-Studien* engen Kontakt. Dieser betrachtete Nietzsche mittlerweile als zentralen Denker für die Vermittlung des deutschen Idealismus. Seine Schwester behandelte er ebenso zuvorkommend wie vorsichtig. Ihre freundliche Reaktion auf seinen Aufsatz *Nietzsche und die Engländer* kommentierte er am 14. Oktober mit den Worten: »Ich freue mich sehr, Ihnen damit etwas Vergnügen bereitet zu haben.« Inhaltlich handelt es sich um eine ganz konventionelle Veröffentlichung, die im Geiste Sombarts die Briten und den Kapitalismus für alle Übel in der Welt verantwortlich machte.[59]

Auf den ersten Blick ist Elisabeths politischer Rechtsruck nicht sonderlich überraschend. Als es im Krieg ums Ganze ging, sahen immer mehr Menschen in einem autoritären Umbau des Kaiserreichs die Zukunft. Seit Herbst 1916 setzten sie ihr Vertrauen in die dritte Oberste Heeresleitung unter Hindenburg und Ludendorff, die ein rigides innenpolitisches Regiment führten und alle Kräfte auf den Sieg zu bündeln versprachen. Bei näherem Hinsehen fällt freilich auf, dass Elisabeth mit hoher Konsequenz und erheblicher Chuzpe von früheren Ansichten abrückte. So baute sie die Einleitung zum einst hochgepriesenen Einführungsbuch über Nietzsche von Henri Lichtenberger zu einem strikt antifranzösischen Text um. Dass dabei sprachliche Verbiegungen und inhaltliche Gewaltsamkeiten nicht ausbleiben konnten, leuchtet unmittelbar ein. Aber es ging auch nicht um Gerechtigkeit für Lichtenberger oder die französische Nietzsche-Forschung, sondern um die eigene ideologische Positionierung und den Dienst am Vaterland. Zugleich nutzte Elisabeth die Gelegenheit zu ideenpolitischen Akzentverschiebungen. Bezeichnenderweise wird der demokratischen Gedanken verdächtige Rousseau massiv abgewertet, der in der Gründungsphase des Nietzsche-Archivs immer wieder mit ihrem Bruder in Verbindung gebracht worden war.[60]

Die Annäherung Nietzsches an den herrschenden Hindenburg-Kult war eine leichte Übung. Hier reichte es, in persönlichem Ton den »Übermenschen« zu beschwören und auf den betagten Oberbefehlshaber zu beziehen, um über ein Alleinstellungsmerkmal auf der Rechten zu verfügen. Dies war keine Nebensächlichkeit; denn immer mehr Intellektuelle von Moeller van den Bruck bis Hans Freyer sympathisierten jetzt mit autoritären Lösungen. Gelegentlich hatte Elisabeth es auch mit weltanschaulichen Trittbrettfahrern und primär kommerziellen Interessen zu tun.[61] Der rechtsradikale Münchner Lehmanns Verlag druckte etwa Kriegspostkarten mit ausgewählten Sinnsprüchen Nietzsches. Am 24. Mai schickte ihr Bruno Bauch eine künstlerisch anspruchsvolle *Klingsor-Karte* aus diesem Haus. Dort findet sich folgender Text: »Ich habe den Glauben, daß wir nicht geboren sind, um glücklich zu sein, sondern um unsere Pflicht zu tun, und wir wollen uns segnen, wenn wir wissen, wo unsere Pflicht ist.« Das leicht veränderte Zitat stammte aus einem Brief Nietzsches an Carl von Gersdorff vom 4. Februar 1872 und lässt sich schwerlich auf sein späteres Leben oder gar seine gesamte Philosophie übertragen. Es passte aber trefflich zum rigiden Kantianismus, wie er in der Deutschen Philosophischen Gesellschaft und von Bauch selbst verfochten wurde. Seine plakative Verwendung illustriert nicht nur, wie fremd Nietzsches um Probleme individueller Selbstentfaltung kreisendes Denken dort war. Es zeigt auch, dass der steife Idealismus professoraler Würdenträger keine eigene Sprache für die verheerenden Probleme des Ersten Weltkrieges gefunden hatte und sich mit Äußerungen aus längst vergangenen Tagen behalf. Im Übrigen bezog sich das düster klingende Zitat nicht, wie man vielleicht meinen mag, auf den Deutsch-Französischen Krieg, sondern auf den als notwendig empfundenen Einsatz für die »Culturbewegung« Richard Wagners.[62]

So flexibel Elisabeth auf ideenpolitische und geschäftliche Herausforderungen reagierte, ihre nationalkonservative Ausrichtung stand nie ernsthaft zur Disposition. Das flüssige Kapital des Nietzsche-Archivs legte sie in Kriegsanleihen an und hoffte, dass es sich mit dem Sieg der deutschen Waffen prächtig verzinsen werde. Ernest Thiel im fernen Stockholm lobte sie dafür am 21. April 1917 ausdrücklich. Die Korrespondenz zwischen der Archivherrin und ihrem reichen Mäzen blieb während des gesamten Krieges ausgesprochen freundlich. Dabei hätte durchaus die Möglichkeit zu Meinungsverschiedenheiten bestanden; denn bei aller Begeisterung für die deutsche Kultur glaubte Thiel weit mehr als Elisabeth an den Wert internationaler Verständigung. Mit freundlicher Ironie bezog er sich etwa im gleichen Brief auf die Überzeugung schwedischer Sozialdemokraten, »man würde den Weltfrieden an dem Tage dekretieren können, wo Deutschland sich entschlösse, einen demokratischen Überzieher sich anfertigen zu lassen«.[63] Allein die gewaltige Bewunderung für Nietzsche ließ einen Dissens aus politischen Gründen gar nicht erst aufkommen.

Im Weimarer Archiv war Elisabeth von überzeugten Nationalisten und Claqueuren umgeben. Zur ersten Gruppe gehörte Lenore Ripke-Kühn, die nicht müde wurde, die Bedeutung Fichtes für die deutsche Kultur nach vorn zu spielen. Nietzsches Schwester wurde eher von der Frage bewegt, wie sich die Zukunft des Archivs auf Dauer sicherstellen ließ. Dabei spielten pekuniäre Probleme kaum eine Rolle. Sie war sich zwar mittlerweile darüber im Klaren, dass sie nicht mehr mit dem Literaturnobelpreis rechnen konnte, aber sie konnte auf Thiels Testament und seine dauerhafte Unterstützung bauen. In der Villa Silberblick stand die Regelung von Elisabeths Nachfolge in der Archivleitung zur Debatte. Angesichts ihrer Machtbefugnisse und ihres Nimbus ging es dabei auch um den Fortbestand der Institution als solcher. Doch eine Entscheidung ließ sich nicht mehr lange hinausschieben, denn Elisabeth war bereits über siebzig Jahre alt und damit nach den Maßstäben der Zeit eine alte Frau.

Als neuen Leiter des Archivs favorisierte sie ihren Cousin Max Oehler. Er gehörte zur Familie und entsprach überdies als Berufsoffizier ihrer Idealvorstellung von schneidiger Männlichkeit. Als Max Brahn davon erfuhr, protestierte er am 7. März 1917 energisch. Das Nietzsche-Archiv sei etwas ganz Besonderes und sollte dementsprechend behandelt werden. Unter Berufung auf den verstorbenen Germanisten Richard M. Meyer betonte er, »daß wohl noch nie ein Nachlass mit solcher Liebe und so viel Erfolg nach dem Tode eines großen Mannes gesammelt worden ist, wie der ihres Bruders«.[64] Deshalb sei es bedenklich, die Leitung der Institution einem wissenschaftlichen Laien anzuvertrauen. Schon häufig habe er sich die Frage gestellt, »ob nicht an die Spitze des Nietzsche-Archivs, wenn Sie es einmal nicht mehr führen, nicht unbedingt ein Akademiker gehört, ob nicht sonst der Nietzsche-Sache neue Schwierigkeiten erwachsen, ob nicht neues Misstrauen in wissenschaftlichen Kreisen entsteht, und ob nicht schliesslich wirklich die streng wissenschaftliche Arbeit an Nietzsche darunter leidet«. Es muss offenbleiben, ob Brahn an sich selbst als künftigen Leiter des Archivs dachte, die Sachlichkeit seiner Argumentation und seine hohen Wertmaßstäbe sind unbestreitbar. So heißt es über die Doppelbödigkeit nachgeholten wissenschaftlichen Selbststudiums: »Es ist einem gewissen Alter sehr schwer möglich, sich eine gewisse Denkweise anzueignen, in der man nicht von Jugend an geschult ist. Selbst weitergehende Studien als Autodidakt ersetzen die dauernde Beschäftigung mit einer Materie nicht.« Vermutlich ließ der Privatdozent schlicht außer Acht, dass diese Argumentation auch auf Elisabeth selbst zutraf. Doch könnte ihn das Gefühl beschlichen haben, seine offenen Worte stellten eine Grenzüberschreitung dar. Jedenfalls versicherte er, es habe nicht in seiner Absicht gelegen, »Ihnen weh zu tun«.

Nach einem gemeinsamen Mittagessen lenkte Brahn in seinem Brief vom 17. September 1917 gegenüber Elisabeth ein. Er mied die schroffen Töne und stellte die Wichtigkeit der kontinuierlichen Wahrnehmung Nietzsches heraus. Nachdem es gelungen sei, »dem Verkannten Platz an der Sonne zu verschaffen«, sollte es doch möglich sein, »daß alles gut weitergeführt und die Lehre rein erhalten, daß seine Stellung in der Geschichte richtig gewahrt wird«.[65] Zu einvernehmlicher Zusammenarbeit sei er weiterhin gern bereit. Anders stand es um den Antisemitismus, der durch die »Judenzählung« und den Streit um die *Kant-Studien* eine neue Aktualität erhalten hatte. Diese Weltsicht beeinflusse seine innere Ruhe negativ: »Ihr Bruder hat ja auch den Antisemitismus nicht vertragen, weil ihm alles, was nur Anti und nicht Pro war, im Grunde nicht lag. Wenn Sie aber für gut halten, mit mir noch einmal grundsätzlich über die Sache zu reden, ich bin bereit, wie ich auch mit dem Bauch ein Tänzlein zu wagen bereit wäre.« Mit dieser Erklärung überschätzte er vermutlich Elisabeths Aufgeschlossenheit. Jedenfalls ist von einem oder mehreren Gesprächen der Beteiligten über die Natur des Antisemitismus in den Quellen nicht die Rede. Sie wies Brahn lediglich am 20. September darauf hin, dass Bauch als Schüler von Rickert »so philosemitisch wie möglich« sei.[66] Angesichts des Vorgefallenen war diese Äußerung nicht nur sachlich falsch, sondern nachgerade absurd. Denn die Vertreter der »Südwestdeutschen Schule« und insbesondere Bauch galten mittlerweile als eingefleischte Antisemiten. Es entsprach aber Elisabeths Naturell, weltanschauliche Wogen zu glätten, insbesondere wenn sie für das Nietzsche-Archiv nachteilige Folgen haben konnten.

Grundsätzliche Fragen spielten in Elisabeths öffentlichem Auftreten selten eine Rolle. Da sie mit ganz unterschiedlichen Menschen verkehrte und diverse Zielgruppen ansprach, hätten inhaltliche Positionierungen ihren Handlungsspielraum meist nur beschränkt, ohne sonderlichen Gewinn zu versprechen. In ihren Artikeln zum Ersten Weltkrieg kombinierte sie einen ausgeprägten Nationalismus mit einem bewusst munteren Plauderton, der zu einer Art Erkennungszeichen geworden war. In diesem Geist hatte sie etwa im Herbst 1915 das Verhältnis zwischen *Nietzsche und Deutschland* für das linksliberale *Berliner Tageblatt* erörtert. Sie präsentierte den Philosophen als »guten Europäer«, stellte aber zugleich fest: »Immer wieder betont mein Bruder als Deutschlands Vorzug, daß es die männlichsten Männer besäße und daß es in der Ordnung sei, daß diesen die Herrschaft zufalle.«[67]

Derlei Denkfiguren muten heute bizarr an, doch bestehen kaum Zweifel, dass sie für die Ideengeschichte des Weltkriegs eine wichtige Rolle spielten. Gerade weil Deutschland seine Kräfte überspannt hatte, wurden unablässig Willensstärke und männliche Tugenden beschworen. Die Nietzsche zugeschriebenen Gedanken dienten häufig der Abwehr jener universalistischen Vorstellungen, welche die Westmächte und Kriegsgegner jedweder Couleur auf ihre Fahne geschrieben hatten. So kritisierte Thomas Mann am 27. Dezember 1917 die Auffassung des Sozialdemokraten Philipp Scheidemann, dass der Weltfrieden ein Produkt der Erschöpfung sein werde, mit dem Argument: Das sei alles andere als ehrenvoll »für die Demokratie und für die Menschheit«; denn einer »Moral aus Erschöpfung« fehle es an innerer Substanz.[68] Bedenkt man, wie stark die dahinterstehende Vorstellung »abnehmender Lebenskraft« durch Nietzsche geprägt war, dürfte die antiwestliche Grundierung des Gedankengangs offenkundig sein.

Angesichts von Mangel, Not und massenhaftem Sterben reichte pure »Willensmetaphysik« jedoch schwerlich zur Legitimation des Kriegs aus. Mit dem Scheitern der Frühjahrsoffensive 1918 wurde deutlich, dass nicht mehr viel zu hoffen war. Die Endphase des Krieges war ein Trauerspiel. Allein an der Spanischen Grippe erkrankte über eine Million deutscher

Soldaten; insgesamt waren im Kaiserreich mehr als 300 000 Tote zu beklagen. Doch angesichts der militärischen Lage war eine öffentliche Diskussion unerwünscht. Deutsche Ärzte plädierten sogar dafür, dass es sich um eine »Modekrankheit« handle, und sprachen von »Pseudo-Influenza«.[69] Auf dem Silberblick behalf man sich mit Durchhalteparolen und glaubte an ein Wunder. Ernest Thiel spendete aus der Ferne Trost. Am 2. Oktober 1918 schrieb jedoch auch er Elisabeth düster: »Soll Deutschland schließlich gedemütigt werden? Kann Deutschland gegen die ganze Welt Stand halten? Wird der Krieg noch auf deutschen Boden überführt werden? Das sind Fragen, die mir keine Ruhe lassen.« Auf dem Land war die Versorgungslage besser als in den großen Städten, aber immer noch miserabel. Nur verbitterte Nationalisten wie Bruno Bauch hielten Ende des Monats noch an Vorstellungen nationaler Größe fest. Mit einer kleinen Zahl Kollegen an der Universität Jena forderte er die Reichsregierung dazu auf, »keinen Frieden zu schließen, der die Preisgabe deutschen Lands beinhaltete«.[70]

Von Elisabeth ist aus diesen Tagen wenig zu berichten. Vermutlich hatte sie genug damit zu tun, die drängenden Alltagsprobleme zu bewältigen und ihre Enttäuschung über den deprimierenden Kriegsausgang zu verwinden. Wie schwer das für sie gewesen sein muss, illustriert ein Brief an die befreundete Fürstin Anna Luise von Schwarzburg-Rudolstadt. »[W]enn das deutsche Volk jetzt gefragt würde, ob es alles wieder so haben wollte wie früher«, notierte sie am 13. Januar 1919, »so würden fast alle Wähler und Wählerinnen ... sagen: ja, das wollen wir!«[71] Noch am 16. Juni 1919 mochte Elisabeth gegenüber Harry Graf Kessler keine militärischen Gründe für die Niederlage anerkennen. Gleich anderen Angehörigen ihrer Generation, welche die Siege in den deutschen Einigungskriegen gesehen hätten, könne sie die »entsetzl.[iche] Demütig.[ung]« Deutschlands nicht akzeptieren. Der Sache nach handle es sich um »Selbstmord [...], denn besiegt sind wir nicht!«.[72]

Elisabeths Halsstarrigkeit und geringe politische Lernfähigkeit stehen deutlich vor Augen. Dies sollte allerdings nicht zur Marginalisierung ihrer Bedeutung für den »Krieg der Geister« führen. Ihre Veröffentlichungen und die Editionen des Archivs veränderten das Bild Nietzsches nachhaltig. Dies gilt vor allem für die Kriegsausgaben des *Zarathustra* und des *Willens zur Macht*, die eine breite Leserschaft erreichten und im Ausland als kanonisch angesehen wurden. Mit ihrer Hilfe wurde Nietzsche von einem Philosophen der Denkexperimente zu einem Verfechter eherner Notwendigkeit. Für Verständigungsbemühungen war der Glauben an die Unvermeidbarkeit und innere Konsequenz des Krieges, wie Christopher Clark betont hat, eine schwere Belastung.[73] Und genau in diesem Glauben ließ sich Elisabeth, welche die Ereignisse einschließlich der Apotheose ihres Bruders als schicksalhaft ansah, so schnell von niemandem überbieten.

Bis heute hat sich das Bild des Weltkriegs nicht vollständig von simplen Kausalitäten und damit einhergehenden Schuldvorwürfen gelöst. Vermutlich eignen sie sich immer noch in einem gewissen Grad, um dem unerträglichen Phänomen technisierten Massensterbens einen Sinn zu verleihen. Dies begünstigt eine monochrome Darstellung des Propagandakriegs, die nationale Eigentümlichkeiten überbetont und konkrete Kontexte vernachlässigt. So wird häufig übersehen, in welchem Ausmaß scheinbar auf Verherrlichung der eigenen Nation und überzeitliche Gültigkeit abzielende Texte zu innenpolitischen Reformdiskussionen beitragen sollten.[74]

Doch die Konsequenzen der akademischen Kriegsverherrlichung für unser Bild der Ereignisse reichen tiefer. Seit Generationen tut sich die historische Forschung schwer mit der Kontingenz des Geschehens. Der »Große Krieg«, wie ihn die Zeitgenossen nannten, erscheint häufig als Resultat grundlegender Konflikte zwischen den Nationen. Dabei wird jedoch zu wenig bedacht, in welchem Ausmaß diese Antagonismen selbst ein Produkt der Propaganda waren.[75] Die Veröffentlichungen aus der Villa Silberblick trugen zu einem mythischen Geschichtsbild massiv bei. Elisabeth setzte früh auf die starren Dichotomien Werner Sombarts, die das Propagieren von Feindbildern erleichterten. Im Laufe des Krieges neigte sie einer gravitätischen Verherrlichung der eigenen Nation zu, als deren Apostel Nietzsche präsentiert wurde. Dementsprechend begrüßte sie es, wenn ihr Bruder in den »Sonderweg« deutscher Geistesgeschichte eingeordnet wurde.

Als im Steckrübenwinter 1916/17 die Kräfte für den militärischen Sieg gebündelt wurden und die Zugehörigkeit zur Volksgemeinschaft allgemein in Rede stand, zog Elisabeth Konsequenzen. Sie äußerte sich intern abwertend über die politische Orientierung des Judentums und intensivierte die Kontakte zu den Vertretern extrem nationalistischen Philosophierens. Fortan wollte sie, dass Nietzsche möglichst »deutsch« aufgefasst werde, wie dies Bruno Bauch und seine Anhänger mit Fichte taten. Im Resultat führte dies zur Entmachtung des kosmopolitisch eingestellten Vaihinger und zur Stärkung antisemitischer Tendenzen im Nietzsche-Archiv. In welchem Ausmaß sich die Zeit änderte, illustriert Elisabeths Brief an Harry Graf Kessler vom 25. Februar 1918. Sie freute sich darin, wie gut es um die Resonanz Nietzsches »im Feld und in den Lazaretten« bestellt sei, und erwog, aus seinen Aphorismen ein Buch »über Deutschland und Deutschlands Zukunft zusammenzubringen«.[76] Nach der Niederlage war ein derartiges Projekt kaum mehr möglich. Die deutsche Nation hatte ihren Glanz und das Bürgertum Vermögen wie Selbstvertrauen verloren. Noch war nicht ausgemacht, was dies für die im November 1918 gegründete Weimarer Republik bedeuten sollte.

IM AUF UND AB DER WEIMARER REPUBLIK

Alle Staaten, die den Krieg verloren hatten, standen im Herbst 1918 vor kaum zu bewältigenden Aufgaben. Die politischen Ordnungen waren fragil, die Menschen vom Kriegsausgang enttäuscht und ihre Probleme im täglichen Überlebenskampf immens. Allenthalben galt es, die Armee zu demobilisieren und eine riesige Zahl von Soldaten wieder in Lohn und Brot zu bringen. Die deutsche Situation war vielleicht besonders schwierig. Viele Menschen hatten den Verlautbarungen des Militärs bis zum letzten Moment vertraut und reagierten ausgesprochen unsicher auf den raschen Ereigniswechsel. Dementsprechend verstört wurde die Novemberrevolution von der Bevölkerung aufgenommen. Eine gewaltige Rolle für die Stimmung spielte die unzureichende Lebensmittelversorgung in den Großstädten. Schätzungen gehen von mindestens einer halben Million Hungertoten in Deutschland aus. Sie waren auch eine Folge von Churchills Blockadepolitik, der die deutsche Regierung zur Unterzeichnung des Versailler Vertrags zwingen wollte.[1] Zudem mussten ca. 2,7 Millionen »Kriegskrüppel« versorgt werden, von denen nicht wenige ein erbärmliches Leben als Bettler führten. Die deutsche Propaganda hatte schon im Weltkrieg immer wieder stolz auf die Bedeutung des eigenen Sozialstaats verwiesen. Sein Ausbau wurde nun unumgänglich, um die drängenden sozialen Probleme aufzufangen, und kann durchaus als Erfolg betrachtet werden. Freilich weckte er auch Erwartungen, die für die Republik zu einer großen Belastung wurden.[2]

Aus Enttäuschung über die Gegenwart votierten viele Bürger für die rechtsextreme Deutschnationale Volkspartei (DNVP), die der Weimarer Republik reserviert, ja feindlich gegenüberstand. Elisabeth, die beträchtliche Hoffnungen in den Sieg der deutschen Waffen gesetzt hatte, trat dieser Partei bald nach ihrer Gründung im November 1918 bei. Sie teilte die Ablehnung der neuen politischen Ordnung und die Ressentiments gegenüber Sozialdemokratie und Linksliberalismus. Eine Ausnahme war sie mit dieser Haltung nicht: Bis tief in das Bürgertum hinein zählte »eine antirepublikanische Einstellung zum guten Ton«. Freilich sollte auch kein monochrom düsteres Bild der frühen Weimarer Republik gezeichnet werden. Nicht wenige Menschen setzten nach über vier Jahren erbitterten Kriegs erhebliche Hoffnungen in die Demokratie. Exemplarisch sei auf Edmund Husserl verwiesen. Obwohl einer seiner Söhne als Soldat gefallen war und der andere schwerverletzt zurückkehrte, hoffte der Philosoph im November 1918 auf die neue Friedensordnung und setzte auf den Idealismus der Jugend.[3]

Im Nietzsche-Archiv prallten die unterschiedlichen Haltungen zur Republik direkt aufeinander. Elisabeths beständiger Ansprechpartner Max Brahn hatte sich der USPD zugewandt. Im Dezember 1918 vertrat er pronunciert die Ansicht, in den letzten Kriegsmonaten sei für Deutschland ein »Verständigungsfrieden« möglich gewesen. Elisabeth betrachtete diese Einstellung als politische Illusion und angesichts der Gegenwartslage regelrecht als unsittlich. Zur moralischen Aufrüstung las sie in dieser Zeit Thomas Manns *Betrachtungen eines Unpolitischen*, mit dessen Inhalt sie sich voll und ganz identifizierte. Sie empfand das ebenso patriotische wie vielschichtige Werk als eine Art Trostbuch, legte es jedoch Brahn am 12. Dezember vornehmlich aus politischen Gründen ans Herz: »Es ist noch geschrieben zur Zeit unserer Herrlichkeit, aber es zeigt deutlich, woran wir zu Grunde gehen werden: nämlich durch die liberale Demokratie und die Sozialdemokratie, weil beides widernatürlich ist.« Die verheerenden Konsequenzen des Geschehens ließen ihrer Ansicht nach keinen Menschen unberührt: »Diese furchtbare Zeit verändert Alles, übrigens auch mich selbst. Alles Mildernde und Liebenswürdige verschwindet und ich werde höchst eklig und unangenehm.«[4] Das waren selbstkritische Worte, mit denen Elisabeth wohl auch die Schärfe ihrer eigenen Diktion mildern wollte, doch angesichts des Briefinhalts konnte diese Absicht nicht recht verfangen.

Elisabeth hatte Brahn heftig angegriffen, warum er sich ungefragt in die Regelung ihrer Nachfolge eingemischt habe. Offenkundig stand für sie der Plan, aus dem Nietzsche-Archiv eine Art Familienunternehmen zu machen, unumstößlich fest. Neben Max Oehler dachte sie an seinen Bruder Richard, der als Bibliothekar und Gelehrter über ein gewisses Ansehen verfügte. Brahn fühlte sich durch Elisabeths Brief beleidigt und fand am 14. Dezember 1918 den Mut zu klaren Worten: »Sie können wahrlich nicht behaupten, daß ich mich aufgedrängt habe – ich bin als freier, begeisterter Mann zu Ihnen gekommen und habe gern alles getan, womit ich glaubte helfen zu können.« Gerade deshalb müsse er sich den angeschlagenen Ton verbitten: »Ich bin ja kein Tintenkuli irgendeines Menschen oder einer Einrichtung, sondern ganz frei.« Eine derart offene Sprache war Elisabeth nicht gewohnt und verärgerte sie. Auf Brahns Einlenkungsbemühungen reagierte sie am 26. Dezember mit kalter Wut. Ihr Bruder habe sie »eindringlich ermahnt«, sie solle nie vergessen, »was Jemand im Zorne sagt und thut, da käme seine innere Meinung zum Vorschein«. Noch Mitte Januar 1919 verteidigte Elisabeth ihre personellen Entscheidungen vehement. Sie bestritt, dass es Max Oehler an wissenschaftlicher Kompetenz fehle; schließlich sei die »Ordnung im Archiv« allein sein Werk. Vehement strich sie die Bedeutung verwandtschaftlicher Nähe heraus: »Es hat etwas auf sich mit der gleichen Herkunft und diese beide Neffen mit ihrer prachtvollen Arbeitskraft, Zuverlässigkeit und vornehmen Gesinnung stehen wirklich dem Nietzsche-Archiv besonders nah.«[5] Getreu der Devise, dass Angriff die beste Verteidigung sei, warf sie Brahn zudem Indiskretion vor, weil er seine Befürchtungen über die Zukunft des Archivs Außenstehenden mitgeteilt habe.

Zu dem Zeitpunkt, als Elisabeth mit Brahn hart ins Gericht ging, konnte sie auch mit Vaihingers Idealen nichts mehr anfangen. Angesichts des auftrumpfenden Verhaltens der Siegermächte schien es ihr gänzlich verfehlt, Nietzsche als Internationalisten zu betrachten, der wichtige Anregungen aus der westlichen Welt empfangen habe. Vaihinger vertrat hingegen die Auffassung, dass ohne grundsätzliche Kritik an den Fehlentwicklungen der deutschen Vergangenheit ein Neuanfang unmöglich sei.

Während der renommierte Professor ins Abseits geriet, bekundete Elisabeth aus pragmatischen Gründen weiter Interesse an Brahn. Sie hatte sich dazu entschlossen, nicht dauerhaft auf Konfliktkurs mit dem neuen Staat zu gehen. In diese Richtung lenkte sie auch Anna Auerbach. Die jüdische Frauenrechtlerin gab ihr am 25. April 1919 den Ratschlag, sich nicht prinzipiell gegen Veränderungen zu sperren. Es passe einfach nicht zu ihr, »daß Sie grollend bei Seite stehen und zu des verbitterten Meisters Anton Weisheit: ›Ich verstehe die Welt nicht mehr‹ ihre Zuflucht nehmen sollten.« Elisabeth nahm die Anspielung auf das bekannte Theaterstück *Maria Magdalena* von Friedrich Hebbel, das mit diesen Worten endet, gelassen.[6] Es war nicht das erste Mal in ihrem Leben, dass sie sich einer ungeliebten neuen Lage stellte.

Während die Weimarer Bevölkerung einige Reserven gegenüber der Nationalversammlung an den Tag legte, bemühte sich Elisabeth um Kontakt zu den Parlamentariern. Diese hatten sich im Februar 1919 in die thüringische Provinz zurückgezogen, weil angesichts von Aufständen und Streiks die Berliner Situation allzu unsicher schien. Manch ein Politiker empfand die Verhältnisse in Weimar sogar als eine Art Idyll. Zu ihnen gehörte der Präsident der Nationalversammlung Reinhard Fehrenbach. Zufrieden mit den äußeren Bedingungen, notierte er am 30. März in das Empfangsbuch eines alteingesessenen Gasthofes: »Von Berlin geflüchtet, haben wir hier eine sichere trauliche Stätte gefunden. Mögen dem schönen Weimar und unserem lieben Vaterland bald bessere Tage werden.«[7] Doch der Schein trog. Tatsächlich lebten in der altehrwürdigen Kulturstadt viele Menschen von ihrem Geldvermögen, für dessen Wertverlust sie dem neuen Staat grimmige Vorwürfe machten. Sie litten unter der verhängnisvollen Vermehrung der Geldmenge, mit der der Staat seit dem Weltkrieg seine vielfältigen Aufgaben finanzierte und seine Bürger enteignete. Im Übrigen mussten sie akzeptieren, dass mit der Niederlage die in Kriegsanleihen investierten Summen für immer verloren waren.

Elisabeth sah die Dinge wie die meisten Rentiers. Sie war darüber empört, dass der Staat seine Verpflichtungen auf den hart arbeitenden Mittelstand abgewälzt habe. Doch im Unterschied zu vielen Weimarer Bürgern wusste sie sich zu verstellen. Während sie gegenüber Harry Graf Kessler am 9. Juli 1919 die Unverschämtheit jüdischer Intellektueller wie Ernst Cassirer, Maximilian Harden oder Walther Rathenau beklagte, hofierte sie Max Brahn. Sie hätte es gern gesehen, wenn er die Parlamentarier über sein neues Forschungsgebiet »Marx und Nietzsche« bei einem Tee in der Villa Silberblick informiert hätte.[8] Die Angelegenheit zögerte sich ein wenig hinaus, doch zu Nietzsches 65. Geburtstag am 15. Oktober sprach Brahn tatsächlich über dieses Thema. Anwesend war auch Walter Gropius, dem die Ausführungen des Leipziger Wissenschaftlers imponierten. Spontan lud er ihn nach Berlin ein, damit er seinen Vortrag im Bauhaus wiederhole. Brahns Ausführungen stießen dort auf erhebliches Interesse. Mit Gropius unterhielt er sich intensiv über den »Begriff des Zufalls«, wie er am 8. November der Archivherrin berichtete.[9]

Nach außen schienen die Dinge in schöner Harmonie, doch ließen sich die Meinungsverschiedenheiten zwischen Brahn und Elisabeth nicht wirklich aus der Welt schaffen. An seinem öffentlich gefeierten Vortrag über *Marx und Nietzsche* bemängelte sie bereits am 17. Oktober 1919 intern, dass er ein viel zu dunkles Bild des Bruders gezeichnet habe: »[W]enn die neuen Erkenntnisse kamen, war er strahlend und in all seinen Betrachtungen sieht man, welche tausend große und kleine Freuden ihm die Erkenntnis brachte.« In euphorischer Diktion sprach sie vom »Jauchzen des Glücks«, das in Nietzsches Leben allenthalben spürbar sei. Als Beweis dienten ihr die eigenen Erfahrungen. Sie sei von allen Menschen am häufigsten mit Nietzsche »zusammen gewesen« und habe deshalb »auch am meisten von seinem Glück durchstrahlten Wesen erlebt«. Brahn ließ sich durch das Pathos der Authentizität nicht einschüchtern. Nur zwei Tage später hielt er in seinem Antwortbrief über Nietzsche fest, »wer so tief mit Schopenhauer gelebt, von dem nehme ich an, dass in ihm neben den strahlenden Seiten des Lebens auch recht geschwärzte vorhanden sind«.[10] Dies war plausibel argumentiert und schüttete zudem kein weiteres Öl ins Feuer; denn Brahn hing trotz aller politischen Divergenzen an Elisabeth und ihrem Archiv. Aber der politisch ambitionierte Wissenschaftler hatte in der Weimarer Republik auch andere Optionen. Im Juni 1920 wurde er ins Berliner Arbeitsministerium berufen, um sich dort mit aktuellen Fragen wie der Einführung des Achtstundentags oder dem Wert von Berufseignungsprüfungen zu befassen. Wenig später übernahm er die Leitung des Reichsausschusses für Arbeitswissenschaft. Die damit einhergehende Belastung veranlasste ihn am 30. August 1920 zu einem Brief an Elisabeth, in dem er die Muße philosophischer Beschäftigung am Feierabend pries.[11] Vermutlich hoffte er, in nicht allzu ferner Zukunft wieder genügend Zeit für geisteswissenschaftliche Tätigkeit zu finden. Wie fast immer in derlei Fällen ließ sich jedoch eine harmonische Verbindung von privaten Neigungen und beruflichen Pflichten auch bei Max Brahn nicht bewerkstelligen. Mit ihm verlor Elisabeth einen loyalen Mitarbeiter und einen der wenigen Menschen, die sich getraut hatten, ihr die Wahrheit zu sagen.

Zu Beginn der Weimarer Republik wurde es einsam um Elisabeth. Ungeachtet des munteren Lebens in der Villa Silberblick hatte sie kaum noch Gesprächspartner, denen sie sich nahe fühlte. Einer von ihnen war Rudolf Eucken, den sie nicht nur als gebildeten Professor mit besten Kontakten in die literarische Welt schätzte. Sie teilte mit ihm auch die Wehmut über die untergegangene Welt des Kaiserreichs, in der sie beide zu gefeierten Persönlichkeiten geworden waren. Mit warmherzigen Worten reagierte sie im Dezember 1919 auf Euckens Emeritierung. Sie verstehe, dass er sich nun ganz seinen philosophischen Untersuchungen widmen wolle, »[a]ber für die Universität Jena« sei sein Scheiden »ein großes Unglück«. Mit dem Neoidealisten stimmte sie darin überein, dass kein literarischer Ruhm den beklagenswerten Zustand des Vaterlandes kompensieren könne. Aller Erfolg des Archivs schien ihr vor diesem Hintergrund eitel: Nietzsche werde zwar »mehr denn je gekauft (ich weiß nicht ob gelesen!), aber es freut einen nicht«.[12]

Es besteht kein Grund, an der Ehrlichkeit von Elisabeths Einschätzung zu zweifeln, doch erschöpfte sich ihr Dasein nicht im elegischen Blick auf Vergangenes. Immer noch hatte sie zahllose Dinge zu verrichten, wenn sie erfolgreich für Nietzsches Ansehen kämpfen wollte. In der Villa Silberblick führte sie ein strenges Regiment und war bei den Untergebenen trotz ihrer leutseligen Art keineswegs nur beliebt. Insbesondere für Max

Oehler, der täglich aus Bad Berka anreiste, dürfte es nicht leicht gewesen sein, immer wieder aufs Neue ihre Anordnungen entgegenzunehmen und präzise abzuarbeiten.[13] Elisabeth liebte es, sich als Figur einer untergegangenen Ära zu stilisieren. Tatsächlich bewahrte sie sich bis ins hohe Alter beträchtliche Aufgeschlossenheit gegenüber neuen Entwicklungen. Sie besaß eines der damals noch seltenen Telefone und nutzte später den Rundfunk zur Verbreitung ihrer Ideen. Wenn sie sich bewusst altertümlich gab, zeigte dies nicht nur ihre Sympathien fürs Kaiserreich, sondern auch Verständnis für moderne Marketingmethoden. Sie passte ihr Verhalten dem bürgerlich konservativen Zielpublikum an und betonte zugleich ihre individuelle Note. Ähnliches gilt für Kleidung und Frisur. So trug sie über ihrer Perücke gern ein Häubchen, das aus längst vergangenen Tagen stammen sollte, tatsächlich aber eine Neuanfertigung war. Ähnliches gilt für ihre Neigung, die Fahrten in Weimar und Umgebung nach Möglichkeit mit der Kutsche zu absolvieren. Schon früh hatte sie keine Scheu vor der Eisenbahn; aber es machte einfach mehr her, mit Kutscher und Diener auf dem Zweispänner vorzufahren. Aus praktischen Gründen verfügte sie über eine Art Abonnement; denn regelmäßig waren Gäste vom Bahnhof zum Silberblick im Süden der Stadt zu transportieren.

So einfallsreich wie Elisabeth ihr symbolisches Kapital als Zeugin einer vergangenen Epoche und Hüterin eines wertvollen Erbes mehrte, so eisern hielt sie bei der Verteilung realer Ressourcen die Kasse. In der Frühzeit der Weimarer Republik ging der Preis der Stiftung Nietzsche-Archiv ausschließlich an renommierte Schriftsteller und Philosophen.[14] Thomas Mann erhielt ihn 1918 für die *Betrachtungen eines Unpolitischen*. 1919 wurden neben Oswald Spenglers *Untergang des Abendlandes* Hermann Graf Keyserlings *Reisetagebuch eines Philosophen* und Hans Vaihingers *Philosophie des Als Ob* ausgezeichnet. Elisabeths Sinn für Qualität ist ebenso auffällig wie ihre Berücksichtigung kommerzieller Aspekte; denn bei allen Werken handelte es sich um ungewöhnliche Erfolge am Buchmarkt. Dies gilt schwerlich für Bruno Bauchs Monographie über *Kant*, die 1920 ausgewählt wurde. Hier verdankte sich die Ehrung der weltanschaulichen Nähe des Archivs zur Deutschen Philosophischen Gesellschaft und Elisabeths Interesse an der Universität Jena. Schließlich wusste sie genau, dass die Universität mehr als jede andere Institution über die Aufnahme ins Pantheon der deutschen Bildung entschied.

Im Sommer 1918 war Eucken mit seiner Idee, für Elisabeth die Jenaer Ehrendoktorwürde zu erwirken, gescheitert. Gründe lassen sich viele denken, doch schweigen die Quellen des Universitätsarchivs.[15] Sicher gab es Vorbehalte an der Salana gegen die Auszeichnung einer Frau, und Elisabeths vielfältige Aktivitäten waren bestimmt nicht nach jedermanns Geschmack. Überdies dürften die meisten Gelehrten nach vier harten Kriegsjahren andere Sorgen gehabt haben als die Ehrung einer umstrittenen Persönlichkeit. Vielleicht handelt es sich aber auch um kein größeres Rätsel. Denn ähnlich wie heute musste Euckens Weltruhm keineswegs bedeuten, dass er an der eigenen Universität viel zu sagen hatte. Nach dem Krieg war jedenfalls Bruno Bauch der starke Mann in Jena. Sein Einfluss zeigte sich darin, dass er auf Euckens vakante Professur seinen Freund Max Wundt platzieren konnte. Bauch war Elisabeth aus Respekt vor Nietzsche und allgemeinen weltanschaulichen Gründen gewogen. Als idealer Anlass für ihre Ehrung bot sich der 75. Geburtstag am 10. Juli 1921 an.

Bauch wurde in der Philosophischen Fakultät aktiv und stieß auf keinen Widerstand. Bewusst hatte er außer den biographischen Schriften vor allem ihre Tätigkeit als Editorin nach vorn gespielt. Neben ihrem Organisationsgeschick erwähnte die Kommission, der auch Wundt angehörte, die Gründung des Weimarer Archivs sowie die »Vollständigkeit« der von ihr eingerichteten Nietzsche-Bibliothek. Am 23. Juni 1921 wurde Bauchs Antrag einstimmig angenommen, so dass noch genügend Zeit für die Ausfertigung der Ehrenurkunde blieb, die sie pünktlich zu ihrem Geburtstag erhielt. Die Universität rühmte die »Verwalterin des Nietzsche-Archivs für die Erhaltung von Nietzsches Nachlaß«.[16] Gleichzeitig fand am 10. Juli ein Kolloquium in der Villa Silberblick statt. Neben Berühmtheiten wie Ernst Bertram und Thomas Mann sprachen dort vor allem Denker aus dem Umfeld der Geehrten. Unter dem Titel *Den Manen Friedrich Nietzsches* wurden die Beiträge alsbald im Münchner Musarion Verlag gedruckt und Elisabeth dediziert. Die Autoren einte ein überwältigender Respekt vor dem Verstorbenen, inhaltlich schlugen sie recht unterschiedliche Wege ein.

Thomas Mann hielt sich keineswegs an die in der Villa Silberblick üblichen Sprachregelungen und stellte vehement die Wichtigkeit Richard Wagners für Nietzsche heraus. Ihm schien es unbestreitbar, dass das »Verhältnis zu Wagner bis in die Paralyse hinein heftigste Liebe geblieben ist«.[17] Zwar betonte er Nietzsches Verwurzelung in der deutschen Kultur, doch mit keiner Silbe zweifelte er an dessen Bewunderung französischer Schriftsteller. Vielmehr betrachtete er gerade unter Formgesichtspunkten ihre prägende Wirkung als evident. Rudolf Eucken erinnerte sich an die gemeinsame Zeit mit Nietzsche in Basel, und Ernst Bertram steuerte vier Gedichte bei. Der stets eigenwillige Kurt Breysig erörterte, warum *Das Geflecht der Triebe* eine *Selbstbereicherung und Selbsterweiterung* bedeutete.[18] Allerdings irritiert die Intensität, mit der man sich in der Villa Silberblick der Vergänglichkeit entgegenstemmte. Elisabeth ließ zu ihrem 75. Geburtstag von ihren 32 unplombierten Zähnen einen Abdruck machen, der ihre kraftvolle Gesundheit demonstrieren sollte. Und ihr Cousin Richard Oehler zeigte sich vollkommen gewiss, dass Nietzsches Philosophie die Zukunft dominieren werde. Vom aktuellen Nationalismus Jenaer Provenienz war diese Haltung nicht weit entfernt. Sein wichtigster Vertreter Bruno Bauch beschwor mit gravitätischer Ernsthaftigkeit die Unvergänglichkeit des Wertehimmels, der dem aristokratischen Ideal zugrunde liege. In dieser Perspektive wurde Nietzsche zu einem Denker, der auf die Sinnkrise der europäischen Zivilisation substantielle, ethisch fundierte Antworten gab.[19] Den im Archiv herrschenden Ansichten kam Bauch weit entgegen. In einer keinen Widerspruch duldenden Sprache äußerte er die Elisabeth sehr sympathische Auffassung: »Der große Philosoph ist immer ein Genie.«

Ein abgekartetes Spiel war die Verleihung der Ehrendoktorwürde an Nietzsches Schwester allerdings keineswegs gewesen. Elisabeth wusste selbst nicht, wem sie die so lange erstrebte akademische Anerkennung zu verdanken hatte; aber sie wusste sich zu helfen. Bei den Feierlichkeiten zu ihrem Geburtstag fragte sie Bauch ganz direkt, ob er für die Verleihung des Ehrendoktortitels verantwortlich sei. Nach akademischem Comment war dies eine Taktlosigkeit, aber die Überrumpelung hatte Erfolg: Der Jenaer Professor gab seine Schlüsselrolle zu. Dass er mit seiner Offenherzigkeit alles andere als zufrieden war, belegt sein Brief an Elisabeth vom 16. Juli 1921, die sich bei ihm für die Auszeichnung bedankt hatte. Bauch wollte davon nichts wissen und knurrte: »Ob ich der eigentliche Anstifter bin, oder nicht, geht Sie ja eigentlich gar nichts an. Ich hätte es Ihnen auch nicht verraten, wenn Sie mir es nicht gerade auf den Kopf zugesagt hätten.«[20] Dies war von hoher Warte geschrieben, lässt aber doch erkennen, dass ihm Elisabeth in puncto »Geländegängigkeit« einiges voraushatte. Zwei Tage später wurde der Ehrendoktortitel in der Jenaer Stadtkirche gefeiert. Es war ein festliches Ereignis mit geladenem Publikum und zugleich ein Novum: Denn in der Geschichte der Salana erhielt Elisabeth als erste Frau die Ehrendoktorwürde. Natürlich berichtete auch die Presse über den Festakt. Bis nach Hamburg wurden die Menschen über das Ereignis informiert, das durch Elisabeths zeitgleichen 75. Geburtstag erhebliche Strahlkraft besaß. Wie wichtig Nietzsches Schwester den Titel nahm, zeigt schon der simple Befund, dass sie fortan ihre Artikel gern als Dr. h. c. unterzeichnete.[21]

Der Wert der akademischen Auszeichnungen lag nicht allein darin, dass sie an eine ruhmreiche Vergangenheit erinnerten. Sparsam, wie sie damals vergeben wurden, besaßen sie auch ein eigenes Prestige. Unterdessen mussten die Menschen in Deutschland erleben, wie sich ihre Vermögenswerte zunehmend in Luft auflösten. Viele sahen das Unheil kommen, aber sie wussten nicht, was sie tun sollten. Allein zwischen 1914 und 1919 hatte sich die im Umlauf befindliche Geldsumme von zwei auf 45 Milliarden Reichsmark vermehrt.[22] Als zur Lösung der aktuellen Probleme im Herbst 1921 die Notenpresse noch stärker angeworfen wurde, musste dies verhängnisvolle Folgen haben. Die ökonomische Vernunft hatte in der Politik kaum Fürsprecher. Dort freute man sich über die mit der Inflation einhergehende Erleichterung der Reparationszahlungen und setzte einseitig auf den Kampf gegen Versailles.

Im Ausland sah man die Dinge klarer. Besonders hellsichtig war Elisabeths Mäzen Ernest Thiel in Stockholm, der zu Gelddingen von Haus aus ein nüchternes Verhältnis besaß. Der ehemalige Bankier äußerte sich bereits am 22. September 1920 besorgt über die finanzielle Lage in Deutschland. Er hatte den Eindruck, dass der Staat »mit Riesenschritten einer Katastrophe entgegeneilt«, wodurch die klassischen Tugenden der Mittelschicht »Arbeit und Sparsamkeit« ihren Wert verlieren würden.[23] Am 14. Dezember 1921 schickte er einen Scheck in Höhe von 30 000 Mark ans Nietzsche-Archiv, weil er sich über die abnehmende Kaufkraft des Geldes keine Illusionen machte. Er sollte recht behalten. Ab Juli 1922 zerstörte die Hyperinflation alles, was von bürgerlichen Sekuritätsgefühlen noch geblieben war. Für die wenigsten gab es einen Ausweg. Auch diejenigen, die nach dem Krieg auf Immobilien gesetzt hatten, wurden von der Krise mit voller Wucht getroffen. Die »eingefrorenen Mieten« waren lächerlich gering und reichten nicht einmal für den Erhalt des Wohneigentums, eine Lebensgrundlage bildeten sie mitnichten.[24]

Auch im Nietzsche-Archiv litt man unter finanziellen Problemen, und dieses Mal wusste Anna Auerbach keinen Rat. Am 26. Juni 1922 schrieb sie Elisabeth deprimiert, »man könne sich kaum dagegen wehren, von Tag zu Tag mehr Fatalist zu werden: gar zu schwer wird es, im wirklichen Geschehen noch eine Auswirkung von Erkenntnissen und Prinzipien zu sehen«. Immerhin hoffte sie auf die tröstende Wirkung geschichtsphilosophischer Spekulation. Elisabeth verfolgte eher die politischen Ereignisse. Hitlers Münchner Putschversuch betrachtete sie als »vaterländisches Bestreben«, das vor Gericht nicht zu hart bestraft werden sollte. In der Villa Silberblick wurde diese Ansicht allgemein geteilt, obwohl man Hitler weniger als Mussolini schätzte. Denn man befürchtete, ein strenges Urteil könne der Beginn weiterer alliierter Strafmaßnahmen gegen Deutschland sein.[25] Überdies hatten nicht nur in den Großstädten, sondern auch in der Weimarer Provinz viele Menschen das Gefühl, in einer »verkehrten Welt« (Michael Geyer) zu leben.

Ernest Thiel besaß ein Gespür für die aus der Inflation erwachsenden politischen Probleme. In seinem Brief an Elisabeth vom 15. September 1922 stellte er der Demokratie eine miserable Prognose. Für die Zukunft rechnete er eher mit einem »Napoleon deutscher Abkunft« als mit dem »Messias der Juden«. Seine wirtschaftlichen Gedanken bilanzierte er in dem trockenen Satz: »Die Finanzen Deutschlands sind zerrüttet und werden soweit ich sehen kann täglich immer schlechter.«[26] Freilich erschöpfte sich Thiels Haltung nicht in der ökonomischen Analyse, er litt mit den Menschen und wollte, so gut es ging, in Deutschland helfen. Mehr als ein Jahr lang muss er den Eindruck gehabt haben, als kämpfe die Bevölkerung gegen Windmühlen. Das Elend in Form von Hunger, Ausbeutung und Not war ebenso allgemein wie die Herrschaft des organisierten Verbrechens, das mit windigen Spekulationsgeschäften, aber auch mit Glücksspiel, Prostitution und Rauschgifthandel Unsummen verdiente. Als am 15. Oktober 1923 die Einführung der Rentenmark eine neue Lage schuf und die Bürger einen Monat später wieder eine stabile Währung in der Tasche hatten, reagierte Thiel umgehend. Er tröstete Elisabeth, die in der Inflation praktisch das gesamte Vermögen ihres Archivs verloren hatte. Bezeichnenderweise griff er dabei auf eine nietzscheanische Denkfigur zurück: »Es sieht zwar Alles trübe aus, es soll aber doch als Auszeichnung gelten, wenn das Leben Einem große Schwierigkeiten zu überwinden in den Weg legt.« Gleichzeitig erinnerte er sie an ihre soziale Verantwortung: »Nur nicht verzweifeln – wir müssen eben auszuhalten suchen, und nicht allein uns ertragen, sondern auch in Hinsicht aller derer, welche von uns abhängig sind.«[27] In Anbetracht der drastischen Verluste hätten Thiels Worte leer und hilflos klingen können; doch anscheinend traf er genau den richtigen Ton. Ausgerechnet Elisabeth, die so genau die Schuldigen an der Inflation zu kennen glaubte, gab sich nicht der Trübsal hin. Stattdessen kämpfte sie für die Konsolidierung des Nietzsche-Archivs, das sie mittlerweile als ihr Lebenswerk betrachtete.

Natürlich konnte Elisabeth auf den internationalen Ruhm ihres Bruders bauen. Nach der Katastrophe des »Großen Kriegs« betrachteten ihn viele als Propheten, der als Einziger den Untergang einer glaubensfernen und sinnentleerten Welt vorausgesagt habe. Eine hochberühmte Persönlichkeit wie der schwedische Asienforscher Sven Hedin näherte sich Elisabeth mit größter Bescheidenheit. »Was hätte ich dafür gegeben ihn einmal im Leben kennen zu lernen«, schrieb er ihr am 10. August 1922 anlässlich der Vorbereitung seines Weimar-Besuchs über ihren Bruder: »So ein Mann, so ein Denker, so ein erhabener Geist!«[28] Ähnliche Zeugnisse ließen sich leicht vermehren. Sie nur mit Nietzsches Sprachbegabung oder einzelnen zukunftsweisenden Gedanken zu erklären greift zu kurz. Intellektuell noch kurzatmiger ist vermutlich der Hinweis darauf, dass sich Elisabeths Launenhaftigkeit mittlerweile herumgesprochen haben dürfte und man über ihren Bruder lieber des Guten zu viel als zu wenig sagte. Denn die Begeisterung für Nietzsche und seine »heroische Schwester« ist vielen Zeugnissen überdeutlich anzumerken. Außerdem sollte bedacht werden, wie schwierig es generell ist, sich über einen längeren Zeitraum im Zentrum der öffentlichen Aufmerksamkeit zu halten.

Viele der im Kaiserreich bewunderten Lehren überlebten den Verlust des Fortschrittsglaubens nicht oder nur in sehr ramponierter Gestalt. Dies gilt für die »philosophischen Großmächte« vom Neukantianismus bis zum Neoidealismus, die liberale Theologie oder die auf positivistische Kenntnismehrung setzende Geschichtswissenschaft. Aber auch ein Gutteil der früher so faszinierenden umfassenden Weltanschauungen hatte ohne Fortschrittsperspektive ihre Überzeugungskraft verloren. Viele betrachteten etwa Haeckels Monismus, der einst die ganze Welt erklären sollte, nun als antiquiert und irrelevant. Selbst kulturkritische Erfolgsautoren wie Houston Stewart Chamberlain büßten in der dynamischen Weimarer Kultur ihre Popularität ein.[29] Offenkundig sprachen sie die Bedürfnisse der Leser kaum noch an, die von der Literatur ganz Unterschiedliches erwarteten: Rebellion, Trost und natürlich den Ausweis authentischen Lebens. Mithin verstand es sich keineswegs von selbst, dass ein Autor wie Nietzsche, der auf Probleme der Bismarckzeit reagiert hatte, nach 1918 führende Intellektuelle und zugleich das breite Publikum zu fesseln vermochte.

Das rezeptionsgeschichtliche Rätsel lässt sich nicht im Vorübergehen lösen – zumal es schwierig auszuloten ist, ob Nietzsche den meisten Menschen so vor Augen stand, wie es das schwesterliche Archiv propagierte. Zwei Gründe für seine starke Aktualität scheinen jedoch unstrittig. Zum einen passte seine bilderreiche Sprache zur Skepsis, mit der man in den Geisteswissenschaften, aber auch auf der politischen Rechten rationale Erklärungen betrachtete. Die Frage nach dem »Warum« hatte ausgedient und musste zunehmend der genauen Betrachtung des »Wie« weichen. Zum anderen korrelierte Nietzsches scharfe Zeitkritik einer in der Weimarer Republik weitverbreiteten Haltung. Sein schroffes »Trotzdem« war für verbitterte Gegner des neuen Staates wie Bruno Bauch ebenso attraktiv wie für Ernst Kantorowicz, der nach einem Gegenentwurf zu einer inspirationslosen Geschichtswissenschaft suchte.[30]

Vielleicht der umstrittenste Autor der jungen Weimarer Republik war Oswald Spengler. Sein *Untergang des Abendlandes* wurde viel gelesen, intensiv debattiert und bildete auf der Rechten einen wichtigen Maßstab zur Beurteilung der Gegenwart. Bekanntlich verdankte sich Spenglers Erfolg nicht unerheblich einem Missverständnis. Das gegen Ende des Ersten Weltkriegs erschienene Werk sollte den umfassenden Sieg der deutschen Nation erklären; gelesen wurde es jedoch als tiefgründige Deutung der eigenen Niederlage.[31] Offenkundig ließ sich Spenglers großangelegte Geschichtsphilosophie auch in diese Richtung interpretieren. Erleichtert wurde diese Sichtweise dadurch, dass Spengler im Jahre 1918 noch ein weitgehend unbekannter Autor war. Dies galt natürlich auch für seine persönlichen Abgründe. Denn Spengler, an dessen kühnen Aussagen und grandiosen Metaphern sich die Leser berauschten, war ein von vielfältigen Ängsten gepeinigter Mensch. Sein Verhältnis zu Nietzsche lässt sich nicht einfach bestimmen. Er glorifizierte dessen heroische Lebenseinstellung und betonte seine romantischen Gefühle, glaubte aber, dass es ihm bei der Entwicklung seiner Gedanken an »einer ebenbürtigen Kritik« gefehlt habe. Dies gebe seinen Ideen das »Nebulöse, Ephemere und Schwankende«.[32] Das war eine sensible und durchaus bedenkenswerte Position, aber sie ließ doch in erstaunlichem Maße außer Acht, wie gut sie auch auf Spengler selbst zutraf. Gerade seine direkten Äußerungen über Nietzsche zeigen, wie sehr er sich mit dem Philosophen identifizierte.

Natürlich besaß *Der Untergang des Abendlandes* spezifische, das Publikum in den Bann schlagende Eigenarten. Nicht die kleinste war sein ebenso plastischer wie suggestiver Titel. Elisabeth, die den *Willen zur Macht* als Nietzsches Hauptwerk vermarktete, dürfte für den Reiz von Spenglers Emblematik nicht unempfänglich gewesen sein. 1919 erhielt er für sein Buch den Preis des Nietzsche-Archivs. Außer der selbstgewissen Kulturmorphologie könnte Spenglers »heroischer Realismus« Elisabeth imponiert haben. Denn *Der Untergang des Abendlandes* wurde eher durch eine dröhnende Zukunftsgewissheit charakterisiert als durch die doch recht seltenen larmoyanten Passagen. Vielleicht brauchte Elisabeth aber auch keine tieferen Gründe, um sich für Spengler angesichts seines gewaltigen Erfolgs zu entscheiden. Für diese Sichtweise spricht, dass sich beide anfangs nicht sonderlich sympathisch waren. Als weithin unbekannter Autor des Jahres 1917 hielt Spengler die Schwester des bewunderten Philosophen für provinziell. Mit der ihm eigenen Überheblichkeit ließ er einen Freund sogar wissen, dass auch Nietzsche davon nicht völlig frei gewesen sei.[33] Vermutlich wusste Elisabeth jedoch nicht, wie der vermögende Privatgelehrte über sie dachte, so dass einem professionellen Kontakt nichts im Wege stand. In wichtigen Fällen konnte sie zudem über den eigenen Schatten springen. Schließlich hatte sie schon früh gelernt, dass Kooperation häufig eine vorübergehende Angelegenheit war und von vielen äußeren Bedingungen abhing.

Spenglers geschichtsphilosophisch begründete Zeitkritik erfreute sich gerade wegen ihres hohen Tons breiter Resonanz. Inhaltlich ließ er keinen Zweifel daran, dass die Ergebnisse des Ersten Weltkriegs revidiert werden müssten und Deutschland bei der nächsten Entscheidung besser gerüstet sein werde. Dies war für Elisabeth, die den Versailler Vertrag als »nationale Schmach« ansah, eine sympathische Sicht der Dinge. In diesem Geist schrieb sie am 8. Juni 1920 Harry Graf Kessler: »Aber in meinem Herzen grolle ich noch zu sehr, um mit den Feinden wieder in liebenswürdiger Form in Verbindung zu treten, u. ich warte auf die Revision der Friedensverträge!«[34] Noch in einem anderen Punkt teilte sie Spenglers Weltsicht. Beide beurteilten die Begegnung zwischen Wagner und Nietzsche als eine Sternstunde der Menschheit. In der Abgeschiedenheit seines Tagebuchs fragte Spengler nur melancholisch: »Warum sind solche Momente undenkbar geworden?«[35] Es gab also eine tiefergehende Übereinstimmung zwischen dem jungen ehrgeizigen Autor und der berühmten Hüterin von Nietzsches Nachlass. Deshalb greift es zu kurz, in ihrer Zusammenarbeit lediglich Kalkül zu sehen. In jedem Fall dürfte Elisabeth gewusst haben, was sie tat, als sie Interesse für Spengler signalisierte. So hatte Max Brahn schon früh gewarnt, dass es mit Spenglers Wissenschaftlichkeit nicht weit her sei. Auf seine Einwände reagierte sie am 24. September 1919 ausgesprochen gönnerhaft: »Daß Spengler vielfach Nietzsche-Gedanken benutzt hat, ohne es hervorzuheben, ist sicher, aber trotzdem ist das Buch außerordentlich.« Offenkundig war sie nicht gewillt, ihr Urteil über das neue Original-Genie aufgrund einzelner Befunde zu revidieren.

Im Nietzsche-Archiv hatte Spengler hingegen erstaunlich viele Gegner. Zu ihnen gehörte Lenore Ripke-Kühn, die für Elisabeth die Neuerscheinungen des Buchmarkts verfolgte. In einem Brief an die Archivherrin vom 6. August 1921 äußerte sie sich empört über Spenglers Oberflächlichkeit und seine zahlreichen Entlehnungen bei Nietzsche. Gleichzeitig »wimmelt« sein Buch »von tatsächlichen Unrichtigkeiten«, die sie jederzeit nachweisen könne.[36] Ein vernichtendes Urteil über Spengler fällte auch der neukantianisch geschulte Philosoph August Messer, der Elisabeth sehr bewunderte. In seinen *Erläuterungen zu Nietzsches Zarathustra* lobte er 1922 ihre Biographien über den grünen Klee und deutete Nietzsche gut neoidealistisch als Ausdruck von »höher steigende[m] Leben«. Spenglers unscharfe Sprache war ihm hingegen so unerträglich, dass er im selben Jahr ein ganzes Buch zu seiner Widerlegung schrieb. Es endete mit dem vernichtenden Urteil, dass sich Spenglers Argumente nicht halten ließen, seine »Prophezeiung« aber sehr wohl geeignet sei, »praktisch zu einem solchen Untergang beizutragen«.[37] Für Elisabeth waren diese Urteile jedoch nicht so wichtig. Sie dürfte vor allem Spenglers hochgestimmte Aussage über Nietzsche am Ende des ersten Bandes vom *Untergang des Abendlandes* geärgert haben. Sie richtete sich gegen die Lehre vom Übermenschen, die auch für das Nietzsche-Archiv eine zentrale Rolle spielte. In dieser Perspektive hatte ihr Bruder nur als Kritiker einer dekadenten Gegenwart Bedeutung, doch als zukunftsweisender Prophet kam er nicht in Frage. Als Spengler sich im zweiten Band seines Opus magnum 1922 vor der Schrift *Der Wille zur Macht* verbeugte, hatte Elisabeth keine weiteren Einwände mehr. Vielmehr sah sie genau in dieser Tatsache gegenüber Eucken einen Beleg für Spenglers Solidität. Zwar schwächte sie das Urteil »als ihre persönliche Ansicht« etwas ab, doch sollte man dem keine allzu hohe Bedeutung beimessen. Letztlich war es für sie entscheidend, wie man zu ihrem Bruder und seinen Ideen vom »Übermenschen« und der »Ewigen Wiederkehr« stand.[38]

Es ist bemerkenswert, dass sich Elisabeths Nähe zu Spengler mit starken Sympathien für Mussolini verband, an dem sie neben dem hohen Lied auf männliche Werte vor allem das Anknüpfen an die Antike und die wuchtige Infragestellung der dekadenten Gegenwart schätzte. Im faschistischen Italien sah sie ein Vorbild für die zerrüttete Weimarer Republik, der es ihrer Auffassung nach entscheidend an innerem Stolz fehlte. Spengler hingegen pflegte in seinen Briefen an die Archivherrin eine markige Rhetorik. Seine Ablehnung der Weimarer Kultur drückte er am 31. Dezember 1923 in tiefschwarzen Bildern aus: »Es ist schade um die Jugend, daß sie so minderwertigen Führern, Tröpfen, Strebern und Schlimmerem, in die Hände gefallen ist. Wenn man das Schauspiel aus der Nähe gesehen hat, gelangt man endlich zu der Überzeugung, daß wir noch eine furchtbare Krise brauchen, damit die ganze Erbschaft von 1918 fortgefegt wird.«[39] Gleichzeitig bemühte sich Spengler, der wusste, wie viel Geld sich mit dem Namen »Nietzsche« verdienen ließ, und als Lektor des angesehenen C.H.Beck Verlags attraktive Angebote unterbreiten konnte, um Elisabeth als Autorin. Am 18. März 1924 riet er ihr zu einer Ausgabe von Nietzsche-Briefen, weil außer ihrem Bruder nur noch Goethe derart prachtvolle Dokumente hinterlassen habe, dass sein »ganzes Leben ohne Rest« in ihnen ausgedrückt werde. Als diese Idee nicht verfing, verstärkte Spengler noch seine Bemühungen. Am 30. September desselben Jahres teilte er ihr mit, dass sie nach wie vor die »Spitze« der Nietzsche-Forschung darstelle. Im Vergleich mit ihr wirke »alles andere so leer und längst veraltet«. Als Begründung verwies er auf die innere Monotonie der Urteile über ihren Bruder, die sich immer noch nicht von der »Tageskritik in den

90er Jahren« gelöst hätten. Ähnlich wie Elisabeth trug Spengler bei seinen Schmeicheleien eher zu dick als zu dünn auf. Aber er hatte auch allen Grund, sie zuvorkommend zu behandeln; denn in der Villa Silberblick war seine Position keineswegs gesichert. Viele Freunde des Archivs betrachteten ihn als Eindringling, der sich nie ernsthaft mit Nietzsches Philosophie beschäftigt habe. Und am 15. Oktober stand der prestigeträchtige Vortrag zu seinem 80. Geburtstag ins Haus.

Außer Spengler rechnete sich Ernst Bertram Chancen für den Festvortrag aus. In seinem Brief vom 23. September 1924 teilte er Elisabeth mit, wie sehr er sich auf ihr neues Werk *Der werdende Nietzsche*, eine bis 1869 reichende Quellensammlung, freue.[40] Doch Bertram kam mit seinem Kompliment zu spät. Ungeachtet seiner privaten Ängste war Spengler ein Meister im Antichambrieren und hatte Weimar so oft wie möglich besucht. Als sich Elisabeth für ihn als Festredner entschied, wurde deutlich, wie umstritten er in Thüringen war. Vehementen Protest erhob Bruno Bauch in Jena. In seinem Brief vom 10. Oktober hielt er mit seiner Meinung nicht hinter dem Berg. Er wäre gern zur Festveranstaltung gekommen, wenn sie sich für Ernst Bertram entschieden hätte.[41] Dies war alles andere als höflich und bewegte überhaupt nichts. Wie es ihre Art war, hielt Elisabeth an der einmal getroffenen Entscheidung fest. Sie bewies damit eine glückliche Hand; denn obwohl Spengler keineswegs als glanzvoller Redner galt, wurde sein Vortrag ein Erfolg.

Allenthalben betrachtete man Nietzsches 80. Geburtstag als Ereignis. Die Tragödie seines Lebens setzten viele in eine emphatische Beziehung zum Schicksal der deutschen Nation. Als Beispiel für die weihevolle Lyrik im Umfeld des Nietzsche-Archivs seien einige Zeilen Lenore Kühns wiedergegeben. Sie beschließen das Gedicht *An Friedrich Nietzsche*, das sie »Deutschlands aufrechten Frauen« widmete:

Im Namen des, was stark und vornehm-gut,
Streng und wahrhaftig, Glut und Opfermut,
Im Namen Friedrich Nietzsches gilt der Schwur
In deutscher Ehre Kampf uns zu verzehren.

So leuchte ewig Deine Erdenspur,
Dein Angedenken heilig zu verklären.[42]

Im Vergleich mit ihren Versen, die mit großer Selbstverständlichkeit um die Fahnenworte des radikalen Nationalismus kreisten, schlug Spengler ruhige Töne an. Sein Thema *Nietzsche und das 19. Jahrhundert* beinhaltete nicht weniger als eine geschichtsphilosophische Standortbestimmung.

Das Grundmotiv von Spenglers Rede war der Vergleich zwischen Goethe, der noch ganz in der Formensprache des 18. Jahrhunderts verwurzelt gewesen sei, und dem an seiner kulturlosen Zeit leidenden Nietzsche. Seine »Sehnsucht nach Formen« habe ihn mit innerer Notwendigkeit zum Außenseiter werden lassen.[43] Zwar habe Nietzsche eine gewisse Hoffnung in die Entwicklung menschlichen Taktes gesetzt, doch musste dies in einer rohen Umwelt vergeblich bleiben. Im Kern sei er deshalb stets ein Romantiker geblieben, der seinem einsamen Ende entgegenging: »Es gibt keinen zweiten Deutschen, der so leidenschaftlich als Privatmann gelebt hat, abseits von allem was Öffentlichkeit und Gesellschaft heißt [...]. An Stelle des freundlichen Goethehauses am Frauenplan das kleine freudlose Haus in Sils-Maria, die Einsamkeit der Berge, die Einsamkeit des Meeres und zuletzt das einsame Erlöschen in Turin – es ist der reinste romantische Lebenslauf, den das 19. Jahrhundert uns dargeboten hat.« (S. 117) Vergeblich habe Nietzsche gegen den materialistischen Ungeist seiner Epoche für ein erfülltes Leben gekämpft. Doch dürfe man sich durch sein Scheitern nicht täuschen lassen. Als Psychologe sei er mit der Macht der Instinkte vertraut gewesen. Gerade seine Ferne vom profanen Alltag mit seinem erbarmungslosen Durchsetzungskampf habe ihn das »Geheimnis« des Lebens verstehen lassen. (S. 121) Nietzsches Erbe für die Deutschen sei in seiner Bedeutung kaum zu überschätzen: »Er hat dem geschichtshungrigsten Volke der Welt die Geschichte gezeigt, wie sie ist. Sein Vermächtnis ist die Aufgabe, die Geschichte so zu leben.« (S. 124) Der Bogen zwischen einer vorbildhaften Vergangenheit und einer heroischen Zukunft war damit gespannt.

Im Kern oszillierte Spenglers Text zwischen sensibler Beschreibung und kühner Verallgemeinerung. Er traf manchen wichtigen Punkt, nutzte aber seine psychologischen Einsichten zu einer ebenso fundamentalen wie ungerechten Abrechnung mit dem 19. Jahrhundert, dessen Beschreibung klischeehafte Züge trägt. Im Nietzsche-Archiv war man indes sehr angetan von den Gedanken des Münchner Gelehrten. Man schickte »Berichte an zahlreiche Zeitungen«, welche die Kunde von Spenglers Auftri.erbreiteten. Elisabeth nannte seine Rede in einem Brief an Harry Graf Kessler vom 22. Oktober 1924 »wirklich wundervoll«. Den Andrang habe man nur deshalb bewältigen können, weil sie vorab »die Zimmer fast ganz ausräumen u. Türen ausheben ließ«.[44] Doch auch Spengler war hochzufrieden. Er hatte sich an dem Ort bewährt, der immer mehr als Zentrum der deutschen Kultur galt. Seine gute Laune scheint eine Weile angehalten zu haben. Am 13. Dezember schrieb er Elisabeth, wie »entzückt« er über ihre neueste Edition *Der werdende Nietzsche* sei: »Etwas Derartiges von Selbstkenntnis hat es in der deutschen Literatur bis jetzt nicht gegeben. Und wie haben Sie diese Dinge ausgewählt und erklärt!« Dabei hatte Elisabeth kaum anderes getan, als ihre Überzeugung von Nietzsches christlicher Gesinnung abermals in eine salbungsvolle Form zu kleiden.[45]

Die nicht ohne Schwierigkeiten zustande gekommene Zusammenarbeit zwischen Spengler und Elisabeth beruhte auf verwandten Überzeugungen und nutzte beiden Seiten. Da verwundert es nicht, dass sie eine Weile Bestand hatte. Erklärungsbedürftig ist jedoch, warum sich Elisabeth fast vorbehaltlos für Spengler einsetzte. Denn dies brachte eine tiefgehende Entfremdung mit Denkern des deutschnationalen Lagers wie Ernst Bertram oder Bruno Bauch mit sich, die dem Nietzsche-Archiv eigentlich sehr gewogen waren. Die Auseinandersetzungen waren nicht in erster Linie politischer Natur. Schon 1919 hatte Spengler in *Preußentum und Sozialismus* mit wuchtigen dichotomen Denkfiguren die Einzigartigkeit des deutschen Schicksals herausgestellt: »In den großen Krisen kämpften«, seiner Auffassung nach, »alle anderen um Sieg oder Verlust; wir haben immer um Sieg oder Vernichtung gekämpft.«[46] Fünf Jahre später setzte er vor allem auf scharfe Kritik des Parlamentarismus. Die Gegenwart charakterisierte er in seiner Schrift vom *Neuaufbau des deutschen Reiches* als vom Parteiklüngel beherrschten Sumpf, dessen Vertreter »Parasiten« am Staatskörper seien. Wütend attackierte er den Versailler Vertrag als »Verkauf eines ganzen Volkes in die Sklaverei« und monierte die allgegenwärtige Geldgier der Republik.[47] Inhaltlicher Dissens mit anderen führenden Vertretern der »Konservativen Revolution« lässt sich kaum feststellen, auch wenn die volltönende Sprache des solventen Erben und gefeierten Erfolgsautors für manchen gewöhnungsbedürftig war. So spricht einiges dafür, dass es bei den Meinungsverschiedenheiten vor allem um den intellektuellen Führungsanspruch unter den radikalen Republikgegnern ging.

Die Wissenschaft hat um das Syntagma »Konservative Revolution« aufgrund seiner inneren Widersprüchlichkeit und begrifflichen Unschärfe lange Zeit einen Bogen geschlagen. Allzu erfolgreich war Stefan Breuers Studie aus dem Jahre 1993, die aus der Mehrdeutigkeit der Bezeichnung auf ihre geringe politische Wirkung schloss. Doch gerade die semantische Unschärfe und schillernde Vieldeutigkeit der Wortverknüpfung »Konservative Revolution« trug viel zu ihrem Erfolg bei. Sie erleichterte den Anhängern unterschiedlicher Auffassungen, auf dieselben Fahnenworte zu schwören, und trug erheblich zur ästhetischen Mobilisierung in der Weimarer Kultur bei. Im Übrigen stimmten die meisten Vertreter der radikalen Rechten, die ja den Parlamentarismus grundlegend ablehnten, in ihrem revolutionären Selbstverständnis überein.[48]

Glücklicherweise beginnt eine zunehmende Zahl von Forschern die »Konservative Revolution« als europäisches Phänomen, das die innere Zerrissenheit, Verstörung und Sinnsuche nach dem Weltkrieg widerspiegelt, ernst zu nehmen. Gerade die Metapherndichte und gewollt nebulöse Diktion der politischen Vordenker erleichterte es, in einer als tief enttäuschend empfundenen Gegenwart zu (über)leben. Fragen der Form waren in der Weimarer Republik auch Fragen des Sinns und nur selten ohne metaphysische Dimension, gerade weil der Nihilismus auch im politischen Leben eine drängende Präsenz besaß. Dabei herrschte unter den konservativen Revolutionären weitgehend Einigkeit, dass der entgötterten Welt der Gegenwart Werte von großer, ja ewiger Strahlkraft entgegengehalten werden müssten.[49] Damit einher ging eine Apotheose der eigenen Nation, doch war noch keineswegs geklärt, worin ihre überzeitliche Bedeutung bestehen solle.

Spenglers zyklisches Geschichtsdenken hatte für die Verklärung der deutschen Kultur viel zu bieten: Als faustisch geprägte metaphysische Entität kam ihr eine selbstverständliche Bedeutung für die Menschheit zu. Es offerierte mithin einen Gegenentwurf zum Fortschrittsglauben des 19. Jahrhunderts, der in der Katastrophe des Weltkriegs seine Plausibilität eingebüßt hatte, und erleichterte die Öffnung zu bedeutungsschweren Mythen. Zugleich bestand eine beträchtliche Nähe zum Nietzsche-Bild in der Villa Silberblick, wo man den Philosophen als überragendes Genie und Denker der »Ewigen Wiederkehr« glorifizierte. Warum Ernst Jüngers Privatsekretär Armin Mohler in ihr das Gravitationszentrum der »Konservativen Revolution« gesehen hat, erschließt sich zwar nicht auf den ersten Blick. Doch gewinnt seine Aussage erheblich an Überzeugungskraft, wenn man sich vor Augen führt, dass es der heroisierte, von der Schwester unablässig propagierte Weimarer Nietzsche war, der im rechten politischen Spektrum als Vorbild diente.[50]

Die mythische Überhöhung der Geschichte passte gut zum Mussolini-Kult, den man in der Villa Silberblick seit dem »Marsch auf Rom« pflegte. Der Renaissance verlorener Größe, die der Duce unablässig propagierte, schlug in Deutschland viel Sympathie entgegen. Auch Cosima Wagner schwärmte für Mussolini, den sie »eine staatsmännische Persönlichkeit« nannte. Die politische Unfreiheit und den Kulissenzauber in Italien beachtete sie, wie es scheint, ebenso wenig wie Nietzsches Schwester. Spengler konnte jedenfalls auf Elisabeths Interesse bauen, wenn er ihr vor seiner Italienreise im Herbst 1925 mitteilte, dass er »vielleicht Mussolini sehen werde«.[51] Im Übrigen galten das Nietzsche-Archiv und seine Herrin auch nach außen als leidenschaftliche Anhänger des Faschismus. So zitierte 1927 eine überregionale Zeitung mit beiläufiger Selbstverständlichkeit die Aussage Elisabeths über Mussolini: »Er ist die Freude meines Alters.«[52] Ausgerechnet an ihrer Begeisterung für die italienischen Veränderungen lag es aber, dass sie im Umgang mit radikalen deutschen Nationalisten Vorsicht walten ließ. Denn der Duce behandelte die deutschsprachige Minderheit in Südtirol auf eine Weise, die im Reich zu heftiger Empörung führte.

In dem ihm eigenen Zynismus begründete Mussolini seine gewaltsame Politik damit, dass es dort überhaupt keine Deutschen gebe. Mit Vernunftgründen war dagegen nichts auszurichten, und angesichts der Machtverhältnisse mehrten sich die Hiobsbotschaften. Immerhin besaß die deutschsprachige Minderheit mehr als einen Fürsprecher, der sich um die Zukunft der eigenen Kultur im Ausland sorgte. Zu ihnen gehörte der Kölner Professor Ernst Bertram, der sich zu Nietzsches Geburtstag am 15. Oktober 1925 mit einem Bittbrief an Elisabeth wandte. Der Bewunderer Georges und angesehene Schriftsteller nahm kein Blatt vor den Mund und betonte die zunehmenden »Verfolgungen und Bedrückungen«, welche die Bevölkerung Tirols einschüchtern sollten.[53] Die Romanisierung »einer unserer ältesten deutschen Kulturlandschaften« empfand er als »europäische Schande«, gegen die dringend etwas unternommen werden müsse. Zur Illustration verwies er auf das Denkmal Walthers von der Vogelweide in Bozen, das abgerissen und durch ein italienisches ersetzt werden solle. In seiner Empörung kannte Bertram kein Maß und sprach vom »Negroiden-Nationalismus« des italienischen Staats, dem ein wichtiges Kunstwerk »zum Opfer (fällt)«. Freilich wusste er auch um Elisabeths schwierige Lage, die sich öffentlich zum Duce bekannt hatte. Dennoch wollte Bertram sie gern zu einer Intervention veranlassen, weil sie zu den wenigen Persönlichkeiten zähle, »deren Meinungsäußerungen drüben nicht überhört werden können«.

Elisabeth aber schwieg. Unter moralischen Gesichtspunkten mag man ihr Verhalten empörend finden, doch stellt sich die Frage, ob ihr Einsatz für die deutschsprachigen Südtiroler realistische Erfolgsaussichten geboten hätte. Schließlich bestand über die Ziele und den Durchsetzungswillen Mussolinis kein Zweifel. Ein kluger Spötter wie Kurt Tucholsky nahm die Einschätzung des italienischen Diktators als Beweis für die Irrationalität der deutschen Rechten: Sie betone zwar unablässig die Bedeutung des eigenen Volkstums, sei aber im entscheidenden Moment vollkommen machtlos. Ein Professor, dem man die Frage vorgelegt habe, »[w]ie vereinbaren die deutschen Nationalisten ihre Lobeshymnen auf Mussolini mit seiner Politik in Südtirol?«, sei angesichts der Unmöglichkeit einer Antwort wahnsinnig geworden.[54] Dieses Schicksal blieb Ernst Bertram erspart, der Widersprüche auf höheren Ebenen zu vermitteln wusste. Nietzsches Schwester dürfte im Falle Mussolinis über die Aporien ihres Weltbilds nicht einmal nachgedacht haben. Sie stand nach Möglichkeit »auf Seiten der stärkeren Bataillone« und war froh, wenn sie rechtzeitig zu einer realistischen Lageeinschätzung kam.

Elisabeth hatte sich in Weimar zu behaupten, einem Ort, an dem die völkische Rechte schon früh ungewöhnlich stark war. Bei der Landtagswahl 1924 errang sie hier 18,6 Prozent der Stimmen, also gut das Dreifache wie im Reich. Ein Grund hierfür lag in der Bildungspolitik des linken Sozialdemokraten Max Greil, dessen Idee einer Einheitsschule viele Wähler verprellt hatte. Doch sollte man bei einfachen Erklärungen des Weimarer Wahlverhaltens vorsichtig bleiben, das in mancher Hinsicht Ausnahmecharakter trägt. Für gewöhnlich setzten sich etwa die Nationalsozialisten nicht in konservativ ausgerichteten Beamtenstädten, sondern in protestantisch geprägten ländlichen Regionen wie in Schleswig-Holstein oder Oberfranken durch.[55]

Die politischen Sympathien Elisabeths galten vor allem Hindenburg. Sie bewunderte den Generalfeldmarschall als siegreiche Gestalt des Weltkriegs, den eine defätistische Bevölkerung um die Früchte des Erfolgs gebracht habe, und sah in ihm den Garanten für eine stabile Gesellschaftsordnung. Überdies wird es sie angesprochen haben, in welchem Ausmaß Hindenburg als militärisches, den üblichen Maßstäben enthobenes Genie gefeiert wurde. Diese Überhöhung war nicht so weit entfernt von der Verherrlichung, die Nietzsche in den zwanziger Jahren erfuhr. Im Grunde galten beide als »Genie der Tat«, die das deutsche Volk aus seiner tristen Lage herausführen sollten.[56] Als 1925 die Wahl zum Reichspräsidenten anstand, war es für Elisabeth keine Frage, dass sie sich für den parteilosen, aber fraglos dem konservativen Lager angehörenden Hindenburg einsetzte. Sie verfasste einen *Brief für deutsche Frauen,* mit dem sie sein symbolisches Kapital aus dem Weltkrieg für die Gegenwart fruchtbar zu machen suchte. Ihre Wahlempfehlung für den angeblich »über allem Parteiengezänk« stehenden Hindenburg untermalte sie mit einer Anekdote.[57] Ein demokratisch gesinnter junger Lehrer habe seine Schüler mit dem Lied *Ein feste Burg ist unser Gott* vertraut gemacht. Als es zu den Versen kam: »Es streit für uns der rechte Mann, Den Gott selbst hat erkoren«, und gefragt wurde, wer das sei, habe ihn die Gruppe »jauchzend« unterbrochen: »Hindenburg! Hindenburg!« Bald danach sei der Lehrer gefallen, »aber die Begeisterung der kleinen Schüler für den geliebten Namen ist in Millionen deutscher Herzen geblieben«. Dies war eine patriotische Geschichte, wie im Krieg so viele zirkulierten, aber nach der Niederlage und unter den gänzlich anderen Rahmenbedingungen der Weimarer Republik wirkte sie doch allzu betulich.

Der Schriftsteller Ferdinand Künzelmann ärgerte sich sehr über die kitschige Erzählung und schrieb nach Hindenburgs Wahl an Elisabeth einen geharnischten Brief. Ihm war völlig unbegreiflich, wie man den zynischen Realpolitiker derart verniedlichen könne. Im Grunde sei der Text intellektuell nicht satisfaktionsfähig, doch da er von »Nietzsches Schwester« stamme, lasse sich eine Replik nicht vermeiden.[58] Künzelmann beklagte die Haltung deutscher Frauen, die bei ihrer Wahlentscheidung allzu wenig bedacht hätten, wer ihre Männer und Söhne in den Tod geschickt habe. Elisabeths Interpretation von Luthers berühmtem Lied, in dem es um die »Verteidigung der Gewissensfreiheit« und keineswegs um militärische Selbstbehauptung gegangen sei, müsse als mutwillige Verzerrung aufgefasst werden. Aber am schlimmsten sei, »daß sich Friedrich Nietzsche heute nicht wehren kann, wenn es Hindenburg einfallen sollte, sich auf ihn zu berufen!«. Sachgründe ließen sich dafür zwar keine vorbringen, aber in einer politischen Krisensituation finde sich stets eine käufliche Feder.

Dies war *cum ira et studio* geschrieben, doch keineswegs falsch. Harry Graf Kessler echauffierte sich ähnlich über Elisabeths Begeisterung für Hindenburg. Am 15. Mai 1925 schrieb er nach einem Besuch in der Villa Silberblick bitter in sein Tagebuch: »Der widerwärtige Eindruck, den die Verbrüderung von ›Gartenlauben‹ Militarismus mit engstirnigem Generalstäblertum bei Frau Förster-Nietzsche heute Nachmittag machte, dauert fort.«[59] Kesslers Kritik war genuin politisch. Der weltläufige Adelige dachte schon früh darüber nach, wie unheilvoll sich eine revanchistische Einstellung auf die Zukunft der Weimarer Republik auswirken könne. Trotz einer Vielzahl von Quellen sind die Motive für Elisabeths Verhalten schwieriger zu bestimmen. Es scheint, als ob sie wie weite Teile des konservativen Bürgertums kaum darüber reflektierte, welcher Preis für ihre politische Orientierung zu zahlen war. Zudem hatte sie stets das Wohl des Nietzsche-Archivs vor Augen. Nach den gewaltigen Inflationsverlusten gelang ihr ein Neuanfang, auf den sie zu Recht stolz war. Dem befreundeten Eucken schrieb sie zum Neubeginn der Stiftung Nietzsche-Archiv am 5. Januar 1925 betont optimistisch: »Wir fangen mit einem äußerst bescheidenen Grundstock an, und wir wollen nun sehen, wie weit wir es noch bringen können.«[60] Angesichts der schwierigen Lage verdient ihre Tapferkeit Respekt. Doch sollte nicht übersehen werden, wie bereitwillig sie im Namen Nietzsches Unterstützung von rechts akzeptierte und an der Überhöhung des italienischen Faschismus mitwirkte, der auf dem Silberblick mit Vorliebe als »geistige Bewegung« präsentiert wurde.

In Elisabeths privaten Äußerungen häuften sich Klagen über die Last des Alters. Obwohl sie immer noch ein vorzügliches Gedächtnis besaß, kokettierte sie gern mit ihrer Zerstreutheit. Am 20. Juli 1922 teilte sie etwa ihrer Freundin Elisabeth von Alvensleben mit, wie verändert ihr der Garten vorgekommen sei. Doch als sie feststellte, dass sie lediglich die Schreib- mit der »Fernbrille« vertauscht hatte, löste sich die Irritation in Wohlgefallen auf.[61] Gleichwohl ließ sich nicht leugnen, dass Elisabeths Kräfte schwanden. Eindringlich klagte sie am 13. August 1925 ihrer adeligen Vertrauten über die abnehmende Arbeitskraft: »Die Zeit und die Tage werden immer kürzer, und von dem was ich plane, kommt nur der kleinste Teil zur Ausführung. Darüber bin ich nun oft sehr bedrückt, weil ich nun so ganz das Gefühl habe, als ob sich mein Alter allzu sehr bemerkbar mache.«

Natürlich verbarg sich dahinter auch Fishing for Compliments. Denn auch wenn sie bedauerte, »früher das Doppelte und Dreifache« gearbeitet zu haben, war sie sich darüber im Klaren, dass sie immer noch vielfältige Verpflichtungen erfüllte. Doch fraglos wurden Elisabeths Ansprüche an das Leben bescheidener. Bei allem Stolz auf das Erreichte mehrten sich ihre Klagen über die Vergänglichkeit menschlichen Tuns. Mit dem ihr eigenen Selbstbewusstsein trug sie diese Haltung auch nach außen. So berichtete die *Allgemeine Thüringische Landeszeitung*, dass Elisabeth an Nietzsches 25. Todestag stille Einkehr am Grabe des Verstorbenen gewünscht und es deshalb bereits vor der Veranstaltung allein besucht habe.[62]

Zu Elisabeths letzten Weggefährten gehörte Rudolf Eucken. Stets leicht unbestimmt im Ton, schrieb der Literaturnobelpreisträger doch Worte, die ihr zu Herzen gingen. Elisabeth wählte im Alter gern eine ungekünstelte Diktion. So stellte sie im Brief zu Euckens 79. Geburtstag fest, dass sie beide »ein guter Jahrgang sind«. Als der Philosoph im September 1926 starb, nahm das Elisabeth sehr mit. Kurz zuvor hatten sich beide noch gegenseitig zum 80. Geburtstag gratuliert. Eucken freute sich besonders darüber, dass ihre Feier problemlos über die Bühne gegangen sei.[63] In der Tat besaß ihr Ehrentag ganz ungewöhnliche Dimensionen.

Mehr als fünfzig Gäste aus nah und fern feierten die Jubilarin in der Villa Silberblick. Fast die dreifache Zahl ließ es sich nicht nehmen, am 10. Juli 1926 als Gratulant vorbeizukommen. Eine der Ansprachen hielt natürlich Eucken. Er erinnerte an seine eigene Verbindung zu Nietzsche und rühmte Elisabeths selbstlosen Einsatz für dessen Nachlass. Festreden beherrschte Eucken wie kein anderer, und auch dieses Mal hatte er angemessene Worte gefunden. Nur zwei Tage später bedankte sich Elisabeth in einem sorgfältig formulierten Schreiben. Sie bedauerte, nicht spontan auf seine wunderbare Rede reagiert zu haben, und bezog die für ihren Bruder gedachten »herrlichen Worte von Glauben und Liebe, die aus einer Wurzel stammen«, auf sich. In scheinbarer Bescheidenheit fuhr sie fort: »Wenn das, was ich getan habe, wirklich einigen Wert hat, so ist es eben nur, daß ich in meiner großen liebenden Verehrung für meinen Bruder alles so unbeschreiblich gern so ausführen wollte, wie er es vielleicht gewünscht hätte.« So hingebungsvoll sich diese Aussage anhören mag, inhaltliche Beschränkungen legte sich Elisabeth mit ihr nicht auf. Mit welcher Selbstverständlichkeit sie ihre Tätigkeit für Nietzsches Œuvre legitimierte und zugleich die Gegner des Archivs diffamierte, zeigt der nächste Satz: »Sicherlich war es nicht mein Verstand, sondern allein mein Herz, was mich dazu trieb, als sein Werk von seinen Freunden verlassen war, es noch möglichst für die Zukunft zu retten.«[64] Keine Frage, Elisabeth hatte eine Tradition ins Leben gerufen, in der ihr eine zentrale, fast unangreifbare Rolle zukam.

Viele Berühmtheiten erwiesen Nietzsches Schwester aus der Ferne ihre Reverenz. Mit Gerhart Hauptmann verbeugte sich ein zweiter Literaturnobelpreisträger zusammen mit seiner Frau vor der Jubilarin. Wie es bei einem gelungenen Telegramm sein soll, beeindruckte der Geburtstagsgruß aus Hiddensee durch Kürze: »der edlen hüterin des grossen vermächtnisses in wahrer verehrung viele glückwünsche«. Aber auch im jüdisch geprägten linksliberalen Milieu genoss Elisabeth erheblichen Respekt. Anstelle von Arthur Liebert, dem Sekretär der Berliner Kantgesellschaft, überbrachte den offiziellen Glückwunsch Max Oehler. Der jüdische Philosoph verfasste aber für das *Berliner Tageblatt* den Jubiläumsartikel, den er stolz am 12. Juli 1926 Elisabeth schickte.[65] Stellt man überdies in Rechnung, dass sie für ihre Lebensleistung sowohl vom Weimarer Staat als auch von Hindenburg eine Pension erhielt, ist es kaum zu viel gesagt: Mit achtzig Jahren stand sie im Zenit ihres Ruhms.

Die öffentliche Anerkennung hielt noch eine Weile an. Dabei ist auffällig, wie viele Schreiben Elisabeths Wertewelt akzeptierten und ihren Anschauungen entgegenzukommen suchten. Dies gilt auch für einen kritischen Kopf wie Vaihinger, der sich im Weltkrieg fast mit ihr entzweit hätte. Am 1. September 1926 pries er Weimar als »Stadt der Klassiker« und »Stadt des Nietzsche-Archivs«.[66] Andere Figuren im Umfeld Elisabeths sahen eher die sich bietenden Möglichkeiten. So schwärmte der baltische Lebensreformer Hermann Graf Keyserling davon, wie wunderbar die großen kulturellen Institutionen in Weimar und Bayreuth zusammenarbeiten könnten. Vollmundig versprach der Graf am 6. Oktober, »alle Politiker, die etwas auf mich halten, von Hindenburg abwärts« zu mobilisieren. Nach Elisabeths Replik pflichtete er ihr brav bei, dass Frauen bei allen diplomatischen Problemen »den Männern weit überlegen sind«.

Ihr Ansehen lässt sich auch am Verhalten der Medien ablesen. Landauf, landab berichteten die Zeitungen über das Weimarer Archiv und seine selbstlose Leiterin. Zu ihrem 81. Geburtstag fragte die Deutsche Welle an, ob man ihr einen »Rundfunkempfangsapparat« schenken und ihn im Nietzsche-Archiv installieren dürfe.

Natürlich handelte es sich dabei um eine reine Werbemaßnahme, aber es spricht Bände über Elisabeths Popularität, wie zuvorkommend sie behandelt wurde. Der Sender in Königs Wusterhausen tat sein Möglichstes, um seinen Namen mit dem ihren zu verknüpfen.[67] Am 21. Juli 1927 wollte er von Max Oehler wissen, ob ein Auszug dieses Schreibens und »eine charmante Antwort Ihrer Frau Muhme« anlässlich der »Pressekonferenz der Reichs-Rundfunk-Gesellschaft« publiziert werden könne. Elisabeth hatte aber bereits warme Worte an die Deutsche Welle geschrieben, wofür sich der Redakteur nachträglich bedankte.

Auch inhaltlich war Elisabeth Mitte der zwanziger Jahre in vielem stilprägend. So weit das Panorama an Nietzsche-Deutungen reichte, fast alle stimmten darin überein, dass es sich bei dem Philosophen um ein überragendes, von seiner eigenen Zeit verkanntes Genie gehandelt habe. Dem Nietzsche-Roman, den sie in zahlreichen Veröffentlichungen ausgemalt hatte, waren selbst herausragende Künstler und Wissenschaftler verpflichtet. Exemplarisch sei auf Stefan Zweig verwiesen, der zu den gefeierten europäischen Schriftstellern gehörte. Ausdrücklich stellte er in seinem 1925 erschienenen Buch *Der Kampf mit dem Dämon* heraus, mit welcher Vehemenz Nietzsche ein romantisches Leben geführt habe. Seine Tragödie müsse als »Monodram« betrachtet werden: »sie stellt keine andere Gestalt auf die kurze Szene seines Lebens als sich selbst«.[68] Entschieden betonte Zweig die ausgezeichnete Gesundheit Nietzsches und die Bedeutung seiner protestantischen Prägung: »Nietzsches Körper war organisch stark und widerstandsfähig, der innere Stamm breit gewölbt und fähig, auch getürmteste Last zu tragen; seine Wurzeln greifen tief hin-

Elisabeth Förster-Nietzsche vor dem Mikrophon, Weimar 1932

ab in das Erdreich deutscher, gesunder Pastorengeschlechter.« (S. 216) Angesichts von Nietzsches vieldiskutierter Krankengeschichte war dies eine eindeutige Positionierung.

Natürlich folgte Zweigs Bild des Philosophen nicht sklavisch den Auffassungen Elisabeths. Wie Spengler in seiner Festrede des Jahres 1924 nutzte er Goethe als Kontrastfolie zu Nietzsche, dem es im Vergleich mit dem Weimarer Dichter entscheidend an Konzilianz gefehlt habe. Nietzsches »fanatische Überspannung des Redlichkeitsverlangens« (S. 241) sei mit einer friedlichen Existenz unter den Menschen unvereinbar gewesen und habe auf die Dauer zur Katastrophe führen müssen. Gleichwohl ist es erstaunlich, in welchem Ausmaß der bedeutende Schriftsteller Elisabeths Sichtweise übernimmt und Nietzsche als eine von Schlaflosigkeit gepeinigte Ausnahmebegabung darstellt, die immer mehr dem Veronal verfallen sei. Doch sollte man sich deutlich vor Augen führen, dass die zentralen biographischen Quellen durch das Nietzsche-Archiv bereitgestellt wurden. Auch wenn die Sammlung auf Vollständigkeit angelegt war, boten die Präsentation des Materials und die restriktiven Zugangsregelungen vielfältige Möglichkeiten zur Lenkung der Öffentlichkeit und Konturierung des Nietzsche-Bilds.

Elisabeth nutzte ihre guten Kontakte zur Presse immer wieder in erinnerungspolitischer Absicht. Der Rahmen von Nietzsches Vita stand fest, aber im Detail fand sich manche Möglichkeit zu aktualisierender Korrektur und polemischer Zurechtweisung. Nicht immer sind Elisabeths Motive aus heutiger Perspektive tadelnswert. So schrieb sie 1927 einen Artikel in der Monatsschrift *Der Türmer*, der sich gegen die Errichtung eines »Groß-Kraftwerks« am See von Sils-Maria richtete.[69] Dies Vorhaben schien ihr ein Ding der Unmöglichkeit, weil Nietzsche dort den »Gedanke[n] der ewigen Wiederkunft« gefasst habe, der das Zentrum des *Zarathustra* bilde. Doch sogar hier erlaubte sich Elisabeth einen schöpferischen Umgang mit den Fakten. In diesem Fall avancierte ihr Mann Bernhard Förster, der aus dem Berliner Schuldienst entlassen worden war und in Paraguay ein trauriges Ende gefunden hatte, zum »Professor«.[70] Das war eine eher harmlose Hochstapelei, bei der am meisten überrascht, wie leicht sie zu widerlegen gewesen wäre. In aller Regel legte Elisabeth aber bei ihren Geschichten Umsicht und eine gewisse Chuzpe an den Tag. Für Außenstehende waren ihre Ziele meist schwierig zu erkennen. So schrieb sie 1929 einen Artikel für das *Naumburger Tageblatt*, in dem sie die Hoffnung ausdrückte, doch noch das Originalmanuskript von *Der Wille zur Macht* zu entdecken.[71] Dem normalen Zeitungsleser mag das etwas kühn vorgekommen sein; tatsächlich ging es ihr um den rechtlichen Status eines Werks, mit dem sie seit vielen Jahren gutes Geld verdiente.

Elisabeths vielleicht wichtigste Sorge war, wie es mit ihrem Archiv und der geplanten Werkausgabe weitergehen solle, wenn dreißig Jahre nach dem Tod Nietzsches der Urheberrechtsschutz wegfiel. Im Großen und Ganzen ließ sich bei dieser Frage nichts machen, obwohl sie die Öffentlichkeit durchaus in ihrem Sinne zu beeinflussen suchte. Doch die Probleme waren weniger schwer als erwartet; denn mittlerweile galt das Nietzsche-Archiv als Institution des deutschen Geisteslebens. So erreichte die Einrichtung seit 1929 jährlich eine anonyme Spende von 20 000 Reichsmark.[72]

Elisabeth hätte zu gern gewusst, wer für die hocherwünschte Unterstützung verantwortlich war. Bereits 1928, als die Angelegenheit durch Harry Graf Kessler eingefädelt wurde, wollte sie Genaueres wissen. Sie fragte bei dem Bankier Hans Pilder nach, der als Vertrauensmann des Spenders fungierte. Doch dieses Mal stieß sie auf unüberwindbare Diskretion. Sie erfuhr lediglich, dass es sich um einen »prachtvolle[n] Typ des modernen deutschen Industriellen« handle, dem seine »unendliche Bescheidenheit« die Namensnennung nicht gestatte. Am Wohlwollen des Förderers bestand allerdings nicht der geringste Zweifel. So teilte Pilder in seinem Brief vom 6. August 1928 Nietzsches Schwester freundlich mit: »Daß neben Fragen des Gefühls auch rein materielle Fragen geregelt werden müssen, verstehe ich durchaus.«[73] Elisabeth revanchierte sich mit einer Einladung in die Villa Silberblick, die auch auf den Bankier einen starken Eindruck hinterließ. Umgehend bedankte er sich am 14. August für die erwiesenen Freundlichkeiten »und vor allem dafür, daß Sie mich in die geweihten Räume geführt haben«.[74]

In Verlagsfragen zahlte sich aus, wie weit Elisabeths Imperium reichte. Mit einer Vielzahl von Ausgaben besaß sie eine dominierende Marktposition. Das neue Ziel einer wissenschaftlichen Gesamtausgabe ließ sich mit Hilfe Spenglers und des Beck Verlags energisch verfolgen. Auch die akademischen Kontakte erwiesen sich als nützlich. Ein Gutachten des Jenaer Philosophen Hans Leisegang trug im Juni 1930 entscheidend dazu bei, dass *Der Wille zur Macht* als originäre Leistung des Weimarer Archivs angesehen wurde und das für Nietzsches Œuvre geltende Urheberrecht nicht zur Anwendung kam.[75] Angesichts der Streitigkeiten um dieses Werk war es nicht ohne Ironie, dass ausgerechnet Elisabeths kühne Veränderungen ihre Position gesichert hatten. Der pekuniäre Vorteil sprang unmittelbar ins Auge, denn beim *Willen zur Macht* handelte es sich um einen Best- und Longseller.

Trotz aller Auseinandersetzungen ums Urheberrecht besaß Elisabeth noch genügend Zeit, sich um das Wohl von »Nueva Germania« zu kümmern. Nach wie vor litt die Kolonie unter ihrer abgeschiedenen Lage. Doch hatte sich die Situation durch den Anbau von Yerba so weit stabilisiert, dass die Siedler nicht mehr um die nackte Existenz kämpfen mussten. Elisabeth setzte sich erfolgreich dafür ein, dass »Nueva Germania« wieder einen deutschen Lehrer erhielt, für den das Auswärtige Amt die Kosten übernehmen sollte. Die Berliner Akten über diesen Vorgang haben zwar den Krieg nicht überdauert, doch zeigen Dokumente des Nietzsche-Archivs, dass ihr Wunsch erfüllt wurde. Elisabeth revanchierte sich mit einer Spende von 100 Reichsmark, die sie ihrem Schreiben an Bernhard Bülow in Paraguay beilegte. Die deutsche Gesandtschaft in Asunción bedankte sich am 9. April 1930 für den »liebenswürdigen Brief mit Einlage«, die dem neuen Lehrer, Alfred Meyer, den Anfang erleichtern werde. Knapp drei Wochen später sandte der Beamte einen Bericht Meyers nach Weimar, der ihr zeigen könne, »wie es dort jetzt steht«.[76]

Politisch standen Elisabeth und ihr Archiv unverdrossen der DNVP nahe. Unter Intellektuellen, welche die freiheitlichen Impulse von Nietzsches Philosophie schätzten, bestanden kaum Zweifel über die in der Villa Silberblick herrschende politische Gesinnung. Exemplarisch für das Unbehagen am gravitätischen Umgang mit Nietzsches Gedanken sei Alfred Döblin wiedergegeben, der in seinem Roman *Berlin Alexanderplatz* einen Kneipenwirt sagen lässt: »Man soll sich nicht dicke tun mit seinem Schicksal. Ich bin Gegner des Fatums. Ich bin kein Grieche, ich bin Berliner.«[77] Wie immer man diese desillusionierte Weltsicht beurteilen mochte, mit den auf dem Silberblick favorisierten heroischen Ideen hatte sie nichts gemein.

Die Nationalsozialisten brauchten einige Zeit, bis sie halbwegs sicher waren, wie sie sich zu Nietzsche stellen sollten. Er wurde von so unterschiedlichen Intellektuellen und Parteien für sich in Anspruch genommen, dass man nicht wusste, welche Hypotheken man sich mit seinen Gedanken auflud. Insbesondere in puncto Rassenlehre und Verherrlichung des Deutschtums schienen Nietzsches Schriften wenig verlässlich. Dementsprechend unsicher fiel das Urteil des *Völkischen Beobachters* zu Nietzsches 25. Todestag im Herbst 1925 aus. Vier Jahre später veränderte die Weltwirtschaftskrise alles. Die Massenarbeitslosigkeit trug den Nationalsozialisten zahlreiche Wähler zu und bestärkte die Partei in ihrem extremen Weltbild. Bei der Feier von Nietzsches 30. Todestag bestanden in der Redaktion des *Völkischen Beobachters* keine Bedenken mehr, Nietzsche ins nationalsozialistische Pantheon aufzunehmen.[78]

Elisabeth legte durchaus Wert auf die eigene Unabhängigkeit. So betonte sie am 23. Mai 1930 gegenüber dem thüringischen Innen- und Volksbildungsminister Wilhelm Frick selbstbewusst, sie sei ausschließlich dem geistigen Erbe ihres Bruders verpflichtet. Ein Eintritt in die NSDAP komme für sie nicht in Frage, weshalb es ihr sehr wünschenswert erscheine, wenn sie weiterhin parteilos sei. Freilich wusste Elisabeth sehr wohl, wo die Macht jetzt lag, und so bat sie den Minister, ihr »die große Freude zu machen, hier und da zu einem Plauderstündchen zu mir zu kommen«.[79] Im Grunde hatte sich an ihrer politischen Orientierung nicht viel verändert. Ihre Sympathien galten dem stramm konservativen Lager, wobei sie zugleich mit ihrer Verbeugung vor den politisch Mächtigen dem Ansehen von Nietzsches Philosophie zu dienen glaubte. In welchem Ausmaß sie die veränderten Umstände bedachte, lassen die Quellen weitgehend offen. Zu ihrem 85. Geburtstag im Juli 1931 sandten jedenfalls neben vielen gelehrten Gesellschaften Mussolini und die Kaiserin Hermine Telegramme nach Weimar. Am 20. August spendete der italienische Botschafter Orsini eine namhafte Summe für das Nietzsche-Archiv, und am 10. September las der Jenaer Philosoph Carl August Emge dort aus seiner Abhandlung *Geistiger Mensch und Nationalsozialismus* vor.

Im Unterschied zu ihrer Haltung gegenüber den italienischen Faschisten hatte Elisabeth bei den Nationalsozialisten lange eine gewisse Reserviertheit an den Tag gelegt. Das Nietzsche-Archiv war ein Ort elitärer Selbstinszenierung, und sie störte sich an der revolutionären Agenda der Nazis und ihren rohen Umgangsformen. Elisabeth betrachtete Hitler zwar als eine Art Genie der Massenbeeinflussung, aber als Politiker blieb er ihr suspekt. Sobald es freilich um das Wohl ihres Hauses und den Nachruhm ihres Bruders ging, kannte sie keine Berührungsängste. Als sich die Konturen einer vertieften Zusammenarbeit abzeichneten, veränderte sich ihre Einstellung zum Nationalsozialismus erheblich. Im Übrigen sollte man Elisabeths weltanschaulichen Ehrgeiz nicht unterschätzen. Ausgezeichnet informiert durch ihre Berater wie Lenore Kühn und Oswald Spengler, strebte sie mit erstaunlichem Erfolg eine Art »Quadratur des Kreises« an. Sie wollte die Überzeitlichkeit von Nietzsches Denken erweisen und zugleich demonstrieren, dass es durch die philosophischen Bemühungen der Gegenwart noch lange nicht erreicht sei. Im Zentrum der Beschäftigung stand am Ende der zwanziger Jahre die »Ewige Wiederkehr«.

Zu den schöpferischen jungen Köpfen, die sich mit diesem Gedanken Nietzsches auseinandersetzten, gehörte Karl Löwith in Marburg. Der hochbegabte junge Philosoph stand im Banne Heideggers, dessen Ruf als Originaldenker spätestens nach dem Erscheinen von *Sein und Zeit* 1927 ungewöhnliche, heute kaum mehr vorstellbare Ausmaße angenommen hatte. Seine Einstellung zu Nietzsche, von dessen Genialität er überzeugt war, lässt sich nicht in wenigen Worten zusammenfassen, in Kernpunkten teilte er manche in der Villa Silberblick gehegte Überzeugung. So war sich Heidegger sicher, dass das Zentrum von Nietzsches Denken nur in dessen Nachlass zu finden sei.[80] Es verstand sich beinahe von selbst, dass Löwith den Kontakt zu Nietzsches Schwester suchte. Aber auch Elisabeth entfaltete einige Initiative. Im August 1927 schickte sie ihre Nietzsche-Biographie nach Marburg, und zwei Jahre später ließ sie es sich nicht nehmen, ihm die vollständige Taschenausgabe von Nietzsches Werken zukommen zu lassen. Sie war sich nicht nur darüber im Klaren, dass es für Nietzsches dauerhafte Resonanz Köpfe wie Löwith zu gewinnen galt, sondern wusste auch um die bindende Wirkung persönlicher Geschenke. In seinem Antwortschreiben teilte ihr der Privatdozent am 1. November 1929 mit, es zähle zu seinen wichtigsten Berufsaufgaben, »die heranwachsende Generation mit den Werken Nietzsches aufs Gründlichste bekannt zu machen«.

Ihre eigentliche Ausstrahlung entfaltete Elisabeth im persönlichen Umgang. Zahllose Quellen illustrieren, wie geschickt sie vertrauliche Geschichten aus Nietzsches Leben verbreitete und Nähe zu einem Menschheitsgenie suggerierte. Nicht wenige Gäste verließen die Villa Silberblick mit dem Gefühl, nun zu den Eingeweihten zu gehören. Ausgesprochen beeindruckt von Nietzsches Schwester war mit Alfred Baeumler ein anderer junger Philosoph, der sich wie Löwith mit der Lehre von der »Ewigen Wiederkunft« beschäftigte. Der Dresdner Privatdozent hatte sich eingehend mit Bachofens Auffassung des Matriarchats befasst und eine vielbeachtete Ausgabe seiner Schriften herausgegeben. In Weimar war vor allem Lenore Kühn von Baeumler angetan. 1928 plädierte sie in einer eigenständigen Schrift dafür, »daß das Bild der Großen Mutter wieder am Horizont des Lebens ausgerichtet wird«. Die konservative Frauenrechtlerin erhoffte sich davon entscheidenden Trost für die von der »grellen« Öffentlichkeit überforderten Männer.[81] Deren Sehnsucht nach Geborgenheit betrachtete sie als ebenso selbstverständlich wie bedeutsam. Wenn ein Mann seiner Geliebten offen sage, »daß er in ihr sich bergen möchte, wie er als Kind in der Mutter Leib geborgen war«, könne er, davon war sie überzeugt, weiblicher Ergriffenheit sicher sein. 1929 veröffentlichte Baeumler eine programmatische Schrift über *Bachofen und Nietzsche*, die betonte, dass Nietzsche »das Leben auf heidnische Art« empfunden habe. Die entscheidende Aktualisierung von Nietzsches Gedanken nahm Baeumler vor, indem er an die Stelle des dionysischen den »heroischen Griechen« setzte. Dies gestattete es, seine Ideen unmittelbar auf die kulturphilosophischen und ideologischen Auseinandersetzungen der Gegenwart zu beziehen. Bei seinem Weimaraufenthalt im September 1929 dedizierte er dem Nietzsche-Archiv ein Exemplar der Schrift mit persönlicher Widmung.[82]

Baeumler stieß in der Villa Silberblick auf große Aufmerksamkeit. Elisabeth hofierte den Philosophen, führte mit ihm viele Gespräche und hatte ihn schon bald beeindruckt. Mit welcher verehrenden Haltung Baeumler bereits nach Thüringen gereist war, zeigt sein Brief vom 27. September. Elisabeth habe er »sowohl als Schwester Nietzsches wie durch das, was Sie für Nietzsche getan haben«, als »etwas Absolutes« betrachtet. Nun stehe er aufgrund ihrer selbstlosen Unterstützung stark in der Schuld. In bewegten Worten teilte er mit, wie viel ihm die Weimarer Begegnung bedeute, der er Augenblicke verdanke, die er »nie vergessen werde«. Worin sie bestanden hatten, lässt sich nur erahnen. Unstrittig ist aber der exklusive Charakter von Baeumlers Nietzsche-Erlebnis, dessen religiöse Dimension er hervorkehrt. Sein Schreiben gipfelt in der Aussage: »Ich bin stolz, das Geheimnis der Verehrung Friedrich Nietzsches mit Ihnen zu teilen.« Baeumlers hochgespanntes Lebensgefühl zeigte sich auch im Folgebrief an Elisabeth vom 25. Oktober 1929. Über seine Nähe zu Nietzsche heißt es darin feierlich: »Nur wer selber Majestät in sich hat, kann sich vor der Majestät des Todes behaupten.« Gleichzeitig war er sich sicher, dass sein eigener Weg von Gipfel zu Gipfel ihn so innig wie noch nie mit dem bewunderten Philosophen verbinde.[83]

Bei der Verbreitung von Nietzsches Gedankenwelt legte Baeumler beträchtliche Energie an den Tag. Seine kostengünstige Ausgabe für den Reclam Verlag erreichte umgehend breite Kreise. Das von ihm verfasste Nachwort für den *Willen zur Macht* beginnt mit der wuchtigen Aussage, es handle sich um »das philosophische Hauptwerk Nietzsches. Alle grundsätzlichen Resultate seines Lebens seien in diesem Buche vereinigt.«[84] Baeumler hielt es für obsolet, Nietzsche noch weiter als zur Umkehr rufenden Propheten zu betrachten. Er sei vielmehr ein »Seher, der ein Zeitalter ablaufen und ein neues heraufkommen sieht«. Der Dresdner Gelehrte wurde von der Überzeugung getragen, dass Nietzsche als Denker noch nicht annähernd durchdrungen sei. 1931 publizierte Baeumler das Werk, mit dem er das Interesse des nationalsozialistischen Parteiestablishments weckte. Es trug den schlichten Titel *Nietzsche der Philosoph und Politiker* und ordnete sein Denken in aktualisierender Absicht in die deutsche Geistesgeschichte ein.

Baeumlers Schrift ist nicht ohne Meriten. Eindringlich wird die anthropologische Dimension im Denken des jungen Nietzsche betont, dessen vorurteilsfreie Würdigung besondere Nüchternheit erfordere. Die »Grausamkeit« stehe seiner Auffassung nach im Zentrum jeder Kultur: »Zeugen, Leben und Morden ist eins, mit einem bluttriefenden Sieger dürfen wir die herrlichste Kultur vergleichen.«[85] Dies war eine einseitige, aber keineswegs völlig abwegige Nietzsche-Interpretation. Ähnliches trifft für die Aussage zu, der Staat sei als Zwangsgewalt aufzufassen, deren Wert im Erzeugen echter Kultur liege. Anders ist es um Baeumlers Urteil über das Deutsche Kaiserreich bestellt. In seiner Perspektive hatte Nietzsche einen »Endkampf mit Bismarck« geführt, der den Staat angeblich an die »demokratische Bewegung« ausgeliefert habe. Die kühne Geschichtsdeutung zielte primär auf die Überhöhung eines existentiell-ästhetischen Politikverständnisses, als dessen Kronzeugen Hölderlin und Nietzsche aufgerufen werden. Inhaltlich nahm Baeumler eine geschichtsphilosophische Sinngebung vor, die in den Schlusssätzen des Buches besonders deutlich wird: »Nicht neben Bismarck gehört Nietzsche, er gehört in das Zeitalter des Großen Krieges. Der deutsche Staat der Zukunft wird nicht eine Fortsetzung der Schöpfung Bismarcks sein, sondern er wird geschaffen werden aus dem Geiste Nietzsches und dem Geist des Großen Krieges.« Dies lag ganz auf der Linie der Nationalsozialisten, die sich eine grundlegende Revision der jüngsten Vergangenheit auf ihre Fahnen geschrieben hatten. Besser als die anderen Parteien hatten sie verstanden, dass der Erste Weltkrieg für viele Deutsche noch längst nicht vorbei war, und griffen mit ihrer Heroisierung des Frontsoldaten zugleich die Weimarer Republik an.[86] In der Villa Silberblick pflegte man derweil unverdrossen kühne Synthesen und gewagte Interpretationen. Am 5. Februar 1931 sprach etwa der Jenaer Theologe Alfred Jeremias über das verstiegene Thema *Übermensch und Ewige Wiederkehr in Sumer und bei Friedrich Nietzsche*.[87]

Politisch hielt Elisabeth Distanz zur DNVP, die mit dem Aufstieg der Nationalsozialisten einen Gutteil ihres Einflusses verlor. Die Partei verfügte zwar über eine Stammklientel im Bürgertum, konnte aber keine zukunftsweisenden Impulse mehr geben. Hindenburg spielte für Elisabeths Bindung an die Deutschnationalen eine zentrale Rolle. Er verkörperte für Nietzsches Schwester eine persönliche Kontinuität zum Kaiserreich, dessen Wertewelt sie sich nach wie vor verpflichtet fühlte. Es war durchaus schmeichelhaft gemeint, wenn Vaihinger sie am 20. Februar 1932 mit Hindenburg verglich, »welcher als 82jähriger Mann noch die Geschicke Deutschlands leitet, und bereit ist, das noch für weitere 7 Jahre zu tun«.[88] Bei den Reichspräsidentenwahlen im März und April stand Elisabeth wie weite Teile des Bürgertums auf Seiten Hindenburgs und nicht Hitlers. Dem sollte man freilich nicht zu hohe weltanschauliche Bedeutung beimessen.

In der Krise der Weimarer Republik wurde Elisabeth auch von den Nationalsozialisten hofiert und ließ sich das gern gefallen. Wenn sie Einwände geltend machte, hatte dies vor allem taktische Gründe. So fürchtete sie, als Anhängerin der Nationalsozialisten einen Teil ihres Handlungsspielraums zu verlieren. In diesem Sinne schrieb sie etwa ihrer Vertrauten Elisabeth von Alvensleben am 23. Juli 1932, als das Archiv verstärkt in den Ruf nationalsozialistischer Parteinahme geraten war. Im Außenbild spiegelte sich vor allem die Einstellung Max Oehlers. Der ehemalige Berufssoldat zählte in der Villa Silberblick zu den leidenschaftlichen Anhängern der NSDAP. Grundsätzliche Bedenken gegen den Nationalsozialismus machte Nietzsches Schwester nicht geltend. Dass sie selbst wie »alle Herren des Archivs [...] mit der Hitler-Bewegung« in Verbindung gebracht wurde, fand sie nicht sonderlich bemerkenswert. Harry Graf Kessler beurteilte die Aufmerksamkeit, die Elisabeth seitens der Politik erfuhr, als regelrecht bizarr, wie er einen Tag später seinem Tagebuch anvertraute.[89]

Aus der Ferne beobachtete Ernest Thiel die Entwicklungen mit großer Sorge. Der einst so vermögende Mäzen des Nietzsche-Archivs stand vor den Scherben seiner eigenen Existenz. Der Zusammenbruch Stockholmer Banken hatte ihn verarmen lassen und seine Familie ins Elend gestürzt, wie er Elisabeth am 19. April 1932 in einem bewegenden Brief schilderte. Vor allem die allgemeine Lage sah er als katastrophal an: »Unsere ganze Stadt, ja, unser Land ist ruiniert, Scharen von Familien sind Bettler geworden, Selbstmorde gehören zur Tagesordnung, und man hat den Eindruck in einem Friedhofe zu leben.«[90] Vor diesem Hintergrund beurteilte Thiel die deutsche Situation, als die NSDAP sich anschickte, die Macht zu ergreifen. Er war nicht verwundert, dass »Ihr alle von dem Hitler eingenommen seid«, wie er am 11. August Elisabeth mitteilte. Thiel sah in der schwärmerischen Hitler-Begeisterung vor allem einen Reflex auf die desolate soziale Lage und die vom deutschen Volk erfahrene Demütigung nach dem Ersten Weltkrieg. Beides verstärke sich gegenseitig: »Hättet Ihr keine Arbeitslosigkeit und kein Versailles, so wäre Hitler undenkbar: denn er ist seinen ›Reformen‹ – wenigstens auf wirtschaftlichem Gebiete nicht gewachsen, schon weil dieselben in hauptsächlichen Dingen, reine Utopien sind.« Seine einzige Hoffnung lag in Hitlers Lernfähigkeit, der »als Führer« vermutlich »etwas nüchterner denken und vernünftiger handeln«

werde.[91] Bedenkt man, wie positiv Thiel der deutschen Kultur gegenüberstand, war dies eine düstere Einschätzung der politischen Situation.

Elisabeth scheint sich im Herbst 1932 nicht mit grundsätzlichen Überlegungen geplagt zu haben. Kurzfristig empörte sie, wie abfällig Hitler über Hindenburgs Alter gesprochen hatte. Sie betrachtete es als gewiss, dass Hitlers respektloses Verhalten massive Auswirkungen auf die Haltung der Wähler haben werde. Sogar zu einer grundsätzlichen Unterscheidung zwischen Nationalsozialisten und Faschisten fühlte sie sich veranlasst. Nicht alles, »was in Italien gut sei, sei [...] als Kopie in Deutschland brauchbar«.[92] Doch bei aller Sympathie für Mussolini wusste sie natürlich schon, wessen Machtantritt in Berlin bevorstand. Kritische Kommentare Elisabeths zur Selbstherrlichkeit der NSDAP in Thüringen oder ihrer menschenverachtenden Weltanschauung sind jedenfalls nicht bekannt. Vielmehr bot sie in ihrem Archiv den akademischen Anhängern des Nationalsozialismus wie Carl August Emge ein Forum zum Verbreiten ihrer Ansichten und billigte es, wie gezielt die Weimarer Republik von ihren Gegnern zerstört wurde. Im Grunde war ihre Haltung symptomatisch für weite Teile des Bürgertums, die dem neuen Staat nicht das geringste Vertrauen entgegenbrachten. Harry Graf Kessler, der Elisabeth lange idealisiert hatte, gab sich im August 1932 keinen Illusionen mehr hin. Niedergeschlagen schrieb er in sein Tagebuch: »Man möchte weinen, wohin Nietzsche und das Archiv gekommen sind.«[93] Aus der Sicht eines unabhängigen Intellektuellen, der mit dem Namen »Nietzsche« die Kritik deutscher Idiosynkrasien und das Bekenntnis zu einem modernen Europa verband, war diese emotionale Reaktion durchaus verständlich. Eine Erklärung für die massiven ideengeschichtlichen Veränderungen bietet sie nicht.

Die tieferen Ursachen für die Nähe zwischen Hitler und dem in Weimar glorifizierten Nietzsche sind nicht leicht zu bestimmen. Eine wichtige Rolle dürfte Hitlers maßlose Achtung vor genialen Künstlern gespielt haben. In diese Kategorie ordnete er auch Philosophen wie Schopenhauer ein, die seiner Auffassung nach eine umfassende Weltanschauung zu bieten hatten. Von diesen schöpferischen Denkern erwartete er entscheidende Weichenstellungen für das kulturelle Leben der Gegenwart. Ähnliche Erwartungen hegte man auf dem Silberblick für Nietzsche, den Hitler während seiner Landsberger Festungshaft Mitte der zwanziger Jahre studierte. Angesichts des dominanten Genie-Diskurses in der Weimarer Republik dürften zunehmend mehr Gründe für die Wertschätzung Nietzsches gesprochen haben. In Hinblick auf den für Hitlers Weltbild besonders wichtigen Judenhass boten die Veröffentlichungen des Nietzsche-Archivs manchen Anknüpfungspunkt. Bereits 1929 äußerte er zudem die Überzeugung, dass »das ganze Leben … nichts anderes als ein Vabanque-Spiel« sei.[94] Auch wenn dies fast allen Zeitgenossen entgangen sein dürfte, Elisabeth hatte es – zumindest in schwierigen Situationen – ähnlich gehalten. Im Übrigen bedeutete ihre Verehrung Mussolinis keineswegs, dass sie Hitler rundweg ablehnte.

Am 30. Januar 1932 führte die Premiere von Mussolinis Theaterstück *Hundert Tage* Hitler nach Weimar. Er ließ es sich nicht nehmen, am Folgetag auch dem Nietzsche-Archiv einen Besuch abzustatten. Natürlich wäre es Elisabeth lieber gewesen, wenn sich der Duce zu einem Besuch entschlossen hätte. Bereits am 13. August 1931 hatte sie dem italienischen Botschafter Orsini mitgeteilt, es wäre »der glücklichste Tag« in ihrem Leben, wenn Mussolini »das Haus meines Bruders beträte«.[95] Aber auch mit Hitlers Besuch konnte sie durchaus leben, wie schon allein der Tatsache zu entnehmen ist, dass sie den Hamburger Bankier Hans Pilder zu diesem Anlass nach Weimar einlud. Trotz aller inhaltlichen Divergenzen bedauerte dieser es am 30. Januar sehr, dass er »Herrn Hitler« nicht »auf einem gewissermaßen überpolitischen Gebiete« kennenlernen könne. Elisabeth wünschte er eine »recht hübsche« Zeit.[96] Der »Führer« wiederum hatte einen Sinn für symbolische Gesten, welche die Nähe zu einem »verkannten Genie« der deutschen Vergangenheit unterstrichen. In der Villa Silberblick blieb er mehr als eine Stunde.[97] Nicht viele Zeitgenossen dürfte es überrascht haben, dass dem Nietzsche-Archiv nach der »Machtergreifung« eine besondere Bedeutung für den Nationalsozialismus zuerkannt wurde.

FASZINATION DER MACHT

Die nationalsozialistische »Machtergreifung« berührte alle Lebensbereiche. Regimegegnern, aber auch missliebigen Minderheiten wurde vom ersten Moment an klargemacht, dass sie in Deutschland keine Zukunft mehr hatten. Andererseits kam es zu erstaunlichen Karrieren. Zu den Begünstigten zählten vor allem Männer wie Alfred Baeumler, die sich schon vor 1933 zum Nationalsozialismus bekannt hatten. Eigens für ihn wurde an der Friedrich-Wilhelms-Universität ein Institut für politische Pädagogik geschaffen, an dem er seinen Vorstellungen von genuin deutscher Wissenschaft nachgehen konnte. Den angesehenen Philosophen und Pädagogen Eduard Spranger empörte die Inthronisation »des Scharfmachers Baeumler« derart, dass er seine Berliner Professur niederlegte. Der frisch ernannte Ordinarius aber war zufrieden. Nach der Antrittsvorlesung rief er die Studenten dazu auf, sich an der Bücherverbrennung zu beteiligen. Elisabeth Förster-Nietzsche teilte er mit, er werde nicht so bald nach Weimar kommen. Die Vielzahl seiner Berliner Verpflichtungen gestatte dies einfach nicht. Immerhin äußerte Baeumler ihr gegenüber die Hoffnung, »daß diese Umwälzung auch [...], einer neuen und tieferen Wirkung Nietzsches die Bahn brechen wird«.[1]

Thüringen spielte als »Wiege des deutschen Idealismus« im nationalsozialistischen Selbstverständnis früh eine wichtige Rolle. So hatte 1926 der erste Parteitag der NSDAP nach ihrer Wiederzulassung in Weimar stattgefunden und die Jenaer Universität zur selben Zeit eine bemerkenswerte Nähe zur völkischen Bewegung besessen. Die Berufung des bekannten »Rassenforschers« Hans F. K. Günther an den Ort Fichtes sorgte 1930 für reichsweites Aufsehen. Die Jenaer Entlassungsquote infolge des »Berufsbeamtengesetzes« blieb hingegen unspektakulär. 8,5 Prozent der Hochschullehrer hatten die Friedrich-Schiller-Universität 1933 zu verlassen, ähnlich viel wie im katholischen Münster oder im protestantischen Marburg.[2] Doch bestehen kaum Zweifel, dass in Thüringen ein besonders nationalistischer Wind wehte. Gerade die Bedeutung »honoriger bürgerlicher Vereinigungen« in Jena und Weimar scheint die Indienstnahme der Geisteswissenschaften erleichtert zu haben. Verbittert über die Entwertung ihrer Vermögen und unzufrieden mit der politischen Ordnung, favorisierten diese Zirkel in der Republik demokratiefeindliche Ansichten. Während sie von der Überparteilichkeit ihrer eigenen Weltsicht überzeugt blieben, mussten sie seit der »Machtergreifung« damit leben, dass radikale Politisierung zum Gebot der Stunde wurde.

Humboldts Universität mit ihrem Ideal voraussetzungsloser Forschung verlor nach 1933 ihre Legitimationsgrundlage. Den neuen Machthabern leuchtete es schlicht nicht ein, wozu eine Einrichtung gut sein solle, die sich universalistischen Werten verpflichtet fühlte. Stattdessen hofften sie auf nützliche Ergebnisse in den naturwissenschaftlich-technischen Disziplinen und die Unterstützung des gesellschaftlichen Umbruchs in den Geistes- und Sozialwissenschaften. Der wegen seiner jüdischen Herkunft diskriminierte Edmund Husserl erkannte den umfassenden Charakter der Veränderungen. Am 11. Oktober 1933 teilte der Freiburger Philosoph seinem Schüler Roman Ingarten mit, die »alte Universität« habe aufgehört zu existieren, fortan liege »ihr Sinn« in der politischen Ausrichtung.[3] Eine ähnliche Klarsicht sucht man bei Nietzsches Schwester vergeblich, obwohl sie zu den gutinformierten Personen im deutschen Bürgertum gehörte.

Elisabeth hatte durchaus Kenntnisse von den Abgründen des Nationalsozialismus, die in Weimar vielleicht besonders spürbar waren. Am 12. Mai 1933 schrieb sie Ernest Thiel nach Schweden, dass sie die »plötzliche Judenverfolgung« ablehne. Die Begründung verrät gleichermaßen Mitgefühl wie politische Unbedarftheit. Ihrer Meinung nach hätten die Nationalsozialisten mit ihren Maßnahmen »getrost noch etwas warten können, denn es leiden darunter ausgezeichnete, hochbegabte Menschen, gute Freunde, an denen wir den innigsten Anteil nehmen«.[4] Den prinzipiellen Unrechtscharakter des Regimes thematisierte Elisabeth nicht. Vermutlich wollte sie ihm wie so viele Menschen nicht ins Auge sehen. Über die Gründe für ihre widersprüchliche Haltung lässt sich manches sagen. Schon vor 1933 hatte die überzeugte Anhängerin Hindenburgs einige Vorbehalte gegenüber Hitler an den Tag gelegt, sich aber auch für nationalsozialistische Offerten empfänglich gezeigt. Nach der Machtübernahme vermehrte sich Nietzsches Ansehen als Philosoph nationaler Wiedergeburt dramatisch, doch auch der diktatorische Zug der NS-Herrschaft wurde rasch deutlich. Vor diesem Hintergrund kann eine eindeutige Positionierung für Elisabeth nicht einfach gewesen sein. Es ist offen, ob die vorhandenen Quellen überhaupt ausreichen, um die Beweggründe für ihr Verhalten vollständig aufzuhellen. Immerhin ging sie bereits auf die neunzig zu und hatte im Leben schon mit vielen Widersprüchen ihren Frieden gemacht. Eine gewisse Spontaneität hatte Elisabeth sich allerdings bewahrt. So erklärte sie sich zur Unterstützung ihres Hamburger Förderers bereit, als sie von politischen Schwierigkeiten hörte. Der für den Kontakt zuständige Bankier Pilder winkte freilich umgehend ab, vielleicht weil ihm die Risiken unkalkulierbar erschienen. Stattdessen lüftete er lieber das Inkognito. Beim Förderer des Nietzsche-Archivs handle es sich um den bedeutenden Zigarettenfabrikanten Philipp Reemtsma. Pilder betonte seine »durch und durch arische Abstammung aus dem Friesischen« und rühmte ihn gleichermaßen als »Mensch und Kaufmann«.[5]

Auch Weimarer Besonderheiten mögen für Elisabeths Haltung zum »Dritten Reich« eine Rolle gespielt haben. Die Selbstherrlichkeit der Nationalsozialisten war offenkundig, und ihre Brutalität dürfte hinter vorgehaltener Hand Stadtgespräch gewesen sein. In ihrem Brief an Elisabeth von Alvensleben vom 28. Juli 1933 geht Nietzsches Schwester auf die Geschehnisse ein. Das Schreiben verrät wachen Realitätssinn, aber auch eine gewisse Unsicherheit in der Urteilsbildung: »Ich höre außerordentlich viel von den verschiedensten Seiten über die gegenwärtige Stimmung; extrem begeistert, bis extrem düster und zweifelsvoll, und ich muß vorsichtig mit dem Empfangen von Briefen sein, weil die Ernstlichen selbst schreiben, daß sie mit ihren Geständnissen nicht weiter fortfahren können, weil sie sonst in Konzentrationslager kämen.«[6] Die Gründe für Elisabeths schwankende Haltung waren nicht zuletzt persönlicher Natur. Sie hatte jüdische Bekannte wie die Auerbachs in Jena, die dringend Hilfe benötigten. Überdies zählte sie zu den Mitgliedern der Loge »Anna Amalia«, und es war ein offenes Geheimnis, dass Hitler zu den erbitterten Gegnern der Freimaurer gehörte, von deren Welteroberungsplänen er zutiefst überzeugt war. Selbst Goethe, den er fälschlich für einen Freimaurer hielt, beurteilte er aus diesem Grund äußerst skeptisch. Umgekehrt zählten einflussreiche Nationalsozialisten wie der Reichsminister des Innern Wilhelm Frick schon seit längerem zu Elisabeths Bekannten.

Nach außen dominierte das Bild von der NS-konformen Gesinnung des Nietzsche-Archivs. Insbesondere im Ausland fanden viele Menschen diese Tatsache irritierend. Was immer man von Nietzsches Einlassungen zu Staat und Gesellschaft halten mochte, zumeist galt er als Philosoph freiheitlicher Selbstbestimmung. Und selbst glühende Anhänger des Nationalsozialismus hätten zugeben müssen, dass es darum im »Dritten Reich« nicht gut bestellt war. Die normativen Konflikte, die sich aus dieser Situation ergaben, wurden an vielen Orten empfunden. Am 20. März 1933 schickte etwa Hari Govinda Choudari aus Bihar (Indien) einen Brief nach Deutschland. Sein Verfasser war Professor am Hindi College von Bhagalpur und wollte wissen, wie sich das Weimarer Archiv zu Hitlers Antisemitismus stelle. Schließlich habe Nietzsche stets betont, dass er den Geist des Ressentiments verachte. Man mag berechtigte Zweifel hegen, ob Nietzsche tatsächlich von einer Harmonie »between rulers and the ruled« ausging, wie sein Bewunderer annahm. Doch mit der Frage nach der Bewertung des Antisemitismus hatte der indische Gelehrte einen neuralgischen Punkt getroffen. Ähnliches gilt für seine Überzeugung, Nietzsche müsse vor falschen Anhängern geschützt werden, eine Angst, die den Philosophen bereits bei Lebzeiten geplagt habe.[7]

Mit weniger Verve äußerte sich der ehemalige Multimillionär Ernest Thiel über die deutschen Verhältnisse. Hatte er vor 1933 noch deutlich vor der politischen Entwicklung gewarnt, war er nun zurückhaltend im Urteil. Offenkundig ist der Wunsch, Elisabeth nicht zu verprellen. Den Brief vom 24. April 1933 schloss er mit den vielsagenden Worten: »Von der Politik reden wir lieber nicht.« Am 15. Juni gab Thiel seinen positiven Eindruck von *Mein Kampf* wieder, dessen Lektüre ihm Elisabeth ans Herz gelegt hatte. Die »neue deutsche Bibel« gefalle ihm besser als die alte. Insbesondere war er von Hitlers Redlichkeit beeindruckt, der alles andere als »ein geriebener Schauspieler« sei. Der militärische Aufbau seines Staatswesens sei unvermeidlich, wenn sich Europa gegen »Asien, Rußland und Amerika« behaupten wolle. Thiel unterstellt sogar eine gewisse Verwandtschaft zwischen Hitler und Nietzsche. Bei beiden möchte man festhalten: »endlich, endlich ein Mann!« Dennoch scheint der Schwede von Hitler nicht vollends überzeugt. Er fragt sich, ob dessen »Führerschaft von nötiger Dauer sein wird«, damit er seine Ziele erreichen könne, und orakelt: »Sein schlimmster Feind ist vielleicht er selbst.«[8]

Im Schreiben vom 14. Mai 1934 zeigt sich Thiels innere Zerrissenheit. Er lobt zum einen Hitlers Abschaffung des Parlamentarismus und kritisiert zum anderen die in Deutschland herrschende Diktatur. Seine Einwände lassen an Klarheit nichts zu wünschen übrig. So fragt er: »Nietzsche, Goethe, Kant, Fichte einerseits und keine Gedankenfreiheit andererseits – wie reimt sich das zusammen?« Er glaubt, dass sich Elisabeths Bruder zu einer entschiedenen Kritik der deutschen politischen Verhältnisse durchgerungen haben würde: »Mit der Polizei macht man keine Kultur. Beide, er und ich, würden zur Opposition gehören.«[9] Gleichwohl konnte sich Thiel nicht von dem Eindruck lösen, bei Hitler handle es sich um einen redlichen Menschen, der jedes Vertrauen verdiene.

Thiels Brief vom 7. Juli 1934 demonstriert, wie sehr ihn der Ruf von Hitlers Volksverbundenheit beeindruckt hatte. Gelegentlich ist seine Einschätzung des »Führers« von echter Begeisterung kaum zu unterscheiden. So heißt es nachgerade euphorisch über Hitler: »Er erschien im rechten Augenblick, er hatte den rechten Willen, und er brachte das Rad ins Rollen.« Die Gegenargumente wirken hingegen blass und zufällig. Der ehemalige Mäzen des Nietzsche-Archivs monierte, mit welcher Intensität deutsche Lehrer ihre Schüler indoktrinierten. Oder er fragte sich, ob Hitler über die nötige Ausdauer zum Erreichen seiner politischen Ziele verfüge.[10] Erst recht wird die Strahlkraft des Hitler-Mythos in Thiels Brief vom 12. März 1935 deutlich. Hier äußerte er den Wunsch, »daß diejenigen zehn oder zwölf Persönlichkeiten, welche in ihrer Machtausübung dem Führer am nächsten stehen, ihm gleichen«. Ähnliche Urteile gab es in den ersten Jahren nach der »Machtergreifung« mehr, als heute im allgemeinen Bewusstsein ist, und ihre Bewertung ist nicht immer einfach. Doch wie man Thiels Stellungnahmen zum Nationalsozialismus auch auffasst, ihre innere Widersprüchlichkeit und fehlende Konsequenz dürften offenkundig sein. Einen umsichtigen Berater im Ausland hatte Elisabeth in der Zeit des »Dritten Reichs« nicht mehr.[11]

Im Nietzsche-Archiv herrschte auch nach dem politischen Umbruch der gewohnt weihevolle Ton, nur das Themenspektrum der Vortragenden passte sich der neuen Situation an. Am 28. März 1933 referierte Siegfried Weber in der Villa Silberblick über *Nietzsche und Mussolini*, und am 11. Juni erörterte Walter Linden *Friedrich Nietzsches Lehre der Ewigen Wiederkunft und die Stellung seiner Philosophie zum Heroismus unserer Zeit*.[12] Elisabeths Sympathien galten immer noch primär Mussolini, den sie als weltmännischen Staatsmann anhimmelte. Ihr Bild Hitlers hellte sich erst nach mehreren persönlichen Begegnungen entscheidend auf. Sein Besuch in Weimar am 2. November 1933 war eine seit langem vorbereitete Aktion. Nicht weniger als 42 Sonderzüge brachten Menschen aus der Umgebung in die Kulturstadt, damit Hitler ein Bad in der Menge nehmen konnte. Die meisten hörten seine Rede, in der er die Emigranten als »Brunnenvergifter der Völker« angriff, deren Verschwinden aus Deutschland nur begrüßt werden könne.[13]

Mit kleiner Entourage nahm Hitler das Nietzsche-Archiv in Augenschein. Bei dieser Gelegenheit bekam er von Elisabeth den Spazierstock des Philosophen überreicht, eine symbolträchtige Geste, mit der sie den Bruder als Vorläufer des Nationalsozialisten charakterisierte. Doch dachte sie auch an den anderen Mann in ihrem Leben. Sie zeigte Hitler ein Exemplar der Antisemiten-Petition, mit der Bernhard Förster einst Sondergesetze für Juden gefordert hatte. Der »Führer« hörte ihr aufmerksam zu und gab sich erschüttert von der Weitsicht der damaligen Antisemiten. Anschließend ging er »mit Nietzsches Stock [...] durch die heilrufende Menge, die sich mittlerweile in großer Zahl angesammelt hatte«, zu seinem Auto.[14]

Vielleicht noch wichtiger als dieser Tag, an dem Nietzsche als Ahnherr des »Dritten Reichs« öffentlich geehrt wurde, war die Stippvisite, die Hitler am 20. Juli 1934 nach Weimar führte. Er besuchte Elisabeth – mit zehntägiger Verspätung – zu ihrem 88. Geburtstag und scheint sich mit ihr ausgezeichnet verstanden zu haben. Jedenfalls berichtete sie in diesem Sinne Elisabeth von Alvensleben über Hitlers »Begeisterung« für Mussolini. Sie nannte Hitler »unser[en] wundervolle[n] Reichskanzler« und freute sich darüber, dass er bald wieder »zu einem vegetarischen Frühstück« vorbeischauen wolle.[15] Dazu sollte es nicht kommen, doch fortan hatte sie ein rundweg positives Bild des »Führers«.

Wie sehr Elisabeth den Duce bewunderte, illustriert ihr Telegramm zu seiner Begegnung mit Hitler in Venedig im Juni 1934: »Die Manen Friedrich Nietzsches umschweben das Zwiegespräch der beiden größten Staatsmänner Europas.« Dies war auf den ersten Blick würdig, ja fast ein wenig zu weihevoll formuliert. Bei näherer Betrachtung brachte das Telegramm vom 14. Juni allerdings auch Elisabeth selbst ins Spiel. Denn schließlich war die Festschrift zu ihrem 75. Geburtstag einst *Den Manen Friedrich Nietzsches* gewidmet worden.[16] Ob Mussolini sich darüber im Klaren war, ist schwer zu sagen. Seine Antwort erfolgte jedenfalls in noblem Ton und fand den Weg ins offizielle Tagebuch des Nietzsche-Archivs. Sie lautete: »Ihr Gedenken und Ihre Wünsche haben mich tief bewegt und ich danke Ihnen dafür«.[17]

Nur wenig später meldete sich Elisabeth in Italien erneut zu Wort. Dieses Mal galt ihr Telegramm Mussolinis Geburtstag am 29. Juli 1934 und zielte unmittelbar auf Kontinuitätsstiftung. Überschwänglich nannte sie den Duce »den herrlichen Jünger Zarathustras, den sich Nietzsche erträumte«. Unterzeichnet war es auch von dem Rechtsphilosophen Carl August Emge, der seit dem Wahlsieg der Thüringer Nationalsozialisten im Oktober 1932 an der Jenaer Universität das einflussreiche Amt des Kurators versah. Er verfolgte das ehrgeizige Ziel, die Orte Weimar und Jena enger zu verknüpfen, und hielt aus diesem Grund akademische Lehrver-

Adolf Hitler im Nietzsche-Archiv am 20. Juli 1934

anstaltungen im Nietzsche-Archiv ab.[18] Generell scheint eine euphorische Stimmung in der Villa Silberblick geherrscht zu haben. Karl Schlechta, der sich als Wissenschaftlicher Mitarbeiter mit Nietzsches Nachlass auseinandersetzte, schrieb über Hitlers Besuch zu Elisabeths Geburtstag 1934 stimmungsvoll: »So mag in alten Zeiten eine große Mutter ihren großen Sohn, eine Prophetin einen Helden empfangen haben, ein großer Mensch die heilige Flamme hütende Priesterin begrüßt haben.« Er beschwor »die Manen Zarathustras«, die beim Gespräch in Weimar »mehr als nur Wirklichkeit« gewesen seien, und präsentierte sich als Zeuge eines bedeutsamen Ereignisses.[19]

Im nationalsozialistischen Umgang mit Nietzsche herrschte ein weihevoller Ton vor. Während es in der akademischen Welt durchaus mehr als eine Ansicht gab, wie seine Philosophie zutreffend zu deuten sei, wurde er öffentlich zum Denker des gesamten deutschen Volkes erhoben. Ausdrücklich war etwa am 14./15. Oktober im *Völkischen Beobachter* zu lesen, dass Nietzsche keineswegs nur eine Angelegenheit für Professoren sei.

»Heute sehen wir, wie abwegig es ist, eine Gestalt wie Nietzsche, die zum Mythos erhoben ist, psychologisch-psychoanalytisch zu untersuchen. Solche Einmaligkeiten wie Nietzsche können mit Maßen der Wissenschaft nicht gemessen werden.« So gern die Nationalsozialisten auf die deutsche Bildungstradition rekurrierten, ihr Akademikerhass war erheblich. Nietzsches kühne Metaphern und gewagte Denkexperimente ließen sich, wenn man denn nur wollte, auch in dieser Richtung verwenden.[20]

Im Weimarer Archiv feierte man am 15. Oktober 1934 den 90. Geburtstag des Philosophen in einem gediegenen Rahmen. Auf Wunsch Elisabeths sprach der berühmte Klassische Philologe Walter F. Otto, der einst auch einen Basler Lehrstuhl innegehabt hatte und die glanzvolle Entwicklung des jungen Nietzsche Revue passieren ließ. Ausdrücklich arbeitete er heraus, wie sehr sich Nietzsche im Jahre 1870 vom Gräzisten zum Philosophen gewandelt habe. Ihm sei aufgegangen, dass jeder Kultur »ein metaphysischer Sinn« eigen sei, der sich gegen das allzu bequeme Leben gerade auch der Wissenschaftler richte.[21] In diesem Sinn wird Nietzsche als erfolgreicher Prophet präsentiert, der das Ende eines alexandrinischen Zeitalters vorhergesagt habe: »Eine Erschütterung geht durch die Welt, geht vor allem durch unsere deutsche Welt, so dunkel, so ernst, so gewaltsam, wie er vorausgesehen.« Dies war zwar kein abwegiger Blick auf die Philosophie des frühen Nietzsche, aber befand sich doch in markanter Nähe zur Überhöhung des zeitgenössischen Geschehens mit seinen vielfältigen Gewaltmaßnahmen gegen unerwünschte Akademiker. Dementsprechend düster heißt es kurz darauf im Vortrag: »Das Dasein hat begonnen, eine harte Sprache zu sprechen.«[22] Den Hörern, die mehrheitlich aus gutbürgerlichem Milieu stammten, dürfte die dramatische Diktion gefallen haben.

Für Außenstehende bestand kaum ein Zweifel daran, dass sich das Nietzsche-Archiv auf die Seite der neuen Machthaber geschlagen hatte. Die internen Quellen geben kein prinzipiell anderes Bild, verweisen aber auf mögliche Differenzierungen. Exemplarisch sei ein Brief von Nietzsches Schwester an Elisabeth von Alvensleben zitiert, den sie am 27. August 1935 absandte. Darin beklagt sich die Archivherrin nicht nur über die Behandlung der Weimarer »Loge Amalia«, sondern ist auch erschüttert über den Tod Hindenburgs. Zudem berichtet sie über den Besuch der »Kaiserin Hermine«, die nach Auffassung Elisabeths dem Tod des Generalfeldmarschalls »noch eine ganz andre Bedeutung« beigemessen habe.[23] Im Grunde bewegte sich Elisabeth immer noch in einer Welt von Überzeugungen und Werten, die stark durch das Kaiserreich geprägt waren. Sie teilte damit die Haltung bürgerlicher Kreise, die das Ihre zur Zerstörung der Weimarer Republik beigetragen hatten und sich seit 1933 durch den Gang der Geschichte bestätigt sahen.

Die »Historisierung des Nationalsozialismus« ist ein schwieriges Unterfangen. Dies gilt angesichts der Quellenlage und menschlichen Verstrickungen nicht nur in epistemologischer, sondern auch in ethischer Hinsicht. Es spielt durchaus eine Rolle, ob das Geschehen aus der Perspektive der »Täter« oder der »Opfer« geschildert wird. Häufig bleibt es lange unklar, in welchen Kontext und in welches Narrativ die analysierten Zeugnisse eingeordnet werden können. Eine sensible Hermeneutik ist für eine überzeugende Deutung der nationalsozialistischen Verbrechen unverzichtbar, aber ihre Reichweite versteht sich nicht von allein, sondern muss stets aufs Neue ausgelotet werden: »Wo ist die Grenze des Verstehens? Wo kommt die kritische Distanz ins Spiel?«[24], so lauten zwei Schlüsselfragen des israelischen Historikers Saul Friedländer. Ihre Beantwortung ist im Falle von Nietzsches Schwester alles andere als trivial. Sie gehörte zu den wenigen Menschen, die angesichts ihrer Berühmtheit, ihrer finanziellen Verhältnisse und Hitlers Unterstützung über beträchtlichen Handlungsspielraum verfügten. Sie nutzte ihn, wie es scheint, weniger für menschliche Hilfestellungen als für die Sicherung ihrer Lebensleistung und die Vermarktung ihrer Vorstellungen.

Der Ruhm ihres Bruders und der Bestand des Nietzsche-Archivs gingen Elisabeth über alles. Letzteres verstand sie durchaus als Familieninstitution. Auch nach 1933, als sich ganz andere Möglichkeiten staatlicher Förderung auftaten, ging es ihr entscheidend darum, ihren Cousin Max Oehler zu unterstützen. Nicht zuletzt konnte sie bei ihm sicher sein, dass von den Manipulationen, die sie an Texten des Nachlasses vorgenommen hatte, nichts nach außen dringen werde. Dementsprechend energisch verteidigte sie Max Oehler, als Vorwürfe gegen seine wissenschaftliche Kompetenz laut wurden. Sie stammten vom Rechtsphilosophen Carl August Emge, der seit Anfang 1931 die Leitung der historisch-kritischen Gesamtausgabe von Nietzsches Schriften übernommen hatte, die beim Münchner C.H.Beck Verlag erscheinen sollte.[25] Als Inhaber eines in Jena eigens für ihn gegründeten Ordinariats sah er es als seine Pflicht an, gegen die im Nietzsche-Archiv gepflegte Editionspraxis seine Stimme zu erheben.

Der Sache nach handelte es sich bei Emges Intervention vom 22. Juni 1933 um eine eher defensive Reaktion. Elisabeth hatte sich bei ihm über Hans Joachim Mette beschwert, der sich im Auftrag der Notgemeinschaft mit Nietzsches Jugendschriften befasste. Emge stellte sich hinter den Angegriffenen, den ihm die Vorläuferorganisation der Deutschen Forschungsgemeinschaft zugeteilt hatte, weil er Mette nicht »desavouieren« wolle. Zudem insistierte er bei Elisabeth, dass die »offizielle Beziehung«, die das Nietzsche-Archiv zur Jenaer Universität habe, notwendig gewisse Konsequenzen mit sich bringe. Deshalb sei »ein streng correcter Standpunct in der Handhabung der Ausgabe« unerlässlich. Aus diesem Grund hätte Max Oehler nicht nur Elisabeth über seine Unzufriedenheit mit Mette informieren dürfen, sondern auch ihn besuchen müssen: »Ich warte darauf.«[26] Die Diktion war unmissverständlich, doch sollte sie nicht über die wahren Machtverhältnisse im Archiv hinwegtäuschen. Emge wusste sehr wohl, dass auf dem Silberblick Elisabeth das Sagen hatte, und bemühte sich, sie bei guter Laune zu halten. In einem Telegramm vom 12. September 1933 nannte er sich schlicht »ihr [A]ussenminister«.[27] Auch die Jahrestagung der »Gesellschaft der Freunde des Nietzsche-Archivs« am 6. Dezember führte er ganz in Elisabeths Sinn. Stolz verglich er das Archiv in puncto Linientreue und allgemeiner Akzeptanz mit der Villa Wahnfried und sah den besonderen Wert der Weimarer Einrichtung in der breiten weltanschaulichen Wirkung: »Nietzsches Ideen befruchten nicht nur den italienischen Faschismus, sondern auch den Geist der deutschen Bewegung.« Angesichts der Ereignisse des Jahres 1933 konnte man dieser Selbstdeutung kaum widersprechen.

Es war unübersehbar, wie das Geld für die Erinnerung an Nietzsche sprudelte. Für die Unterstützung einer »Gedächtnishalle« stellte Hitler im Oktober 1934 nicht weniger als 50 000 Reichsmark bereit. Bereits im März 1934 hatte er Nietzsches Schwester einen »Ehrensold« von monatlich 300 Reichsmark gewährt.[28] Fürstlich konnte man diese Pension nicht nennen, aber die öffentliche Anerkennung des »Führers« durch einen doch recht stattlichen Betrag hatte erhebliche symbolische Bedeutung. In mancher Hinsicht konnte sich Elisabeth seit der »Machtergreifung« so geehrt wie noch nie in ihrem Leben vorkommen, und sie war bemüht, ihre nähere Umgebung an ihrem Glück teilhaben zu lassen. Auffälliger ist freilich, dass sie auch im Zustand überwältigenden Erfolgs den ihr eigentümlichen Realitätssinn nicht verlor. Ihn kennzeichnete vor allem die Überzeugung, dass jeder Mensch für sein Schicksal selbst verantwortlich sei.

Viele Anhänger der »Konservativen Revolution« hatten sich im Nationalsozialismus getäuscht. Nach 1933 bestand an hochgespannten politischen Utopien kaum mehr Bedarf, und ihre Verkünder gerieten im »Führerstaat« rasch ins Abseits. Zu den Gescheiterten gehörte Elisabeths ehemalige Sekretärin Lenore Kühn, die sich an das Archiv um Unterstützung wandte. Doch ihre ehemalige Chefin wollte von der wirtschaftlichen Notlage nichts wissen und scheint einen barschen Ton angeschlagen zu haben. Jedenfalls verteidigte Lenore Kühn in einem Brief vom 1. August 1934 leidenschaftlich ihre bisherige Lebensführung. Es sei »[u]eberaus schmerzlich«, wenn Elisabeth ihr »mangelnden Zielwillen« unterstelle.[29] Sie sei in armen Verhältnissen aufgewachsen und habe trotz jüdischer Missgunst ihre innere Lauterkeit behalten. Ausdrücklich stellte sie ihren Abwehrkampf gegen das Judentum im Ersten Weltkrieg heraus. Die Auseinandersetzungen um eine radikal völkische Lesart Fichtes, den Rücktritt Bruno Bauchs aus der Redaktion der *Kant-Studien* und die Gründung der Deutschen Philosophischen Gesellschaft empfand sie als eine ideengeschichtliche Wasserscheide. Doch bei allem Idealismus, den sich Lenore Kühn selbst attestierte, der bittere Tonfall verweist auf ihre alles andere als zufriedenstellende Situation.

Prima facie ist es erstaunlich, dass die konservative Frauenrechtlerin sich nicht mit Elisabeth überwarf. Aber die erhaltenen Quellen lassen keinen Zweifel: Lenore Kühn nahm schon bald wieder regen Anteil an Elisabeths Leben. Sie erkundigte sich nach dem Gesundheitszustand und freute sich über gute Nachrichten. Offenkundig verfügte Nietzsches Schwester bis ins hohe Alter nicht nur über das nötige Durchsetzungsvermögen, sondern auch über die Fähigkeit, Menschen für sich einzunehmen. Dazu trat die symbolische Strahlkraft des Philosophen. Zu Nietzsches 90. Geburtstag verfasste Lenore Kühn ein Gedicht, das in seiner gravitätischen Sprache illustriert, wie stabil ihr Weltbild über den Umbruch des Jahres 1933 hinweg geblieben war. Es beginnt mit der Strophe:

> Die Flamme, die Du einsam einst entzündet,
> Genährt mit Sehnsucht und des Herzen Qual
> Sich, wie ein Gipfel sie zum Gipfel kündet,
> Dir Zukunft richtungsweisendes Fanal.[30]

Eine derart pathetische Diktion war Elisabeth fremd. Nach Möglichkeit bevorzugte sie einen lockeren Plauderton, wenn sie sich dem Leben ihres Bruders näherte, und streute je nach Bedarf weihevolle Wendungen ein. Mit diesem Rüstzeug näherte sie sich auch der komplexen Thematik von Judentum und Antisemitismus.

Prinzipielle Vorbehalte gegen den nationalsozialistischen Antisemitismus hatte Elisabeth nicht, die sich von jeher über die Überrepräsentation der Juden in den akademischen Berufen und der Presse mokiert hatte. Zudem besaß das erzkonservative Weltbild, das sie seit geraumer Zeit entwickelt hatte, zahlreiche Berührungspunkte mit der NS-Weltanschauung. Erinnert sei nur an die Überhöhung der deutschen Nation, die Ablehnung der Großstadt und die Vorbehalte gegenüber einer intellektualistischen Kultur. Allerdings hielt sie auch an Überzeugungen fest, die sie viel früher gewonnen hatte. Zu ihnen gehörten die Reserven gegenüber der antisemitischen Bewegung, von der sie sich in Paraguay verraten gefühlt hatte. Wie ambivalent ihre Einschätzung dieses Phänomens war, illustriert der Brief an Henry van de Velde vom 29. Mai 1933. Sie betonte darin ihre Ferne zur »antijüdischen Bewegung«, obwohl ihr Mann der »erste deutsche Antisemitenführer« gewesen sei.[31] Freilich gilt es bei dem Brief mit zu bedenken, wie stark Elisabeth ihre Ansichten am jeweiligen Adressaten orientierte. So teilt sie van de Velde auch mit, »daß diese ganze Antisemiterei sich mit der Zeit milder und verständnisvoller gestalten wird, und daß nur junge Heißsporne diese ganze antijüdische Bewegung so übereilig angefangen haben; jedenfalls ist sie nicht vom Reichskanzler Hitler ausgegangen«.

Eine andere Sicht vertrat Elisabeth gegenüber Hitler, als er Anfang November 1933 das Nietzsche-Archiv besuchte. Sie wies den Reichskanzler darauf hin, dass »jüdische Aktionen« ihren Mann »bis Paraguay verfolgt« hätten.[32] Dies entsprach nicht den Tatsachen, wie Elisabeth sehr wohl wusste. Aber es rückte das Archiv in eine Tradition, die nach der »Machtergreifung« nur wenige Einrichtungen derart überzeugend für sich reklamieren konnten. Im Übrigen sollte man in ihren Äußerungen nicht mehr weltanschauliche Geschlossenheit suchen, als zu finden sein könnte. In einem Brief an Ernest Thiel lehnte sie am 29. Mai 1934 die ostjüdische Einwanderung ab, hielt aber daran fest, mit dem Antisemitismus nichts zu tun zu haben. Sie kritisierte die Übergriffe von SA und Studentenschaft, äußerte sich aber auch lobend über den nationalen Aufbruch. Ihre Zustimmung zu den Veränderungen kleidete sie in eine Geschichte mit anekdotenhaften Zügen. Sie berichtete vom Gespräch zweier Professoren, die nicht näher charakterisiert werden. Angeblich hätten die Gelehrten darin übereingestimmt, dass die »merkwürdige und wundervolle Rückkehr des Deutschtums zu sich selbst« einen »hohen Wert« darstelle, weshalb »die Schwierigkeiten der Übergangszeit« erduldet werden müssten. Das Nietzsche-Archiv verortete sie als selbstverständlichen Teil der NS-Bewegung, in der auch ihr Bruder lebendig sei. Hitler nannte sie »unsere[n] herrliche[n] Reichskanzler«, dem es nur im Vergleich mit Mussolini ein wenig an der notwendigen Härte fehle, um die Jugend in die Schranken zu weisen.[33]

Am wichtigsten war für Elisabeth Erfolg, den sie als Beweis für die Richtigkeit der eigenen Strategie ansah. Zudem hatte sie nach der »Machtergreifung« das Bedürfnis, sich in einem umfassenden Sinn mit der Gegenwart einig zu fühlen. Auf dieser Linie lag der Brief an Elisabeth von Alvensleben vom 24. Mai 1935. Darin bedauerte sie, Bernhard Förster nicht zehn Jahre früher geheiratet zu haben, weil sie sich bei ihrem Bruder für unverzichtbar hielt. Gleichzeitig erklärte sie ihre kritische Haltung zur »Antisemiten-Bewegung« damit, dass sie »es damals« nicht besser verstanden habe.[34]

Ein anderes Thema, das Elisabeth intensiv beschäftigte, war Nietzsches Haltung zum weiblichen Geschlecht. In Abgrenzung zu Cosima Wagner hatte sie jahrzehntelang ihre Schwesternschaft nach vorn gespielt und die Keuschheit des Bruders betont. Kein Wunder, dass die erste Biographie über sie aus dem Jahre 1934 daran anknüpfte. Das Buch stammte von der 74-jährigen Schriftstellerin Luise Marelle, erschien in einer Auflage von 3000 Stück und trug den ebenso apodiktischen wie leicht unbestimmten Obertitel *Die Schwester*. Inhaltlich spielte der Faktor »Geschlecht« nur eine untergeordnete Rolle. Vielmehr betonte die schon seit langem mit dem Nietzsche-Archiv in Kontakt stehende Autorin Elisabeths aktuelle politische Ausrichtung: »Sie ist dem Leben durchaus zugewandt, mit aufgeschlossener Seele nimmt sie teil an der neuen, starken nationalen Bewegung, die auch ihres Bruders Namen auf dem Schilde trägt und das stärkt ihren Werk-Willen.« Dies war ausgesprochen wohlwollend formuliert; gleichwohl wurde in der Biographie ungewollt deutlich, dass Elisabeth einst eine umstrittene Figur gewesen war. »Ehrgeiz« und »Ruhmsucht« habe man ihr vorgeworfen, obwohl dies keine »u n e d l e [n] Eigenschaften« seien, denn sie nährten »bei jedem Tatmenschen den Starkstrom der Kraft, die allein zur Vollendung seines Werkes führt«.[35]

Im Nietzsche-Archiv war man mit der Arbeit von Luise Marelle nicht sonderlich zufrieden. Pointiert lobte Lenore Kühn brieflich am 2. Dezember 1933 Elisabeths ritterliche Tugenden. Sie sei »ergriffen von ihrer Tapferkeit, zu der ich gerade ihre Heiterkeit rechne«, und äußerte sich absprechend über den oberflächlichen Ton der Biographie.[36] Bei der Archivherrin scheint dies den Entschluss bestärkt zu haben, noch einmal selbst zur Feder zu greifen. Mit Feuereifer stürzte sie sich in die Arbeit, um das Buch *Nietzsche und die Frauen seiner Zeit* zu beenden, das sie schon vor fünf Jahren angefangen hatte. Am 10. September 1934 konnte sie bei einer öffentlichen Veranstaltung in der Villa Silberblick aus ihrem Manuskript vorlesen lassen. Das Lob im Archiv-Tagebuch war überwältigend: »Die gebildete Welt wird erfreut sein, von dieser neuen Arbeit der Leiterin des Archivs zu hören, der alle Kulturkreise Ehrerbietung darbringen, wofür ihre im Mai erfolgte Ernennung zum Ehrenmitglied der Kant-Gesellschaft ein neuer Beweis war.«[37] Wie wichtig Elisabeth ihre Aufgabe nahm, belegt ein Brief an Frau von Alvensleben vom 14. September 1934. Unumwunden sprach sie von ihrem Versuch, »mit einer Art Rücksichtslosigkeit« das Projekt zu vollenden. Beim C. H. Beck Verlag setzte man einige Hoffnungen in ihr Buch. Es sollte die »Wahrhaftigkeit und die Einfachheit der Seele Nietzsches auch ungelehrten Männern und Frauen nahebringen«.[38] Zu diesem Zweck hatte Elisabeth eine betont einfache Sprache gewählt. Doch ließ das endgültige Resultat keinen Zweifel daran, dass sie nicht mehr über die Gestaltungskraft früherer Tage verfügte.

Es handelte sich um ein stilistisch kraftloses Werk mit zahlreichen Entlehnungen aus früheren Schriften. Seine Lektüre lohnt vor allem, weil es einen guten Einblick in Elisabeths Gedanken nach 1933 gibt. Ausdrücklich betont sie ihre Erfahrungen als Kolonistin in Südamerika, mit denen sie einst die Frauenbewegung beeindruckt hatte, doch an der »Superiorität des männlichen Verstandes« hat sie keinerlei Zweifel.[39] Fast durchgängig beschreitet Elisabeth vertraute Pfade und spricht in eigener Sache. So habe »ein kleines von Rosen und Nelken umwachsenes Haus in Weimar« (S. 16) angeblich zu den Jugendträumen von ihr und Friedrich Nietzsche gehört. Deutlich ist der Wunsch, den Bruder als ganz normalen Mann erscheinen zu lassen. Sie unterstreicht deshalb, dass er als junger Professor eine beträchtliche Wirkung auf Frauen ausgeübt habe und dem Leben viele schöne Seiten abzugewinnen wusste. In moralischer Hinsicht sei Nietzsche über jeden Zweifel erhaben. Er habe in Tribschen auf die Heirat zwischen Richard Wagner und Cosima gedrungen, damit »der geliebte Meister auch in der Öffentlichkeit erhaben und fehlerlos dastehe«. (S. 54) Die Nähe, zu der Bayreuth und Weimar nach langen Jahren offener und versteckter Auseinandersetzung mittlerweile gefunden hatten, betrachtete Elisabeth als hohes Gut. Offenkundig bereitete es ihr keine Schwierigkeit, salbungsvolle Bilder für die angeblich harmonische Vergangenheit zu finden. In dieser Perspektive wurde Cosima zur »idealsten Frau, die uns das 19. Jahrhundert geschenkt hat«. (S. 67)[40]

Nach wie vor unerbittlich ist Elisabeth hingegen in der Ablehnung ihrer Feinde. So hätten die Overbecks skrupellos Nietzsche-Briefe gefälscht und das Weimarer Archiv »vernichten« wollen. (S. 75) Für Nietzsches gesundheitlichen Zusammenbruch macht sie die Bosheit der Zeitgenossen verantwortlich, deren Kränkungen ihn entscheidend verwundet hätten: »Er nahm Beruhigungsmittel, um sich aufrecht zu halten. Aber er brach zusammen; sein hoher Geist verdunkelte sich und blieb bis zu seinem Tode gelähmt.« (S. 107) Ähnlich düster fällt ihre Deutung des Kaiserreichs aus. Ganz auf einer Linie mit dem nationalsozialistischen Geschichtsbild spricht sie von einer »Zeit der jüdischen Zeitungsherrschaft«. (S. 108) Besonders auffällig ist Elisabeths ausdrückliche Ablehnung der Frauenemanzipation, die ohne die Erfindung der Nähmaschine vielleicht nie Fahrt aufgenommen hätte. Sie stimmt Vaihinger voll und ganz zu, der die Ungleichheit der Geschlechter in Nietzsches Philosophie herausgearbeitet habe. Vor allem sei es nach Auffassung des Bruders verfehlt, »das Gehirn der Frauen mit allzu viel Wissen, das man immer Kultur nannte, zu belasten«. (S. 159) All dies erscheint aus heutiger Perspektive erstaunlich einseitig, doch im Licht von Elisabeths konservativen Überzeugungen erklärt sich manche Wertung. So hatte sie sich sogar 1912, als sie zu den treibenden Kräften des »Neuen Weimar« gehörte, mit der Fürstin von Schwarzburg-Rudolstadt darüber verständigt, dass das allgemeine und gleiche Wahlrecht für Frauen abzulehnen sei.[41]

In mancher Hinsicht zollte Elisabeth ihrem hohen Alter Tribut. So erlebte sie Empfänge und andere öffentliche Verpflichtungen immer häufiger als anstrengend. Den Besuch Alfred Rosenbergs im Nietzsche-Archiv empfand sie als besonders strapaziös, wie sie Elisabeth von Alvensleben am 6. März 1934 mitteilte. Allerdings wird der als humorlos geltende »Beauftragte des Führers für die Überwachung der gesamten geistigen und weltanschaulichen Schulung und Erziehung der NSDAP« auch kein einfacher Gast gewesen sein.[42] Umgekehrt behielt Nietzsches Schwester auch ein beträchtliches Maß an Lebensfreude und konnte sich über gelungene Begegnungen freuen. Die Frau von Wilhelm Frick empfand sie etwa als »sehr nett«.[43]

Generell bemühte sich Elisabeth um einen guten Kontakt zur Universität Jena. Carl August Emge hielt im Weimarer Archiv Lehrveranstaltungen ab, die Nietzsches Aktualität unterstreichen sollten. Sie beschäftigten sich unter anderem mit der Frage von Führertum und Gefolgschaft, »Nietzsches Staatsauffassung«, Albert Sorel oder dem »Problem der Einheit der Kultur des militärischen Geistes«.[44] Die ideologische Ausrichtung der akademischen Lehrveranstaltungen wurde durchgängig beachtet. An der Friedrich-Schiller-Universität wusste man diese Haltung zu schätzen. Elisabeths Ansehen war dort so hoch, dass sich ihr Rektor Wolf Meyer-Erlach um die Aufnahme persönlicher Kontakte bemühte. Der Systematische Theologe, der seine akademische Blitzkarriere nach 1933 ausschließlich seiner nationalsozialistischen Gesinnung verdankte, fühlte sich dem Nietzsche-Archiv sehr verbunden. Er freute sich außerordentlich über die Einladung in das »Haus des Mannes, der für das Abendland so viel bedeutete und der mir selbst so viel gegeben hat«.[45]

Nach seinem Besuch in Weimar Anfang Juli 1935 verfasste Meyer-Erlach einen Brief an Elisabeth, der einer Hommage gleichkam. Nachdrücklich lobte er sie als Kolonistin, die »als Bannerträgerin der deutschen Fahne für deutsches Wesen und für deutsche Kultur gekämpft« habe.[46] Noch wichtiger sei ihr selbstloser Einsatz für Nietzsches Erbe; denn er habe »unserem Volke weiteste Landstrecken des Geistes, ganze Erdteile der Erkenntnis unterworfen«. Mit der Gegenwart fühlte sich der Theologe rundum einig und ließ dies Elisabeth in feierlichen Worten wissen: »Wir sind froh darüber, dass Sie den Anbruch des Dritten Reiches miterleben dürfen, daß Sie sehen dürfen, daß Nietzsche endlich die Ehrung gefunden hat, die er verdient.« Bei aller hochgestimmten Rhetorik vergaß Meyer-Erlach jedoch nicht die eigenen Interessen. Er legte ein Exemplar seines Buchs *Nordische Seher und Helden* bei und gab der Hoffnung Ausdruck, sie möge sich daraus vorlesen lassen. Spätestens seit Hitler dem Nietzsche-Archiv mehrfach seine Reverenz erwiesen hatte, erschien der Kontakt mit Elisabeth ausgesprochen lohnend. Ihr 89. Geburtstag am 20. Juli war ein Ereignis. Mehr als dreihundert Glückwunschschreiben erreichten den Silberblick, die Elisabeth zu ihrer Lebensleistung gratulierten und ihr alles Gute für die Zukunft wünschten.

Die Jubilarin hatte gerade eine Operation an der Jenaer Augenklinik glücklich überstanden und sich erstaunlich rasch erholt. Nachdem sie die Sorgen um den grauen Star verloren hatte, gewann bald wieder der gewohnte Optimismus die Oberhand. Am 30. Juli 1935 berichtete sie Elisabeth von Alvensleben über Hitlers formidable Spende für die Gedächtnishalle und versicherte der Freundin mit einigem Stolz, »der Name Nietzsche ist jetzt ein Zauberwort«.[47] In welchem Ausmaß dies für die akademische Philosophie zu Beginn des Nationalsozialismus zutrifft, in der sich viele Richtungen heftig befehdeten, mag offenbleiben. An der öffentlichen Anerkennung des Nietzsche-Archivs gab es nichts zu deuteln. Neben dem Deutschen Reich beteiligten sich auch das Land Thüringen, die Stadt Weimar und die Universität Jena an dem geplanten Vorhaben. Der Stolz auf das Erreichte ist sogar in Elisabeths Testament dokumentiert, in dem sich der Satz findet: »So wie jetzt das Nietzsche-Archiv dasteht und mit solchem Erfolge arbeitet, ist es die letzte Freude meines Lebens.«[48] Über welches Selbstvertrauen sie verfügte, illustrieren die Auseinandersetzungen um die Zukunft Pfortas.

Von Kindesbeinen an besaß Elisabeth hohen Respekt vor der Welt der Bildung. Das Internat in Pforta erschien ihr geradezu als Inbegriff einer Bildungseinrichtung, die für die Zukunft unbedingt bewahrt werden müsse. Im »Dritten Reich« kam es zu recht heftigen Diskussionen, ob Pforta noch das Ideal der neuen Zeit verkörpere. Dabei hatte Reichserziehungsminister Bernhard Rust eigentlich keinen Zweifel daran gelassen, dass er die Antike als Bildungsfundament für unverzichtbar hielt.[49] Allein, bis die Formierungsphase deutscher Bildungspolitik abgeschlossen war, kam es zu manchen Konflikten zwischen den beteiligten Institutionen. Elisabeth wurde, wie es scheint, durch den Chef der Reichskanzlei Hans Heinrich

Lammers informiert, dass alles auf einem guten Wege sei. Jedenfalls teilte sie am 28. August 1935 Elisabeth von Alvensleben vertraulich mit, sie habe erfahren, »daß Pforta eine Eliteanstalt werden soll mit der humanistischen Grundlage«. Ihr schien: »Etwas Besseres können wir für Pforta nicht wünschen.«[50]

Keine Frage, mit der neuen Zeit hatte Elisabeth ihren Frieden gemacht. Neben Äußerungen über ihren Gesundheitszustand finden sich in ihren späten Briefen immer wieder auch Hinweise auf die sympathische Ausstrahlung nationalsozialistischer Würdenträger. Ganz besonders hatte es ihr Fritz Sauckel angetan, der seit 1933 als Reichsstatthalter in Thüringen amtierte. Mit ihm verhandelte sie über die geplante Gedächtnishalle neben dem Archiv. Nähere Einzelheiten erfuhr Elisabeth von Alvensleben nicht. Dafür teilte ihr Nietzsches Schwester mit, alle Anwesenden seien darin übereingekommen, dass Sauckel »einer der nettesten und tiefsten Männer unserer Bewegung ist«.[51] In der Korrespondenz mit ihrer langjährigen Freundin nannte die Archivherrin schon seit einiger Zeit Hitler »unseren angebeteten Führer«.

Außer unter grippalen Infekten hatte Elisabeth im hohen Alter kaum zu leiden. Manch einem schien sie in ihrem Kampf für Nietzsches Ansehen sogar rüstiger denn je. So kam es überraschend, als sie in der Nacht vom 7. zum 8. November 1935 ohne vorige Krankheitsanzeichen vermutlich in der Morgendämmerung starb. Nicht wenige Zeitgenossen hatten mit Elisabeths Durchsetzungsfähigkeit unliebsame Erfahrungen gemacht, doch ihr öffentliches Ansehen hatte die zahlreichen Auseinandersetzungen erstaunlich unversehrt überstanden. Die Menschen reagierten prompt auf die Nachricht von ihrem Tod; binnen kurzem kam eine Fülle von Kondolenzbekundungen in Weimar an. Mehr als einer von ihnen waren Trauer und Ergriffenheit deutlich anzumerken. Gerhart Hauptmann telegraphierte am 9. November: »es ist ein tiefer schmerz elisabeth förster nietzsche diese grosse und menschliche frau nicht mehr unter den lebenden zu wissen«. Harry Graf Kessler schickte am selben Tag ein Telegramm aus Paris: »aufs tiefste erschüttert durch den verlust meiner lieben alten freundin bitte ich mein beileid entgegen zu nehmen«.[52]

Trauerfeier für Elisabeth Förster-Nietzsche mit Adolf Hitler am 11. November 1935

Umgehend begann die Vorbereitung der Trauerfeier, die für den 11. November anberaumt wurde. Sie fand, wie nicht anders zu erwarten, im Nietzsche-Archiv statt. Wegen Grippe verzichteten einige prominente Funktionsträger der NSDAP auf die Teilnahme. Immerhin erschienen außer dem Thüringer Gauleiter Fritz Sauckel auch der Jugendführer des Deutschen Reiches Baldur von Schirach – und Hitler persönlich. Doch gerade seine Anwesenheit führte zu einer Verkürzung der Rednerliste, da er nur über eine Stunde Zeit verfügte. Ob Hitler bei den Feierlichkeiten seine »schauspielerischen Fähigkeiten« bewies, indem er »Krokodilstränen für eine Frau vergießen konnte, die er eher gebraucht als gemocht hatte«[53], wird sich im Nachhinein nur schwer entscheiden lassen. Tatsache ist, dass er umgehend das Archiv verließ und zu anderen Aufgaben eilte.

Die offizielle Gedenkrede hielt Adalbert Oehler. Er nutzte sie als Rechtfertigung für Elisabeths Lebenswerk. Ausdrücklich stellte er ihre Bedeutung für den Siegeszug von Nietzsches Philosophie heraus und betonte ihre »wissenschaftliche Genauigkeit und philologische Gewissenhaftig-

Grabstätte der Familie Nietzsche in Röcken

keit«. Die anderen Ansprachen waren kürzer gehalten. Der Jenaer Rektor Meyer-Erlach feierte Nietzsche als Kämpfer gegen die Welt des Kaiserreichs. In der »Vergötzung des Intellekts« sah der Theologe die gefährlichste »Todsünde« einer zu Recht untergegangenen Epoche. Nietzsches Schwester verklärte er als »Priesterin des ewigen Deutschland«. Mit großer Geste pries Thüringens Gauleiter Fritz Sauckel die Nähe zwischen Cosima und Elisabeth: »Unendlich glücklich darf sich unser deutsches Volk preisen, daß ihm neben größten Staatsmännern, Helden, Feldherren und gewaltigen Kulturschöpfern so edle, herrliche F r a u e n geschenkt wurden.« In dieser Perspektive hatten Bayreuth und Weimar glücklich zusammengefunden.[54]

Einen Tag später wurde Elisabeth Förster-Nietzsche in Röcken begraben. Sie hatte rechtzeitig Vorsorge getroffen, dass sie an der Seite des Bruders liegen würde. Dafür hatte sie die Umbettung ihrer Mutter angeordnet. Die Auseinandersetzung, wer Friedrich Nietzsche am nächsten stand, wurde durch Elisabeths Letzten Willen definitiv entschieden und vollzogen. Die Verdrängung der Mutter lässt sich als Form des Zynismus oder als Vereinigung der Geschwister »im Tode« deuten.[55] Doch da sich Elisabeth nicht über ihre Motive ausgesprochen hat, bleiben bei jeder Interpretation Zweifel bestehen. Unstrittig dürfte hingegen sein, dass sie im Alter ihrem Religionsbekenntnis nur noch eine nachrangige Bedeutung zumaß. Als Konfession ist im Röckener Totenregister schlicht »Nietzsche-Archiv«

angegeben. Rein formal kann Elisabeth damit ebenso wenig wie ihr Bruder, gegen den im Jahre 1900 die »anti-christliche« Gesinnung »seine[r] philosoph.[ischen] Werke« in Anschlag gebracht worden war, als kirchlich bestattet gelten.[56]

Bei den am Grab gehaltenen Ansprachen schlug Superintendent Förster aus Zeitz einen besonders persönlichen Ton an. Er rühmte Röcken als Elisabeths »Kinderparadies [...], aus dem sie so früh vertrieben wurde«. Gleichzeitig lobte er ihr protestantisches Arbeitsethos und die Treue ihrer »Geschwisterliebe«, auf die sich der Bruder stets habe verlassen können. Die am 13. November erschienene Traueranzeige dankte für die »zum Teil stärkste seelische Erschütterung verratende[n]« Beileidsbezeugungen aus aller Welt.[57] Der Text stellte Elisabeths zentrale Bedeutung für das Nietzsche-Archiv heraus und versprach, dass ihr »Lebenswerk [...] erhalten und weitergeführt« werde. Unterschwellig wurde damit allerdings auch deutlich, wie unersetzlich sie für die Weimarer Institution war. Dies brachten auch die unmittelbaren Reaktionen auf die Traueranzeige zum Ausdruck. Exemplarisch sei auf ihren Hamburger Unterstützer Philipp Reemtsma verwiesen. Innerlich bewegt schrieb er noch am 13. November 1933 Staatsminister Leutheußer, wie sehr er sich darüber freue, dass er »vor drei Monaten das Bild dieser ungewöhnlichen Frau in aller Frische und geistiger Spannkraft erleben durfte«. Für ihn stehe es deshalb ganz außer Frage, »im Andenken an die Verstorbene« das Nietzsche-Archiv so lange zu unterstützen, wie »dies notwendig ist«.[58]

In einer Vielzahl von Nachrufen wurde Elisabeth gefeiert und dabei auch untergründig darum gestritten, wer zukünftig die Deutungshoheit über Nietzsches Œuvre beanspruchen könne. Einige Weichenstellungen hatten sich noch in ihren letzten Lebensmonaten ereignet. Insbesondere zählte Spengler nicht mehr zu den Beratern des Archivs. Dieser hatte sich nach 1933 von den Nationalsozialisten abgewandt, deren Selbstbereicherungsmentalität er verachtete. In ihrem Brief vom 10. Oktober 1935 an den einst hofierten Schriftsteller wollte Elisabeth nicht verstehen, warum er so feindlich gegenüber dem Nationalsozialismus eingestellt sei. Schließlich trete »unser innig verehrter Führer« für ähnliche Überzeugungen ein, wie er sie in seiner Schrift *Preußentum und Sozialismus* verfochten habe. Beinahe hilflos rätselte sie darüber, was Spengler gekränkt haben könne, ohne die für ihn entscheidenden Fragen auch nur zu berühren.[59] Am 27. Oktober schrieb Spengler dem Thüringer Ministerialrat Jesinghaus, der im Beirat der wissenschaftlichen Nietzsche-Ausgabe saß, kategorisch: »Entweder man pflegt die Philosophie Nietzsches oder die des Nietzschearchivs, und wenn beide sich in dem Grade unterscheiden, wie es der Fall ist, muß man sich entscheiden.«[60]

Im Archiv herrschte seit Elisabeths Tod ein doktrinärer Geist. Exemplarisch sei auf Richard Oehler verwiesen. Er hatte die Auffassung des fanatischen Nationalsozialisten Ernst Krieck übernommen, bei *Sein und Zeit* handle es sich um »Judenphilosophie«. Damit reagierte er auch auf Heideggers Einwand, mit dem *Willen zur Macht* sei bis dato viel zu unkritisch umgegangen worden.[61] Doch dies waren innerakademische Debatten und Formen von Rufmord, die bei aller philosophiegeschichtlichen Wichtigkeit zeitgenössisch nur von einem sehr kleinen Publikum verfolgt wurden. Die politische Bedeutung Nietzsches lag vor allem in der ihm zugeschriebenen Rolle als Vordenker des Nationalsozialismus. Mit dem symbolischen Kapital herausragender Nietzsche-Kenntnisse glückte Baeumler eine steile Karriere im »Amt Rosenberg«, wo er 1937 die Leitung des »Amtes Wissenschaft« übernahm.[62] Und genau seinem Nietzsche-Bild als Prophet der ersehnten deutschen Zukunft hatte Elisabeth Förster-Nietzsche mit ihren letzten Veröffentlichungen vorgearbeitet.

Im Übrigen war die auf dem Silberblick gepflegte Geniekonzeption für die Legitimation von Hitlers Herrschaft ausgesprochen gut geeignet. Sie schützte ihn vor unliebsamer Detailkritik, wenn er mit großer Selbstverständlichkeit auf seine seherischen Fähigkeiten und seine intuitive Nähe zur Volksseele verwies. Vor diesem Hintergrund akzentuierte Sven Hedin 1938, es sei Elisabeth schon seit längerem gelungen, das Nietzsche-Archiv zu einem sakralen Ort der Deutschen zu erheben.[63] Ob dies eine zutreffende Beschreibung der Situation im Jahre 1922 war, als Hedin Thüringen besuchte, kann mit guten Gründen bezweifelt werden. Zu Beginn der Republik stieß die nationalistisch-religiöse Indienstnahme Nietzsches noch auf beträchtlichen Widerspruch. Doch zeigen Äußerungen wie diese, dass die Geschichte der Nietzsche-Rezeption seit der »Machtergreifung« in erheblichem Ausmaß umgeschrieben wurde. 1937 äußerte ein Anhänger der Basler Nietzsche-Deutung zugespitzt, aber nicht unzutreffend: Das Weimarer Archiv sei »jetzt eine Art Nationalheiligtum des neuen Deutschland geworden«.[64]

Als Philosoph des Willens zur Macht wurde Nietzsche im »Dritten Reich« zu jeder passenden und unpassenden Gelegenheit beschworen. In diesen Ton stimmte man in Weimar gern mit ein und spielte möglichst kräftig Nietzsches Heroismus nach vorn. So betonte Richard Oehler bei einem Vortrag in der Villa Silberblick 1938, Elisabeth habe stets die Lebendigkeit des Hauses gesichert. An seine Hörer richtete er den Appell: »[N]ie darf hier die Frische des Lebens durch Gelehrsamkeit erstickt werden.«[65] Hinter den pathetischen Worten steckte natürlich der Wunsch, den Ausnahmecharakter der eigenen Institution dauerhaft zu erhalten.

Die Wissenschaftler, die im Nietzsche-Archiv arbeiteten, hatten kaum eine Chance, mit ihren Ansichten durchzudringen. So war Karl Schlechta aufgrund seiner Kenntnis des Nachlasses zu der Überzeugung gelangt, dass Elisabeth für die Wahrung eigener Interessen bedenkenlos Lügen eingesetzt habe. In diesem Sinne schrieb er am 12. Januar 1940 seinem Kollegen Karl Hoppe pointiert, sie habe mit geschickten Textveränderungen bereits »für die Zukunft der späteren Fälschungen (vorgebaut)«.[66] Doch an die Öffentlichkeit zu gehen trauten sie sich mit ihren Entdeckungen nicht. Dafür war der Schatten Elisabeths noch zu kräftig. Umsichtig, aber auch ängstlich schrieb Schlechta am 18. Januar an Hoppe: Man brauche die Rückendeckung von Rosenberg, »zumindest aber Prof. Baeumler«, wenn die Funde publik gemacht werden sollten; »ohne irgend eine Rückendeckung können wir nicht einfach ins Blaue hineinschießen«. Ihm schien es völlig ausgeschlossen, die »durch ein Staatsbegräbnis geehrt[e]« Elisabeth öffentlich zum »Schwindler« zu erklären.

Das Geschäft mit Nietzsche florierte derweil weiter. Allein zwischen 1939 und 1943 verkaufte der Kröner Verlag 250 000 Bände seiner Ausgabe, für die Baeumler verantwortlich zeichnete. Eine Auswahl aus dem Nachlass wurde dort unter dem ebenso luftigen wie spekulativen Titel *Die Unschuld des Werdens* angeboten. Wie hoch Nietzsches Bedeutung für die politischen Entscheidungsträger war, lässt sich nur schwer ermessen und sollte vermutlich nicht überschätzt werden. Es dürfte kaum mehr als eine Geste gewesen sein, dass Mussolini zu seinem Geburtstag am 30. Juli 1943 eine »Prachtausgabe« der Werke Nietzsches erhielt.[67]

Von all dem Nimbus, der Elisabeth und ihr Archiv umgab, blieb nach der vernichtenden Niederlage Deutschlands im Zweiten Weltkrieg nichts. In großer Eile rückte man von einer Institution und einer Lesart Nietzsches ab, die nun allgemein als verhängnisvoll empfunden wurde. Die Beschwörung des Willens zur Macht oder gar des Übermenschen galten jetzt als moralisch anrüchig und hoffnungslos antiquiert. Der allerorten verkündete Neuanfang war jedoch stärker durch Kontinuitäten geprägt, als die Zeitgenossen ahnten.

AUSKLANG

Kurz nach dem Zusammenbruch in Turin galten Friedrich Nietzsche und seine Philosophie als europäisches Ereignis. Der lange Zeit kaum beachtete Denker wurde unablässig in den Feuilletons zitiert – als Verächter des Christentums heftig attackiert und als freier Geist gefeiert. Unter Künstlern und Intellektuellen betrachtete man den Autor des *Zarathustra* als Mann der Stunde. Aufgrund der Radikalität seiner Zeitkritik, seines Gedankenreichtums und seiner kühnen Sprache fühlten sie sich von ihm zu einem »Aufbruch zu neuen Ufern« inspiriert. In diesem aufgeregten kulturellen Klima musste sich Elisabeth Förster nach ihrer Rückkehr aus Südamerika behaupten. Energisch spielte sie ihre Verwandtschaft nach vorn und betonte den authentischen Zug ihrer Erinnerungen an den geliebten Bruder. Ihre Initiativen zielten darauf, Nietzsche als überragendes Menschheitsgenie zu erweisen. Wie viel Erfolg sie damit hatte, dürfte sie, bei aller seit Kindheitstagen gehegten Bewunderung, selbst überrascht haben.

Mit bemerkenswertem Geschick gelang es Elisabeth, die seit 1895 den Doppelnamen Förster-Nietzsche führte, den Philosophen in unterschiedlichen Perioden der deutschen Geschichte einer breiten Leserschaft näherzubringen. In der wilhelminischen Ära betonte sie seine Kreativität und knüpfte vielfältige Kontakte zum deutschen Bildungsbürgertum. Die internationale Resonanz stand im Zeichen seiner europäischen Gesinnung. Im Ersten Weltkrieg präsentierte sie Nietzsche als leidenschaftlichen Patrioten, der die Rüstungsproduktion in den Kruppwerken gern gesehen hätte. Der Höhepunkt seiner »Deutschsprechung« (Franz Pfemfert) erfolgte im Hungerwinter 1916/17, als die Bevölkerung zunehmend auf einen »totalen Krieg« ausgerichtet wurde. Anhänger fand diese Sichtweise bei radikalen Nationalisten, die sich für ihre antiliberale und antisemitische Weltsicht nun bei Nietzsche munitionierten. In der Weimarer Republik, der sie mit feindlicher Ablehnung gegenüberstand, setzte Elisabeth auf Oswald Spengler und Alfred Baeumler und damit auf geschichtsphilosophische Sinngebung großen Stils. Weiterhin der Wertewelt des Kaiserreichs verpflichtet, unterstützte sie es, dass Nietzsche Stichwortgeber und die Villa Silberblick ein Zentrum der republikfeindlichen Rechten wurden.

Elisabeths Glorifizierung des Bruders passte besonders gut zum Nationalsozialismus, der den Deutschen eine sinnerfüllte Existenz im Dienste der Volksgemeinschaft und ein intensives Leben versprach. Doch umfassende Bedeutung ist nicht zum Nulltarif zu haben, sondern fordert einen hohen Preis. Sie entwertet den Alltag und erschwert die Anerkennung menschlicher Bindungen: »Bedeutung ist wie Rauschgift. Du willst sie nicht, du brauchst sie. Und du brauchst immer mehr davon.« So formulierte Michael Köhlmeier über den permanenten Ausnahmezustand im »Dritten Reich« und dessen Feierkultur.[1] Schon in den letzten Kriegstagen und spätestens als ihre Welt in Trümmern lag, hatten die Menschen von diesem Rausch genug.

Nach 1945 bestand an einem »heroischen Nietzsche« kein Bedarf mehr, und dementsprechend harsch fielen die Urteile über ihn und seine »Lehre« aus. Doch schon bald wurde erkannt, in welchem Ausmaß gängige Vorstellungen auf die Schwester zurückgingen. Als Karl Schlechta ihre Textmanipulationen 1956 nachwies, sank Elisabeths Ansehen ins Bodenlose. Hinzu traten Fotos, die ihre Nähe zu Hitler und die politische Ausrichtung des Weimarer Archivs sinnfällig dokumentierten. Fortan galt sie als zentrale Ursache für den ideologischen Missbrauch, der im »Dritten Reich« mit Nietzsche betrieben worden war.[2] Da lag es nahe, sie ganz aus Nietzsches Leben zu streichen. Nicht zufällig wurde die Forderung nach »Entschwesterung« (Mazzino Montinari) zum kleinsten gemeinsamen Nenner kritischer Nietzsche-Forschung. Ihre Ergebnisse waren und sind reichhaltig und finden rund um den Globus Beachtung. Doch langsam wird auch deutlich, welcher Preis für diese *Damnatio memoriae* zu zahlen ist.

So viel wir über Nietzsches Werke, Manuskripte oder Bibliothek mittlerweile wissen, der breitere Kontext seines Denkens bleibt häufig blass. Auch der familiäre Hintergrund scheint keineswegs hinreichend aufgehellt. Für eine differenzierte Betrachtung Elisabeths fehlte es lange Jahre an der nötigen Empathie. Ihre Kindheit und die ungewöhnlich enge Geschwisterbeziehung weckten erstaunlich wenig Interesse. Kaum jemand wollte Näheres darüber wissen, wie sie das Zusammenleben mit dem Bruder empfunden und gedeutet hat. Dies gilt erst recht für die erotische Dimension ihres Kontakts, der bis in die frühe Basler Zeit stark gewesen zu sein scheint. Elisabeths Tagebuch lässt die Doppelbödigkeit dieser Beziehung aufscheinen, führt aber wie so viele wichtige Quellen eher zu offenen Fragen als zu definitiven Antworten. Ähnliches gilt für die hier intensiv beleuchtete Liebe zu dem antisemitischen Agitator und Kolonisten Bernhard Förster. Beim Blick auf die Jahre in Paraguay gab man sich zumeist mit Elisabeths Version der Ereignisse oder deren simpler Negation zufrieden. Nur wenige Forscher fanden den Weg in das bitterarme Land, um sich selbst ein Bild von »Nueva Germania« zu verschaffen. Dabei hatte sie stets betont, ihre Durchsetzungsfähigkeit verdanke sich primär den Erfahrungen in Südamerika.

Auch die Rahmenbedingungen für Elisabeths ungewöhnliches Leben wurden häufig vernachlässigt. Ihre Schulzeit war bereits mit vierzehn Jahren beendet, obwohl sie großes Interesse an Bildung und Kultur hatte. Doch dies war Mitte des 19. Jahrhunderts noch nicht vorgesehen. Um 1900 musste sie sich in einer Welt behaupten, die Frauen vor allem dienende Rollen zuwies. Es brauchte Zähigkeit, aber auch soziale Intelligenz, um als Frau einen Platz im öffentlichen Leben zu erobern. Elisabeth besaß beides und zudem einen ausgeprägten Sinn für das realistisch Machbare. Am Vorabend des Ersten Weltkrieges standen ihr bereits die reichen Finanzmittel ihres schwedischen Förderers Ernest Thiel sowie ein ausgedehntes Netzwerk aus Verwandten und ergebenen Anhängern zur Verfügung.

Elisabeth verfocht ihre Interessen auf vielerlei Art. Sie schmeichelte, bot Zugang zu seltenen Dokumenten und übte Druck auf die Mitarbeiter des Nietzsche-Archivs aus, die sich ihren Anweisungen widerspruchslos zu fügen hatten. Mit beträchtlichem Erfolg sammelte sie Manuskripte des Bruders, aber sie fälschte auch skrupellos. Sie ließ Dokumente verschwinden oder bearbeitete sie mit Wasser, Schere oder Feuer. Gleichzeitig retuschierte sie Fakten und präsentierte von ihr angefertigte »Urabschriften«, die an die Stelle angeblich verlorener Originale treten sollten.[3] Solange sie den Zugang zu Nietzsches Manuskripten kontrollierte, hatte sie nicht viel zu fürchten.

An Elisabeths Rücksichtslosigkeit und ihrem kalkulierten Umgang mit Fakten besteht kein Zweifel mehr, doch ist damit längst nicht alles gesagt. Denn, umsichtig gelesen, zählen Fälschungen zu den wertvollen Quellen des Historikers, die Aufschlüsse über die Wertmaßstäbe einer Epoche geben können. Schließlich sind sie gezielt auf die Wünsche der Zeitgenossen ausgerichtet und streben symbolische Anerkennung und finanziellen Gewinn an. Die Gründe für Elisabeths Resonanz lagen nicht nur in der Qualität und Vieldeutigkeit von Nietzsches Texten, sondern auch in ihrer Professionalität. Sie propagierte ihr Nietzsche-Bild erfolgreich, weil sie sagte, was die Menschen hören wollten, und weil sie ebenso bedacht wie zielstrebig vorging.

Elisabeth war mit sich selbst im Reinen. Sie hatte keine grundsätzlichen Zweifel an ihrem Leben, das sie dem Ruhm des Bruders weihte. Sie freute sich über ihre Anerkennung und verbreitete diese Kunde, so gut sie konnte. Obwohl sie ihre biographischen Erzählungen häufig änderte und an den jeweiligen Zeitgeschmack adaptierte, verspürte sie nicht das Bedürfnis, ihr eigenes Leben grundsätzlich umzuschreiben. Stets blieb sie die tapfere Frau eines edlen Kolonisten in Südamerika und die selbstlose Schwester eines viel zu lange missachteten Genies. Dies gab ihren Geschichten bei allen für erforderlich gehaltenen Variationen ein hohes Maß an Wiedererkennbarkeit. Mit begrenzten sprachlichen Mitteln hatte sie erstaunlichen schriftstellerischen Erfolg, verkaufte Zehntausende von Büchern und wurde nicht weniger als vier Mal für den Literaturnobelpreis vorgeschlagen. Ein wichtiger Grund dafür lag in den Schätzen des Nietzsche-Archivs, die sie geschickt für die Attraktivität ihrer eigenen Veröffentlichungen einsetzte. Aber sie wusste auch, dass beliebte Geschichten eher von ihrer Dramatik als von faktischer Genauigkeit leben.

Elisabeths Verhaltensmaßstäbe waren von überschaubarer Komplexität. Sie behandelte in aller Regel diejenigen gut, von denen sie selbst gut behandelt wurde, und glaubte fest an die Macht von Komplimenten. Berührungsscheu im Umgang mit herausragenden Begabungen kann man sie nicht nennen, wie exemplarisch ihr Kontakt zu Harry Graf Kessler und Henry van de Velde zeigt. Doch auch von der Eitelkeit der Männerwelt war sie zutiefst überzeugt. Gerade Akademiker, die sich mit stolz geblähter Brust als Mittelpunkt der Welt betrachteten, flößten ihr wenig Respekt ein. Verglichen mit ihrem Bruder hielt sie die meisten Professoren für kleine Lichter, von denen sie aus eigener Erfahrung wusste, wie leicht sie sich lenken ließen. Elisabeth nahm viele Dinge persönlich und gestattete sich eine Launenhaftigkeit, für die sie bald gefürchtet war. Von Zeitgenossen, die ihre Methoden erkannten oder ahnten, wurde ihr Verhalten scharf kritisiert; doch für den Aufbau eines Nietzsche-Imperiums erwies es sich durchaus als geeignet. Schließlich mussten alle Bewunderer des Philosophen fürchten, mit ihrer Gunst auch den Zugang zu wertvollen Originalmanuskripten zu verlieren. So war die Herrin auf dem Silberblick schon früh von Leisetretern und Schmeichlern umgeben, was ihrem Sinn für Selbstkritik nicht guttat.

Die Bedeutung Elisabeths für die Durchsetzung ihres Bruders ist fraglos höher, als es viele Nietzsche-Enthusiasten gerne hätten. Sie arrangierte das Quellenmaterial und platzierte ihre Editionen erfolgreich am Markt. Gleichzeitig sorgte sie für sein Bild als »heroischer Außenseiter«, das bald die historische Realität überstrahlte. Die genuin biographische Nietzsche-Literatur ist bis heute davon beeinflusst.[4] Zwei Gründe scheinen für diesen Befund besonders wichtig. Zum einen besaß Elisabeth als Schriftstellerin einiges Talent. Mit ihrer Vorstellung eines ebenso wohlerzogenen wie einsamen Genies traf sie den Geschmack des bürgerlichen Publikums. Ähnlich wie Karl May schilderte sie das Leben als heroische Durchsetzungsphantasie, in der Nietzsche am Ende gegen alle Widerstände triumphierte. Zum anderen hatte Elisabeth die Fähigkeit, an das, was sie sagte, auch wirklich zu glauben. Damit war eine zentrale Bedingung erfolgreicher Mythenbildung gegeben, die es ihr überdies gestattete, bei Auseinandersetzungen eine »höhere Wahrheit« für sich in Anspruch zu nehmen.

Es greift allerdings zu kurz, in Elisabeth nur eine notorische Betrügerin zu sehen. Ihr von den Zeitgenossen bewundertes Gedächtnis setzte sie nicht nur resolut für die eigenen Interessen ein, sondern es schlug ihr auch manches Schnippchen. Es verstärkte die ohnehin ausgeprägte Neigung, die Vergangenheit in ihrem Sinne zu überschreiben. Indem sie ihrem Gedächtnis vertraute, folgte und es kultivierte, musste sie auf kurz oder lang mit einer philologisch orientierten Nietzsche-Forschung aneinandergeraten. Ihre fehlende wissenschaftliche Schulung, ihr Selbstbehauptungswille, aber auch ihre verbrecherische Energie sorgten dafür, dass der Zusammenstoß entsprechend geräuschvoll verlief.[5]

Im Nachlass Elisabeth Förster-Nietzsches harren zahllose Quellen der genauen Betrachtung. Bei Lichte besehen spricht wenig dagegen, sie auch für ein besseres Verständnis des Bruders und seiner exzeptionellen Resonanz zu nutzen. Bei dem von ihr gepflegten Kult der Authentizität ist allerdings höchste Vorsicht geboten. Allzu häufig stehen hinter Passagen, die unmittelbare Teilhabe an seinem Leben versprechen, sorgfältig kalkulierte Überlegungen. Überdies war Nietzsche ein Virtuose des Rollenspiels, der zahlreiche Masken anzulegen und eingenommene Standpunkte zu ironisieren verstand. Der von Elisabeth gern nach vorn gespielte »echte Nietzsche« lässt sich mit dem mittlerweile erreichten wissenschaftlichen Reflexionsniveau nicht mehr vereinbaren. Ihr Engagement für die Anerkennung des Bruders sollte überdies nicht vergessen lassen, dass es ihr an moralischen Prinzipien fehlte. Nach dem Kolonialfiasko in Paraguay und dem Tod ihres Mannes hielt sie bei Auseinandersetzungen jedes Mittel für gerechtfertigt: Es komme nur darauf an, im Leben Hammer und nicht Amboss zu sein. In der Realität führte die heroische Maxime ironischerweise dazu, dass sie ihr Mäntelchen häufiger als nötig in den Wind hängte.

Die Tatsache, dass Elisabeth das Nietzsche-Archiv dem Nationalsozialismus andiente, ist durch nichts aus der Welt zu schaffen. Natürlich ließ sich dessen verbrecherische Dimension 1933 erst in Ansätzen erkennen, doch gehörte sie zu den besser informierten Personen mit Kontakt zu führenden Parteikreisen. Ihr Wissen um Konzentrationslager und die Angst der Menschen stellte ihr positives Bild der NS-Bewegung letztlich nicht in Frage. Als überzeugte Anhängerin Hindenburgs hatte sie zwar anfangs einige Reserven gegenüber Hitler, doch als sie gezielt umworben und der Bruder weithin gefeiert wurde, sprach sie von ihrem »geliebten Führer«. Es ist schon einen zweiten Gedanken wert, wie viele Menschen jüdischer Herkunft, die sich Nietzsche und dem Weimarer Archiv verbunden fühlten, Opfer des NS-Regimes wurden. Pars pro toto sei an Elisabeths ebenso klugen wie loyalen Ratgeber Max Brahn erinnert, der mit seiner Frau 1944 in Auschwitz umgebracht wurde.[6]

Der gravitätische Ernst, mit dem man Nietzsche rezipierte, war nicht zuletzt eine Folge von Elisabeths Editions- und Erinnerungspolitik. Unablässig spielte sie die »Ewige Wiederkehr« und den »Übermenschen« als Zentrum seiner Gedanken nach vorn. In welchem Ausmaß dies zustimmungsfähig ist, kann nur die philosophische Diskussion klären. Elisabeths Identifikation des Bruders mit Zarathustra und seine Stilisierung zum Menschheitspropheten haben jedoch heute ihre Überzeugungskraft verloren. Dafür liebte Nietzsche zu sehr den Widerspruch und schillern seine Texte in zu vielen Farben. Andreas Urs Sommer hat recht, wenn er betont, »dass Nietzsches Ernstzertrümmerungspotential [...] zu früh all den Tiefsinnigen in die Hände gefallen (ist)«.[7]

Zu ergründen, warum dies geschehen konnte, erfordert noch viel Aufklärungsarbeit. So ist der Wissenschaft lange die ironische Pointe entgangen, dass Elisabeth ihren Kampf gegen das übermächtige Bayreuth im Zeichen des »lachenden Philosophen« Nietzsche führte, während sie zugleich jede Abweichung von ihren Vorstellungen hart sanktionierte. Der freundliche Plauderton, den sie in ihren Schriften anschlug, hat lange über den rigiden Charakter ihrer Ideenpolitik hinweggetäuscht.

Es wäre allerdings überzogen, wenn man Elisabeth die Liebe zu ihrem Bruder vollständig abspräche oder gar vorwerfen wollte. Bereits während ihres Schweizer Zusammenlebens entwickelte sie ein bemerkenswertes

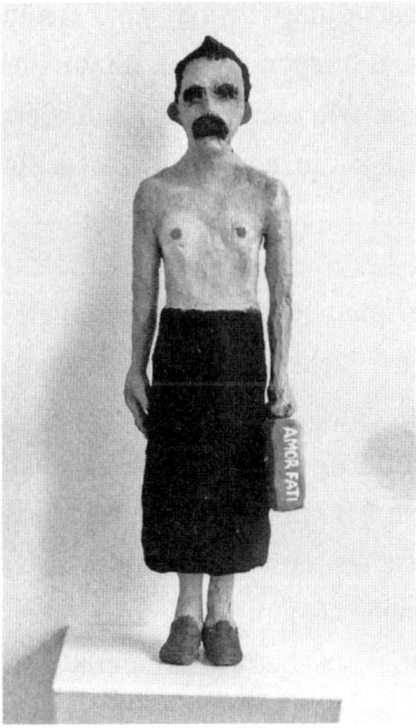

Die Plastik von Volker März zeigt einen gesammelten Nietzsche mit ungewohnter Bekleidung. Die »Liebe zum Schicksal« hatte Nietzsches Schwester stets betont.

Gespür dafür, wie sehr er praktische Hilfe und menschliche Anerkennung benötigte. Für seinen Freiheitsdrang hatte sie jedoch wenig Verständnis, und gefühlsmäßige Bindungen an andere Frauen bekämpfte sie erbittert. Im milden Blick zurück zeigten sich ihr meist die schönen Seiten der gemeinsamen Vergangenheit. Wenn die erhaltenen Dokumente sich nicht mit diesem Idyll in Übereinstimmung bringen ließen, so folgte sie ihrer Erinnerung. Dementsprechend rabiat reagierte sie auf den Basler Versuch, auf Grundlage von Nietzsches Briefen an seinen Freund Overbeck eine Art kritische Gegenüberlieferung aufzubauen. Solange sie als bewunderte Schwester eines Menschheitsgenies in der Sonne des Ruhms stand, hatte sie wenig zu fürchten. Wie sehr sie sich darüber im Klaren war, dass gegen die langsam mahlenden Räder der Textkritik kaum ein Kraut gewachsen ist, lässt sich nur schwer ermessen.

Was Elisabeth für das Bild ihres Bruders bedeutet, ist noch keineswegs ausgemacht. Die Beschäftigung mit ihr wird der Nietzsche-Forschung nicht nur frische Quellen zuführen, sie dürfte auch neue Vergleichshorizonte öffnen. So gilt Martin Heidegger gemeinhin als der Philosoph, der sich am intensivsten mit seiner »Ruhmesbildung« befasst hat.[8] Denkt man freilich an Elisabeths editorische Bemühungen für das Œuvre des Bruders, so ist nicht mehr ganz so gewiss, wie einzigartig Heideggers Einsatz für seine Gesamtausgabe tatsächlich ist. In jedem Fall wusste Elisabeth, was sie tat, als sie den Bruder auf ein Podest stellte und dafür sorgte, dass er dort blieb.

Ob wissenschaftliche Anstrengungen allein für eine Revision des Nietzsche-Bildes sorgen werden, wissen wir nicht. Vielleicht braucht es für die Annäherung an einen Philosophen, der glaubte, das Dasein könne nur als ästhetisches Phänomen gerechtfertigt werden, auch explizit künstlerische Mittel. Dies war jedenfalls zu Beginn des 20. Jahrhunderts eine weitverbreitete Auffassung, als Nietzsches Name zum Synonym für die kulturelle Aufbruchsstimmung der jungen Generation wurde. So betonte Maxim Gorki im Herbst 1906 gegenüber Elisabeth, dass jeder Künstler »Ihren Bruder verehren und lieben« müsse.[9] In Anbetracht der schwierigen Überlieferungslage und abenteuerlichen Rezeptionsgeschichte fragt sich freilich, woher wir heute das Vertrauen in endgültige Nietzsche-Bilder nehmen sollen.

So brav, wie er von der Schwester geschildert wurde, war der Künstlerphilosoph in keinem Fall. Gerade Elisabeths eigentümliche Erfolgsgeschichte zeigt, wie schwierig es war, sich gegen ihre fürsorgliche Bevormundung und energische Rücksichtslosigkeit zu behaupten. Schon jetzt scheint klar zu sein, dass Nietzsche im Umgang mit ihr zu mancher Finte Zuflucht nahm. Dies ist beim Verfechter philosophischer Redlichkeit ein erstaunlicher Befund. Er verweist auf Elisabeths Durchsetzungskraft – und auf den abgründigen Charakter der Geschwisterbeziehung. Die Auseinandersetzung mit Nietzsche kann durch eine intensive Beschäftigung mit diesem Thema nur gewinnen.

DANK

Das Urteil über Elisabeth Förster-Nietzsche war schon immer einem Streit der Meinungen unterworfen, in dem das Hörensagen eine große Rolle spielt. Ohne genaue Kenntnis der Faktenlage gerät man da leicht in einen Sog von Klischees und Vorurteilen. Jörn Leonhard half entscheidend, dass ich als Stipendiat der Gerda Henkel Stiftung eine riesige Zahl von Originaldokumenten studieren konnte. Die Marburger Kollegen bekundeten reges Interesse und standen zu klärendem Gedankenaustausch gern zur Verfügung. Mit Reinhard Brandt, Wilfried von Bredow, Karl Prüm, Arbogast Schmitt und Benedikt Stuchtey führte ich in privatem Rahmen ebenso gelassene wie fruchtbare Gespräche.

Aus gutem Grund beschäftigt man sich in Weimar intensiv mit der Ambivalenz von Nietzsches Erbe. Denn der Schriftsteller und Philosoph wurde gerade durch die von Elisabeth geschürten Mythen zu einer Schlüsselgestalt der Moderne. Nicht zufällig galt die von Henry van der Velde gestaltete Villa Silberblick schon zu Beginn des 20. Jahrhunderts als wichtiger Erinnerungsort. Als Stipendiat der Klassik Stiftung verbrachte ich dort eine wunderbare Zeit. Ich konnte mich in bemerkenswert freundlicher Atmosphäre auf die Niederschrift des Buches und diffizile Detailfragen konzentrieren. Exemplarisch möchte ich meinen Dank an Katrin Lehmann richten, die mit stupender Quellenkenntnis nachhaltige Impulse gab.

In hohem Kontrast zu Weimar stand die von Armut und Not gekennzeichnete Welt deutscher Kolonisten in Paraguay, in der Elisabeth sich durchzusetzen lernte. Unmittelbar vor meiner Fahrt nach »Nueva Germania« führte ich ein inspirierendes Gespräch mit Hedwig Schmutte, die ihren Film *Wahnsinn! Nietzsche!* vorbereitete. Für die Dreharbeiten in Berlin kam ich gerade noch rechtzeitig zurück. Wichtige Hilfestellungen gab

Wolfgang Hindrichs, dessen Dürener Gemeinde die bitterarme Kolonie seit Jahren unterstützt. Mit Martin Liepach, der sich spontan für eine Reise auf Elisabeths Spuren gewinnen ließ, verbinden mich das Engagement für die deutsch-jüdische Geschichte und eine langjährige Freundschaft. Ohne seine Südamerika-Expertise wären manche Probleme unlösbar gewesen und einige Entdeckungen ausgeblieben.

Die enge Geschwisterbeziehung der Nietzsches bewegt die Menschen noch heute. Erste Quellenfunde präsentierte ich 2015 auf einem gemeinsam mit Peter Hoeres geleiteten Seminar in der Sommerakademie der Studienstiftung – und stieß auf ganz unterschiedliche Reaktionen. Cum grano salis gilt dies auch für meine beiden Lieblingsländer. In Armenien, wo Elisa Ghazarian und Tigran Simyan das Interesse an deutscher Kulturgeschichte wachhalten, herrscht ausgesprochene Skepsis gegenüber dem in Weimar glorifizierten Willen zur Macht. Dagegen scheint man in Japan eher bereit, sich auf Eigentümlichkeiten im Hause Nietzsche einzulassen. Gleichwohl sind die Gedanken von Miki Konishi, Rainer Schulzer oder Takehito Soda, deren feinfühlige Hilfsbereitschaft meine Japanaufenthalte stets zum Vergnügen werden lässt, gewiss nicht auf eine einfache oder gar einheitliche Formel zu bringen.

In jedem Fall braucht die jahrelange Beschäftigung mit einer so abgründigen Figur wie Elisabeth Förster-Nietzsche Bodenhaftung. In Marburg sorgte Anne C. Nagel als erste Leserin für die nötige Erdung und menschliche Wärme. Selbst eine Biographin von Rang, insistierte sie – gerade angesichts der Flut aussagekräftiger Quellen – auf einen »knappen Strich«. Unbestechliche Hilfe in wissenschaftlichen Zweifelsfragen erhielt ich von Ewald Grothe, der sich bei aller beruflichen Belastung eine beneidenswerte Arbeitskraft und intellektuelle Frische erhalten hat. Den Sinn für wirkungshistorische Abgründe schärfte Michael Dreyer in Jena, wohin es auch Carola Dietze verschlagen hat. Mit beiden führe ich seit langem faszinierende Gespräche über die Eigentümlichkeiten deutscher Geschichte. Ähnliches gilt für die Telefonate mit Philipp Blom, in denen immer wieder Grundfragen der Moderne zur Debatte stehen. Till van Rahden entdeckte rechtzeitig relevante Neuerscheinungen, und Tilman Allert eröffnete soziologisch versierte Einblicke in die Idionsynkrasien der bürgerlichen Welt.

Von Beginn an unterstützte der Münchner Hanser Verlag das Projekt energisch. Die Hilfe, die ich dort durch Martha Bunk und Tobias Heyl erfahre, reicht weit über das übliche Maß hinaus und stellt geradezu einen Idealfall von Autorenbetreuung dar. Eine weitere Brücke in die Welt der Bücher schlägt Astrid Milenz. Selbst Jahre nach ihrem Fortgang Richtung Berlin ist sie in der Marburger Universitätsbuchhandlung Elwert präsent. Gastfreundschaft bei meinen Berliner Stippvisiten gewähren auch Caroline König und Jörg Hackeschmidt. Ich weiß nicht, was ich höher schätze, unsere lebendigen Diskussionen oder ihren klugen Rat.

Seit vielen Jahren stelle ich meine Ideen einem kleinen Kreis von Freunden vor, die mit Geisteswissenschaften nur wenig zu tun haben. Dies mag überraschen, aber die bunte Zusammensetzung garantiert Gespräche fernab jeder Routine. Auf unsere Segeltörns in den Niederlanden freuen wir uns schon lange im Voraus. Deren Organisation liegt in den Händen von Uwe Niemann, mit dem ich einst durch Europa getrampt bin. Ihm und den Freunden von der »Festina Lente« ist dieses Buch gewidmet.

Marburg, im Juli 2018 Ulrich Sieg

ANMERKUNGEN

PERSONA DISGRATA

1 Karl S. Guthke, Die Geburt des Nietzsche-Mythos aus dem Ungeist Elisabeths, in: Nietzsche-Studien 26 (1997), S. 537–550, hier S. 547. Monographisch zu Nietzsches Krankengeschichte: Pia Daniela Volz, Nietzsche im Labyrinth seiner Krankheit. Eine medizinisch-biographische Untersuchung, Würzburg 1990.

2 Nietzsches Schwester führte in ihrem Leben mehrere Namen. Der Einfachheit halber wird im Folgenden ihr Rufname verwendet.

3 Beide Briefe: Goethe- und Schiller-Archiv (GSA) Weimar 100/533, 2 Nietzsche-Familie 1889. Rechtschreibung und Zeichensetzung folgen hier und im Weiteren den Originalen; den Lesefluss störende Fehler werden stillschweigend korrigiert, etwaige Hervorhebungen möglichst unverändert übernommen.

4 Dies ist auch die Auffassung des heutigen Besitzers Osvaldo Codas, der mir aufgrund eigener Quellenstudien im Oktober 2016 erklärte, Förster habe sich bewusst zum Selbstmord an einen vertrauten Ort zurückgezogen. Rein auf Dokumentenlage, also ohne die Obduktion des Leichnams, wird sich allerdings die Todesursache nicht definitiv feststellen lassen.

5 Der Brief findet sich kommentiert: Carol Diethe, Nietzsches Schwester und der Wille zur Macht. Biographie der Elisabeth Förster-Nietzsche, Hamburg 2001, S. 104 ff. Das vorige Schreiben liegt: GSA Weimar 100/533, 2 Nietzsche-Familie 1889.

6 Heinz Schneppen, Nietzsche und Paraguay: der Philosoph als Bauer?, in: Nietzscheforschung 8 (2001), S. 249–265, hier S. 262. Der Aufsatz mit dem sonderbaren Titel bietet eine anschauliche Perspektive auf Elisabeths Zeit in Paraguay. Ihr Brief vom 23. April 1890 findet sich: GSA Weimar 100/533, 2 Nietzsche-Familie 1890.

7 Denis Reuter, Der Weimar-Jena-Plan. Die Beziehung des Nietzsche-Archivs zur Universität Jena 1930–1935, hg. von Justus H. Ulbricht, Weimar 2008, S. 54.

8 Guthke, Geburt des Nietzsche-Mythos, S. 550.

9 Dazu umsichtig: Andreas Urs Sommer, Vom Nutzen und Nachteil kritischer Quellenforschung. Einige Überlegungen zum Fall Nietzsche, in: Nietzsche-Studien 29 (2000), S. 302–316.

10 Karl Schlechta, Die Legende und ihre Freunde, in: Ders., Der Fall Nietzsche. Aufsätze und Vorträge, München 1958, S. 86–98, hier S. 92 f.

11 Eine gute Einführung in Montinaris methodische Position bietet sein Band »Nietzsche lesen« (Berlin u. New York 1982).

12 Christian Niemeyer, »die Schwester! Schwester! 's klingt so fürchterlich!«. Elisabeth Förster-Nietzsche als Verfälscherin der Briefe und Werke ihres Bruders – eine offenbar notwendige Rückerinnerung, in: Nietzscheforschung 16 (2009), S. 335–355.

13 Thomas Föhl (Hg.), Von Beruf Kulturgenie und Schwester. Harry Graf Kessler und Elisabeth Förster-Nietzsche. Der Briefwechsel 1895–1935, 2 Bde., Weimar 2013. Das häufig kolportierte Urteil, »[d]aß Frau Foerster-Nietzsche in allem, was die Lehre ihres Bruders angeht, vollständig Laie ist«, findet sich bei: Rudolf Steiner, Das Nietzsche-Archiv und seine Anklagen gegen den bisherigen Herausgeber. Eine Enthüllung, in: Das Magazin für Litteratur Nr. 6 vom 10. Februar 1900, Sp. 145–158, hier Sp. 153.

14 Kerstin Decker, Die Schwester. Das Leben der Elisabeth Förster-Nietzsche, Berlin 2016, S. 608; Diethe, Nietzsches Schwester, S. 216.

15 Dazu maßgeblich: Christopher Clark, Die Schlafwandler. Wie Europa in den Ersten Weltkrieg zog, München 2013; die innere Unruhe zu Beginn des 20. Jahrhunderts schildert eindringlich: Philipp Blom, Der taumelnde Kontinent. Europa 1900–1914, München 2009.

16 Marc Bloch, Apologie der Geschichtswissenschaft oder der Beruf des Historikers, hg. von Lucien Febvre, 3. Aufl. Stuttgart 1992, S. 136.

17 Hier zitiert nach: Alex Capus, Reisen im Licht der Sterne, München 2016, S. 207.

18 Quentin Skinner, Bedeutung und Verstehen in der Ideengeschichte, in: Martin Mulsow u. Andreas Mahler (Hg.), Die Cambridge School der politischen Ideengeschichte, Frankfurt am Main 2010, S. 21–87, hier S. 81.

19 Barbara Beuys, Die neuen Frauen – Revolution im Kaiserreich 1900–1914, München 2014, S. 88.

20 Klaus Goch, Hexe und Königin. Elisabeth Nietzsche – ein kleines Psychogramm, in: Nietzscheforschung 4 (1998), S. 301–317, hier S. 317.

21 Ausgesprochen anschaulich hierzu: Oliver Hilmes, Herrin des Hügels. Das Leben der Cosima Wagner, München 2007.

22 Dazu bereits: H[einz] F. Peters, Zarathustras Schwester. Fritz und Lieschen Nietzsche – ein deutsches Trauerspiel, München 1983, S. 242 f.

23 Dies erörtert ebenso scharfsinnig wie gelassen: Anthony Grafton, Fälscher und Kritiker. Der Betrug in der Wissenschaft, Frankfurt am Main 1995, S. 45.

24 David Marc Hoffmann, Zur Geschichte des Nietzsche-Archivs. Elisabeth Förster-Nietzsche, Fritz Koegel, Rudolf Steiner, Gustav Naumann, Josef Hofmiller. Chronik, Studien und Dokumente, Berlin u. New York 1991.

25 Carl Albrecht Bernoulli, Franz Overbeck und Friedrich Nietzsche. Eine Freundschaft. Nach ungedruckten Quellen und im Zusammenhang mit der bisherigen Forschung dargestellt, 2 Bde., Jena 1908, hier Bd. 1, S. 352, dort auch das nächste Zitat.

FRÜHE PRÄGUNGEN

1 Psalm 121, »Der treue Menschenhüter«, Vers 7; vgl. Reiner Bohley, Nietzsches Taufe. »Was meinst Du soll aus diesem Kindlein werden?«, in: Nietzsche-Studien 9 (1980), S. 383–405, hier S. 386, Anm. 20. Die Angaben zur Geburt Elisabeths folgen dem Eintrag im Röckener Kirchenbuch, der in »Friedrich Nietzsche Chronik in Bildern und Texten« (München u. Wien 2000), S. 11, abgedruckt ist.

2 GSA Weimar 100/211, »Warum ist die christliche Religion die beste? Einige Worte zur Bekräftigung im Guten. Geschrieben an meinem Confirmationstag und gewidmet: meiner verehrungswürdigen Mutter Erdmuthe Nietzsche als ein Zeichen der Dankbarkeit und Liebe: von Ihrem gehorsamen Sohne Ludwig Nietzsche«, These IV.

3 Einen ersten Eindruck von Ludwig Nietzsches Persönlichkeit vermitteln die Unterlagen GSA Weimar 100/445. Eine detaillierte Studie mit starken antiprotestantischen Affekten hat Klaus Goch, »Nietzsches Vater oder Die Katastrophe des Protestantismus. Eine Biographie« (Berlin 2000), vorgelegt.

4 Martin Pernet, Das Christentum im Leben des jungen Friedrich Nietzsche, Opladen 1989, S. 22; zur erfolgreichen Dimension von Ludwig Nietzsches Werdegang siehe: Daniel Blue, The Making of Friedrich Nietzsche. The Quest for Identity, 1844–1869, Cambridge 2016, S. 19 ff.

5 Ludwig Nietzsche zitiert diese Passage in seinem Schreiben an den befreundeten Theologen Emil Julius Schenk in Zeitz vom 16. November 1841; vgl. GSA Weimar 100/445. Nähere Auskünfte zu dieser Korrespondenz bietet: Martin Pernet, Eine Quelle für Nietzsches christliche Herkunft. Der Briefwechsel seines Vaters mit Emil Julius Schenk, in: Nietzscheforschung 11 (2014), S. 279–296.

6 Vgl. dazu generell Klaus Goch, Franziska Nietzsche. Ein biographisches Porträt, Frankfurt am Main u. Leipzig 1994; das vorige Zitat findet sich: Adalbert Oehler, Nietzsches Mutter, 2. Aufl. München 1941, S. 33.

7 Zu den Hochzeitsfeierlichkeiten vgl. Curt Paul Janz, Friedrich Nietzsche Biographie, 3 Bde., München 1981, hier Bd. 1: Kindheit und Jugend. Die zehn Basler Jahre, S. 36, sowie besonders anschaulich Goch, Franziska Nietzsche, S. 59 ff., hier S. 61.

8 Der Text findet sich umsichtig ediert in: Bohley, Nietzsches Taufe, S. 395–405; ebd., S. 397 u. 399, die nächsten Zitate.

9 Brief Ludwig Nietzsches an Emil Julius Schenk vom 27. Januar 1845; GSA Weimar 100/445; Hervorhebung hier und im Folgenden so im Original.

10 Ebd.; Brief Ludwig Nietzsches an Emil Julius Schenk vom 21. Januar 1846. Zu Ludwig Nietzsches Nervenzusammenbruch, dessen Ursachen sich rückblickend kaum klären lassen: Goch, Nietzsches Vater, S. 378.

11 GSA Weimar 100/849, Tagebuch Franziska Nietzsche, ohne Datumsangabe.

12 GSA Weimar 100/445; zum engen Verhältnis zwischen Mutter und Tochter: Hermann Josef Schmidt, »Jeder tiefe Geist braucht die Maske ...«. Nietzsches Kindheit

als Schlüssel zum Rätsel Nietzsche, in: Nietzscheforschung 1 (1994), S. 137–160, hier S. 145 f.

13 Vgl. Hans-Werner Hahn, Zwischen Fortschritt und Krisen. Die vierziger Jahre des 19. Jahrhunderts als Durchbruchsphase der deutschen Industrialisierung, München 1995, S. 20 u. 39.

14 Reiner Bohley, Nietzsches christliche Erziehung, in: Nietzsche-Studien 17 (1987), S. 164–196, u. 18 (1988), S. 377–395, hier S. 173; zur Haltung von Ludwig Nietzsche in der Revolution von 1848 vgl. zudem Blue, The Making of Friedrich Nietzsche, S. 29, und Pernet, Quelle, S. 284 f.

15 Friedrich Nietzsche, Mein Leben, in: Friedrich Nietzsche Jugendschriften 1854–1861, hg. von Hans Joachim Mette, München 1934 (BAW, Bd. 1), S. 33 f., hier S. 33.

16 Goch, Nietzsches Vater, S. 382; ebd., S. 388, das nächste Zitat.

17 Vgl. Bohley, Nietzsches christliche Erziehung, S. 184.

18 Blue, The Making of Friedrich Nietzsche, S. 35; das vorige Zitat findet sich: Hermann Josef Schmidt, »Dem gilt es den Tod, der das gethan«. Nietzsches frühe Entwicklung und einige ihrer Folgen, Aschaffenburg 2014, S. 52.

19 Zu Tante Rosalies Bewunderung für Stahl: Robert C. Holub, Nietzsche's Jewish Problem. Between Anti-Semitism and Anti-Judaism, Princeton u. Oxford 2016, S. 35; zu dessen politischer Weltsicht: Hans-Christoph Kraus, Liberalismusdeutung und Liberalismuskritik bei Stahl und Gerlach, in: Ewald Grothe u. Ulrich Sieg (Hg.), Liberalismus als Feindbild, Göttingen 2014, S. 53–72.

20 Blue, The Making of Friedrich Nietzsche, S. 49.

21 Beide Glückwünsche finden sich: GSA Weimar 100/531, 1 Nietzsche-Familie, Mappe »Kindheit«.

22 Vgl. die Exzerpte aus Valentiners Schrift in ihrem Tagebuch, GSA Weimar 100/849, und deren Bewertung bei Klaus Goch, Hexe und Königin. Elisabeth Nietzsche – ein kleines Psychogramm, in: Nietzscheforschung 4 (1998), S. 301–317, hier S. 310. Zu Erdmuthes Kommunikationsgepflogenheiten: Diethe, Nietzsches Schwester, S. 17.

23 Undatiertes Schreiben Elisabeths an ihre Mutter, GSA Weimar 100/531, 1 Nietzsche-Familie, Mappe »Kindheit«; zum fröhlichen Ritual des abendlichen Zubettbringens in Naumburg: Blue, The Making of Friedrich Nietzsche, S. 53.

24 Friedrich Nietzsche Chronik, S. 38; zum Folgenden vgl. Diethe, Nietzsches Schwester, S. 24.

25 GSA Weimar 72/1035a Elisabeth Nietzsches Übungshefte in der höheren Töchterschule von Johanna von Paraski in Naumburg; dort auch die nächsten Zitate.

26 GSA Weimar 72/1035i »Für tadellose Führung Elisabeth Nietzsche d. J. 57«.

27 GSA Weimar 72/1034 Zeugnisse für Elisabeth Nietzsche.

28 GSA Weimar 72/854 Tagebuch Elisabeth Nietzsche »Aus meinem Leben«. Zu Wenkels Persönlichkeit siehe Reiner Bohley, Die Christlichkeit einer Schule. Schulpforte zur Schulzeit Nietzsches. Hg. und mit einem Nachwort versehen von Kai Agthe, Jena u. Quedlinburg 2007, S. 263 f.

29 Thomas H. Brobjer, Nietzsche's Education at the Naumburg Domgymnasium 1855–1858, in: Nietzsche-Studien 28 (1999), S. 302–322, hier S. 303, Anm. 5.

30 Ders., Why did Nietzsche Receive a Scholarship to Study at Schulpforta?, in: Nietzsche-Studien 30 (2001), S. 322–328, hier S. 327; dabei gilt es mit zu bedenken, dass im zeitgenössischen Notenspektrum »befriedigend« die schlechteste zur Versetzung ausreichende Note war. Zu Nietzsches Übergang auf die königliche Landesschule Pforta, den die Mutter bereits 1854 ins Auge gefasst hatte, vgl. auch Blue, The Making of Friedrich Nietzsche, S. 79 f., und Pernet, Christentum, S. 65.

31 Bohley, Die Christlichkeit einer Schule, S. 11.

32 Zit. nach der umfassenden Studie von Elisabeth Kraus, Die Familie Mosse. Deutsch-jüdisches Bürgertum im 19. und 20. Jahrhundert, München 1999, S. 93. Das Pförtner Schulgesetz ist wiedergegeben: Bohley, Die Christlichkeit einer Schule, S. 216.

33 »Aus meiner Tochter Elisabeth Nietzsche Tagebuch«, GSA Weimar 72/855. Die Abschrift ist ausgesprochen präzise, »Fehler« in der Vorlage werden häufig stillschweigend verbessert.

34 Dies unterschätzt Diethe, Nietzsches Schwester, S. 38 f. Die Tagebucheintragungen finden sich: GSA Weimar 72/854 und werden im Folgenden stets mit Datierung wiedergegeben.

35 Friedrich Nietzsche Chronik, S. 84 f.

36 GSA Weimar 100/531, 1 Nietzsche-Familie 1862–1868, Schreiben Elisabeths an die Mutter vom 5. Februar 1862. Zum Hintergrund: Dirk Schäfer, Im Namen Nietzsches. Elisabeth Förster-Nietzsche und Lou Andreas-Salomé, Frankfurt am Main 2001, S. 17.

37 GSA Weimar 100/531, 1 Nietzsche-Familie 1862–1868, Briefe Elisabeths an die Mutter vom 4. bzw. 12. März 1862.

38 Brief Elisabeths an den Bruder vom 1. März 1862; Friedrich Nietzsche, Briefe. Kritische Gesamtausgabe (KGA), Bd. I,1, S. 379 f., hier S. 380.

39 Friedrich Nietzsche, Sämtliche Briefe. Kritische Studienausgabe (KSB), Bd. 1, S. 203 f., hier S. 203.

40 Friedrich Nietzsche, Fatum und Geschichte. Gedanken, in: Friedrich Nietzsche, Jugendschriften 1861–1864, hg. von Hans Joachim Mette, München 1934 (BAW, Bd. 2), S. 54–59, hier S. 54; ebd., S. 55 u. 57, die nächsten Zitate. Die letzte wiedergegebene Passage stammt aus einem in diesen Zusammenhang gehörenden Fragment Nietzsches vom 27. April 1862; ebd., S. 60–63, hier S. 63.

41 Vgl. Diethe, Nietzsches Schwester, S. 52.

42 Alle Zitate: Brief Elisabeths an den Bruder von Mitte Juni 1862; KGA Briefe, Bd. I,1, S. 382 ff.

43 Brief an die Schwester in Dresden vom 7. Juli 1862; KSB, Bd. 1, S. 214 f., hier S. 215.

44 Zu Elisabeths Selbststilisierung als Lama vgl. Diethe, Nietzsches Schwester, S. 42 ff., und Janz, Friedrich Nietzsche Biographie, Bd. 1, S. 150 f.

45 Marie Nathusius, Die alte Jungfer. Eine Erzählung von der Verfasserin des »Tagebuchs eines armen Fräuleins«, Halle 1857, S. 226.

46 Zu Nietzsches Konfirmation: Heiner Feldhoff, Nietzsches Freund. Die Lebensgeschichte des Paul Deussen, Köln, Weimar u. Wien 2008, S. 36; Blue, The Making of Friedrich Nietzsche, S. 119 f., und Pernet, Christentum, S. 79 f. Das letzte Zitat findet sich: KGA Briefe, Bd. I,1, S. 338.

47 Das Weitere nach GSA Weimar 100/489 Briefe von Robert Buddensieg an Franziska Nietzsche. Die Schreiben sind in einem persönlichen Ton gehalten, die Anrede lautet stets: »Gott grüße sie!« Allgemein zur Wichtigkeit des Tutors im Pförtner Erziehungssystem: Bohley, Die Christlichkeit einer Schule, S. 109 ff.

48 Vgl. Sander L. Gilman, Pforta zur Zeit Nietzsches, in: Nietzsche-Studien 8 (1979), S. 398–426, hier S. 410, und Pernet, Christentum, S. 78.

49 KSB, Bd. 1, S. 169 f., Brief Nietzsches an Mutter und Schwester vom 20. August 1861; die hier wiedergegebene Passage richtete sich an die Mutter.

50 KSB, Bd. 1, S. 232 f., hier S. 232, Brief Nietzsches an Mutter und Schwester vom 1. März 1863. Zur Predigt Buddensiegs beim Schulfest 1861: Martin Pernet, Religion und Bildung: Eine Untersuchung zur Geschichte von Schulpforta, Würzburg 2000, S. 135.

51 Zur geringen Bedeutung der Abiturprüfungen in Pforta siehe Bohley, Die Christlichkeit einer Schule, S. 150 f.; ihre Wichtigkeit für das preußische Schulsystem unterstreicht: Thomas Nipperdey, Deutsche Geschichte 1800–1866. Bürgerwelt und starker Staat, München 1983, S. 460.

52 Sie ist wiedergegeben: KGA Briefe, Bd. I,1, S. 433; zum Folgenden vgl. Friedrich Nietzsche Chronik, S. 108 ff.

53 Paul Deussen, Erinnerungen an Friedrich Nietzsche, Leipzig 1901, S. 15; vgl. auch Feldhoff, Nietzsches Freund, S. 45.

54 Zit. nach der eindrucksvollen Darstellung von Wolfram Siemann, Gesellschaft im Aufbruch. Deutschland 1849–1871, Frankfurt am Main 1990, S. 89 f.; generell zum Umbruchcharakter der Epoche: Friedrich Lenger, Industrielle Revolution und Nationalstaatsgründung (1849–1870er Jahre), Stuttgart 2003, S. 31–47, und Reinhard Rürup, Deutschland im 19. Jahrhundert, Göttingen 1984, S. 198 f.

55 Henning Albrecht, Antiliberalismus und Antisemitismus. Hermann Wagener und die preußischen Sozialkonservativen 1855–73, Paderborn usw. 2010, S. 539; zum Vorigen Nikolaus Buschmann, Einkreisung und Waffenbrüderschaft. Die öffentliche Deutung von Krieg und Nation in Deutschland 1850–71, Göttingen 2003, S. 62.

56 Es findet sich: Diethe, Nietzsches Schwester, S. 49 ff.; Nietzsches Schreiben vom 24. und 25. Oktober 1864 ist wiedergegeben: KSB, Bd. 2, S. 14 ff., hier S. 16.

57 Schreiben Elisabeths an den Bruder vom 26. Mai 1865, KGA Briefe, Bd. I,3, S. 43–47, hier S. 44 f.; zu den innerfamiliären Konflikten Ostern 1865: Janz, Friedrich Nietzsche Biographie, Bd. 1, S. 146 f.

58 Brief an die Schwester vom 11. Juni 1865, KSB, Bd. 2, S. 60–64, hier S. 60 f.

59 Deussen, Erinnerungen, S. 20.

60 Vgl. Janz, Friedrich Nietzsche Biographie, Bd. 1, S. 164.

61 Zu Lange in aller Kürze: Ulrich Sieg, Gerechtigkeitssinn und Empörung. Die »Marburger Schule« des Neukantianismus, Marburg 2016, S. 13–20; generell zur Bedeutung von Nietzsches Leipziger Leseerfahrungen: Rüdiger Safranski, Nietzsche. Biographie seines Denkens, München 2000, S. 33–45.

62 Die Literatur zur Beziehung zwischen Nietzsche und Wagner ist uferlos. Zu ihrer ersten Begegnung vgl. Dietrich Fischer-Dieskau, Wagner und Nietzsche. Der Mystagoge und sein Abtrünniger, München 1974, S. 9–27, und Kerstin Decker, Nietzsche und Wagner. Geschichte einer Hassliebe, Berlin 2012, S. 17–27.

63 KGA Briefe, Bd. I,3, S. 112 f., hier S. 113, Nachtrag Elisabeth Nietzsches zum Brief der Mutter an Friedrich Nietzsche aus den letzten Junitagen 1866.

64 Janz, Friedrich Nietzsche Biographie, Bd. 1, S. 219; ebd., S. 215, das letzte Zitat.

65 Zum Beginn der Freundschaft zwischen Nietzsche und Rohde vgl. ebd., S. 207–210 und passim.

66 KGA Briefe, Bd. I,3, S. 273 f.

67 Thomas Brobjer, Nietzsche's forgotten Book: The index to the *Rheinisches Museum für Philologie*, in: New Nietzsche Studies 4 (2000/01), S. 157–161; Elisabeth Förster-Nietzsche, Der junge Nietzsche, Leipzig 1912, S. 204.

68 Detailliert zu den Hintergründen der Schweizer Berufung: Johannes Stroux, Nietzsches Professur in Basel, Jena 1925; ebd., S. 32, die Stellungnahme Ritschls. Die erstaunlichen Ähnlichkeiten in der Karriere Nietzsches und Kiesslings zeigt: Martin W. Pernet, Friedrich Nietzsche und das »Fromme Basel«, Basel 2014, S. 123.

69 KGA Briefe, Bd. I, 3, S. 337 ff., hier S. 338.

70 Diethe, Nietzsches Schwester, S. 54 f. Das Leipziger Universitätsarchiv fand keine Spuren Elisabeths in den Akten; Antwort an den Verfasser vom 11. April 2017.

JAHRE IM SCHATTEN

1 Einen plastischen Eindruck von Nietzsches Amtspflichten gibt: Andreas Urs Sommer, Friedrich Nietzsche als Basler Philosoph, in: Emil Angehrn u. Wolfgang Rother (Hg.), Philosophie in Basel. Prominente Denker des 19. und 20. Jahrhunderts, Basel 2011, S. 32–60. Als Übersicht über seine Lehrveranstaltungen vgl. Curt Paul Janz, Friedrich Nietzsches Lehrtätigkeit in Basel 1869–1879, in: David Marc Hoffmann (Hg.), Nietzsche und die Schweiz, Zürich 1994, S. 25–29.

2 KSB, Bd. 3, S. 6 ff., hier S. 7. Zum Folgenden: Lionel Gossman, Basel in der Zeit Jacob Burckhardts. Eine Stadt und vier unzeitgemäße Denker, Basel 2005, S. 531–535.

3 KSB, Bd. 3, S. 10 f., hier S. 11; zu Nietzsches Antrittsvorlesung vgl. ferner seinen Brief an Erwin Rohde vom 8. Juni 1869, ebd., S. 16–19, hier S. 17, sowie als Interpretation Sommer, Nietzsche als Basler Philosoph, S. 39 f.

4 Brobjer, Nietzsche's forgotten Book, S. 258.

5 KSB, Bd. 3, S. 21 ff., hier S. 21, u. S. 45 ff., hier S. 47; vgl. auch Deussen, Erinnerungen, S. 66 ff.

6 Gossman, Basel, S. 535; das vorige Zitat findet sich: Sommer, Nietzsche als Basler Philosoph, S. 34.

7 Vgl. die Unterlagen im Staatsarchiv Basel-Stadt, Erziehungsakten X 14a; Nietzsches Brief an die Mutter vom 16. Juli 1870 nach KSB, Bd. 3, S. 131.

8 KSB, Bd. 3, S. 154 ff., Zitate S. 155 u. 156.

9 KGA Briefe, Bd. II,2, S. 305 ff., hier S. 307; das vorige Zitat nach: ebd., S. 290–293, hier S. 292.

10 Bernt Ture von zur Mühlen, Gustav Freytag. Biographie, Göttingen 2016, S. 206.

11 KSB, Bd. 3, S. 195.

12 Zit. nach: Wolfgang Schivelbusch, Die Kultur der Niederlage. Der amerikanische Süden 1865, Frankreich 1871, Deutschland 1918, Darmstadt 2001, S. 138. Zur Beurteilung der Pariser Commune: Domenico Losurdo, Nietzsche der aristokratische Rebell. Intellektuelle Biographie und kritische Bilanz, 2 Bde., Berlin 2009, S. 33–37 und passim, der freilich die Politizität von Nietzsches Äußerungen erheblich überschätzt.

13 Dieter Borchmeyer, Nietzsche, Cosima, Wagner. Porträt einer Freundschaft, Frankfurt am Main u. Leipzig 2008, S. 136 f.

14 Nietzsches Verse finden sich: KSB, Bd. 3, S. 88; Elisabeths Antwort: KGA Briefe, Bd. II,2, S. 98 f., hier S. 99.

15 Dieter Borchmeyer u. Jörg Salaquarda (Hg.), Nietzsche und Wagner. Stationen einer epochalen Begegnung, 2 Bde., Frankfurt am Main u. Leipzig 1994, Bd. 1, S. 134–137, hier S. 136 f.

16 Gossman, Basel, S. 533.

17 Einführend zu Teichmüller, der zu den großen Unbekannten der neueren Philosophiegeschichte zählt: Heiner Schwenke, Gustav Teichmüller – Die Rettung der Person, in: Emil Angehrn u. Wolfgang Rother (Hg.), Philosophie in Basel. Prominente Denker des 19. und 20. Jahrhunderts, Basel 2011, S. 14–30, hier S. 21 f. Detailliert zur Wiederbesetzung seiner Basler Professur: Janz, Friedrich Nietzsche Biographie, Bd. 1, S. 398–409.

18 Undatiertes Schreiben Nietzsches an Wilhelm Vischer vom Januar 1871, KSB, Bd. 3, S. 174–178, hier S. 176; die beiden nächsten Zitate finden sich: ebd., S. 177.

19 Janz, Friedrich Nietzsche Biographie, Bd. 1, S. 397.

20 Undatierter Brief Elisabeths aus Lugano an die Mutter; GSA Weimar 100/531, 1 Nietzsche-Familie 1871; dort auch das im Folgenden wiedergegebene gleichfalls undatierte Schreiben Elisabeths an die Mutter.

21 GSA Weimar 72/854; Tagebuch Elisabeth Nietzsche, Eintrag in Lugano vom 17. März 1871; dort auch die folgenden Zitate.

22 Dies hat bereits die Mutter bemerkt; GSA Weimar 72/855, »Aus meiner Tochter

Elisabeth Nietzsche Tagebuch«. Der nachträgliche Charakter von Elisabeths letzter Notiz wird durch die Tatsache bestätigt, dass sie im Unterschied zum Rest des Tagebuchs nicht mit schwarzer, sondern mit blauer Tinte geschrieben ist.

23 Zu Euckens Berufung und seinen ungewöhnlichen rhetorischen Fähigkeiten: Ulrich Sieg, Kulturkritik als Zeitgeistverstärkung. Der Jenaer Neoidealist Rudolf Eucken, in: Michael Dreyer u. Klaus Ries (Hg.), Romantik und Freiheit. Wechselspiele zwischen Ästhetik und Politik, Heidelberg 2014, S. 241–259.

24 Dies nach der nicht sonderlich zuverlässigen Darstellung von Hermann Randa, Nietzsche, Overbeck und Basel, Bern u. Leipzig 1937, S. 10 f. Das nächste Zitat findet sich: Walter Siegfried, Aus dem Bilderbuch eines Lebens, Teil 1, Zürich u. Leipzig 1926, S. 21.

25 So die Mitteilung Elisabeths in ihrem Brief an den Bruder vom 17. Februar 1873; KGA Briefe, Bd. II, 4, S. 211 ff., hier S. 212. Zum Folgenden vgl. Sommer, Nietzsche als Philosoph, S. 44 f.

26 Dazu sachkundig: Wolfgang Schivelbusch, Geschichte der Eisenbahnreise. Zur Industrialisierung von Raum und Zeit im 19. Jahrhundert, 3. Aufl. Frankfurt am Main 2014, S. 121–134. Elisabeths Brief an den Bruder vom 7. September 1874 liegt vor: KGA Briefe, Bd. II, 4, S. 557–560, hier S. 557 f.

27 Brief Elisabeths an den Bruder vom 27. Oktober 1874, KGA Briefe, Bd. II, 4, S. 596–599, hier S. 596.

28 So treffend: Werner Ross, Der Freundschaft einen Tempel. Friedrich Nietzsche und Erwin Rohde, in: Thomas Karlauf (Hg.), Deutsche Freunde. Zwölf Doppelporträts, Berlin 1995, S. 159–187, hier S. 175. Der Text von *Die Geburt der Tragödie* ist leicht greifbar: Friedrich Nietzsche, Sämtliche Werke. Kritische Studienausgabe (KSA), Bd. 1, S. 9–156.

29 Brief Elisabeth und Franziska Nietzsches aus Naumburg vom 30. Dezember 1871, KGA Briefe, Bd. II, 2, S. 489 ff., hier S. 489 f.

30 Vgl. Gossman, Basel, S. 544 u. 551, sowie zur meritokratischen Ausrichtung von Nietzsches Argumentation: Jürgen Oelkers, Friedrich Nietzsches Basler Vorträge im Kontext der deutschen Gymnasialpädagogik, in: Nietzscheforschung 12 (2005), S. 73–95. Zu Bachofens positiver Beurteilung der Tragödienschrift: Pernet, Nietzsche und das »Fromme Basel«, S. 236.

31 Cosima Wagner, Die Tagebücher 1864–1883, 2 Bde., hg. von Martin Gregor-Dellin u. Dietrich Mack, München 1976 u. 1977, Eintrag vom 6. Januar 1872.

32 KSB, Bd. 3, S. 281 f.; ebd., S. 282, das nächste Zitat.

33 Friedrich Nietzsche Chronik, S. 260.

34 Zum Folgenden: William Musgrave Calder III, The Wilamowitz-Nietzsche Struggle. New Documents and a Reappraisal, in: Nietzsche-Studien 12 (1983), S. 214–254, sowie mit anderer Akzentuierung Joachim Latacz, Fruchtbares Ärgernis: Nietzsches ›Geburt der Tragödie‹ und die gräzistische Tragödienforschung, in: David Marc Hoffmann (Hg.), Nietzsche und die Schweiz, Zürich 1994, S. 30–45.

35 Brief Nietzsches an Gustav Krug vom 24. Juni 1872, KSB, Bd. 4, S. 29 ff., hier S. 30.

36 Brief Elisabeths an die Mutter vom 20. Juni 1872; GSA Weimar 100/531, 1 Nietzsche-Familie 1872, dort auch das folgende Zitat.

37 Dazu gelassen: Sommer, Nietzsche als Basler Philosoph, S. 47 f. Die zentralen Texte der Debatte finden sich bei Karlfried Gründer (Hg.), Der Streit um Nietzsches »Geburt der Tragödie«. Die Schriften von E. Rohde, R. Wagner, U. von Wilamowitz-Moellendorff, Zürich u. Hildesheim 1969.

38 Vgl. Calder III, The Wilamowitz-Nietzsche Struggle, S. 240.

39 Zum ideengeschichtlichen Kontext siehe: Suzanne L. Marchand, German Orientalism in the Age of Empire. Religion, Race, and Scholarship, Cambridge usw. 2009, S. 271.

40 Brief Elisabeths an ihren Bruder vom 18. bis 21. Mai 1873, KGA Briefe, Bd. II, 4, S. 256–259, hier S. 259.

41 Friedrich Nietzsche, Unzeitgemäße Betrachtungen. Erstes Stück: David Strauss der Bekenner und der Schriftsteller, in: KSA, Bd. 1, S. 157–242, hier S. 217.

42 Massimo Ferrari Zumbini, Die Wurzeln des Bösen. Gründerjahre des Antisemitismus: Von der Bismarckzeit zu Hitler, Frankfurt am Main 2003, S. 428. Gottfried Kellers Urteil findet sich: Adolf Muschg, Gottfried Keller, 2. Aufl. München 1977, S. 247.

43 GSA Weimar 100/531, 1 Nietzsche-Familie 1872.

44 Dazu prononciert: Norbert Bolz, Zurück zu Luther, Paderborn 2016, S. 214; Elisabeths Brief an die Mutter aus dem Herbst 1873 liegt vor: GSA Weimar 100/531, 1 Nietzsche-Familie 1873.

45 Beide Briefe Elisabeths an die Mutter nach: GSA Weimar 100/531, 1 Nietzsche-Familie 1874.

46 KGA Briefe, Bd. II, 4, S. 373 f., hier S. 374. Die vorigen Zitate finden sich: GSA Weimar 100/531, 1 Nietzsche-Familie 1875.

47 Ebd., Schreiben Elisabeths an die Mutter vom 20. Februar 1875. Die nächsten Zitate stammen aus ihrem Brief an die Mutter von Ende Februar 1875.

48 KGA Briefe, Bd. II, 6/1, S. 68–71, hier S. 68.

49 Alle Zitate im Brief Elisabeths an die Mutter vom 19. Mai 1875, GSA Weimar 100/531, 1 Nietzsche-Familie 1875.

50 KSB, Bd. 5, S. 103 ff., hier S. 104; ebd., S. 57 ff., hier S. 57, das vorige Zitat.

51 GSA Weimar 100/531, 1 Nietzsche-Familie 1875; ebd., auch das nächste Zitat.

52 Schreiben Elisabeths an ihre Mutter von Ende Dezember 1875, ebd. Zu ihrer entsagungsvollen Krankenpflege vgl. auch Pernet, Nietzsche und das »Fromme Basel«, S. 267.

53 Alle Zitate aus dem Brief Elisabeths an die Mutter vom 5. Juni 1876; GSA Weimar 100/531, 2 Nietzsche-Familie 1876.

54 Brief Elisabeths an die Mutter vom 24. Juni 1876, ebd.

55 Nietzsche an Carl von Gersdorff vom 21. Juli 1876; KSB, Bd. 5, S. 178.

56 Brief Elisabeths an die Mutter vom 19. Juli 1876; GSA Weimar 100/531, 2 Nietzsche-Familie 1876.

57 Brief Nietzsches an seine Schwester vom 1. August 1876; KSB, Bd. 5, S. 181. Das nächste Zitat findet sich im Schreiben Elisabeths an die Mutter von Mitte August 1876, GSA Weimar 100/531, 2 Nietzsche-Familie 1876.

58 Brief Elisabeths an die Mutter vom 27. August 1876, ebd.

59 Rées Einfluss auf diese Veränderungen ist noch nicht vollständig ausgelotet. Zu ihm monographisch: Domenico M. Fazio, Paul Rée. Philosoph, Arzt, Philanthrop, München 2005, und Robin Small, Nietzsche and Rée. A Star Friendship, Oxford 2005.

60 Decker, Nietzsche und Wagner, S. 307; das letzte Zitat nach: Curt Paul Janz, »Die tödtliche Beleidigung«. Ein Beitrag zur Wagner-Entfremdung Nietzsches, in: Nietzsche-Studien 4 (1975), S. 263–279, hier S. 270.

61 Sander L. Gilman (Hg.), Otto Eiser and Nietzsche's Illness: A hitherto unpublished text, in: Nietzsche-Studien 38 (2009), S. 396–409, hier S. 409.

62 Alle Zitate aus dem Brief Elisabeths an die Mutter vom 19. Oktober 1877; GSA Weimar 100/531, 2 Nietzsche-Familie 1877.

63 Ebd., die Datierung nach dem Poststempel.

64 GSA Weimar 100/531, 2 Nietzsche-Familie 1878; dort auch die Zitate aus Elisabeths Brief vom 25. Februar 1878.

65 Schreiben Elisabeths an die Mutter vom 1. Mai 1878, ebd.

66 Vgl. Pernet, Nietzsche und das »Fromme Basel«, S. 269 f.; der Brief Elisabeths an die Mutter vom 14. Juni 1878 findet sich: GSA Weimar 100/531, 2 Nietzsche-Familie 1878.

67 Brief Nietzsches an Carl Fuchs kurz vor Ende Juni 1878; KSB, Bd. 5, S. 334 f., hier S. 335.

68 Aus der breiten Literatur nur: Fischer-Dieskau, Wagner und Nietzsche, S. 171–174.

69 KSB, Bd. 5, S. 241 f., hier S. 241; ebd., S. 279, das nächste Zitat.

70 Brief Elisabeths an die Mutter vom 29. Juni 1879; GSA Weimar 100/531, 2 Nietzsche-Familie 1879.

71 Vgl. Curt Paul Janz, Friedrich Nietzsche Biographie, Bd. 2: Die zehn Jahre des freien Philosophen, München 1981, S. 26 f.

72 Zit. nach: Roswitha Wollkopf, Elisabeth Nietzsche – Nora wider Willen? Ein bisher unentdecktes Manuskript, in: Nietzscheforschung 1 (1994), S. 261–266, hier S. 262.

73 KGA Briefe, Bd. II, 6/2, S. 1182 ff., hier S. 1183 f.; Brief Elisabeths an den Bruder vom 10. Oktober 1879. Der anschließend zitierte Brief Elisabeths an den Bruder vom 27. Januar 1880 liegt vor: KGA Briefe, Bd. III, 2, S. 22–25, hier S. 23.

74 Der Name hat vielleicht Carol Diethe dazu bewogen, der Geschichte den Titel *Kaffeeklatsch über Nora* zu geben. Ihr Text, nach dem im Folgenden zitiert wird, findet sich: Diethe, Nietzsches Schwester, S. 229–271. Doch sollte festgehalten werden, dass es sich beim Titel um eine Erfindung der britischen Historikerin handelt und

die Nähe der Erzählung zu Ibsens berühmtem Schauspiel *Nora oder ein Puppenheim* nur schwach ausgeprägt ist.

75 Als Interpretation vgl. neben Diethe, Nietzsches Schwester, S. 158–166, auch Karin Bauer, Domesticating Nietzsche: Toward a Genealogy of Elisabeth Förster-Nietzsche's ›Novellen-Eierchen‹, in: Orbis Litterarum 57 (2002), S. 343–369. Zur Textgestalt siehe Wollkopf, Elisabeth Nietzsche – Nora wider Willen, S. 263 f.

76 KSB, Bd. 4, S. 250 f., hier S. 250. Wie so häufig bei privaten Konflikten ist Elisabeths Brief im Weimarer Nietzsche-Archiv nicht erhalten; vgl. Friedrich Nietzsche Chronik, S. 320.

77 Vgl. Gunna Wendt, Lou Andreas-Salomé und Rilke – eine amour fou, 4. Aufl. Berlin 2017, 67 f., sowie als biographisch aufschlussreiche Quelle Lou Andreas-Salomé, Lebensrückblick. Grundriß einiger Lebenserinnerungen. Aus dem Nachlaß hg. von Ernst Pfeiffer, Zürich u. Wiesbaden 1951, S. 81. Zum Besuch in Tribschen: Dies., Friedrich Nietzsche in seinen Werken. Mit 2 Bildern und 3 facsimilirten Briefen Nietzsches, Wien 1896, S. 87; generell zu ihrem Leben: Kerstin Decker, Lou Andreas-Salomé. Der bittersüße Funke Ich, Berlin 2012.

78 Die Details zu diesem Bild und seiner Entstehung nach: Friedrich Nietzsche Chronik, S. 513 f.

79 Postkarte Nietzsches an Overbeck vom 23. Mai 1882, KSB, Bd. 6, S. 193.

80 Brief Nietzsches an Lou Salomé vom 26. Juni 1882, KSB, Bd. 6, S. 210 f., hier S. 211.

81 Ob dies ein Zeichen für Rées Intriganz war, wie Carol Diethe in: Vergiß die Peitsche. Nietzsche und die Frauen, Hamburg u. Wien 2000, S. 68, annimmt, oder für andere Motive wie etwa seinen Wissensdrang spricht, bleibe dahingestellt.

82 Friedrich Nietzsche und Lou von Salomé in Tautenburg. Auszüge aus der unpublizierten Selbstbiographie des Pfarrers Hermann Otto Stölten, hg. und erläutert von Andreas Urs Sommer, in: Nietzsche-Studien 38 (2009), S. 389–392, hier S. 392. Zum Folgenden vgl. Anacleto Verrecchia, Zarathustras Ende. Die Katastrophe Nietzsche in Turin, Wien, Köln u. Graz 1986, S. 52.

83 KSB, Bd. 6, S. 242 f., hier S. 243, Notiz Nietzsches an Lou von Salomé aus der Zeit vom 8. bis 24. August 1882.

84 Ernst Pfeiffer (Hg.), Friedrich Nietzsche, Paul Rée, Lou von Salomé. Die Dokumente ihrer Begegnung, Frankfurt am Main 1970, S. 167.

85 Die Klammerzitation im Text folgt erneut Diethe, Nietzsches Schwester; zur späten Datierung des Textes vgl. Bauer, Domesticating Nietzsche, S. 366 f., und Schäfer, Im Namen Nietzsches, S. 62 f.

86 Es findet sich bei: Pfeiffer, Friedrich Nietzsche, Paul Rée, Lou von Salomé, S. 251–268, auf dessen Edition sich auch die im Text angeführten Seitenangaben beziehen.

87 So Nietzsche rückblickend in seinem Brief an Heinrich Köselitz vom 21. April 1881; KSB, Bd. 6, S. 364 ff., hier S. 365.

88 Dazu prononciert: Renate Müller-Buck, »Naumburger Tugend« oder »Tugend der

Redlichkeit«. Elisabeth Förster-Nietzsche und das Nietzsche-Archiv, in: Nietzscheforschung 4 (1998), S. 319–335, hier S. 319 f. Das Vorige nach dem Fragment Franziska Nietzsches vom 6. November 1882; KGA Briefe, Bd. III, 2, S. 301 f., hier S. 302.

89 Pfeiffer, Friedrich Nietzsche, Paul Rée, Lou von Salomé, S. 283 ff., hier S. 284.

90 GSA Weimar 102/302, 1 Briefe von Elisabeth Nietzsche an Heinrich Köselitz; Schreiben Elisabeths vom 26. April 1884; dort auch die folgenden Zitate.

EINE LIEBE

1 Die Dokumente finden sich: GSA Weimar 72/1542a-e, Briefe an Pauline Förster, geb. Spieß. Zum Lebenslauf Bernhard Försters: Daniela Kraus, Bernhard und Elisabeth Försters »Nueva Germania« in Paraguay. Eine antisemitische Utopie, phil. Diss. Wien 1999, S. 27 f.; zur Vita seines Bruders der Wikipedia-Artikel »Theodor Förster (Theologe)« https://de.wikipedia.org/wiki/Theodor_Förster_(Theologe); letzter Zugriff am 4. Oktober 2018.

2 Siehe etwa den Brief Försters an seine Mutter vom 24. Oktober 1870, GSA Weimar 72/1542b.

3 Vgl. dazu den schönen Essay von Ernst Schulin, Zeitgemäße Historie um 1870. Zu Nietzsche, Burckhardt und zum Historismus, in: Historische Zeitschrift 281 (2005), S. 33–58; das Vorige nach KGA Briefe, Bd. II, 6/1, S. 479–483, hier S. 480 f.

4 Ebd., S. 573–576, hier S. 575; Schreiben Elisabeths an den Bruder vom 5. Juni 1877.

5 GSA Weimar 72/BW 1400 Bernhard Förster, dort auch alle weiteren Briefe Försters an Elisabeth, die im Folgenden wenn möglich mit genauer Datierung, aber ohne abermalige Erwähnung ihrer Provenienz wiedergegeben werden.

6 Vgl. die Hinweise im Brief Elisabeths aus Naumburg an Nietzsche vom 20. bis 22. Mai 1877, ebd., S. 563 ff., hier S. 564; die folgende Angabe nach Friedrich Nietzsche Chronik, S. 452.

7 Kraus, Bernhard und Elisabeth Försters »Nueva Germania«, S. 71. Das vorige Zitat nach: Hannu Salmi, Die Suche nach dem »germanischen Ideal«. Bernhard Förster als Wegbereiter des Wagnerianismus, in: Zeitschrift für Geschichtswissenschaft 42 (1994), S. 485–496, hier S. 485.

8 Moshe Zimmermann, Aufkommen und Diskreditierung des Begriffs Antisemitismus, in: Ursula Büttner (Hg.), Das Unrechtsregime. Internationale Forschung über den Nationalsozialismus, Bd. 1: Ideologie – Herrschaftssystem – Wirkung in Europa, Hamburg 1970, S. 59–77, hier S. 64 f. Nuanciert zum Zeithintergrund: Peter G. J. Pulzer, Die Entstehung des politischen Antisemitismus in Deutschland und Österreich 1867–1914. Mit einem Forschungsbericht des Autors, Göttingen 2004.

9 Ein Exemplar der Antisemiten-Petition liegt vor: GSA Weimar 72/BW 1400 Bernhard Förster, fol. 11; dort auch die Zitate im Text.

10 Vgl. dazu die differenzierte Darstellung von Uffa Jensen, Gebildete Doppelgänger.

Bürgerliche Juden und Protestanten im 19. Jahrhundert, Göttingen 2005, S. 276 ff. u. 297–300.

11 Damit folge ich der Argumentation von Pulzer, Entstehung des politischen Antisemitismus, S. 143; zur Resonanz der Antisemiten-Petition: Jensen, Gebildete Doppelgänger, S. 273.

12 Kraus, Bernhard und Elisabeth Försters »Nueva Germania«, S. 74; zum Vorigen: Salmi, Suche, S. 489.

13 Zu Försters Weltsicht: Erich F. Podach, Gestalten um Nietzsche. Mit unveröffentlichten Dokumenten zur Geschichte seines Lebens und seines Werks, Weimar 1932, S. 134–137. Generell zur rückwärtsgewandten Einstellung der deutschen Südamerika-Auswanderer: Sebastian Conrad, Globalisierung und Nation im Deutschen Kaiserreich, München 2006, S. 276.

14 Brief Elisabeths aus Naumburg an Nietzsche in Basel vom 18. bis 21. März 1873; KGA Briefe, Bd. II, 4, S. 256–259, hier S. 258.

15 KSB, Bd. 2, S. 126–129, hier S. 127 f.

16 Vgl. die wichtige Studie von David Nirenberg, Anti-Judaismus. Eine andere Geschichte des westlichen Denkens, München 2015; das vorige Zitat findet sich bei: Reinhard Mehring, Heideggers »große Politik«. Die semantische Revolution der Gesamtausgabe, Tübingen 2016, S. 187.

17 Dazu hellsichtig: Sven Brömsel, Exzentrik und Bürgertum. Houston Stewart Chamberlain im Kreis jüdischer Intellektueller, Berlin 2015, S. 219.

18 Zit. nach: Conrad, Globalisierung und Nation, S. 232.

19 Zum empirischen Faktenkranz: Heinz Joachim Dominick, Der Krieg der Tripel-Allianz in der deutschen Historiographie und Publizistik, Frankfurt am Main 1990; zur düsteren Gesamtbilanz des Krieges: Jürgen Osterhammel, Die Verwandlung der Welt. Eine Geschichte des 19. Jahrhunderts, München 2009, S. 684, und Steven Pinker, Gewalt. Eine neue Geschichte der Menschheit, Frankfurt am Main 2011, S. 301. Die forcierte Einwanderungspolitik Paraguays seit 1870 schildert: Kraus, Bernhard und Elisabeth Försters »Nueva Germania«, S. 24.

20 Ebd., S. 132; zur Verschärfung von Lagardes Semantik in der zweiten Auflage der *Deutschen Schriften* siehe Ulrich Sieg, Antisemitismus und Antiliberalismus im Deutschen Kaiserreich, in: Ders. u. Ewald Grothe (Hg.), Liberalismus als Feindbild, Göttingen 2014, S. 93–112, hier S. 100 ff.

21 Andreas Urs Sommer, Religions- und Weltanschauungskonstrukte bei Paul de Lagarde, Friedrich Nietzsche und Karl May, in: Wolfram Pyta (Hg.), Karl May: Brückenbauer zwischen den Kulturen, Berlin 2010, S. 149–167, hier S. 153, Anm. 18; zum Kontakt zwischen Lagarde und Förster vgl. Ulrich Sieg, Deutschlands Prophet. Paul de Lagarde und die Ursprünge des modernen Antisemitismus, München 2007, S. 251 f.

22 GSA Weimar 72/1158a Briefe Elisabeth Nietzsches an Bernhard Förster aus dem Jahre 1883, dort auch die im Weiteren zitierten Schreiben Elisabeths. Generell zum

Folgenden: Peters, Zarathustras Schwester, S. 116–127, dessen Darstellung der Liebesgeschichte zwischen Bernhard Förster und Elisabeth Nietzsche, die unter der Überschrift »Die Jagd nach dem Mann« mitgeteilt wird, allerdings recht einseitig ist.

23 Pfeiffer, Friedrich Nietzsche, Paul Rée, Lou von Salomé, S. 283 ff., hier S. 284.

24 Försters Leipzig 1882 erstmals zum Druck gebrachte Abhandlung *Ueber nationale Erziehung. Ein Versuch* wird im Folgenden zitiert nach der 1886 erschienenen nahezu unveränderten zweiten Auflage. Die biographischen Informationen finden sich in den ebd., S. 2, abgedruckten Vorworten zu beiden Ausgaben.

25 Zu Lagardes schroffer Kritik des preußischen Schulwesens: Sieg, Deutschlands Prophet, S. 182 ff.

26 Dazu aufschlussreich: Konrad Paul Liessmann, Lob der Grenze. Kritik der politischen Unterscheidungskraft, Wien 2012, S. 49.

27 Zit. nach Peters, Zarathustras Schwester, S. 118, der, ebd., S. 117 ff., erstmals auf den Schlüsselcharakter dieses Briefes aufmerksam machte. Er findet sich wie die anderen Schreiben Elisabeths aus dem Jahre 1884: GSA Weimar 72/1158b. – Zu Goethes Sonett *Die Liebende abermals*, das Förster geschickt für seine Zwecke einsetzte, vgl. auch Decker, Die Schwester, S. 185.

28 Hierzu detailliert: Wolfram Groddeck u. Walter Morgenthauer, Nietzsches Begegnung mit Gottfried Keller. Dokumente und Lektüren, in: David Marc Hoffmann (Hg.), Nietzsche und die Schweiz, Zürich 1994, S. 103–121.

29 GSA Weimar 72/1158c Briefe Elisabeth Nietzsches an Bernhard Förster aus dem Jahre 1885. Interessant ist im zitierten Schreiben der umsichtige Hinweis Elisabeths, »flunkern« könne sie »nicht besonders, aber in diesen halben Verhältnissen lernt man solch schlimme Dinge«. Schließlich wusste sie in diesem Moment noch nicht, wie Bernhard ihre Aufforderung zur Lüge beurteilen würde.

30 KGA Briefe, Bd. III, 4, S. 11 ff., hier S. 12; ebd., S. 13, das nächste Zitat. Auch wenn das Dokument von Elisabeth nachträglich verändert wurde, handelt es sich um eine längere unretuschierte Passage, deren Inhalt zu anderen Dokumenten jener Wochen passt und mit hoher Wahrscheinlichkeit »authentisch« ist.

31 KGA Briefe, Bd. III, 4, S. 19 ff., hier S. 19.

32 Ebd., S. 23–26, hier S. 25.

33 Zu Schmeitzners Einsatz für die antisemitische Bewegung: Ferrari Zumbini, Wurzeln des Bösen, S. 440–443 und passim; das vorige Zitat findet sich: KSB, Bd. 7, S. 21 ff., hier S. 23.

34 KSB, Bd. 7, S. 51 ff., hier S. 53.

35 Bernhard Förster, Das Verhältnis des modernen Judenthums zur deutschen Kunst, Berlin 1881, S. 19 f. Im Übrigen setzte sich Förster im Geiste Bayreuths und ohne eigene Note für die These von der künstlerischen Unfruchtbarkeit der Juden ein; siehe dazu Jensen, Gebildete Doppelgänger, S. 175.

36 Vgl. den anschaulichen Brief Franziska Nietzsches an ihren Sohn vom 9. Juni 1885,

KGA Briefe, Bd. III, 4, S. 29–33, sowie die knappe Darstellung der Hochzeit bei: Kraus, Bernhard und Elisabeth Försters »Nueva Germania«, S. 110.

37 Brief Elisabeths aus Tautenburg an ihre Mutter vom 2. Pfingsttag 1885; GSA Weimar 100/532, 2 Nietzsche-Familie 1885.

38 GSA Weimar 72/1076 »Aufruf!« Bernhard Försters für die »Anlage einer Kolonie« in Paraguay.

39 Das Exemplar im Studienzentrum der Anna Amalia Bibliothek, Signatur C 3523, aus dem im Folgenden zitiert wird, trägt zudem die handschriftliche Widmung Försters: »Seiner treuesten Mitarbeiterin, der lieben kleinen Frau Elisabeth überreicht vom Verfasser.«

40 Der undatierte Brief Elisabeths liegt vor: GSA Weimar 72/1158c, sein Poststempel stammt vom 21. September 1885.

41 Angaben nach den Schreiben Elisabeths von Ende September 1885, ebd.

42 Bernhard Förster, Olympia. Ein Blick auf den allgemein kunst- und kulturhistorischen Werth der Grabungen am Aleiphos, Halle 1886, S. VI. Zur zeitgenössischen Resonanz von Curtius' Ausgrabungen: Jürgen Kaube, Max Weber. Ein Leben zwischen den Epochen, 3. Aufl. Berlin 2014, S. 29 f.

43 Bernhard Förster, Richard Wagner in seiner nationalen Bedeutung und seiner Wirkung auf das deutsche Culturleben (Zweite Auflage der Parsifal-Nachklänge), Leipzig 1886, S. 89. Die Besprechungen finden sich auf der Verlagswerbung für die erste Auflage, die Bernhard Förster am 23. Januar 1883 als Briefpapier für ein Schreiben an Elisabeth genutzt hatte: GSA Weimar 72/BW 1400.

44 Vgl. die Anklageschrift des »Ersten Staatsanwalts beim Königlichen Landgericht in Dortmund vom 20. Dezember 1885«, GSA Weimar 172/1473/1474 Bernhard Förster.

45 Niedersächsische Staats- und Universitätsbibliothek Göttingen, Cod. Ms. Lagarde, Schreiben Bernhard Försters an Paul de Lagarde vom 23. und 25. Dezember 1885.

46 KGA Briefe, Bd. III, 4, S. 101–104, hier S. 101; ebd., S. 102 ff., die nächsten Zitate.

47 KSB, Bd. 7, S. 147 ff., hier S. 147. Zur Bedeutung, die dieser Passage zugeschrieben wird: Werner Stegmaier u. Daniel Krochmalnik, Einleitung, in: Dies. (Hg.), Jüdischer Nietzscheanismus, Berlin u. New York 1997, S. XIII–XXXI, hier S. XV, und Ferrari Zumbini, Wurzeln des Bösen, S. 448.

48 KSB, Bd. 7, S. 147; ebd., S. 148, das vorige Zitat.

49 So zumindest die Mitteilung der Schwester an den Bruder vom 9./10. Februar 1886, KGA Briefe, Bd. III, 4, S. 124 f., hier S. 125.

50 Alle Angaben nach den Unterlagen GSA Weimar 72/BW 1400 Bernhard Förster.

SÜDAMERIKANISCHES VABANQUESPIEL

1 GSA Weimar 100/525 Eingegangene Briefe Bernhard Förster an Franziska Nietzsche; Brief Bernhard Försters vom 16. Februar 1886; dort auch die folgenden Zitate.

2 KGA Briefe, Bd. III, 4, S. 135 ff., hier S. 135.

3 BA Berlin R 8023 Deutsche Kolonial-Gesellschaft, Nr. 491r, fol. 170r–170v, hier fol. 170r.

4 Brief Franziska Nietzsches an ihren Sohn vom 25. April 1886; KGA Briefe, Bd. III, 4, S. 158 ff., hier S. 159. Zu Elisabeths möglicher Schwangerschaft vgl. Decker, Die Schwester, S. 206 f.

5 Ulrich Krupka, Eine kleine Gemeinde-Geschichte, in: 75 Jahre Deutsche Evangelische Gemeinde Asunción Paraguay, Asunción 1968, S. 20–52, hier S. 24. Für das Überlassen der seltenen Schrift und vielfältige Hilfestellung in Paraguay danke ich Pastor Ricardo Becker.

6 Aus diesem Grund dürfte es wenig hilfreich sein, den Wertewandel in Paraguay nach dem Tripel-Allianz-Krieg allzu sehr zu betonen. Dazu erstmals: Barbara Potthast-Jutkeit, »Paradies Mohammeds« oder »Land der Frauen«? Zur Rolle von Frau und Familie in Paraguay im 19. Jahrhundert, Köln, Weimar u. Wien 1994.

7 KGA Briefe, Bd. III, 4, S. 161 f., hier S. 161.

8 Brief Elisabeths an den Bruder vom 17. bis 27. Mai 1886, ebd., S. 179–187, hier S. 184. Zum historischen Kontext vgl. Schneppen, Nietzsche und Paraguay.

9 GSA Weimar 72/858 Tagebuch Elisabeth Förster. Ihre Notizen, aus denen im Folgenden zitiert wird, finden sich in dem Kalender »Agenda Rudolph Hertzog Berlin C.«

10 KSB, Bd. 7, S. 191 f., hier S. 191, Brief Nietzsches an seine Schwester in Asunción vom 31. Mai 1886.

11 KSB, Bd. 7, S. 233 f., hier S. 233.

12 Niedersächsische Staats- und Universitätsbibliothek Göttingen, Cod. Ms. Lagarde, dort auch die beiden weiteren Schreiben Försters an Lagarde vom 17. September 1886 und 15. Februar 1886, auf die im Text verwiesen wird.

13 GSA Weimar 72/858 Tagebuch Elisabeth Förster, Eintrag vom 23. November 1886.

14 Zu den Verhandlungen siehe Kraus, Bernhard und Elisabeth Försters »Nueva Germania«, S. 150 ff., und Decker, Die Schwester, S. 212 f.

15 Daniela Kraus, Bernhard Förster und seine Siedlung Nueva Germania in Paraguay, in: Jahrbuch für Antisemitismusforschung 17 (2008), S. 171–194, hier S. 181.

16 Dazu Helmut Schmiedt, Karl May oder Die Macht der Phantasie. Eine Biographie, München 2011, S. 98.

17 GSA Weimar 100/525 Eingegangene Briefe Bernhard Förster an Franziska Nietzsche; dort auch das folgende Dokument.

18 Vgl. ihren Brief an Nietzsche vom 1. März 1887, in dem sie den Sohn über die »dumme Goßler Geschichte« unterrichtete; KGA, Briefe, Bd. III, 6, S. 27 ff., hier S. 29.

19 KGA Briefe, Bd. III, 7/3, 2, S. 921–924, hier S. 923 f.

20 KSB, Bd. 8, S. 72–75, hier S. 74; ebd., Bd. 8, S. 83 ff., hier S. 83, das nächste Zitat.

21 Briefentwurf Nietzsches an seine Schwester von Ende Dezember 1887; KSB, Bd. 8, S. 218 ff., hier S. 218 f.; zum historischen Kontext siehe Ferrari Zumbini, Wurzeln des Bösen, S. 438 ff., hier S. 438 f.

22 Föhl, Von Beruf Kulturgenie, S. 1234; Elisabeths Brief vom 12. September 1887 findet sich: KGA Briefe, B. III, 6, S. 71–74, hier S. 71, Nietzsches Antwort vom 11. November 1887 folgt KSB, Bd. 8, S. 192 ff.

23 KGA Briefe, Bd. III, 6, S. 79 f.; ebd., S. 80, die nächsten Zitate.

24 KSB, Bd. 8, S. 164 f., hier S. 164.

25 Unvollständig erhaltenes Schreiben Elisabeths an den Bruder vom 26. April 1886; KGA Briefe, Bd. III, 4, S. 161 f., hier S. 161.

26 KSB, Bd. 8, S. 330 ff., hier S. 331 f.; ebd., S. 335 ff., hier S. 336, S. 377 ff., hier S. 379, und S. 386 ff., hier S. 387, die nächsten Zitate.

27 Brief Elisabeths an Franziska Nietzsche und Pauline Förster, angefangen am 18. und beendet am 28. März 1888, KGA Briefe, Bd. III, 7/3, 2, S. 981–984, hier S. 982; ebd., S. 983, die beiden nächsten Zitate.

28 Vgl. Kraus, Bernhard und Elisabeth Försters »Nueva Germania«, S. 203 f.

29 Das Folgende nach: Wolfgang Hindrichs, Eine Herausforderung in Paraguay, Düren 2006, S. 17 ff. – Ich danke Herrn Hindrichs herzlich für die Ratschläge, mit denen er meine Forschungsreise nach »Nueva Germania« unterstützt hat.

30 Kraus, Bernhard und Elisabeth Försters »Nueva Germania«, S. 194 f. u. 201. Generell zur selbständigen, aber wenig geachteten Rolle der Frauen in Paraguay nach dem Tripel-Allianz-Krieg: Potthast-Jutkeit, »Paradies Mohammeds«, S. 397.

31 Schreiben Elisabeths an Franziska Nietzsche, begonnen Ende Oktober, abgeschlossen am 13. November 1888; KGA Briefe, Bd. III, 7/3, 2, S. 1042–1045, hier S. 1042.

32 Zit. nach: Kraus, Bernhard und Elisabeth Försters »Nueva Germania«, S. 223.

33 GSA Weimar 72/858 Tagebuch Elisabeth Förster.

34 Ebd., Eintrag vom 10. Februar 1889; vgl. auch Schneppen, Nietzsche und Paraguay, S. 257.

35 Ähnlich Ben Macintyre, Vergessenes Vaterland. Die Spuren der Elisabeth Nietzsche, Leipzig 1994, S. 180, der allerdings in Bernhard Förster ausschließlich einen Schwächling sieht. Das nächste Zitat findet sich: KGA Briefe, Bd. III, 7/3, 2, S. 985–988, hier S. 986.

36 Zum Folgenden: Peters, Zarathustras Schwester, S. 157–162.

37 Vgl. Elisabeth Albanis, Anleitung zum Hass: Theodor Fritschs antisemitisches Geschichtsbild. Vorbilder, Zusammensetzung und Verbreitung, in: Werner Bergmann u. Ulrich Sieg (Hg.), Antisemitische Geschichtsbilder, Essen 2009, S. 167–191, und Ferrari Zumbini, Wurzeln des Bösen, S. 321–422.

38 Julius Klingbeil, Enthüllungen über die Dr. Bernhard Förster'sche Ansiedlung Neu-Germanien in Paraguay. Ein Beitrag zur Geschichte unserer gegenwärtigen colo-

nialen Bestrebungen. Nach eigenen Erfahrungen mitgetheilt, Leipzig 1889, S. III; der Nachweis der weiteren Belegstellen erfolgt mit Klammerzitation im Text.

39 GSA Weimar 100/533 2 Nietzsche-Familie 1889.

40 GSA Weimar 72/858 Eintrag Elisabeths vom 27. Januar 1889.

41 Klingbeil, Enthüllungen, S. 48.

42 Er wurde bereits 1932 bei Podach, Gestalten um Nietzsche, S. 159, wiedergegeben.

43 So etwa die vielleicht beste Kennerin seiner Zeit in Südamerika Daniela Kraus (Bernhard und Elisabeth Försters »Nueva Germania«, S. 220).

44 GSA Weimar 72/BW 1400 Bernhard Förster.

45 Brief Bernhard Förster an Franziska Nietzsche vom 19. März 1889; GSA Weimar 100/525, dort auch die folgenden Zitate.

46 GSA Weimar 100/533, 2 Nietzsche-Familie 1889; zu diesem Dokument vgl. auch Diethe, Nietzsches Schwester, S. 102.

47 Brief Elisabeths an Heinrich Köselitz vom 24. März 1889, GSA Weimar 102/302, 1.

48 Brief Elisabeths an die Mutter vom 9. April 1889, GSA Weimar 100/533, 2; dort auch die nächsten im Text zitierten Schreiben Elisabeths.

49 Zum ausgesprochen positiven Eindruck, den Langbehn anfangs auf die Mutter machte: Mazzino Montinari, Die geschwärzten Stellen in C. A. Bernoulli: Friedrich Nietzsche und Franz Overbeck. Eine Freundschaft, in: Nietzsche-Studien 6 (1977), S. 300–328, hier S. 307, sowie E.[rich] F. Podach, Nietzsches Zusammenbruch. Beiträge zu einer Biographie aufgrund unveröffentlichter Dokumente, Weimar 1930, S. 129 f.

50 Montinari, Die geschwärzten Stellen, S. 308; detailliert zum bizarren Versuch Langbehns, Nietzsche zu heilen: Curt Paul Janz, Friedrich Nietzsche Biographie, Bd. 3: Die Jahre des Siechtums, München 1981, S. 91–112, hier S. 100.

51 Brief Elisabeths an die Mutter vom 28. Februar 1890, GSA Weimar 100/533, 2 Nietzsche-Familie 1890; dort auch die im Folgenden zitierten Briefe Elisabeths.

52 So treffend: Johannes Heinßen, Ein Indikator für die Probleme der Problemgeschichte: Kulturkritische Entdifferenzierung am Ende des 19. Jahrhunderts, in: Otto Gerhard Oexle (Hg.), Das Problem der Problemgeschichte 1800–1932, Göttingen 2001, S. 39–84, hier S. 69 f. Zur Intensität der Rezeption Langbehns anschaulich: Fritz Stern, Kulturpessimismus als politische Gefahr. Eine Analyse nationaler Ideologie in Deutschland, Stuttgart 2005, S. 213–230.

53 GSA Weimar 72/BW 5719, 1 Cosima Wagner.

54 GSA Weimar 72/BW 302, 1 Heinrich Köselitz.

55 Dr. Eli Förster, Die Presse. Entgegnung, in: Kolonial-Nachrichten 2 (1891), H. 7, S. 3–6.

56 GSA Weimar 100/533, 2 Nietzsche-Familie 1891; ebd. auch der im Folgenden zitierte Brief Elisabeths an die Mutter vom 2. Juni 1891.

57 [Eli Förster], Dr. Bernhard Förster's Kolonie Neu-Germania in Paraguay, Berlin 1891, Vorwort.

58 Zu Eigenart und Genese der »Monographie« vgl. Diethe, Nietzsches Schwester, S. 108–111; der Aufsatz »Ein Sonntag in Neu-Germania« findet sich: [Eli Förster], Dr. Bernhard Förster's Kolonie, S. 30–52. Die Seitenangaben der weiteren wiedergegebenen Passagen folgen mit Klammerzitation im Fließtext.

59 Vgl. Conrad, Globalisierung und Nation, S. 30.

60 Dazu grundlegend: Manuel Borutta, Antikatholizismus. Deutschland und Italien im Zeitalter der europäischen Kulturkämpfe, Göttingen 2010; zur Bedeutung der Jesuiten für die Geschichte Paraguays vgl. Philipp Caramann, Ein verlorenes Paradies. Der Jesuitenstaat in Paraguay, München 1979.

61 GSA Weimar 165 (Zeitungsausschnittsammlung)/14; die vorigen Artikel finden sich: ebd., 15.

62 Zit. nach: Janz, Friedrich Nietzsche Biographie, Bd. 3, S. 144.

63 BA Berlin R 8023, Nr. 491r, fol. 87r–90r, hier fol. 90r.

64 GSA Weimar 72/964 Jahresbericht der Deutschen Kolonialgesellschaft 1891, Berlin 1892, S. 18; zum Folgenden siehe gleichfalls GSA Weimar 72/964, den Bericht über die Sitzung des Vorstandes der Deutschen Kolonialgesellschaft am 9. und 10. November 1891 in Hannover im Hotel Kasten, S. 28 f.

65 Reiches Material liegt dazu vor im Privatarchiv Gisela von Thümens in Asunción.

66 Vgl. Conrad, Globalisierung und Nation, S. 238–245.

67 GSA Weimar 100/533, 2 Nietzsche-Familie 1892.

68 Eli Förster, geb. Nietzsche, Neues aus Paraguay, in: Hamburgische Börsen-Halle. Zeitung für Handel und Schiffahrt, Nr. 64 vom 7. Februar 1893, S. 1; Fundstelle: GSA Weimar 165/17.

69 GSA Weimar 100/533, 2 Nietzsche-Familie 1892; dort auch die nächsten zitierten Briefe Elisabeths.

70 Brief Elisabeths an Heinrich Köselitz vom 28. November 1892, GSA Weimar 102/302, 1. Zu diesem Dokument vgl. auch Peters, Zarathustras Schwester, S. 177 f.

71 Zit. nach: ebd., S. 178; als Gesamtdeutung der bürgerlichen Wertewelt erhellend: Peter Gay, Das Zeitalter des Doktor Arthur Schnitzler. Innenansichten des 19. Jahrhunderts, Frankfurt am Main 2002.

72 Der Stolz auf das abgeschlossene Geschäft spiegelte sich in Elisabeths Brief an die Mutter vom 25. April 1893, GSA Weimar 100/533, 2 Nietzsche-Familie 1893.

73 Wie das vorige Dokument ebd.; generell zu Elisabeths letzten Monaten in Paraguay: Peters, Zarathustras Schwester, S. 178 ff.

74 Paul Freiherr von Wolzogen, Das Grab Bernhard Försters. Eine Caritas-Bitte, in: Bayreuther Blätter 16 (1893), fünftes und sechstes Stück, S. 199 f.; Fundstelle: GSA Weimar 165/16.

75 Dies gilt auch für das bekannte Buch von Ben Macintyre, Vergessenes Vaterland, das an mehr als einer Stelle Bilder aus *Apocalypse Now* von Francis Ford Coppola beschwört.

76 Kraus, Bernhard und Elisabeth Försters »Nueva Germania«, S. 232.

77 GSA Weimar 100/534 Nietzsche-Familie 1896.
78 So sein Urteil in der 1936 abgefassten Geschichte des Nietzsche-Archivs, hier zitiert nach: Föhl, Von Beruf Kulturgenie, S. 1234.
79 Adalbert Oehler, Nietzsches Mutter, S. 154; dort auch das nächste Zitat.
80 Paradigmatisch dafür jüngst: Holub, Nietzsche's Jewish Problem. Zum Folgenden vgl. Ferrari Zumbini, Wurzeln des Bösen, S. 449–462, und Kraus, Bernhard und Elisabeth Försters »Nueva Germania«, S. 217.
81 KSB, Bd. 8, S. 549 f., hier S. 549.

EINE INSTITUTION WIRD GESCHAFFEN

1 GSA Weimar 102/302, 1 Briefe Elisabeths an Heinrich Köselitz; pointiert zu Nietzsches fast über Nacht erblühendem Ruhm: Rüdiger Safranski, Romantik. Eine deutsche Affäre, München 2007, S. 302.
2 GSA Weimar 102/302, 1 Briefkarte Elisabeths an Heinrich Köselitz vom 2. Juli 1892.
3 Podach, Nietzsches Zusammenbruch, S. 157. Ein ausgewogenes Urteil über Nietzsches Krankheiten, zu denen neben »migräneartigen Schmerzanfällen« vermutlich auch schizoide Störungen gehörten, bietet: Volker Gerhardt, Friedrich Nietzsche, 4. Aufl. München 2006, S. 61. Als Sammlung und Interpretation der zeitgenössischen Quellen unverzichtbar: Jauch, Nietzsche im Labyrinth seiner Krankheit.
4 Edgar Salin, Vom deutschen Verhängnis. Gespräch an der Zeitenwende: Burckhardt – Nietzsche, Reinbek bei Hamburg 1959, S. 167; zum Folgenden siehe die umfassende Untersuchung von Lutz Sauerteig, Krankheit, Sexualität, Gesellschaft. Geschlechtskrankheiten und Gesundheitspolitik in Deutschland im 19. und frühen 20. Jahrhundert, Stuttgart 1999, S. 126–129.
5 Zum Jenaer Psychiater vgl. den Wikipedia-Artikel »Otto Binswanger« https://de.wikipedia.org/wiki/Otto_Binswanger; letzter Zugriff am 4. Oktober 2018. Das Folgende nach den Dokumenten GSA Weimar 72/BW 497 Otto Binswanger.
6 Aus der breiten Literatur seien lediglich Janz, Friedrich Nietzsche Biographie, Bd. 3, S. 214, und Jauch, Nietzsche im Labyrinth seiner Krankheit, S. 304 f., erwähnt.
7 Zit. nach: Klaus Goch, Elisabeth Förster-Nietzsche (1846–1935). Ein biographisches Porträt, in: Luise F. Pusch (Hg.), Schwestern berühmter Männer. Zwölf biographische Porträts, Frankfurt am Main 1985, S. 361–409, hier S. 387 f.
8 GSA Weimar 102/302, 1; zu Nietzsches dramatischer Überschätzung von Köselitz' Begabung: Borchmeyer, Nietzsche, Cosima, Wagner, S. 136 f.
9 GSA Weimar 102/647 Briefe von Heinrich Köselitz an Elisabeth Förster-Nietzsche; Schreiben Köselitz' vom 16. Januar 1894; dort auch die folgenden Zitate. Generell zu Elisabeths Auseinandersetzung mit Köselitz: Decker, Die Schwester, S. 260–263.

10 Vgl. Borchmeyer, Nietzsche, Cosima, Wagner, S. 197.

11 GSA Weimar 72/1035c Elisabeth Nietzsche 1859, Kladde mit philosophischen Texten.

12 Vgl. Karl-Heinz Hahn, Das Nietzsche-Archiv, in: Nietzsche-Studien 18 (1989), S. 1–19, hier S. 10, sowie als Einstieg in die gegenwärtig debattierten Probleme: Mike Rottmann, Nietzsche erhaschen oder der verbotene Blick in die Werkstatt. Der Nachlass als historische und hermeneutische Herausforderung, in: Nietzscheforschung 22 (2015), S. 127–137.

13 So treffend: Martin Kohlrausch, Zwischen Schriftsteller und Hochstapler. Der ›Fall May‹ als wilhelminischer Skandal, in: Wolfram Pyta (Hg.), Karl May: Brückenbauer zwischen den Kulturen, Berlin 2010, S. 197–213, hier S. 201. Aus diesem Grund war es für Karl May auch existenzbedrohend, als seine Vorstrafen der Öffentlichkeit bekannt wurden. Generell zu seinem Erfolg am Buchmarkt: Schmiedt, Karl May, S. 123–187.

14 Rolf Rosmiarek, Falko Heimer u. Alexander Buchta (Hg.), Fundstücke – Mein Lieber Herzensfritz. Unveröffentlichte Briefe: Elisabeth Förster-Nietzsche an Franziska und Friedrich Nietzsche aus den Jahren 1891 und 1892, in: Nietzsche-Studien 30 (2001), S. 364–380, hier S. 365.

15 Egon Friedell, Kulturgeschichte der Neuzeit, Bd. 1: Die Krisis der europäischen Seele von der schwarzen Pest bis zum Ersten Weltkrieg, 5. Aufl. München 1984 [zuerst ebd. 1927], S. 20.

16 Brief Estella Meyers an Elisabeth Nietzsche vom 12. September 1892, in: Nils Fiebig (Hg.), In Nietzsches Bann. Briefe und Dokumente von Richard M. Meyer, Estella Meyer und Elisabeth Förster-Nietzsche, Göttingen 2012, S. 62 f., hier S. 62.

17 Vgl. Erich F. Podach (Hg.), Der kranke Nietzsche. Briefe seiner Mutter an Franz Overbeck, Wien 1937, S. 172 f.

18 GSA Weimar 72/BW 5719, 1 Cosima Wagner Briefe 1870–1900; dort auch das nachfolgend zitierte Schreiben Cosimas vom 20. Dezember 1896.

19 Vgl. Borchmeyer, Nietzsche, Cosima, Wagner, S. 185–190.

20 Schreiben Elisabeths an Meta von Salis vom 23. August 1895; GSA Weimar 100/534 Nietzsche-Familie 1895. Das schöne Bild vom »Sommergarten des Wanderers« nach: Meta von Salis, Philosoph und Edelmensch. Ein Beitrag zur Charakteristik Friedrich Nietzsche's, Leipzig 1897, S. 26.

21 Andreas-Salomé, Friedrich Nietzsche in seinen Werken, Frontispiz; dazu differenziert: Hansdieter Erbsmehl, »Habt Ihr noch eine Photographie von mir?«. Friedrich Nietzsche in seinen fotographischen Bildnissen, Weimar 2016, S. 248 f., hier S. 249.

22 Die folgenden Zitate finden sich in der leicht greifbaren Ausgabe: Lou Andreas-Salomé, Friedrich Nietzsche in seinen Werken. Mit Anmerkungen von Thomas Pfeiffer, hg. von Ernst Pfeiffer, Frankfurt am Main 2000.

23 Ebd., S. 132 f. Lou Andreas-Salomé verweist vor allem auf die überragende Bedeutung von Rées 1877 in Leipzig erschienener Schrift *Der Ursprung der moralischen Empfindungen.*

24 Lou Andreas-Salomé, Lebensrückblick. Grundriß einiger Lebenserinnerungen. Aus dem Nachlaß hg. von Ernst Pfeiffer, Zürich u. Wiesbaden 1951, S. 96 ff., hier S. 98.

25 Elisabeth Förster-Nietzsche, Das Leben Friedrich Nietzsche's. Erster Band, Leipzig 1895. Eine eingehende Untersuchung der von Elisabeth eingesetzten stilistischen Mittel würde zu weit führen, dürfte aber angesichts gewandelter Forschungsinteressen auch nicht mehr lange auf sich warten lassen. Auffällig ist in jedem Fall, wie sicher sie mit ihrem Plauderton biographische Klippen umschifft und inhaltliche Akzente setzt.

26 So ausdrücklich: Sabine Appel, Friedrich Nietzsche. Wanderer und freier Geist. Eine Biographie, München 2011, S. 23.

27 Einen Eindruck von der überwältigenden Resonanz geben die bei Sander L. Gilman (Hg.), Begegnungen mit Nietzsche, unter Mitwirkung von Ingeborg Reichenbach, Bonn 1981, S. VII–XI, wiedergegebenen Passagen.

28 Gernot U. Gabel u. Carl Helmuth Jagenberg (Hg.), Der entmündigte Philosoph. Briefe von Franziska Nietzsche an Adalbert Oehler aus den Jahren 1889–1897, Hürth 1994, S. 33–40, hier S. 34; ebd., S. 37 u. 39, die nächsten Zitate.

29 GSA Weimar 100/534 Nietzsche-Familie 1895.

30 Gabel/Jagenberg, Der entmündigte Philosoph, S. 51–55, hier S. 53.

31 Vgl. Friedrich Nietzsche Chronik, S. 387.

32 Das Folgende nach: Gabel/Jagenberg, Der entmündigte Philosoph, S. 71–74; die beiden Zitate: ebd., S. 75.

33 So treffend: Ludger Lütkehaus, Die Heimholung. Nietzsches Jahre im Wahn. Eine Erzählung, Basel 2011, S. 102.

34 Ebd., S. 109; allgemein zu Elisabeths schlechtem Stand in Naumburg: Föhl, Von Beruf Kulturgenie, S. 28.

35 Vgl. dazu die Unterlagen GSA Weimar 165/30 Zeitungsausschnitte zum Umzug Elisabeth Förster-Nietzsches mit dem kranken Friedrich Nietzsche und dem Nietzsche-Archiv von Naumburg nach Weimar.

36 Eine Wiedergabe der sog. Koegel-Exzerpte findet sich in: Hoffmann, Geschichte des Nietzsche-Archivs, S. 579–713; zu Koegels Vita knapp und informativ: Föhl, Von Beruf Kulturgenie, S. 1723 f.; eine eingehende Biographie steht aus.

37 David Marc Hoffmann (Hg.), Rudolf Steiner und das Nietzsche-Archiv. Briefe und Dokumente 1894–1900, Dornach 1993, S. 143–153, hier S. 144, Brief Elisabeth Förster-Nietzsches an Clara Gelzer-Thurneysen vom Oktober 1895. Ebd., S. 145, das nächste Zitat.

38 Rudolf Steiner, Aus »Mein Lebensgang«, in: Ders., Friedrich Nietzsche. Ein Kämpfer gegen seine Zeit, Dornach 1963, S. 183–197 [zuerst ebd. 1923/25], hier S. 185.

39 Vgl. dazu ihren Brief an Steiner vom 26. März 1895, in: David Marc Hoffmann (Hg.), Rudolf Steiner und das Nietzsche-Archiv. Briefe und Dokumente 1894–1900, Dornach 1993, S. 78 f. Das letzte Zitat nach: Steiner, Nietzsche-Archiv, Sp. 153.

40 GSA Weimar 102/302, 1 Briefe Elisabeths an Heinrich Köselitz; zum Folgenden siehe Niemeyer, »die Schwester!«, S. 336.

41 Gabriele Reuter, Vom Kinde zum Menschen. Die Geschichte meiner Jugend, Berlin 1921, S. 275. Zu ihr jüngst: Annette Seemann, Gabriele Reuter. Leben und Werk einer geborenen Schriftstellerin (1859–1941), Weimar 2016, die, ebd. S. 77–86, auch die Briefe an Nietzsches Schwester auswertet.

42 Hoffmann, Rudolf Steiner, S. 159; zum Ende der Ausgabe Koegels siehe: Ders., Zur Geistes- und Kulturgeschichte des Nietzsche-Archivs, in: Das Nietzsche-Archiv in Weimar, München u. Wien 2000, S. 9–38, hier S. 22 f.

43 Vgl. Doris Stump, »Nietzsche sprach von seinen geistigen Interessen und ich hörte zu.« Meta von Salis' Begegnung mit Friedrich Nietzsche, in: David Marc Hoffmann (Hg.), Nietzsche und die Schweiz, Zürich 1994, S. 97–101, hier S. 100 f., sowie eingehend Brigitta Klaas Meilier, Hochsaison in Sils-Maria. Meta von Salis und Friedrich Nietzsche. Zur Geschichte ihrer Begegnung, Basel 2005.

44 Zit. nach: Peters, Zarathustras Schwester, S. 251.

45 Elisabeth Förster-Nietzsche, Das Leben Friedrich Nietzsche's. Zweiter Band. Erste Abtheilung, Leipzig 1897, S. V; dort auch die folgenden im Text wiedergegebenen Zitate.

46 Alois Riehl, Friedrich Nietzsche. Der Künstler und der Denker, Stuttgart 1997, S. 25.

47 Henri Lichtenberger, Die Philosophie Friedrich Nietzsches. Eingel. u. übers. von Elisabeth Förster-Nietzsche, Dresden u. Leipzig 1899, S. 5; ebd., S. 23 f. u. S. 26, die beiden nächsten Zitate.

48 Elisabeth Förster-Nietzsche, Einleitung, in: Ebd., S. V–LXIX, hier S. XII. Elisabeths Periodisierung von Nietzsches Schaffen spielt in der Forschung schon lange keine Rolle mehr.

49 Ebd., S. VI.

50 Föhl, Von Beruf Kulturgenie, S. 190 f., hier S. 191; Brief Harry Graf Kesslers an Elisabeth Förster-Nietzsche vom 7. Mai 1899; ebd., S. 176–180, hier S. 176, das vorige Zitat.

51 Ferdinand Tönnies, Der Nietzsche-Kultus – Eine Kritik, hg. von Arno Bammé, Klagenfurt 2012 [zuerst Leipzig 1897], S. 12; ebd., S. 98 u. 70, die nächsten Zitate.

52 Georg Simmel, Rezension von »Ferdinand Tönnies, Der Nietzsche-Kultus«, in: Ebd., S. 150–158 [zuerst Deutsche Literaturzeitung, Jg. 1897, Sp. 1645–1651], hier S. 152.

53 So pointiert: Volker Gerhardt, Friedrich Nietzsche, 4. Aufl. 2006, S. 218; einen guten Überblick über den Facettenreichtum der Nietzsche-Rezeption in wilhelminischer Zeit gibt: Steven E. Aschheim, Nietzsche und die Deutschen. Karriere eines Kults, Stuttgart u. Weimar 1996, S. 17–129.

54 Vgl. Sommer, Religions- und Weltanschauungskonstrukte, S. 166; zu Euckens Selbstbild als »heroischem Außenseiter«: Sieg, Kulturkritik als Zeitgeistverstärkung, S. 246.

55 Angelika Emmrich, »[…] und nun ruht die Obhut über sein Andenken in Frauenhand«. Die musealen Inszenierungen der Elisabeth Förster-Nietzsche, in: Sandro Barbera, Paolo d'Iorio u. Justus H. Ulbricht (Hg.), Friedrich Nietzsche. Rezeption und Kultus, Pisa 2004, S. 185–213, hier S. 206.

56 GSA Weimar 72/BW 4017 Briefe von Laura Packeny an Elisabeth Förster-Nietzsche, Schreiben vom 26. Januar 1896; zum Folgenden vgl. Karin Ellermann, »– ich habe ihn nie gekannt.« Eine nicht stattgefundene Begegnung zwischen Elsa Asenijeff und Friedrich Nietzsche, in: Weimar-Jena. Die große Stadt 9 (2016), H. 1, S. 34–50, besonders S. 45 f.

57 Förster-Nietzsche, Das Leben Friedrich Nietzsche's, Bd. 2/1, S. 330; ebd., S. 121, das vorige Zitat.

58 GSA Weimar 72/BW 5719, 1 Cosima Wagner Briefe 1870–1900, Beileidsschreiben Cosima Wagners aus Bayreuth vom 27. August 1900; zum Vorigen: Decker, Die Schwester, S. 391.

59 Vgl. Fritz Schumacher, Stufen des Lebens. Erinnerungen eines Baumeisters, Stuttgart u. Berlin 1935, S. 251 ff., und Emrich, Obhut, S. 193.

60 Curt Breysig, Gedenkrede an Friedrich Nietzsches Bahre, gehalten auf der Trauerfeier im Nietzsche-Archiv zu Weimar am 27. August 1900, Montag Nachmittag 5 Uhr, in: Sander L. Gilman (Hg.), Begegnungen mit Nietzsche, unter Mitwirkung von Ingeborg Reichenbach, Bonn 1981, S. 747–758, hier S. 750 f.; ebd., S. 749, das vorige Zitat. Allgemein zur Außenseiterrolle des Kulturhistorikers: Bernhard vom Brocke, Curt Breysig. Geschichtswissenschaft zwischen Historismus und Soziologie, Lübeck u. Hamburg 1971.

61 Adalbert Oehler, Rede gehalten am Grabe Friedrich Nietzsches, in: Sander L. Gilman (Hg.), Begegnungen mit Nietzsche, unter Mitwirkung von Ingeborg Reichenbach, Bonn 1981, S. 760 ff., hier S. 761; zum Folgenden: Gast, Bekenntnis am Grabe Nietzsches, in: Ebd., S. 764 f., hier S. 765.

62 Friedrich Nietzsche Chronik, S. 817; die Beschreibung der Begräbnisfeier folgt dem Tagebucheintrag Kesslers vom 28. August 1900 (Föhl, Von Beruf Kulturgenie, S. 268 f., hier S. 269).

63 Adalbert Oehler, Rede gehalten am Grabe Friedrich Nietzsches, S. 762.

NIETZSCHE ALS IKONE

1 Postkarte von Anna und Felix Auerbach an Elisabeth Förster-Nietzsche vom 20. September 1905; GSA Weimar 72/BW 116; das vorige Zitat findet sich: Föhl, Von Beruf Kulturgenie, S. 418–423, hier S. 419.

2 Isabella von Ungern-Sternberg, Nietzsche im Spiegelbilde seiner Schrift, Leipzig 1902, S. 40; zum Folgenden vgl. ebd., S. 133–138, hier S. 135.

3 GSA Weimar 72/758, 1 Elisabeth von Alvensleben. Insgesamt schrieb die Adelige

mehr als tausend Briefe an Nietzsches Schwester; Föhl, Von Beruf Kulturgenie, S. 1695.

4 GSA Weimar 72/BW 5590 Hans Vaihinger, fol. 22–23.

5 Föhl, Von Beruf Kulturgenie, S. 340 ff., hier S. 341.

6 Martin Pernet, Friedrich Nietzsche über Gustav Krug, seinen »ältesten Freund und Bruder in arte musica«. Aus dem Nachlaß der Familie Krug, in: Nietzsche-Studien 19 (1990), S. 488–518, hier S. 513; zum Vorigen: Hoffmann, Rudolf Steiner, S. 27 f.

7 Paul Kühn, Das Nietzsche-Archiv zu Weimar, Darmstadt 1904, S. 30; zu Gasts editorischer Leistung: Hahn, Nietzsche-Archiv, S. 10.

8 Diethe, Peitsche, S. 156; Andreas Urs Sommer, Nietzsche und die Folgen, Stuttgart 2017, S. 98, spricht ähnlich pointiert von einem »intellektuell-ökonomische[n] Großunternehmen«.

9 So Niels Fiebig in seiner E-Mail an mich vom 21. Juni 2016. Allgemein zu den baulichen Veränderungen: Angelika Emmrich, »zugleich ein Tempel und zugleich eine Häuslichkeit«. Zur Haus- und Kunstgeschichte des Nietzsche-Archivs, in: Das Nietzsche-Archiv in Weimar, München u. Wien 2000, S. 39–71, und Hansdieter Erbsmehl, »Nun haben wir ein Haus und ein Wahrzeichen«. Henry van de Velde und das Nietzsche-Archiv, in: Prophet des Neuen Stil. Der Architekt und Designer Henry van de Velde. Klassik Stiftung Weimar Jahrbuch 2013, S. 219–242.

10 Vgl. Angelika Pöthe, Fin de Siècle in Weimar. Moderne und Antimoderne 1885–1918, Köln, Weimar u. Wien 2011, besonders S. 100–104, und dies., »Heiliger Hügel«. Das Nietzsche-Archiv als literarischer und geselliger Ort, in: Ilm-Kakanien. Weimar am Vorabend des Ersten Weltkriegs. Klassik Stiftung Weimar Jahrbuch 2014, S. 155–174.

11 Föhl, Von Beruf Kulturgenie, S. 340 ff., hier S. 340.

12 Im Brief an Marie von Ebner-Eschenbach vom 18. Januar 1905, zit. nach: Pöthe, Fin de Siècle in Weimar, S. 22; zum Folgenden vgl. Diethe, Nietzsches Schwester, S. 125.

13 Dazu zentral: Mazzino Montinari, Nietzsches Nachlaß von 1885 bis 1888 oder Textkritik und Wille zur Macht, in: Ders., Nietzsche lesen, Berlin u. New York 1982, S. 92–119, hier S. 111–119. Nietzsches Brief an das Ehepaar Förster findet sich: KSB, Bd. 7, S. 239 ff., die Zitate ebd., S. 241.

14 Deussen, Erinnerungen, S. 98. Ihre Darstellung von Nietzsches »System« gibt Lou Andreas-Salomé in *Friedrich Nietzsche in seinen Werken*, S. 183–296; zum schlüsselhaften Charakter des *Willens zur Macht* vgl. ebd., S. 269.

15 So Kesslers Äußerung in seinem Brief an Elisabeth Förster-Nietzsche vom 30. Juli 1901, Föhl, Von Beruf Kulturgenie, S. 301.

16 Friedrich Nietzsche, Der Wille zur Macht. Versuch einer Umwerthung aller Werthe (Studien und Fragmente), 3. u. 4. Tausend Leipzig 1901, S. XVII–XXIII, hier S. XIX. Jochen Schmidt, Der Mythos »Wille zur Macht«. Nietzsches Gesamtwerk und der Nietzsche-Kult. Eine historische Kritik, Berlin u. Boston 2016.

17 Christian Morgenstern, Ein Leben in Briefen, hg. von Margarete Morgenstern, Wiesbaden 1952, S. 138.

18 Paul Julius Möbius, Ueber das Pathologische bei Nietzsche, Wiesbaden 1902, S. V; dort auch die folgenden Zitate.

19 Vgl. ihren Leserbrief in: Die Zukunft Nr. 46 vom 13. August 1904, S. 272.

20 Siehe dazu GSA Weimar 72/BW 497 Otto Binswanger, die Briefkarte an Elisabeth vom 10. Januar 1906. Sie befindet sich in einem auf den 12. Januar datierten und frankierten Briefkartenumschlag und kann deshalb leicht übersehen werden. Dort auch die Informationen zum Folgenden.

21 Zur Begegnung im Salon von Meyerbeers Tochter Cornelia Richter vgl. Henry van de Velde, Geschichte meines Lebens, München 1962, S. 192 ff., Zitat S. 193.

22 Erbsmehl, Nun haben wir ein Haus und ein Wahrzeichen, S. 225; zu den Ausflügen an Nietzsches Todestag: Thomas Föhl, Henry van de Velde. Architekt und Designer des Jugendstils, Weimar 2010, S. 37.

23 Ihr Brief findet sich: Ders., Von Beruf Kulturgenie, S. 350 ff.; ebd., S. 351, das Zitat. Zur Ernennung des Architekten siehe: Ders., Henry van de Velde, S. 42 f., hier S. 42.

24 Emmrich, und nun ruht die Obhut über sein Andenken in Frauenhand, S. 199; zur architektonischen Umgestaltung des Nietzsche-Archivs durch van de Velde: Erbsmehl, Nun haben wir ein Haus und ein Wahrzeichen, S. 230.

25 Houston Stewart Chamberlain, Richard Wagner, Neue Ausgabe München 1901 [zuerst ebd. 1896], S. 20 f., hier S. 20. Zur Einordnung Chamberlains in den historischen Kontext: Udo Bermbach, Houston Stewart Chamberlain. Wagners Schwiegersohn – Hitlers Vordenker, Stuttgart u. Weimar 2015; speziell zur Haltung Wilhelms II.: Wolfram Kinzig (Hg.), Der Kaiser und der »Evangelist des Rassismus«. Houston Stewart Chamberlains Brief an Anne Guthrie über seine erste Begegnung mit Wilhelm II., in: Zeitschrift für Neuere Theologiegeschichte 11 (2004), S. 79–125.

26 Raoul Richter, Friedrich Nietzsche. Sein Leben und sein Werk. Fünfzehn Vorlesungen gehalten an der Universität zu Leipzig, Leipzig 1903, S. 47.

27 Van de Velde, Geschichte meines Lebens, S. 189; zur Bedeutung »authentischen Erlebens« für die Weltanschauungsliteratur: Wolfram Pyta, Hitler. Der Künstler als Politiker und Feldherr. Eine Herrschaftsanalyse, Berlin 2015, S. 222.

28 Vgl. Philipp Blom, Was auf dem Spiel steht, München 2017, S. 73; überraschende Einblicke in die Vorgehensweise der napoleonischen Propaganda bietet: Günther Anders, Die Antiquiertheit des Menschen, Bd. 1: Über die Seele im Zeitalter der zweiten industriellen Revolution, 5. Aufl. München 1980, S. 152.

29 Elisabeth Förster-Nietzsche, Das Leben Friedrich Nietzsche's. Zweiter Band. Zweite Abtheilung: Der einsame Wanderer, Leipzig 1904; ebd., S. III, das letzte Zitat, die weiteren Nachweise aus dem Buch erfolgen mit Klammerzitation im Text.

30 Föhl, Von Beruf Kulturgenie, S. 452 ff., hier S. 453.

31 Zu ihnen existiert eine breite Literatur, die nicht selten an zu kühnen Assozia-

tionen leidet, symptomatisch: Hermann Josef Schmidt, »Du gehst zu Frauen?« – Zarathustras Peitsche – Ein Schlüssel zu Nietzsche oder einhundert Jahre lang Lärm um nichts?, in: Nietzscheforschung 1 (1994), S. 111–134.

32 Vgl. Diethe, Vergiß die Peitsche, S. 158–183.

33 Ein tiefergehendes Interesse Elisabeths ist jedoch nicht zu vermuten. So lobte sie an Riehls Monographie primär, dass sie in der angesehenen Reihe »Klassiker der Philosophie« bei Frommann erschienen sei (Förster-Nietzsche, Der einsame Wanderer, S. 664).

34 Schreiben Erwin Rohdes an Nietzsche vom 22. Dezember 1883; KGA Briefe, Bd. III,2, S. 412 ff., hier S. 412.

35 So die überzeugende Argumentation in: Small, Nietzsche and Rée, S. 208.

36 Dazu erhellend: Blue, The Making of Friedrich Nietzsche, S. 7 f.

37 In seinem Brief an Elisabeth Förster-Nietzsche vom 10. November 1904, GSA Weimar 72/BW 5590, fol. 30; das Vorige nach Euckens Schreiben vom 16. November 1904, GSA Weimar 72/BW 1271 Rudolf Eucken, fol. 9.

38 Vgl. dazu ihren Brief an Ida Overbeck vom 29. Januar 1883, der voller ambivalenter Gefühle und Unterstellungen ist; Pfeiffer, Friedrich Nietzsche, Paul Rée, Lou von Salomé, S. 288–295.

39 Decker, Nietzsches Schwester, S. 437.

40 Eine komprimierte Darstellung des Konflikts bietet: Hermann-Peter Eberlein, Flamme bin ich sicherlich! Friedrich Nietzsche, Franz Overbeck und ihre Freunde, Köln 1999, S. 330 f.

41 Alle Zitate: GSA Weimar 72/BW 52, 3 Elisabeth von Alvensleben, 1906–1908, Brief an Elisabeth Förster-Nietzsche vom 19. Januar 1906. Das im Folgenden wiedergegebene Antwortschreiben findet sich: GSA Weimar 72/758, 1 Elisabeth von Alvensleben.

42 Pernet, Friedrich Nietzsche über Gustav Krug, S. 514 ff., hier S. 515.

43 Friedrich Nietzsche, Der Wille zur Macht. Versuch einer Umwerthung aller Werthe, Leipzig 1906. Grundlegend zur Entstehung ist: Dieter Fuchs, Der Wille zur Macht: Die Geburt des Hauptwerks aus dem Geiste des Nietzsche-Archivs, in: Nietzsche-Studien 26 (1997) S. 384–404.

44 Der Brief findet sich: GSA Weimar 72/758, 1 Elisabeth von Alvensleben.

45 Vgl. Dieter Fuchs, Der Wille zur Macht, S. 387.

46 Wolfgang Müller-Lauter, Nietzsche. Seine Philosophie der Gegensätze und die Gegensätze seiner Philosophie, Berlin u. New York 1971, S. 27.

47 Für ein differenziertes Bild des Monarchen siehe: Christopher Clark, Wilhelm II. Die Herrschaft des letzten deutschen Kaisers, München 2009; die Passagen von Georg Fuchs stammen aus seiner Streitschrift »Der Kaiser und die Zukunft des deutschen Volkes« (München u. Leipzig 1906), S. 72.

48 Zit. nach: Erhard Naake, Nietzsche und Weimar. Werk und Wirkung im 20. Jahrhundert, Köln, Weimar u. Wien 2000, S. 65.

49 Vgl. Ingo Borges, Nostalgie Avantgarde. Das fotokünstlerische Werk von Louis Held, in: Ilm-Kakanien. Weimar am Vorabend des Ersten Weltkriegs. Klassik Stiftung Weimar Jahrbuch 2014, S. 237–264, hier S. 248 ff.

50 GSA Weimar 72/1061 Elisabeth von Alvensleben, Erinnerungen an Elisabeth Förster-Nietzsche: Porträts, S. 1.

51 Fiebig, In Nietzsches Bann, S. 138 f., hier S. 139.

52 Alfred Kerr, Warum fließt der Rhein nicht durch Berlin? Briefe eines europäischen Flaneurs 1895–1900, hg. von Günther Rühle, Berlin 1999, S. 287–291, hier S. 288. Kerrs Gedicht »Die Übermenschin« erschien erstmals am 27. Juli 1906 in der Zeitung *Der Tag*.

DIE PROPAGIERUNG EINES EUROPÄISCHEN GENIES

1 GSA Weimar 72/BW 5453 Briefe von Ernest und Signe Maria Thiel, fol. 1–2, Brief Ernest Thiels an Elisabeth Förster-Nietzsche vom 27. August 1900. Zu seinem Lebenslauf: Föhl, Von Beruf Kulturgenie, S. 1752 f., sowie »Ernest Jacques Thiel«, https://de.wikipedia.org/wiki/Ernest_Thiel; letzter Zugriff am 4. Oktober 2018.

2 GSA Weimar 72/BW 5453, fol. 27, Gutachten der Auskunftei Schimmelpfeng vom 28. September 1907 für den dem Nietzsche-Archiv verbundenen Hallenser Medizinprofessor Hermann Gocht.

3 GSA Weimar 72/758, 2; das Zitat findet sich: Pöthe, Fin de Siècle in Weimar, S. 98.

4 Vgl. dazu mit den Zitaten im Text GSA Weimar 72/1061 Elisabeth von Alvensleben, Erinnerungen an Elisabeth Förster-Nietzsche, S. 2; gleichfalls anschaulich: Ivo Hartmann, Edvard Munch. Erinnerungen an einen norwegischen Künstler, in: DIE ZEIT Nr. 3 vom 16. Januar 1947.

5 Elisabeth Förster-Nietzsche, Das Nietzsche-Archiv, seine Freunde und Feinde, Berlin 1907, S. 9. Die weiteren Nachweise erfolgen über Klammerzitation im Text.

6 So Kai Agthe, »Sie fabelt ganz außerordentlich …«. Elisabeth Förster-Nietzsche (1846–1935), in: Matthias Steinbach u. Michael Ploenus (Hg.), Ketzer, Käuze, Querulanten. Außenseiter im universitären Milieu, Jena u. Quedlinburg 2008, S. 177–197, hier S. 191.

7 GSA Weimar 72/BW 1271, fol. 21–24, hier fol. 22 f.; generell zu Euckens Wirksamkeit als Zeitkritiker und zugleich Multiplikator bürgerlicher Traditionsbestände: Barbara Beßlich, Wege in den Kulturkrieg. Zivilisationskritik in Deutschland 1890–1914, Darmstadt 2000, S. 64–79, und Friedrich Wilhelm Graf, Die Positivität des Geistigen. Rudolf Euckens Programm neoidealistischer Universalintegration, in: Ders., Gangolf Hübinger u. Rüdiger vom Bruch (Hg.), Kultur und Kulturwissenschaften um 1900, Bd. II: Idealismus und Positivismus, Stuttgart 1997, S. 53–85.

8 Föhl, Von Beruf Kulturgenie, S. 650 ff., hier S. 651.

9 Brief Ernest Thiels an Elisabeth Förster-Nietzsche vom 23. Dezember 1907; GSA

Weimar 72/BW 5453, fol. 33–34, hier fol. 33. Das Vorige nach: Decker, Nietzsches Schwester, S. 468.

10 GSA Weimar 72/BW 5453, fol. 33–34, hier fol. 33; Postkarte Ernest Thiels an Elisabeth Förster-Nietzsche vom 2. Oktober 1908 [Poststempel].

11 Tagebucheintrag Kesslers vom 12. März 1908, zit. nach: Föhl, Von Beruf Kulturgenie, S. 686 ff., hier S. 687; zum Folgenden vgl. Borchmeyer, Nietzsche, Cosima, Wagner, S. 100 und passim.

12 Georg Simmel, Schopenhauer und Nietzsche. Ein Vortragszyklus, in: Ders., Gesamtausgabe, Bd. 10, Frankfurt am Main 1995 [zuerst München u. Leipzig 1907], S. 167–408, hier S. 401 f.

13 Elisabeth Förster-Nietzsche, Erinnerungen, in: Die Zukunft Nr. 2 vom 12. Oktober 1907, S. 64–68, hier S. 64.

14 Bernoulli, Franz Overbeck und Friedrich Nietzsche, Bd. 1, S. XIV; der Nachweis der nächsten Belegstellen erfolgt über Klammerzitation im Text.

15 Vgl. dazu vor allem ebd., S. 430–433, die extrem materialreichen Anmerkungen 30 und 31.

16 Sie erschienen erstmals 1908 in der vielgelesenen *Deutschen Rundschau* und sind leicht greifbar bei: Fiebig, In Nietzsches Bann, S. 286–290 u. 291–295. Die folgenden Zitate finden sich: ebd., S. 291 u. 294.

17 Der Vorgang nach den Dokumenten GSA Weimar 72/BW 960 Richard Dehmel.

18 GSA Weimar 72/BW 5590, fol. 71–72, hier fol. 71.

19 So Hans Fiebig, der Elisabeths Prozesse eingehend studiert hat, in seiner E-Mail vom 21. Mai 2016; das Vorige nach der E-Mail des versierten Kenners Weimarer Interna Günther Burgmann vom 30. April 2016.

20 Brief Elisabeths an Kessler vom 29. Juli 1909; zit. nach: Föhl, Von Beruf Kulturgenie, S. 726–730, hier S. 728; ebd., S. 695–698, hier S. 696, die vorige im Text wiedergegebene Passage. Allgemein zu den Weimarer Prozessen um Bernoullis Veröffentlichung: Fiebig, In Nietzsches Bann, S. 217, Anm. 140.

21 Zit. nach der umsichtigen Darstellung von Meike G. Werner, Moderne in der Provinz. Kulturelle Experimente im Fin de Siècle Jena, Göttingen 2003, S. 75.

22 Vgl. das Schreiben der Nobelstiftung an Vaihinger vom 27. Januar 1908; GSA Weimar 72/BW 5590, fol. 59; zum eingereichten Vorschlag vom 28. Juni 1907 siehe Hoffmann, Zur Geschichte des Nietzsche-Archivs, S. 70.

23 Gunnar Ahlström, Kleine Geschichte der Zuerkennung des Nobelpreises an Rudolf Eucken, in: Nobelpreis für Literatur 1908: Rudolf Eucken, Philosophische Schriften, Zürich o. J., S. 9–17, hier S. 15.

24 Vgl. den Brief Euckens an Vitalis Norström vom 5. März 1907; Thüringische Universitäts- und Landesbibliothek Jena (ThULB Jena), Nachlass Rudolf Eucken I, 30, fol. 176–177, hier fol. 176. Allgemein zum Verfahren des Jahres 1908: Uwe Dathe, Rudolf Eucken – Philosophie als strenge Wissenschaft und weltanschauliche Erbauungsliteratur, in: Krysztof Ruchniewicz u. Marek Zybura (Hg.), Die höchste Ehrung, die

einem Schriftsteller zuteil werden kann. Deutschsprachige Nobelpreisträger für Literatur, Dresden 2007, S. 37–60, und Sieg, Geist und Gewalt, S. 59–102.

25 Rudolf Eucken, Der Sinn und der Wert des Lebens, in: Nobelpreis für Literatur 1908: Rudolf Eucken, Philosophische Schriften, Zürich o. J. [zuerst Leipzig 1908], S. 233–389, hier S. 381.

26 Stefan Gerber, »Angst vor der Moderne?«. Die Universität Jena von der Mitte des 19. bis in die dreißiger Jahre des 20. Jahrhunderts, in: Ders. u. Matthias Steinbach (Hg.), »Klassische Universität« und »akademische Provinz«. Studien zur Universität Jena von der Mitte des 19. bis in die dreißiger Jahre des 20. Jahrhunderts, Jena u. Quedlinburg 2005, S. 7–30, hier S. 30; ebd., S. 7, auch das Zitat.

27 Les Prix Nobel en 1908, Stockholm 1909, S. 43 f., hier S. 44; das vorige Zitat nach: Kaube, Max Weber, S. 69.

28 Vgl. Graf, Die Positivität des Geistigen, S. 79 ff., und Sieg, Kulturkritik als Zeitgeistverstärkung, S. 252 f.

29 Dazu Pöthe, »Heiliger Hügel«, S. 208, und Sommer, Nietzsche und die Folgen, S. 100; das folgende Zitat findet sich: Förster-Nietzsche, Das Nietzsche-Archiv, seine Freunde und Feinde, S. 68.

30 Müller-Buck, »Naumburger Tugend«, S. 333 f.; jüngst zum Ausmaß von Elisabeths Fälschungen: Föhl, Von Beruf Kulturgenie, S. 720, Anm., sowie Christian Niemeyer, Elisabeth Förster-Nietzsche im Kontext. Eine Antwort auf Robert C. Holub, in: Nietzsche-Studien 43 (2014), S. 152–171, hier S. 158 ff.

31 Föhl, Von Beruf Kulturgenie, S. 1438–1441, hier S. 1438. Zum grundlegenden Charakter von Kesslers Reformvorstellungen: Klaus Dicke, Cranachstraße 15: Der unzeitgemäße Kosmopolit, in: Ders. u. Michael Dreyer (Hg.), Weimar als politische Kulturstadt. Ein historisch-politischer Stadtführer, Berlin 2006, S. 132–136, hier S. 134 f.

32 Föhl, Von Beruf Kulturgenie, S. 859–867, hier S. 864.

33 Hans Vaihinger, Nietzsche als Philosoph, Berlin 1902, S. 43 u. 54.

34 GSA 72/BW 5590, fol. 86–87, hier fol. 87.

35 Zit. nach: Sandro Barbera, »Eine schreckliche Prophezeiung Nietzsches«. Nationalismus und Antisemitismus im Briefwechsel zwischen Elisabeth Förster-Nietzsche und Hans Vaihinger, in: Ders., Paolo d'Iorio u. Justus H. Ulbricht (Hg.), Friedrich Nietzsche. Rezeption und Kultus, Pisa 2004, S. 259–299, hier S. 268.

36 Richter, Friedrich Nietzsche. Sein Leben und sein Werk, S. 70; ebd., S. 284, das nächste Zitat.

37 GSA Weimar 72/BW 641 Max Brahn, dort auch das Folgende.

38 GSA Weimar 152/14 Briefe von Elisabeth Förster-Nietzsche an Max Brahn.

39 Föhl, Von Beruf Kulturgenie, S. 785 ff., hier S. 786.

40 Förster-Nietzsche, Der junge Nietzsche, S. 48; ebd., S. 346, das nächste Zitat.

41 GSA Weimar 72/BW 5453, fol. 45–46, Brief Ernest Thiels aus Stockholm an Elisabeth Förster-Nietzsche vom 28. April 1912; dort auch die folgenden Zitate.

42 GSA Weimar 72/BW 1271, fol. 34–35, hier fol. 35.

43 Elisabeth Förster-Nietzsche, Der einsame Nietzsche, Leipzig 1914, S. 42.

44 So Thomas Mittmann, Vom »Günstling« zum »Urfeind« der Juden. Die antisemitische Nietzsche-Rezeption in Deutschland bis zum Ende des Nationalsozialismus, Würzburg 2006, S. 98.

45 Vgl. Jacques le Rider, Nietzsche und Frankreich: Der Meinungswandel Elisabeth Förster-Nietzsches und Henri Lichtenbergers, in: Nietzsche-Studien 27 (1998), S. 366–376, hier S. 375. Das Folgende nach Fiebig, In Nietzsches Bann, S. 179–182, hier S. 179.

46 Richard Moritz Meyer, Nietzsche. Sein Leben und seine Werke, München 1913, S. 112; ebd., S. 106, das vorige Zitat.

47 Dazu hellsichtig: Thomas Nitzsche, Nietzsche-Stadt Weimar?, in: Klaus Dicke u. Michael Dreyer (Hg.), Weimar als politische Kulturstadt. Ein historisch-politischer Stadtführer, Berlin 2006, S. 121–131, hier S. 134.

48 Dies demonstriert am Beispiel Eucken: Graf, Die Positivität des Geistigen; zu Elisabeths Bewunderung für den Grafen Zeppelin vgl. Uschi Nussbaumer-Benz, Oscar Levy's europäische Visionen, in: Werner Stegmaier u. Daniel Krochmalnik (Hg.), Jüdischer Nietzscheanismus, Berlin u. New York 1997, S. 188–208, hier S. 204.

49 Pöthe, »Heiliger Hügel«, S. 171; zum Vorigen: Alexandra Gerstner, Neuer Adel. Aristokratische Elitekonzeptionen zwischen Jahrhundertwende und Nationalsozialismus, Darmstadt 2008, S. 171.

50 Vgl. die Schilderung der Feierlichkeiten GSA Weimar 72/1061.

51 Zur Menschenverachtung der Futuristen und insbesondere D'Annunzios: Pankai Mishra, Das Zeitalter des Zorns. Eine Geschichte der Gegenwart, Frankfurt am Main 2017, S. 260 ff.

NIETZSCHE IM »KRIEG DER GEISTER«

1 Hierzu aufschlussreich: Georg Eckert, Peter Geiss u. Arne Karsten (Hg.), Die Presse in der Julikrise 1914. Die internationale Berichterstattung und der Weg in den Ersten Weltkrieg, Münster 2014. Den kleiner werdenden Handlungsspielraum der politischen Entscheidungsträger demonstriert überzeugend: Clark, Die Schlafwandler.

2 Florian Illies, 1913. Der Sommer des Jahrhunderts, 5. Aufl. Frankfurt am Main 2012, S. 303. Illies zitiert die Schlussworte aus Schnitzlers Versspiel *Paracelsus* leider nach Tucholskys Gedicht »Groß-Stadt-Weihnachten« (»Wir spielen alle.«), wodurch sie spürbar an Hintergründigkeit verlieren. Sie verdienen es, im originalen Zusammenhang wiedergegeben zu werden: »Es fließen ineinander Traum und Wachen, // Wahrheit und Lüge. Sicherheit ist nirgends. // Wir wissen nichts von andern, nichts von uns. // Wir spielen immer; wer es weiß ist klug.«

3 So einleuchtend: Jörn Leonhard, Die Büchse der Pandora. Geschichte des Ersten Weltkriegs, München 2014, S. 81.

4 Alan Kramer, Dynamic of Destruction. Culture and Mass Killing in the First World War, Oxford u. New York 2007, S. 183. Zum Folgenden vgl. Ernst Piper, Nacht über Europa. Kulturgeschichte des Ersten Weltkriegs, Berlin 2013, S. 40 f., und R. Hinton Thomas, Nietzsche in German Politics and Society 1890–1918, Manchester 1983, S. 138.

5 Ernst Troeltsch, Das Wesen des Deutschen. Rede gehalten in der vaterländischen Gesellschaft in der Karlsruher Stadthalle, Heidelberg 1915.

6 Dazu erstmals: Reinhard Rürup, Der »Geist von 1914« in Deutschland. Kriegsbegeisterung und Ideologisierung des Krieges im Ersten Weltkrieg, in: Bernd Hüppauf (Hg.), Ansichten vom Krieg. Vergleichende Studien zum Ersten Weltkrieg in Literatur und Gesellschaft, Königstein im Taunus 1984, S. 1–30; zum forschungsgeschichtlichen Kontext siehe Beßlich, Wege in den Kulturkrieg, S. 22 f.

7 Archiv der deutschen Jugendbewegung, Burg Ludwigstein, CH1 [Fahrten- und Nestbücher], Nr. 67, Kriegstagebuch Edgar Gräf, S. 6 f.; für den Hinweis auf dieses Dokument danke ich Christian Wenzel. – Die Zahlenangaben nach: Daniela Siebe, »Germania docet«. Ausländische Studierende, auswärtige Kulturpolitik und deutsche Universitäten 1870 bis 1933, Husum 2009, S. 81.

8 Dazu eingehend: Ulrich Sieg, Geist und Gewalt. Deutsche Philosophen zwischen Kaiserreich und Nationalsozialismus, München 2013, S. 117–121.

9 Rudolf Eucken u. Ernst Haeckel, Anklage gegen England, in: Vossische Zeitung Nr. 418 vom 19. August 1914. Morgen-Ausgabe. Die im Text erwähnten Briefe finden sich ohne eigenständige Signatur im Jenaer Ernst-Haeckel-Haus. Den historischen Kontext beschreibt plastisch: Gerhard Müller, Das Ende der europäischen Gelehrtenrepublik. Ernst Haeckel und der August 1914, in: Ilm-Kakanien. Weimar am Vorabend des Ersten Weltkriegs. Klassik Stiftung Weimar Jahrbuch 2014, S. 89–100.

10 Zu den ideengeschichtlichen Bezügen siehe Beßlich, Wege in den Kulturkrieg, S. 103–106, und Kurt Flasch, Die geistige Mobilmachung. Die deutschen Intellektuellen und der Erste Weltkrieg, Berlin 2000, S. 22–29. Die hohe Zahl der »Welt-Komposita« im Deutschen akzentuiert: Schivelbusch, Die Kultur der Niederlage, S. 327 f.

11 David Fromkin, Europe's last summer. Who started the Great War in 1914?, New York 2005, S. 120. Nach James Joll u. Gordon Martel, First World War, 3. Aufl. Harlow usw. 2007, S. 279, sollen sich die Verschwörer sogar gegenseitig Verse Nietzsches vorgetragen haben.

12 So pointiert: Piper, Nacht über Europa, S. 251; zum britischen Interesse für Nietzsche vgl. Peter Hoeres, Krieg der Philosophen. Die deutsche und die britische Philosophie im Ersten Weltkrieg, Paderborn usw. 2004, S. 193 ff. und passim.

13 Houston Stewart Chamberlain, Richard Wagner, 5. Aufl. München 1910, S. 88.

14 Brömsel, Exzentrik und Bürgertum, S. 56. Das Vorige nach: Wolfram Kinzig, Harnack, Houston Stewart Chamberlain, and the First World War, in: Zeitschrift für Neuere Theologiegeschichte 22 (2015), S. 190–230; ebd., S. 204 f., Anm. 40, das Zitat.

15 Houston Stewart Chamberlain, Deutsche Freiheit, in: Ders., Kriegsaufsätze, 7. Aufl. München 1915, S. 15–23, hier S. 20; zu den Vertriebsmethoden vgl. die Werbeanzeigen in: Ders, Neue Kriegsaufsätze, München 1915, nach S. 102.

16 Ders., Politische Ideale, München 1915, S. 26.

17 Dies übersieht: Bermbach, Houston Stewart Chamberlain, S. 409, Anm. 67; zur Auseinandersetzung mit Chamberlains subkutan antisemitischer Rhetorik bereits: Erik Lindner, Houston Stewart Chamberlain: The Abwehrverein and the »Praeceptor Germaniae«, 1914–1918, in: Leo Baeck Institute Year Book 37 (1992), S. 213–236.

18 GSA Weimar 72/BW 5453, fol. 57–58, Brief Ernest Thiels an Elisabeth vom 25. August 1914.

19 Elisabeth Förster-Nietzsche, Nietzsche und der Krieg, in: Der Tag vom 10. September 1914, S. 1 ff., hier S. 2; zu diesem Artikel vgl. Sommer, Nietzsche und die Folgen, S. 103 f. Elisabeths Brief an Ernest Thiel vom 4. September 1914 findet sich: GSA Weimar 72/838.

20 GSA Weimar 72/BW 116, 2; zu den Schwierigkeiten van de Veldes siehe: Pöthe, Fin de Siècle in Weimar, S. 106. Das folgende Zitat nach: Föhl, Von Beruf Kulturgenie, S. 901–906, hier S. 902.

21 Dazu eingehend die wissenschaftliche Hausarbeit im Rahmen der Ersten Staatsprüfung für das Lehramt an Gymnasien von Inga Seeger »›Goldautos‹. Eine Fallstudie zur Macht der Gerüchte im Ersten Weltkrieg« (Marburg 2014). Die Wichtigkeit des Themas demonstriert: Florian Altenhöner, Kommunikation und Kontrolle. Gerüchte und städtische Öffentlichkeiten in Berlin und London 1914/18, München 2008, hier S. 100.

22 Vgl. exemplarisch August Messer, Nietzsche und der Krieg. Zum 70. Geburtstag des Philosophen, in: Frankfurter Zeitung Nr. 286 vom 15. Oktober 1914; zum Hintergrund: Ascheim, Nietzsche und die Deutschen, S. 145.

23 Franz Pfemfert, Die Deutschsprechung Friedrich Nietzsches. Ein Protest, in: Die Aktion 5 (1915), Sp. 320–323, hier Sp. 321; ebd., Sp. 320, das vorige Zitat. Detailliert zu Pfemferts Artikel: Michael Storch, Wie Nietzsche in die Schützengräben kam. Nietzsche-Rezeption im Ersten Weltkrieg, in: Michael Henke u. Wolfgang Riedel (Hg.), Felder der Ehre? Krieg und Nachkrieg in der deutschen Literatur des 20. Jahrhunderts, Würzburg 2015, S. 21–74, hier S. 39 f.

24 Werner Sombart, Händler und Helden. Patriotische Besinnungen, 11.–20. Tausend München u. Leipzig 1915, S. 3. Die weiteren Zitate werden durch Klammerzitation im Text nachgewiesen.

25 Vgl. ebd., S. 162; zur zentralen Bedeutung der Zwei-Deutschland-Theorie für die britische Propaganda siehe: Hoeres, Krieg der Philosophen, S. 131–179.

26 Zu dieser Passage vgl. Wolf-Friedrich Schäufele, Der »Deutsche Gott«. Kriegstheologie und deutscher Nationalismus im Ersten Weltkrieg, in: Joachim Negel u. Karl Pinggéra (Hg.), Urkatastrophe. Die Erfahrung des Krieges 1914–1918 im Spiegel zeitgenössischer Theologie, Freiburg, Basel u. Wien 2016, S. 35–76, hier S. 63.

27 Zit. nach: Friedrich Lenger, Werner Sombart 1863–1941. Eine Biographie, München 1994, S. 463, Anm. 121, der ebd., S. 248–251, auch zeigt, wie irritiert viele Kollegen auf Sombarts Streitschrift reagierten.

28 GSA Weimar 72/27 Typoskript »Der ›echt-preußische‹ Friedrich Nietzsche«, S. 1. Zum Artikel im *Berliner Tageblatt* mit den angeführten Zitaten: Ulrich Sieg, Jüdische Intellektuelle im Ersten Weltkrieg, Kriegserfahrungen, weltanschauliche Debatten und kulturelle Neuentwürfe, 2. Aufl. Berlin 2008, S. 177 f.

29 GSA Weimar 72/27, Der »echt-preußische« Friedrich Nietzsche, S. 3; das folgende Zitat findet sich: Sombart, Händler und Helden, S. 150.

30 GSA Weimar 72/BW 5590, fol. 111. Zum Folgenden vgl. ebd., fol. 112, sowie Sieg, Geist und Gewalt, S. 137.

31 Elisabeth Förster-Nietzsche, Wagner und Nietzsche zur Zeit ihrer Freundschaft. Erinnerungsgabe zu Friedrich Nietzsches 70. Geburtstag den 15. Oktober 1914, München 1915, S. 277 f.; zum rein fiktiven Charakter von Elisabeths Darstellung: Peter Wapnewski, Nietzsche und Wagner. Stationen einer Beziehung, in: Nietzsche-Studien 18 (1989), S. 401–423, hier S. 402 f.

32 Förster-Nietzsche, Wagner und Nietzsche zur Zeit ihrer Freundschaft, S. 44; ebd., S. 191, das nächste Zitat.

33 Vgl. Wapnewski, Nietzsche und Wagner, S. 422 f.

34 Brief Rudolf Euckens an Elisabeth Förster-Nietzsche vom 12. September 1915; GSA Weimar 72/BW 1271, fol. 49–50, hier fol. 50. Die Schreiben Brahns vom 16. und 21. Juni 1915 finden sich: GSA Weimar 72/BW 641, der nicht näher datierte Brief Elsa Asenijeffs aus dem Jahre 1915 liegt vor: GSA Weimar /BW101.

35 Vgl. Sieg, Geist und Gewalt, S. 137 f.

36 Nicht zufällig ist sie titelgebend für Tom Hollands Bestseller *Im Schatten des Schwertes. Mohammed und die Entstehung des arabischen Weltreichs* (Stuttgart 2012). Das Zitat nach: Friedrich Nietzsche, Also sprach Zarathustra. 180.–204. Tausend Kriegsausgabe. Neue Aufl., Stuttgart 1918, S. III. Zur Rubrik »Nietzsche-Worte für Krieg und Frieden« siehe Manfred Riedel, Nietzsche in Weimar. Ein deutsches Drama, Leipzig 1997, S. 42 f.

37 Undatierte Visitenkarte Vaihingers, auf der er den Empfang der »Kriegsausgabe« von *Also sprach Zarathustra* bestätigte; GSA Weimar 72/BW 5590, fol. 133.

38 Vgl. mit leicht anderer Akzentuierung: Storch, Wie Nietzsche in die Schützengräben kam, S. 29.

39 GSA Weimar 72/BW 641; ebd. auch das nächste zitierte Dokument.

40 Max Brahn, Friedrich Nietzsches Meinungen über Staaten und Kriege, Leipzig 1915, S. 8; ebd., S. 18 u. 19, die nächsten Zitate.

41 GSA Weimar 152/14 Briefe von Elisabeth Förster-Nietzsche an Max Brahn; dort auch das folgende Schlüsseldokument.

42 Vgl. dazu das vorige Kapitel; Elisabeths Brief vom 5. März 1916 findet sich: GSA Weimar 152/14.

43 GSA Weimar 72/BW 641; dort auch die im Folgenden zitierten Briefe Brahns.

44 Max Brahn, Vorwort, in: Friedrich Nietzsche, Der Wille zur Macht. Eine Auslegung alles Geschehens. Neu ausgewählt und geordnet von Max Brahn, Leipzig 1917, S. V–XIV, hier S. VII, IX u. X.

45 GSA Weimar 72/BW 5590, fol. 136–137, hier fol. 136. Das Vorige nach GSA Weimar 72/BW 116, 2.

46 GSA Weimar 72/BW 3003 Lenore Kühn, fol. 1–2, hier fol. 2.

47 Barbera, Eine schreckliche Prophezeiung Nietzsches, S. 271.

48 GSA Weimar 72/BW 3003, fol. 52.

49 Hans Vaihinger, Nietzsche als Philosoph, 4., vom Verfasser neu durchgesehene Ausgabe. Feldausgabe. Erstes bis zehntes Tausend Berlin 1916, S. 3 f.

50 Das Folgende nach: GSA Weimar 72/1061 Elisabeth von Alvensleben, Erinnerungen an Elisabeth Förster-Nietzsche, S. 12–15: »Der 70. Geburtstag in Breitbrunn am Ammersee«.

51 Vgl. sein Schreiben an Elisabeth vom 24. Juni 1916; GSA Weimar 72/BW 4190 Alfred Ploetz.

52 GSA Weimar 72/BW 1271, fol. 52; allgemein zur Geburtstagspost: Hoffmann, Zur Geschichte des Nietzsche-Archivs, S. 90.

53 Vgl. Jörn Leonhard, Krieg und Krise. Der Liberalismus 1914–1918 im internationalen Vergleich, in: Ders. u. Anselm Doering-Manteuffel (Hg.), Linksliberalismus im 20. Jahrhundert, Stuttgart 2015, S. 69–94; die Konsequenzen der Versorgungslage 1916 thematisiert: Osterhammel, Die Verwandlung der Welt, S. 314.

54 Zum Folgenden mit Einzelnachweisen: Sieg, Geist und Gewalt, S. 129–142, sowie Thomas Meyer, Ernst Cassirer, Hamburg 2006, S. 77 f.

55 ThULB Jena Nachlass Rudolf Eucken 1, 8 F, fol. 209–210, hier fol. 210. Ihr Konzept liegt vor: GSA Weimar 72/736a Elisabeth Förster-Nietzsche, Ausgegangene Briefe Januar–März 1916.

56 GSA Weimar 72/BW 5590, fol. 129.

57 Lenore Ripke-Kühn, Nietzsches Willenserziehung, in: Der Panther 5 (1917), S. 519–535.

58 GSA Weimar 72/BW 3003, fol. 103–104, hier fol. 103; der folgende Brief findet sich: ebd., fol. 107.

59 Bruno Bauch, Nietzsche und die Engländer, in: Deutsches Volkstum 19 (1917), S. 441–448; Bauchs Brief vom 14. Oktober 1917 liegt vor: GSA Weimar 72/BW 196, 1, fol. 38–39, hier fol. 39.

60 Elisabeth Förster-Nietzsche, Nietzsche, Frankreich und England, in: Jacques le Rider, Nietzsche und Frankreich: Der Meinungswandel Elisabeth Förster-Nietzsches

und Henri Lichtenbergers, in: Nietzsche-Studien 27 (1998), S. 366–376, hier S. 369–372 [zuerst Wiener Neue Freie Presse vom 11. Juni 1916, Sonntagsbeilage], das Zitat S. 369.

61 Zur gewaltigen Resonanz des geschickt in Szene gesetzten Hindenburg, von dem nicht nur auf der Rechten wahre Wunderdinge erwartet wurden: Wolfram Pyta, Hindenburg. Herrschaft zwischen Hohenzollern und Hitler, München 2009, S. 115–153.

62 KSB, Bd. 3, S. 286 f., beide Zitate S. 286.

63 GSA Weimar 72/BW 5453, fol. 73–74, hier fol. 73.

64 GSA Weimar 72/BW 641, dort auch die nächsten Zitate. Zur Hochachtung Richard M. Meyers vor Elisabeths »Spürsinn« und Sammelfleiß siehe nur seinen *Nietzsche*, S. 113 f., hier S. 113.

65 GSA Weimar 72/BW 641.

66 GSA Weimar 72/14; zum ideengeschichtlichen Kontext: Sieg, Geist und Gewalt, S. 140–143.

67 Der Artikel erschien im Berliner Tageblatt Nr. 453 vom 5. September 1915; das Manuskript findet sich: GSA Weimar 72/19.

68 Thomas Mann, Weltfrieden? (27. Dezember 1917), in: Ders., Große kommentierte Frankfurter Ausgabe, Bd. 15/1, hg, von Hermann Kurzke, Frankfurt am Main 2002, S. 212–215, hier S. 212. Zum Hintergrund: Leonhard, Büchse der Pandora, S. 84.

69 Laura Spinney, 1918. Die Welt im Fieber. Wie die Spanische Grippe die Gesellschaft veränderte, München 2018, S. 79; vgl. auch Eckard Michels, Die »Spanische Grippe« 1918/19. Verlauf, Folgen und Deutungen im Kontext des Ersten Weltkriegs, in: Vierteljahrshefte für Zeitgeschichte 58 (2010), S. 1–33.

70 Sven Schlotter, Bruno Bauch in der Jenaer Universitätspolitik zwischen Kaiserreich und Nationalsozialismus, in: Matthias Steinbach u. Stefan Gerber (Hg.), »Klassische Universität« und »akademische Provinz«. Studien zur Universität Jena von der Mitte des 19. bis in die dreißiger Jahre des 20. Jahrhunderts, Jena u. Quedlinburg 2005, S. 77–90, hier S. 79; das Vorige nach GSA Weimar 72/BW 5453, fol. 93–94, hier fol. 93.

71 Zit. nach: Gerlinde Gräfin von Westphalen, Anna Luise von Schwarzburg. Die letzte Fürstin, 4. Aufl. Jena 2015, S. 95.

72 Föhl, Von Beruf Kulturgenie, S. 945–948, hier S. 946.

73 Vgl. Clark, Die Schlafwandler, S. 715 ff.

74 Dies gilt auch für die vielgelesene Studie von Flasch, Die geistige Mobilmachung; offener für diesen Zusammenhang: Hoeres, Krieg der Philosophen, und Piper, Nacht über Europa.

75 Dazu prononciert: Herfried Münkler, Der Große Krieg. Die Welt 1914 bis 1918, München 2013, S. 786.

76 Föhl, Von Beruf Kulturgenie, S. 931–935, hier S. 931.

IM AUF UND AB DER WEIMARER REPUBLIK

1 Thomas Weber, Wie Adolf Hitler zum Nazi wurde. Vom unpolitischen Soldaten zum Autor von »Mein Kampf«, Berlin 2016; ein breites Panorama des Zeithintergrunds entfaltet: Robert Gerwarth, Die Besiegten. Das blutige Erbe des Ersten Weltkriegs, München 2017.

2 Vgl. Gabriele Metzler, Der deutsche Sozialstaat. Vom bismarckschen Erfolgsmodell zum Pflegefall, Stuttgart u. München 2003, S. 73 ff.; die schlüsselhafte Bedeutung des Weltkriegs für den Ausbau des Sozialstaats betont: Münkler, Der Große Krieg, S. 794.

3 Mehring, Heideggers »große Politik«, S. 181; das Vorige nach: Ewald Grothe, Linksliberalismus in der Weimarer Republik. Eine Skizze, in: Ders., Aubrey Pomerance u. Andreas Schulz (Hg.), Ludwig Haas. Ein deutscher Jude und Kämpfer für die Demokratie, Düsseldorf 2017, S. 177–186, hier S. 183.

4 Alle Zitate aus Elisabeths Brief an Max Brahn vom 12. Dezember 1918; GSA Weimar 152/14. Die folgenden Äußerungen Brahns finden sich: GSA Weimar 72/BW 641.

5 Brief Elisabeths an Max Brahn vom 17. Januar 1919; GSA Weimar 152/14. Tatsächlich handelte es sich bei den Oehlers um Cousins von Friedrich Nietzsche.

6 GSA Weimar 72/BW 116; das Vorige nach: Sieg, Geist und Gewalt, S. 159 ff.

7 Zit. nach der umsichtigen Darstellung von Alf Rößner, »Weimar« in Weimar – Die Mühen der Ebene, in: Michael Dreyer u. Andreas Braune (Hg.), Weimar als Herausforderung. Die Weimarer Republik und die Demokratie im 21. Jahrhundert, Stuttgart 2016, S. 211–228, hier S. 219.

8 Dazu ihr Brief an Brahn vom 20. Juli 1919, GSA Weimar 152/14. Das Schreiben an Harry Graf Kessler vom 9. Juli findet sich: Föhl, Von Beruf Kulturgenie, S. 949–954, hier S. 949.

9 GSA Weimar 72/BW 641; zum historischen Kontext siehe Peter Bernhard, »Ich-Überwindung muss der Gestaltung vorangehen«. Zur Nietzsche-Rezeption des Bauhauses, in: Andreas Urs Sommer (Hg.), Nietzsche – Philosoph der Kulturen, Berlin u. New York 2008, S. 273–282, hier S. 276 f.

10 GSA Weimar 72/BW 641, das Vorige nach: GSA Weimar 152/14.

11 Der Brief liegt vor: GSA Weimar 72/BW 641.

12 Brief Elisabeth Förster-Nietzsches an Rudolf Eucken vom 29. Dezember 1919, ThULB Jena, Nachlass Eucken I, 8 F, fol. 216–217, hier fol. 217.

13 So Günther Burgmann in seiner E-Mail vom 28. April 2016, dem auch die weiteren Ausführungen wichtige Hinweise verdanken. Ein lebendiges, nicht immer zuverlässiges Bild vom Leben in der Villa Silberblick gibt: Ursula Sigismund, Zarathustras Sippschaft, München 1977, sowie dies., Die Herrin des Archivs, in: Andreas Schirmer u. Rüdiger Schmidt (Hg.), Widersprüche. Zur frühen Nietzsche-Rezeption, Weimar 2000, S. 136–151.

14 Die Angaben zum Folgenden finden sich: GSA Weimar 72/1595 Stiftung Nietzsche-Archiv Tagebuch Nr. 1, S. 108, und Tagebuch Nr. 2, S. 223.

15 Die Informationen zur entscheidenden Fakultätssitzung am 1. Juni 1918 beschränken sich auf die Mitteilung der bloßen Tatsache; Universitätsarchiv Jena (UA Jena) Bestand M, Nr. 718, fol. 26–27. Allgemein zu Elisabeths Ehrenpromotion: Ulrich Sieg, Auch Zarathustra wollte Anerkennung. Elisabeth Förster-Nietzsche und die Universitäten, in: Frankfurter Allgemeine Zeitung Nr. 244 vom 21. Oktober 2009, N 4.

16 Zum Jenaer Verfahren im Sommer 1921 vgl. die Dokumente UA Jena Bestand M, Nr. 718, fol. 115–119. Eine Zusammenfassung gibt: Richard Frank Krummel, Nietzsche und der deutsche Geist, Bd. 3, 2. verb. u. erg. Aufl., Berlin u. New York 1998, S. 21. Der Urkundentext ist niedergelegt: Joachim Bauer u. Joachim Hartung, Die Ehrendoktoren der Friedrich-Schiller-Universität Jena in den Geisteswissenschaften, hg. von Klaus Dicke, Weimar u. Jena 2007, S. 460.

17 Thomas Mann, Einkehr, in: Max Oehler (Hg.), Den Manen Friedrich Nietzsches. Weimarer Weihgeschenke zum 75. Geburtstag der Frau Elisabeth Förster-Nietzsche, München 1921, S. 209–228, hier S. 219.

18 So der Titel seines Beitrags ebd., S. 25–43. Zum Folgenden vgl. Erika von Watzdorf-Bachoff, Im Wandel und in der Verwandlung der Zeit. Ein Leben von 1878 bis (1963), hg. von Reinhard Dörries, Stuttgart 1997, S. 326.

19 Vgl. Ulrich Sieg, Nietzsche als Stifter des Aristokratismus-Diskurses, in: Eckart Conze u. a. (Hg.), Aristokratismus und Moderne. Adel als politisches und kulturelles Konzept, 1890–1945, Wien, Köln u. Weimar 2013, S. 61–76, hier S. 72 f. Das folgende Zitat findet sich: Bruno Bauch, Friedrich Nietzsche und das aristokratische Ideal, in: Max Oehler (Hg.), Den Manen Friedrich Nietzsches. Weimarer Weihgeschenke zum 75. Geburtstag der Frau Elisabeth Förster-Nietzsche, München 1921, S. 3–16, hier S. 4.

20 GSA Weimar 72/BW196, fol. 73–74, hier fol. 73.

21 Vgl. Hauff, Das Doktordiplom für Nietzsches Schwester, in: Hamburger Fremdenblatt, Jg. 1921, Nr. 360, Abendausgabe; generell zum breiten Interesse an Elisabeths 75. Geburtstag: Hoffmann, Zur Geschichte des Nietzsche-Archivs, S. 96.

22 Philipp Blom, Die zerrissenen Jahre, München 2014, S. 102.

23 GSA Weimar 72/BW 5453, fol. 125–126.

24 Hierzu konzentriert: Ursula Büttner, Überforderte Republik und überforderte Bürger, in: Michael Dreyer u. Andreas Braune (Hg.), Weimar als Herausforderung. Die Weimarer Republik und die Demokratie im 21. Jahrhundert, Stuttgart 2016, S. 81–102, hier S. 100.

25 Hoffmann, Zur Geistes- und Kulturgeschichte des Nietzsche-Archivs, S. 29; Anna Auerbachs Brief liegt vor: GSA Weimar 72/BW 116.

26 GSA Weimar 72/BW5453, fol. 149–150, hier fol. 149.

27 Schreiben Ernest Thiels an Elisabeth vom 27. November 1923, ebd., fol. 168.

28 GSA Weimar 72/BW 1217 Sven Hedin.

29 Vgl. Brömsel, Exzentrik und Bürgertum, S. 95; zum Vorigen siehe Anselm Doering-Manteuffel, Mensch, Maschine, Zeit. Fortschrittsbewußtsein und Kulturkritik im ersten Drittel des 20. Jahrhunderts, in: Jahrbuch des Historischen Kollegs, München 2003, S. 91–119, und Friedrich Wilhelm Graf, Der heilige Zeitgeist. Studien zur Ideengeschichte der protestantischen Theologie in der Weimarer Republik, Tübingen 2010.

30 Dazu weiterführend: Janus Gudian, Ernst Kantorowicz. Der ganze Mensch und die Geschichtsschreibung, Frankfurt am Main 2014, hier S. 74 f.

31 Rolf Peter Sieferle, Die Konservative Revolution. Fünf biographische Skizzen, Frankfurt am Main 1995, S. 106.

32 Oswald Spengler, Ich beneide jeden, der lebt. Die Aufzeichnung »Eis heauton« aus dem Nachlass. Mit einem Nachwort von Gilbert Merlio, Düsseldorf 2007, S. 27.

33 Detlev Felken, Oswald Spengler. Konservativer Denker zwischen Kaiserreich und Diktatur, München 1988, S. 159.

34 Föhl, Von Beruf Kulturgenie, S. 967 ff., hier S. 968. Zu Spenglers Zukunftsgewissheit siehe Rüdiger Graf, Provincializing Amerika: New and not so new intellectual histories of Weimar Germany, in: Modern Intellectual History, Jg. 2015, S. 1–14, hier S. 10; zu seinem Glauben an Deutschlands zweite Chance in einem großen Krieg: Heinz Dieter Kittsteiner, Oswald Spengler zwischen »Untergang des Abendlandes« und »Preußischem Sozialismus«, in: Wolfgang Hardtwig u. Erhardt Schütz (Hg.), Geschichte für Leser. Populäre Geschichtsschreibung in Deutschland im 20. Jahrhundert, Stuttgart 2005, S. 309–330, hier S. 321.

35 Spengler, Ich beneide jeden, der lebt, S. 75; das Folgende nach: GSA Weimar 152/14.

36 GSA Weimar 72/BW 3003, fol. 137.

37 August Messer, Oswald Spengler als Philosoph. Dargestellt und beurteilt, Stuttgart 1922, S. 207; das Vorige nach: Ders., Erläuterungen zu Nietzsches Zarathustra, Stuttgart 1922, S. 18.

38 Schreiben Elisabeths an Eucken vom 24. Juli 1922; ThULB Jena, Nachlass Eucken I, 8 F, fol. 223–224, hier fol. 224. Die abschätzige Beurteilung des Übermenschen findet sich: Oswald Spengler, Der Untergang des Abendlandes. Umrisse einer Morphologie der Weltgeschichte, 2 Bde., Wien 1918 u. München 1922, hier Bd. 1, S. 466.

39 GSA Weimar 72 /BW 5219 Oswald Spengler, fol. 42–43, hier fol. 42; ebd., fol. 47 u. 52, die nachfolgend zitierten Briefe Spenglers.

40 GSA Weimar 72/BW 453 Ernst Bertram.

41 GSA Weimar 72/BW 196, 2; zu Spenglers Bemühungen um das Nietzsche-Archiv im Jahre 1924 siehe: Felken, Oswald Spengler, S. 158 f.

42 Es liegt vor: GSA Weimar 72/BW 3003.

43 Oswald Spengler, Nietzsche und sein Jahrhundert (Vortrag vom 15. 10. 1924), in: Ders., Reden und Aufsätze, 3. Aufl. München 1951, S. 110–124, hier S. 111; der Nachweis der weiteren Belegstellen erfolgt mit Klammerzitation im Text.

44 Föhl, Von Beruf Kulturgenie, S. 1028–1031, hier S. 1028 f.; GSA Weimar 72/1596 Stiftung Nietzsche-Archiv, S. 13.

45 Zur Diktion vgl. Dr. phil. h. c. Elisabeth Förster-Nietzsche (Hg.), Der werdende Nietzsche. Autobiographische Aufzeichnungen, München 1924, S. VI: »Ich glaube, wenn ein Kirchenfürst, in dessen verborgenstem Herzenswinkel der Wunsch schlummert, einmal heilig gesprochen zu werden, diese Niederschriften liest, daß dann in ihm der Wunsch hochsteigen wird, es möchten sich von ihm doch auch solche Jugenddokumente finden wie von diesem Antichristen Friedrich Nietzsche.« Spenglers Brief vom 13. Dezember 1924 findet sich: GSA Weimar 72/BW 5219, fol. 156.

46 Oswald Spengler, Preußentum und Sozialismus, München 1919, S. 6; zur Radikalität dieser Schrift: Kittsteiner, Oswald Spengler.

47 Oswald Spengler, Neuaufbau des deutschen Reiches, 34. bis 44. Tausend München 1924, S. 72; ebd., S. 6, das vorige Zitat.

48 Dies betont zu Recht: Peter Hoeres, Die Kultur von Weimar. Durchbruch der Moderne, Berlin 2008, S. 45; zum Vorigen: Stefan Breuer, Anatomie der Konservativen Revolution, Darmstadt 1993.

49 Dazu weiterführend: Michael Seelig, Die ›Konservative Revolution‹ als historische Geisteshaltung und wissenschaftlicher Analysebegriff: Vom Nutzen eines umstrittenen Quellenbegriffs für die Forschung zur radikalen Rechten in der Weimarer Republik, in: Archiv für Kulturgeschichte 98 (2016), S. 381–418, hier S. 386.

50 Armin Mohler, Die Konservative Revolution in Deutschland 1918–1932. Ein Handbuch. 2., völlig neu bearb. u. erw. Fassung, Darmstadt 1972, S. 135, zum Hintergrund: Seelig, Die ›Konservative Revolution‹, S. 402.

51 Brief Spenglers an Elisabeth vom 15. Oktober 1925; GSA Weimar 72/BW 5219, fol. 78. Die Äußerung Cosimas nach: Hilmes, Herrin des Hügels, S. 418; allgemein zu Elisabeths Begeisterung für Mussolini: Peter Merseburger, Mythos Weimar. Zwischen Geist und Macht, Stuttgart 1998, S. 321.

52 Curt Hotzel, Im Nietzsche-Archiv. Zur bevorstehenden Nietzsche-Tagung in Weimar, in: Der Tag vom 13. Oktober 1927.

53 GSA Weimar 72/BW 641, dort auch die weiteren Zitate.

54 Kurt Tucholsky, Der Reisebericht, in: Ders., Panter, Tiger & Co. Eine neue Auswahl aus seinen Schriften und Gedichten, hg. von Mary Gerold Tucholsky, Reinbek bei Hamburg 1954 [zuerst unter dem Pseudonym Peter Panter 1930], S. 75–78, hier S. 77.

55 Oded Heilbronner, Von der Peripherie ins Zentrum: Die regionale Bedeutung des Antisemitismus in der modernen deutschen Geschichte, in: Zeitschrift für Geschichtswissenschaft 61 (2013), S. 404–424, hier S. 414; zum Vorigen: Detlev Lehnert, ›Weimars‹ Chancen und Möglichkeiten, Strukturen und Normen – Eine Problemskizze, in: Michael Dreyer u. Andreas Braune (Hg.), Weimar als Herausforderung. Die Weimarer Republik und die Demokratie im 21. Jahrhundert, Stuttgart 2016, S. 103–121, hier S. 103 f., und Seemann, Weimar, S. 280.

56 Vgl. Pyta, Hitler, S. 250, der die voluntaristische Dimension des Weimarer Geniediskurses nachdrücklich betont.

57 GSA Weimar/BW 3003, fol. 174, dort auch die weiteren Zitate.

58 Schreiben Künzelmanns an Elisabeth vom 4. Mai 1925, GSA Weimar/BW 3003, fol. 175–178, hier fol. 175; die folgenden Zitate finden sich: ebd., fol. 178.

59 Zit. nach: Föhl, Von Beruf Kulturgenie, S. 1042 ff., hier S. 1043 f.

60 ThULB Jena, Nachlass Eucken I, 8 F, fol. 229–230, hier fol. 230.

61 GSA Weimar 72/758, 3; ebd. auch die Zitate aus dem folgenden Brief.

62 Anonym, Gedächtnisfeier zur 25jährigen Wiederkehr von Nietzsches Todestag, in: Allgemeine Thüringische Landeszeitung Deutschland Nr. 237 vom 16. Oktober 1925.

63 GSA Weimar 72/BW 1271, fol. 93–94; das vorige Zitat findet sich: ThULB Jena, Nachlass Eucken I, 8 F, fol. 229–230, hier fol. 229.

64 Alle Zitate nach Elisabeths Brief an Eucken vom 12. Juli 1926; ebd., fol. 235–236, hier fol. 236. Eingehender zu Elisabeths 80. Geburtstag: Hoffmann, Zur Geschichte des Nietzsche-Archivs, S. 98.

65 GSA Weimar 72/BW 387; das Telegramm der Hauptmanns liegt vor: GSA 72/BW 2095.

66 GSA Weimar 72/BW 5590, fol. 182. Die folgenden Zitate finden sich in den Briefen Hermann Graf Keyserlings an Elisabeth vom 6. Oktober und 15. November 1926, GSA Weimar 72/BW 1271.

67 Schreiben vom 8. Juli 1927. GSA 72/BW 360 Berlin, Deutsche Welle GmbH; dort auch das Weitere.

68 Stefan Zweig, Der Kampf mit dem Dämon. Hölderlin Kleist Nietzsche, Frankfurt am Main 1981 [zuerst Leipzig 1925], S. 205; die weiteren Nachweise erfolgen über Klammerzitation im Text.

69 Elisabeth Förster-Nietzsche, Nietzsche in Sils-Maria, in: Der Türmer. Monatsschrift für Gemüt und Geist, Februar 1927, S. 374–380, hier S. 374.

70 Ebd., S. 380; zum Vorigen vgl. ebd., S. 375.

71 Dr. phil. h. c. Elisabeth Förster-Nietzsche, Das geheimnisvolle Manuskript, in: Naumburger Tageblatt vom 20. Dezember 1929.

72 Zur Dankbarkeit für den »Creditbrief« eines Unbekannten vgl. die Darstellung Elisabeth von Alvenslebens, GSA Weimar 72/1061, Erinnerungen an Elisabeth Förster-Nietzsche, S. 9.

73 Alle Zitate: GSA Weimar 72/BW 4166 Hans Pilder, fol. 14–16, hier fol. 14; als Hintergrund vgl. Erik Lindner, Die Reemtsmas. Geschichte einer deutschen Unternehmerfamilie, Hamburg 2007, S. 64, und Föhl, Von Beruf Kulturgenie, S. 1131, Anm.

74 GSA Weimar 72/BW 4166, fol. 18.

75 Vgl. Föhl, Von Beruf Kulturgenie, S. 1181 f., Anm.

76 GSA Weimar 72/BW 109 Asunción/Deutsche Gesandtschaft. Einen anschaulichen Bericht über die Lage in »Nueva Germania« schickte am 15. Juli 1929 der Ingenieur

Emil Mürbe nach Berlin. Er belegt vor allem, wie sehr die Kolonie immer noch unter ihrer abgeschiedenen Lage und den schlechten Verkehrswegen litt; Auswärtiges Amt Berlin R 67 257. Die Überwachung der Auswanderung nach Paraguay, Bd. 5, 1929–1931. Für die Zusendung des Materials und Auskünfte zu Elisabeths Initiative danke ich Dr. Gerhard Keiper.

77 Alfred Döblin, Berlin Alexanderplatz, 48. Aufl. München 2009 [zuerst Berlin 1929], hier S. 56.

78 Jörn Pestlin, Nietzsche im Völkischen Beobachter, in: Nietzscheforschung 8 (2001), S. 235–248, hier S. 242 ff.

79 Zit. nach: Naake, Nietzsche und Weimar, S. 100; zum Folgenden vgl. GSA Weimar 72/1596 Stiftung Nietzsche-Archiv, S. 44 f.

80 An dieser Überzeugung hielt er ein Leben lang fest, vgl. etwa die keinen Widerspruch duldende Aussage Martin Heidegger, Nietzsche, 2 Bde., Pfullingen 1961, hier Bd. 1, S. 17: »Die eigentliche Philosophie Nietzsches bleibt als ›Nachlaß‹ zurück.« Zum Folgenden siehe die Dokumente GSA Weimar/BW 3275 Karl Löwith.

81 Lenore Kühn, Magna Mater, Jena 1928, S. 3; ebd., S. 9, das nächste Zitat.

82 Vgl. die Bleistiftwidmung im Band des Studienzentrums der Anna Amalia Bibliothek; Signatur C 1856. Die Zitate finden sich: A.[lfred] Baeumler, Bachofen und Nietzsche, Zürich 1929, S. 13 u. 36.

83 Die hier wiedergegebenen Briefe Baeumlers liegen vor: GSA Weimar 72/BW 144 Alfred Baeumler; knappe Hinweise zu seinem Weimarer Aufenthalt enthält: GSA Weimar 72/1596 Stiftung Nietzsche-Archiv, S. 129.

84 Alfred Baeumler, Nachwort, in: Friedrich Nietzsche, Der Wille zur Macht. Versuch einer Umwertung aller Werte, Leipzig 1930, S. 699–709, hier S. 699; das nächste Zitat findet sich: ebd., S. 705. Zur zentralen Bedeutung des *Willens zur Macht* für Baeumlers Nietzsche-Ausgabe: Naake, Nietzsche und Weimar, S. 175, Anm. 1.

85 Alfred Baeumler, Nietzsche der Philosoph und Politiker, Leipzig 1931, S. 126; ebd., S. 144 u. 162, die beiden nächsten Zitate.

86 Zur hohen Akzeptanz von Baeumlers Schrift unter führenden Nationalsozialisten: Hans-Joachim Dahms, Philosophie, in: Frank-Rutger Hausmann (Hg.), Die Rolle der Geisteswissenschaften im Dritten Reich 1933–1945, München 2002, S. 193–227, hier S. 225; das vorige Zitat findet sich: Baeumler, Nietzsche der Philosoph und Politiker, S. 183.

87 Vgl. die Einladungskarte für Elisabeth von Alvensleben, GSA Weimar 72, 758, 5.

88 GSA Weimar 72/BW 5590, fol. 214.

89 Föhl, Von Beruf Kulturgenie, S. 1197 ff., hier S. 1198; das Vorige nach: GSA Weimar 72, 758, 5.

90 GSA Weimar 73/BW 5453, fol. 264–265, hier fol. 264.

91 Ebd., fol. 268–269, hier fol. 268.

92 Vgl. den Tagebucheintrag Kesslers vom 24. Oktober 1932, Föhl, Von Beruf Kultur-

genie, S. 1204 f., hier S. 1204. Zur Wichtigkeit der bürgerlichen Haltung für das Scheitern der Republik: Heinrich August Winkler, Weimar 1918–1933. Die Geschichte der ersten deutschen Demokratie, München 1993, S. 610.

93 Zit. nach: Naake, Nietzsche und Weimar, S. 108; zur Einstellung gegenüber den Nationalsozialisten auf dem Silberblick vgl. auch Sieg, Geist und Gewalt, S. 203.

94 Zit. nach: Pyta, Hitler, S. 264; zu Hitlers Beschäftigung mit Chamberlain und Nietzsche während seiner Landsberger Haft: Birgit Schwarz, Geniewahn. Hitler und die Kunst, Köln 2009, S. 93.

95 Justus H. Ulbricht, »Zarathustrawerk« und »große Politik«. Das Weimarer Nietzsche-Archiv im »Zeitalter der Extreme«, in: Ders., Sandro Barbera u. Paolo D'Iorio (Hg.), Friedrich Nietzsche. Rezeption und Kultus, Pisa 2004, S. 217–257, hier S. 238.

96 GSA Weimar 72/BW 4166, fol. 100–102, hier fol. 102.

97 GSA Weimar 72/1596 Stiftung Nietzsche-Archiv Tagebuch Nr. 2, S. 185.

FASZINATION DER MACHT

1 Brief Baeumlers an Elisabeth vom 13. März 1933, GSA Weimar 72/BW 144. Zu den Konsequenzen seiner Berufung nach Berlin siehe: Mehring, Heideggers »große Politik«, S. 122 f., hier S. 122.

2 Jürgen John u. Rüdiger Stutz, Die Jenaer Universität 1918–1945, in: Traditionen, Brüche, Wandlungen, hg. von der Senatskommission zur Aufarbeitung der Jenaer Universitätsgeschichte im 20. Jahrhundert, Köln, Weimar u. Wien 2009, S. 270–587, hier S. 429. Zum Folgenden: Rüdiger Hachtmann, Wissenschaftsgeschichte in der ersten Hälfte des 20. Jahrhunderts, in: Archiv für Sozialgeschichte 48 (2008), S. 539–606, hier S. 582.

3 Zit. nach: Mehring, Heideggers »große Politik«, S. 184; allgemein zu den Veränderungen in der deutschen Universitätsphilosophie: Sieg, Geist und Gewalt, S. 193–239.

4 Hedwig Völkerling, Der Schatten von Georg Brandes. Der Däne Konrad Simonsen in seinem Briefwechsel mit Elisabeth Förster-Nietzsche, in: Nietzscheforschung 8 (2001), S. 267–274, hier S. 272.

5 Schreiben Pilders an Elisabeth vom 19. Mai 1933, GSA Weimar 72/BW 4166, fol. 127–129, hier fol. 128.

6 GSA Weimar 72/758, 5; zum Folgenden siehe Watzdorf-Bachoff, Im Wandel und in der Verwandlung der Zeit, S. 413.

7 GSA Weimar 72/BW 855 Hari Govinda Choudari.

8 Alle Zitate: GSA Weimar 72/BW 5453, fol. 273–276. Die Intensität, mit der erfundene Geschichten die Wirkung der Rechtfertigungsschrift befeuerten, zeigt nun: Hitler, Mein Kampf. Eine kritische Edition, 2 Bde., hg. von Christian Hartmann u. a. im Auftrag des Instituts für Zeitgeschichte, 3. Aufl. München u. Berlin 2016.

9 GSA Weimar 72/BW 5453, fol. 281.

10 Ebd., fol. 282–285, das Zitat fol. 282.

11 Ebd., fol. 287; allgemein zur propagandistisch massiv unterstützten Vorstellung von Hitlers überragenden Fähigkeiten: Ian Kershaw, Der Hitler-Mythos. Führerkult und Volksgemeinschaft, Stuttgart 1999.

12 Angaben nach GSA Weimar 72/758, 5.

13 Art. »Tag der Hunderttausend«, in: Thüringische Staatszeitung, der Nationalsozialist. Amtliches Nachrichtenorgan der Thüringischen Staatsregierung Nr. 258 vom 2. November 1933; zu den eingesetzten Sonderzügen: Art. »Weimar im Banne des Führers«, in: Allgemeine Thüringische Landeszeitung Deutschland Nr. 304 vom 2. November 1933.

14 Dies berichtete zumindest die Staatszeitung am 3. November 1933 (Art. »Der Führer besucht das Nietzsche-Archiv und erhält den Degenstock des Philosophen«).

15 Schreiben an Elisabeth von Alvensleben vom 23. Juli 1934, GSA Weimar 72/758, 6.

16 Merseburger, Mythos Weimar, S. 323; vgl. auch Föhl, Von Beruf Kulturgenie, S. 721, Anm.

17 Zit. nach: GSA Weimar 72/1596 Nietzsche-Archiv Tagebuch Nr. 2, S. 11.

18 Vgl. Stephan Günzel, Philosophie des Führens. Carl August Emge in Jena und Weimar, in: Klaus-M. Kodalle (Hg.), Angst vor der Moderne. Philosophische Antworten und Krisenerfahrungen. Der Mikrokosmos Jena 1900–1940, Würzburg 2000, S. 157–182; detailliert zu den zeitgenössischen Kooperations-Visionen: Reuter, Weimar-Jena-Plan. Elisabeths Geburtstagstelegramm für Mussolini ist zitiert bei: Hoffmann, Geistes- und Kulturgeschichte, S. 33.

19 Föhl, Von Beruf Kulturgenie, S. 720 f.; Zitate S. 721.

20 Dazu umfassend: Martha Zapata Galindo, Triumph des Willens zur Macht. Zur Nietzsche-Rezeption im NS-Staat, Hamburg 1995; das vorige Zitat findet sich: Pestlin, Nietzsche im Völkischen Beobachter, S. 245.

21 Die Rede wird wiedergegeben nach der zwei Jahre später veröffentlichten Druckfassung: Walter F. Otto, Der junge Nietzsche. Ein Vortrag, Frankfurt am Main 1936; das Zitat ebd., S. 19.

22 Beide Zitate: ebd., S. 22.

23 GSA Weimar 72/758, 6.

24 Martin Broszat u. Saul Friedländer, Um die Historisierung des Nationalsozialismus, in: Vierteljahrshefte für Zeitgeschichte 36 (1988), S. 339–372, hier S. 346.

25 Vgl. Günzel, Philosophie des Führens, S. 158 f.

26 GSA Weimar 72/BW 1193 Karl August Emge, fol. 37, mit allen Zitaten.

27 Ebd., ohne eigenständige Foliierung, die Datumsangabe nach dem Poststempel. Zum Folgenden siehe Günzel, Philosophie des Führens, S. 170.

28 Vgl. Ulbricht, »Zarathustrawerk« und »große Politik«, S. 252; Zapata Galindo, Triumph des Willens zur Macht, S. 183, und Naake, Nietzsche und Weimar, S. 112.

29 GSA Weimar 72/BW 3003, fol. 299–303, hier fol. 299. Zu Lenore Kühns Fehleinschätzung der politischen Situation im Jahre 1933: Detlev Kühn, Lenore Kühn. Eine nationale Mitstreiterin der Frauenbewegung, Plaidt 2010, S. 82.

30 GSA Weimar 72/BW 3003, fol. 304.

31 Föhl, Von Beruf Kulturgenie, S. 1622–1625, hier S. 1623; ebd. auch das nächste Zitat.

32 Zit. nach: Kraus, Bernhard Förster und seine Siedlung Nueva Germania, S. 193.

33 Der Brief vom 29. Mai 1934 ist wiedergegeben bei: Pestlin, Nietzsche im Völkischen Beobachter, S. 247 f.; die Zitate finden sich: ebd., S. 247. Die Wichtigkeit dieses Dokuments unterstrich bereits: Peters, Zarathustras Schwester, S. 300.

34 GSA Weimar 72/758, 6.

35 Luise Marelle, Die Schwester. Elisabeth Förster-Nietzsche, 1.–3. Tausend Berlin 1934, S. 190; ebd., S. 176, das vorige Zitat.

36 GSA Weimar 72/BW 3003, fol. 292.

37 Bericht über die neunte ordentliche Mitgliederversammlung der Gesellschaft der Freunde des Nietzsche-Archivs am 4. Dezember 1934, Weimar 1935, S. 6; das Folgende nach GSA Weimar 72/758, 6.

38 So der bei Föhl, Von Beruf Kulturgenie, S. 1224, wiedergegebene Schutzumschlag.

39 Elisabeth Förster-Nietzsche, Friedrich Nietzsche und die Frauen seiner Zeit, München 1935, S. 5; der Nachweis weiterer Textstellen folgt über Klammerzitation im Text.

40 Zur Versöhnung zwischen Bayreuth und Weimar: Föhl, Von Beruf Kulturgenie, S. 1075 f., Anm.

41 Vgl. Gerlinde Gräfin von Westphalen, Anna Luise von Schwarzburg, S. 69.

42 GSA Weimar 72/758, 6; allgemein zu Rosenberg, der an Nietzsche starkes Interesse hatte: Ernst Piper, Alfred Rosenberg. Hitlers Chefideologe, München 2005.

43 So ihr Urteil im Brief an Elisabeth von Alvensleben vom 4. Juni 1934, GSA Weimar 72/758, 6.

44 Angaben nach: Bericht über die neunte ordentliche Mitgliederversammlung der Gesellschaft der Freunde des Nietzsche-Archivs, S. 9 f.

45 GSA Weimar 72/BW 2550 Jena/Universität, fol. 63, Schreiben Meyer-Erlachs an Elisabeth vom 3. Juli 1915.

46 Ebd., fol. 64, Brief Meyer-Erlachs an Elisabeth vom 12. Juli 1915; dort auch die folgenden Zitate.

47 Brief an Elisabeth von Alvensleben vom 30. Juli 1935, GSA Weimar 72/758, 6; dort auch das nächste Zitat.

48 Zit. nach: GSA Weimar 72/1061, S. 9.

49 Dazu eingehend: Anne C. Nagel, Hitlers Bildungsreformer. Das Reichsministerium für Wissenschaft, Erziehung und Volksbildung 1933 bis 1945, Frankfurt am Main 2012.

50 GSA Weimar 72/758, 6. Lammers' Brief konnte im Nachlass Elisabeth Förster-Nietzsches nicht gefunden werden, doch ist es angesichts zahlloser verlorener Do-

kumente unklar, was das bedeutet. Rusts Unterstützung für Pforta scheint jedenfalls unstrittig. So hatte er dem dortigen stellvertretenden Prokurator Dr. Wolfram aufgetragen, »Gerüchten über die Zerschlagung der alten Anstalt mit allen Mitteln entgegenzutreten«, wie Nietzsches Schwester am 8. August 1935 Elisabeth von Alvensleben wissen ließ; ebd.

51 Schreiben an Elisabeth von Alvensleben vom 22. Oktober 1935, GSA Weimar 72/758, 6.

52 Föhl, Von Beruf Kulturgenie, S. 1223; Hauptmanns Telegramm liegt vor: GSA Weimar 72/BW 2095.

53 So pointiert: Macintyre, Vergessenes Vaterland, S. 254; zum Vorigen siehe Diethe, Nietzsches Schwester, S. 209, und Föhl, Von Beruf Kulturgenie, S. 1223–1227.

54 Ansprachen zum Gedächtnis der Frau Dr. phil. h. c. Elisabeth Förster-Nietzsche bei den Trauerfeierlichkeiten in Weimar und Röcken am 11. und 12. November 1935. Die Zitate lassen sich trotz fehlender Seitenzählung leicht finden. Zum historischen Kontext vgl. Mittmann, Vom »Günstling« zum »Urfeind« der Juden, S. 102, sowie Sieg, Geist und Gewalt, S. 204.

55 Dies hebt Decker, Die Schwester, S. 605 f., hervor; prononciert zur Skrupellosigkeit Elisabeths bei der Festlegung ihrer Grabstätte hingegen: Lütgehaus, Die Heimholung, S. 110.

56 Bohley, Nietzsches Taufe, S. 405, Anm. 85.

57 Sie ist erstmals abgedruckt: Pernet, Friedrich Nietzsche über Gustav Krug, S. 517; dort auch die folgenden Zitate.

58 GSA Weimar 72/1581, fol. 234–235, hier fol. 234.

59 Föhl, Von Beruf Kulturgenie, S. 1625 ff., hier S. 1626.

60 Felken, Oswald Spengler, S. 226; generell zum Streit um die Nietzsche-Edition, bei der Emge und Spengler gegen die um die Villa Silberblick formierten Kräfte unterlagen: Günzel, Philosophie des Führens, S. 178 ff., und Föhl, Von Beruf Kulturgenie, S. 1625 ff., hier S. 1626.

61 Vgl. Marion Heinz u. Theodore Kisiel, Heideggers Beziehungen zum Nietzsche-Archiv im Dritten Reich, in: Hermann Schäfer (Hg.), Annäherungen an Martin Heidegger. Festschrift für Hugo Ott zum 65. Geburtstag, Frankfurt am Main u. New York 1996, S. 103–136, hier S. 111, und Wolfgang Müller-Lauter, Der Wille zur Macht als Buch der ›Krisis‹ philosophischer Nietzsche-Interpretation, in: Nietzsche-Studien 24 (1995), S. 222–260, hier S. 236.

62 Dahms, Philosophie, S. 226.

63 Sven Hedin, Fünfzig Jahre Deutschland, Leipzig 1938, S. 212; zur Bedeutung von Hitlers nietzscheanischen Genievorstellungen für seine Herrschaftspraxis: Pyta, Hitler, S. 242 f. und passim.

64 Randa, Nietzsche, Overbeck und Basel, S. 8.

65 Richard Oehler, Die Zukunft der Nietzsche-Bewegung. Vortrag gehalten im Nietzsche-Archiv in Weimar, Leipzig 1938, hier S. 12.

66 GSA Weimar 72/ 2035 Briefwechsel der Herausgeber Nov. 1939–Okt. 1941, A–K, fol. 104; zum Folgenden siehe ebd., fol. 105.

67 Vgl. Riedel, Nietzsche in Weimar, S. 167 f., und Zapata Galindo, Triumph des Willens zur Macht, S. 25.

AUSKLANG

1 Michael Köhlmeier, Abendland, München 2007, S. 97.

2 Vgl. Karl Pestalozzi, Nietzsches Wiederkunft, in: Nietzsche-Studien 36 (2007), S. 1–21, hier S. 5.

3 Hierzu in wünschenswerter Deutlichkeit: Niemeyer, »die Schwester!«

4 Dazu prononciert: R. J. Hollingdale, The hero as outsider, in: The Cambridge Companion to Nietzsche. Edited by Bernd Magnus and Kathleen M. Higgins, Cambridge 2001, S. 71–89, hier S. 87.

5 Allgemein zu der komplexen Thematik: Julie Shaw, Das trügerische Gedächtnis. Wie unser Gehirn Erinnerungen fälscht, München 2016; ihre vielfältigen Implikationen für die Geschichtswissenschaft umreißt: Johannes Fried, Der Schleier der Erinnerung. Grundzüge einer historischen Memorik, München 2004.

6 Vgl. Föhl, Von Beruf Kulturgenie, S. 1701.

7 Sommer, Nietzsche und die Folgen, S. 169.

8 Mehring, Heideggers »große Politik«, S. 2.

9 Brief vom 17. November 1906, GSA Weimar 72/BW 1775 Maxim Gorki.

QUELLEN UND LITERATUR

ARCHIVALIEN

Privatarchiv Gisela von Thümen in Asunción

Staatsarchiv Basel-Stadt (StA Basel)
StA Basel: Erziehungsakten Philosophische Fakultät

Auswärtiges Amt Berlin (AA Berlin)
AA Berlin: R 67 257 Die Überwachung der Auswanderung nach Paraguay

Bundesarchiv Berlin (BA Berlin)
BA Berlin: R 8023, 8024 Deutsche Kolonial-Gesellschaft

Archiv der deutschen Jugendbewegung, Burg Ludwigstein
CH1: Fahrten- und Nestbücher

Niedersächsische Staats- und Universitätsbibliothek Göttingen (StUB Göttingen)
StUB Göttingen Cod. Ms. Lagarde: Nachlass Paul de Lagarde

Ernst-Haeckel-Haus Jena
Briefe zum Ausbruch des Ersten Weltkrieges

Thüringische Universitäts- und Landesbibliothek Jena (ThULB Jena)
ThULB Jena: Nachlass Rudolf Eucken

Universitätsarchiv Jena (UA Jena)
Bestand M, Nr. 718: Sitzungsprotokolle der Philosophischen Fakultät

Goethe- und Schiller-Archiv Weimar (GSA Weimar)
GSA Weimar 72: Bestand Elisabeth Förster-Nietzsche, Nietzsche-Archiv
GSA Weimar 100: Nietzsche-Familie
GSA Weimar 102: Nachlass Heinrich Köselitz
GSA Weimar 152: Max Brahn
GSA Weimar 165: Zeitungsausschnittsammlung

Die Literaturangaben konzentrieren sich auf das Nötigste. Die zeitgenössische Publizistik und ein Gutteil der Forschungsliteratur werden nur im Anmerkungsapparat nachgewiesen.

GEDRUCKTE QUELLEN

Dieter Borchmeyer u. Jörg Salaquarda (Hg.), Nietzsche und Wagner. Stationen einer epochalen Begegnung, 2 Bde., Frankfurt am Main u. Leipzig 1994

Nils Fiebig (Hg.), In Nietzsches Bann. Briefe und Dokumente von Richard M. Meyer, Estella Meyer und Elisabeth Förster-Nietzsche, Göttingen 2012

Thomas Föhl (Hg.), Von Beruf Kulturgenie und Schwester. Harry Graf Kessler und Elisabeth Förster-Nietzsche. Der Briefwechsel 1895–1935, 2 Bde., Weimar 2013

Gernot U. Gabel u. Carl Helmuth Jagenberg (Hg.), Der entmündigte Philosoph. Briefe von Franziska Nietzsche an Adalbert Oehler aus den Jahren 1889–1897, Hürth 1994

Sander L. Gilman (Hg.), Begegnungen mit Nietzsche, unter Mitwirkung von Ingeborg Reichenbach, Bonn 1981

Sander L. Gilman (ed.), Otto Eiser and Nietzsche's Illness: A hitherto unpublished text, in: Nietzsche-Studien 38 (2009), S. 396–409

Karlfried Gründer (Hg.), Der Streit um Nietzsches »Geburt der Tragödie«. Die Schriften von E. Rohde, R. Wagner, U. von Wilamowitz-Moellendorff, Zürich u. Hildesheim 1969

David Marc Hoffmann (Hg.), Rudolf Steiner und das Nietzsche-Archiv. Briefe und Dokumente 1894–1900, Dornach 1993

Alfred Kerr, Warum fließt der Rhein nicht durch Berlin? Briefe eines europäischen Flaneurs 1895–1900, hg. von Günther Rühle, Berlin 1999

Wolfram Kinzig (Hg.), Der Kaiser und der »Evangelist des Rassismus«. Houston Stewart Chamberlains Brief an Anne Guthrie über seine erste Begegnung mit Wilhelm II., in: Zeitschrift für Neuere Theologiegeschichte 11 (2004), S. 79–125

Christian Morgenstern, Ein Leben in Briefen, hg. von Margarete Morgenstern, Wiesbaden 1952

Ernst Pfeiffer (Hg.), Friedrich Nietzsche, Paul Rée, Lou von Salomé. Die Dokumente ihrer Begegnung, Frankfurt am Main 1970

Erich F. Podach (Hg.), Der kranke Nietzsche. Briefe seiner Mutter an Franz Overbeck, Wien 1937

Rolf Rosmiarek, Falko Heimer u. Alexander Buchta (Hg.), Fundstücke – Mein Lieber Herzensfritz. Unveröffentlichte Briefe: Elisabeth Förster-Nietzsche an Franziska und Friedrich Nietzsche aus den Jahren 1891 und 1892, in: Nietzsche-Studien 30 (2001), S. 364–380

Andreas Urs Sommer (Hg.), Friedrich Nietzsche und Lou von Salomé in Tautenburg.

Auszüge aus der unpublizierten Selbstbiographie des Pfarrers Hermann Otto Stölten, in: Nietzsche-Studien 38 (2009), S. 389–392
Oswald Spengler, Ich beneide jeden, der lebt. Die Aufzeichnung »Eis heauton« aus dem Nachlass. Mit einem Nachwort von Gilbert Merlio, Düsseldorf 2007
Erika von Watzdorf-Bachoff, Im Wandel und in der Verwandlung der Zeit. Ein Leben von 1878 bis (1963), hg. von Reinhard Dörries, Stuttgart 1997

ELISABETH FÖRSTER-NIETZSCHE

Elisabeth Förster-Nietzsche, Kaffeeklatsch über Nora, in: Carol Diethe, Nietzsches Schwester und der Wille zur Macht. Biographie der Elisabeth Förster-Nietzsche, Hamburg 2001, S. 229–271 [zuerst ungedruckt 1882]
[Eli Förster], Dr. Bernhard Förster's Kolonie Neu-Germania in Paraguay, Berlin 1891
Dr. Eli Förster, Die Presse. Entgegnung, in: Kolonial-Nachrichten 2 (1891), H. 7, S. 3–6
Elisabeth Förster-Nietzsche, Das Leben Friedrich Nietzsche's, 2 Bde. in 3, Leipzig 1895, 1897 u. 1904
Elisabeth Förster-Nietzsche, Erinnerungen, in: Die Zukunft Nr. 2 vom 12. Oktober 1907
Elisabeth Förster-Nietzsche, Das Nietzsche-Archiv, seine Freunde und Feinde, Berlin 1907
Elisabeth Förster-Nietzsche, Der junge Nietzsche, Leipzig 1912
Elisabeth Förster-Nietzsche, Der einsame Nietzsche, Leipzig 1914
Elisabeth Förster-Nietzsche, Nietzsche und der Krieg, in: Der Tag vom 10. September 1914, S. 1 ff.
Elisabeth Förster-Nietzsche, Wagner und Nietzsche zur Zeit ihrer Freundschaft. Erinnerungsgabe zu Friedrich Nietzsches 70. Geburtstag den 15. Oktober 1914, München 1915
Elisabeth Förster-Nietzsche, Nietzsche und Deutschland, in: Berliner Tageblatt Nr. 453 vom 5. September 1915
Elisabeth Förster-Nietzsche, Nietzsche, Frankreich und England, in: Jacques le Rider, Nietzsche und Frankreich: Der Meinungswandel Elisabeth Förster-Nietzsches und Henri Lichtenbergers, in: Nietzsche-Studien 27 (1998), S. 366–376, hier S. 369–372 [zuerst Wiener Neue Freie Presse vom 11. Juni 1916, Sonntagsbeilage]
Dr. phil. h. c. Elisabeth Förster-Nietzsche (Hg.), Der werdende Nietzsche. Autobiographische Aufzeichnungen, München 1924
Elisabeth Förster-Nietzsche, Nietzsche in Sils-Maria, in: Der Türmer. Monatsschrift für Gemüt und Geist, Februar 1927, S. 374–380
Dr. phil. h. c. Elisabeth Förster-Nietzsche, Das geheimnisvolle Manuskript, in: Naumburger Tageblatt vom 20. Dezember 1929
Elisabeth Förster-Nietzsche, Friedrich Nietzsche und die Frauen seiner Zeit, München 1935

FRIEDRICH NIETZSCHE

Friedrich Nietzsche, Jugendschriften, hg. von Hans Joachim Mette, München 1934 ff. (BAW)

Friedrich Nietzsche, Kritische Gesamtausgabe, hg. von Giorgio Colli u. Mazzino Montinari, Berlin u. New York 1975 ff. (KGA)

Friedrich Nietzsche, Sämtliche Werke. Kritische Studienausgabe, 15 Bde., hg. von Giorgio Colli u. Mazzino Montinari, München 1988 (KSA)

Friedrich Nietzsche, Sämtliche Briefe. Kritische Studienausgabe, 8 Bde., hg. von Giorgio Colli u. Mazzino Montinari, München 1986 (KSB)

Friedrich Nietzsche, Der Wille zur Macht. Versuch einer Umwerthung aller Werthe. (Studien und Fragmente), 3. u. 4. Tausend Leipzig 1901

Friedrich Nietzsche, Der Wille zur Macht. Versuch einer Umwerthung aller Werthe, Leipzig 1906

Friedrich Nietzsche, Der Wille zur Macht. Eine Auslegung alles Geschehens. Neu ausgewählt und geordnet von Max Brahn, Leipzig 1917

Friedrich Nietzsche, Also sprach Zarathustra. 180.–204. Tausend Kriegsausgabe. Neue Aufl., Stuttgart 1918

ZEITGENÖSSISCHE LITERATUR

Lou Andreas-Salomé, Friedrich Nietzsche in seinen Werken. Mit 2 Bildern und 3 facsimilirten Briefen Nietzsches, Wien 1894

Lou Andreas-Salomé, Friedrich Nietzsche in seinen Werken. Mit Anmerkungen von Thomas Pfeiffer, hg. von Ernst Pfeiffer, Frankfurt am Main u. Leipzig 2000

Lou Andreas-Salomé, Lebensrückblick. Grundriß einiger Lebenserinnerungen. Aus dem Nachlaß hg. von Ernst Pfeiffer, Zürich u. Wiesbaden 1951

Anonym, Bernhard Förster. Eine Schrift zum Andenken und zur Rechtfertigung, Leipzig 1891

Ansprachen zum Gedächtnis der Frau Dr. phil. h. c. Elisabeth Förster-Nietzsche bei den Trauerfeierlichkeiten in Weimar und Röcken am 11. und 12. November 1935

A.[lfred] Baeumler, Bachofen und Nietzsche, Zürich 1929

Alfred Baeumler, Nachwort, in: Friedrich Nietzsche, Der Wille zur Macht. Versuch einer Umwertung aller Werte, Leipzig 1930, S. 699–709

Alfred Baeumler, Nietzsche der Philosoph und Politiker, Leipzig 1931

Bruno Bauch, Nietzsche und die Engländer, in: Deutsches Volkstum 19 (1917), S. 441–448

Carl Albrecht Bernoulli, Franz Overbeck und Friedrich Nietzsche. Eine Freundschaft. Nach ungedruckten Quellen und im Zusammenhang mit der bisherigen Forschung dargestellt, 2 Bde., Jena 1908

Max Brahn, Friedrich Nietzsches Meinungen über Staaten und Kriege, Leipzig 1915

Max Brahn, Vorwort, in: Friedrich Nietzsche, Der Wille zur Macht. Eine Auslegung alles Geschehens. Neu ausgewählt und geordnet von Max Brahn, Leipzig 1917, S. V–XIV

Curt Breysig, Gedenkrede an Friedrich Nietzsches Bahre, gehalten auf der Trauerfeier im Nietzsche-Archiv zu Weimar am 27. August 1900, Montag Nachmittag 5 Uhr, in: Sander L. Gilman (Hg.), Begegnungen mit Nietzsche, unter Mitwirkung von Ingeborg Reichenbach, Bonn 1981, S. 747–758

Houston Stewart Chamberlain, Richard Wagner, Neue Ausgabe München 1901 [zuerst ebd. 1896]

Houston Stewart Chamberlain, Richard Wagner, 5. Aufl. München 1910

Houston Stewart Chamberlain, Politische Ideale, München 1915

Houston Stewart Chamberlain, Kriegsaufsätze, 7. Aufl. München 1915

Houston Stewart Chamberlain, Neue Kriegsaufsätze, München 1915

Paul Deussen, Erinnerungen an Friedrich Nietzsche, Leipzig 1901

Alfred Döblin, Berlin Alexanderplatz, 48. Aufl. München 2009 [zuerst Berlin 1929]

Rudolf Eucken, Der Sinn und der Wert des Lebens, in: Nobelpreis für Literatur 1908: Rudolf Eucken, Philosophische Schriften, Zürich o. J. [zuerst Leipzig 1908], S. 233–389

Rudolf Eucken u. Ernst Haeckel, Anklage gegen England, in: Vossische Zeitung Nr. 418 vom 19. August 1914. Morgen-Ausgabe

Bernhard Förster, Der deutsche Prosastil in unseren Tagen, in: Preußische Jahrbücher 46 (1880), S. 109–125

Bernhard Förster, Das Verhältnis des modernen Judenthums zur deutschen Kunst, Berlin 1881

Bernhard Förster, Deutsche Colonien in dem oberen Laplata-Gebiete mit besonderer Berücksichtigung von Paraguay. Ergebnisse eingehender Prüfungen, praktischer Arbeiten und Reisen, 1883–1885, Naumburg 1886

Bernhard Förster, Ueber nationale Erziehung. Ein Versuch, 2. Aufl. Leipzig 1886

Bernhard Förster, Olympia. Ein Blick auf den allgemein kunst- und kulturhistorischen Werth der Grabungen am Aleiphos, Halle 1886

Bernhard Förster, Richard Wagner in seiner nationalen Bedeutung und seiner Wirkung auf das deutsche Culturleben (Zweite Auflage der Parsifal-Nachklänge), Leipzig 1886

Egon Friedell, Kulturgeschichte der Neuzeit, Bd. 1: Die Krisis der europäischen Seele von der schwarzen Pest bis zum Ersten Weltkrieg, 5. Aufl. München 1984 [zuerst ebd. 1927]

Georg Fuchs, Der Kaiser und die Zukunft des deutschen Volkes, München u. Leipzig 1906

Hitler, Mein Kampf. Eine kritische Edition, 2 Bde., hg. von Christian Hartmann u. a. im Auftrag des Instituts für Zeitgeschichte, 3. Aufl. München u. Berlin 2016

Julius Klingbeil, Enthüllungen über die Dr. Bernhard Förster'sche Ansiedlung Neu-Germanien in Paraguay. Ein Beitrag zur Geschichte unserer gegenwärtigen colonialen Bestrebungen. Nach eigenen Erfahrungen mitgetheilt, Leipzig 1889

Paul Kühn, Das Nietzsche-Archiv zu Weimar, Darmstadt 1904

Henri Lichtenberger, Die Philosophie Friedrich Nietzsches. Eingel. u. übers. von Elisabeth Förster-Nietzsche, Dresden u. Leipzig 1899
Thomas Mann, Weltfrieden? (27. Dezember 1917), in: Ders., Große kommentierte Frankfurter Ausgabe, Bd. 15/1, hg. von Hermann Kurzke, Frankfurt am Main 2002, S. 212–215
Luise Marelle, Die Schwester. Elisabeth Förster-Nietzsche, 1.–3. Tausend Berlin 1934
August Messer, Erläuterungen zu Nietzsches Zarathustra, Stuttgart 1922
August Messer, Oswald Spengler als Philosoph. Dargestellt und beurteilt, Stuttgart 1922
Richard Moritz Meyer, Nietzsche. Sein Leben und seine Werke, München 1913
Paul Julius Möbius, Ueber das Pathologische bei Nietzsche, Wiesbaden 1902
Marie Nathusius, Die alte Jungfer. Eine Erzählung von der Verfasserin des »Tagebuchs eines armen Fräuleins«, Halle 1857
Adalbert Oehler, Nietzsches Mutter, 2. Aufl. München 1941
Max Oehler (Hg.), Den Manen Friedrich Nietzsches. Weimarer Weihgeschenke zum 75. Geburtstag der Frau Elisabeth Förster-Nietzsche, München 1921
Richard Oehler, Die Zukunft der Nietzsche-Bewegung. Vortrag gehalten im Nietzsche-Archiv in Weimar, Leipzig 1938
Walter F. Otto, Der junge Nietzsche. Ein Vortrag, Frankfurt am Main 1936
Franz Pfemfert, Die Deutschsprechung Friedrich Nietzsches. Ein Protest, in: Die Aktion 5 (1915), Sp. 320–323
E.[rich] F. Podach, Nietzsches Zusammenbruch. Beiträge zu einer Biographie aufgrund unveröffentlichter Dokumente, Weimar 1930
Erich F. Podach, Gestalten um Nietzsche. Mit unveröffentlichten Dokumenten zur Geschichte seines Lebens und seines Werks, Weimar 1932
Hermann Randa, Nietzsche, Overbeck und Basel, Bern u. Leipzig 1937
Paul Rée, Der Ursprung der moralischen Empfindungen, Leipzig 1877
Gabriele Reuter, Vom Kinde zum Menschen. Die Geschichte meiner Jugend, Berlin 1921
Raoul Richter, Friedrich Nietzsche. Sein Leben und sein Werk. Fünfzehn Vorlesungen gehalten an der Universität zu Leipzig, Leipzig 1903
Lenore Ripke-Kühn, Nietzsches Willenserziehung, in: Der Panther 5 (1917), S. 519–535
Lenore [Ripke-]Kühn, Magna Mater, Jena 1928
Meta von Salis, Philosoph und Edelmensch. Ein Beitrag zur Charakteristik Friedrich Nietzsche's, Leipzig 1897
Fritz Schumacher, Stufen des Lebens. Erinnerungen eines Baumeisters, Stuttgart u. Berlin 1935
Walter Siegfried, Aus dem Bilderbuch eines Lebens, Teil 1, Zürich u. Leipzig 1926
Georg Simmel, Schopenhauer und Nietzsche. Ein Vortragszyklus, in: Ders., Gesamtausgabe, Bd. 10, Frankfurt am Main 1995 [zuerst München u. Leipzig 1907], S. 167–408
Werner Sombart, Händler und Helden. Patriotische Besinnungen, 11.–20. Tausend München u. Leipzig 1915
Oswald Spengler, Der Untergang des Abendlandes. Umrisse einer Morphologie der Weltgeschichte, 2 Bde., Wien 1918 u. München 1922

Oswald Spengler, Preußentum und Sozialismus, München 1919
Oswald Spengler, Neuaufbau des deutschen Reiches, 34. bis 44. Tausend München 1924
Oswald Spengler, Nietzsche und sein Jahrhundert (Vortrag vom 15. 10. 1924), in: Ders., Reden und Aufsätze, 3. Aufl. München 1951, S. 110–124
Rudolf Steiner, Das Nietzsche-Archiv und seine Anklagen gegen den bisherigen Herausgeber. Eine Enthüllung, in: Das Magazin für Litteratur Nr. 6 vom 10. Februar 1900, Sp. 145–158
Rudolf Steiner, Aus »Mein Lebensgang«, in: Ders., Friedrich Nietzsche. Ein Kämpfer gegen seine Zeit, Dornach 1963, S. 183–197 [zuerst ebd. 1923/25]
Johannes Stroux, Nietzsches Professur in Basel, Jena 1925
Ferdinand Tönnies, Der Nietzsche-Kultus – Eine Kritik, hg. von Arno Bammé, Klagenfurt 2012 [zuerst Leipzig 1897]
Ernst Troeltsch, Das Wesen des Deutschen. Rede gehalten in der vaterländischen Gesellschaft in der Karlsruher Stadthalle, Heidelberg 1915
Kurt Tucholsky, Der Reisebericht, in: Ders., Panter, Tiger & Co. Eine neue Auswahl aus seinen Schriften und Gedichten, hg. von Mary Gerold Tucholsky, Reinbek bei Hamburg 1954 [zuerst unter dem Pseudonym Peter Panter 1930]
Isabella von Ungern-Sternberg, Nietzsche im Spiegelbilde seiner Schrift, Leipzig 1902
Hans Vaihinger, Nietzsche als Philosoph, Berlin 1902
Hans Vaihinger, Nietzsche als Philosoph, 4., vom Verfasser neu durchgesehene Ausgabe. Feldausgabe. Erstes bis zehntes Tausend Berlin 1916
Stefan Zweig, Der Kampf mit dem Dämon. Hölderlin Kleist Nietzsche, Frankfurt am Main 1981 [zuerst Leipzig 1925]

SEKUNDÄRLITERATUR

Kai Agthe, »Sie fabelt ganz außerordentlich …«. Elisabeth Förster-Nietzsche (1846–1935), in: Matthias Steinbach u. Michael Ploenus (Hg.), Ketzer, Käuze, Querulanten. Außenseiter im universitären Milieu, Jena u. Quedlinburg 2008, S. 177–197
Henning Albrecht, Antiliberalismus und Antisemitismus. Hermann Wagener und die preußischen Sozialkonservativen 1855–1873, Paderborn usw. 2010
Florian Altenhöner, Kommunikation und Kontrolle. Gerüchte und städtische Öffentlichkeiten in Berlin und London 1914/18, München 2008
Günther Anders, Die Antiquiertheit des Menschen, Bd. 1: Über die Seele im Zeitalter der zweiten industriellen Revolution, 5. Aufl. München 1980
Sabine Appel, Friedrich Nietzsche. Wanderer und freier Geist. Eine Biographie, München 2011
Steven E. Aschheim, Nietzsche und die Deutschen. Karriere eines Kults, Stuttgart u. Weimar 1996

Sandro Barbera, »Eine schreckliche Prophezeiung Nietzsches«. Nationalismus und Antisemitismus im Briefwechsel zwischen Elisabeth Förster-Nietzsche und Hans Vaihinger, in: Ders., Paolo d'Iorio u. Justus H. Ulbricht (Hg.), Friedrich Nietzsche. Rezeption und Kultus, Pisa 2004, S. 259–299

Joachim Bauer u. Joachim Hartung, Die Ehrendoktoren der Friedrich-Schiller-Universität Jena in den Geisteswissenschaften, hg. von Klaus Dicke, Weimar u. Jena 2007

Karin Bauer, Domesticating Nietzsche: Toward a Genealogy of Elisabeth Förster-Nietzsche's ›Novellen-Eierchen‹, in: Orbis Litterarum 57 (2002), S. 343–369

Udo Bermbach, Houston Stewart Chamberlain. Wagners Schwiegersohn – Hitlers Vordenker, Stuttgart u. Weimar 2015

Peter Bernhard, »Ich-Überwindung muss der Gestaltung vorangehen«. Zur Nietzsche-Rezeption des Bauhauses, in: Andreas Urs Sommer (Hg.), Nietzsche – Philosoph der Kulturen, Berlin u. New York 2008, S. 273–282

Barbara Beßlich, Wege in den Kulturkrieg. Zivilisationskritik in Deutschland 1890–1914, Darmstadt 2000

Barbara Beuys, Die neuen Frauen – Revolution im Kaiserreich 1900–1914, München 2014

Marc Bloch, Apologie der Geschichtswissenschaft oder der Beruf des Historikers. Hg. von Lucien Febvre, 3. Aufl. Stuttgart 1992

Philipp Blom, Der taumelnde Kontinent. Europa 1900–1914, München 2009

Philipp Blom, Die zerrissenen Jahre, München 2014

Daniel Blue, The Making of Friedrich Nietzsche. The Quest for Identity, 1844–1869, Cambridge 2016

Reiner Bohley, Nietzsches christliche Erziehung, in: Nietzsche-Studien 17 (1987), S. 164–196, u. 18 (1988), S. 377–395

Reiner Bohley, Die Christlichkeit einer Schule. Schulpforte zur Schulzeit Nietzsches. Hg. und mit einem Nachwort versehen von Kai Agthe, Jena u. Quedlinburg 2007

Dieter Borchmeyer, Nietzsche, Cosima, Wagner. Porträt einer Freundschaft, Frankfurt am Main u. Leipzig 2008

Ingo Borges, Nostalgie Avantgarde. Das fotokünstlerische Werk von Louis Held, in: Ilm-Kakanien. Weimar am Vorabend des Ersten Weltkriegs. Klassik Stiftung Weimar Jahrbuch 2014, S. 237–264

Manuel Borutta, Antikatholizismus. Deutschland und Italien im Zeitalter der europäischen Kulturkämpfe, Göttingen 2010

Stefan Breuer, Anatomie der Konservativen Revolution, Darmstadt 1993

Thomas H. Brobjer, Nietzsche's Education at the Naumburg Domgymnasium 1855–1858, in: Nietzsche-Studien 28 (1999), S. 302–322

Thomas [H.] Brobjer, Nietzsche's forgotten Book: The index to the *Rheinisches Museum für Philologie*, in: New Nietzsche Studies 4 (2000/01), S. 157–161

Thomas H. Brobjer, Why did Nietzsche Receive a Scholarship to Study at Schulpforta?, in: Nietzsche-Studien 30 (2001), S. 322–328

Sven Brömsel, Exzentrik und Bürgertum. Houston Stewart Chamberlain im Kreis jüdischer Intellektueller, Berlin 2015
Nikolaus Buschmann, Einkreisung und Waffenbrüderschaft. Die öffentliche Deutung von Krieg und Nation in Deutschland 1850–1871, Göttingen 2003
William Musgrave Calder III, The Wilamowitz-Nietzsche Struggle. New Documents and a Reappraisal, in: Nietzsche-Studien 12 (1983), S. 214–254
Alex Capus, Reisen im Licht der Sterne, München 2016
Philipp Caramann, Ein verlorenes Paradies. Der Jesuitenstaat in Paraguay, München 1979
Christopher Clark, Wilhelm II. Die Herrschaft des letzten deutschen Kaisers, München 2009
Christopher Clark, Die Schlafwandler. Wie Europa in den Ersten Weltkrieg zog, München 2013
Sebastian Conrad, Globalisierung und Nation im deutschen Kaiserreich, München 2006
Hans-Joachim Dahms, Philosophie, in: Frank-Rutger Hausmann (Hg.), Die Rolle der Geisteswissenschaften im Dritten Reich 1933–1945, München 2002, S. 193–227
Kerstin Decker, Lou Andreas-Salomé. Der bittersüße Funke Ich, Berlin 2012
Kerstin Decker, Nietzsche und Wagner. Geschichte einer Hassliebe, Berlin 2012
Kerstin Decker, Die Schwester. Das Leben der Elisabeth Förster-Nietzsche, Berlin 2016
Klaus Dicke u. Michael Dreyer (Hg.), Weimar als politische Kulturstadt. Ein historisch-politischer Stadtführer, Berlin 2006, S. 132–136
Carol Diethe, Vergiß die Peitsche. Nietzsche und die Frauen, Hamburg u. Wien 2000
Carol Diethe, Nietzsches Schwester und der Wille zur Macht. Biographie der Elisabeth Förster-Nietzsche, Hamburg 2001
Anselm Doering-Manteuffel, Mensch, Maschine, Zeit. Fortschrittsbewußtsein und Kulturkritik im ersten Drittel des 20. Jahrhunderts, in: Jahrbuch des Historischen Kollegs, München 2003, S. 91–119
Heinz Joachim Dominick, Der Krieg der Tripel-Allianz in der deutschen Historiographie und Publizistik, Frankfurt am Main 1990
Michael Dreyer u. Andreas Braune (Hg.), Weimar als Herausforderung. Die Weimarer Republik und die Demokratie im 21. Jahrhundert, Stuttgart 2016
Hermann-Peter Eberlein, Flamme bin ich sicherlich! Friedrich Nietzsche, Franz Overbeck und ihre Freunde, Köln 1999
Georg Eckert, Peter Geiss u. Arne Karsten (Hg.), Die Presse in der Julikrise 1914. Die internationale Berichterstattung und der Weg in den Ersten Weltkrieg, Münster 2014
Angelika Emmrich, »zugleich ein Tempel und zugleich eine Häuslichkeit«. Zur Haus- und Kunstgeschichte des Nietzsche-Archivs, in: Das Nietzsche-Archiv in Weimar, München u. Wien 2000, S. 39–71
Angelika Emmrich, »[...] und nun ruht die Obhut über sein Andenken in Frauenhand«. Die musealen Inszenierungen der Elisabeth Förster-Nietzsche, in: Sandro Barbera,

Paolo d'Iorio u. Justus H. Ulbricht (Hg.), Friedrich Nietzsche. Rezeption und Kultus, Pisa 2004, S. 185–213
Hansdieter Erbsmehl, »Nun haben wir ein Haus und ein Wahrzeichen«. Henry van de Velde und das Nietzsche-Archiv, in: Prophet des Neuen Stil. Der Architekt und Designer Henry van de Velde. Klassik Stiftung Weimar Jahrbuch 2013, S. 219–242
Hansdieter Erbsmehl, »Habt Ihr noch eine Photographie von mir?«. Friedrich Nietzsche in seinen fotographischen Bildnissen, Weimar 2016
Domenico M. Fazio, Paul Rée. Philosoph, Arzt, Philanthrop, München 2005
Heiner Feldhoff, Nietzsches Freund. Die Lebensgeschichte des Paul Deussen, Köln, Weimar u. Wien 2008
Detlev Felken, Oswald Spengler. Konservativer Denker zwischen Kaiserreich und Diktatur, München 1988
Massimo Ferrari Zumbini, Die Wurzeln des Bösen. Gründerjahre des Antisemitismus: Von der Bismarckzeit zu Hitler, Frankfurt am Main 2003
Dietrich Fischer-Dieskau, Wagner und Nietzsche. Der Mystagoge und sein Abtrünniger, München 1974
Kurt Flasch, Die geistige Mobilmachung. Die deutschen Intellektuellen und der Erste Weltkrieg, Berlin 2000
Thomas Föhl, Henry van de Velde. Architekt und Designer des Jugendstils, Weimar 2010
Johannes Fried, Der Schleier der Erinnerung. Grundzüge einer historischen Memorik, München 2004
Friedrich Nietzsche Chronik in Bildern und Texten, München u. Wien 2000
David Fromkin, Europe's last summer. Who started the Great War in 1914?, New York 2005
Dieter Fuchs, Der Wille zur Macht: Die Geburt des Hauptwerks aus dem Geiste des Nietzsche-Archivs, in: Nietzsche-Studien 26 (1997), S. 384–404
Peter Gay, Das Zeitalter des Doktor Arthur Schnitzler. Innenansichten des 19. Jahrhunderts, Frankfurt am Main 2002
Volker Gerhardt, Friedrich Nietzsche, 4. Aufl. München 2006
Gerlinde Gräfin von Westphalen, Anna Luise von Schwarzburg. Die letzte Fürstin, 4. Aufl. Jena 2015
Alexandra Gerstner, Neuer Adel. Aristokratische Elitekonzeptionen zwischen Jahrhundertwende und Nationalsozialismus, Darmstadt 2008
Robert Gerwarth, Die Besiegten. Das blutige Erbe des Ersten Weltkriegs, München 2017
Martin H. Geyer, Verkehrte Welt. Revolution, Inflation und Moderne: München 1914–1924, Göttingen 1998
Sander L. Gilman, Pforta zur Zeit Nietzsches, in: Nietzsche-Studien 8 (1979), S. 398–426
Klaus Goch, Elisabeth Förster-Nietzsche (1846–1935). Ein biographisches Porträt, in: Luise F. Pusch (Hg.), Schwestern berühmter Männer. Zwölf biographische Porträts, Frankfurt am Main 1985, S. 361–409

Klaus Goch, Franziska Nietzsche. Ein biographisches Porträt, Frankfurt am Main u. Leipzig 1994
Klaus Goch, Nietzsches Vater oder Die Katastrophe des Protestantismus. Eine Biographie, Berlin 2000
Lionel Gossman, Basel in der Zeit Jacob Burckhardts. Eine Stadt und vier unzeitgemäße Denker, Basel 2005
Friedrich Wilhelm Graf, Die Positivität des Geistigen. Rudolf Euckens Programm neoidealistischer Universalintegration, in: Ders., Gangolf Hübinger u. Rüdiger vom Bruch (Hg.), Kultur und Kulturwissenschaften um 1900, Bd. II: Idealismus und Positivismus, Stuttgart 1997, S. 53–85
Friedrich Wilhelm Graf, Der heilige Zeitgeist. Studien zur Ideengeschichte der protestantischen Theologie in der Weimarer Republik, Tübingen 2010
Anthony Grafton, Fälscher und Kritiker. Der Betrug in der Wissenschaft, Frankfurt am Main 1995
Ewald Grothe u. Ulrich Sieg (Hg.), Liberalismus als Feindbild, Göttingen 2014
Janus Gudian, Ernst Kantorowicz. Der ganze Mensch und die Geschichtsschreibung, Frankfurt am Main 2014
Stephan Günzel, Philosophie des Führens. Carl August Emge in Jena und Weimar, in: Klaus-M. Kodalle (Hg.), Angst vor der Moderne. Philosophische Antworten und Krisenerfahrungen. Der Mikrokosmos Jena 1900–1940, Würzburg 2000, S. 157–182
Karl S. Guthke, Die Geburt des Nietzsche-Mythos aus dem Ungeist Elisabeths, in: Nietzsche-Studien 26 (1997), S. 537–550
Rüdiger Hachtmann, Wissenschaftsgeschichte in der ersten Hälfte des 20. Jahrhunderts, in: Archiv für Sozialgeschichte 48 (2008), S. 539–606
Hans-Werner Hahn, Zwischen Fortschritt und Krisen. Die vierziger Jahre des 19. Jahrhunderts als Durchbruchsphase der deutschen Industrialisierung, München 1995
Karl-Heinz Hahn, Das Nietzsche-Archiv, in: Nietzsche-Studien 18 (1989), S. 1–19
Martin Heidegger, Nietzsche, 2 Bde., Pfullingen 1961
Johannes Heinßen, Ein Indikator für die Probleme der Problemgeschichte: Kulturkritische Entdifferenzierung am Ende des 19. Jahrhunderts, in: Otto Gerhard Oexle (Hg.), Das Problem der Problemgeschichte 1800–1932, Göttingen 2001, S. 39–84
Marion Heinz u. Theodore Kisiel, Heideggers Beziehungen zum Nietzsche-Archiv im Dritten Reich, in: Hermann Schäfer (Hg.), Annäherungen an Martin Heidegger. Festschrift für Hugo Ott zum 65. Geburtstag, Frankfurt am Main u. New York 1996, S. 103–136
Oliver Hilmes, Herrin des Hügels. Das Leben der Cosima Wagner, München 2007
Wolfgang Hindrichs, Eine Herausforderung in Paraguay, Düren 2006
Peter Hoeres, Krieg der Philosophen. Die deutsche und die britische Philosophie im Ersten Weltkrieg, Paderborn usw. 2004
Peter Hoeres, Die Kultur von Weimar. Durchbruch der Moderne, Berlin 2008

David Marc Hoffmann, Zur Geschichte des Nietzsche-Archivs. Elisabeth Förster-Nietzsche, Fritz Koegel, Rudolf Steiner, Gustav Naumann, Josef Hofmiller. Chronik, Studien und Dokumente, Berlin u. New York 1991

David Marc Hoffmann (Hg.), Nietzsche und die Schweiz, Zürich 1994

David Marc Hoffmann, Zur Geistes- und Kulturgeschichte des Nietzsche-Archivs, in: Das Nietzsche-Archiv in Weimar, München u. Wien 2000, S. 9–38

Tom Holland, Im Schatten des Schwertes. Mohammed und die Entstehung des arabischen Weltreichs, Stuttgart 2012

R. J. Hollingdale, The hero as outsider, in: The Cambridge Companion to Nietzsche. Edited by Bernd Magnus and Kathleen M. Higgins, Cambridge 2001, S. 71–89

Robert C. Holub, Nietzsche's Jewish Problem. Between Anti-Semitism and Anti-Judaism, Princeton u. Oxford 2016

Florian Illies, 1913. Der Sommer des Jahrhunderts, 5. Aufl. Frankfurt am Main 2012

Curt Paul Janz, »Die tödtliche Beleidigung«. Ein Beitrag zur Wagner-Entfremdung Nietzsches, in: Nietzsche-Studien 4 (1975), S. 263–279

Curt Paul Janz, Friedrich Nietzsche Biographie, 3 Bde., München 1981

Uffa Jensen, Gebildete Doppelgänger. Bürgerliche Juden und Protestanten im 19. Jahrhundert, Göttingen 2005

Jürgen John u. Rüdiger Stutz, Die Jenaer Universität 1918–1945, in: Traditionen, Brüche, Wandlungen, hg. von der Senatskommission zur Aufarbeitung der Jenaer Universitätsgeschichte im 20. Jahrhundert, Köln, Weimar u. Wien 2009, S. 270–587

Jürgen Kaube, Max Weber. Ein Leben zwischen den Epochen, 3. Aufl. Berlin 2014

Ian Kershaw, Der Hitler-Mythos. Führerkult und Volksgemeinschaft, Stuttgart 1999

Wolfram Kinzig, Harnack, Houston Stewart Chamberlain, and the First World War, in: Zeitschrift für Neuere Theologiegeschichte 22 (2015), S. 190–230

Heinz Dieter Kittsteiner, Oswald Spengler zwischen »Untergang des Abendlandes« und »Preußischem Sozialismus«, in: Wolfgang Hardtwig u. Erhardt Schütz (Hg.), Geschichte für Leser. Populäre Geschichtsschreibung in Deutschland im 20. Jahrhundert, Stuttgart 2005, S. 309–330

Brigitta Klaas Meilier, Hochsaison in Sils-Maria. Meta von Salis und Friedrich Nietzsche. Zur Geschichte ihrer Begegnung, Basel 2005

Michael Köhlmeier, Abendland, München 2007

Martin Kohlrausch, Zwischen Schriftsteller und Hochstapler. Der ›Fall May‹ als wilhelminischer Skandal, in: Wolfram Pyta (Hg.), Karl May: Brückenbauer zwischen den Kulturen, Berlin 2010, S. 197–213

Alan Kramer, Dynamic of Destruction. Culture and Mass Killing in the First World War, Oxford u. New York 2007

Daniela Kraus, Bernhard und Elisabeth Försters »Nueva Germania« in Paraguay. Eine antisemitische Utopie, phil. Diss. Wien 1999

Daniela Kraus, Bernhard Förster und seine Siedlung Nueva Germania in Paraguay, in: Jahrbuch für Antisemitismusforschung 17 (2008), S. 171–194

Elisabeth Kraus, Die Familie Mosse. Deutsch-jüdisches Bürgertum im 19. und 20. Jahrhundert, München 1999
Richard Frank Krummel, Nietzsche und der deutsche Geist, Bd. 3, 2., verb. u. erg. Aufl., Berlin u. New York 1998
Ulrich Krupka, Eine kleine Gemeinde-Geschichte, in: 75 Jahre Deutsche Evangelische Gemeinde Asunción Paraguay, Asunción 1968, S. 20–52
Detlev Kühn, Lenore Kühn. Eine nationale Mitstreiterin der Frauenbewegung, Plaidt 2010
Friedrich Lenger, Werner Sombart 1863–1941. Eine Biographie, München 1994
Friedrich Lenger, Industrielle Revolution und Nationalstaatsgründung (1849–1870er Jahre), Stuttgart 2003
Jörn Leonhard, Die Büchse der Pandora. Geschichte des Ersten Weltkriegs, München 2014
Konrad Paul Liessmann, Lob der Grenze. Kritik der politischen Unterscheidungskraft, Wien 2012
Erik Lindner, Die Reemtsmas. Geschichte einer deutschen Unternehmerfamilie, Hamburg 2007
Domenico Losurdo, Nietzsche der aristokratische Rebell. Intellektuelle Biographie und kritische Bilanz, 2 Bde., Berlin 2009
Ludger Lütkehaus, Die Heimholung. Nietzsches Jahre im Wahn. Eine Erzählung, Basel 2011
Ben Macintyre, Vergessenes Vaterland. Die Spuren der Elisabeth Nietzsche, Leipzig 1994
Suzanne L. Marchand, German Orientalism in the Age of Empire. Religion, Race, and Scholarship, Cambridge usw. 2009
Reinhard Mehring, Heideggers »große Politik«. Die semantische Revolution der Gesamtausgabe, Tübingen 2016
Peter Merseburger, Mythos Weimar. Zwischen Geist und Macht, Stuttgart 1998
Gabriele Metzler, Der deutsche Sozialstaat. Vom bismarckschen Erfolgsmodell zum Pflegefall, Stuttgart u. München 2003
Thomas Meyer, Ernst Cassirer, Hamburg 2006
Eckard Michels, Die »Spanische Grippe« 1918/19. Verlauf, Folgen und Deutungen im Kontext des Ersten Weltkriegs, in: Vierteljahrshefte für Zeitgeschichte 58 (2010), S. 1–33
Pankai Mishra, Das Zeitalter des Zorns. Eine Geschichte der Gegenwart, Frankfurt am Main 2017
Thomas Mittmann, Vom »Günstling« zum »Urfeind« der Juden. Die antisemitische Nietzsche-Rezeption in Deutschland bis zum Ende des Nationalsozialismus, Würzburg 2006
Armin Mohler, Die Konservative Revolution in Deutschland 1918–1932. Ein Handbuch. 2., völlig neu bearb. u. erw. Fassung Darmstadt 1972
Mazzino Montinari, Die geschwärzten Stellen in C. A. Bernoulli: Friedrich Nietzsche

und Franz Overbeck. Eine Freundschaft, in: Nietzsche-Studien 6 (1977), S. 300–328
Mazzino Montinari, Nietzsche lesen, Berlin u. New York 1982
Bernt Ture von zur Mühlen, Gustav Freytag. Biographie, Göttingen 2016
Gerhard Müller, Das Ende der europäischen Gelehrtenrepublik. Ernst Haeckel und der August 1914, in: Ilm-Kakanien. Weimar am Vorabend des Ersten Weltkriegs. Klassik Stiftung Weimar Jahrbuch 2014, S. 89–100
Renate Müller-Buck, »Naumburger Tugend« oder »Tugend der Redlichkeit«. Elisabeth Förster-Nietzsche und das Nietzsche-Archiv, in: Nietzscheforschung 4 (1998), S. 319–335
Wolfgang Müller-Lauter, Nietzsche. Seine Philosophie der Gegensätze und die Gegensätze seiner Philosophie, Berlin u. New York 1971
Wolfgang Müller-Lauter, Der Wille zur Macht als Buch der ›Krisis‹ philosophischer Nietzsche-Interpretation, in: Nietzsche-Studien 24 (1995), S. 222–260
Herfried Münkler, Der Große Krieg. Die Welt 1914 bis 1918, München 2013
Adolf Muschg, Gottfried Keller, 2. Aufl. München 1977
Erhard Naake, Nietzsche und Weimar. Werk und Wirkung im 20. Jahrhundert, Köln, Weimar u. Wien 2000
Anne C. Nagel, Hitlers Bildungsreformer. Das Reichsministerium für Wissenschaft, Erziehung und Volksbildung 1933 bis 1945, Frankfurt am Main 2012
Christian Niemeyer, »die Schwester! Schwester! 's klingt so fürchterlich!«. Elisabeth Förster-Nietzsche als Verfälscherin der Briefe und Werke ihres Bruders – eine offenbar notwendige Rückerinnerung, in: Nietzscheforschung 16 (2009), S. 335–355
Thomas Nipperdey, Deutsche Geschichte 1800–1866. Bürgerwelt und starker Staat, München 1983
David Nirenberg, Anti-Judaismus. Eine andere Geschichte des westlichen Denkens, München 2015
Jürgen Oelkers, Friedrich Nietzsches Basler Vorträge im Kontext der deutschen Gymnasialpädagogik, in: Nietzscheforschung 12 (2005), S. 73–95
Jürgen Osterhammel, Die Verwandlung der Welt. Eine Geschichte des 19. Jahrhunderts, München 2009
Martin Pernet, Das Christentum im Leben des jungen Friedrich Nietzsche, Opladen 1989
Martin Pernet, Religion und Bildung: Eine Untersuchung zur Geschichte von Schulpforta, Würzburg 2000
Martin Pernet, Friedrich Nietzsche und das »Fromme Basel«, Basel 2014
Karl Pestalozzi, Nietzsches Wiederkunft, in: Nietzsche-Studien 36 (2007), S. 1–21
H[einz] F. Peters, Zarathustras Schwester. Fritz und Lieschen Nietzsche – ein deutsches Trauerspiel, München 1983
Steven Pinker, Gewalt. Eine neue Geschichte der Menschheit, Frankfurt am Main 2011
Ernst Piper, Alfred Rosenberg. Hitlers Chefideologe, München 2005

Ernst Piper, Nacht über Europa. Kulturgeschichte des Ersten Weltkriegs, Berlin 2013
Angelika Pöthe, Fin de Siècle in Weimar. Moderne und Antimoderne 1885–1918, Köln, Weimar u. Wien 2011
Angelika Pöthe; »Heiliger Hügel«. Das Nietzsche-Archiv als literarischer und geselliger Ort, in: Ilm-Kakanien. Weimar am Vorabend des Ersten Weltkriegs. Klassik Stiftung Weimar Jahrbuch 2014, S. 155–174
Barbara Potthast-Jutkeit, »Paradies Mohammeds« oder »Land der Frauen«? Zur Rolle von Frau und Familie in Paraguay im 19. Jahrhundert, Köln, Weimar u. Wien 1994
Peter G. J. Pulzer, Die Entstehung des politischen Antisemitismus in Deutschland und Österreich 1867–1914. Mit einem Forschungsbericht des Autors, Göttingen 2004
Wolfram Pyta, Hindenburg. Herrschaft zwischen Hohenzollern und Hitler, München 2009
Wolfram Pyta, Hitler. Der Künstler als Politiker und Feldherr. Eine Herrschaftsanalyse, Berlin 2015
Denis Reuter, Der Weimar-Jena-Plan. Die Beziehung des Nietzsche-Archivs zur Universität Jena 1930–1935, hg. von Justus H. Ulbricht, Weimar 2008
Jacques le Rider, Nietzsche und Frankreich: Der Meinungswandel Elisabeth Förster-Nietzsches und Henri Lichtenbergers, in: Nietzsche-Studien 27 (1998), S. 366–376
Manfred Riedel, Nietzsche in Weimar. Ein deutsches Drama, Leipzig 1997
Werner Ross, Der Freundschaft einen Tempel. Friedrich Nietzsche und Erwin Rohde, in: Thomas Karlauf (Hg.), Deutsche Freunde. Zwölf Doppelporträts, Berlin 1995, S. 159–187
Reinhard Rürup, Deutschland im 19. Jahrhundert, Göttingen 1984
Rüdiger Safranski, Nietzsche. Biographie seines Denkens, München 2000
Rüdiger Safranski, Romantik. Eine deutsche Affäre, München 2007
Edgar Salin, Vom deutschen Verhängnis. Gespräch an der Zeitenwende: Burckhardt – Nietzsche, Reinbek bei Hamburg 1959
Lutz Sauerteig, Krankheit, Sexualität, Gesellschaft. Geschlechtskrankheiten und Gesundheitspolitik in Deutschland im 19. und frühen 20. Jahrhundert, Stuttgart 1999
Dirk Schäfer, Im Namen Nietzsches. Elisabeth Förster-Nietzsche und Lou Andreas-Salomé, Frankfurt am Main 2001
Wolf-Friedrich Schäufele, Der »Deutsche Gott«. Kriegstheologie und deutscher Nationalismus im Ersten Weltkrieg, in: Joachim Negel u. Karl Pinggéra (Hg.), Urkatastrophe. Die Erfahrung des Krieges 1914–1918 im Spiegel zeitgenössischer Theologie, Freiburg, Basel u. Wien 2016, S. 35–76
Wolfgang Schivelbusch, Die Kultur der Niederlage. Der amerikanische Süden 1865, Frankreich 1871, Deutschland 1918, Darmstadt 2001
Wolfgang Schivelbusch, Geschichte der Eisenbahnreise. Zur Industrialisierung von Raum und Zeit im 19. Jahrhundert, 3. Aufl. Frankfurt am Main 2014
Karl Schlechta, Der Fall Nietzsche. Aufsätze und Vorträge, München 1958

Hermann Josef Schmidt, »Dem gilt es den Tod, der das gethan«. Nietzsches frühe Entwicklung und einige ihrer Folgen, Aschaffenburg 2014

Jochen Schmidt, Der Mythos »Wille zur Macht«. Nietzsches Gesamtwerk und der Nietzsche-Kult. Eine historische Kritik, Berlin u. Boston 2016

Helmut Schmiedt, Karl May oder Die Macht der Phantasie. Eine Biographie, München 2011

Heinz Schneppen, Nietzsche und Paraguay: der Philosoph als Bauer?, in: Nietzscheforschung 8 (2001), S. 249–265

Ernst Schulin, Zeitgemäße Historie um 1870. Zu Nietzsche, Burckhardt und zum Historismus, in: Historische Zeitschrift 281 (2005), S. 33–58

Michael Seelig, Die ›Konservative Revolution‹ als historische Geisteshaltung und wissenschaftlicher Analysebegriff: Vom Nutzen eines umstrittenen Quellenbegriffs für die Forschung zur radikalen Rechten in der Weimarer Republik, in: Archiv für Kulturgeschichte 98 (2016), S. 381–418

Annette Seemann, Gabriele Reuter. Leben und Werk einer geborenen Schriftstellerin (1859–1941), Weimar 2016

Julie Shaw, Das trügerische Gedächtnis. Wie unser Gehirn Erinnerungen fälscht, München 2016

Rolf Peter Sieferle, Die Konservative Revolution. Fünf biographische Skizzen, Frankfurt am Main 1995

Ulrich Sieg, Deutschlands Prophet. Paul de Lagarde und die Ursprünge des modernen Antisemitismus, München 2007

Ulrich Sieg, Jüdische Intellektuelle im Ersten Weltkrieg, Kriegserfahrungen, weltanschauliche Debatten und kulturelle Neuentwürfe, 2. Aufl. Berlin 2008

Ulrich Sieg, Geist und Gewalt. Deutsche Philosophen zwischen Kaiserreich und Nationalsozialismus, München 2013

Ulrich Sieg, Gerechtigkeitssinn und Empörung. Die »Marburger Schule« des Neukantianismus, Marburg 2016

Wolfram Siemann, Gesellschaft im Aufbruch. Deutschland 1849–1871, Frankfurt am Main 1990

Ursula Sigismund, Zarathustras Sippschaft, München 1977

Quentin Skinner, Bedeutung und Verstehen in der Ideengeschichte, in: Martin Mulsow u. Andreas Mahler (Hg.), Die Cambridge School der politischen Ideengeschichte, Frankfurt am Main 2010, S. 21–87

Robin Small, Nietzsche and Rée. A Star Friendship, Oxford 2005

Andreas Urs Sommer, Vom Nutzen und Nachteil kritischer Quellenforschung. Einige Überlegungen zum Fall Nietzsche, in: Nietzsche-Studien 29 (2000), S. 302–316

Andreas Urs Sommer, Friedrich Nietzsche als Basler Philosoph, in: Emil Angehrn u. Wolfgang Rother (Hg.), Philosophie in Basel. Prominente Denker des 19. und 20. Jahrhunderts, Basel 2011, S. 32–60

Andreas Urs Sommer, Nietzsche und die Folgen, Stuttgart 2017

Laura Spinney, 1918. Die Welt im Fieber. Wie die Spanische Grippe die Gesellschaft veränderte, München 2018
Fritz Stern, Kulturpessimismus als politische Gefahr. Eine Analyse nationaler Ideologie in Deutschland, Stuttgart 2005
Michael Storch, Wie Nietzsche in die Schützengräben kam. Nietzsche-Rezeption im Ersten Weltkrieg, in: Michael Henke u. Wolfgang Riedel (Hg.), Felder der Ehre? Krieg und Nachkrieg in der deutschen Literatur des 20. Jahrhunderts, Würzburg 2015, S. 21–74
Justus H. Ulbricht, »Zarathustrawerk« und »große Politik«. Das Weimarer Nietzsche-Archiv im »Zeitalter der Extreme«, in: Ders., Sandro Barbera u. Paolo D'Iorio (Hg.), Friedrich Nietzsche. Rezeption und Kultus, Pisa 2004, S. 217–257
Henry van de Velde, Geschichte meines Lebens, München 1962
Anacleto Verrecchia, Zarathustras Ende. Die Katastrophe Nietzsches in Turin, Wien, Köln u. Graz 1986
Pia Daniela Volz, Nietzsche im Labyrinth seiner Krankheit. Eine medizinisch-biographische Untersuchung, Würzburg 1990
Bernhard vom Brocke, Curt Breysig. Geschichtswissenschaft zwischen Historismus und Soziologie, Lübeck u. Hamburg 1971
Peter Wapnewski, Nietzsche und Wagner. Stationen einer Beziehung, in: Nietzsche-Studien 18 (1989), S. 401–423
Thomas Weber, Wie Adolf Hitler zum Nazi wurde. Vom unpolitischen Soldaten zum Autor von »Mein Kampf«, Berlin 2016
Gunna Wendt, Lou Andreas-Salomé und Rilke – eine amour fou, 4. Aufl. Berlin 2017
Meike G. Werner, Moderne in der Provinz. Kulturelle Experimente im Fin de Siècle Jena, Göttingen 2003
Heinrich August Winkler, Weimar 1918–1933. Die Geschichte der ersten deutschen Demokratie, München 1993
Roswitha Wollkopf, Elisabeth Nietzsche – Nora wider Willen? Ein bisher unentdecktes Manuskript, in: Nietzscheforschung 1 (1994), S. 261–266
Martha Zapata Galindo, Triumph des Willens zur Macht. Zur Nietzsche-Rezeption im NS-Staat, Hamburg 1995

BILDNACHWEIS

S. 26: Porträt Karl Ludwig Nietzsche im Ornat, etwa 30-jährig, ca. 1845
Klassik Stiftung Weimar, Goethe- und Schiller-Archiv, GSA 101/323

S. 37: Porträt Elisabeth Nietzsche als Konfirmandin, Mai 1861
Klassik Stiftung Weimar, Goethe- und Schiller-Archiv, GSA 101/158

S 39: Porträt Friedrich Nietzsche als Schüler in Pforta, Juni 1862. Foto: Ferdinand Henning, Naumburg
Klassik Stiftung Weimar, Goethe- und Schiller-Archiv, GSA 101/2

S. 51: Friedrich Nietzsche um die Zeit seiner Ernennung zum Basler Professor, Frühling 1867. Foto: Gebr. Siebe, Leipzig
Klassik Stiftung Weimar, Goethe- und Schiller-Archiv, GSA 101/11

S. 62: Friedrich Nietzsche als Feriengast in Lugano, Frühjahr 1871. Foto: Brunel Grato, Lugano
Klassik Stiftung Weimar, Goethe- und Schiller-Archiv, GSA 101/12

S. 65: Porträt Elisabeth Nietzsche in Basel, September 1874. Foto: J. Höflinger, Basel
Klassik Stiftung Weimar, Goethe- und Schiller-Archiv, GSA 101/160

S. 85: Porträt Elisabeth Nietzsche, Jena 1881. Foto: Karl Bräunlich
Klassik Stiftung Weimar, Goethe- und Schiller-Archiv, GSA 101/161

S. 91: Tautenburg, sog. Nietzsche-Haus
Klassik Stiftung Weimar, Goethe- und Schiller-Archiv, GSA 101/613

S. 99: Porträt Bernhard Förster, Pfingsten 1878. Foto: Gustav Schultze, Naumburg
Klassik Stiftung Weimar, Goethe- und Schiller-Archiv, GSA 101/149

S. 107: Friedrich Nietzsche, Porträt, September 1882. Foto: Gustav Schultze, Naumburg (in Reproduktion von Karl König, 1898)
Klassik Stiftung Weimar, Goethe- und Schiller-Archiv, GSA 101/19

S. 137: Der »Förster-Hof« in der Kolonie Neu-Germanien, Paraguay, um 1887
Klassik Stiftung Weimar, Goethe- und Schiller-Archiv, GSA 72/984

S. 142: Bernhard Förster zu Pferd, um 1887
Klassik Stiftung Weimar, Goethe- und Schiller-Archiv, GSA 101/568

S. 143: Siedler in der Kolonie Nueva Germania, um 1887
Klassik Stiftung Weimar, Goethe- und Schiller-Archiv, GSA 72/984

S. 169: Porträt Peter Gast (Heinrich Köselitz). Foto: Fritz Schumann, Annaberg/Sachsen
Klassik Stiftung Weimar, Goethe- und Schiller-Archiv, GSA 101/214

S. 182: Fritz Koegel (links) mit einem Bergführer, 1894/95. Foto: Joh. Maidler, Mairhofen
Klassik Stiftung Weimar, Goethe- und Schiller-Archiv, GSA 101/265a

S. 186: Porträt Elisabeth Förster-Nietzsche als Witwe, Weimar 1896/97. Foto: Friedr. Hertel, Weimar
Klassik Stiftung Weimar, Goethe- und Schiller-Archiv, GSA 101/162

S. 200: Außenansicht der Villa Silberblick
Klassik Stiftung Weimar, Goethe- und Schiller-Archiv, GSA 101/619

S. 201: Postkarte vom Nietzsche-Archiv
Klassik Stiftung Weimar, Goethe- und Schiller-Archiv, GSA 101/619

S. 221: Porträt Ernest Thiel, mit Widmung an E. Förster-Nietzsche, Stockholm 1909
Klassik Stiftung Weimar, Goethe- und Schiller-Archiv, GSA 101/447

S. 237: Porträt Elisabeth Förster-Nietzsche am Schreibtisch in der Bibliothek des Nietzsche-Archivs, 1912
Klassik Stiftung Weimar, Goethe- und Schiller-Archiv, GSA 101/175

S. 261: Friedrich Nietzsche: Also sprach Zarathustra. Kriegsausgabe. Alfred Kröner Verlag, Leipzig 1914

S. 308: Porträt Elisabeth Förster-Nietzsche vor dem Mikrophon, Weimar 1932
Klassik Stiftung Weimar, Goethe- und Schiller-Archiv, GSA 101/180

S. 327: Adolf Hitler vor dem Nietzsche-Archiv mit E. Förster-Nietzsche am 20. Juli 1934
Klassik Stiftung Weimar, Goethe- und Schiller-Archiv, GSA 101/239

S. 340: Trauerfeier für Elisabeth Förster-Nietzsche mit Adolf Hitler in Weimar am 11. November 1935
Klassik Stiftung Weimar, Goethe- und Schiller-Archiv, GSA 101/203

S. 341: Grabstätte der Familie Nietzsche in Röcken nach der Beisetzung der E. Förster-Nietzsche
Klassik Stiftung Weimar, Goethe- und Schiller-Archiv, GSA 101/590

S. 353: Friedrich Nietzsche. Ausschnitt aus dem Werk: Volker März, »Nietzsche, Rilke, Salome – Amor Fati«, 2017. Gebrannter Ton (bemalt), 7tlg. + Konsole, ca. 60 x 90 x 15 cm. Foto: Volker März. Ausstellung: Vom Traum der Erkenntnis, 08. 12. 2017–10. 03. 2018. Stern-Wywiol Galerie, An der Alster 81, 20 099 Hamburg

PERSONENREGISTER